中央"十三五"规划《建议》重大专题研究

本书编写组◎编

中国市场出版社
China Market Press

·北京·

图书在版编目（CIP）数据

中央"十三五"规划《建议》重大专题研究：全 4 册/
《中央"十三五"规划〈建议〉重大专题研究》编写组编.
—北京：中国市场出版社，2016.11
ISBN 978-7-5092-1507-4

Ⅰ. ①中… Ⅱ. ①中… Ⅲ. ①国民经济计划-五年计
划-研究-中国-2016-2020 Ⅳ. ①F123.3

中国版本图书馆 CIP 数据核字（2016）第 179054 号

中央"十三五"规划《建议》重大专题研究
ZHONGYANG "SHISANWU" GUIHUA《JIANYI》ZHONGDA ZHUANTI YANJIU

编　　者	本书编写组	
责任编辑	辛慧蓉（xhr1224@aliyun.com）	
出版发行	中国市场出版社 China Market Press	
社　　址	北京市西城区月坛北小街 2 号院 3 号楼（100837）	
电　　话	编 辑 部（010）68033692　读者服务部（010）68022950	
	发 行 部（010）68021338　68033577　68020340	
	总 编 室（010）68020336　盗版举报（010）68020336	
经　　销	新华书店	
印　　刷	河北鑫宏源印刷包装有限责任公司	
规　　格	185 mm×240 mm　16 开本	
印　　张	103.5 插页 4	字　数　2 353 千字
版　　次	2016 年 11 月第 1 版	印　次　2016 年 11 月第 1 次印刷
书　　号	ISBN 978-7-5092-1507-4	
定　　价	398.00 元（全 4 册）	

编　委　会

  《中央"十三五"规划〈建议〉重大专题研究》，是为党的十八届五中全会制定《中共中央关于制定国民经济和社会发展第十三个五年规划的建议》布置的重大研究专题成果汇编。本书对深刻领会中央"十三五"规划《建议》精神，从而推进实施"十三五"规划，具有重要参考价值。

  专题研究针对"十三五"时期我国经济社会发展外部环境，我国经济社会发展的主要趋势和重大思路，全面建成小康社会的目标及所存在"短板"问题与对策，消费、投资、出口等需求结构分析，产业结构调整，交通基础设施建设，财政金融发展和有效支持实体经济的政策，创新驱动发展战略，城镇化，农业和农村发展，区域协调发展，京津冀协同发展，长江经济带发展，能源革命，提高资源利用效率，加强污染防治，加强生态保护和修复，应对全球气候变化、发展低碳经济，扩大对外开放，人口战略和应对老龄化，提高居民收入和调整国民收入分配，扩大就业、构建和谐劳动关系和完善社保体系，发展教育、培训和人才队伍建设，医疗卫生事业发展，文化和体育发展研究等涉及国民经济和社会发展中的重大课题进行了比较系统的研究，涵盖了经济、社会发展和生态文明的主要方面。 研究过程中， 各部门高度重视， 集中了高水平的研究人才， 提出了对《建议》 有参考价值的意见， 反映出较好的水平， 不仅体现在思想性上、 战略性上， 而且具有一定的可操作性。

　　为充分发挥这些研究成果的作用， 有必要将这些重大专题研究成果汇编成册， 供广大研究人员和实际工作者研究、 参考。 希望通过这样的努力， 能够切实为"十三五" 时期和今后更长一个时期我国经济社会发展战略研究发挥积极的作用。

编　者
2016 年 5 月

认真落实习近平总书记重要批示，努力做好"十三五"规划《建议》前期重大课题研究工作

——在"十三五"规划《建议》前期重大课题部署会议上的讲话（节选）

（2015 年 1 月 6 日）

中央财经领导小组办公室主任 刘鹤

今天会议的任务是，认真贯彻落实习近平总书记和中央其他领导同志的重要指示，启动"十三五"规划《建议》前期重大课题研究工作，为中央研究起草《建议》做好必要准备。

一、充分认识开展重大课题研究的重要意义

经过多年探索，我国经济社会发展中长期规划的研究和编制工作已经形成规范程序，主要是：中央提出规划《建议》，国务院根据规划《建议》研究制定规划《纲要》，全国人民代表大会审议批准。在规划《建议》研究的整个过程中，前期重大课题研究的意义十分重大。课题研究的深度、广度、质量对规划《建议》将产生重要影响，在判断发展趋势、明确前进方向和奋斗目标、提出重大政策措施、形成广泛社会共识等方面都发挥着非常重要的作用。"十一五"前，中长期规划称为五年计划，从"十一五"开始称为五年规划。"八五"计划本质是一个调整规划，总结了改革开放和现代化建设的经验，强调要坚定不移地继续改革开放，贯彻执行国民经济持续、稳定、协调发展的方针。"九五"计划提出推动"两个根本性转变"，即计划经济体制向社会主义市场经济体制转变，经济增长方式从粗放型向集约型转变。"十五"计划提出，坚持把发展作为主题，把结构调整作为主线，把改革开放和科技进步作为动力，把提高人民生活水平作为根本出发点，实现经济和社会协调发展。"十一五"规划提出，以科学发展观统领经济社会发展全局，立足科学发展，着力自主创新，完善体制机制，促进社会和谐，全面提高我国的综合国力、国际竞争力和抗风险能力，强调要提高资源利用效率，确定了单位国内生产总值能源消耗比"十五"期末降低

20%左右的目标，还提出建设资源节约型社会、环境友好型社会。"十二五"规划是在国际金融危机背景下制定的，提出以科学发展为主题，以加快转变经济发展方式为主线，强调要扩大内需，保持经济持续健康发展，为此，必须深化改革。

与历次规划相比，某种意义上"十三五"规划可能是最重要的，也是最富挑战性的。最重要的是，要如期实现我国现代化建设第一个百年目标，全面建成小康社会。以前其他规划都提出了不同发展阶段的要求，而这次规划是要实现以往规划提出对人民庄严承诺和我们自己要求的总汇合，即全面建成小康社会目标。这是一个很高的要求，具有极大挑战性，必须完成，没有退路。最富挑战性的是，从国际看，国际金融危机后世界政治经济复杂变化，充满不确定性；从国内看，经济社会发展也处于深度调整转型中，习近平总书记最近全面论述了我国经济发展新常态，提出认识新常态、适应新常态、引领新常态，是当前和今后一个时期我国经济发展的大逻辑。这对我们的工作提出了新要求。新常态给我们带来了新机遇，也使我们面临很多新挑战。"十三五"规划制定得好、实施有效，我们可以顺利完成第一个百年目标，并为实现第二个百年目标，进而实现中华民族伟大复兴的中国梦打下坚实基础；规划做得不好，或者规划做得好而实施得不好，很可能陷入中等收入陷阱，将使我国现代化事业发展面临风险。从这个角度看，制定科学、合理、有效和具有很强前瞻性、导向性、针对性的规划《建议》，一个重要条件是搞好前期重大课题研究。方向正确，路才能走好。想到了、想对了、想深了，就可能走对走好；想不到、想错了，就可能出现一些我们不愿看到和意想不到的后果。总之，这次课题研究质量的高低，是影响"十三五"规划成功与否的重要基础和前提条件，我们一定要按照中央的要求，扎扎实实、精益求精地做好。

二、重大课题研究的主要内容

这次《建议》前期重大研究课题共 31 个，包括"十三五"时期国内外发展环境和条件，"十三五"时期我国经济社会发展的基本思路、主要目标、重点任务和重大工程，对2030 年目标展望，以及提高党领导经济社会发展能力和水平等。具体的研究课题和要求是：

1. "十三五"时期我国经济社会发展外部环境。研究"十三五"时期世界整体政治环境；世界经济周期变动状况和增长格局，是否存在延续危机后调整和进入正常增长两个阶段；技术变革前景、经济全球化特征和国际资本流动状况等。

2. "十三五"时期我国经济社会发展的主要趋势和重大思路。重点描述新常态下我国经济社会发展的大趋势，提出规划思路的大逻辑。"十二五"规划的逻辑是，应对外部环境发生的变化，主要通过改革来扩大国内需求。"十三五"时期的重大变化是什么，应采取怎样的思路？

3."十三五"时期全面建成小康社会的目标及2030年目标展望。通过定性与定量相结合的办法，分析预测全面小康社会各类指标，包括总量、结构和人均指标进展情况，展望2030年这些指标的情况。

4."十三五"时期实现全面建成小康社会目标存在的"短板"问题及对策。重点分析减贫脱贫、农村人居环境和教育、医疗、生态环境等群众反映强烈问题的进展情况，经济总量和人均增长等目标随发展阶段变化出现的新问题，可采取的直接对策。

5."十三五"时期消费、投资、出口等需求结构分析。既要分析三大需求的总量变化趋势，也要分析不同需求结构性的变化特点，如不同消费群体的消费特征，投资结构和出口中的商品、地区、类别等结构情况。

6."十三五"时期农业和农村发展的重大任务和主要措施。研究农业和农村发展各自的内在特点，同时也注重两者间的相互联系。

7."十三五"时期产业结构调整的方向和政策。重点分析产业结构、产业组织形态和企业行为等变化特征，特别是新技术变革所催生的新业态前景。

8."十三五"时期实施创新驱动发展战略的方向和重点。提出创新驱动发展战略的实施方向和确保中央战略有效落地的制度安排等措施，目前大的方向中央已经确定，关键是如何"从天落地"。

9."十三五"时期信息化发展的方向和政策。研究判断信息化发展的宏观趋势，提出适合国情和趋利避害的政策措施。

10."十三五"时期推进能源革命的主要措施和政策。结合当前世界能源形势出现的新情况新变化，尤其是分析在本轮油价变化后的一系列新趋势，提出实施中央财经领导小组会议确定的我国能源安全战略的具体目标和政策措施。

11."十三五"时期交通基础设施建设的主要任务。重点研究交通基础设施补"短板"、促进交通基础设施互联互通和网络化、提高交通体系效率等方面的任务和措施。

12."十三五"时期促进区域协调发展的方向和主要举措。在继续实施区域发展总体战略的同时，研究完善全国统一市场的政策措施。

13."十三五"时期积极稳妥推进城镇化的主要任务。在继续研究促进农业转移人口市民化有效措施的同时，加强对促进特大城市健康发展、大中小城市合理分工布局等问题的研究。

14."十三五"时期推进京津冀协同发展的主要任务。重点研究落实好中央已确定思路的具体措施。

15. **"十三五"时期推进长江经济带发展的主要任务。** 重点研究落实好已出台促进长江经济带发展意见的政策措施。

16. **"十三五"时期推进"一带一路"战略实施的主要任务。** 重点研究落实好中央已批准"一带一路"规划的政策措施。

17. **"十三五"时期提高资源利用效率的主要任务。** 重点研究提高土地、水、能源、矿产等资源利用效率的目标和政策措施。不同部门可各有侧重。

18. **"十三五"时期加强污染防治的主要任务。** 重点研究如何建立有效的制度安排和加大政策力度，确保"十三五"时期在污染防治方面取得明显进展。不同部门可各有侧重。

19. **"十三五"时期加强生态保护和修复的主要任务。** 从生态环境对我们发展所具有的底线和天花板作用更加突出、生态文明建设在我国现代化"五位一体"总体布局中重要性不断上升的情况出发，提出可操作的目标、有效的制度安排和措施。

20. **"十三五"时期应对全球气候变化、发展低碳经济的主要任务。** 研究如何落实好既定思路的政策措施。

21. **"十三五"时期财政金融发展和有效支持实体经济的政策。** 该题目与部署的其他许多课题如加强基础设施建设、区域发展等密切相关，结合其他重大课题，重点研究金融深化和投融资体制改革等相关政策措施。

22. **"十三五"时期扩大就业、构建和谐劳动关系和完善社会保障体系的方向和主要政策。** 分析判断就业总量及结构变化形势，研究提出就业目标和政策，研究进一步完善社会保障体系顶层设计、处理好保底线和财力可持续性关系等的措施。

23. **"十三五"时期提高居民收入和调整国民收入分配格局的方向和重点政策。** 定量测算整个国民收入分配格局，从公平、效率和可持续性等出发，把提高居民收入比重和提高劳动生产率等因素结合起来，提出相应政策。

24. **"十三五"时期发展教育、培训和人才队伍建设的重点任务。** 人力资本、人才队伍是实现创新驱动发展的关键，重点研究提出针对现有短板问题、能够有效提高人才质量的落地性措施。

25. **"十三五"时期文化和体育发展研究。** 结合广大人民群众关心的问题，按照问题导向，提出有针对性的政策措施。

26. **"十三五"时期医疗卫生事业发展研究。** 从已有改革和现实问题出发，从理顺基本思路和明确大政方针方面加强研究。

27. **"十三五"时期人口战略和应对人口老龄化的政策。** 世界和我国老龄化问题突出，人口形势和老龄化问题对中华民族生存发展将产生重大影响。重点分析新出现的苗头性趋势性问题，及时提出超前性的应对措施。

28.**"十三五"时期社会心理和舆论引导研究。**当前和"十三五"时期对全面建成小康社会、发挥市场决定性作用、经济建设为中心等许多问题需要加强舆论引导，形成客观、正确、平和的社会看法。突出问题导向，重视社会心理多变性、舆论热点突发性等特点，提出能够有助于把握好方向、尺度和技巧的政策措施。

29.**"十三五"时期扩大对外开放的战略举措。**坚持改革开放不动摇等基本方针政策，有针对性地回答现有的一些"不同声音"，并做好具体政策研究。

30.**"十三五"时期密切内地与港澳台经济互动发展的重点任务。**

31.**"十三五"时期全面提高党领导经济社会发展能力和水平研究。**

根据中央要求，确定课题的主要考虑：一是研究具有全局性、战略性、宏观性的问题，而不是技术性问题；二是问题之间具有关联性，大家在研究各自课题时，可以参考其他题目；三是问题组合起来，可以成为规划《建议》的整体框架，具有系统性。中央财经领导小组已经研究决策的重大问题、中央全面深化改革领导小组已经部署和即将部署的重大改革问题、国家发展改革委已经组织开展的前期研究课题，为避免重复，不再列入。

三、几点要求

一是"三个体现""两个结合"。在认真学习领会党的十八大和十八届三中、四中全会精神，深入学习贯彻习近平总书记系列重要讲话精神基础上，体现以习近平同志为总书记的新一届中央领导的执政理念和治国方略，体现国情、世情发生的新变化，体现人民群众的新期待新要求。定量分析与定性描述相结合，有准确的定性描述，在可能的情况下有定量分析，有数量指标；政策连续性与创新性相结合，按照稳中求进的原则，政策建议既要从现实出发，考虑现有政策执行的连续性，又要勇于突破问题，大胆提出创新性举措。

二要调查研究。深入了解实际情况，重在了解人民群众要求，了解现实政策的缺陷和不足，了解下一步改革的方向。

三要开好必要的专家座谈会。广泛听取各方面意见，集思广益，如果条件允许，建议各课题单位要注意吸收有特长的专家参加研究，甚至请专家作为重要执笔人。

四要了解国际惯例和最佳实践。力求在符合国情的基础上积极吸收和有效借鉴国际经验。

目 录 ZHONGYANG
"SHISANWU"
GUIHUA 《JIANYI》
ZHONGDA ZHUANTI
YANJIU

专题一　我国经济社会发展外部环境

◀◀ 国家发展和改革委员会

◀◀ 财政部

◀◀ 商务部

►►◄ 农业部

►►◄ 中国社会科学院

►►◄ 国务院发展研究中心

►►◄ 国务院扶贫开发领导小组办公室

专题四　消费、投资、出口等需求结构分析

►►◄ 国家发展和改革委员会

►►◄ 商务部

专题七 财政金融发展和有效支持实体经济的政策

◀◀ 国务院发展研究中心

◀◀ 中国银行业监督管理委员会

◀◀ 中国证券监督管理委员会

◀◀ 中国保险监督管理委员会

ZHONGYANG
"SHISANWU"
GUIHUA 《JIANYI》 ZHONGDA
ZHUANTI YANJIU

专题一　我国经济社会发展外部
环境

国家发展和改革委员会

"十三五"时期我国经济社会发展外部环境

纵观全局，"十三五"时期，外部环境的总体特征可以概括为**"治理全面变革、产业深度调整、经济持续复速、风险变化尚存"**。国际政治经济格局加速重组，力量消长和大国博弈更趋复杂，世界经济平缓增长或成新常态，新技术、新产业、新规则加速涌现，全球投资贸易格局、能源资源版图和治理体系面临深刻调整，地缘冲突仍或此起彼伏，非传统安全问题日益凸显。总体看，和平与发展仍是时代主题，世界多极化和经济全球化大势不会逆转，但不确定、不稳定因素依然较多，我国经济社会发展的外部环境复杂多变。

一、世界政治经济发展的阶段性特征和趋势分析

随着国际金融危机的延宕效应逐渐消退，世界政治经济格局有望在调整中恢复、在恢复中向好，总体朝着积极的方向发展。特别是经过危机洗礼，经济增长点正在新旧交替更迭中加快形成，全球经济增长的动力将逐步积聚。

（一）世界经济复苏虽势头偏弱但态势没有改变

虽然世界经济尚处在缓慢复苏之中，但总体朝着步伐趋稳、动力渐强的方向演进，有望出现发达经济体和新兴经济体"双爬升"的格局。

一方面，发达经济体有望走出金融危机的阴霾进入平稳复苏期。在应对危机和寻求增长的过程中，发达经济体经济复苏虽一波三折，但逐步开始走出危机，以结构性调整和变

革为核心的五大趋势性特征正在显现。一是从过去的负债消费、家庭债务积累超过储蓄，转向"去债务化"、提高储蓄率；二是从过去积极主动促进产业向外转移，转向鼓励在海外的制造业"回巢"，增加国内投资，创造就业岗位；三是从过去金融过度自由化转向加强监管，筑起"金融防火墙"，以摆脱危机和防范风险；四是从过去重视贸易转向贸易与投资并重，国际贸易格局由商品贸易转向更加注重要素贸易和服务贸易；五是从过去关注和推动多边经贸活动，转向加速构建"块状经济体"，推进区域贸易与投资安排，签署双边和多边自由贸易协定及建立自由贸易区。这些趋势的发展有利于发达经济体摆脱金融、债务等"复合型危机"，重回正常增长轨道。

另一方面，新兴经济体有望继续保持领先并进入潜力释放期。从条件看，新兴经济体家庭储蓄率高，居民收入、消费需求保持较快增长，内在潜力趋强；外汇储备雄厚，大多实行浮动或有管理的浮动汇率政策；外债水平较低，对内和对外投资潜力大，基础设施等领域投资空间可观，"吸金魅力"与创新能力依然较强；财政刺激政策仍有较大空间，通过有针对性的结构改革，能够逐步解决结构性问题，释放新的发展潜能和动能，继续保持高于发达国家的速度向前发展。**从趋势看**，新兴经济体和发展中国家仍将是未来世界经济增长的重要动力。美国国家情报委员会发布的2030年趋势报告指出，未来10年至20年，发展中国家占全球经济的份额将首次超过经济合作与发展组织（OECD）。与此同时，随着工业化、城镇化加快推进，新兴市场和发展中国家在国际投资贸易中的地位也将更加突出。联合国预计，2025年新兴市场的年消费额将达到30万亿美元以上，在全球需求市场的重要性持续提升；到2050年，世界城镇人口将增加25亿，其中绝大部分集中在亚洲和非洲的发展中国家。

总体看，未来一段时期，发达经济体和新兴经济体可能呈现"多点提速、整体向好"的趋势，世界经济有望从周期性复苏阶段迈入景气起步阶段。国际货币基金组织（IMF）预测，2016—2020年，世界经济平均增速为3.8%左右，快于"十二五"时期3.5%的平均增速，其中，发达经济体平均增速为2.1%，比"十二五"时期快0.5个百分点，新兴市场和发展中经济体平均增速为5%，与"十二五"时期基本持平。

（二）新兴产业虽尚不成气候但已显良好前景

尽管新一轮技术革命受制于创新周期和产业化推广所需的时间、资金限制，尚未实现实质性突破，但不少领域已呈现蓬勃兴起之势，未来或将为全球经济增长注入新动力。

一方面，新兴行业不断涌现改变全球产业格局。在世界经济增长乏力的情况下，各国普遍把鼓励新能源、生物、信息等产业作为新的经济增长点加快培育，全球新兴产业如雨后春笋快速发展。麦肯锡公司 2012 年预测，随着新兴技术的发展，移动互联网、可再生能源、物联网和 3D 打印等产业将成为 2020 年全球主导产业，其中，移动互联网和可再生能源将成为未来 5～10 年发展前景最为迅速的新兴产业。

另一方面，生产组织方式变化带动国际分工方式变革。随着 3D 打印、计算机建模、人工智能等新技术的不断突破，部分行业的生产环节对劳动力、土地等生产要素的依赖程度逐渐下降，劳动者依托新技术发挥创造力进行研发设计的能力将大大增强，以微型研发企业、个人以及中小型智能化制造车间为主，以去中心化、分散化为主要特征的新型生产组织方式，将逐渐取代分工明确、规范严格的标准化大工厂生产组织方式。国际分工的决定因素由传统的劳动力、土地等要素禀赋逐渐转向人才素质、技术水平、市场规模和消费偏好，并对全球生产要素配置和产业转移产生深远影响。

（三）传统产业虽一度被看作夕阳产业但注入新技术因素后又焕发生机

虽然传统产业特别是制造业在国际金融危机中一度受到重创，但在与新技术、新产品、新业态的融合发展中开拓出新的空间。

一是制造业迈向低碳化、智能化、信息化的升级版。国际金融危机后，发达国家纷纷推出"再工业化"战略推动制造业回归，传统产业焕发新的生机。比如，全球新能源汽车从无到有、从试验场走向商业化，呈现井喷式增长态势。2009 年全球新能源汽车销量不足 0.4 万辆，2014 年已超过 40 万辆；产品品种不断丰富，目前已达 100 多种。高端制造成为各国竞相发展的新领域。美国发布重振美国制造业政策框架、先进制造伙伴计划、先进制造业国家战略计划，德国提出"工业 4.0"计划，旨在通过智能制造在新一轮工业革命中抢占先机，引领生产效率提升、生产模式创新和新兴产业发展。

二是信息技术向传统产业持续渗透推动业态创新。移动互联网、云计算等信息技术与金融、商贸、医疗、教育等传统产业呈深度融合发展之势，互联网金融、电子商务、移动理财、移动医疗、移动教育、移动社交网络等新兴业态迅速发展，逐步取代传统经营业态。麦肯锡公司预测，2020 年移动医疗、移动教育等行业的产值将分别达到 490 亿美元和 700 亿美元，是 2012 年的 40 倍和 15 倍。

三是基础设施建设对经济发展的带动作用增强。各国对基础设施建设的重视程度显著上升，推动基础设施创新发展正在形成国际共识，有望成为世界经济持续增长的重要支撑。发达经济体集中更新换代，美国计划未来 4 年投入 3 020 亿美元用于基础设施建设，欧盟设立欧洲战略投资基金，预计未来 3 年基础设施投资超过 3 000 亿欧元。新兴经济体伴随城镇化进程不断扩大基础设施投资，巴西计划 3 年内投入 700 多亿美元，印度、印尼、泰国、越南等国都在加大基建力度。普华永道预计，未来 10 年亚太地区基础设施投资年均增速有望达到 7%～8%，总投资 5.3 万亿美元。

（四）全球能源资源版图、投资贸易规则、经济治理结构虽涛声依旧，但已发生和正在发生深刻变化

一是全球能源资源版图深刻变革，大宗商品价格将处历史相对低位。供应方面，美国在页岩气、页岩油勘探和开采技术方面取得重大突破，在全球能源供应版图中的地位明显提高。美国能源部预计，2020 年美国原油进口量将降至 579 万桶/日的金融危机以来最低水平，能源自给率将达 93.5%，比 2010 年上升约 10 个百分点。**需求方面**，总量增速趋于下降。国际能源署（IEA）称，2011—2020 年全球能源消费量年均增速将由 2000—2010 年的 2.3%降至 1.6%，其中美国、德国、日本等主要发达经济体的原油需求量将持续萎缩。总体看，全球能源资源供求关系紧平衡状况将会有所缓解，"十三五"时期大宗商品价格将处于一个相对较低的水平。

二是国际经贸规则体系面临重构，高标准投资贸易规则将逐步成型。在世界贸易组织（WTO）多哈回合谈判陷入僵局的情况下，主要经济体纷纷调整国际化战略，加快推进更高标准的自贸区建设，强化区域次区域合作，国际投资贸易规则加速重构。主要特点是：**标准进一步提高**。美国大力推进的"跨太平洋伙伴关系协定"（TPP）和"跨大西洋贸易与投资伙伴关系协定"（TTIP），以准入前国民待遇和负面清单管理为基础全面扩大市场准入，制定高于现行 WTO 标准的知识产权、劳工、原产地原则、环境保护、投资以及政府采购等领域的规则，消除或消减"边境后贸易壁垒"。**范围进一步扩展**。随着经济全球化路径由传统的商品贸易向服务贸易和跨境投资转变，服务贸易和投资协定正在成为新一轮国际贸易谈判和规则制定的核心内容，新规则体系的覆盖范围不断延伸和扩展。比如，国际服务贸易协定（TISA）试图建立新兴领域的管制规则，包括国际海运、电子商务、跨境数据转移等；TPP、TTIP 涉及监管一致性、竞争中立原则、经济立法、国有企业等一系列新议题。**发达国家占主导**。目前，美国是 TPP、TTIP 及 TISA 三大协定谈判的主导者，其中，TPP 的 12 个成员国 GDP 和贸易占全球 40%左右，TTIP 即美欧的 GDP、贸易分别占全球 50%、30%左右，TISA 成员国服务贸易额占全球 70%。从趋势看，新一轮国际经贸规则均力图突破传统的自由贸易区模式，将牵引多边贸易体制和区域经济合作标准的提高，对全球投资贸易格局演变产生深刻影响。

三是世界多极化趋势将更加明朗，全球治理体系继续深刻调整。以金砖国家为主的新兴经济体虽然经济增速有所放缓，发展面临较多困难，但工业化、城镇化潜力巨大，群体性崛起仍是大势所趋。亚非拉地区发展中国家发挥劳动力、能源资源等优势，加快改善基础设施、承接国际产业转移、大力推动开放发展，蓬勃兴起势头明显。国际货币基金组织（IMF）预测，2020 年新兴市场和发展中国家 GDP 占全球的比重将达 43.2%，比 2009 年提高 11.9 个百分点。随着国际力量对比变化和世界多极化格局的演进，全球治理将更加重视国家能力建设、更加强调促进平衡发展，重要国际组织改革将更加体现发展中国家诉求和利益，金砖国家、上合组织等在国际和地区事务中的作用也将进一步提升。这为新兴市场和发展中国家参与全球治理提供了更加广阔的平台和更加多元化的渠道。

二、世界政治经济未来发展的风险点

世界政治经济格局在深度变革中蕴含重大机遇，但挑战与风险也同时存在。应当看到，国际金融危机是一次不断演变蔓延的危机，其深层次影响尚难以痊愈，对危机的长期性、复杂性和广泛性应有充分估计，对不同国家进入和走出危机的阶段应有充分认识。未来一个时期，随着世界经济复苏进程的深入、持续和变化，可能衍生新的"六大风险点"。

（一）增长动力源转换风险点

从地区引擎看，中低速增长将成为主要经济体未来发展的新常态。一方面，发达经济体增长动能不足。私人部门消费和投资受制于高失业率、银行修复资产负债表等因素制约难以实现快速增长。老龄化、劳动力和产品市场僵化、基础设施陈旧等结构性问题阻碍经济强劲复苏。另一方面，以金砖国家为代表的新兴大国在外部环境变化、市场需求不足、产能过剩、体制机制尚未理顺等诸多因素制约下，结构调整和深化改革新红利的释放还需要一个较长过程，经济增速将维持在中低水平。**从产业技术动力看，全球科技产业变革加大传统经济发展模式的转型压力。**美日欧等发达经济体实施"再工业化"战略，在吸引高端制造业回流的同时，加速将中低端环节转向劳动力成本更低的国家和欠发达地区，过去长期依赖欧美市场的部分新兴经济体和发展中国家，在国际产业分工格局中遭遇"上下挤压"的困境，甚至可能面临"去工业化"风险。据世界银行预计，2030 年新兴经济体制造业产值占 GDP 的比重将从 1995—2010 年的 47% 降至 34.6%。与此同时，随着发达国家新一轮产业变革提速，加之已有的技术和资本优势，发达国家在国际分工的主导和垄断地位可能继续强化，发展中国家的劣势地位可能被锁定，加剧国际产业格局分化和全球价值链失衡。

（二）宏观政策风险点

一是非常规政策效应的累积风险。国际金融危机爆发后，发达经济体通过大规模财政刺激和注入流动性，有效遏制了私人部门危机和金融市场动荡，但同时也使原本高企的政府负债问题显性化，导致私人部门的资产负债表问题向政府资产负债表转化，私人部门危机向政府部门债务危机转化。今后一个时期，发达经济体长期依赖超低利率和货币超发的政策累积效应不容低估。在 IMF 追踪的 1929 年以来的 14 轮经济周期中，本轮复苏是最缓慢的，但信贷反弹却是最快的。目前，全球央行的资产规模约为 18 万亿美元，占全球 GDP 的 30%，是十年前的两倍。这表明，大量流动性很大程度上维持了债务循环和转移，但并未转化为实体经济复苏的有效支撑，持续下去可能累积更多泡沫化、虚拟化等负面效应，甚至为新的危机埋下隐患。**二是政策回归正常化过程中的溢出风险。**美国宏观政策调整是未来一个时期牵动国际市场神经的重要因素。随着美联储货币政策由松转紧，美元升值趋势强化，国际资本流动的"风向标"也将随之逆转，新兴经济体和发展中国家可能不得不跟随收紧货币，在抵消发达国家政策负面影响与促进国内经济发展上面临两难、陷入被动。一旦爆发资本大规模撤离、货币危机等系统性风险，新兴经济体可能成为国际金融危机"迟来的受害者"甚至是"最后的埋单人"。**三是各国政策加剧分化的冲突风险。**在全球主要经济体不均衡复苏的背景下，各国政策"单打独斗"、分歧加大，内向性与自顾性增强，背离性与外溢性突出，博弈和冲突的一面有所上升，贸易、利率、汇率、债务均可能成为矛盾爆发点。

（三）金融市场风险点

国际金融格局仍处于向"后危机时代"和"后量宽时代"过渡的关键时期，基础仍很脆弱，潜在风险不容低估。**一是债务水平上升。**主要发达经济体应对金融危机政策实施空间正在接近极限，利率已达第二次世界大战后的最低水平，而政府公共债务水平仍在上升。2014 年，美国、欧元区、日本公共债务占 GDP 的比重分别为 101.5%、90.9% 和 227.2%，比 2010 年分别提高 14.4、10.9 和 33 个百分点，法国、英国债务率均超过 90%。**二是监管标准提高。**在全球范围内加强金融监管所引起的融资成本上升，可能会阻碍投资增长。比如，巴塞尔银行监管委员会对现行银行监管国际规则进行了重大改革，按照资本监管与流动性监管并重、资本数量和质量同步提高、资本充足率和杠杆率并行的要求，发布了一系列国际银行业监管新标准，形成了《巴塞尔协议Ⅲ》，监管要求和标准明显提高。这些新规则虽有助于防范金融风险，但也可能抑制金融创新和金融系统的融资功能，导致资金成本上升，削弱对实体经济的支撑作用。**三是市场不确定性较大。**虽然美国开始启动货币政策正常化进程，但发达经济体通胀水平总体较低，特别是欧元区通缩风险上升，欧日央行何时回归正常化仍存变数。这可能造成跨境资本流动和汇率波动加剧、资产泡沫化等后果，冲击全球金融稳定。**四是美元继续走强。**国际金融危机后，美元仍是全球流动性和安全资产的首要供应者，充当了国际金融市场最可靠的"安全港"。随着美国经济基本面向好，资本回流预期升高，美元升值压力还将继续增大。这预示着，国际货币体系多元化虽是大势所趋，但突破美元霸权仍将是长期过程。

（四）经济摩擦风险点

围绕市场空间、能源资源两大需求，未来国际经济领域的竞争与摩擦更趋多元、风险更趋复杂。市场空间方面，"十三五"时期，各国将步入结构调整和转型升级深化期、内生增长动力积聚期、新的有效需求培育期，发达国家与新兴市场国家的互补性减弱、竞争性增强，新兴市场内部竞争和分化进一步剧烈，全球有效需求不足或成新常态。根据 IMF 数据测算，2016—2020 年全球货物和服务贸易量年均增长 4.5％，远低于 2004—2007 年 9％的年均增速。由于国际市场空间有限，未来各国博弈焦点将由红利的增长转向红利的争夺与分配上。在全球经济逐渐恢复过程中，美国、欧盟以及贸易结构相似度高的发展中国家，都将使出各种手段争夺有限的外部市场空间，各种保护主义措施和争端将进一步增多，贸易战动荡升级的可能性也将增大。能源资源方面，世界政治经济格局深刻变化和全球资源竞争日趋激烈导致利用国外资源的风险和难度加大。国家间的竞争更多地表现为资源特别是能源竞争，需求型短缺、区域性短缺、地缘政治导致的供给中断或短缺将不同程度存在。随着未来全球经济重心从发达经济体向新兴经济体转移，对能源资源的需求仍将保持上升，全球资源争夺可能呈现出常态化趋势。

（五）国际规则重塑风险点

未来一个时期，新兴大国与守成大国之间、规则制定的主导者与改革者之间的矛盾冲突仍将存在。一方面，发达国家仍将尽力维持其优势地位和国际事务中的主导权，特别是借助"再工业化""页岩气革命"形成的经济技术优势，以及构建 TPP、TTIP 等新投资贸易规则形成的规则优势，力图持续掌控和主导国际竞争与合作规则，防范和遏制新兴经济体崛起的意识更强、手段更多。另一方面，新兴经济体经济实力上升虽将进一步改变发达国家"包打天下"的局面，但由于在全球治理中对议题设置的参与度较低，在重大问题上还需要进一步协调立场，加上实力对比尚未发生根本性转变，新兴经济体虽然希望跳出传统规则的窠臼，但缺乏行之有效、兼顾风险控制与治理效率的替代性方案，短期内难以提升实质性话语权。从趋势看，由于缺乏观念上的共识，国际规则在重塑过程中难以得到全球层面一致的解决方案，国际规则与全球治理的"碎片化"倾向将更加强化，不同治理理念、治理模式的竞争更趋激烈。

（六）区域冲突升级风险点

传统地缘政治冲突与非传统安全问题相互交织，是未来外部环境最大不稳定因素。**一方面**，中东、东欧、东亚等敏感地区仍可能频繁发生地缘冲突和局部动荡。**从中东看**，叙利亚内战、伊朗核危机、阿拉伯民主化进程依然困扰着该地区的安全与稳定，国际油价急剧下跌导致高油价时代被掩盖的产业单一、就业不足、贫富分化等问题开始凸显，加之极端组织"伊斯兰国"崛起和美俄等域外大国角力，中东仍将是地缘冲突和局部动荡的热点地区。**从东欧看**，随着美俄、欧俄关系因乌克兰危机和制裁反制裁冲突降至低点，东欧作为双方交锋前沿的地位更加敏感，欧盟、北约东扩与俄罗斯西进对东欧的挤压和撕裂将更加明显，会不会出现第二个乌克兰尚未可知。**从东亚看**，美国进一步介入东亚地区政治、经济和安全事务，各国关系更趋复杂，新老热点交织，朝核、日本右翼抬头及领土领海争端等问题仍将较长时期困扰东亚地区。**另一方面**，气候变化、粮食安全、能源资源安全、网络安全、重大自然灾害、重大传染性疾病等非传统安全问题日益凸显，给各国政治社会稳定带来巨大压力，也对全球有效治理提出更高要求。

三、全面营造更为有利国际环境的对策建议

适应我国经济发展进入新常态，面对错综复杂的国际环境，要继续抓住用好重要战略机遇期，有效应对各种风险和挑战，我国在战略定位上应该把握以下三点。**首先，坚持我国作为全球最大发展中国家的定位不变。**把加快经济建设、解决国内发展问题摆在首要位置，充分估计国际格局发展演变的复杂性、世界经济调整的曲折性、国际秩序之争的长期性和我国周边环境中的不确定性，从我国国情出发，坚持发展中国家定位，维护发展中国家的共同利益。**其次，更加积极主动应对外部环境的发展变化。**坚持走和平发展道路，统筹求和平、谋发展、促合作、图共赢，下先手棋、打主动仗，赢得在经济发展上的主动和国际竞争中的主动，维护国家主权、安全、发展利益，努力维护和延长我国发展的重要战略机遇期。**最后，要在优势领域和力所能及范围内发挥大国关键作用。**更加积极主动地承

担与国力地位相符的国际责任，推动国际经济治理体系改革完善，积极引导全球经济议程，推动全球治理理念创新发展。积极发挥建设性和领导者作用，进一步增强区域影响力，推动亚太地区经济繁荣和政治稳定。总之，既要通过争取和平的国际环境更好发展自己，又要以自身全面发展维护和促进世界和平，在与世界各国良性互动、互利共赢中开拓前进。

基于上述战略定位，着眼问题导向和风险防控，积极谋划、主动施策，更好地统筹国内国际两个大局，努力营造更加有利的国际环境，谋求更长战略机遇期。

（一）突出总体指导，以实施"一带一路"战略带动对外开放上新台阶

要以"一带一路"战略为引领，积极开辟区域经济合作新领域，建设性制定区域经济合作新规则，形成陆海统筹、东西互济的对外经济联系和开放新纽带。**一是增共识。**在进一步完善"一带一路"战略顶层设计的同时，加强与沿线国家沟通磋商，共同构建多层次政府间政策建立机制，扩大共识，凝聚力量，本着求同存异原则，协商制定推进区域合作的规划和措施，充实完善合作内容和方式，在政策和法律上创造更好的氛围和环境。**二是推合作。**以政策沟通、设施联通、贸易畅通、资金融通、民心相通等"五通"为主要内容，全方位推进务实合作，逐步完善跨境基础设施供应链、跨境生产和贸易供应链、跨境金融和人才供应链，实现与沿线国家的互联互通，促进经济要素有序流动，推进优势产业有效转移。**三是谋共赢。**以实施"一带一路"战略为依托，发挥经济互补优势，筑牢周边利益基础，积极推进自由贸易区战略，打造区域经济共同体。加强中国-东盟自贸区建设，深化贸易、投资、财金、基础设施等领域的合作；以中美、中欧投资协定谈判为突破口，创新与发达国家合作模式；积极商签区域全面经济伙伴关系（RECP）协定，加快中日韩自由贸易区等谈判，推进亚太自贸区建设。

（二）注重质量效益，实现引资、引技、引智的有机统一

坚持利用外资与调整国内经济结构和转变经济发展方式相结合，与促进国内市场开放有序竞争相结合，为国内发展集聚更多高端要素。**一是优化利用外资结构。**有序扩大服务业对外开放，进一步开放制造业，鼓励外商投资传统产业高端环节、战略性新兴产业和现代服务业。推进外商投资负面清单管理模式改革，进一步改善营商环境。**二是丰富利用外资方式。**鼓励外资以参股、并购等方式参与境内企业兼并重组，促进外资股权投资和创业投资发展。有效利用境外资本市场，支持有条件的企业境外上市，允许符合条件的企业到国际金融市场融资。**三是提高利用外资总体效益。**发挥好外资作为引进先进技术、管理经

验和高素质人才的载体作用。鼓励跨国公司在华设立地区总部、研发中心、采购中心、财务管理中心。鼓励外资投向公共科技服务平台建设,积极发展信息服务、创业服务、知识产权和科技成果转化等高技术服务业。

(三)加强融合发展,推动国内产业结构与对外投资水平"双升级"

以全球经济结构新一轮变革调整和新一轮科技革命为契机,与不同发展阶段国家拓展全方位经济互补关系,积极推动产业结构升级和产业链的全球布局,加快实现我国由资本输出大国向对外投资强国转变。**一是利用全球资源促进产业创新转型。**鼓励国内企业在科技资源密集的国家和地区,通过自建、并购、合资、合作等多种方式设立海外研发中心。顺应新一轮科技革命和产业革命发展趋势,以大型骨干企业、产业技术创新联盟为主体,突破一批关键核心技术,加快培育发展战略性新兴产业,提升我国产业创新发展能力与核心竞争力。**二是鼓励国内企业在全球范围内开展价值链整合。**扩大国际产能和装备制造合作,推动装备、技术、标准、服务"走出去",深度融入全球产业链、价值链、物流链。支持有实力的企业打造自主品牌和国际营销网络,提高在全球范围内配置资源要素的能力,逐步形成一批具有国际知名度和影响力的跨国公司,带动国内产业转型升级。**三是抓紧推进关键性、标志性工程建设。**继续推动境外基础设施、能源资源合作,扩展装备制造、新兴产业、生态环保合作,培育"中国建设"和"中国劳务"国际品牌。**四是完善支持企业"走出去"的体制机制。**围绕确立企业及个人对外投资主体地位,进一步完善境外投资法律法规,加快构建对外投资金融服务体系,拓宽外汇储备运用渠道,加强金融、信息、法律、领事保护等服务。

(四)转变发展方式,打造外贸竞争新优势

发挥我国大市场、宽互补的优势,加快对外贸易优化升级,推动外贸向优质优价、优进优出转变。**一是通过创新推动外贸升级。**创新外贸发展模式,加强知识产权保护,支持科技创新投资,推进跨国科技创新合作,鼓励个人和中小微企业通过互联网平台参与全球创新,提高传统优势产品竞争力,实现由"中国制造"向"中国创造""中国服务"的跨越。**二是有效规范出口贸易秩序。**完善贸易、产业、财税、金融、知识产权政策,引导企业有序参与国际竞争。支持企业在境外注册商标,开展国际通行的产品、服务和管理体系认证。大力培育出口品牌,支持企业建立境外营销网络,提高出口产品的海外影响力,增强出口议价能力。**三是不断拓展进口渠道。**实行积极的进口政策,积极扩大先进技术、能源

资源、关键设备和零部件进口，适度扩大消费品进口。推动发达国家放宽对我国高技术产品出口管制，提高进口议价能力和进口便利化程度。**四是积极发展服务贸易。**建立健全服务贸易促进体系，深度挖掘传统服务贸易潜力，努力扩大新兴服务质量和水平，大力发展服务外包。稳步推进和扩大服务业对外开放，引进国际优质资源，促进国内市场充分竞争。

（五）坚持合作共赢，积极主动参与国际经济治理

面对国际经贸规则面临重塑的新形势，以更加积极的姿态参与多边贸易体制、自贸区、投资协定等各项谈判，全面参与国际经济金融规则及标准调整和制定，促进国际经济秩序朝着平等公正、合作共赢的方向发展，提高我们制定国际经济规则、引导全球经济议程、提供全球与区域公共产品的能力。**一是维护多边贸易体制主渠道地位。**坚决反对任何形式的保护主义，坚持以对话协商妥善处理贸易摩擦，推动多边贸易谈判进程，建立均衡、共赢、关注发展的多边贸易体制，形成公正、合理、透明的国际经贸规则体系。**二是完善双边合作机制。**创新与发达国家的合作模式，平衡好与发达国家的彼此关切，加强政策协调，增进开放互信，逐步扩大利益汇合点。加强与新兴经济体在全球经济治理体系改革和宏观经济政策领域的合作，实现优势互补、错位竞争，探索更多更有效的合作共赢方式。**三是提高国际经济事务话语权。**推动20国集团（G20）更好发挥全球经济治理平台作用，稳步提高我国在国际货币基金组织和世界银行的发言权和影响力。积极参与涉及我国重要利益的全球性问题国际合作，探索建立由我主导的国际专业组织。

（六）注重防范风险，维护国家经济安全

坚持树立开放的经济安全观，自主把握对外开放的力度、程度和进度，做好开放中的内外统筹和风险防控，牢牢把握对外开放主动权。**一是切实提高经济安全保障能力。**建立系统完备、科学高效的开放型经济安全保障体系，健全体制机制，有效管控风险。综合施策维护好应对气候、生态环保、网络信息、知识产权等非传统安全，提高应急处置能力。**二是有效维护金融安全。**积极稳妥推进人民币国际化进程，健全宏观审慎管理框架下的外债和资本流动管理体系，完善系统性风险监测预警、评估处置及市场稳定机制，防范和化解金融风险。**三是建立产业损害预警机制。**健全产业安全评估体系，丰富贸易调查和贸易救济手段。完善外商投资国家安全审查制度，维护产业安全和发展权益。**四是加强境外中资企业和境外国有资产管理。**完善安全风险预警机制和突发事件应急处理机制，切实保障"走出去"企业的合法权益和境外人员的人身财产安全。

财政部

"十三五"时期我国经济社会发展外部环境

一、"十三五"时期及今后十年世界政治经济发展变化的主要趋势

今后5～10年，世界经济总体上仍将呈持续低速增长趋势，新兴经济体与发达经济体经济实力差距进一步缩小，以中国为代表的新兴经济体板块与以美国为代表的传统发达国家板块，都进入一个新的战略转型和调适期。尽管国际恐怖主义、新的地缘政治热点仍将不断出现，但西方发达国家的主要战略关注点将是应对中国以及其他新兴经济体的崛起。新兴经济体崛起与传统发达国家维护其主导地位之间的博弈将是今后一个时期世界的主要矛盾。

（一）世界经济进入低速增长的"新常态"

本轮国际金融危机爆发后，主要发达国家通过超低利率环境为金融部门提供隐蔽注资，熨平经济周期，但也阻碍了市场经济的自我纠正机制，延长了私人部门"去杠杆化"周期。国际货币基金组织（IMF）、经济合作与发展组织（OECD）预测，国际金融危机后世界经济增长曲线趋向于L型（见图1、图2）。世界经济较长时期处于低速增长阶段，主要是由于结构性因素拖累：一是全球人口红利趋于下降。自1964年以来，人口红利对全球经济年

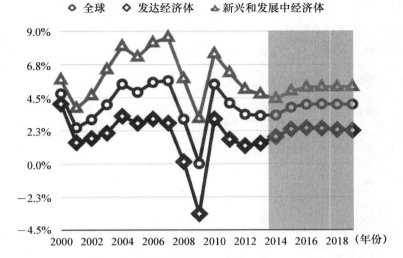

图 1　IMF 全球经济增速预测

数据来源：IMF2014 年 10 月《世界经济展望》数据库。

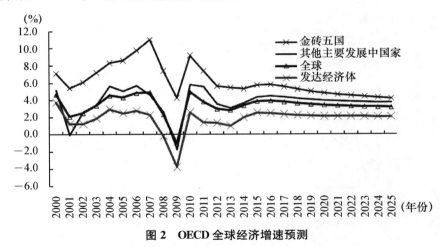

图 2　OECD 全球经济增速预测

数据来源：OECD 数据库。

均 3.5％的增长居功甚伟，贡献率达到 1.8 个百分点[1]。2010 年全球劳动年龄人口占总人口比重已达到峰值，今后这一比重将持续下降。今后十年全球劳动年龄人口增速将显著下滑，全球人口年增长率将从 2000—2014 年间的 1.21％下降至 1.0％；全球人口年龄中位

---

[1]　麦肯锡公司测算。

数将从 2010 年的 28.5 岁提高至 32.2 岁，人口红利进入负值区间（见图 3、图 4）。预计人口红利对年均经济增速的直接贡献率将下降至 0.3 个百分点[1]，并通过储蓄、投资间接影响全球经济需求结构与增长。二是资本积累速度受到资产负债表修复进程的限制。

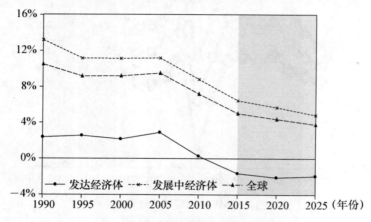

图 3　全球劳动年龄人口增长率预测

数据来源：联合国网站。

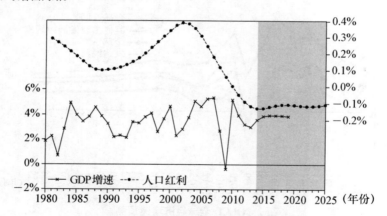

图 4　全球 GDP 增速及人口红利变动

数据来源：IMF 数据库，联合国网站。

目前，主要发达经济体私人部门的去杠杆化进程仍未完成；中国等新兴经济体过去几年一直处于债务上升周期，资产负债表调整才刚刚开始，未来一段时间都可能面临去杠杆对投资活动的压力。三是技术创新是否能够催化经济体系的大规模改造重组，从而提高劳

---

[1]　麦肯锡公司测算。

动生产率，带动全球经济新一轮增长尚存在不确定性。四是全球发展不平衡与收入分配不平衡导致有效需求不足长期化（见图5、图6）。不同发展阶段经济体之间可支配收入差距、经济体内部不同阶层之间可支配收入差距不断扩大，严重限制着全球有效需求增长。

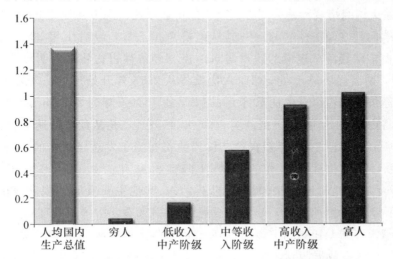

图5 OECD国家人均国内生产总值平均年增长和家庭可支配收入平均占比（1995—2011年）

数据来源：OECD数据库。

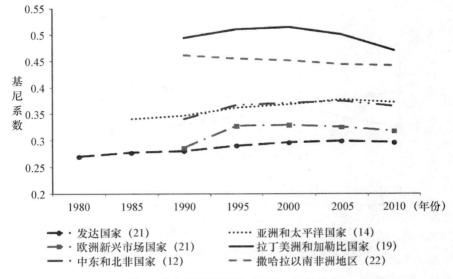

图6 收入不平等趋势（1980—2010年）

数据来源：OECD数据库。

（二）包括新兴经济体在内的发展中国家对世界经济增长的贡献将继续增加

尽管目前美国经济复苏趋势明显，新兴经济体增速出现不同程度下滑，但世界经济重心仍将继续向新兴经济体转移：一是从经济总量上看，今后十年 20 国集团（G20）发达经济体占全球经济总规模的比重与 G20 新兴经济体占比将呈现明显"剪刀差"变化（见图 7），两者经济总量在全球所占比重将从 2018 年开始逆转。OECD 预测，G20 发达经济体经济规模占全球的比重将由 2014 年的 45％下降到 2025 年的 39％；而 G20 新兴经济体将由 2014 年的 39％提高至 2025 年 46％。二是从经济增速上看，主要经济体增速均有所放缓，但 2025 年新兴经济体增速仍相当于发达经济体的 2 倍（见图 8）。G20 发达经济体增速将从 2015 年的 2.6％下降到 2025 年的 2.1％，G20 新兴经济体增速将从 2015 年的 5.6％下降到 2025 年的 4.2％，其他主要发展中国家增速将从 2015 年的 4.4％下降到 2025 年的 3.7％。三是从贡献率来看，中国、印度将是全球经济增长的最大贡献源。据 IMF 统计，2013 年金砖国家整体对全球 GDP 增长贡献占比近一半（见图 9）。据 OECD 数据测算，今后十年中国是全球经济增长最大贡献来源，其贡献率约为 34％；印度约为 14.9％；两国均高于美国 8.8％的贡献率（见图 10）。但印度目前经济总量仅为中国的 1/5，对世界经济格局的影响力与中国相比仍不在同一个层次。

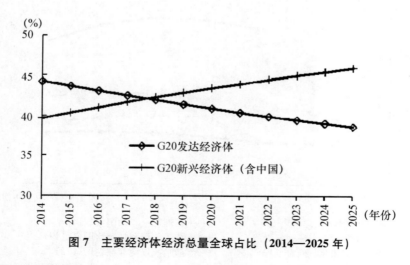

图 7　主要经济体经济总量全球占比（2014—2025 年）

数据来源：OECD 数据库。

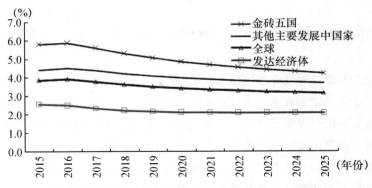

图8 全球及主要经济体经济增速预测（2015—2025年）

数据来源：OECD数据库。

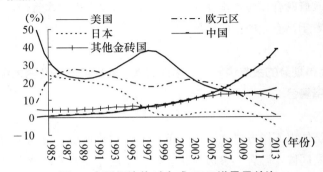

图9 主要经济体对全球GDP增量贡献比

数据来源：IMF数据库。

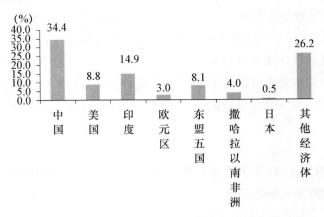

图10 主要经济体对全球增长贡献占比（2015—2025年）

数据来源：北京大学国家发展研究院根据OECD数据库测算。

（三）全球价值链深度整合推动经济全球化进入新阶段

经济全球化的基本趋势没有发生根本改变。跨国公司主导的全球资源配置和国际分工，把不同国家的产业体系紧密联系，形成有机的价值链，推动经济全球化从以最终消费品为载体的贸易全球化阶段、以要素投入为载体的投资全球化阶段，进入以生产过程为载体的生产全球化阶段，产品内国际分工将成为常态，经济全球化进入新阶段。这一阶段，经济全球化将呈现两大特征：一是市场机制和技术进步推动价值链深度整合。现代信息技术以市场机制为基础加速全球普及，尤其是进入大数据时代，物联网的加速发展将推动全球跨境交易迅猛增长，促进价值链的深度整合。二是政府力量强力引导，"有管理的全球化"将成为新常态。各国政府既合作应对全球性挑战、对全球化进程协作管理，又相互激烈竞争、引导经济全球化朝着于己有利的方向发展。

（四）不存在简单划分的敌友边界，发达经济体、新兴经济体及两大经济体内部之间的竞争与合作彼此交错融合

一是各主要经济体以不同方式在不同环节参与全球价值链，彼此利益交融，形成不同程度和形式的利益共同体，融合、渗透与相互依赖是世界关系的新特点。二是价值链的高增加值仍将集中在部分密集使用人力资本和知识资本的环节，发达国家在国际分工中仍将占据高端地位，新兴经济体和发展中国家也在努力向价值链上游攀升，发达经济体与新兴经济体整体竞争关系将趋于升级。三是跨太平洋伙伴关系协定（TPP）、跨大西洋贸易与投资伙伴协议（TTIP）和日欧经济合作伙伴协定的推进加强发达经济体之间的投资贸易合作，美国在发达经济体中的领导地位将进一步强化。四是新兴经济体之间在资源、人口结构、储蓄和投资率等方面的互补性依然明显，产品内分工使潜在竞争领域差异化合作的空间增大，贸易投资合作也将进一步加强，但在全面提升产业价值链进程中的竞争可能加剧。

（五）和平发展是主流，但并不是无条件的；全球性战争可能性较小，但不排除阻断中国经济发展进程的局部战争可能性

和平与发展、合作与共赢仍将是世界的主流。世界范围内发生大规模战争，特别是传统意义上的以争夺领土为目的的世界大战可能性较小。但中国面临的安全形势空前复杂。

美国将中国作为主要潜在作战对象不可避免，不排除美国利用局部战争，特别是围绕南海、东海、朝鲜半岛、克什米尔、藏南等潜在战争因素，干扰我现代化进程的可能。与冷战时期的美苏不同，中美共存于同一个国际体系，美国很难做到打击中国而不损害自身及盟国的利益。针对中国的大规模摩擦乃至战争将对整个世界产生难以估量的损失。而且，在全球化条件下，中国与美西方存在许多合作共赢的空间，应对气候变化、粮食安全、贸易和投资规则制定、金融危机防范、外层空间和平开发、信息安全等领域都需要各方协调配合，共同提供全球和地区公共产品。这些因素将制约美国发动对华战争。

（六）国际货币体系深度调整，国际金融环境更加不稳定

大国相对实力变化导致国际货币体系调整，两大因素将影响未来国际货币环境稳定：一是国际储备资产多元化进程不断推进。美元地位难以撼动，欧元作为集团货币的内在脆弱性严重制约其作用发挥，日元地位进一步下降，新兴经济体货币特别是人民币将逐步进入储备货币行列。二是主要发达经济体政策量化宽松后遗症延续，主要储备货币汇率不稳定。量宽政策旷日持久，使得市场各类利率之间的关系发生系统性变化，升息周期中利率波动性风险加剧，将导致长期利率的超调，带来金融风险和资产价格风险，引发资本流动和汇率的大幅变动，对经济复苏产生损害。

（七）新的生产、生活、增长方式势在必行

新能源，新的信息技术、先进材料、生物科技等领域的技术突破，将改变未来的增长方式与生活方式。一是传统经济增长模式难以为继，亟须科学、技术和产业的革命性突破，来开发新的资源，创新发展模式和发展途径，创建新的生产方式和新的生活方式。二是环境污染将成为国际性问题，生态环境承载压力持续加大，世界能源格局将发生深刻变革，清洁、无污染的可再生能源和新能源将逐步替代部分化石能源，预计到 2020 年、2030 年在能源消费总量中所占比重将分别达到 20% 和 30%，其中又以太阳能为主要能源。新的能源消费结构将改变世界生产、生活方式。三是世界文化的再平衡难以避免。过去几十年，西方"普世"价值标准凭借技术、语言优势加速对全球思想价值体系的控制，但随着环境恶化、地缘政治风险和民族主义问题凸显，世界文化的再平衡难以避免，东西方文明将在冲突、交融中发展，并将影响人们的生活与生产。

二、"十三五"时期及今后十年我国面临的发展机遇和挑战

"十三五"时期总体上和平、稳定的外部发展环境，以及新兴经济体的集体崛起，为中国经济发展带来了巨大机遇。但与此同时，随着中国实力提升，我与其他经济体的竞合关系更加复杂，战略较量、战略布局之争空前激烈。

（一）面临的发展机遇

1. 促进经济长期稳定可持续发展仍是各国首要任务

目前，世界经济复苏仍面临诸多不确定因素，下行风险依然存在，如何促进增长、推进改革、改善民生，实现可持续发展，仍是各国政府的首要任务和各国民众的主要诉求。这种以和平发展为主流的外部环境，将为中国的发展提供相对有利的条件。

2. 中国已经成为国际经济体系的内生变量

中国崛起是今后全球经济格局演变中最具能动性和影响力的因素。从经济规模来看，2014 年中国 GDP 总额为全球第二，约为美国的 60%，OECD 预测 2025 年中国 GDP 总额将超过美国成为全球第一；从发展速度来看，中国经济仍将维持较高增速，远高于发达国家平均水平；从经济开放度来看，中国商品贸易总额、资本流入、外汇储备总额均已居全球第一，资本净流出仅次于美国居全球第二。中国已深度融入世界体系，成为能够影响国际经济环境的重要内生变量。

3. 去中心化趋势为中国经济发展创造了新的和平崛起环境

新兴经济体在世界经济总量中份额逐步提升，在全球治理格局中发挥着越来越重要的作用。由全球少数发达经济体为中心的经济格局，将演化为包括中、印等快速发展的新兴经济体在内的多中心格局，任何单一或少数国家的经济实力、作用和影响趋于下降。这种"去中心化"的趋势，有利于推动国际关系的平等化、民主化，为中国经济发展创造了新的和平崛起环境。

4. 中国将在全球生产价值链中发挥"承上启下"的作用

当前及今后一个时期，中国在国际分工中的比较优势将从低端向中高端转移：一端与发达国家的高科技能力、高端生产能力、低储蓄造成的投资需求、传统的消费需求形成互补；另一端与其他发展中国家的资源、市场及其对资本、适用技术、基础设施、工业化发展的需求形成互补，这种"承上启下"的发展格局将有利于我发挥比较优势，提升在国际经济体系中的地位。

5. 包括新兴经济体在内的发展中国家快速发展为中国提供新的外部需求

这些国家实力的不断成长，将为中国经济的增长提供良好的外部环境，进而为全球供给和需求的增长做出重大贡献。

(二) 面临的挑战

1. 世界经济低速增长给我国经济转型升级带来压力

一是国际金融危机后，我国所面临的国外需求增速放缓、贸易摩擦增多、外需不振将进一步增加我国过剩产能的去库存化压力。二是可利用的国际资本增速放缓，导致我国可资利用的世界资本量将相对不足，将制约我国经济转型速度与质量，进一步增加我国经济转型升级难度。三是主要国家应对经济低速增长的宏观经济政策频繁调整、取向分化，我国结构调整与国际市场对接将面临更多不确定性。

2. 我国与其他经济体的竞争合作关系更加复杂

一是从国际产业竞争看，发达经济体加速推进再工业化、抢占未来技术和产业发展先手，东盟等新兴经济体和发展中国家凭借劳动力成本和自然资源比较优势更深入参与国际分工，二者结合很可能会重塑国际分工体系和生产网络。二是部分发达国家通过高技术产品出口管制、封锁战略资源、强化知识产权规则约束等手段堵截我在科技创新领域的赶超。

3. 国际经济规则变革要求中国承担更多大国责任

国际社会对全球公共产品的需求将有所上升，需要中国扮演更重要的角色或承担更多的责任。中国适应和参与并改善国际经济规则的过程，将是一个内外互动、共同演进的过程，一旦处理不当，以美国为首的发达国家可能让中国过度或过于超前地承担国际责任，也可能引起"中国威胁论"的抬头，造成国际环境的恶化。

4. 文化、思想价值体系的竞争更加激烈

以文化、文明为载体的价值观体系，对全球政治、经济的影响更加深入。不同文明之间的交融、冲突不可避免。中华文化能否在这一竞争中脱颖而出，成为最能影响世界的文明之一，关系到中国的文化、价值理念能否真正被世界所接受、认同。另一方面，以美国为首的西方所宣扬的单一普世价值观，冲击世界各民族传统文化与文明，导致宗教极端主义抬头，恐怖主义思想传播加速，中国周边宗教极端思想向境内渗透，将影响中国安全与稳定。

三、中国的战略定位与政策建议

中国是正在快速崛起的发展中社会主义大国，将在国际体系发挥建设性的、负责任的重要作用，为全球共同和可持续发展做出重大贡献。今后 5～10 年，是我国全面深化改革、实现制度创新和经济转型升级、健全社会主义市场经济基本制度的战略攻坚期，也是决定中国能否在经济、政治、文化、军事等方面成功塑造大国形象的战略攻坚期。这就要求我国对内要突破体制机制瓶颈，化解经济、政治、社会风险，实现可持续发展；对外要逐渐适应大国地位，积极适度地承担国际责任，妥善应对传统大国打压与遏制，维护和平的发展环境，推动传统大国在竞争与合作中逐渐接受中国新兴大国地位。

面对内外机遇和风险挑战，中国要坚持以可持续发展为目标，统筹国际国内两个大局，以扩大开放为手段，以全面深化改革为动力，优化配置国际国内两种资源，实现国际国内两个市场的优势互补和两套规则的相互促进，努力将战略攻坚期打造成中国发展迈上新台阶的又一个战略机遇期。

（一）以发展统领大局

发展既是我国最大的硬实力所依，也是我国最大的软实力所在。一心一意谋发展是中国人民最根本的诉求，是我国最大的政治共识，也是我们的政治优势所在。我发展得越好，应对各种风险和挑战就会有越雄厚的物质基础和越大的回旋余地，我国独特的政治制度、文化传统、经济社会发展道路的感召力和吸引力就越强。为此，"十三五"时期中国必须保持适度的经济增速。经济增速既不能不顾实际而一味求高，也不能太低，突出提质增效。

（二）以开放缓解矛盾

要充分利用我国高储蓄、大市场、强产能、稳货币的优势，以更高水平、更深层次的开放，在激发国内经济发展活力的同时，与世界经济结为紧密的利益共同体，强化对世界经济的正外溢效应，赢得更多发展合作伙伴和同盟者，提高冲突成本。

（三）以改革引领规则

参与国际规则制定和推进国内改革应是相互促进的双向过程。中国参与国际规则制定，应统筹运用好内外两个优势，以内促外，以外促内，以国内改革引领国际规则制定，以国际规则促进国内改革进程和制度创新。国内全面深化改革将大大提高我们参与制定国际规则的能力，只有中国国内的制度创新走在世界前列，才有能力主动引领国际规则的方向，推动国际规则制定朝着有利于我的方向发展。同时，参与国际规则制定也有利于我们学习制度创新的国际经验，进一步促进我国的改革开放。

（四）以担当凝聚共同利益

提供与自身综合国力相适应的区域和全球公共产品，是中国与世界各国结成利益共同体、命运共同体的重要途径，也是我国发挥国际领导力的现实载体。要保持战略定力和耐心，坚持多边主义，在涉及我自身利益和人类共同利益的领域，主动承担力所能及的大国责任。

（五）以大国财政夯实大国地位

财政是国家治理的基础和重要支柱。要构建与大国地位相匹配的现代财政制度框架，完善大国财政功能，发挥好大国财政的影响力。按照大国财政统筹内外的要求，明确国家利益所在，统筹国际国内资源配置，促进市场的双向开放，加强宏观经济政策国际国内协调，加大国内外公共产品的提供，强化规则制定和制度创新，推动提升国际国内治理体系和治理能力现代化水平，防控治理国际国内经济发展中的系统性和结构性风险，促进经济平衡和可持续发展。

（六）以提高全要素生产率增强核心竞争力

通过推动技术进步、制度和管理创新、优化资源配置效率等提高全要素生产率，减缓经济潜在增长率下降速度，促进经济运行进入中高速稳态平台，避免陷入"中等收入陷阱"。要以创新驱动发展。加强创新能力和创新体制机制建设，提升原始科技创新能力。提高劳动力素质和劳动参与率，促进劳动力在地区、部门和企业间的自由流动。进一步简政放权打破垄断，放宽行业准入门槛。提高资本产出率，完善投融资体制，推广 PPP 模式。

（七）以风险管控守住底线

要贯彻新型国家安全观，准确把握我国国家安全形势变化新特点、新趋势，坚持既重视发展问题又重视安全问题，既重视内部安全又重视外部安全，既重视国民安全又重视国土安全，既重视传统安全又重视非传统安全，既重视自身安全又重视共同安全。

（八）以文化创新增强软实力

"立"字当头，整合中国传统文化、中国近现代革命和建设新文化、世界人类文明优秀成果，在开放的世界文化体系中建设现代中国新文化体系和社会主义核心价值观。用创新和建树增强中国在世界文化价值体系中的软实力，增强中华文化价值对世界的辐射、影响力。

商务部

"十三五"时期我国经济社会发展外部环境研究

未来5～10年，世界经济政治格局深刻调整，经济全球化和区域一体化趋势不会逆转，但国际政治、经济、产业、治理等领域将出现新突破，外部环境复杂多变，正负因素多元交织。我国应以理性、稳定的大国思维，把握机遇、应对挑战和不确定因素，营造适应高标准国际规则的法治化营商环境，增强经济发展的内生动能，形成高效的开放型经济发展新格局。在加强自身发展的同时，提高合作、竞争、博弈能力，积极承担大国责任，推动形成合作、开放、共赢的世界政治经济新秩序，为我国经济社会发展营造有利的外部环境。

一、未来5～10年外部环境正负能量交织碰撞

2008年国际金融危机发生以来，世界政治经济格局此消彼长，发达国家在世界政治经济格局中仍占主导地位但实力有所下降，新兴经济体群体性崛起，已从全球的边缘走向中心，成为国际生产、贸易、投资和治理的重要力量。总体判断，未来5～10年，世界政治经济格局将持续变革调整，大国利益与国际竞争格局将发生新变化，世界经济、贸易、投资、科技的上升力量成为主流，全球治理改革继续深化，尽管我国的外部环境依然面临正负能量交织碰撞，但基本面较"十二五"时期有所改善。

（一）政治安全形势错综复杂，"一超多极"政治格局进一步形成

未来5～10年，世界和平与发展的总体趋势不会改变，但国际政治安全形势将错综复

杂，"一超多极"的政治格局进一步增强，传统与非传统安全问题不断爆发。

"一超多极"世界政治格局加深，全球性问题更加突出。未来5～10年，全球政治格局继续调整，美国作为唯一超级大国依然在全球政治格局中发挥领导作用，新兴经济体、其他发达经济体和区域组织将成为国际政治格局多元化的重要力量，以金砖国家为代表的新兴经济体和东盟等区域组织将在世界多极化中发挥更大作用。和平、发展、合作、共赢的时代潮流没有改变，但全球发展不平衡将持续加剧，霸权主义、强权政治和新干涉主义持续上升，粮食安全、能源资源安全、网络安全、公共卫生安全、气候变化等全球性问题更加突出。

地缘政治格局在博弈中调整，第二次世界大战后的国际秩序将持续受到挑战。亚、欧地缘政治调整将成为热点，俄美、俄欧冲突加剧，中美、中俄、中欧关系在动态博弈中将持续得以改善，朝核和伊核问题、巴以和印巴冲突、东海和南海争端将持续存在，并可能成为大国博弈的着力点。

社会问题更加突出，非传统安全威胁加剧。全球性的失业率高企、贫富差距不断扩大，将引发更多社会动荡，对各国政府的社会管理构成新挑战。部分国家的社会冲突有可能演变成地区冲突，威胁整体安全。信息安全、能源资源安全、武器扩散、疾病蔓延、民族分裂主义、宗教极端势力、暴力恐怖势力、跨国犯罪、海上安全等非传统安全因素将对全球形成严重威胁。

（二）世界经济继续复苏，调整与变革态势延续

全球经济复苏总体态势好于"十二五"时期，但复苏进程呈现阶段性特征，世界经济格局继续深入调整，发展动力发生变化。

世界经济中低速复苏，中、印、美成为增长新动力。世界经济增速将由低向中走高，受欧盟经济拖累未来3年将继续低速增长，之后提高到4%左右。中、印、美将成为未来世界经济增长的引领力量。科学技术对经济增长的贡献增大，并将深刻影响国际分工格局。绿色发展成为全球趋势，绿色产业的贸易投资将增多。制度创新释放更多市场活力，提高经济运行和国际合作效率。

主要经济体发展分化，世界经济复苏呈非同步、非对称特征。美国复苏态势良好，新技术引领的再工业化、出口倍增计划、扩大就业计划等不断推动美实体经济较快发展，"十三五"后期GDP有望达到4%左右。受欧债危机、乌克兰局势和欧元区货币财政政策内在矛盾等内外因素制约，欧洲经济近两年复苏迟缓，而随着欧盟协调力度加强，"十三五"后期经济发展有望提速，逐步恢复到2%～3%。日本经济缺乏新支点，增长疲弱，在世界经

济中的地位将继续削弱。新兴经济体总体快速增长，但呈分化势头。中国、印度等将保持7%左右的中高速增长，俄罗斯、巴西等受国际大宗商品价格波动影响，经济增长不稳。欠发达国家在消除贫困、应对自然灾害等方面继续面临严峻挑战。

（三）国际贸易中低速增长，格局和规则加快调整

受世界经济增速放缓、国际产业重构和区域合作增强的影响，国际贸易增速大致与世界经济增速同步，总体低于危机前水平。预计"十三五"时期国际贸易增速区间为3%～5%。

国际贸易规则体系将大范围调整，区域协定影响力大增。多边贸易体系在困难中发展，推进方向发生变化，贸易便利化进程快于贸易自由化，由此将推动国际贸易规模小幅增长。由大国主导的区域贸易安排成为推动国际贸易的主动力，但主力量发生更替，跨太平洋伙伴关系协定（TPP）和跨大西洋贸易与投资伙伴协定（TTIP）在贸易增量上将超越北美自由贸易区和欧盟等，成为推动世界贸易的新引擎，亚太地区在世界贸易中的作用将更为突出。

国际产业分工体系继续调整，影响全球价值链体系重构。受新技术革命和区域贸易协定的影响，国际分工体系从全球网络化布局向区域性产业集群集结，远距离产业内贸易减少。发达经济体继续发挥主导作用，但新兴经济体地位有所提升，甚至发挥局部主导作用。

贸易结构继续优化，大宗商品贸易持续回稳。随着国际货物贸易增速放缓和服务业市场更加开放，国际服务贸易增长继续加快，占全球贸易比重进一步提升，有望达到1/4，成为推动国际贸易增长和结构调整的新动力。国际大宗商品市场供需环境发生变化，大宗商品贸易增速放缓，价格中低位震荡。

贸易保护多样化和隐形化发展，保护手段呈非传统化特征。除反倾销、反补贴等传统手段之外，贸易保护主义不仅在市场准入环节对技术性贸易壁垒、劳工标准、绿色壁垒、碳排放等方面的要求越来越苛刻，而且贸易争端也更多出现在出口环节，特别是针对征收出口税、设置出口配额等出口管制手段的贸易摩擦增多。

（四）国际投资震荡复苏，热点与方向发生转换

投资规模回升，增速不稳定。受世界经济复苏和国际产业重组带动，国际直接投资流量将波动回升，到2020年有望恢复到危机前2万亿美元的水平，成为振兴世界经济的重要

力量，国际直接投资在全球资源配置中的作用进一步提升。

投资结构继续优化，各国座次发生变化。随着新一轮产业结构调整和基础设施建设高潮兴起，高新技术产业、基础设施、能源资源等持续成为投资热点，中低端制造业继续向发展中国家转移。新兴经济体和发展中国家继续保持吸收外资主体地位，占全球吸收外资50％以上，发达国家可供跨国并购的机会趋多。发达经济体依然是对外投资主力，新兴经济体对外投资更加活跃，中国、俄罗斯、印度在全球排名提升，中国有望超过日本成为世界第二大资本来源国。

规则体系更加完善，全方位开放与高水平约束并举。多边投资协定谈判继续推进，区域和双边投资协定数量增加，投资自由化和便利化标准显著提高，不仅要求更加开放和准入前国民待遇，而且涉及环境、人权、国企改革等新内容。主要经济大国的国内规则对国际投资规则的影响力显著扩大，引导投资回流和鼓励资本输出的政策并存。国际投资风险呈现多方位、立体化特征，非经济因素的影响日益凸显。除市场风险和法律风险外，政治风险、安全风险、社会风险日益凸显。

（五）国际金融体系深刻调整，新力量催生新格局

国际金融体系变革与调整将产生实质性变化，世界银行、国际货币基金组织和G20等多边机构继续引导各国宏观审慎监管和国际合作，国际金融监管将更加严格，国际金融市场基本稳定，金融环境总体好于"十二五"时期。金融市场运行主体和治理模式将有所突破，亚投行和金砖国家银行等将逐步发挥区域影响力，我国引导的多元、平等、合作的机制和模式将对美国一家独大的既有格局形成补充。主要发达经济体货币政策将逐渐回归中性，但需承受消除前期量化宽松政策的阵痛。受世界经济复苏和分化调整的影响，美元将继续主导国际货币体系，欧元的超主权货币地位受到挑战，人民币将逐渐超越日元和英镑成为仅次于美元和欧元的全球第三大支付货币。同时，一些国家经济复苏蹒跚、下行压力增大和量化宽松政策调整，促使这些国家汇率贬值，对国际贸易竞争格局影响加剧。

（六）国际能源市场结构调整，竞争格局发生变化

国际能源市场规模趋向平稳扩张。国际能源市场将出现新一轮调整，能源需求增长趋稳，能源结构调整加快，全球能源格局发生新变化。随着中国等新兴经济体发展放缓，"十三五"时期全球石油需求增速将明显低于金融危机前水平，国际能源署预测报告数据显示，2015—2019年世界石油需求年均增速预期为1.2％，低于2001—2007年的1.9％。

国际能源结构加速调整。 页岩气革命加快对传统能源的补充与替代，并扩大至美国以外市场；核能、太阳能、风能等清洁能源的应用更加普遍，多元能源并存格局逐步形成，但油价低迷影响新能源开发利用。

国际能源贸易版图加快重构。 中国将分别取代美、韩成为全球最大的石油和天然气进口国，因煤炭需求高峰已过，导致全球煤炭贸易增速放缓。美国在页岩气革命中继续受益，不仅能源进口减少，且有可能成为能源出口大国。石油输出国组织（OPEC）成员和俄罗斯依然是主要石油出口国，但随着新产油国出口增加，其国际市场份额将有所下降。

国际能源的金融和政治属性有所减弱。 在国际需求疲软背景下，主要石油出口国为维持市场份额将加大价格竞争力度，2015 年开始石油价格将震荡回升，但难以恢复到危机前的峰值水平。随着美国经济复苏稳健和退出量化宽松政策，强势美元将使以美元计价的国际油价承受较大压力，国际投机资本针对能源衍生品交易进行的炒作将有所收敛。同时，国际政治事件和局势对油价的影响将出现拉升或打压的双向特征。

（七）新一轮科技革命正在酝酿突破，深刻影响全球产业发展格局

科技创新多点突破，产业化发展加快。 新科技革命推动全球产业发展，将呈现五大趋势：一是页岩气开发利用、可控核聚变、风力发电、光伏发电、生物质能源、高能蓄电装备等新能源技术取得突破，能源输送效率、稳定性、安全性和智能化技术全面提升，信息技术与新能源技术的结合将产生新型工业模式。二是纳米材料、高温超导、记忆合金等新型材料更加绿色、高效，绿色生产、绿色产品、绿色消费逐步成为主流。三是大数据、云计算、移动互联、物联网、工业互联网等信息技术广泛应用，3D、4D 打印等新的生产工艺不断出现，消费者更多参与设计和制造过程，智能设计、智慧工厂、定制化生产等将成为制造业的时代特征。四是高速轨道交通、航空航天、深空探测技术等将重新定义全球地理区位和地缘格局，促进跨国产业链和价值链重构。五是智能管理将极大提高企业生产和经营效率，催生新的生产组织形式和管理模式。

科技和产业革命促进经济增长，影响贸易投资格局重塑。 新一轮科技和产业革命将为全球贸易投资持续增长提供不竭动力，智能、绿色和跨界产业将成为全球贸易和投资的新热点。全球价值链体系更加深化细化，核心技术和知识产权在国际分工和国际贸易利益分配中更加重要。发达国家凭借技术、产业优势继续主导国际分工和全球贸易投资格局，部分新兴经济体在若干领域取得突破，将形成竞争新优势。知识产权和独立专家的跨国流动等内容将在国际贸易投资规则中达成新共识。

　　（八）全球治理与区域合作加强，提升治理效率

　　全球治理主体更加多元，内涵更加丰富。联合国、世贸组织、国际货币基金组织和世界银行等现有多边机构仍将继续发挥重要作用，但 20 国集团、亚太经济合作组织（APEC）、金砖国家等对话平台地位提升，欧盟、东盟、非盟、拉共体、阿盟等区域合作平台实质性作用凸显，美国主导的 TPP 和 TTIP 等区域合作协定将对全球治理产生直接影响。全球治理范围更广，从贸易投资、军控、减贫、人权、气候向金融、海洋、极地、太空、网络、反恐、公共卫生等领域拓展。全球治理内涵加深，劳工标准、反腐败、知识产权、环境保护、国有企业、信息披露、政府采购规则等成为全球治理的新热点。市场运行规则、贸易和投资规则、竞争规则标准提高，市场准入负面清单模式得到更广泛接受，投资者和东道国政府间的争端解决机制逐渐形成。

　　全球治理斗争博弈不断，但更加注重协调合作。全球性问题更加多元复杂、相互交织、相互影响，促使全球治理的层级和协调方式发生新的变革，各类机制间的交叉互动效应明显。一是多边机制对全球性问题的决策能力和地位继续弱化，更多承担协调职责和角色。二是区域次区域合作机制影响力逐渐加强，在全球治理中更多表达自身利益诉求。三是非约束性对话平台的创新性和倡导性作用增强。四是新型大国关系重构，中美、美俄、美欧、俄欧、中印等关系影响全球治理新时代。政治外交和经济合作在维护国家核心利益中的作用增强。

二、我国面临的外部机遇与挑战发生新变化

　　未来 5～10 年，国际政治、经济和安全局势错综复杂，但外部环境总体有利，我国发展仍将处于可以大有作为的重要战略机遇期，但发展机遇的内涵与外延都将发生重大变化。

　　（一）拓展大国政治外交空间的机遇和挑战

　　美、欧、日、俄、印等主要国家（地区）将继续加强全球战略调整，美俄关系恢复尚待时日，欧盟和北约东扩引发地缘政治冲突，叙利亚问题、伊朗核问题、朝鲜半岛无核化以及我周边国家间及其国内矛盾冲突等，需要我国提升大国外交影响力。

但也要看到，由大国战略调整导致的地缘政治格局重构，对世界经济走势和我国发展造成的影响难以预料。我国与主要大国力量对比变化迅速，互动方式彼此不适应，西方国家对我矛盾心态和战略疑虑将持续加剧，影响我国发展空间。此外，我国面临国际安全形势的严峻挑战。在传统安全方面，我国周边安全面临多元威胁和复杂挑战，不排除发生危机、局部冲突的可能。在非传统安全方面，我国海外利益面临更大风险，三股势力对我国安全构成长期威胁。在意识形态方面，"颜色革命"和"民主化浪潮"花样翻新、手段多元，对我国形成包围圈，"东西对抗""南北冲突"向新的领域延伸。

（二）加快科技创新和产业转型升级的机遇和挑战

新一轮科技革命和产业变革，将促进全球性产业结构大调整，推动世界经济向知识经济、绿色经济、低碳经济转型，有利于我国发挥科技能力资源丰富、资金实力雄厚、市场需求巨大等综合优势，破解日趋严重的资源环境等瓶颈约束，改造提升传统产业，走出一条新型工业化道路，为我国后来居上、实现跨越式发展，提供了难得的历史机遇。

但也要清醒地看到，我国正处在工业化中期，科技水平、创新环境及成果转换相对落后，市场体制不完善，传统产业改造尚未完成，信息技术革命和绿色科技革命的态势尚未形成。全球新一轮科技革命和产业变革迅速发展，有可能使我国低成本制造优势继续弱化，并在科技创新和新兴产业发展方面与发达国家的差距进一步拉大。

（三）建设对外贸易强国的机遇和挑战

全球贸易缓慢增长，贸易结构不断调整，贸易环境错综复杂，但总体来看，我国已处于从贸易大国迈向贸易强国的重要战略机遇期。一是世界货物贸易规模持续扩大，我国保持外贸稳定发展、巩固和扩大国际市场份额的空间仍然较大。二是国际贸易商品结构继续优化，在加工贸易趋减的同时一般贸易占比提升，有利于我国扩大自主品牌、自主知识产权、自主营销渠道出口，实现价值链跃升。三是国际贸易方式不断创新，有利于我国加快发展跨境电子商务、贸易和投资互动发展，打造外贸新增长点。四是新兴经济体和发展中国家需求增大，有利于我国外贸市场多元化发展，拓展国际空间。

但也要认识到，世界经济将呈现非均衡增长，各国经济出现走势分化、周期错位、结构重叠的现象，各种不确定因素更加凸显，世界经济增长对贸易的拉动作用减弱。尤其是欧元区经济复苏前景扑朔迷离，成为影响未来 5～10 年世界经济和我国外部市场的最大不确定因素。

（四）建设双向投资大国的机遇和挑战

当前，跨国投资恢复上升趋势，发达国家和发展中国家均积极扩大吸收国际投资，同时我国"准入前国民待遇＋负面清单"开放模式广为接受，服务业持续开放，将为我国大规模走出去和高水平引进来创造有利机遇。一是我国的产业基础、市场规模和制度创新将更受国际资本关注。二是资本和外汇储备优势、产能过剩和资源短缺不断增强，成为我国对外投资的内生动力。三是"一带一路"战略的全面实施，将为贸易投资创造巨大发展机遇。四是中美、中欧双边投资协定（BIT）谈判加快推进，投资自由化水平和风险防控能力提升。

但也要看到，我国在新型国际分工体系中面临严峻形势。由发达国家再工业化和新技术革命引发的全球产业分工体系调整，使高端制造业和战略性新兴产业向发达国家聚拢，新兴经济体工业化和城镇化对传统制造业形成新的吸引力，由此导致国际资本向发达经济体回流和被新兴经济体分流并存，我国面临产业竞争和资本争夺的双重压力。

（五）推进金融改革与发展的机遇与挑战

国际金融体系深刻调整，为我国深化金融改革和扩大开放提供了重要战略机遇。相对稳定的国内外经济金融环境，为我国推进民营银行、互联网金融、资本项目可兑换、利率汇率市场化、国际货币合作等方面改革开放提供了机遇。国际货币体系调整和我国贸易投资大国地位的确立为人民币国际化带来机遇，人民币在国际贸易结算、国际资本市场和国际储备中成为重要国际货币。

但是，受部分国家经济低迷和政治安全形势影响，国际股市、汇市继续动荡，我国资本市场开放和人民币国际化面临的外部风险将持续增加，汇率变化对我国经济、外贸、双向投资发展的影响增大。

（六）深度参与全球经济治理的机遇与挑战

随着我国更深融入世界经济体系，国际规则的演进取向对我国改革开放影响加深。特别是多边、区域和双边协定规则朝向高标准保护劳工权益、环境、知识产权、竞争中性政策等方向发展，涉及政治、经济、社会、文化等多领域，对我国扩大开放和深化改革进程将同时产生正向和负向影响。全球治理体系变革为我国深度参与全球治理，引领国际规则、国际标准和重要商品价格走向提供了机遇。一是在世界贸易组织、国际货币基金组织、世界银行和20国集团等多边经贸治理舞台发出中国声音，参与国际治理体系建设更加深入。二是引领"一带一路"、亚太自由贸易区等区域经贸合作方向，话语权和主导权进一步增强。三是亚洲基础设施投资银行、丝路基金、金砖国家开发银行的全面运营和影响力提升，对弥补现有全球经济治理体系缺陷、提升我话语权，将发挥越来越重要的作用。四是我国重要商品和原材料国际交易中心建设加快，大宗商品国际市场定价权增强。

但是，我国在参与和引领国际规则重构中也面临竞争激烈和能力不足的挑战。一方面，TPP、TTIP等将成为美欧全球战略的重要抓手，中国如何应对全球治理规则和政治理念博弈带来的各种压力，是我国无法回避的挑战。另一方面，全球重要议程、机构以及经济条约对实现大国利益日趋重要，但我国在全球治理重要规则的制定、多边和区域组织运行制度创新、全球和区域性问题的政治主张方面仍需加强。

三、以大国思维谋划战略定位和战略布局

未来5～10年，我国应顺应外部环境变化大趋势，采取有效措施，全面提升政治、经济、军事、文化等实力，更大程度地参与国际政治事务和经济合作。在新的起点上，以主动性、包容性、创新性的大国思维布局全球战略，积极调整对外政治经济目标，全面提升我国际地位，在维护我主权、安全、发展利益的同时，向国际社会输入更多正能量。

（一）坚定不移推进大国外交

树立全球性大国崛起的政治目标，根据外部环境和国内发展需要及实力，坚持战略上"韬光养晦"、战术上"有所作为"，争做世界格局多极化的重要一极。抓住国际政治安全体系重塑的机遇，倡导多样均衡、和谐共存的国际政治理念，做世界政治体系的塑造者。在议题选择、规则制定等方面发挥建设和主导作用，成为全球多边和区域合作的中流砥柱，成为发达国家与发展中国家沟通与合作的制衡者和协调者。兼顾国际社会的共同利益，扮演好大国角色，成为维护国际安全、化解国际冲突的重要监督者和斡旋者，推动建设持久和平、共同繁荣的有序世界。

增强大国政治经济博弈能力，提升与我经济实力相适应的国际事务主导、担当和协调能力。一是要主动提出我国的国际政治、经济事务主张，提高政治、经济、文化的国际影响力和辐射力。二是深入研究大国博弈的技术手段、谈判方式，增强处理大国间关系的灵

活性，加强与美欧俄印等大国（地区）的机制性协调，在政治、经济、军事、安全等方面达成更多共识，深化合作。三是加强与发展中国家尤其是周边国家的合作，增进了解与互信，为其创造发展机遇，换取在国际和周边问题上的主导地位。四是加强国际危机管理，强化应对突发事件的能力，保护我国海外利益。

（二）深度融入全球经济体系

继续坚持以开放促改革、促发展，更高水平融入并塑造世界经济体系，推动国际化和市场化良性互动。一是要提高国际化水平，既要实现传统的贸易投资经济合作的扩张，更要加强市场、产业、体制机制的国际化。二是要加快推进市场化进程，通过国际化推进要素流动的市场化改革，通过国际化化解改革深水区潜藏的风险。三是要加大开放力度，以自主开放和制度性开放相结合创新开放模式，通过自由贸易试验区的示范作用推广负面清单管理模式，以对外开放促进国内改革。

坚持互利共赢、共同发展，带动区域经济增长，扩大在全球经济中的份额。强化包容型大国形象，理性承担经济大国责任，推动削减国际贸易投资壁垒，成为多边、区域和双边规则的建设者和有效利用者。加强市场准入和双向投资的交涉、磋商、合作、监管，提高双向质量。深化大国合作，加强周边合作，推进与发展中国家的产业链合作，以中国对外贸易投资合作的稳定增长推动世界贸易投资合作的稳定增长，推动国际经济绿色发展、均衡发展。

拉紧"一带一路"利益纽带。以"一带一路"建设为抓手，构筑区域合作的长远战略布局。一是要处理好长期利益与短期利益的关系，战略利益与商业利益的关系，逐步扩大对"一带一路"沿线国家的政治、经济、军事、安全、文化等影响力。二是要推动沿线国家标准一致化和贸易投资便利化，努力扩大与沿线国家的贸易投资总量，构建利益共同体。三是要做好重点产业和重点项目布局，确立重点合作伙伴，设立示范样板，打造核心"朋友圈"。

（三）培育国际竞争合作新优势

转变对外经济发展方式，全面提高开放型经济水平。一是要培育中国外贸的创新发展、经营管理、营销网络、集聚发展优势。二是要建设法治化、国际化、便利化的营商环境，增强吸引外资能力，提高外资的利用效率和质量水平，鼓励外资流向中高端制造业和现代服务业，厚植中国开放型经济新动能。三是推动中国服务走向世界，树立"中国服务"的国际品牌。四是引导对外投资企业把握国际竞争的新理念新规则，提高对外投资效益，培育中国跨国公司。

打造跨国产业体系。抓住第三次工业革命和产业重组的战略机遇，强化产业链优势，积极向境外延伸产业链，构建全球生产网络。一是要支持和鼓励向外转移中国制造业。二是要完善境外经济合作区、边境经济合作区建设，将我国成熟、有竞争力的产业向外延伸。三是在"一带一路"沿线国家选择对华关系比较好、资源优势突出、政局稳定的国家建立产业合作基地，推动以我为主的产业链合作机制。

构建自由贸易区网络。立足周边、面向全球，构建区域合作战略版图。一是夯实和升级现有自贸协定，把谈判成果转化为现实利益。二是加速推进商谈中的自贸协定，扩大和深化同相关利益方的合作交汇点。三是研究和推动中欧、亚太自贸协定谈判，对冲美国主导的"两洋战略"对我形成的挑战。

（四）提高防范应对外部风险能力

把经济安全视为核心利益对待，提高风险的可控性。一是及时化解可预见的风险，包括地区冲突和地缘政治风险、大国竞争风险、贸易摩擦风险等。二是及时识别和应对隐性风险，加强中长期风险跟踪研究，建立风险预警和处理机制，设立应对风险工具箱。三是重点防范金融开放风险，特别是人民币国际化和国际资本流动中潜藏的系统性风险。

纵观未来5～10年，我国发展的外部环境错综复杂，机遇和挑战并存，国际政治安全局势对经济发展影响加深，一些不确定因素变幻莫测，需要进一步跟踪研判、因势利导、趋利避害。我国应建立跨部门协调机制，根据经济社会发展的需要，从战略和策略两个层面深入研判形势，采取有效措施，把握机遇、应对挑战、化解风险，为实现第一个百年奋斗目标、全面建成小康社会营造有利的外部环境。

中国人民银行

"十三五"时期我国经济社会发展外部环境

一、"十三五"时期全球地缘政治演变格局

（一）地缘政治热点板块处于轮动阶段

"十三五"时期，全球地缘政治将处于热点板块轮动、焦点区域不断凸显的时期。

一是美欧俄三角博弈关系日益凸显。在美国总统选举和经济复苏进程加快背景下，经济制裁优于军事干预将可望成为美国政府主要策略选择。欧元区经济低位震荡弱势复苏，迫使欧盟不得不评估经济制裁的负面经济冲击，其中期策略是从俄罗斯对立面演变为道义对立与美俄间政治调停者。

二是中东局势日趋复杂。伊斯兰国（IS）所代表的宗教极端主义与颜色革命互为因果，北非所发生的突尼斯、利比亚、埃及颜色革命以及此后美军撤出阿富汗、伊拉克，在一定程度上导致了权力真空和此后极端势力的趋势填补。

三是亚洲-环太平洋局势趋于缓和。从战略优先顺序看，美国首要解决的是近东和中东问题和朝鲜半岛的紧张局势。俄罗斯需着力突破内政外交军事经济困境，尤其是国际油价低迷对其贸易平衡和国民收入的影响。日本仍需继续实行安倍经济学应对国内经济衰退。中国则面临稳增长、调结构、促改革、惠民生、防风险的全面经济社会改革任务，对能源、资源等大宗商品需求的变化将对俄罗斯、印度和澳大利亚等资源国经济周期产生影响。

（二）我国面临较为宽松的国际政治经济环境，仍需关注国际大宗商品价格波动

一是外部政治环境趋于宽松。亚洲-太平洋局势趋于缓和将为我国落实党的十八届三中、四中全会所确定的全面深化改革、依法治国方略赢得宝贵的时间与空间。

二是全球大宗商品价格波动加剧。从历史上看，地缘政治冲突和区域不稳定是导致国际石油价格剧烈波动的重要原因。1974年第四次中东战争、1984年两伊战争、1992年海湾战争与三次石油危机相伴随，突出表现是国际原油价格大幅上升。但是，最近相继发生的俄罗斯与乌克兰冲突以及伊拉克和叙利亚内战，均未能阻止国际油价大幅下跌趋势，这是值得我们密切关注的重大变化。页岩油气和可再生能源等技术革命、总需求和需求结构性变化、金融衍生品市场演变和美元等主要货币汇率变动对油价的影响不容忽视。我国原油自给率约为40%，需持续跟踪研究国际原油和其他大宗商品价格波动对实体经济运行、通货膨胀和国际收支的影响。

二、"十三五"时期全球经济总量与结构性演变

"十三五"时期，世界经济发展中不稳定和不确定因素增多，但仍有可能出现一个较为平稳和平缓的发展期。各国经济复苏进程不一，结构调整深度不同，技术革命引致分工体系深刻调整。

（一）总量：世界经济可能呈现低增长、低通胀态势

一是人口老龄化趋势加快，会通过劳动人口减少和家庭储蓄下降等供给方面的因素影响世界经济增长。人口老龄化引起储蓄下降，造成全球投资增幅下降；世界经济总体趋缓，国际竞争加剧，贸易摩擦增加，造成全球净出口增长趋缓。投资和净出口波动将会从总需求端影响世界经济增长。

二是美国复苏进程加快，国际资本流向正在发生逆转，美元升值形成全球性供给冲击型通货紧缩风险。"十三五"时期，如果国际资本大量回流美国市场，将从根本上改变2002年以来美元汇率的贬值趋势、打破2008年以来美元汇率的盘整局面，推动美元进入新一轮升值周期，并由此造成国际大宗商品价格在较长时期内震荡下行。上游产品价格压迫全球通胀压力逆转，通缩预期加强，通缩风险积累。

（二）增长与政策的结构性特征：发达经济体与新兴市场格局演变

一是世界经济缓慢而坚定地走向复苏，发达经济体增长领先于新兴市场。"十三五"时期，以美国为首的主要发达国家经济增长速度加快，欧日低位震荡弱势复苏，将替代前十年金砖国家，成为世界新一轮增长周期的带动力量；美欧日通过此次危机的去杠杆化，挤出金融泡沫，经济结构进一步优化；通过再工业化和出口倍增计划振兴制造业，回归实体经济，增长效率提升。发展中国家增速放缓，但在全球经济中所占的比重将继续提升。一些国家改革愿意下降、赶超潜力减弱，面临"中等收入陷阱"问题；一些过度依赖大宗商品出口的发展中国家可能出现经济衰退。从整体看，在过去较长时间内，发展中国家保持经济高速增长，有力地带动了世界经济发展；"十三五"时期，发展中国家的经济增长面临调整，发达国家可能再次成为全球经济的领头羊。

二是发达经济体与新兴市场政策取向分化。主要发达国家将继续维持较为宽松的货币政策，发展中国家的货币政策可能出现分化。"十三五"时期，尽管主要发达国家将会相继进入加息周期，但是，为了促进经济较快恢复和平稳增长，加之低通胀因素，各国中央银行可能坚守较低的基准利率水平。发展中国家的经济增长波动增大，其财政货币政策将在稳定增长与稳定金融市场间出现目标分化，但低利率政策仍然会是多数中央银行的选择。

（三）产业结构：全球性要素和分工重组

基于G20匹兹堡、华盛顿峰会所确定的全球经济再平衡战略和美国推行的"再工业化"策略，目前全球正处在由新能源、新材料、生物工程、移动互联网与大数据、云计算等所引领的第三次产业革命中，要素重组和产业链重构将推动"十三五"时期的经济结构调整。比如，美国制定了《美国创新战略》，引导企业回归实体经济，大力发展制造业，实施出口倍增计划。欧盟发布了《欧盟2020战略》，提出未来十年的智慧增长、可持续增长、包容性增长计划，确定了就业、研发、气候变化、教育、减贫等五大目标。日本公布了《2020年增长战略》，提出了环境及能源、科学技术和人才培养计划。韩国发布了《创造经济战略》，提出实现从追赶型经济增长模式向领先型经济增长模式转变要求。

第三次产业革命具有以下特征：一是科技创新重心从科研机构向企业转移，以风险资本、众筹为代表的金融市场集成创新缩短了实验室原创性创新的产品化、产业化进程。分工由科研机构-企业转向全球企业跨区域内部分工、企业技术要素和金融市场要素的高度结合。二是各国以财政扶持、低长期融资成本等综合性产业政策支持技术进步和科技创新。

三是通过中小企业支持政策、风险投资政策和政府采购政策等，推动企业技术创新活动。四是充分发挥企业在科技创新中的主体作用，使科学技术成为企业发展的核心要素。

（四）全球增长总量与结构性特征对我国经济的影响

一是竞争力冲击。第三次技术革命和发达国家的"再工业化"对传统的制造国-消费国体系形成冲击，需要高度关注我国产业竞争力所承受的负面压力，以及长期依赖货物贸易所面临的国际收支失衡问题。

二是供给冲击。能源革命和信息技术革命将塑造大宗商品价格波动和输入型技术冲击；油价波动对我国的能源产业的负面影响不容忽视，大数据、云计算对我国既有信息技术的革命性冲击及所形成的"创造性破坏"应有评估。

三是需求冲击。美国与欧洲、日本的非同步复苏，对全球货物流、服务流和资本流构成深刻影响，包括中国在内的新兴市场和转型经济体将承受经济增长、就业和国际收支等多重压力。

三、"十三五"时期国际贸易投资规则变化、国际货币体系改革及国际金融监管变革的趋势

（一）国际贸易投资规则新变化

近十年来，全球生产网络的形成和发展成为国际贸易的主要载体。传统贸易模式是商品交易的国际化；新贸易模式是生产过程的国际化，即商品、投资、劳动力等在全球生产网络中跨境流动。生产的一体化要求各国政策取向和技术标准逐步趋同，这就需要用新的国际贸易规则来处理商品和要素的跨境流动，国际贸易规则开始从"边境规则"向"边境内规则"扩展。换言之，传统的国际贸易规则主要是用来打开国家与国家之间的"边界限制"，主要工具是贸易壁垒、倾销和关税；新国际贸易规则主要是用来打开一个国家的"边界内限制"，主要工具是制度、政策和标准的全球一体化，对一国的国有企业、知识产权、劳动保护和环境标准等国内规则提出顺应国际通行原则的修订要求。

"十三五"时期，随着全球经济结构调整，传统国际贸易规则已经无法适应以全球价值链为代表的新贸易模式，新兴经济体的崛起也对传统全球贸易治理结构提出挑战。美国等发达国家通过主导跨太平洋伙伴关系协议（TPP）、跨大西洋贸易与投资伙伴关系协议（TTIP）、服务贸易协议（TISA）等贸易投资协定谈判，试图主导新的国际贸易和投资规

则。这在对我国经济发展构成挑战的同时，也提供了新的机遇。

（二）国际货币体系变革

布雷顿森林体系解体后，国际储备货币初步多元化，但以美元为中心的国际货币体系并没有发生实质改变，超过半数的国际贸易与投资仍以美元计价。在国际金融市场和国际大宗商品市场对美元的高度依赖，多数新兴市场经济体实行以美元为核心的汇率制度背景下，美联储货币政策的溢出效应十分显著，国际货币体系改革具有客观基础和共识。"十三五"时期国际货币体系改革的基本方向是国际储备货币渐进、可持续多元化，其中人民币国际化是国际货币体系改革的重要推动力量。随着人民币加入国际货币基金组织特别提款权（SDR）货币篮子，有利于更好地发挥特别提款权（SDR）稳定国际收支的作用。

（三）国际金融监管体制改革

一是监管模式转变。全球金融危机是国际金融监管体制改革的直接动因，国际主流监管理念从宏观调控与审慎监管两大支柱转向宏观审慎管理、微观审慎监管和金融消费者保护三大支柱。主要经济体从危机前单纯注重机构监管、微观审慎监管转向宏观审慎管理与微观审慎监管统一、审慎监管与行为监管并重的新模式。基于目标监管理念的新监管模式，较好地兼顾了机构监管和功能监管的优势，在澳大利亚、荷兰、美国、欧盟、英国、南非等国家（地区）得以实行。

二是加强中央银行金融监管职能。危机后，主要发达国家的宏观审慎管理与微观审慎监管日趋统一于中央银行。一方面，针对系统性金融风险防范，平衡顺周期的审慎监管与逆周期的宏观调控，多数国家组建了由中央银行牵头的金融稳定委员会或系统性风险委员会，统一协调金融监管机构活动。另一方面，针对系统重要性金融机构和交叉性金融业务监管空白，主要经济体赋予其中央银行全部或部分金融监管职能。美联储负责系统重要性金融机构监管；英格兰银行重新负责审慎监管；欧盟将实行单一银行监管体制，欧洲央行对欧盟全部130家系统重要性银行直接实施监管，并保留直接监管其余6 000家商业银行权利；俄罗斯所有金融机构监管权统一回归中央银行。

三是美国和英国等发达国家针对综合经营发展趋势，将继续落实结构性改革措施。美国出台《多德-弗兰克法案》，推出"沃尔克规则"（Volcker Rule），明确了自营交易范围，其中承销、做市、风险对冲、交易政府债务等可从自营业务中豁免，允许外资银行机构在交易决定及主要风险发生在美国境外时，从事自营交易；限制银行投资对冲基金和私募股权基金的规模。允许银行以不超过一级资本的3%投资于对冲基金和私募基金，并且在每只基金中的投资不得超过该只基金募集资本额的3%。英国提出了围栏规则，规定最基本的银行零售业务由独立法人的银行（围栏银行）专门承担，把这些业务圈护起来，严格禁止围栏银行从事绝大部分的投资银行业务；围栏银行仍在金融集团的框架内，保持法律地位、业务运营、公司治理结构的独立性，围栏银行与集团内其他实体彼此视作第三方机构，按市场原则进行交易，但允许围栏银行获得信息共享等综合经营模式的便利。

四是加强对系统重要性金融机构的监管。美国、欧元区和英国明确了系统重要性金融机构的识别体系和评估标准。制定了更严格的资本、杠杆率、流动性、风险管理等要求，征收"系统重要性附加费"。建立了全球系统重要性金融机构的事后处置框架。

（四）全球贸易投资规则变化、国际货币体系改革和国际金融监管体制改革对我国经济金融的影响

一是国际贸易投资规则对外需依赖型经济体形成压力。新的国际贸易规则是由发达国家，特别是美国力推和主导的，其主要目的是通过建立新的贸易规则、制定新的技术标准，来增强自己的竞争优势。战后国际贸易规则的基础是"自由贸易"，但在最近亚太地区的TPP、欧洲地区的TTIP自由贸易区谈判中，美国等主要发达国家特别强调的是"公平贸易"，并将国有企业、产业补贴和国家主权基金等作为"公平贸易"的对立面。如果将来"公平贸易"替代"自由贸易"而成为国际贸易的基础，将会对出口国构成严峻挑战。

二是国际货币体系改革为人民币国际化提供了战略机遇。目前，基金组织特别提款权（SDR）篮子货币主要包括美元、欧元、英镑和日元。人民币进入特别提款权（SDR）货币篮子意味着国际货币基金组织和国际社会承认人民币国际地位，对于推动人民币国际化具有重要意义。当前国内外关于国际货币体系改革的讨论，主要可以归纳为三种观点：其一是维持现有的以美元为主导的国际货币体系不变，只做细节调整和技术完善。其二是发行超主权货币，以取代美元的核心地位。其三是促进储备货币多元化，用更多的主权货币共同发挥国际储备货币的职能。由此出发，无论是人民币国际化还是人民币进入特别提款权（SDR）货币篮子都符合国际货币体系改革的方向。

三是全球金融监管体制改革为我国完善现行金融监管框架，守住不发生系统性区域性金融风险的底线、激发金融市场活力提供了经验。2008年全球金融危机以来，为了应对金融业综合经营不断发展、金融业态日趋复杂的情况，参照金融体系基本功能（业务类型）设置监管机构的行为监管渐成趋势，"双峰"监管模式为更多的国家接受和采纳。危机处理的经验证明，中央银行作为最后贷款人，有责任也有能力维护国家的系统性金融稳定和金

融安全。为此，微观审慎监管、系统重要性金融机构监管和交叉性金融业务监管职责回归中央银行已经成为国际趋势。

四、"十三五"时期我国对外经济金融战略

（一）针对地缘政治格局演变，兴利除弊，完善布局

要针对地缘政治格局演变，兴利除弊，完善布局，首先是要在复杂的利益博弈和地缘政治变动中，正确处理"大国关系与经略周边"的重大问题。

一是处理好大国关系特别是中美关系。在全球再平衡、反对贸易保护主义、反恐和防止核扩散、气候变化和环境保护等诸多领域，中美两国之间有广泛而重要的一致利益。"十三五"期间，美国仍将是国际经济秩序的重要支柱，仍将是中国重要的贸易伙伴国。在许多重大国际和地区事务上，美国也越来越需要中国的帮助和支持。为此，我们应在 G20 框架下做实中美大国关系，寻求两国利益的契合点，扩大彼此对全球问题的共识。

二是推进"经略周边"战略。围绕 21 世纪海上丝绸之路建设，深化沿海开放，强化沿海城市群国际合作与竞争的平台功能；围绕丝绸之路经济带建设，扩大内陆开放，发挥自身优势参与国际分工，增强对新一轮开放的支撑；加快沿边开放，加强与周边地区合作，打造对外开放的前沿窗口。健全"一带一路"双边和多边合作机制，加强同国际组织和金融组织机构合作，积极推进亚洲基础设施投资银行、金砖国家新开发银行建设，发挥丝路基金作用，吸引国际资金共建开放多元共赢的金融合作平台。

（二）发挥金融功能，服务国家创新驱动战略，提升我国在全球产业价值链中的地位

新一轮科技产业革命与我国转变经济发展方式的历史性交汇，既为我国迎头赶上提供了机遇，但也存在着与主要发达国家差距拉大的风险。深化体制改革，加快实施创新驱动发展战略，增强我国的经济实力和综合国力，提高我国在国际产业分工和全球价值链中的地位，是"十三五"时期我们应当关注和研究的重大战略问题。从产业发展、贸易结构和金融推动创新驱动发展战略的角度，提出以下政策措施。

一是创新科技金融市场体系。发展知识产权交易等多层次要素资本市场，发展创投基金、风险资本（VC）等创新创业型直接投融资机构，鼓励投贷结合等多样化金融工具创新，推进知识技术要素市场化。改变各层次资本市场重交易、轻发行的负向激励，鼓励各

层次资本市场对科技企业的发行竞争。建立从实验室、产品中试到产业化的全过程科技创新融资模式，促进科技成果资本化、产业化，助推国家创新体系建设。

二是提升我国在全球产业价值链中的地位。顺应全球技术创新和知识产业革命趋势，联通境内外资本市场，变引资为引智，促进国际知识、技术要素有序自由流动，改造国内传统产业，提高我国在国际产业分工和全球产业价值链中的地位，实现我国从劳动力成本优势型经济增长向技术领先型经济增长转变。

（三）扩大新一轮对外开放，主动应对国际贸易和投资规则变化，推进国际货币体系改革，建立符合国际标准的金融监管规则，提升中国在全球经济中的影响力和话语权，保障金融安全

一是扩大新一轮对外开放。面对全球、区域、双边自由贸易协定快速变化的国际贸易新格局，根据党的十八届三中全会提出的"加快自由贸易区建设""形成面向全球的高标准自由贸易区网络"总要求，主动应对双边、多边贸易投资规则变化，扩大经济金融领域全面开放。加快上海等自贸区建设，在自贸区营造更加开放的贸易投资环境，率先实现资本项目可兑换，探索国际贸易投资金融新规则在中国的适应性。支持香港巩固和提升国际金融、航运、贸易三大中心地位，强化全球离岸人民币业务枢纽地位和国际资产管理中心功能，推动融资、商贸、物流、专业服务等向高端高增值方向发展。深化两岸金融合作，支持两岸资本市场开展多层次合作。推动两岸贸易投资扩大规模、提升层次。以金融机构互设、金融业务交流推动两岸市场主体"你中有我、我中有你"，两岸经济深度融合。

二是推进国际货币体系改革。支持发展中国家平等参与全球经济治理，促进国际货币体系和国际金融监管改革。加强宏观经济政策国际协调，促进全球经济平衡、金融安全、稳定增长。进一步加强双边和多边货币金融合作。有序实现人民币资本项目可兑换，提高可兑换、可自由使用程度，稳步推进人民币国际化，推进人民币资本走出去。以服务"贸易投资和产业链升级"作为重点，从巩固人民币计价结算货币地位，向支持人民币的市场交易和国际储备功能推进。扩大人民币在周边国家和新兴市场的区域化使用，逐步向国际金融中心和发达国家延伸。

三是促进金融市场双向开放。逐步建立外汇管理负面清单制度。放宽境外投资汇兑限制，改进企业和个人外汇管理。放宽跨国公司资金境外运作限制，逐步提高境外放款比例。支持保险业走出去，拓展保险资金境外投资范围。统一内外资企业及金融机构外债管理，稳步推进企业外债登记制管理改革，健全本外币全口径外债和资本流动审慎管理框架体系。加强国际收支监测。推进资本市场双向开放，提高股票、债券市场对外开放程度，放宽境内机构境外发行债券，以及境外机构境内发行、投资和交易人民币债券。完善境外投资发展规划和重点领域、区域、国别规划体系。健全备案为主、核准为辅的对外投资管理体制，健全对外投资促进政策和服务体系，提高便利化水平。推动个人境外投资，健全合格境内个人投资者制度。建立国有资本、国有企业境外投资审计制度，健全境外经营业绩考核和责任追究制度。建立健全与国际金融市场相适应的会计准则、监管规则和法律规章，提升我国金融市场的国际化水平。提高金融机构国际化水平，加强海外网点布局，完善全球服务网络，提高国内金融市场对境外机构开放水平。

四是加快推进新一轮金融监管体制改革。在借鉴国际经验基础上，稳步实现我国金融监管模式从机构监管模式向审慎监管与行为监管并重的"双峰"模式转变，建立以中央银行为核心的现代金融监管框架。建立符合国际标准的监管规则。全面落实金融稳定理事会、《巴塞尔协议Ⅲ》和总损失吸收能力（TLAC）的金融监管标准，在资本金、流动性和杠杆率等方面实施更加严格的监管要求。强化全球系统重要性金融机构监管，制定我国系统重要性金融机构评估标准，综合实施更高的额外资本、逆周期调控等监管要求。增强金融机构可持续发展能力和韧性。加强有效处置机制建设，对系统重要性金融机构制定恢复和处置计划，建立全球跨境处置合作机制。

五是保障金融安全。在开放环境下，金融安全是总体国家安全重要基础，决定了经济金融改革的成败，社会公众对金融体系具有充分信心是金融安全基本内涵。建立国家金融安全审查机制，健全金融安全网，完善存款保险制度职能，建立风险识别和预警机制，以可控方式和节奏主动释放风险，全面提高财政和金融风险防控和危机应对能力。完善反洗钱、反恐怖融资监管措施，建立金融处罚限制制度，有效应对极端情况下境外对我实施金融攻击或制裁。有效运用和发展金融风险管理工具，降低杠杆率，守住不发生区域性系统性金融风险底线。

ZHONGYANG
"SHISANWU"
GUIHUA 《JIANYI》 ZHONGDA
ZHUANTI YANJIU

专题二　我国经济社会发展的
　　　　主要趋势和重大思路

国家发展和改革委员会

"十三五"时期经济社会发展基本思路

"十三五"时期，是我国全面建成小康社会的决战时期，是全面深化改革的攻坚时期，是全面依法治国的关键时期。这一时期最大的阶段性特征是经济发展进入新常态，最大的挑战是努力跨越"中等收入陷阱"。深入分析发展环境和条件的深刻变化，研究提出经济社会发展的基本思路，是科学编制"十三五"规划《纲要》的重要基础。

一、关于发展环境和条件

（一）国际环境复杂多变，博弈竞争更加激烈

世界经济仍处于危机后的深度调整期，国际金融危机影响从经济向社会、政治、科技、文化、军事和国际治理等领域传导，围绕全球利益格局的战略博弈更加激烈，围绕市场、科技、资源、文化、人才的竞争更趋白热化，围绕全球治理和国际规则影响力的争夺更加尖锐，地区安全、地缘政治和大国关系更加复杂多变，外部环境的不稳定性和不确定性增加。

1. 世界经济在再平衡中艰难复苏

经过持续多年的应对和消化，国际金融危机导致的系统性风险有所释放，世界经济由衰退转为缓慢复苏。欧洲和日本经济受人口结构、债务负担和结构改革缓慢困扰，不仅当

前增长疲弱，且前景难以乐观。美国经济复苏渐趋稳固，对全球经济复苏会产生积极的外溢效应。新兴经济体经济增长总体放缓，但印度、印尼、越南等部分国家前景转好，全球经济增长重心从发达国家向新兴经济体转移的趋势将进一步强化。主要经济体走势出现分化使宏观经济政策取向的差异短期内难以弥合，可能对主要货币间汇率和国际金融市场产生动荡性影响。同时，国际产业分工格局在再平衡过程中加快调整，发达国家推动制造业回归和扩大出口，与我国产业结构的关系正由互补为主向互补与竞争替代并存转变；新兴经济体与我国产业形成同构竞争，对我国劳动密集型产业形成挤压。虽然世界经济前景仍存在诸多不确定因素，但从经济危机到经济复苏演化一般为8～10年的周期性规律看，"十三五"时期全球经济可能略好于"十二五"时期，国际货币基金组织（IMF）最新预测，2016—2019年世界经济年均增速将达到3.95％，比2011—2015年提高0.45个百分点。受世界经济再平衡以及贸易竞争加剧的影响，世界经济复苏对我国经济的带动作用比以往会有所减弱。

2. 全球科技革命和产业变革孕育突破

各国普遍加大科技创新力度，移动互联网与云计算、人工智能、3D打印、合成生物学与生物工程、新能源、新材料等领域持续取得新突破。新技术的广泛运用特别是信息技术与产业的深度融合，正在引发以智能制造为核心的影响深远的产业变革，形成新的生产方式、商业模式和增长点。新一轮科技革命和产业变革与我国经济发展方式转变的历史性交汇，既为我国迎头赶上提供了机遇，但也存在与发达国家差距拉大的风险。

3. 围绕国际治理体系主导权的争夺加剧

国际金融危机后，虽然发达国家在国际治理体系中的主导地位没有根本改变，但新兴经济体和发展中国家的话语权逐步增强，国际体系和国际秩序深度调整，主要大国在联合国、国际货币基金组织、20国集团等国际体系中围绕影响力和制度性权利的争夺更加激烈。世界贸易组织多哈回合谈判步履艰难，区域经济合作方兴未艾，全球贸易体系正经历1994年以来最大的一轮重构，美国、日本、欧盟试图通过差异化的区域合作战略，重新巩固竞争优势。以美国为首的发达国家主导发起了跨太平洋战略经济伙伴关系协定（TPP）和跨大西洋贸易与投资伙伴关系协定（TTIP）谈判，设置了更高标准的自由贸易投资规则，覆盖了占我国出口贸易额50％以上的贸易对象。我国可以发挥巨大市场优势更有作为地参与并影响全球治理体系建设，但也面临适应高标准自由贸易体制带来的压力和挑战。

4. 能源结构和版图变化影响深远

国际能源生产和消费结构及能源技术进一步向低碳化发展，已经开始并将进一步改变世界能源版图和相关地缘政治格局。美国页岩油气革命使其能源自给率从 2008 年的 76.7%提高到 2013 年的 85%，对石油输出国组织的石油进口依赖度下降至 38%，天然气价格比 2005 年降低 57.8%，这不仅有利于助推其工业复兴和竞争力提升，还会改变其对中东问题、气候谈判等重大国际事务的介入姿态和方式。欧盟明确了到 2030 年可再生能源占能源消费总量 27%以上的目标，美国提出了 2030 年风电占发电总量 20%的目标。这些变化对国际油气价格、能源供求关系和政治经济格局具有深远影响，虽然有利于我国更好利用世界油气资源，但围绕油气资源的国际竞争依然存在，特别是随着我国油气对外依存度进一步提高，我国将面临更大的外部风险并承担更多的国际责任。

5. 地缘政治导致周边环境更加复杂

随着我国综合国力和影响力的不断上升，世界和区域政治经济格局中中国因素的影响越来越大，阻碍中国和平发展的外部因素也在增加，大国之间战略利益博弈更加激烈。美国全球性战略收缩不仅导致地区动荡加剧，其战略重心移向亚太还引发部分周边国家借势挑战我国核心利益，使周边地区地缘政治关系更加复杂多变。国际敌对势力和国内分裂势力借助互联网等各种手段对我国进行渗透和破坏，信息网络安全等其他非传统安全挑战日益凸显。维护我国国家安全、主权利益和海外资产权益的挑战和压力明显加大。

（二）国内条件深刻变化，经济发展进入新常态

"十二五"规划的顺利实施为我国发展奠定了坚实基础，未来发展的潜力和空间依然巨大，但结构性问题和周期性因素叠加引发的矛盾风险进一步凸显，国内条件正在发生深刻变化。

1. 发展水平再上台阶

"十二五"规划实施进展顺利，各项主要规划目标任务能够完成（见表 1）。经济增长继续领跑世界主要国家，"十二五"GDP 年均增长 7.8%，城镇新增就业人数累计 6 431 万人，

超过 4 500 万人的规划目标；产业结构调整取得积极进展，服务业增加值比重超过第二产业，达到 50.5%，制造业升级有所加快，高技术产业和战略性新兴产业比重上升，交通、水利、通信等基础设施建设取得明显进展；城乡和区域差距趋于缩小，居民收入基尼系数由 0.481 缩小到 0.469；科技创新能力稳步提高，研发经费支出占 GDP 比重达到 2.09%，一些领域已跻身世界前列，一些领域正由"跟跑"向"并行"和"领跑"转变，在载人航天、载人深潜、超级计算机等领域取得一批重大创新成果，每万人发明专利拥有量达到 6.3 件，超过 3.3 件的规划目标；学前教育、义务教育、高中教育、职业教育和高等教育进一步发展提高，财政性教育经费支出占 GDP 比重实现 4% 的目标；文化事业和产业快速发展，人民群众精神文化需求得到更好满足；人民生活水平进一步提高，居民收入增长和经济发展、劳动报酬增长和劳动生产率提高实现"两同步"，医疗卫生、社会保障等社会事业加快发展，公共服务水平明显提高；生态文明建设扎实展开，资源节约和环境保护力度加大，生物多样性保护取得积极进展，节能减排目标可望按期完成。体制机制改革锐意推进，财税、金融、投资、价格、行政审批等领域改革取得积极进展。对外开放广度和深度不断拓展，货物进出口总额位居世界第一，服务贸易总额跃居世界第三，利用外资规模保持稳定，对外投资规模快速增长，互利共赢的开放格局得到进一步完善。

表 1

"十二五"规划《纲要》主要指标实现情况

主要经济指标	规划目标		实现情况	
	2015 年	年均增速［累计］	2015 年	年均增速［累计］
1. 经济发展				
（1）国内生产总值（GDP）（万亿元）	—	7%	67.7	7.8%
（2）服务业增加值比重（%）	47	—	50.5	—
（3）常住人口城镇化率（%）	51.5	—	56.1	—
2. 科技教育				
（4）九年义务教育巩固率（%）	93		93	
（5）高中阶段教育毛入学率（%）	87		87	
（6）研究与试验发展经费支出占 GDP 比重（%）	2.2		2.1	
（7）每万人口发明专利拥有量（件）	3.3		6.3	
3. 资源环境				
（8）耕地保有量（亿亩）	18.18	—	18.65	—
（9）单位工业增加值用水量降低（%）	—	［30］	—	［35］

续表

主要经济指标	规划目标		实现情况	
	2015 年	年均增速〔累计〕	2015 年	年均增速〔累计〕
（10）农业灌溉用水有效利用系数	0.53	—	0.532	—
（11）非化石能源占一次能源消费比重（%）	11.4	—	12	—
（12）单位 GDP 能源消耗降低（%）	—	〔16〕	—	〔18.2〕
（13）单位 GDP 二氧化碳排放降低（%）	—	〔17〕	—	〔20〕
（14）主要污染物排放总量减少（%） 　　化学需氧量 　　二氧化硫 　　氨氮 　　氮氧化物	—	〔8〕 〔8〕 〔10〕 〔10〕	—	〔12.9〕 〔18.0〕 〔13.0〕 〔18.6〕
（15）森林增长 　　森林覆盖率（%） 　　森林蓄积量（亿立方米）	21.66 143	—	21.66 151	—
4．人民生活				
（16）城镇居民人均可支配收入（元）	—	＞7%	—	7.7%
（17）农村居民人均纯收入（元）	—	＞7%	—	9.6%
（18）城镇登记失业率（%）	＜5	—	4.05	—
（19）城镇新增就业人数（万人）	—	〔4 500〕	—	〔6 431〕
（20）城镇参加基本养老保险人数（亿人）	3.57	—	3.77	—
（21）城乡三项基本医疗保险参保率（%）	—	〔3〕	—	〔＞3〕
（22）城镇保障性安居工程建设（万套）	—	〔3 600〕	—	〔4 013〕
（23）全国总人口（亿人）	＜13.90	—	13.75	—
（24）人均预期寿命（岁）	74.5	—	76.34	—

注：①GDP、居民收入增速按可比价格计算，绝对数按当年价格计算。②2015 年耕地保有量根据第二次全国土地调查数据更新。③〔　〕内为 5 年累计数。

2．发展空间依然广阔

我国正处于"新四化"建设的重要阶段，经济发展具有大国经济的巨大韧性、潜力和回旋余地。产业体系、基础设施等物质技术基础比较完备，人力资本和创新资源的累积效应正在显现，大众创业、万众创新的氛围正在形成，综合优势依然显著。消费需求正呈现总量扩大、结构升级和个性化多样化特征，将进一步发挥拉动经济发展的基础作用；总储蓄率仍然较高，新四化同步发展、基础设施网络化智能化，以及新技术、新产品、新业态、新商业模式等领域正涌现大量投资机会，投资将继续发挥推动经济发展的关键作用；出口竞争优势依然存在，新的比较优势正在形成，出口仍将对经济发展起到重要的支撑作用。全面深化改革开放和全面依法治国将释放新的制度红利、激发新的发展活力和动力。

3. 风险挑战更加凸显

经济社会发展中的不平衡、不协调、不可持续问题依然突出，一些潜在风险还在累积，一些深层次矛盾日益凸显，传统比较优势正在减弱，各种约束条件和结构性矛盾的制约越来越大，保持经济持续较快增长和社会稳定和谐面临不少困难挑战。

——低成本优势逐步减弱。支撑我国经济 30 多年快速发展的劳动力、土地、资源等传统要素供求关系日益趋紧。人口老龄化加快，60 岁以上人口比重已经超过 15%，劳动年龄人口总量开始持续下降，劳动力供求关系趋紧、成本明显上升。工业化、城镇化对耕地的大量占用与耕地保护红线之间的矛盾更加突出，建设用地成本不断上升。引进先进、关键技术的难度和成本加大，与国内要素结合形成的发展驱动力减弱。这些变化使基于原有要素禀赋的传统比较优势趋于弱化，科技创新对增长的贡献短期内还难以弥补由此导致的缺口，培育新比较优势的要求更加紧迫。

——结构性矛盾依然突出。产业结构不合理，产业供给能力和结构还不适应消费结构升级和多样化、个性化发展的需要；农业基础薄弱，农业品生产面临价格天花板和生产成本地板的双重挤压，生产结构失衡，农业增产的资源环境代价越来越大，区域产业布局与资源禀赋条件不尽匹配；部分行业产能严重过剩，先进制造和生产性服务业发展滞后，自主技术和知名品牌缺乏，核心技术严重依赖国外，竞争力不强，质量和效益偏低。城乡二元结构和城市内部二元结构矛盾仍然突出，区域发展不平衡，空间开发失序低效，区域产业同构问题严重。国有经济布局过宽和资产配置低效问题依然存在，非公经济发展环境有待进一步改善。经济结构转型、产业升级和提质增效的压力明显加大。

——周期性因素导致的潜在风险加大。外部需求转弱和国内周期性因素导致的产能过剩和房地产泡沫问题突出，一些行业和企业效益下滑、资金周转困难，但同时又有大量资金沉淀，累积了较大的债务和运行风险。基建规模长期过大使部分地方政府债务水平超过警戒线。企业整体负债水平偏高，非金融企业债务杠杆率居世界前列。虽然目前风险总体可控，但化解产能过剩、高杠杆、泡沫化等各类风险的任务仍然艰巨，受政府收入下降、企业利润下滑影响，地方政府和企业的负债水平仍将维持高位，处理不好会导致实体经济风险、财政金融风险与社会稳定风险相互交织传递，引发系统性风险。

——资源环境约束趋紧。水资源、能源资源和生态环境瓶颈制约加剧，长期积累的生态环境问题正在集中显现，环境承载能力已经达到或接近上限。水资源短缺问题不断凸显，主要能源和矿产资源对外依存度持续提高。大面积严重雾霾现象日益常态化。水环境污染、水生态退化问题突出，农村人口饮水不安全问题依然存在。工业生产、矿山开发和化肥农药不合理施用造成土壤污染加剧，农业面源污染问题凸显。城市固体废弃物堆存量不断增加，城市黑臭水体及农村环境污染问题日益突出。部分生态系统退化严重，地面沉降、土地沙化、草原退化、生物资源流失等问题日益严重。我国已成为世界最大的温室气体排放国，人均排放超过世界平均水平，实现 2030 年最新减排承诺需要付出艰苦努力。生态环境问题不仅影响人民健康，而且已成为引发社会矛盾的燃点和国际关注的热点。

——影响社会稳定的因素增多。公共服务和社会保障体系不完善，保障水平偏低，均等化程度不高。利益群体更加多元化，群众对收入差距、社会不公、信用缺失、道德滑坡、绝对贫困等社会问题的抱怨日益增多。一些地区社会治安问题突出，群体性事件有所增加。基层政权和社区建设薄弱，社会服务管理和矛盾调处能力不足。宗教极端势力、民族分裂势力、暴力恐怖势力等三股势力已成为国家安全、民族团结、社会稳定的现实威胁。过去被经济高速增长掩盖的一些社会矛盾和问题，有可能随经济增速放缓开始显现，维护社会和谐稳定的压力明显加大。

综观国际国内发展环境，尽管局部动荡和冲突不断，和平发展合作共赢仍是时代主流，我国仍处于可以大有作为的战略机遇期，但其内涵和条件正在发生深刻变化，只有攻坚克难、奋发作为，才能维护和用好宝贵的战略机遇期。随着外部环境、供需结构、要素优势、约束条件、潜在风险等的深刻变化，我国经济发展进入新常态，正在向形态更高级、分工更复杂、结构更合理的阶段演化。进入新常态后，经济增速将从高速增长向中高速增长转变，经济发展方式将从规模速度型粗放增长向质量效率型集约增长转变，经济结构将从增量扩能为主向调整存量、做优增量并举的深度调整转变，经济发展动力将从传统增长点向新的增长点转变。在这一转变过程中，中国在全球经济的分量和地位将进一步提高、影响将进一步加大，我们既要有足够的战略耐心和智慧处理好大国崛起过程中错综复杂的国际政治经济关系，以更加积极的姿态参与国际治理、协调国际政策、运用国际资源、拓展国家利益，更好维护并用好战略机遇期；又要适应新常态带来的诸多变化，顺应世界潮流和大势，尊重发展规律与国情，妥善应对转型困难和风险挑战，瞄准全面建成小康社会的短板和问题，加快推进改革创新，全力推动转型升级，培育形成发展新动力和竞争新优势，确保第一个百年目标顺利实现，为实现第二个百年目标奠定坚实基础。

二、关于指导方针和目标

（一）需把握的主要原则

1. 坚持改革为先，完善市场制度

坚持社会主义市场经济改革方向，加快建设统一开放、竞争有序的现代市场体系，保障公平竞争，完善市场监管，使市场在资源配置中起决定性作用和更好发挥政府作用，通过简政放权、放管结合激发市场主体的活力和创造力，不断创新和完善宏观调控，坚持区间调控，注重定向调控，加强预调微调，弥补市场失灵，最大限度提高市场要素配置效率和公共资源配置的公平性、公正性，为经济社会持续健康发展奠定制度基础。

2. 坚持创新驱动，增强内生动力

走中国特色自主创新道路，加大创新驱动发展战略实施力度，以科技创新为核心推进全面创新，以科技经济深度融合为导向构建国家创新体系，引导社会投资和人力资本向创新聚集，推动发展从主要依靠要素驱动、投资驱动向创新驱动转变，加快迈入创新型国家行列，打造大众创业、万众创新和增加公共产品、公共服务"双引擎"。

3. 坚持全面开放，把握战略机遇

走和平发展的道路，坚持合作共赢和义利兼顾，推动建立以合作共赢为核心的新型国际关系，运筹好大国关系和周边关系，加强同发展中国家的团结合作，以更加开放的姿态深度融入全球，用全球视野配置资产和资源，更好运用国际国内两个市场、两种资源和两类规则，加快实施"一带一路"战略，推动中国装备走出去和国际产能合作，培育国际合作和竞争新优势，形成陆海统筹、东西互济、利益交融的互利合作格局。

4. 坚持四化同步，加快转型升级

推进新型工业化、信息化、城镇化、农业现代化同步发展，以信息化牵引产业结构升级，通过信息技术与产业深度融合推动产业变革和模式创新；以新型工业化、城镇化带动

农业现代化，促进农业规模化经营、新农村建设和农民收入提高；以农业现代化保障国家粮食安全、农产品供给和环境改善，夯实工业化和城镇化基础，使经济转型升级取得显著进展。

5. 坚持包容公平，保障改善民生

坚决破除地方保护、城乡分割和各种形式的社会歧视，实现机会均等和公平竞争，广开就业渠道，完善收入分配调节机制，推进基本公共服务均等化，创新社会治理体制，促进社会公平正义，使全体人民更广泛地参与发展过程、更公平地分享发展成果，不断增进人民福祉，为社会和谐奠定基础。

6. 坚持绿色发展，保护生态环境

把生态文明理念贯穿于经济社会发展全过程和各领域，坚持节约资源和保护环境的基本国策，完善生态文明制度，强化激励约束机制，深入推进绿色循环低碳的生产方式，积极倡导节约健康环保的生活方式，加大生态环境突出问题治理力度，促进资源节约与永续利用，维护生物多样性和生态安全，推动人与自然和谐共生，努力建设美丽中国。

（二）对主要目标指标的考虑

党的十八大提出了到 2020 年全面建成小康社会的宏伟目标，十八届三中全会提出了完善和发展中国特色社会主义制度、推进国家治理体系和治理能力现代化的总目标，十八届四中全会提出了建设中国特色社会主义法治体系和建设社会主义法治国家的总目标。"十三五"规划目标指标要全面反映和落实这些战略部署，考虑到目标指标将在"十三五"规划《纲要》中具体明确，这里主要围绕重点目标提出初步设想。

1. 统筹经济增长、就业和居民收入目标

综合考虑经济总量翻番、充分就业和收入翻番等要求，"十三五"年均经济增长预期目标建议按 6.5％以上来把握。一是从实现"两个翻番"的要求看，如果 2015 年经济增长 7％，"十三五"年均经济增长必须达到 6.5％以上，只要"十三五"居民收入增长与经济增长同步，这一速度也能满足居民收入翻番的要求。二是综合分析劳动力供求关系、债务约束、技术进步和资源环境承载力等多种因素，多数经济学家和研究机构认为我国"十三五"潜在增长率在6%～7%之间，也有少数经济学家认为在7%～8%之间，年均6.5%以上的预期增长处于大多数经济学家和机构认为的潜在增长区间，有利于防止约束条件绷得过紧，避免给稳定物价和防范债务风险带来压力。三是按照近年来经济增长与新增就业的相关性分析，6.5%以上的年均预期增速可以使城镇就业年均增加1 000万人以上，能够基本实现充分就业。四是经济增长预期目标区间定得适度，不仅使各种支撑条件能够有效发挥作用，也有利于平稳推进去产能、去泡沫、去杠杆，有利于防范各类现实和潜在风险，提高发展的平衡性、协调性和可持续性。五是考虑到过去地方规划目标普遍在国家规划目标基础上层层加码，合理的国家目标有利于引导地方从实际出发设定预期目标。六是从对国际国内预期的影响看，"十三五"年均6.5%以上的预期增长与"十二五"规划预期增长目标相同，但仍略低于"十二五"实际增长，符合国内外主流研究机构对我国经济增长趋势的判断，不会导致悲观预期以及其他负面效应。

2. 突出全面提高人民生活水平目标

为增强人民群众对全面建成小康社会的切身感受，建议提出扩大就业、增加收入、减少贫困人口和推进基本公共服务均等化等方面的定量目标。在扩大就业方面，建议将调查失业率纳入主要指标，以更好地反映就业的真实状况。在增加收入方面，建议在保留"两同步"提法的基础上，提出基尼系数和城乡居民收入比"双下降"的目标。在减少贫困人口方面，考虑到我国还有5 575万左右贫困人口，扶贫脱贫是全面建成小康社会的重点，建议提出基本消除现行贫困线标准以下贫困人口的指标。在社会民生方面，建议合理设置社会保障、收入分配、医疗卫生、住房保障、公共文化、食品安全、安全生产等领域的目标指标，既积极回应人民群众的诉求，又量力而行安排国民福利政策，以落实基本公共服务均等化总体实现的要求。

3. 突出创新驱动和结构优化目标

党的十八大提出了工业化基本实现、进入创新型国家行列、进入人才强国和人力资源强国行列、教育现代化基本实现等重大目标。建议对这些目标采取定性和定量相结合的方式加以表述。通过设置产业结构、就业结构、信息化水平等方面的指标，体现工业化的目标；通过设置科技进步贡献率、每万人发明专利拥有量、《专利合作条约》（PCT）国际专利申请量等反映研发投入产出的指标，体现创新型国家的目标；通过设置国民受教育年限、高等教育普及率等反映人才和教育规模、结构、质量的指标，体现人才强国、人力资源强国、教育现代化等方面的目标要求。

4. 突出生态环境保护目标

党的十八大提出了资源节约型、环境友好型社会取得重大进展的目标要求，应通过设置资源消耗总量控制指标、污染物排放总量控制指标和环境质量改善指标加以落实。建议在节约资源方面，提出土地资源、水资源、能源等总量控制指标，并辅之以消耗强度或产出效率指标，以倒逼经济转型升级。在生态建设方面，设置森林覆盖率和蓄积量、草原植被综合盖度、湿地保护、沙地治理和耕地质量等指标。在保护环境方面，深化拓展主要污染物减排指标，突出空气质量达标率、安全饮用水达标率、水环境质量达标率、土壤污染治理以及农产品质量安全等指标，使之更加贴近人民群众能呼吸到新鲜空气、喝上清洁水、吃上健康食品的诉求。

5. 突出深化改革和推进依法治国目标

党的十八届三中、四中全会提出了深化改革和推进依法治国的要求，"十三五"规划主要通过定性表述来体现这些要求。在深化改革方面，主要是要在重要领域和关键环节改革上取得决定性成果，形成系统完备、科学规范、运行有效的制度体系，使各方面制度更加成熟更加定型，推进国家治理体系和治理能力现代化；在依法治国方面，主要是围绕形成完备的法律规范体系、高效的法治实施体系、严密的法治监督体系、有力的法治保障体系，提出更加具体的目标要求。

三、关于重大战略任务

着眼实现全面建成小康社会目标，针对突出矛盾和问题，瞄准关系全局和长远的重点领域，推动实施若干重大战略任务。

（一）实施创新驱动发展战略，增强经济发展新动力

创新是国家强盛的持续动力，是弥补传统比较优势减弱、实现提质增效和转型升级的

根本之策。必须加快实施创新驱动发展战略，实现发展更多由创新驱动。

1. 推动以科技创新为核心的全面创新

科技创新是实现创新驱动发展的核心，必须瞄准全球科技革命和产业变革前沿，紧扣经济社会发展需求，以科技创新带动产品创新、管理创新和商业模式创新，既要强化原始创新、集成创新能力建设，也要继续提高引进消化吸收再创新能力，使我国成为全球重要的创新中心。着力推动大众创业、万众创新。强化企业在技术创新中的主体地位，是实现科技与经济紧密结合的关键，要健全技术创新引导支持机制，建立主要由市场决定技术创新项目和经费分配、研发方向和路线选择、成果评价和传导扩散的新机制，扩大企业尤其是行业领军企业在国家创新决策中的话语权，鼓励引导企业参与基础研究和战略高技术研究。有效发挥政府作用是推进基础性、战略性、前沿性科学和共性关键技术研究的保障，要加大政府对科研基础设施建设的投入，深化科技计划（专项、基金等）管理改革，大力支持基础研究，在农业、能源、信息、制造、国防等领域实施一批体现国家战略意图的重大科技专项和工程，组织实施重点研发计划，优化创新基地和研究力量布局，促进科研基础设施和专利基础信息资源向社会开放，强化政府对重大科技攻关项目的组织协调功能，形成公开统一的国家科技管理平台，提高政府创新资源配置的综合效用。营造激发创新主体动力的制度环境，构建普惠性创新支持政策体系，健全政府采购政策和税收优惠政策，建立有利于创新的市场监管机制，实行严格的知识产权保护制度，破除限制新技术新产品新商业模式的不合理准入障碍，防止为维护传统利益格局而阻碍创新发展。强化尊重知识、尊重创新、充分体现智力劳动价值的分配导向，激发科研人员的创新动力，形成有利于激励创新创业的社会氛围。以全球视野深化科技开放合作，积极主动融入并塑造全球创新链。

2. 推进教育现代化基本实现

教育现代化是提高国民素质和人力资本质量的基础，要坚持教育优先发展，深化教育领域综合改革，建立现代教育体系，促进教育公平，提升教育质量。坚持以立德树人为根本，推进实施素质教育，把科学精神、创新思维、法治观念、创造能力的培养贯穿于教育全过程。坚持科教融合、产教融合，赋予高校更大办学自主权，推动高等教育内涵式发展，更加注重学生创意创新创业能力培养，支持高等学校和职业院校全面参与国家创新体系建设。支持一批在基础研究和重大创新中发挥引领作用的一流学科建设，促进一批面向科技创新第一线的创新型大学发展，引导一批普通本科高校向应用技术型高校转型发展，建设一批服务大众创业万众创新的高等职业学校。加快建设产学研结合、开放共享的高校科技创新基础设施、高校工程实践基地和职校实训基地。强化基础教育普惠性和公平性，提升基础教育质量，继续加大财政投入，巩固提高义务教育，基本普及学前教育，全面普及高中阶段教育，缩小城乡教育质量差距，加大对老少边穷地区教育的支持力度。加快现代职业教育制度建设，增强职业教育和培训的实用性，系统培养技术技能人才，加快培养新型职业农民，加大农民工职业技能培训和岗位技能培训力度。推进职业教育和普通教育双向沟通、纵向流动，加快发展继续教育，加强特殊教育。深化考试招生制度改革，扭转应试教育倾向，建立终身教育制度和人才成长"立交桥"。鼓励引导社会力量兴办教育，建立非营利性和营利性民办学校分类管理的差异化扶持政策，推进教育领域有序开放。

3. 加快人才强国和人力资源强国建设

围绕进入人才强国和人力资源强国行列的目标，围绕创新驱动发展和产业升级要求，培养和用好用活高层次人才、高技能人才、国际化人才等各类人才，营造自由流动、包容开放、科学激励的用人环境，最大限度地培养释放人才红利。着眼强化创新创业能力建设，培养一批科技领军人才和企业家，打造基层专业技术人才和庞大的具有专业技能的产业工人队伍，鼓励用人单位按照需要引进海外人才，加快培育和积累人力资本。倡导崇尚专业精神的社会氛围，破除有高低贵贱之分的职业歧视，形成行行出状元、人人可成才的生动局面。科学制定人口发展战略，围绕代际平衡调整完善生育政策，促进人口长期均衡发展。

（二）促进新四化同步发展，构建转型升级新路径

新型工业化、信息化、城镇化、农业现代化同步发展，是中国现代化建设的核心内容，孕育着广阔的增长空间。工业化是发展动力，农业现代化是重要基础，城镇化是载体和平台，信息化具有不可替代的融合作用，彼此相互促进、相辅相成。坚持走中国特色新型工业化、信息化、城镇化、农业现代化道路，推动信息化和工业化深度融合、工业化和城镇化良性互动、城镇化和农业现代化互促共进，构筑结构转型升级新路径。

1. 推动先进制造业和现代服务业加快发展

实施"中国制造2025"，加快制造大国向制造强国转变，通过信息化与工业化深度融合推进制造业转型升级，促进信息技术向市场、设计、生产环节渗透，生产方式向柔性化、

智能化、数字化、精细化转变。强化制造业基础能力，前瞻性部署技术攻关，突破一批基础和共性关键技术，提高自主研发能力和核心竞争力。促进制造业生产链条从加工制造环节向研发、设计、品牌、营销、服务、再制造等环节延伸，推动制造业高附加值化和服务化。以企业为主体，通过并购重组、有序转移、集群集聚，引导产业组织结构向集中度高、分工细化、协作紧密方向发展，在化解产能过剩过程中推动传统制造业转型升级。瞄准未来国际竞争制高点和国内重大战略需求，在空天海洋、信息网络、生命科学、核等领域培育一批战略性产业，推进国防科技工业军民深度融合发展。通过减少管制、打破垄断、扩大开放、促进竞争，推动服务业细化专业分工、提高创新能力、增强服务功能，促进生产性服务业向价值链高端延伸，鼓励健康养老、旅游休闲、文体娱乐等符合居民需求的生活性服务业发展，提高服务质量和档次。改变由政府挑选"赢家"的产业政策模式，加大对产业升级共性薄弱环节的普惠性支持，健全并强化竞争性制度和政策，坚决打破地方保护和行政垄断，维护公平竞争的产业发展环境。

2. 全面加快信息中国建设

我国具有发展信息经济的后发优势和规模经济优势，推动信息技术的广泛渗透和运用，可以大大提高经济社会运行效率，拓展未来发展新空间。着眼提升国家信息能力和建设网络强国，统筹信息基础设施网络建设、信息技术开发和信息资源深度开发应用，加快构建自主可靠的信息技术创新体系和充满活力的生态系统。实施"宽带中国"战略，加快构建高速、融合、安全、泛在的下一代国家信息基础设施，提高网络智能化水平，为建设信息中国、发展信息经济提供支撑。加快构建现代信息技术产业体系，强化新一代信息技术开发，系统掌握基础技术元素、网络与信息安全及智能终端等领域的关键技术，推动移动互联网、云计算、大数据等技术创新和应用。实施"互联网＋"行动计划，培育发展信息服务新业态，推动信息技术与传统产业融合创新发展。实施国家大数据战略，打破数据壁垒和垄断，建设国家公共信息资源开放平台，推进数据资源开放共享和社会化开发应用。针对网络安全风险和威胁，以确保网络可信、可管、可控为目标，建立健全国家网络空间安全保障体系。

3. 推进以人为核心的新型城镇化

我国仍处在城镇化快速发展阶段，必须坚持走中国特色新型城镇化道路，推动城镇化格局更加优化、城市发展模式更加科学合理、城市生活更加和谐宜人，城镇化水平和质量不断提高。以农业转移人口市民化为核心，以解决"三个1亿人"问题为切入点，以推进新型城镇化综合试点为抓手，加大户籍、土地、财税、金融等方面改革力度，努力实现1亿左右农业转移人口落户各类城镇、1亿左右城镇居民的居住条件通过棚户区和危房改造得到明显改善、1亿左右人口在中西部地区就近城镇化，使城乡关系和城乡格局更加合理。全面实施居住证制度，推进城镇基本公共服务向2亿左右未落户的城镇常住人口全覆盖。加快建立财政转移支付与农业转移人口市民化挂钩机制、城镇建设用地增加规模与吸纳农业转移人口落户数量挂钩机制。顺应现代城市发展的新理念新趋势，推进创新城市、绿色城市、人文城市、智慧城市建设，通过合理划定城市开发边界倒逼城市集约用地，规范推进城乡建设用地增减挂钩和城镇低效用地再开发，促进紧凑型城市发展。建立健全城乡发展一体化体制机制，推进城乡要素平等交换和公共资源均衡配置。赋予农民更多财产权利，依法保护进城落户人口的农村土地承包经营权和宅基地用益物权，探索完善农民承包地流转制度、宅基地有偿退出制度和集体经营性建设用地入市制度。

4. 加快农业现代化进程

重塑现代农业安全观、生态观和效益观，加快转变农业发展方式，尽快从主要追求产量和依赖资源消耗的粗放经营转向质量和效益并重、注重提高竞争力、注重农业科技创新、注重可持续集约发展上来，走产出高效、产品安全、资源节约、环境友好的现代农业发展道路。始终把确保国家粮食安全放在重要位置，实施以我为主、立足国内、确保产能、适度进口、科技支撑的国家粮食安全战略。围绕提高主要农产品供给能力，坚持耕地数量质量保护并重，实施农村土地综合整治、高标准农田建设、现代种业提升、农业科技创新能力条件建设等重大工程，全面强化农业生产的物质技术装备条件；深入推进农业结构调整，科学确定主要农产品自给水平，合理安排农业产业发展优先序，构建粮经饲统筹、种养加一体、农牧渔结合的现代农业产业体系；提高统筹利用国际国内两个市场两种资源的能力，鼓励企业走出去配置利用海外农业资源，鼓励引进消化吸收国际先进农业科学技术。围绕提升农产品质量和食品安全水平，发展绿色生态有机农业，建立健全"从农田到餐桌"的农产品质量和食品安全全程监管体系，提升农业生产安全保障能力。围绕提升可持续发展能力，加大农业资源和生态环境保护力度，控制农业用水总量，减少化肥农药施用总量，推进地膜、秸秆、畜禽粪便基本资源化利用，提高土壤有机质，逐步退出超过资源环境承载能力的生产，促进受损生态环境恢复治理，大力发展节水农业和农业循环经济。加快构建新型农业经营体系，培育发展各类新型农业经营主体，推进多种形式适度规模经营，创新以城带乡、以工促农方式，引导城市现代生产要素向农业农村流动，完善农村市场体系，促进农村一二三产业融合互动，多渠道促进农民增收。

5. 构建支撑新四化的现代基础设施网络

推进现代基础设施网络化布局、智能化管理、一体化服务，拓展基础设施网络的规模效益空间，降低经济社会运行成本。加快宽带网络普及升级，为智能制造、智慧城市、智慧农业发展提供支撑。建设安全经济、高效通达的快速客运系统，强化城市群内部和城市群之间的快速高效连接，支撑并引领人口经济合理分布、城乡区域协调发展。完善电网布局规划，提高电网的输电效率和智能化水平。科学布局建设油气管网和储存设施，有效对接能源空间分布和消费格局。加强现代物流基础设施网络建设，打造便捷可靠优质专业的货物运输系统、仓储分拨设施和末端配送网络。结合新区建设和旧城区改造，合理规划布局包括供水、热力、电力、通信、广播电视、燃气、排水等在内的城市地下综合管廊建设。完善水电路气邮通信等新农村基础设施网络。

（三）深度融入全球经济，培育国际竞争新优势

我国与全球经济已形成你中有我、我中有你的格局，推进与全球经济体系深度融合，是拓展大国经济发展空间的必然要求。"十三五"是全面扩大开放的提升期，必须更好统筹国内发展和对外开放，用全球视野优化对外开放格局，在全球范围内配置资源和要素，优化全球利益分布，积极参与并推动国际体系和全球治理改革，推动对外经济发展方式转变，加快培育国际竞争新优势，再造开放型经济新红利。

1. 加快转变对外经济发展方式

巩固传统市场优势，积极拓展新兴市场，创新贸易投资方式，综合发挥对外投资和利用外资联动效应，促进产品和服务出口。培育以技术、品牌、质量、服务为核心的出口竞争新优势，提高中高端商品出口比例，提升我国产业在全球价值链中的地位。优化进口结构，注重进口先进技术、短缺资源、资源含量高的产品。以服务业为重点放宽外资准入领域，优化服务贸易结构，创新服务贸易模式，提升国际竞争力。通过建设自由贸易试验区，为全面深化改革和扩大开放探索可推广的新途径，探索推行准入前国民待遇加负面清单的外资管理模式，大幅减少外资限制性措施，通过营造高标准国际营商环境吸引外资、提升

利用外资质量，更好发挥外资促进技术创新和产业升级的积极作用。发展基于互联网和大数据的跨境电子商务。

2. 实施"一带一路"战略

把"一带一路"建设作为全方位对外开放总抓手和新引擎，遵循共商、共建、共享原则，以周边国家为重点，以政策沟通、设施联通、贸易畅通、资金融通、民心相通为主要内容，全方位推进与沿线国家的务实合作，打造利益共同体、命运共同体和责任共同体。根据"一带一路"战略走向，促进国内梯度发展、深入推进西部大开发、培育区域经济支撑带。陆上依托国际大通道，以沿线中心城市为支撑，以能源资源区块、重点经贸产业园区为合作平台，共同打造新亚欧大陆桥、中蒙俄、中国-中亚-西亚等国际经济走廊，形成丝绸之路经济带的骨架。海上依托重点港口城市，以建设通畅安全高效的运输大通道为目标，共同建设一批海上战略支点，形成21世纪海上丝绸之路的支撑。同时，扎实推动中巴、孟中印缅经济走廊建设，强化务实经济合作。统筹双边、多边、区域次区域开放合作，积极参与区域合作机制建设。完善口岸开放布局，推进大通关建设，构建面向周边、互联互通、安全便利的国际物流大通道。

3. 优化产能和资源配置布局

用全球视野配置资源、资产和各类要素，推动装备制造走出去、富余产能转出去、技术标准带出去，在国际产能合作上取得突破性进展。积极参与全球产业分工和产业价值链重构，鼓励企业着眼于优化全球产业链布局，采取对外投资、工程总承包、共建产业园区等方式，加快高铁、核电、航空、机械、电力、电信、冶金、建材、轻工、纺织等优势行业和产能走出去步伐。鼓励企业提升跟随性服务水平，在海外建立加工组装、分销网络和售后服务体系，向高附加值环节拓展。实施能源资源全球战略，在石油、天然气、铁矿、铜矿、钾盐等领域推进与主要资源国的战略合作，强化海上战略运输通道安全保障。采用战略合作、兼并收购等方式，更好利用全球创新资源。兼顾国家战略和资产增值需要，在确保资产流动性、安全性和保值增值基础上，促进外汇储备资产配置方式多元化。改进金融机构对企业境外投资的融资服务，强化境外风险防控和权益保障机制建设。扩大金融市场双向开放，完善人民币全球清算服务体系，进一步扩大人民币国际使用。

4. 积极参与全球治理机制建设

积极参与并推进全球治理体系改革，更好发挥在联合国、国际货币基金组织、20国集团等主要全球治理平台和亚太经济合作组织、金砖国家合作机制、上海合作组织等区域合作平台的作用，增强在全球治理体系和主要国际事务中的话语权和影响力。坚持世界贸易体制规则，积极推动新一轮谈判，努力维护世界贸易组织多边贸易体制的权威性。强化与更广泛地区和国家间自由贸易投资体制建设，构建多双边、全方位对外经贸合作新格局。支持行业协会商会积极参与国际贸易规则和标准制定。

5. 构建开放型经济安全保障体系

坚持在有效防范风险的前提下深化对外开放，在提高对外开放水平中增强风险防范能力。建立健全开放条件下经济金融安全的有效预警和应对机制，化解局部风险，避免系统性风险。依法监控外资在重点行业、关键领域的投资和并购行为，维护重点产业安全。加强贸易摩擦应对能力建设，灵活运用国际规则和手段，提高贸易救济能力。建立健全走出去风险防控体系，提高保障境外权益能力。

（四）促进集约均衡发展，塑造区域协调新格局

推动国土空间集约均衡发展，是优化国土空间利用结构、缩小区域发展差距、增强可持续发展能力的根本途径。实现各地区协调发展、协同发展、共同发展，必须立足全国一盘棋，统筹主体功能区战略和区域发展总体战略，健全市场统一规范、要素自由流动、转移支付完备、主体功能约束有效、基本公共服务均等、资源环境可持续的区域发展机制，构建横贯东中西、联结南北方、统筹陆海江的区域协调发展新格局。

1. 统筹主体功能区战略和区域发展总体战略

深入推进西部大开发、东北地区等老工业基地振兴、中部地区崛起和东部地区率先发展，必须按照各地区的主体功能定位和自身优势，明确发展方向和重点领域，形成可持续的城镇化格局、农业生产格局和生态安全格局，促进生产空间集约高效、生活空间宜居适度、生态空间山清水秀。完善空间规划体系，建立健全主体功能区制度和配套政策，更好

发挥财政转移支付、产业、投资、横向补偿、评价考核等政策对主体功能区建设的引导和激励作用。改变不顾资源环境承载能力盲目追求赶超、不顾经济内在联系搞经济区或城市群"拉郎配"、不顾损害统一市场和公平竞争设置过多"政策洼地"，以及不顾生态环境保护底线盲目转移产能的不合理做法。

2．实施京津冀协同发展和长江经济带创新发展战略

全面推动京津冀协同发展，以"一核双城三轴四区多节点"为骨架，着力调整优化城市空间布局和产业结构，有序疏解北京非首都核心功能，构建现代化交通网络系统，扩大环境容量和生态空间，推动产业对接协作，推动公共服务共建共享，构建区域协同发展的体制机制。加快长江经济带创新发展，依托长江黄金水道，高起点、高水平建设综合立体交通走廊，引导产业优化布局、有序转移和分工协作，强化长三角城市群的龙头作用，提升长江中游、成渝城市群的辐射带动作用，推动沿海沿江沿边全面开放，建设绿色生态廊道，构建横贯东西、辐射南北、通江达海、经济高效、生态良好的长江经济带。同时，以包括港澳在内的大珠三角城市群为平台，以粤港澳紧密合作为核心，更好发挥香港的特殊作用，加快珠三角地区产业升级和创新发展，打造具有全球影响力和竞争力的湾区经济，辐射带动珠江-西江经济带发展，全面提升泛珠三角区域合作水平。

3．深入实施海洋强国战略

坚持陆海统筹，强化海洋经略，走依海富国、以海强国、人海和谐、合作共赢的发展道路。推动海洋经济向质量效益型转变，提高海洋资源开发能力，优化海洋产业结构。推动海洋开发方式向循环利用型转变，坚持开发和保护并重、污染防治和生态修复并举，完善入海污染总量控制、海洋生态红线、生态补偿和生态损害赔偿制度，遏制海洋生态环境不断恶化趋势。推动海洋科技向创新引领型转变，加强核心关键共性技术研发，深入开展大洋、深海、极地科学考察和海洋测绘工作，积极拓展海洋科技国际合作。推动海洋维权向统筹兼顾型转变，统筹海洋维稳和维权两个大局，增强海洋控制能力和快速反应能力，不断提高海洋维权能力。

（五）推进文化强国建设，弘扬民族精神新风尚

建设社会主义文化强国，满足人民群众精神文化需求，是全面建成小康社会的重要内

容，也是国家软实力的重要体现。必须坚持走中国特色社会主义文化发展道路，坚持解放思想、百花齐放、百家争鸣，牢固树立以人民为中心的工作导向，以建设社会主义核心价值体系为根本任务，以深化文化体制改革为根本动力，促进社会主义文化大发展大繁荣。

1. 加强社会主义核心价值体系建设

核心价值体系承载着国家民族的精神追求。要大力弘扬民族精神和时代精神，将依法治国与以德治国、以文化人结合起来，积极培育和践行社会主义核心价值观，深入开展爱国主义、集体主义、社会主义教育，倡导富强、民主、文明、和谐，倡导自由、平等、公正、法治，倡导爱国、敬业、诚信、友善。加强"中国梦"为主题的文化精品创作生产，推出更多思想精深、艺术精湛、制作精良、弘扬主旋律、传播正能量的好作品。加强社会公德、职业道德、家庭美德、个人品德教育。

2. 构建现代公共文化服务体系

以基本建成覆盖城乡、便捷高效、保基本、促公平的现代公共文化服务体系为目标，统筹推进公共文化服务均衡发展。因地制宜、分类指导，建立基本公共文化服务标准体系，促进城乡均等、区域均等和群体均等。增加公共文化投入，加强公共文化产品和服务供给，创新公共文化服务方式和手段，构建多层次、多方式、共建共享的公共文化服务供给体系，提高公共文化设施建设管理服务水平，推动公共文化服务设施向社会免费开放，提升公共文化服务效能。加快优秀传统文化传承体系建设，加大历史文化遗产保护力度，增加少数民族语言精神文化产品供给。积极开展丰富多样的群众性文化活动。

3. 促进文化事业产业健康繁荣发展

深化文化体制改革，建立健全现代文化市场体系，加快形成有利于文化创新繁荣的发展环境。大力发展哲学社会科学、新闻出版、广播影视、文学艺术事业。促进传统媒体与新兴媒体融合发展，构建现代化的传播体系。促进文化与科技、信息、旅游、金融、制造融合，鼓励新型文化业态发展，提高文化产业国际竞争力。深化国有公益性文化单位改革，突出公益属性，盘活资源存量，强化服务功能。做大做强国有文化企业，推动文化企业跨地区、跨行业、跨所有制兼并重组。引导社会资本以多种形式投资兴办文化产业，扩大文化领域对外开放。

4. 增强中华文化国际影响力

坚定文化自信，积极参与世界文明对话，多渠道拓展文化交流的内涵和空间，在开放交往中传播中华文化。创新文化传播方式，统筹文化交流、文化传播和文化贸易，推动中华文化走向世界。精心构建对外话语体系，针对国外受众心理和接受习惯，加强分众传播内容建设，形成生动多样、符合规律的传播方式。支持文化企业和文化社会组织走出去，促进民间文化交流，开放包容地借鉴国外优秀文化成果。

（六）全面保障改善民生，形成包容和谐新局面

民生是社会和谐稳定的基石，必须从人民群众最关心最直接最现实的利益诉求出发，构建公平公正、共建共享的包容性发展新机制，使发展成果更多、更公平地惠及全体人民，不断增强人民群众的幸福感。

1. 以高质量就业促进收入差距缩小

实施高质量就业引领战略，完善收入分配制度，努力实现"两同步、双下降"，即居民收入增长和经济发展同步、劳动报酬增长和劳动生产率提高同步，基尼系数持续下降、城乡居民收入差距持续缩小。坚持实施更加积极的就业政策，推动实现更加充分、更高质量的就业，不断优化就业结构，高度重视以高校毕业生为重点的青年就业，促进城镇就业困难人员、农村转移劳动力等各类群体就业，使更多人通过就业参与收入分配。减少垄断、放宽管制、强化扶持、加强服务、减轻负担，优化中小企业创业兴业环境，以创业促进就业。加强公共就业服务体系和能力建设，加快构建劳动者终身职业培训体系，不断提高劳动者适应转型升级的就业能力。构建中国特色和谐劳动关系，健全劳动标准体系，创新劳动关系协调机制，不断提高劳动者就业质量。以市场为基础完善收入初次分配机制，加快健全再分配调节机制，明显增加低收入者收入，扩大中等收入群体、稳步提高收入水平，规范收入分配秩序，缩小全社会收入差距。

2. 加快推进基本公共服务均等化

围绕标准化、均等化、法制化，加快健全覆盖城乡、普惠可及、保障公平、可持续的

基本公共服务体系。推动国家基本公共服务项目有序扩围和标准规范，统筹城乡公共服务设施建设，推进资源整合和设施共建共享。创新公共服务提供方式，推行政府购买公共服务目录或清单制，探索政府和社会资本合作新机制。完善财力保障机制，健全基本公共服务支出责任分担机制，扩大基本公共服务支出规模，重点向中西部、农村和贫困地区倾斜。

3. 全面建成覆盖城乡居民的社会保障体系

加快健全养老保险制度体系，按照精算平衡原则，完善城镇职工养老保险制度，完善个人账户制度，健全多缴多得激励机制，确保参保权益。加快实现职工基础养老金全国统筹，完善落实城乡居民基本养老保险政策。完善基本医疗保险制度，整合城乡居民基本医疗保险制度，全面实施城乡居民大病保险制度，加快发展商业健康保险，促进基本医保与商业健康保险相互补充。提高失业保险覆盖率和统筹层次，增强失业保险制度预防失业、促进就业功能。健全预防、补偿和康复相结合的工伤保险制度体系。适时适当降低社会保险费率。完善社会救助体系，健全最低生活保障、特困人员供养等社会救助制度。统筹推进社会福利事业发展。健全社会保障财政投入制度，通过国有企业股权注入等方式扩大社保筹资渠道。加强社会保障基金投资管理和监督，推进基金市场化、多元化投资运营。加快发展企业年金、职业年金、商业保险，构建多层次社会保障体系。

4. 不断提高医疗健康服务水平

在继续推进医疗卫生体制改革的同时，统筹涵盖医疗、卫生、养老、药品、保险等在内的大健康产业制度设计。充分发挥政府、市场和社会作用，在增加政府医疗卫生投入、确保基本医疗公平可及普惠的同时，鼓励社会资本进入，更好满足多层次、多样化的医疗服务需求。加快推动医疗卫生信息共享和业务协同、大健康数据库建设和应用，促进远程医疗诊断和药品电子追溯服务发展。

5. 加大扶贫攻坚力度

加快农村贫困人口脱贫致富步伐，是全面建成小康社会的紧迫任务，也是必须补齐的"短板"。要以集中连片特困地区为重点，加大投入和工作力度，加快片区规划实施，打好扶贫开发攻坚战，大幅度减少贫困人口，尽可能减少返贫，使扶贫对象的生活水平显著改善。推进精准扶贫，制定并落实建档立卡的贫困村和贫困户帮扶措施。加强集中连片特困地区基础设施建设、生态环境保护和基本公共服务供给，实施整村推进、移民搬迁、特色产业发展等扶贫工程，为贫困人口营造具有可持续性的"生计"。把抓好教育培训和加强职业技能培训作为根本大计，提高人口素质和就业技能，尽力阻断贫困代际传递。

6. 积极应对人口老龄化

要树立全面、积极的人口老龄观，加快完善可持续的养老保障制度设计，建立健全应对人口老龄化的综合政策和服务体系。研究实施"普遍两孩"政策，渐进式延迟退休年龄，逐步提高实际退休年龄，缓解老龄化对劳动力供求和养老体系的压力。按照政府引导、社会兴办、居民自治组织参与、市场推动的方向，不断增加公共资源投入，支持企业和非营利组织兴办养老服务机构，培育壮大养老产业，加快完善以居家养老为基础、社区服务为依托、机构照料为补充的养老服务体系。探索建立长期照护保险制度。弘扬敬老、养老、助老及代际和谐的良好社会风尚，鼓励家庭养老和老年人互助，重视解决失独家庭的养老保障问题。加强长期护理服务队伍建设，培养老年护理的专门人才，壮大志愿者队伍。

7. 建立健全公共安全体系

牢固树立总体国家安全观，积极利用信息化手段、扩大社会化参与、建立多元化机制、强化法治化保障，推进平安中国建设。加强社会安全防控和安全生产教育，提高社会成员的安全风险理性认知能力和危机应对能力。加强食品药品安全、安全生产、劳动保障等领域的监管。进一步提高社会治安智能化和网格化管理水平，健全全民参与的立体化社会治安防控体系。构建与公共安全风险相适应、与国家安全相衔接的突发事件应急体系，提高综合防灾减灾能力。提升维护国家安全和社会稳定的能力，为全面建成小康社会创造安全稳定的社会环境。

（七）推进绿色低碳发展，建设生态文明新家园

生态文明建设是关系人民生存环境、生活质量和民族未来的长远大计。必须树立尊重自然、顺应自然、保护自然的生态文明理念，坚持节约资源和保护环境的基本国策，坚持

节约优先、保护优先、自然恢复为主的方针,将生态文明建设融入经济社会发展各方面和全过程,切实改善环境质量,建设天蓝、地绿、水清的美丽中国。

1. 促进资源节约循环利用

大力推进清洁生产,发展循环经济,对产业存量实施循环化改造、增量进行循环化构建。以减少废物处理量为目标,完善生产者责任延伸制度,健全生活垃圾分类收集和回收体系,提高大宗固体废弃物综合利用水平,推动废弃物处理方式向资源化利用转变。深入推进节水、节地、节材、节矿工作,深化资源性产品价格改革,使资源性产品价格全面反映市场供求、资源稀缺程度、生态环境损害成本和修复效益。发展绿色矿业,加快推进绿色矿业发展示范区和绿色矿山建设。

2. 推动能源消费、供给、技术和体制革命

立足国内多元供应保障能源安全,着力发展非煤能源,加快构建煤、油、气、核、新能源、可再生能源多轮驱动,清洁、高效、安全、可持续的能源供应体系,同步加强能源输配网络和储备设施建设。强化煤炭清洁高效利用,逐步降低煤炭消费特别是非电用煤比重。坚持节能优先,加快推动节能技术改造,加强重点领域节能管理。推行能耗强度和煤炭消费总量"双控"制度,强化清洁能源和可再生能源生产消费激励,完善价格、财税等调节措施,健全节能实施和监督机制。深入开展节能减排全民行动,倡导绿色低碳的生活方式和消费模式,加快形成能源节约型社会。

3. 强化环境治理和生态保护

坚持源头严防、过程严管、后果严惩,实施以改善环境质量为目标的全面环境质量管理制度,持续强化主要污染物总量减排。推行全流域、跨区域和城乡协同治理模式,强化以大气、水、土壤为重点的污染综合治理。以工业园区和工业聚集区为重点,深入推进工业污染防治工作。以京津冀等大气复合型污染突出地区为重点,加大大气污染防治力度。继续加大对七大重点流域的水污染治理,积极预防和修复地下水污染,加大城市黑臭水治理力度,加大中西部地区乡镇污水处理设施建设力度。着力控制土壤污染源,强化重点区域土壤污染治理。强化危险化学品全生命周期风险防控。继续推进污水、垃圾、危险废物处理设施建设,健全收费运营机制。继续实施重大生态修复工程,抓好重要生态系统以及

生态脆弱流域和区域的保护和修复，推进重点区域水土流失综合治理。实施工矿废弃地复垦利用，促进历史遗留工矿废弃地复垦和矿山环境治理恢复。建立健全国土空间生态管治制度，全面落实生态空间用途管制，划定生态保护红线，加强野生动植物保护、生物多样性保护和自然保护区建设，加强对外来入侵物种的防控，加大生物遗传资源管理力度。

4. 积极应对全球气候变化

加快应对气候变化立法和标准体系建设，建立碳排放总量控制制度，建成全国统一的碳交易市场，加强温室气体排放统计、核算和考核基础能力建设，全面提高适应气候变化能力，确保实现 2020 年控制温室气体排放行动目标以及 2030 年承诺目标。积极建设性地参与气候变化国际谈判，有效发挥影响力和引导力，继续推进气候变化多双边对话交流与务实合作。

5. 加快生态文明制度建设

建立健全生态文明制度是提高生态环境质量的根本保障。要强化价格和税收调节功能，形成有利于资源节约和环境保护的利益导向机制。建立健全生态环境保护的法律法规和标准体系，全面实施生态保护红线、生态补偿、考核评价、生态环境损害赔偿和责任追究等制度。推行节能量、排污权和水权交易制度。加快建立自然资源资产产权制度和用途管制制度、资源环境承载能力监测预警机制。建立和完善严格监管所有污染物排放的环境保护管理制度，实施污染物排放许可制，建立基于许可证的污染源动态管理系统制度。完善环保信息公开和举报制度。

四、关于强化制度保障

党的十八届三中、四中全会对全面深化改革和全面依法治国做出了总部署，这对于激发市场主体活力，规范社会主体行为，稳定预期增强信心，保障经济社会发展目标任务顺利实现，具有十分关键的作用。必须紧紧围绕充分发挥市场在资源配置中的决定性作用、更好发挥政府作用和有效发挥社会力量作用，深入推进产权、要素、财税、金融、投融资、价格等关键领域改革，创新社会治理体制，推进法治中国建设，不断推进国家治理体系和治理能力现代化进程。

ZHONGYANG "SHISANWU" GUIHUA JIANYI ZHONGDA ZHUANTI YANJIU
中央"十三五"规划《建议》重大专题研究（第一册）

（一）完善现代产权制度

产权制度是市场机制有效运行的基础。要以落实产权主体权利和责任、严格依法保护各类产权为重点，加快健全归属清晰、权责明确、保护严格、流转顺畅的现代产权制度。推进国有企业产权制度改革，按照以管资本为主的要求加强国有资产监管，改革国有资本授权经营体制，使国有企业成为真正的市场主体，切实防止国有资产流失，不断增强国有企业活力和竞争力。在维护国有资产所有者权益基础上，促进国有资本与其他社会资本有机融合，稳妥有序发展混合所有制经济。健全自然资源资产产权制度，从根本上消除由于产权界定不清、保护不力导致的"公地悲剧"隐患，为完善生态文明制度奠定产权制度基础。深化农村集体土地产权制度改革，在保障农民土地产权利益和有效保护耕地基础上，完善农村集体土地权能，为农业现代化奠定更好的产权基础。加强知识产权保护和运用，形成有利于激励创新和成果运用的知识产权制度。

（二）健全要素市场体系

完善的要素市场是实现资源高效配置的基础。要加快劳动力、土地、资本、技术等要素市场建设，完善公平竞争的市场环境，维护全国统一市场内的要素自由流动和公平交换，使各类要素能够依据市场规则、市场竞争、市场价格实现优化配置。完善人力资源市场，破除人力资源市场的城乡、地区、行业分割和身份歧视，维护劳动者平等就业权利。加快建设产权清晰、规则一致、竞争有序的城乡统一建设用地市场，稳妥推进土地征收制度和农村集体经营性建设用地入市改革，完善工业用地配置方式，引导集约高效开发利用建设用地。加快发展技术市场，加强各类技术和知识产权交易平台建设，健全知识产权运用体系和技术转移机制。

（三）建立现代财税制度

财政是国家治理的基础和重要支柱，财税改革是全面深化改革的基础和重要支撑。要按照完善立法、明确事权、改革税制、稳定税负、透明预算、提高效率的原则，加快财税体制改革，形成有利于转变经济发展方式、有利于建设统一市场、有利于基本公共服务均等化的现代财政制度。完善分税制，逐步实现"一级政府、一级预算"，各级预算相对独立，自求平衡。构建全面规范、公开透明的预算管理制度。实行中期财政规划管理，改进年度预算控制方式，建立跨年度预算平衡机制，促进财政可持续发展。按照优化税制结构、完善税收功能、稳定宏观税负、坚持依法治税的思路推进税收制度改革，完善地方税体系，逐步提高直接税比重，推进房地产税和环境保护税立法，逐步建立综合与分类相结合的个人所得税制，深化增值税改革，完善消费税制度，加快推进资源税从价计征，逐步扩大资源税征收范围，研究建立矿产资源国家权益金制度，适时开征环境保护税，全面修订《税收征收管理法》，建立健全税种布局科学、法律制度健全、征纳便利高效，有利于科学发展、社会公平、市场统一的现代税收制度。按照财力与事权匹配原则和税收属性，进一步理顺中央与地方收入划分。清理整合规范专项转移支付，完善一般性转移支付增长机制。建立权责发生制的政府综合财务报告制度，全面反映政府资产、负债、收入、费用、运行成本、现金流量等财务信息。加快建立规范合理的中央和地方政府债务管理和风险预警机制，深化国债管理市场化改革，对地方政府债务实行规模控制和预算管理，完善地方政府一般债券和专项债券发行机制，防范并化解地方政府性债务风险，建立健全安全高效的国债和地方政府债券市场。加强推进中央和地方国库现金管理，建立财政库底目标余额管理制度。

（四）健全支持实体经济的金融体系

完善金融市场运行机制，充分发挥金融要素价格在优化资源配置中的决定性作用。围绕实体经济可持续发展推动金融创新、优化金融服务，积极发展绿色金融。加快发展多层次资本市场，大力发展债券市场和债券品种创新，显著提高直接融资特别是股权融资比重。健全结构合理、有效竞争、治理良好的金融机构体系，显著提升金融机构稳健性和韧性。完善金融机构公司治理，形成有效的决策、执行、制衡机制。完成政策性金融机构改革，形成政策性金融、开发性金融与商业性金融分工合理、相互补充、良性发展的格局。完善更加稳健、平衡、有效的货币政策框架。完善人民币利率、汇率市场化形成机制，加快培育以国债收益率曲线为主的市场基准利率体系，进一步增强价格型调控机制作用。建立健全中国特色、科学有效的货币政策决策和传导机制。建立健全高效、前瞻、专业化和市场友好的监管体制，加快金融监管转型。构建与科技发展相互促进、全面高效、具有包容性、普惠性的金融服务体系。建立健全金融安全网，防范系统性区域性金融风险，维护金融稳定。减少政府对市场的不当干预，切实改善地方金融生态环境。建立健全宏观审慎管理框架下的外债和资本流动管理体系。积极参与国际金融监管规则制定，推动国际货币体系朝更加合理的方向发展。

（五）深化投融资体制改革

完善投融资体制对扩大投资主体、激发投资内生动力、提高投资效益具有重要作用。要确立企业投资主体地位，更好落实企业投资自主权。进一步放宽基础设施、公用事业等领域的市场准入限制，采取政府和社会资本合作（PPP）模式，鼓励社会资本参与投资建设运营。完善财政资金的投资模式，通过设立创业投资引导基金、产业投资基金等方式，撬动引导更多社会资本参与重点领域投资建设。

（六）改革价格管理和形成机制

价格对引导市场配置资源具有决定性作用，要加快形成主要由市场决定价格的机制。最大限度地缩小政府定价范围，最大力度地改革政府定价规则，最大限度地保证政府定价公开透明。全面放开竞争性领域商品和服务价格，有序放开电力、天然气、铁路运输、专业服务等领域的竞争性环节价格，完善农产品价格形成机制。

（七）创新社会治理体制

要加强党委领导，发挥政府主导作用，鼓励和支持社会各方面参与，实现政府治理和社会自我调节、居民自治良性互动，形成政府、市场、社会等多元主体在社会治理中协同协作、相辅相成的新局面。正确处理政府和社会关系，实施政社分开，推进社会组织明确权责、依法自治、反映诉求、发挥作用。推动社会组织健康发展，改革社会组织管理制度，加快多元社会组织培育建设，加大政府向社会组织购买服务力度。加强城乡基层组织建设，积极培育志愿服务组织，鼓励群众性组织进入社区，实现公民的自主参与、自我管理。加快推进事业单位、行业协会、商会的"去行政化"改革。

（八）推进法治中国建设

坚持立法先行，恪守以民为本、立法为民理念，全面提高立法质量，加快完善以宪法为核心的中国特色社会主义法律体系。把公正、公平、公开原则贯穿立法全过程。深入推进科学立法、民主立法，健全立法机关主导、社会各方有序参与立法的途径和方式，拓宽公民有序参与立法途径。加强市场法律制度建设，制定和完善发展规划、投资管理、土地管理等法律法规。加快法治政府建设，依法全面履行政府职能，推进机构、职能、权限、程序、责任法定化，推行政府权力清单制度。健全依法决策机制，完善重大行政决策法定程序。以加强对政府内部权力制约为重点，强化对行政权力的制约与监督。坚持严格规范公正文明执法，切实提高司法公信力。深入开展法治宣传教育，弘扬社会主义法治精神，形成守法光荣、违法可耻的社会氛围。推进多层次、多领域依法治理，支持各类社会主体自我约束、自我管理，发挥社会规范、人民团体和社会组织在社会治理和法治社会建设中的积极作用。

中国社会科学院

"十三五"时期我国经济社会发展的
主要趋势和重大思路

"十三五"及今后十年，是全面建成小康和实现"两个一百年"[1]任务的关键时期。深刻认识经济社会发展的新变化、新趋势、新特点，特别是准确把握国内外经济发展的新常态，对于科学制定"十三五"规划、继续抓住和用好我国发展的重要战略机遇期、摆脱"中等收入陷阱"的"魔咒"、走上持续健康发展的轨道，具有十分重要的意义。

一、"十三五"国际形势

尽管国际金融海啸已逐渐退潮，世界经济也在步履蹒跚中走出衰退，但总体看来，世界经济政治格局仍处于深度调整与变革之中。这主要表现在：各国产业、人口、收入分配等长期性的结构问题并未根本解决，相应矛盾还在不断积累；政府与金融业等部门的资产负债表依旧脆弱，债务风险时而隐现；全球经济复苏步伐不一，发展失衡状态进一步延续；新技术领域国际竞争激烈，新的全球产业链正在形成；旧有的国际治理体系弊端凸显，但新规则尚不清晰；各国财政、货币、金融监管等多方面的利益诉求多有分歧，相应的宏观政策步调失恰；地缘政治斗争加剧，部分地区安全形势恶化乃至恐怖主义抬头；原油等大宗商品价格剧烈波动，不仅引发市场动荡，也对国际利益格局产生较大冲击，并成为地区冲突的又一重要诱因。

上述复杂的国际经济政治形势，对于已经深度融入世界的中国有着广泛而深刻的影响。特别是中国经济社会逐渐步入新常态，其所面对的增长动力转换、产业结构升级、新型城镇化、人口老龄化等一系列结构性问题，都同各种外部因素紧密交织。因此，在探寻未来

---

[1]　即中国共产党成立一百年和新中国成立一百年。

中国的发展路径与政策选择时，国际视角的重要性空前提高。

有鉴于此，我们试从长周期视角下的全球经济新常态、新技术革命与国际新规则下的全球分工体系、国家间竞争加剧与中国崛起成本上升等三大方面，展望未来 5～10 年间的国际趋势，并以此为基础，讨论中国将面临的外部机遇与挑战。

（一）长周期视角下的全球经济新常态

危机之前的 20 多年，是全球经济大繁荣阶段，一般被学界称之为大稳定（great moderation）。"大稳定"是全球范围内科技进步、体制机制变化和全球化的综合产物。从"大稳定"转换为大危机，并进而进入以长期结构调整为主要内容的新常态，其实只是被"大稳定"繁荣掩盖下的各种矛盾产生、累积、深化、蔓延和爆发的结果。如果从长周期的视角来看，旧常态的辉煌恰恰是由于处在全球经济长周期的上行阶段，而旧常态的转折则预示着全球经济转向下行周期的开始。

从基础技术创新的角度看，18 世纪末以来，世界经济经历了五次长周期，其中，第五次世界经济长周期的上升期发生在 1980—2007 年。这正是前面所提到的"大稳定时期"。这个时期，以信息技术等高科技产业和高端生产性服务业为核心的"新经济"成为世界经济发展的主导，加上新材料、新能源、生物医药等领域的技术创新，以及全球化的发展，开启了持续近 30 年的经济繁荣周期，也构成康德拉季耶夫周期[1]的上升阶段。对此，罗斯托（1983）在 30 年前很有预见性地指出：有两股极其强大的力量——"康德拉季耶夫长波第五个周期的上升"和"第四次产业革命"——在对世界经济发生作用和施加影响[2]。2007 年，以次贷危机爆发为起点，全球经济开始进入下行通道。从长周期角度，上一波经济全球化与社会信息化的动能消耗殆尽，世界经济进入到第五次世界经济长波的下行阶段。而这也成为新旧常态的转折点，全球经济开始步入新常态。

全球新常态的最主要特征是所谓长期停滞，这一概念总括了未来 5～10 年世界经济发展的大体趋势与特征。

就发达经济体而言，尽管开始复苏，但美国、欧洲、日本等有陷入"长期停滞"的迹象。这一观点由著名经济学家、美国财政部前部长萨默斯在 2013 年年底提出（Summers，

---

[1]　康德拉季耶夫周期：是指 1926 年由俄国经济学家康德拉季耶夫提出的一种观点。该周期理论认为，从18 世纪末期以后，经历了三个长周期。第一个长周期从 1789 年到 1849 年，上升部分为 25 年，下降部分 35 年，共 60 年。第二个长周期从 1849 年到 1896 年，上升部分为 24 年，下降部分为 23 年，共 47 年。第三个长周期从1896 年起，上升部分为 24 年，1920 以后进入下降期。

[2]　关于产业革命的划分有很多不同的观点。这和作者所处的时代有关系。

2014）。其主要含义在于：由于实现充分就业，并使储蓄和投资达到均衡的实际利率（亦即自然利率）处于较大的负值区间，远低于现行的实际利率，结果造成传统的货币政策因"利率零下限"（zero bound）而失效（如以降息扩充流动性），进而出现投资不足、消费低迷、就业不充分、实际产出增长低于潜在水平等经济停滞现象。

造成长期停滞的原因归纳起来主要有三个方面：

一是技术。无论是经济增长理论还是实践都表明，决定长期经济增长的核心变量在于技术进步。据戈登测算（Gordon，2012、2014），美国全要素生产率（TFP）早已重回 20 世纪 30 年代前的历史低位：1980 年至今 TFP 的年均增速仅为 0.5%，约为 1930—1980 年间增速的三分之一。另有研究显示，由于欧洲、日本等主要发达经济体自身的创新能力有限，而对美国的知识技术外溢依赖较高，所以也步美国后尘，在 20 世纪 90 年代以来经历了程度不同的生产率增长减速。

二是人口与劳动力市场。由于人口生育率的下降、预期寿命提高、战后婴儿潮一代退出劳动市场等因素，21 世纪以来美国等发达经济体普遍经历了劳动力供给数量减少，劳动参与率下降的困境。相对美国而言，欧洲、日本的劳动力供给状况则更为悲观。自 20 世纪 90 年代以来，由于老龄化和少子化等因素，欧日两大经济体的劳动人口相对比重下降的趋势不仅更为明显，且持续的时间远较美国更长。与此同时，疲弱的经济环境，则进一步削弱了人力资本积累和劳动参与率。

三是收入分配。日趋恶化的收入分配格局，进一步抑制了发达经济体的增长潜力与社会活力，成为导致长期停滞的重要因素之一。实际上，如长期研究收入分配问题的著名经济学家皮克提等人的研究显示（Piketty 和 Saez，2013），早在经济繁荣的大稳定时期，发达经济体普遍经历了收入分配不平等的持续恶化。尽管在 2008—2009 年的金融危机与经济衰退中，这一局面曾暂时逆转，但其长期恶化的趋势并未改变。

上述观点在一定程度上正在变为现实。如在雷曼兄弟破产后的近六年间，在流动性普遍宽松的环境下，美国、欧洲等发达经济体仍旧没有回到此前的增长路径（Reinhart 和 Rogoff，2014），甚至出现了潜在增长率的下降——这意味着增速下降的长期化。值得指出的是，尽管自 2014 年下半年以来美国经济出现好转迹象，特别是第三季度 GDP 增长率达到 5%（年率），创下了 11 年来的新高，而美联储也在此时开始退出第三轮量化宽松，但这些迹象还远远不能说明美国经济就此开始强劲复苏。实际上，刚刚公布的数据显示，2014 年美国全年 GDP 仅增长 2.4%。这一数字在近年来并不出奇，更慢于危机前 3% 的趋势增长率（亦即 1990—2007 年美国增长率平均值）。同时，较之于美国，欧洲、日本等经济体的表现则更为逊色。特别是两大经济体都在此时陷入了公共部门债务高企、私人经济活动停滞，以及通货紧缩隐现的困境之中。

就新兴经济体而言，新常态的提法也同样适用。尽管各国面临的问题不同，但如仅聚焦于经济放缓，则可以归结为供给侧与需求侧两大类因素。在供给侧，第一，步发达经济体的后尘，新兴市场经济体的人口老龄化、少子化现象日益突出，劳动力供给由此收紧，工资成本优势逐渐丧失；第二，在后发国家同先发国家的技术差距不断缩小的同时，技术外溢对增长的贡献减弱；第三，在经历长时间的粗放式发展后，新兴国家的资源环境约束也趋于紧张。而在需求侧，第一，随着经济发展步入新阶段，新兴国家以高储蓄、高投资的增长驱动模式弊端渐露，普遍出现投资回报率下降、资本配置低效、产能过剩等现象；第二，由于社会保障体系发展滞后、国内市场扭曲严重等原因，新兴市场的国内消费持续低迷，特别是难以在短期内弥补投资需求的下降；第三，在发达经济体增长整体放缓，以及国际贸易保护主义抬头的背景下，新兴经济体的外部需求业已严重萎缩且前景不容乐观。

（二）新技术革命与国际新规则下的全球分工体系

本轮经济危机后，全球经济增长明显放缓，既有的全球分工体系被打破，全球资源需要重新配置。在新的国际分工形成的过程中，新技术革命与国际新规则将发挥关键性的作用。

1. 新技术革命下的全球分工体系

在全球经济增长遭遇逆风的同时，以互联网、再生能源、数字化制造三者深度整合为主要特征的所谓"第三次工业革命"却悄然而至（里夫金，2012），并成为21世纪以来人类在生产力上的又一次飞跃。可以想见，这轮技术变革将极大地改变人类的通信系统、能源模式乃至生产生活方式，并在很大程度上重塑国际分工体系和利益分配格局。在这一潮流之下，处于不同发展阶段、在国际分工中扮演不同角色的经济体将面对不同的历史机遇与挑战。

对发达国家而言：一方面，由于在经济、政治、科技、文化、军事等多个维度的既有优势，新技术革命将最有可能在发达经济体发生，并进而强化后者在分工体系中的"中心"位置。如在近年来美国推动的制造业回归中，更加强调制造业中的创意设计与数字化，绝非简单的工厂设备回迁。而与此同时，德国也提出了以物联网、云计算和智慧工厂等为核心的"工业4.0"发展战略。值得一提的还有21世纪以来机器人产业的崛起。2014年，麻省理工学院经济学家埃里克·布林约尔松（Erik Brynjolfsson）和安德鲁·麦凯菲（Andrew McAfee）研究了这一快速的转变。他们在《人工对机器》中写道："最近的机器人对人类技能的替代速度和替代范围有深远的经济影响。"在他们看来，低成本自动化技术的出现预示着规模足以与20世纪农业技术革命相媲美的巨大变革，农业革命导致美国的农业就业人数占总劳动力的比例，从当初的 40% 降到了如今的 2%。麦凯菲认为，此次变革不但可以类比于农业的工业化，同样也可比肩 20 世纪制造业的电气化。机器人成为发达工业化国家重获制造业优势的重要砝码。当然，发达经济体由于处在创新的最前沿，也意味着可能承担较大风险。如何减少、分散此类风险，调动市场主体的创新动力，是对发达经济体的又一个重大挑战。

对新兴市场国家而言：一方面，面对新技术革命，不同发展阶段的国家往往处于相对接近的起跑线上。这为后发国家的赶超提供了难得的机遇。而后发国家也普遍具有摆脱旧有格局，争取向"中心"靠拢的积极性。此外，在"大稳定"时期，后发国家普遍经历了较长时期的高速增长，从而在经济、科技、文教、基础设施等方面取得了长足的进步。这为其迎接新技术挑战提供了坚实的物质和人力基础。另一方面，新技术革命下的利益分配格局，将会进一步倾向于位于价值链两端的设计研发和市场开发等活动的贡献，压缩价值链中端的劳动贡献。在劳动力成本上升和资源环境约束收紧的背景下，后发国家如果不能借助新技术革命发展新的比较优势，特别是通过产业升级和创新驱动实现向价值链两端的延伸，将逐渐被边缘化，直至被排除在"中心-外围"的分工体系之外，陷入尴尬的"中等收入陷阱"（Gill 和 Kharas，2007）。这一前景对于正在扮演"世界工厂"的中国有着特别的现实意义。

2. 国际新规则下的全球分工体系

面对全球分工体系的分化重组，发达经济体还酝酿重塑造国际规则，以此获取新的竞争优势。

一是国际货币体系。在本轮金融危机的直接冲击下，以美元等西方主权国家货币为主导的国际货币体系受到严重冲击，种种弊端充分暴露。特别是作为货币霸权的美国所面临的"特里芬难题（Triffin Dilemma）"[1]，不仅造成了全球优质储备资产不足，也使美国自身陷入了持续的经常项目逆差之中。在此背景下，2013 年 10 月 31 日，美联储、欧洲央行、瑞士央行、英国央行、加拿大央行和日本央行等宣布它们已达成长期性多边货币互换协议。在全球金融危机即将进入第七个年头之际，全球六大央行联合推出货币互换升级版，清晰地表明，一张以美联储为中心、主要发达经济体央行参与的排他性超级国际储备货币供求网络已经形成。这个网络事实上已将发达经济体的货币供给机制内在地连为一体。特

---

[1]　1960 年，美国经济学家罗伯特·特里芬在其《黄金与美元危机——自由兑换的未来》一书中提出："由于美元与黄金挂钩，而其他国家的货币与美元挂钩，美元虽然取得了国际核心货币的地位，但是各国为了发展国际贸易，必须用美元作为结算与储备货币，这样就会导致流出美国的货币在海外不断沉淀，对美国来说就会发生长期贸易逆差；而美元作为国际货币核心的前提是必须保持美元币值稳定与坚挺，这又要求美国必须是一个长期贸易顺差国。这两个要求互相矛盾，因此是一个悖论。"这一内在矛盾称为"特里芬难题（Triffin Dilemma）"。

别值得注意的是，货币互换不仅涉及互换国之间的货币流动，而且涉及彼此间货币的汇率安排，进一步则涉及互换国之间宏观经济政策的深度协调。换言之，完备的国际货币体系必备的三大构成要素，即储备货币选择、汇率制度安排和国际收支协调机制，在互换网络中均有明晰的对应体现。这种安排的长期、无限和多边化，十分清晰地显示出发达经济体对于未来国际货币体系发展趋向的偏好。换言之，主要央行间建立长期稳定的货币互换网络，或许就是未来国际货币体系的基本架构。

二是国际经贸规则。发达经济体不满于传统全球化的模式，欲重塑全球化格局。特别是在经贸和国际投资领域，自 2011 年开始，在发达经济体之间相继展开的跨太平洋伙伴关系协定（TPP）、跨大西洋贸易与投资协定（TTIP）、服务贸易协议（TISA）以及日欧经济伙伴关系协定等的谈判，反映了区域间分工调整的新的多边架构。美欧试图通过改变规则提高其自身优势，并在客观上形成对中国不利的国际竞争局面。其做法包括：给中国贴上"国家资本主义"标签，试图通过确立"竞争中性"原则来降低政府对经济活动的支持和中国企业在国际上的竞争优势，以及通过环保标准、劳动标准、知识产权保护、治理结构、账目透明度等多个方面提出更高要求，制约中国在经贸投资领域的发展空间。

（三）国家间竞争加剧与中国崛起成本上升

如果说大稳定阶段，主要是企业特别是跨国公司间的竞争（背后有国家的支持），那么，危机以来，国家间竞争显得更为直接和明显。本轮经济危机后，全球经济增长明显放缓，既有的全球分工体系被打破，全球资源需要重新配置。在新的国际分工形成的过程中，国家间竞争势必加剧。

回溯历史，全球分工体系的扩展也是外围和边缘地区不断被卷入资本主义生产方式的过程。资本主义生产方式最早发端于欧洲，在其初创阶段即有了复杂的国际结构。不同国家和地区在生产中扮演不同角色，也处在不同的分配地位。早期资本主义具有明显的国家主义（Statism）倾向，因为全球分工以国家为基本单位，强大的国家才能在国际分工中占据有利位置。

本轮经济危机前的全球生产主要由三类分工者构成：金融-创新国、资源国和生产国。创新活动需要风险分担和利益共享机制，对金融体系的发达程度和灵活性要求很高。美国在危机前的很长时间里都承担了全球生产引领者的角色，其金融体系和创新机制在互联网时代催生出一大批创新企业。资源国大体有两种：一种是幅员辽阔、地大物博的，比如俄罗斯、加拿大和澳大利亚；另一种是某种矿产资源富集区，以中东地区为代表。生产国从低端产品到高端产品，构成逐渐上升的梯度。低端产品生产国需要的禀赋主要是受过一定教育的廉价劳动力。生产国梯度越往高资本和知识就越来越密集，劳动密集度下降但劳动成本快速上升。

这三类分工者各有其典型代表，但是也有国家处在相对模糊的地带，兼具多项分工角色。

这种分工格局总体来说是各取所需、互利共赢的，促成了全球经济的快速扩张。但是长期来看它并不稳定。首先，资源国和生产国相对于金融-创新国会有持续顺差，造成严重的全球失衡，孕育了金融和经济危机；其次，金融-创新国虽然会获得超额垄断报酬和金融利益，但是国内会累积很多矛盾，比如贫富分化和金融风险；再次，生产国的劳动力成本会不断上升，在寻找产业转移空间的同时，还需要在分工体系中重新自我定位，从而对其上的在位者构成挑战；最后，全球的快速增长还必须考虑环境承载力，跟随劳动力成本一起上升的是环境成本，即一方面环境在不断恶化，另一方面人们的承受能力却在减弱。

本轮全球经济危机可以说是对此前分工格局的一次颠覆和调整。美国在继续保持金融和创新优势的同时，通过制造业回流加强其生产国地位，通过页岩气革命又成为一个能源大国。同为发达经济体，欧洲和日本的经济调整和经济复苏要慢得多。在近期的石油价格下跌中，以俄罗斯为代表的能源国显示出其经济的脆弱性。在全球需求萎缩的大背景下，生产国之间的竞争趋于白热化，这在手机和汽车等产品上表现非常明显。总之，未来国家间竞争的主要表现形势不会是战争和军事对抗，而是经济竞争，即在全球分工体系中占据有利位置。通过引领全球技术潮流和主导全球经济贸易规则制定，使得本国能够在全球分配中获取最大利益。

正是因为国家间竞争加剧，中国崛起的成本也在上升。

美国学者保罗·肯尼迪在《大国的兴衰》一书中也指出，一些大国在此消彼长、兴衰更替的动态过程中依靠技术突破、组织变革实现更快的发展速度推动国际实力迅速发展并随着相对力量优势逐渐增大对国际体系力量格局、秩序、行为准则产生重大影响。这一过程就是所谓的大国崛起。后发国家的赶超和崛起既是一国内部复杂而艰难的发展结果，也是与被赶超对象的发展差异相对缩小的表现，是世界发展不平衡规律作用的结果。

中国作为一个新兴大国正在迅速崛起。与过去30余年相比，在未来十年甚至更长一段时间，中国崛起的成本在不断上升。这主要源于三个方面：

其一，全球范围内很多新兴大国（包括人口大国印度）都在加快推进现代化，其对全球资源能源的需求大幅增加，而面临的环境约束也在增强（包括各类减排协定），这就使得中国发展面临的资源环境成本在上升。

其二，随着中国经济规模的扩大，在国际社会中声音的增强，其所承担的国际责任也相应增大。中国要成为负责任的大国，这是国际社会的要求。因此未来需承担更多责任，搭便车的机会大大减少。

其三，由于全球经济长期停滞的新常态以及国家间竞争加剧，需要我们动用更多的政治、军事、外交等方面的资源来应对，以保证中国经济的平稳增长和在全球范围内的崛起。

这比起过去来，成本要高得多。

（四）国际形势的总体判断

从全球整体看，在传统的全球化红利渐失和以要素驱动的高速经济增长模式行将终结的大背景下，无论发达国家还是新兴市场都面临着结构转型和可持续发展的严峻挑战。各国开始转入以科技和人力资本为基础，以新技术革命为手段，以产业价值链为主要对象的国际竞争。与此同时，国际货币体系、贸易规则、政治秩序等也将出现异彩纷呈的多元化趋势。总体说来，这样的国际大势同现时中国自身的发展需要基本契合。中国正可以抓住这一战略机遇期，通过产业升级、需求调整、要素优化等途径，加快自身的结构转型。同时，随着综合国力的增强，中国应以更为积极的姿态投入到新世界体系的构建之中，特别是要在亚太乃至全球经济、政治、环境、安全等重大事务中勇于担当"负责任大国"的角色，转变以往主要聚焦于发展外贸、引进资金与技术的低层次对外开放战略，更须摒弃在全球化中"搭便车"、一味依赖发达国家技术外溢等狭隘的发展思路。

当然也须指出，后危机时代也是旧的利益格局被打破、新的平衡尚未建立的转型期。国际竞争将异常复杂、激烈，各种经贸、金融、政治、安全方面的矛盾冲突更为频仍且往往相互交织。为维护和平发展的外部环境，中国将需要动用更多、更广泛的经济、政治、军事、外交等资源。较之以往，这一挑战不仅更为艰巨、成本更高，而且中国在此方面也尤其缺乏经验。为此，中国需要在一个全面的、长远的、面向新时代新问题的对外开放战略框架下，在了解、尊重国际规则的前提下，充分整合自身资源，综合运用各种战术、方法、手段、途径，以最大程度实现国家利益，并为世界的和平发展做出应有的贡献。

二、"十三五"国内形势

国内形势分析不拟面面俱到，而是选择若干具有趋势性、全局性和战略性特征的重点问题进行分析，旨在阐明问题要点、分析基本走势、探寻政策着力点。主要内容包括三方面：中国经济的发展趋势、增长潜力和重大挑战。

（一）发展趋势

以下从消费结构升级、基础设施建设、产业结构调整和开放型经济发展四个方面，讨论新常态下中国经济发展的基本趋势。

1. 消费结构升级

从总需求结构的角度考察，在 2008 年金融危机爆发之前，中国经济增长一度呈现出投资驱动和出口驱动的特点。如表 1 所示，在经历了 2008—2009 年的剧烈波动之后，净出口对经济增长的贡献率已基本稳定在－5%～－2%区间内，经济发展主要由投资和消费双轮驱动。

表1

投资、消费和净出口对中国经济增长的贡献率								单位:%
	2006 年	2007 年	2008 年	2009 年	2010 年	2011 年	2012 年	2013 年
投资	43.6	42.4	46.9	87.6	52.9	48.8	50.4	54.4
消费	40.4	39.6	44.1	49.8	43.1	55.5	51.8	50
净出口	16	17.9	9	－37.4	4	－4.3	－2.2	－4.4

资料来源：国家统计局。

尽管如此，居民消费率偏低、投资率过高仍旧是制约中国宏观经济平稳运行的重大结构性问题。国家统计局统计以消费占 GDP 比重核算的中国居民消费率呈现出持续下降的趋势，即由 1978 年的 48.80%逐步下降到 2012 年的 35.78%，34 年间下降了 13.02 个百分点（见图 1）。

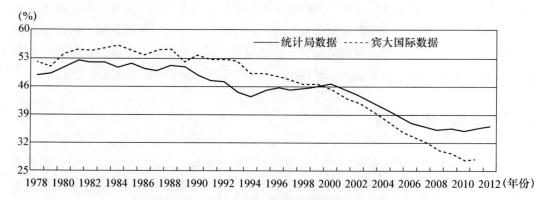

图1　1978—2012 年不同统计核算的居民消费率变化趋势

注：①统计局数据为国家统计局核算，数据来自《中国统计年鉴 2013》。
②宾大国际数据为美国宾夕法尼亚大学世界比较中心核算，数据来自 Penn World Table Version 8.1。

与中国情况形成鲜明对比的是，世界上其他主要经济体的消费一直是宏观经济中最平稳的变量之一。如表 2 所示，各国的消费率持续保持在 50%以上的较高位势，且总体呈现平稳的态势。这反衬出中国居民消费率数据出现的持续偏低和大幅变动的确是异乎寻常的。

尽管中国的统计核算体系从 MPS 转入 SNA 所带来的变化和调整在一定程度上会导致消费率的低估，但中国居民消费率总体偏低仍是学术界普遍接受的基本事实。这也表明，中国的消费增长还有着巨大的潜力。

表 2

1980—2010 年不同国家居民消费率（%）

国家	1980 年	1985 年	1990 年	1995 年	2000 年	2005 年	2010 年
发展中国家							
印度	74.61	67.66	65.59	63.71	64.15	57.54	63.2
巴西	69.71	65.78	59.3	62.46	64.35	60.27	64.2
南非	47.82	52.36	57.13	62.82	62.98	63.36	56.9
俄罗斯	—	—	48.87	52.09	46.19	48.90	51.3
发达国家							
英国	58.26	59.32	62.00	63.27	65.07	64.32	65.3
日本	54.07	53.86	52.52	55.04	56.22	56.99	59.3
法国	56.42	58.64	57.09	56.61	55.73	56.86	58.0
德国	58.44	59.73	57.64	57.73	58.87	59.09	58.9
美国	63.46	64.96	66.70	67.77	69.02	70.36	71.2

注：资料来自国研网数据库。

进入"十二五"以来，中国居民消费率持续下降的态势已得到了初步遏制。2010—2013 年，居民消费率持续回升，2013 年的居民消费率已恢复到 2007 年的水平。不过，我们要充分认识到，消费率水平是一个受到历史文化、人口结构、经济发展水平等长期因素制约的慢变量，消费对经济的拉动作用同样也难以在短期内大幅提升。从国际经验看，新加坡在经济起飞阶段的居民消费率也是整体稳定在类似于我国现在这样的偏低水平，而在起飞完成后居民消费率才逐步提高。这表明，居民消费率的提高可能是结构转型和经济发展到一定水平的一个自然趋势和结果，并非短期政策作用的结果。因此，提高消费率不能单纯依靠总需求管理政策，而应该顺应经济发展的变化趋势，长短结合、供求并重。在当前中国居民收入稳步增长、消费能力不断增强的背景下，特别要重视通过创新供给激活消费需求，即通过体制改革和结构调整，降低创业创新成本，从而激发企业家的创新活力，推出能更好地激发消费者欲望、满足消费者需求的新产品、新服务，引导消费者提高边际消费倾向，稳步提高消费率。

从"能消费""敢消费""愿消费"角度看，增加居民收入只解决居民是否"能消费"的问题，并不能直接提高消费率；在给定收入增长的前提之后，设法提高消费倾向才是提高居民消费率的关键所在。在通过社会保障、消费者权益保护等方面的制度改革解决制度不完备、不确定性较大等导致居民不敢消费的问题之后，以供给端的变革促使消费者"愿消费"将是今后五年提高消费倾向的主要努力方向。

长期以来，我国社会消费品零售总额增长速度一直高于消费增长的速度，这表明服务消费偏低拖了整个消费增长的后腿，服务消费增长潜力巨大。近年来，个性化、多样化消费渐成主流，消费热点正从以商品消费为主向商品消费和服务消费并重转变，但服务供给仍然不足、服务价格总体过高。

具体而言，我国的服务消费发展存在两大瓶颈，即行业垄断和部分服务业发育不足。一方面，在和生产性服务息息相关同时又为居民提供服务的行业，比如金融、快递、物流、电信、通信、网络等领域，目前还存在很多行政垄断，导致市场准入门槛偏高、市场进入不充分、供给数量不多，而且市场竞争不充分推高了价格。另一方面，在纯生活服务业，比如家政、养老、美容美发等，主要的制约因素是行业发育不充分，产业组织化程度低，难以达到规模经济，从而导致供不应求，推高了服务价格。

因此，发展服务消费将是创新供给激活消费需求的重要着力点。我们应当抓住服务业大发展的机遇，努力破除行政性垄断、降低市场准入门槛，同时通过财税、金融、教育培训等方面的政策，提高生活性服务业的组织化程度。这些政策的主要目的是鼓励企业家在服务消费领域实施创新活动，全面增加有效的服务供给，提高服务供给质量。

2. 基础设施投资

基础设施短缺是全球性现象。受城镇化、人口增长以及发达国家和发展中国家的需求促动，到2030年，全球基础设施投资将出现非常大缺口。经济合作与发展组织（OECD）预测2010—2030年全球基础设施的投资需求将达到53万亿美元。另据毕马威会计师事务所估计，2013—2030年全世界需要57万亿美元基础设施投资才能与GDP增长节奏持平。这超过了所有现存基础设施存量价值的总和。在57万亿美元的投资需求中，水和水处理、能源及交通建设约占80%，是国际基础设施投资建设最主要领域。

而在国际比较中，亚洲发展中经济体特别是中国，基础设施投资缺口巨大。根据李克强总理在2015年年初瑞士达沃斯论坛上的讲话，目前中国公共设施的存量仅为西欧国家的38%，北美国家的23%。图2关于人均公共资本存量的比较，进一步印证了这一说法（中国处在EDA分组）。

我们认为，就中长期增长而言，基础设施投资将非常重要。它不仅在短期内能够提振需求，增加产出（见表3），更可以在长期内提高生产能力与创新能力，以及提升人力资本。

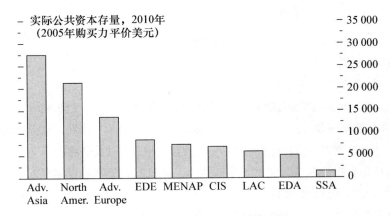

图 2　人均公共资本存量国际比较

注：Adv. Asia ＝亚洲发达国家；Adv. Europe ＝欧洲发达国家；CIS ＝独联体国家；EDA ＝亚洲发展中国家；EDE＝欧洲发展中国家；LAC ＝拉丁美洲及加勒比海地区；MENAP ＝中东地区，北非地区，阿富汗及巴基斯坦；North Amer. ＝北美地区；PPP ＝购买力平价；SSA ＝撒哈拉以南非洲地区。

资料来源：IMF, Fiscal Monitor database; and IMF staff calculations.

表 3

产出对公共资本的弹性

	所有公共资本	核心基础设施资本
中央政府完成	0.122	0.170
地方政府完成	0.145	0.193

资料来源：Bom 和 Ligthart（2014）。

　　一是扩大教育、医疗、健康、养老、文化创意等领域的社会基础设施投资。从长期增长角度看，在教育、医疗、健康等领域的投资有利于增加人力资本存量、提高人力资本质量，从而提高全要素生产率。

　　二是扩大与企业创新和产业竞争力提升有关的投资。有利于生产能力与创新能力建设。在短期内，投资是扩大内需、稳定经济的主导力量；但在中长期内，投资则会形成生产能力，影响供给面。因此，未来的投资如能投向提升企业技术水平、提高供给效率的领域，将有利于增强中国企业的竞争能力。在发达国家致力于推动"再工业化"、新一轮科技革命正在孕育之中的背景下，中国企业需要在产品、技术、组织等各个层面持续不断地实施创新活动，并加快应用先进技术，实现工业化与信息化的融合，从而提升各行各业的竞争力。特别要指出，从国际上看，美国等发达经济体常常将加速折旧作为走出危机的强力措施来采用，借以提高投资率，进而提高劳动生产率和国际竞争能力。这一做法势必加快设备投资的现金回流，更有利于企业的固定资产更新改造，值得中国借鉴。

3. 产业结构调整

金融危机之后，发达国家开始推行以重振制造业和大力发展实体经济为核心的"再工业化"战略。例如，美国提出《制造业行动计划》，德国提出"工业4.0"计划，欧洲提出《未来工厂计划》，等等。于是，制造业信息化和制造业服务化成为世界工业化进程的两个重要趋势。

制造业信息化表现为人工智能、数字制造、工业机器人等基础制造技术和可重构制造、3D打印等新兴生产系统的技术突破和广泛应用，就构成了"第三次工业革命"的主要内容。当前方兴未艾的"第三次工业革命"，是由于人工智能、数字制造和工业机器人等基础技术的成熟和成本下降，以数字制造和智能制造为代表的现代制造技术对既有制造范式的改造以及基于现代制造技术的新型制造范式的出现，其核心特征是制造的网络化、数字化、智能化和个性化。3D打印、虚拟制造、工业机器人、智能化生产等一大批新兴生产技术集中、加快突破和应用，特别是与新兴产品技术相结合，不断改变传统的生产范式，实现了史无前例的成本、质量、功能、开发速度等全方位的综合运营指标优化。一个完整的技术经济周期可以划分为"导入"和"拓展"两个阶段，那么"十三五"将是"第三次工业革命"由导入期向拓展期转换的重要阶段，是新技术、新发明完成商业化的关键阶段，国家间的产业竞争将空前激烈。

由于全球范围内的产业重组与技术变革尚在起始阶段，新兴经济体与发达经济体在某些产业处于同一起跑线上，这对我们而言，这既是挑战，更是机遇。例如，在云计算等大数据处理技术方面，我国企业已经取得了长足的突破，与前沿技术的差距快速缩小，技术的进步极大降低了信息搜集和处理成本，直接推动了国内电子商务、互联网金融等相关新兴产业的高速发展。"十三五"期间，我国制造业还应加强生产工艺提升、产业工人技能提升和前沿技术突破，实现制造业向技能密集和技术密集的一体化产品升级。中国企业需要通过在前沿制造技术和制造系统领域的投资和研发，努力在若干产业部门抢占工业技术制高点，进入世界制造业强国行列。

目前，中国产业结构调整的主要方向是从制造业向服务业转移，但我国的服务业目前多集中于低端，生产率相对较低。故而当我们欢呼服务业比重上升的同时，应高度关注劳动生产率的提升问题。稳步推进制造业服务化正是提升服务业效率的可行途径。

"制造业服务化"作为一种新趋势，在全球范围内已经开始显示其良好的发展前景。所谓制造业服务化，一方面表现为产品制造过程中所需的工业设计、会计、法律、金融等服务性要素的投入不断增加和内部服务职能不断强化，另一方面表现为在实物产品的基础上衍生出越来越多的围绕实物产品的附加服务，独立的生产性服务业的快速发展。推动制造业由生产制造型向生产服务型转变，不但成为提高制造业整体竞争力和附加价值的重要途径，而且有助于制造业减轻对资源的消耗和环境的破坏。我国的制造业服务化应当遵循一条从"内部服务化"向"外部服务化"转型的过程，循序渐进发展服务外包。在"十三五"乃至更长一段时期内，中国需要保持制造业和生产性服务业相互增强发展的局面。

4. 开放型经济发展

我们从商品进出口和资本流动两个方面来看开放型经济发展的大势。

在外贸方面，2014年全年进出口总值同比增长3.4％，远低于7.5％的年初预期目标，其中进口增长0.4％，出口增长6.1％，这已是外贸增速连续第三年未达既定目标。

从国内因素看，综合要素成本攀升、人民币被动升值、制造业景气萧条是进出口持续下滑的直接原因。从国际环境看，世界经济长周期的繁荣已转为震荡复苏，跨国公司主导的全球化趋势被贸易保护主义遏制，中国在部分产业上的比较优势为周边国家和地区所取代，所有这些都使得中国外贸持续30多年的高速增长时代一去不复返了。未来五年，中国将处于传统出口优势丧失、外贸竞争新优势还未形成的"青黄不接"时节，培育外贸竞争新优势势在必行。

从世界贸易发展趋势看，服务贸易增长快于货物贸易，这是一个长期趋势。服务贸易发展战略既要立足于提高某些行业的国际竞争力，缩小逆差，又要容忍某些行业在相当长一个时期内维持逆差状态。我们认为，鼓励服务贸易发展将成为中国适应外贸新常态的重要政策抓手，外贸综合服务和跨境电子商务则是未来服务贸易发展的重点领域。从价值链角度分析，供应链的整合已经不再是原始的单个企业之间的交易契约关系，而是战略联盟的高度协同，供应链管理运营商与产业链上的其他生产、销售、消费企业，结成伙伴型合作关系，随着价值链的延伸，其获利方式不再局限于个别产品或一个节点的获利，而是整个价值链的利润。因此，发展包括融资、通关、退税、物流、保险等外贸环节在内的外贸综合服务前景广阔。2013年中国跨境电商进出口交易额达到3.1万亿元。商务部预测，2016年跨境电商进出口额将增至6.5万亿元。在传统外贸年均增长不足10％的情况下，中国跨境电商却保持着年均30％以上的增长。中国跨境电子商务已经逐渐形成一条涵盖营销、支付、物流、金融服务等领域的完整产业链。

当然，在提高经济发展质量方面，商品出口仍然具有重要意义。出口商品如果具有国际竞争力，就可以带动产业链内的各类产品升级、更新换代乃至整条产业链的改造。当前，我国工业经济转型升级正在推进，制造业的模块化、智能化、数字化、网络化成为新潮流，而这些新产业能否成为未来我国的支柱产业，关键还要看要看其产品是否具有国际竞争力，能否占领国际市场。因此，出口商品能否被国际市场接受就成为检验我国产业转型升级成效的试金石。

在对外投资方面，近年来中国实现了快速增长。2002—2013年，我国非金融类对外直接投资年均增长39.8%，已成为资本输出大国。到2014年，我国全行业对外直接投资1 160亿美元，与同期我国吸引外资规模仅相差35.6亿美元，这是我国双向投资按现有统计口径计算首次接近平衡。如果加上中国企业在第三地的融资再投资，我国对外投资规模将达1 400亿美元，超过利用外资规模，成为资本净输出国。

在"一带一路"战略已经启动、人民币国际化加速、政府对企业投资的干预不断减弱、全球投资企稳回升、区域贸易自由化提速的新形势下，国内投资者将会进一步在全球范围内配置资金，利用全球市场获取利润。我国对外直接投资将在未来一个时期内继续加速增长。

其中，"一带一路"战略的影响将尤为深远。目前，我国已与十余个邻国签署了陆地边境口岸开放及管理问题的双边协议，协议开放口岸百余个，边境地区利用外联快捷、物流集中的优势，发展了旅游、物流仓储、加工、投资等经贸活动。实施"一带一路"战略将使这种经济贸易活动扩展到更多领域并辐射到更广泛的内陆地区。从投资角度看，中国在基础设施建设和部分劳动密集型产业上的比较优势十分明显。在国内产能严重过剩、储蓄率过高的大背景之下，中国可以通过鼓励企业走出去，推进建设亚洲基础设施投资银行、上合组织银行、金砖国家银行，创建区域性集体金融安全网等措施，将资金投向基础设施投资严重不足的周边发展中国家，并将基础设施建设与工业生产、绿色发展、结构调整结合起来。我们还可以此为契机，加快构建中国企业主导的全球生产经营网络，构建中国企业自己的全球价值链，实现从全球价值链中低端向中高端攀升。

进一步说，在新的开放形势下，中国企业"走出去"应力求体现互利共赢，增加中国企业对外投资的东道国福利。走出去的中国企业应培育成为现代跨国公司，构建自主的跨国生产经营价值链、整合全球资源。要把互利共赢和促进国内经济结构调整、产业升级的立足点作为中国企业对外投资的指导方针，以建设自主国际化生产经营网络作为战略目标，来规划企业海外投资并建立与此相关的服务促进体系。

（二）增长潜力

1. 储蓄仍然较为充足

改革开放以来，中国的储蓄率持续在高位运行，支撑了长达30余年的高投资率和高经济增长率。从长期视角看，有两类因素导致了中国的储蓄率居高不下：一类是人口结构因素。即劳动参与率的提高和年轻工作人口比重的增加导致总人口的消费倾向下降、储蓄倾向上升，从而产生进一步的储蓄率提高效应。另一类是体制因素。改革开放以来，我国国民收入分配格局不断向政府和企业倾斜，资源价格上涨、垄断利润上升和国企不分红等制度因素导致了企业储蓄率过高。两类因素叠加，导致储蓄率居高不下。

我国经济的长期发展战略是降低储蓄率和提高国内消费率。随着人口老龄化的提前到来和各项制度改革的推进，居民储蓄倾向下降和企业储蓄占比下降的趋势已经出露端倪（见图3）。不过，发展阶段因素和制度因素都是在短期内相对稳定的因素，在五年左右的中短期内，中国储蓄率总体较高、资金供给总体充裕的格局不会改变。这就使得未来几年中国仍拥有较为充足的资金供给来继续支撑一定速度的投资率和经济增长率，关键问题是如何完善金融体系，将资金配置到效率较高的生产部门，将这种发展潜力转化为有质量的经济增长率。

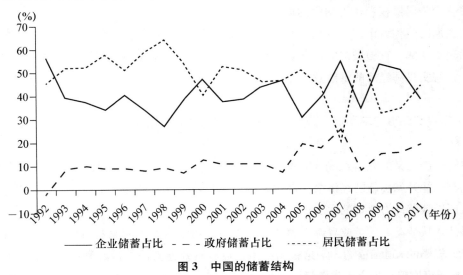

图3　中国的储蓄结构

资料来源：历年资金流量表。

2. 工业化与城镇化潜力依然较大

工业化与城镇化是中国经济高速增长的两大引擎。未来5～10年间，这两大引擎将继续拉动中国经济的增长。

虽然中国的工业化已经步入中后期，但这并不意味着中国的产业发展潜力已经耗尽。恰恰相反，当前中国工业正处于进军世界制造业先进行列的关键阶段。这是因为，中国工业化是沿着西方发达经济体工业化的技术路线推进的，大多数产业尚未占据世界产业技术制高点。在一些生产规模大、市场占有率很高的国产产品中间（如纺织服装），技术、质量和档次并没有达到世界先进水平。即便一些国产产品的整机达到甚至超过了国际先进水平，但是关键零部件仍然在相当程度上依赖国外进口。未来五年中国需要加快工业技术改造和技术创新，改善劳动生产率，推动全产业链的精细化和极致化，构建综合性产业竞争优势。如能沿着这一轨道前进，工业的这一转型升级过程必将带动经济发展质量的提升。另外，中国的服务业已经开启了快速发展的进程，服务业产值比重已经超过了工业。服务业的大发展将通过扩大就业、促进消费、增强发展快持续性、提升制造业的人力资本等渠道推动经济增长。

随着中国的工业化已进入中后期，城镇化逐渐成长为中国经济增长的主要驱动力量。与发达经济体相比，中国城镇化还有相当的潜力。当前要注意切实改变"摊大饼"式的旧有城镇化模式，推进基于城镇化的综合配套体制改革，变城乡分割到城乡一体化，从等级制城镇化变为居民权利较为均质的城镇化，抑制土地城镇化，加快人口的城镇化，并基于新的居民形态建构城市、城乡和空间秩序的新体制，提高城市人口密度，提升人力资本和城市的聚集功能，重塑城市的产业竞争力。如此一来，城镇化就会发挥聚集效应和规模经济效应，切实提高经济的供给效率。

3. 提高劳动参与率和提升劳动力质量，获取新的人口红利

尽管标准定义的人口红利在不断消失，但通过人力资本积累、技术进步和体制改革，我们仍有可能开发出新的经济增长动力，比如延长退休年龄就能够提高老年组的劳动参与率，从而导致劳动力总量的增加。

另外，从劳动力质量或者说人力资本角度看，由于近几十年来教育的大发展，中国正在获得大规模的人力资源红利，这在未来不仅可以有效地抵消人口红利不断减少的负面作用，而且还可以保持人力资本总量的持续增加，从而支撑整个中国经济的长期持续高增长。胡鞍钢等（2011）的测算也证实，中国自2000年起就开始出现净人力资本红利，而且直至2030年，净人力资本红利是不断提高的。这表明未来5～10年间进入劳动力市场的年轻人将是人力资本充足的劳动者，能够较好地适应产业结构转型升级的要求，有利于生产效率的提高。

当我们的劳动力短缺、工资上涨成为常态以后，报酬递减的规律就会发生作用。也就是说，这个时候你不断投入资本，用机器替代劳动力，但是投入并不带来相应的回报，它的回报水平逐渐下降，这就是所谓的报酬递减率。它反映在经济增长上就是潜在增长速度的下降。

不过，目前所谓第三次工业革命中出现的智能机器人的大量使用，可能有别于此前一般机器的使用。机器人的使用与机器替代劳动力的最本质不同是：前者可能不会很快遭遇资本报酬递减。这主要是因为，一般机器性能的变化相对缓慢，比如蒸汽机，其性能每70年才翻一番，但计算机就不一样，它遵循摩尔定律（Moore's Law），数字计算能力大约每两年就提升一倍。这使得智能机器人的效率提升是指数型的。因此，就投资而言，不同年份相同的投资，可能获得的是性能更高的智能机器（人）。这就大大延缓了报酬递减。

正因为如此，在对待机器人问题上，不能以过去机器替代劳动的老眼光来看待，我们的应对策略是：一是在劳动力逐步短缺的情况下，除了延长退休年龄，提高人力资本等方式来应对外，还可以提倡机器人来替代劳动，以弥补劳动之不足；二是重塑教育机制，让更多的人可以"与机器合作"，而不是跟它们竞争；三是采取更多的措施来促进人们创业，从而催生新的产业，创造新的岗位（机器人毕竟会替代一部分劳动）。

4. 作为后发国家，中国仍能享受部分的技术赶超红利

全部生产率增长潜力的四分之三来自于对于现存最佳实践的广泛应用——也就是说，是一种赶超型的生产率提升。这里所提供的积极信息是，所有这些机会（最佳实践）我们都知道且存在于世界的某个地方。新兴经济体推动生产率进步有82％的机会都是来自于赶超，只有18％是靠自主创新。作为对比，发达经济体提高生产率的机会，有45％得靠自主创新，借此推动生产率的前沿进一步往外扩展（MGI，2015b）。

中国目前仍处于赶超阶段，因此，仍能享受部分的赶超红利。特别是当科技没有重大新突破的情况下，赶超型国家往往可以通过利用传统技术获得更多的经济增长机会。

不过，这并不意味着我们可以对于新的技术革命浪潮视若无睹，相反，这次需要我们紧跟技术前沿的可能变化，花大气力，尤其在制度与政策支撑方面，为迈向技术前沿做出努力。毕竟目前阶段不同于30余年前。一方面，中国产业体系逐步完备，技术基础较为扎实，有了自主创新的基础；另一方面，经过较长时间的模仿赶超，我们离前沿技术越来越近，有某些领域，和发达经济体几乎处在同一起跑线上，赶超空间已经不大。从而，"十三五"以及今后更长时间，在充分利用技术赶超的同时，需要把自主创新放在更为重要的位置。

5. 全面深化改革，释放新的改革红利

改革的问题，归根到底是处理好政府与市场的关系问题。党的十八届三中全会之后，

使市场在资源配置中起决定性作用和更好发挥政府作用成为经济体制改革的主基调。

从增长动力角度看，使市场在资源配置中起决定性作用就是要推进各类要素配置的市场化，这包括土地要素（构建城乡统一的建设用地市场）、资本要素（利率市场化、资本市场发展）、劳动力要素（户籍制度改革、城乡劳动力市场一体化）。这些改革如能在未来五年顺利推进，即便要素投入数量不变，也会通过资源配置效率的改进来提高全要素生产率，为经济增长提供新的动力。

更好发挥政府作用则意味着政府将要做到有所为和有所不为。有所为是指政府要承担属于自己的责任，比如，增加社会领域的投资、人力资本的投资，在提供公共产品与服务方面发挥基础性作用，这些举措不仅有助于实现社会公平，还将提升人力资本质量，增强经济增长的包容性。有所不为是指，政府要减少对微观经济活动的干预，特别是放松管制、打破垄断、减少审批，从而降低创业创新成本，提高生产效率。

通过上述分析可知，全面深化改革各项举措的落实将会通过提高要素资源配置效率和生产效率，释放出新的改革红利，为未来一个时期中国经济的中高速增长提供新动力。

6. 积极参与全球治理，获取新的全球化红利

本次金融危机之后，国际货币体系、全球金融监管体系、国际贸易体系处在不断创新与重新修订之中。与此同时，发达国家力量的相对下降和发展中国家力量的相对增强也会逐步反映到全球发展规则中，为中国在全球治理体系中发挥更大作用提供了机遇。我们可以利用这一历史契机提升我国在全球规则制定中的话语权，这包括：一是推进对外的自贸区谈判以及国内的自贸区试验，扩大贸易增长空间；二是推动国际货币体系改革、推进人民币国际化，提升金融竞争力；三是参与节能减排、气候变化和低碳经济发展中的规则谈判。由于这些会影响到未来的全球产业发展布局、各国责任和成本分担，因此，参与这些谈判将使得中国的相关产业更具竞争力，经济发展的外部环境更加有利。这些新的全球化红利显然将成为中国未来发展的又一动力来源。

（三）重大挑战

1. 结构性减速

改革开放以来，中国经济以年均 10％左右的速度持续增长了 30 余年，被国际学界誉为"中国的奇迹"。然而，"奇迹"并不意味着中国的高速经济增长违背了世界各国经济发展的

一般规律。1820年以来，西方12个主要发达经济体的长期经济增长率呈现出先加速后减速的钟形演变轨迹：20世纪70年代之前，在两次工业革命的推动下，各种生产要素不断从效率较低的农业部门向效率较高的制造业部门转移，从而提高了经济的潜在增长率，使得发达经济体的经济增长速度持续稳定地提高；20世纪70年代对发达经济体而言是一个转折期，国际货币体系危机、黄金非货币化危机、两次石油危机和滞胀危机接踵而至，发达国家的经济增长陷入停滞困境，此后，各种生产要素不断从效率较高的制造业部门向效率较低的服务业部门转移，从而导致潜在增长率持续降低。

与发达经济体一样，在经历了一个较长时期的经济高速增长之后，中国经济的潜在增长率将不可避免地降低。中国过去30余年的高速增长是在充分利用要素成本方面的比较优势，并在全球化的背景下有效发挥后发优势、推动技术进步的结果。当前和今后一个时期，在资源配置效率下降、要素成本抬升、科技创新能力不足和资源环境约束增强等趋势性因素的制约下，中国经济将彻底告别9%～10%的高速增长阶段，转入7%左右的中高速增长阶段。导致减速的上述因素大多不是经济政策失当造成的，也并非经济周期特定阶段的冲击使然，而是中国在经济发展新阶段所面临的根本性转折造成的。因此被称为"结构性减速"。

在7%这一较以往稍低的增长速度平台之上，储蓄、投资、消费、财政收支、货币供给、利率、汇率等主要宏观经济指标也将随之发生相应的变化，使得国民经济运行中积累的若干矛盾和风险"水落石出"，使得中国经济面临诸多风险与挑战。不过，挑战往往与机遇并存。如果我们能够用转方式、调结构、促改革的办法应对风险，就可以倒逼中国经济从投资驱动、出口驱动、要素投入驱动的阶段向形态更高级、分工更复杂、结构更合理的阶段演化，最终走上消费驱动、创新驱动、效率驱动的可持续发展道路。在这一过程中，我们既需要保持定力，冷静分析中国经济变化的客观规律，又要根据新形势、新变化，全面调整理念、心态和战略，迅速适应新常态、引领新常态，通过持续的努力完成中国经济的转型升级。

2. 人口老龄化

30余年来，在计划生育政策的推动之下，我国的生育率大幅下降，劳动年龄人口增长率得到有效控制。与此同时，经济的快速增长和居民生活水平的改善又导致平均预期寿命的增长，老年人口比重相应提高，从而使得中国在经济发展水平尚较低的情况下，过早地迎来了人口老龄化阶段，而且人口老龄化速度快于收入水平提高速度，这就是"未富先老"现象。根据联合国经济和社会理事会的估算和预测（UNDES，2010），2010年中国65岁及以上人口占总人口的比重为 9.4％，远高于发展中国家 5.8％的平均水平。不仅如此，根据这一预测，中国的老龄化程度还将持续提高数十年，2020 年将提高到 13.6％，2030 年达到18.7％，与发达国家 2010 年的平均水平相当，2040 年快速攀升至 26.8％，2050 年则高达30.8％。从实际情况看，"十二五"期间，人口老龄化呈加速的态势，生育率水平的下降和低水平已持续多年，劳动年龄人口的总量也首次出现下降，人口的结构矛盾已经非常突出。向未来看，中国在 2024 年就业会达到顶峰（见图 4）。并且，在未来 50 年，中国劳动就业会下降近五分之一（19％）（与之形成对比的是，印度在未来 50 年劳动就业会增加 54％）。

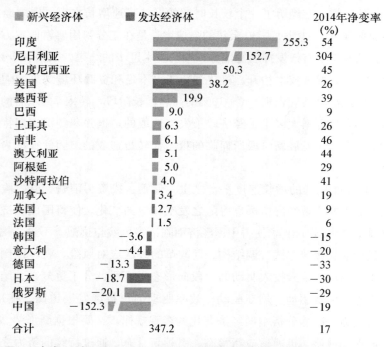

	新兴经济体	发达经济体	数值	2014年净变率（%）
印度			255.3	54
尼日利亚			152.7	304
印度尼西亚			50.3	45
美国			38.2	26
墨西哥			19.9	39
巴西			9.0	9
土耳其			6.3	26
南非			6.1	46
澳大利亚			5.1	44
阿根廷			5.0	29
沙特阿拉伯			4.0	41
加拿大			3.4	19
英国			2.7	9
法国			1.5	6
韩国			−3.6	−15
意大利			−4.4	−20
德国			−13.3	−33
日本			−18.7	−30
俄罗斯			−20.1	−29
中国			−152.3	−19
合计			347.2	17

图 4　未来 50 年（2014—2064 年）各国劳动就业变动趋势（单位：百万）

资料来源：The Conference Board Total Economy Database；United Nations Population Division；International Labor Organization；McKinsey Global Institute analysis.

"未富先老"意味着，中国将在人均收入水平不太高、劳动力需求仍然较旺盛、养老资源相对不足、社会保障制度不够完善的情况下，迎来劳动力供给减少、工资水平快速上升、人口红利过早消失的局面。劳动力短缺将会削弱我国劳动密集型产业的竞争优势，而老龄化也将降低我国的储蓄率和资本形成率，这就对我国经济增长、就业和社保政策的设计构成严峻挑战。人口素质的提高、全要素生产率的改善和养老能力的可持续都是未来中国有效应对"未富先老"现象的负面效应所必须做好的功课。

3. 金融风险

"结构性减速"对中国经济冲击的重要表现就是金融风险显现。这里可以用全社会杠杆率的快速上升来衡量金融风险的上升。

中国社会科学院资产负债表课题组的研究表明（图5），自1996年到2013年年底，总杠杆率由113%上升到232%，增加超过一倍。特别值得关注的是，由2008年的170%上升到2013年的232%，五年上升了60多个百分点，需要引起高度关注。

一方面，政府债务占GDP比重为58%，已经接近国际上60%的警戒线标准；另一方面，非金融企业债务占比为121%，远超过OECD国家90%的安全阈值。

另外，即便就国际比较看中国的总杠杆率（见表4，这里是指实体经济部门杠杆率，未计入金融机构债务），尽管比很多发达国家要低，但远高于巴西、印度、俄罗斯，同时也高于德国。以投资驱动增长、以债务增长（或者说信贷扩张）支持投资，这是中国过去30余年的基本模式，但这一模式如果延续，就不得不面临杠杆率进一步攀升的挑战。

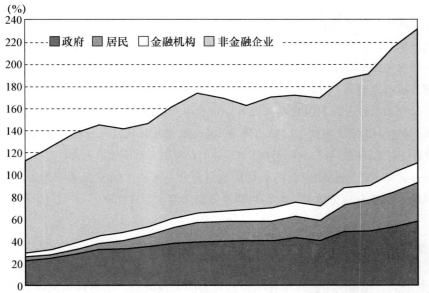

图5　中国各部门杠杆率的变动（1996—2013年）

资料来源：中国社会科学院资产负债表课题组估算。

表 4

主要经济体债务结构和总杠杆率的国际比较（占 GDP 比重）   单位：%

经济体	总杠杆率	政府部门占比	非金融企业占比	居民部门占比	金融机构占比
日本	400	234	101	65	117
西班牙	313	132	108	73	89
法国	280	104	121	56	93
意大利	259	139	77	43	76
英国	252	92	74	86	183
美国	233	89	67	77	36
中国	214	58	121	35	18
德国	188	80	54	54	70
泰国	187	46	65	76	64
巴西	128	65	38	25	32
印度	120	66	45	9	15
俄罗斯	65	9	40	16	23

注：总杠杆率（或总债务率）未包含金融机构债务。

资料来源：中国为 2003 年数据，中国社会科学院资产负债表课题组估算；发达国家为 2014 年第二季度数据，其他发展中国家为 2013 年数据，来自 MGI（McKinsey Global Institute），*Debt and（not much）Deleveraging*，February 2015.

实际上，伴随中国经济发展进入新常态，经济增速开始下调，财政收入也由高速增长转为中低速增长的新常态。在中国现行税制下，随着经济增速放缓，财政收入增速的下滑幅度更大。我国间接税的比重高，资本货物、原材料、制造业等传统产业税收贡献较大，所得税和财产税等直接税占比偏低，财政收入增长受经济波动的影响很大。事实上，近年来，中国财政收入已经呈现出由过去的两位数增长进入一位数增长的减速态势。德意志银行的测算表明，2015 年中国财政收入增长速度可能急速降至 1%，而地方财政收入可能出现断崖式下跌，增速将降至负数。与此同时，政府的负担并不减轻。其结果就是政府负债上升、赤字上升。

如果进一步考虑到产能过剩引起的不良贷款率上升、房地产调整带来的坏账以及影子银行的潜在风险，这些与地方债务一起，将使得金融风险进一步加剧。

4. 生态环境

"十三五"期间，我国的生态环境处于转型发展的关键时期，生态环境领域的不平衡、不协调、不可持续的状况不容低估。希望"十三五"成为环境生态发展的拐点（即不再恶化而是有所好转），难度非常大。国家发展改革委在《"十二五"规划纲要》实施中期评估报告中指出，以细颗粒物、臭氧为特征的复合型污染物日益严重。一些地区大气、水、土壤等污染严重，各种污染物随时间累积，在空间集聚，呈现污染源多样化、污染范围扩大化、污染影响持久化特征。经济增长、人口增加、能源资源消耗和城市扩展对生态环境的压力进一步加大，60％左右的城市空气质量不能达标，中国的环境污染形势依然严峻。比起经济金融安全，生态安全是更为根本的涉及民生甚至是百姓生存的方面，至为重要。

以下几个趋势性问题尤其值得关注：

第一，煤炭消费持续快速增长对单位 GDP 能耗、非化石能源消费比重等指标任务的完成构成了很大阻力。2011—2012 年，我国消费年均增量近 2 亿吨标准煤，与"十五""十一五"增量基本持平。而且，煤炭作为短期唯一能够大幅度增加供应的能源品种，消费量也快速增长。煤炭在能源结构中的比重也长期居高不下，一直在 70％左右。如果能源消费总量继续保持上述增长趋势且能源消费结构不能有效改善（即煤炭占比不能显著下降），将对节能减排构成持续的阻力。

第二，资源生态类指标中质量效益指标缺乏，森林考核指标以蓄积量和覆盖率两个数量指标为主，没有森林的质量指标，导致历次森林资源清楚的蓄积量和覆盖率指标快速增长，但森林资源整体质量却出现下降。

第三，如图 6 所示，21 世纪以来中国二氧化碳排放量开始出现急剧上升，并高过了美国。如果继续目前这种增长趋势，在不远的将来中国二氧化碳的历史累计排放量也很有可能成为世界第一。即使不断降低二氧化碳排放强度，应对气候变化国际压力也将空前巨大。

二氧化碳排放量（百万吨）

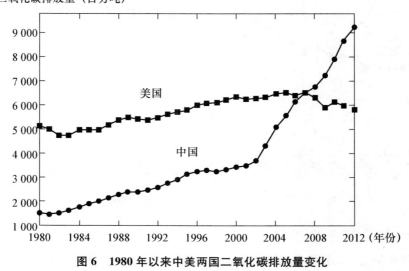

图 6　1980 年以来中美两国二氧化碳排放量变化

数据来源：《BP 世界能源统计 2013》。

5. 包容性增长

正确处理公平与效率的关系，实现经济增长成果的分享和增长过程的社会和解，提高经济增长的包容性是未来一个时期中国经济持续健康发展的重要组成部分。

虽然本轮国际金融危机以来，我国的基尼系数有所回落，表明收入分配状况趋向好转（见图7），但并不能说明中国收入差距已经见顶。这是因为当前的基尼系数下降很多是政策性因素造成，而非市场行为和机制制度使然。

中国经济发展包容性不足的问题植根于计划经济时代的制度性不平等，例如，政府的行政垄断遍及经济领域，个人在经济活动中少有自由决策空间，薪酬分配中的平均主义与附着于官员等级制上的特权并存等。随着市场化改革的深入，行政垄断的领域缩小，个人的经济自由增加，收入分配中的平均主义被打破，经济发展的包容性有所增强。不过，由于经济体制的转轨尚未完成，不同社会群体之间的权利平等尚未完全实现，从而造成市场经济中的不平等竞争，并使得不平等竞争的后果继续复制并加剧不平等。这正是在经济高速增长、居民收入和财富普遍增加的情况下，对社会不公的批评却日益强烈的症结所在。

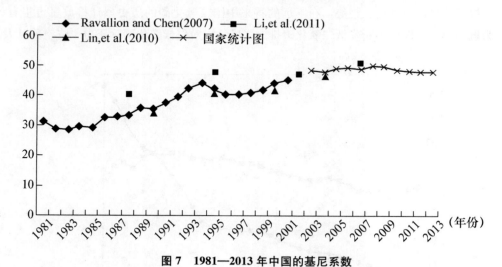

图7 1981—2013 年中国的基尼系数

资料来源：转引自庄巨忠（2015）。

针对这种情况，在党的十八届三中全会《中共中央关于全面深化改革若干重大问题的决定》中，"实现发展成果更多更公平惠及全体人民"成为深化改革的重要组成部分，教育、就业、社保、收入分配等领域的改革都已经开始破题。不过，在制度设计和实施过程中，提高增长的包容性仍面临诸多挑战和不确定性。

第一，基本社会保险制度方面碎片化现象严重，统筹层次低，且区域间不可转移接续。多层次的社会保险制度设计固然可收到迅速扩大覆盖面之功效，却也给保障体系的可转移、可接续造成了制度障碍。如何将完善社会保险关系转移接续政策与扩大社保覆盖面统一起来，仍有待进一步探索。

第二，随着中西部地区经济增速的加快，区域间收入差距正逐步缩小，这就意味着进一步通过转移支付政策缩小收入差距的难度正在加大。未来缩小收入差距的重点可能在于打破行业垄断、完善公共资源出让制度和收益分享制度等体制变革，而这些改革都涉及存量利益的调整，要全面推进殊非易事。

第三，伴随着经济发展阶段的变化，农村剩余劳动力正在减少，劳动力市场总体将呈现供大于求的局面。然而，周期性失业和结构性失业问题却不容低估。未来五年，随着中国经济步入结构性减速通道，经济增长率势必有所降低；如果经济结构没有大的变化，经济波动势必引发周期性失业的增加。另外，大学生等青年群体就业难、创业难的问题正在凸显，同样值得高度关注。

三、"十三五"重大思路与关键举措

"十三五"及今后十年，中国所面临的重大背景有两个：一是中国经济进入新常态；二是处在中国实现两个一百年目标的关键期。在这样的大背景下，并结合前文对于国际国内形势的分析，我们认为"十三五"的重大思路可以概括为：坚守防范金融危机这条底线；拓展国际国内两个发展空间；以全面建成小康向高收入经济体迈进为主题，以绿色发展和包容性增长为主线，以创新驱动为根本动力。

(一)坚守一条底线：防范金融危机

从长周期的角度，一个经济体快速增长 30 年左右，大体都会遭遇危机。以亚洲金融危机为例，那些经历了危机的亚洲国家（典型的如泰国、印尼、马来西亚和韩国），在危机前都快速增长了 30 年左右。当然，这不一定是宿命。但中国目前所积累的风险以及增长回落后所呈现的"水落石出"的效果，会使风险暴露急剧上升。不少人（国内外的一些专家）认为中国金融危机不可避免。尽管我们不同意唱衰中国的论调，但要非常警醒。要实现无金融危机的增长谈何容易？

因而，"十三五"及今后一段时间，防范金融风险是第一要务。只有不发生危机，才可能实现调结构、稳增长的任务，才可能在这一过程中全面建成小康。否则，危机爆发就可能令中国增长停滞，从而陷入中等收入陷阱。

有鉴于此，应当特别注重金融系统的健康发展，尤其是将防范系统性的金融危机作为必须坚守的底线。为此，一是应当在压力测试、资产负债表分析等研究基础上，通过顶层设计，整合中央银行、各金融监管机构、财政部、各大国有商业银行等部门，制定防范化解金融风险的各种预案。特别是要重点关注如何阻断风险在金融部门内部以及各部门之间的蔓延，必要时须考虑对风险点进行外科手术式的切除。二是应加强对若干系统重要性金融机构的日常风险监督与管理。如此不仅可以及时掌握相关信息，为预判形势和科学决策提供支持，更能在问题做大之前，控制风险的积累。三是把握金融改革与风险防范之间的平衡，注意改革的顺序、节奏，防止风险激增甚至失控。四是要格外防范外部冲击带来的风险。应密切关注国际资本流动及相应的风险传入，尤其要在金融开放的过程中，始终保持清醒头脑，掌握管控风险的主动权，并逐步积累经验，提高管理水平。

（二）拓展两个空间：国内空间与国际空间

提出拓展两个空间的背景在于，本轮国际金融危机之前的中国发展（大稳定时期），遇到各方面的阻力相对较小，但现在，大家日子都不好过（全球进入长期停滞新常态，中国进入结构性减速新常态），因此阻力增大，需要拓展经济发展空间。

首先是拓展国内发展空间。应全面贯彻落实党的十八届三中全会精神，进一步坚定不移地推进市场化改革。这主要包括：第一，充分整合国内市场，破除各种市场扭曲，特别是打破部门与行业垄断，以及市场的地域分割，使商品与要素能在价格信号的激励下自由流动；第二，通过改革财税体制与部门行政架构以及转变地方政府绩效考核体系等措施，不断理顺中央与地方关系，充分调动两方的积极性，并引导、鼓励地方之间的良性竞争；第三，进一步破除各种制约创新的微观机制障碍，促进、规范产业间、产业内部以及企业层面的研发合作与竞争，建立尊重微观市场主体并能充分调动其积极性的国家创新体系。

其次是拓展国际发展空间。作为崛起中的大国，中国的发展还应放眼世界：一方面，通过"一带一路"建设、自贸区实践、对外基础设施投资、人民币国际化等多维度上的探索，促进开放型经济体的转型升级，特别是要实现中国资本在全球范围的高效配置，以及渐次推动中国在市场经济基本规则上的制度接轨。另一方面，综合运用经贸、金融、政治、外交、国防、文化等多方面"硬实力"与"软实力"，以负责任大国的姿态，积极、广泛地参与后危机时代国际政治经济秩序的重构，并以此推动多元、共赢、平衡、可持续的全球包容性发展。其中，深度参与联合国、世界银行与国际货币基金组织改革，完善20国集团、金砖国家、亚太经济合作组织及上合组织等多边合作框架、加强互联互通伙伴关系等都是中国参与全球治理的重要战略平台与抓手。

（三）突出三个关键词：创新驱动，绿色发展，包容性增长

在未来的发展战略中，应突出创新驱动、绿色发展和包容性增长三个关键词，以绿色发展和包容性增长为主线，以创新驱动为根本动力。

所谓"创新驱动"，就是改变以往主要依赖资本、劳动力、自然资源投入的低效粗放的发展方式，实现以制度创新、科技创新、管理创新为主要驱动力的可持续的经济增长路径，并使中国迈入创新型国家行列，从而在国际产业链竞争中立于不败之地。所谓"绿色发展"，就是推动资源节约型、环境友好型的生态文明建设。这不仅是践行科学发展、实现国内要素结构转型的基本途径，更是中国对全人类可持续发展的责任与贡献。所谓"包容性增长"，就是实现经济、社会、生态、文化等全方位的平衡、协调、可持续发展，并使公众共享发展成果。这三个方面，构成全面建成小康社会的核心内容与重要举措。

值得指出的是，创新驱动是根本，没有创新驱动，绿色发展与包容性增长将缺乏动力源；绿色发展和包容性增长则是创新驱动的目的，这个目的是与全面建成小康和人的"全面发展"相吻合的：绿色发展改善了人的基本生存环境，包容性增长实现了人的平等和尊严。再进一步，创新的核心要素是人，任何创新都需要人来完成，只有人的全面发展，才可能为创新提供高素质的人力资本。由此，创新驱动、绿色发展与包容性增长三者形成良性循环，成为引领"十三五"新常态的主线。当然，所有这些都建立在深化改革的基础上[1]。

---

[1]　鉴于改革几乎在每一个地方都有提及，就相当于是"十三五"发展的"空气"，因此就不作为关键词列入了。

国务院发展研究中心

"十三五"时期我国经济社会发展的主要趋势和重大思路

"十二五"以来，面对复杂多变的国内外形势，以习近平为总书记的党中央带领全国人民认真贯彻落实党的十八大、十八届三中和四中全会精神，积极应对各种挑战，为实现全面建设小康社会的目标奠定了坚实基础。"十三五"是全面建设小康社会的关键时期，面临的形势和挑战更加严峻，必须以新常态这一大逻辑统揽全局，全面深化改革和依法治国，提升发展质量和效益，实现第一个百年战略目标，并为第二个百年战略目标的实现奠定坚实基础。

一、内外部环境变化的主要趋势

（一）外部环境的变化趋势

"十三五"时期，我国仍处于发展的战略机遇期，外部环境对国内经济社会发展总体有利，但也面临不少新的挑战。一方面，世界经济复苏进程缓慢，外部需求增长空间受限，我国传统比较优势下降，亟须培育新的竞争优势，提升在全球价值链的位置，增强应对各种风险和挑战的实力。另一方面，中国因素已经成为影响世界格局的重要变量，我国需要以开放、包容和负责任的大国思维，参与和推动全球治理体系的变革，主动营造和平发展环境。

1. 全球力量格局继续调整，要求我国培育竞争新优势

主要经济体复苏进程明显分化。美国经济复苏较为强劲，宏观经济政策逐步回归常态。

欧洲和日本结构改革迟滞，经济增长维持低速。新兴经济体内部增长亦出现一定分化。我国经济发展进入新常态，增速放缓；印度、东南亚和非洲部分国家渐次进入工业化轨道，经济保持高速增长可能性较大；俄罗斯等资源型国家经济增速明显回落，财政和国际收支状况面临困难。总体来看，发达国家在国际社会中还将扮演主导角色，新兴经济体的崛起会有所反复，但后者更大程度融入全球市场、参与竞争并改变世界力量格局的趋势难以逆转。我国将面临发达国家规则调整和其他新兴经济体竞争力提升的双重挑战。为此，我国既要创造和平发展的外部环境，主动应对和化解大国崛起过程中可能出现的各种风险和挑战，又要形成新的竞争优势，进一步提升综合国力，为应对挑战提供坚实基础。

2. 全球化向更高水平迈进，要求我国提升参与全球治理能力

国际金融危机之后，全球化和区域一体化进程不断深入。尽管多边贸易规则谈判进展缓慢，贸易保护主义也可能借助环境、安全、劳工权益、国有企业等议题出现，但各种标准更高的双边或区域贸易投资协议谈判正在推进，我国需要积极应对并做好参与准备。应对气候变化、国际金融稳定、互联网治理、反恐、传染病防治等各种超越国界的议题日益增多，但现有治理体系提供全球性公共产品的能力还不适应。这要求我国全方位、系统地提升参与治理的软硬能力，为推动全球治理体系变革做出积极贡献。

3. 新一轮技术和产业革命方兴未艾，要求我国加快价值链升级

新一代信息技术、生物技术、新材料技术、新能源技术等正在酝酿突破，部分领域已取得重大进展。互联网的深入运用，促进了各种技术和产业的交叉和跨界融合，对现有生产体系和生活方式产生了持续、深刻和广泛的影响，各种新业态和新消费模式层出不穷。在资金、技术、管理、知识和人才跨境流动更加便利的背景下，全球产业竞争不仅是产品和服务的竞争，更深层次看是规则、平台、创新文化和生态的竞争。发达国家尤其是美国仍然在基础研究领域和科技成果转化方面占据优势。新兴经济体科技能力提升和内部市场扩大，为其更深融入全球产业分工体系提供了重要基础。在全球技术升级和产业分工调整浪潮中，不进则退。我国必须抓住当前重大机遇，进一步增强整合和配置全球资源的能力，提升产业在全球价值链上的相对地位。

4. 中国因素的全球影响更加凸显，要求我国确立开放大国形象

中国的经济规模已稳居世界第二。过去我国发展较多受到国际形势影响，现在我国发展已成为影响国际形势走向的重要变量；过去被动接受国际规则，现在我国有条件提出更多全球治理主张并发挥更大作用；过去注重国外知识和理念的引入，现在我国的发展经验、文化和价值观也受到更大关注。世界与中国的互动进入新阶段，相互重新适应需要迈上新台阶。这要求我国树立开放、包容和负责任的大国形象，以互惠互利、合作共赢的态度，着力构建新型大国关系，深化与周边和广大发展中国家的合作。

（二）内部环境的变化趋势

"十三五"时期，传统增长动力弱化，经济增速下行压力大，人民群众诉求提高，生态环境问题凸显，各种风险和矛盾交织，面临的挑战更加严峻。但30多年的改革开放所取得的发展成果和积累的有益经验，为应对风险奠定了良好基础。全面深化改革，全面依法治国，将不断释放改革、创新和法治红利，引领新常态，孕育新动力，形成发展新方式。

1. 传统需求增长空间收窄，要求加快拓展需求新空间

"十三五"期间，一方面，我国传统需求的增长将触及"天花板"，投资和出口增速都会有所回落。城镇住宅投资和需求增速下降，甚至可能出现负增长；部分地区基础设施已比较完善，进一步发展的空间有限；国内外不利因素交织，出口份额增幅明显放缓；主要工业品需求出现历史峰值。另一方面，新的需求增长点正在不断孕育，传统需求通过改革还有一定增长潜力。民生、环保、水利、城市改造等方面尚有投资空间；信息基础设施投资前景广阔；消费将扮演更重要的角色，信息、健康、娱乐、文化、旅游等新消费热点不断涌现，传统消费也开始呈现个性化、多样化、多层次的趋势；城乡一体化水平提升也将释放相当规模的消费需求；加快外贸升级和资本"走出去"步伐等措施，有助于拓展新的外部需求空间。

2. 传统要素供给增长放缓，要求加快提升生产率

"十三五"期间，一方面，以往支撑我国经济高速增长的传统要素供给增速将逐步回落。适龄劳动力规模继续下降，人口老龄化日益凸显，人口数量红利效应明显减弱。投资

边际收益下降，资本积累步伐放缓。模仿和追赶空间缩小，技术进步速度减慢。另一方面，我国人口素质不断提高，每年毕业大学生约 700 万，城市 25～34 岁年龄段人口中接受高等教育的比例为 34%，接近 OECD 国家的平均水平。如果激励和配置得当，这些高素质的人口将成为未来提升生产率的新动力。此外，我国通过技术、管理和商业模式创新，改善部门内和部门间要素配置，全要素生产率仍能保持平稳增长，并为有效的资本积累打开空间。

3. 产业升级步伐加快，要求促进要素优化配置

农业生产方式正从依靠加大劳动、化肥、农药等投入提高土地单产，向全面提升综合效率转变。这要求为土地流转、适度扩大经营规模、培育多种经营主体、农业服务专业化提供便利条件。传统制造业尤其是重化工业部门产能过剩问题突出，企业盈利下滑，转型升级艰难；但互联网、云计算、新能源、新材料、智能制造等新兴行业发展速度较快，而且与传统制造业融合发展的趋势更加明显；服务业的主导作用更加突出，生产性服务业和社会服务业规模和质量提升空间广阔。高铁、高速公路、信息基础设施的网络化，为促进要素流动，发挥各区域的比较优势，释放增长潜力，提供了有利的硬件条件。这些新趋势，都要求为企业的进入和退出、要素的重新配置，创造良好的软环境。

4. 经济社会风险和矛盾交织，要求妥善化解和处置

"十三五"时期，前期积累的房地产、产能过剩、地方政府债务、金融坏账等风险可能逐步显露。我国对外经济和金融联系愈加紧密，在提升资金、技术、人才、资源配置效率的同时，也会放大风险跨境传递和反馈效应。经济转型时期，一部分人的利益会暂时受损，有可能引发新的风险。各种风险相互交织，宏观调控和审慎政策力度更难把握。这要求充分利用改革开放积累的经验和物质基础，健全风险识别和处置机制，妥善加以处理和化解。

5. 包容性发展的诉求上升，要求加快社会建设

人民群众的诉求增加，更趋多元化，实现社会包容发展面临诸多挑战。机会不均、收入差距大、公共服务和社会保障体系不完善等问题突出。现有社会治理体系，尚不能适应工业化、城镇化和信息化进程中社会理念、关系和结构变革。不过，我国物质基础将进一步改善，决策和组织方面有体制优势，加快社会建设的条件更加成熟。这要求我们抓住机遇，全面深化改革，全面依法治国，创新社会治理，促进社会公平正义。

6. 生态环境问题突出，要求完善可持续发展机制

当前生态环境质量和人民群众的要求差距很大，生态欠账多，雾霾频发，引发全社会强烈关注。现有法律执行不到位，绿色发展体制机制不健全，资源节约和环境保护激励不强。"十三五"时期，工业比重将进一步下降，资源能源消耗强度逐步降低，消耗总量增长放缓，主要污染物排放增速将逐步下降，部分还可能达到峰值，改善生态环境迎来重要时间窗口。但各种污染物叠加和累积效应复杂，时滞长，明显改善生态环境质量将是一个长期的过程，这要求采取更多主动措施，发展绿色经济，推动各种排放早日达峰。

二、主题主线和目标

根据国内外发展环境条件的变化，"十三五"时期应以"适应和引领新常态"为主题，以"全面提升发展质量"为主线，更加注重创新驱动和提高生产率，更加注重城乡和区域协调发展，更加注重机会均等和公平参与，更加注重推进绿色转型，更加注重提升国际竞争力和全球治理能力，高质量实现全面建成小康社会目标，为第二个百年战略目标的实现打下坚实基础。

"十三五"时期，应确立以如下发展质量要求为核心的目标体系：

企业具备在中高速增长平台上实现盈利的能力，配置全球资源的能力明显增强。

创新和生产率提升成为更重要的增长动力，产业附加值率明显提高。

宏观税负基本稳定，财政收入平稳增长，财政支出结构优化。

劳动参与率大体稳定，就业更加充分，就业质量更高，劳动力供求结构更加匹配。

经济社会风险得到妥善处置，不爆发全局性和系统性危机。

物价涨幅稳定在合理区间。

基本公共服务更加均等，参与机会更加公平，收入差距持续缩小，人民群众呼声强烈的教育、医疗和食品安全等问题明显缓解。

生态环境质量恶化趋势得到遏制，局部有所改善，主要污染物排放接近或达到峰值，绿色发展和治理机制更加完善，形成有利于人与自然和谐发展的国土开发空间格局。

三、五项重点任务

围绕上述主题主线，对照党的十六大、十七大和十八大对全面建成小康社会的一系列

要求，根据目标导向和问题导向相结合的原则，"十三五"时期应着力完成如下五项重点任务。

（一）以促进创新和提升生产率为重点推动产业迈向中高端

转变农业发展方式，加快农业现代化进程。提升农业生产的综合效率和竞争力，改变国内国际主要农产品价格明显倒挂的被动局面，提高农业生产的可持续性。树立新的粮食安全观，鼓励农业"走出去"，提升利用海外资源和国际市场的能力。促进城乡之间生产要素双向流动，培育新型农业生产经营主体，适度提高土地规模化经营水平，提升农业服务专业化水平。

加快传统产业优胜劣汰和资源要素重新配置，鼓励传统优势产业加大研发和技术改造力度，争创竞争新优势。

全面落实创新驱动战略，提高技术进步对经济增长的贡献。推动制造业向中高端发展，增强关键部件设计制造和大型装备的系统集成能力，提升制造业附加值以及在全球分工当中的地位。促进生产性服务业发展，提高制造业服务化水平。

加快发展信息产业，推动"四化融合"。完善信息网络基础设施，加大互联网、大数据和物联网等技术的应用与创新力度，促进新业态不断涌现。以信息化手段改造传统产业，提高城市设计和管理水平。

打破垄断，加强竞争，提高监管的专业性，加强行业管理的综合性，提升能源、交通、电信、公共事业等基础产业效率。

（二）以进一步优化资源空间配置为重点推动区域和城乡协调发展

实现生产要素充分流动，形成更合理的分工体系，优化生产力空间分布格局。

推动"一带一路"建设，加快京津冀协同发展，建设长江经济带，促进长三角、珠三角转型升级，形成若干世界级高水平增长极和增长带。

根据人口分布和流动格局与主体功能制度的要求，形成空间布局合理的综合交通、通信等基础设施体系。

地区和城乡之间基本公共服务均等化，社会保障制度大体统一，保障权益可携带。

落实主体功能制度，形成经济社会活动与生态环境承载力相协调的国土空间开发格局，重大生态环境问题实现跨区域、跨城乡联防联治。

（三）以全面促进机会均等和公平参与为重点推动社会包容发展

人民群众有能力有机会参与现代化进程，实现体面的自我发展。构建现代教育和健康服务体系，灵活响应社会对多层次人力资本的需求，增加人力资本供给。提高社会横向和纵向流动性，优化人力资本配置。

确保劳动者获得与自身人力资本和工作绩效相称的报酬。扭转部分社保和公共服务项目对收入差距的逆向调节，形成合理的收入分配格局。

提升全民道德水平，引导人民群众履行个人义务，依法有序参与社会治理，实现政府、社会和个人的良性互动，降低社会风险。

（四）以加快绿色转型为重点推动可持续发展

提高三次产业生产过程的循环利用程度和清洁化水平，降低生产过程的污染物产生量和排放量，实现国民经济生产体系的绿色转型。

引导居民合理消费、绿色居住、绿色出行，减少污染，实现居民生活的绿色转型。

大力推动传统能源的清洁利用，发展非化石能源和新能源，提高能源结构清洁化程度。

大力推动节能技术的引进、研发和推广，促进节材、节能、减排、废物资源化、废物处理等绿色生态产业大发展。

（五）以提升国际竞争力和全球治理能力为重点建设高水平开放型经济和参与全球事务

提升农业、制造业和服务业的国际化水平，建设全方位、高水平开放型经济体系，增强配置全球资源的能力。

按照"开放、包容、平等、可持续"的原则，积极参与现有国际规则的修订，择机融入以 TPP 为代表的水平更高的开放进程，持续推动全球治理机制的完善。

在推动全球治理机制完善的过程中，承担与自身能力相适应的责任，在全球公共产品提供中发挥建设性作用。

通过经略周边和特定地缘区域，积累主导区域治理的经验，探索参与乃至主导全球治理的系统战略，逐步确立有利于人类持久和平与共同发展的全球治理新价值观。

提高海外利益安全保障能力，加强对海外人员和投资的保护。

四、十方面重大举措

完成上述重点任务，需要采取十个方面重大举措。

（一）改善宏观经济管理

完善以货币和财政政策为主的宏观调控体系，健全宏观审慎监管框架。提高政策透明度，加强预期管理。

建立风险识别和预警机制，以可控的方式和节奏主动释放风险。制定针对不同等级风险的应对预案。

加强宏观经济政策的国际协调。

（二）提高行政效率和监管有效性

以政府职能转变为突破口，加大简政放权力度，进一步减少行政审批事项，创新行政管理方式，制定市场准入负面清单，公布政府权力清单和责任清单，促进政务公开和执法公正。

进一步减少政府对价格形成的干预，充分发挥价格机制在资源配置中的作用。

完善市场监管体系，提高监管能力，增强监管的协调性和透明度，给创新留下充足空间，营造有利于创新的土壤。加大知识产权保护力度，打破垄断，规范市场竞争秩序。

（三）建立和完善现代财税体制

理顺中央和地方关系，建立事权和支出责任相适应的制度。完善一般性转移支付，规范专项转移支付。

优化财政支出结构，增加对人力资本和可持续发展的投入，加大对传统产业转型升级和创新的财税支持，提高财政资金使用效率。

完善地方税收体系。在"营改增"扩围的同时，推进消费税和房产税改革，形成地方政府持续稳定的收入来源。

编制政府资产负债表，增加预算透明度，硬化预算约束，开辟多元化的地方政府融资渠道，规范地方举债行为。

提高社会保障体系的财务可持续性。在保障安全的前提下，提高社保基金的投资回报。适当降低企业和个人社会保障缴费率，激励更多企业和个人自觉加入社会保障体系，形成良性循环。

（四）完善金融市场体系和监管制度

完善多层次的资本市场，完成股票发行注册制改革，扩大股权融资，建设统一的债券市场，提高直接融资比重。

推动具备条件的民间资本依法发起设立中小型银行等金融机构，完善政策性金融体系。

加快利率市场化进程，扩大人民币汇率浮动区间，并逐步取消中间价引导，实现人民币汇率形成机制市场化。

推进资本市场双向开放，加强对外债余额和跨境资金流动的监测，推动人民币资本项目可兑换。

落实金融监管改革措施和稳健标准，完善监管协调和金融风险处置机制。

（五）促进城乡土地资源合理配置

实行农村土地集体所有权、承包权与经营权分置，完善农地产权权能，明确长久不变的实现形式，并相应修改《土地管理法》《土地承包法》和《物权法》。

总结试点经验，在规划和用途管制前提下，形成集体经营性建设用地的可出租、可出让、可抵押规则，实现国有建设用地与集体建设用地的同权同价、同等入市，建立城乡统一的建设用地市场。

改革征地制度，完善一般性征收和区段性征收办法。建立公益性用地征收目录，合理确定农民保留地比例，让被征地农民合理分享土地增值收益。

改革宅基地制度，明确农民对宅基地的用益物权，分类推进宅基地进入市场办法，改革宅基地集体成员权分配制度，实行新增宅基地有偿使用制度。改革村庄规划制度，盘活农村存量集体建设用地，严禁宅基地占用耕地。

规范和完善城乡建设用地指标交易制度，促进土地资源集约利用和效率提升。

（六）促进基础产业领域的开放和竞争

对中国铁路总公司承担的公益性运输和公益铁路建设等项目，通过政府购买的方式，予以支持和补贴，由暗补变明补。改革投融资管理体制，引入新的投资和经营主体，可选择一批发展潜力较大、业务边界清晰、适合成立干线公司的项目，率先引入外部投资或者直接上市融资。

放宽油源、气源进口，放松对批发权和自主经营权的限制，促进市场竞争。实现国内成品油价格和国际市场的实时对接。开放非常规油气资源和边际油田勘探开发市场。

放开发电侧和售电侧，尽快形成多买方、多卖方、有竞争的市场结构。逐步建立实时竞争的发电市场，开展"竞价上网"。上网电价由市场定价，输配电价实行政府管制，居民和中小工商业用电，在政府指导下实行峰谷电价。积极稳妥推进输配分开。

实施"宽带中国"战略，加强信息基础设施的规划和建设。加强互联互通监管和资源共享，将分散的监管职能加以整合。

（七）完善公共服务和民生保障体系

通过放宽准入限制，扩大对内对外开放，促进教育、医疗、养老等领域的服务供给主体多元化，增加供给能力。

制定更加翔实的中小学校教师流动计划和指标，严格执行重点高中"指标到校"制度，切实推进义务教育均衡发展。

深化医药卫生改革，提高资源使用效率。确保人人享有基本卫生保健服务。

增强社会保障和公共服务体系对就业的正向激励，做好失业人员再就业工作，使劳动参与率基本稳定。

完善工资集体协商制度，健全劳动争议解决机制，保护劳动者利益。

下定决心，排除干扰，运用现代信息技术手段，提高社会保障统筹层次，实现制度统一和权益的可携带，满足人口流动的需要。

（八）创新社会治理

遵循社会运行规律，促进社会组织健康规范发展并依法加以监管。支持各类社会主体自我约束、自我管理，促进社会建设。

完善诉讼、仲裁、行政复议等法定诉求表达机制，发挥人大、政协、人民团体、社会组织、基层群众自治组织和新闻传媒等的社会利益表达功能，畅通和拓宽群众诉求表达渠道。完善调处化解矛盾纠纷的综合机制。

大力提倡家庭伦理、职业道德和社会公德，强调公民权利与义务的平衡，正确引导预期，避免社会融合过程中因为参照系提高而引发的新矛盾。

建立食品药品质量追溯制度，实现生产、流通、消费全流程监管。严格安全生产监管制度，提高安全生产的科技支撑能力和应急救援水平。完善灾害应急预案体系并加强演练，运用现代信息技术提升防灾减灾救灾能力。

（九）完善绿色治理体系

全面修订生态环境质量标准，针对产品全寿命周期提出更高的生态环保要求。将PM2.5、氮氧化物、挥发性有机化合物等纳入重点防控对象。

完善环境监测体系。充分利用物联网、遥感等技术，创新监管方式。加强环境信息公开。改变当前按行政区划进行生态环境治理的做法，根据生态环境问题所涉及的外部性范围，开展跨区域联防联治。

加强环境执法，提高环境监管的有效性。

开展生态环境资本核算，编制自然资源资产负债表，根据各地主体功能定位，把生态环境资本纳入绩效考核范围。广泛开展排放权市场交易，完善生态补偿制度。发展绿色金融。

充分利用政府采购、补贴、税收等手段，促进绿色制造，鼓励绿色消费。

（十）提升开放和参与全球治理的水平

把"一带一路"建成促进国与国之间包容发展、与其他全球治理框架相容的开放平台。推进丝路基金、亚洲基础设施投资银行、金砖银行等机构的运营与治理，并适时提出新议题，倡导新机制，推动全球治理机制的改革与完善。

设立专门的国际开发援助机构，协调我国对外援助事项，提升对外援助的整体效果。

全面扩大对外开放，重点深化金融、教育、文化、医疗等服务业部门的有序开放。积极推进海关特殊监管区转型升级和自贸园区建设，总结相关经验，完善负面清单管理和准入前国民待遇制度。

积极推动出口升级，着力拓展新兴经济体市场，大力发展服务外包，鼓励跨境电子商务等新业态发展。实施更加积极的进口政策，扩大先进技术、关键设备和重要零部件进口。

坚持维护和完善WTO等多边贸易机制，积极参与和推进环境保护、投资保护、政府采购、电子商务等新议题谈判，并发挥主导或引领作用。

　　加快构建立足周边、辐射"一带一路"、面向全球的高水平自贸区网络。积极推动中国－东盟自由贸易区升级谈判和区域全面经济伙伴关系协定谈判，实质性推动中美和中欧等双边投资协定谈判，切实推进亚太自贸区建设进程，积极与"一带一路"国家商建自贸区。

　　加快"走出去"步伐，完善对外投资体制，支持各种所有制企业开展国际化经营，培育一批综合素质好、竞争力强、影响力大的跨国公司。加强国际合作，实现资源能源供给多元化。

ZHONGYANG
"SHISANWU"
GUIHUA 《JIANYI》 ZHONGDA
ZHUANTI YANJIU

专题三　全面建成小康社会的目标
　　　　及所存在"短板"问题
　　　　与对策

国家发展和改革委员会

实现全面建成小康社会目标的
"短板"及对策建议

到 2020 年实现全面建成小康社会宏伟目标，是我党对全国人民的庄严承诺，是到 21 世纪中叶实现中华民族伟大复兴中国梦的关键一步。认真分析评价全面建成小康社会目标完成情况，研究查找实现目标的难点重点问题，有针对性地提出解决对策，对确保顺利实现各项目标具有重要意义。

一、全面建成小康社会的进展情况

党的十六大以来，党中央团结带领全国各族人民，抓住机遇、应对挑战、顽强拼搏、开拓进取，朝着党确定的目标迈出了一个个坚实步伐，取得一系列新的历史性成就，经济建设、政治建设、文化建设、社会建设、生态文明建设全面推进，社会生产力、经济实力、科技实力迈上一个大台阶，人民生活水平、居民收入水平、社会保障水平迈上一个大台阶，综合国力、国际竞争力、国际影响力迈上一个大台阶。经济持续发展、民主不断健全、文化日益繁荣、社会和谐稳定，人民群众得到实惠越来越多，为全面建成小康社会打下了坚实基础。

（一）经济平稳较快发展，结构调整进展明显

2000—2014 年，我国经济总量从世界第六位跃升至第二位，人均国内生产总值从 950 美元增加到 7 600 美元，货物贸易进出口总额从世界第八位跃居第一位，国际地位和影响力

显著提高。结构调整取得重要进展，粮食连续 11 年增产，总产量突破 6 亿吨；服务业增加值占国内生产总值比重提高到 48.2%，超过第二产业 5.6 个百分点；战略性新兴产业发展壮大，传统产业不断改造升级，现代服务业快速发展，基础设施得到很大完善。城乡区域发展更加协调，城镇化率从 2000 年的 36.22% 提升到 2014 年的 54.77%，城乡差距和地区间相对差距缩小。自主创新能力大幅提高，载人航天、探月工程、载人深潜、超级计算机实现重大突破，创新型国家建设成效显著。

（二）民主法制建设迈出新步伐，政治体制改革继续推进

民主选举的制度机制日益完善，范围不断扩大。民主管理的制度不断完善，内容更加丰富。基层民主不断发展，基层自治组织不断健全，城乡社区自治功能逐步增强，基层党组织建设得到巩固和加强。具有中国特色的权力监督制度逐步完善，法律监督和舆论监督的作用日益突出。中国特色社会主义法律体系形成，法治政府建设稳步推进，司法体制不断完善，全社会法治观念明显增强。爱国统一战线巩固壮大。

（三）文化建设迈上新台阶，文化体制改革全面推进

社会主义核心价值体系建设深入开展。公共文化服务体系建设取得重大进展，覆盖城乡的公共文化设施网络体系初步建成，博物馆、图书馆、文化馆（站）实现免费开放，人均公共图书馆藏书量从 2000 年的 0.32 册/人升至 2013 年的 0.55 册/人。国有经营性文化单位转企改制任务基本完成，公益性文化事业单位内部机制改革不断深化。哲学社会科学、新闻出版、广播影视、文学艺术等更加繁荣。文化产业快速发展，文化产业增加值占 GDP 比重从 2004 年的 2.15% 提高至 2013 年的 3.63%。文物保护、非物质文化遗产保护和传承取得重要进展。人民精神文化生活更加丰富多彩。文化走出去步伐加快，对外文化交流更加活跃。全民健身和竞技体育取得新成绩。

（四）社会事业蓬勃发展，保障和改善民生成效显著

农业税全面取消，城乡居民收入大幅提高。2000—2014 年，城镇居民人均可支配收入从 6 280 元增至 28 844 元；农村居民人均纯收入从 2 253 元增至 9 892 元。扶贫减贫取得巨大成就，贫困标准从 2000 年的 865 元提高到 2008 年的 1 067 元，2010 年进一步提高到 2 300 元。贫困人口显著减少，按 2008 年贫困标准，2000—2010 年，我国贫困人口

从 9 422 万人下降至 2 688 万人，减少 6 734 万人；按 2010 年贫困标准，2010—2014 年，我国贫困人口从 16 567 万人下降至 7 017 万人，减少 9 550 万人。城乡就业持续扩大，就业人员总数从 2000 年的 72 085 万人增加到 2014 年的 77 253 万人，增长 5 168 万人。教育事业迅速发展，城乡免费义务教育全面实现；城乡基本养老保险制度全面建立，新型社会救助体系基本形成；全民医保基本建立，城乡基本医疗卫生制度初步建立；基本公共服务水平和均等化程度明显提高。居民家庭财产普遍增加，消费结构快速升级，2000—2013 年，城乡居民恩格尔系数分别从 39.4％和 49.1％降至 35.0％和 37.7％，衣食住行用条件显著改善，城乡低收入群体基本生活得到保障。社会治理体制更加健全，社会保持和谐稳定。

（五）资源节约和环境保护力度加大，生态文明建设取得积极进展

国土空间开发格局进一步优化，主体功能区布局有序推进。环境保护力度加大，自 1997 年到 2013 年年底，累计新建自然保护区 1 771 个，新增自然保护区面积 6 933 万公顷，分别增长 191％和 90％。森林覆盖率由 2000 年的 16.55％提升至 2013 年的 21.63％，生态系统稳定性有所增强。能源消费结构持续改善，非化石能源占一次能源消费比重由 2000 年的 6.4％提高到 2014 年的 11.2％，煤炭占比由 69.2％下降至 66％。主要污染物排放总量明显减少，2014 年化学需氧量、二氧化硫、氨氮、氮氧化物排放总量比 2010 年分别减少 9.6％、11.7％、9.0％和 8.0％。全国环境空气质量总体稳定，大气污染防治取得初步成效。首批实施新环境空气质量标准的重点区域、直辖市和省会城市 2014 年细颗粒物（PM2.5）平均浓度比 2013 年下降 11.1％，其中京津冀地区下降 12.3％，长三角区域下降 10.4％，珠三角区域下降 10.6％。

二、全面建成小康社会的难点和重点

与 2000 年已经实现的总体小康相比，全面小康是更高水平、更加全面、更加平衡的小康。经过近 15 年的努力，全面小康社会建设整体迈上了一个新台阶，但与党的十八大从 "五位一体" 高度提出的各项新要求相比，仍然存在不同程度的差距，一些领域问题十分突出，一些地区发展相对滞后，一些人群生活依然困难，必须集中力量、重点攻克。

（一）转变发展方式任重道远，强动力防风险挑战加大

保持经济持续健康发展是实现全面建成小康社会的根本保障。随着经济发展进入新

常态，能否顺利实现增速换挡、方式转变、结构调整、动力转换，有效防范和化解各项风险，成为摆在我们面前的重要挑战。支撑我国经济30多年快速发展的劳动力、土地、资源等传统要素供求关系发生变化，人口老龄化加快，60岁以上人口比重超过15％，劳动年龄人口总量开始持续下降，劳动力成本长期趋于上升；工业化、城镇化对耕地的大量占用与耕地保护红线之间的矛盾更加突出，建设用地成本不断上升；引进先进、关键技术的难度和成本加大，与国内要素结合形成的发展驱动力减弱。这些变化使基于原有要素禀赋的传统比较优势趋于弱化，但科技创新对经济增长的贡献短期内还难以弥补由此导致的缺口，培育竞争新优势的要求更加紧迫。相应地，传统产业部分行业产能严重过剩、发展缺乏后劲，但新兴产业受技术和制度因素制约发育不足，尚难以"接棒"成为支撑发展的主导产业。结构性问题与周期性因素相互交织，使我国经济发展面临的下行压力和潜在风险凸显，如果应对不好，可能会导致实体经济风险、财政金融风险与社会稳定风险相互交织传递，不仅影响经济平稳发展，也将损害全面建成小康社会的物质基础。

（二）缩小城乡差距任务繁重，"三农"问题仍然突出

"小康不小康，关键看老乡"，全面小康不能丢了农村这一头。近年来，我国持续加大"三农"工作力度，但城乡二元经济结构矛盾依然突出。农业还是"四化同步"的短腿。农业基础设施薄弱、经营规模小、动植物疫病和农产品质量安全风险大等制约农业现代化发展的长期性、根本性问题尚未得到有效解决。农村劳动力老龄化十分严重，据调查，留在农村务农的劳动力平均年龄已达50岁左右。农业生产成本上升与国内外农产品价格倒挂的矛盾日益突出。粗放的农业生产方式使水土资源越绷越紧，耕地质量下降，农业灌溉用水有效利用系数比发达国家平均水平低0.2，农业生产年缺水300亿立方米。农村还是全面建成小康社会的短板，农民收入水平和享有的基本公共服务与城镇居民差距仍然较大。近年来，虽然城乡居民收入比持续缩小，但2014年仍高达2.97倍，考虑财产价值后这一差距将更大。据统计，2012年城镇居民人均财产价值是农村居民的6.2倍，与2002年的3.2倍相比有较大提高。以医疗卫生服务为例，2013年城市每千人口执业（助理）医师数和注册护士数分别是农村的2.29倍和3.28倍；城市每千人口医疗卫生机构床位数是农村的2.2倍；农村5岁以下儿童死亡率是城市的2.42倍。还有不少行政村不通水泥沥青路，大量农村居民喝不上安全的饮用水。农业转移人口基本公共服务保障不充分，农民工还难以与城市居民平等享受城镇基本公共服务。

（三）缩小区域差距困难较多，老少边穷地区发展滞后

全面建成小康社会要求区域发展更加协调。随着区域发展总体战略和主体功能区战略深入实施，地区间相对差距有所缩小，但绝对差距仍在扩大，中西部地区在人均 GDP、基本公共服务等方面与东部地区的差距仍然较大。2013 年，西部地区人均 GDP 仅相当于东部地区的 55.3%，西部地区城镇居民和农村居民收入分别比东部地区低 9 762 元和 5 218 元。习近平总书记多次强调，全面小康一个民族都不能少，绝不能让一个苏区老区掉队。但受历史、自然、社会等方面因素影响，"老少边穷"地区发展面临的主要矛盾还没有得到根本解决，扶贫开发依然任重道远。特别是集中连片特困地区，普遍生存环境恶劣、生态脆弱、基础设施薄弱、公共服务滞后，片区贫困发生率远高于全国平均水平，已经解决温饱的群众因灾、因病返贫现象突出。边远山区、少数民族地区、集中连片特困地区的教育发展特别是学前教育水平仍然较为落后，集中连片特困地区学前教育生师比明显高于全国平均水平。全国片区县重点县是全面建成小康社会需要重点关注的薄弱地区。

（四）缩小收入差距空间较大，特殊贫困人群仍然较多

缩小收入差距、减少贫困人口是全面小康的题中应有之义。我国居民收入差距依然较大。基尼系数虽然从 2008 年的 0.491 下降到 2014 年的 0.469，但仍处在很高水平，仅低于拉丁美洲的 0.485，远高于欧洲和中亚地区的 0.306，在 24 个上中等收入国家中排在第 8 位，在 106 个国家（地区）中排在 17 位。具体来看，虽然城乡收入差距缩小，但农村内部收入差距有所扩大，五等分法的高收入户与低收入户农民人均纯收入比由 2008 年的 7.53 倍扩大到 2014 年的 8.37 倍。不同行业工资收入差距仍然较大，2014 年，石油、烟草、航空、金融等行业平均工资是全行业平均水平的 1.73 倍。此外，居民财产性收入差距较大且不断增加，北京大学中国社会科学调查中心报告显示，我国家庭净财产基尼系数从 2002 年的 0.55 上升到 2012 年的 0.73。绝对贫困现象尚未消除，贫困人群规模依然较大。截至 2014 年年底，国家扶贫标准线下（农民人均纯收入 2 300 元，2010 年不变价）的全国农村贫困人口还有 7 017 万人，贫困发生率为 7.2%。其中，五保和无劳动能力的低保户大约有 3 000 万人。从近年的减贫趋势看，减贫速度呈逐年递减趋势，进一步减贫的难度逐渐加大。

（五）资源环境形势依然严峻，人居环境质量亟待改善

当前，我国资源环境承载能力已经达到或接近上限，长期积累的生态环境问题正在集

中显现，环境质量改善程度与人民要求还有较大差距。水资源短缺问题不断凸显，主要能源和矿产资源对外依存度持续提高，资源集约利用和循环利用程度不高，粗放的经济发展方式和不合理的资源利用方式，对生态环境造成了较大冲击。大气环境形势十分严峻，大面积严重雾霾现象日益常态化，按照环境空气质量新标准，2014年161个城市空气质量年均值达标率仅为9.9%，超标率高达90.1%，京津冀地区13个地级及以上城市年均值全部超标。水环境污染问题依然突出，2014年监测的地表水国控断面中，水质为劣Ⅴ类的比例占9.2%，Ⅳ～Ⅴ类的比例为27.6%；2013年地下水监测点位中，水质极差的比例为15.7%，较差的比例为43.9%，农村人口饮水不安全问题依然严重。土壤环境状况总体不容乐观，部分地区土壤污染较重，耕地土壤环境质量堪忧，工矿业废弃地土壤环境问题突出。城市固体废弃物堆存量不断增加、垃圾绕城成灾、黑臭水体及农村环境污染问题日益突出。部分生态系统退化严重。

（六）社会文明程度仍有差距，提升公民素质需求迫切

一个社会是否文明进步，一个国家能否长治久安，很大程度上取决于全体公民的文明素质，全面小康社会应该是物质文明和精神文明全面发展的小康社会。当前，我国社会道德领域还存在不少亟待解决的突出问题，一些领域道德失范、诚信缺失，一些社会成员理想信念淡漠、人生观价值观扭曲，这些问题冲击着社会道德底线，严重影响社会风气，也损害了正常的经济社会秩序。国民素质与完善社会主义市场经济体制的要求不相匹配，法制建设和社会信用体系建设滞后，使市场化出现异化，对建立规范有序的现代市场经济形成了制约；国民素质与城镇化发展阶段不相匹配，城市精神仍然较弱，对实现从传统乡村文明向现代城市文明的过渡形成了制约；国民素质与崛起的大国地位不相匹配，文化价值体系和道德建设仍有待加强，对我国更好地融入世界经济形成了制约。社会文明程度和国民文明素质与全面建成小康社会的要求还有不小的差距。

这些"短板"问题的存在，虽然有基本国情和发展阶段的客观因素，但发展方式转变不到位和体制机制不健全是重要原因。必须看到我国社会主义市场经济体制还不健全，市场对资源配置的决定性作用没有得到充分发挥，政府职能转变相对滞后、公共服务供给仍然不足，社会自我管理能力和作用有待加强，生态文明制度体系还不完善。不破除制度障碍、打破利益藩篱，实现全面小康就没有动力；不完善规则秩序、推进公平正义，实现全面小康就没有保障。必须以全面深化改革破解民族复兴进程中的深层次矛盾问题，以全面依法治国确保现代化建设有序进行，才能成功绘就全面建成小康社会的宏伟蓝图。

三、对策建议

实现全面建成小康社会的目标，关键要在科学把握"全面"内涵的基础上，紧紧围绕实现更加平衡、更加协调、更可持续的发展，紧紧围绕使人民拥有更好的教育、更稳定的工作、更满意的收入、更可靠的社会保障、更高水平的医疗卫生服务、更舒适的居住条件、更优美的环境，突出重点、解决难题，补齐短板、突破瓶颈，使全面小康社会在全社会的共同努力下胜利建成。

（一）以科技创新为支撑，强化全面小康的发展动力

科技创新是提升经济竞争力的关键，也是推动产业升级、转变经济发展方式的中心环节。面对强动力防风险和下行压力加大的巨大挑战，必须加快实施创新驱动发展战略，着眼于让创新成为驱动发展新引擎，重点从以下三方面营造有利于科技创新的政策环境。

一是提高政府科技创新投入的比重和效率。我国政府财政投入占全国科技投入的比重仅为21％，远低于美国（33％）、德国（30％）、俄罗斯（67％），以及国际公认创新型国家的平均水平（30％左右）。更为重要的是，财政科技投入结构失衡，效率不高。研究结果显示，在科技创新链条上，财政投入效率从高到低依次为基础研究、应用研究和试验发展，各链条经济外部性排序亦是如此，这说明政府应将基础研究和应用研究作为投入重点。但2013年我国政府对基础研究和应用研究的投入占政府科技投入的比例分别仅占15％和30％左右，从而导致其全国的投入比例分别仅占5％和11％。要提高政府对基础研究和应用研究的财政投入比例，集中支持事关发展全局的基础研究和共性关键技术研究；减少对试验发展的投入比例，并赋予企业对此类科技项目更大的决策权，提高科技成果产业化水平。

二是强化对企业和科研人员的创新激励。当前我国规模以上工业企业中有研发活动的仅占14％，科研人员的创新意愿也不强，根本原因在于缺乏创新动力。要通过信用担保，加大对创新的银行贷款、资本市场、风险投资等金融支持力度；通过减税，加大对创新的税收优惠力度；通过政府采购，使企业获得创新产品的第一笔订单；通过建立股权激励等利益导向机制，提高科研院所和高等学校科研人员对科研成果转化收益的分享比例。

三是营造保护知识产权的良好环境。我国普遍存在知识产权"侵权易、维权难"现象。要完善知识产权法律制度，加强知识产权的创造、运用、保护和管理，消除科研人员的后顾之忧。

（二）以人力资本积累为基础，强化全面小康的人才保障

加强人力资本积累、释放人口质量红利，是适应我国劳动力供求关系变化、培育新的竞争优势的必然选择。必须加快推进人才培养、选拔、价值实现和流动机制改革，全面提高劳动者素质和高素质人才培养水平，为全面建成小康社会提供人力支撑。

一是改革人才培养机制。教育现代化是提高劳动者素质和人力资本质量的基础。要深化教育领域综合改革，研究建立人才培养结构与经济社会发展需求相适应的动态调节机制。优化教育学科专业、类型、层次结构和区域布局，增强人才培养适应性。研究建立产学研紧密结合的人才培养机制。推进高等教育招生考试制度改革，建立健全多元招生录取机制。

二是改革人才选拔机制。人才选拔体系不完善在一定程度上限制了人才的充分涌现和才尽其用。要探索建立多元化、市场主导的人才评价和选拔机制。分类推进人才评价机制改革，修改完善分类推进职称制度改革的意见。改革完善职业资格管理制度，减少职业资格许可和认定。

三是改革人才价值实现机制。价值实现机制是激发人才发展动力的重要制度基础。要探索人才产权价值的实施办法，研究制定实行人才股权期权激励政策的意见。探索建立资本、知识、技术、管理等要素报酬的市场化决定机制。

四是改革人才流动机制。体制壁垒和身份障碍导致人才流动不畅，不利于社会各阶层通过竞争获得平等的发展机会。要加快完善党政机关、企事业单位和社会各方面人才顺畅流动的制度体系，健全人才向基层流动、向艰苦地区和岗位流动、在一线创业的激励机制，增强人才政策开放度。

（三）以建设信息中国为突破口，拓展全面小康的发展空间

建设信息中国是顺应新一轮科技革命和产业变革趋势、拓展发展空间的必然选择，是提高经济社会运行效率、降低交易成本的内在要求，也是消除"信息孤岛"和"数字鸿沟"、缩小城乡区域和不同群体间差距的重要途径。必须加快推进信息基础设施建设和信息技术开发应用。

一是强化信息基础设施网络建设和信息技术开发。推进宽带网络基础设施适度超前建设和均衡发展，掌握基础软件和智能终端的关键技术，为建设信息中国提供基础支撑。

二是以信息化助推产业现代化。鼓励信息技术向制造业、服务业、农业的渗透运用，推动产业转向高端制造型、智能服务型、精准高效型，提升产业的分工细化程度、生产效

率和劳动生产率。

三是以信息化助推社会治理现代化。以互联网为基础构建电子政务平台，使政府能够更加透明、高效、普惠地提供公共服务，人民群众能够更加广泛便捷地参与社会治理。

（四）以基本公共服务均等化为抓手，筑牢全面小康的民生保障安全网

基本公共服务是满足基本民生需求的重要保障，缩小城乡区域差距的首要任务是缩小城乡区域的基本公共服务差距。必须着眼于解决教育、医疗、文化、社会保障等人民最关心最直接最现实的利益问题，加快城乡基本公共服务制度一体化建设，大力推进区域间制度统筹衔接，加大公共资源向农村、贫困地区和社会弱势群体倾斜力度，稳步推进城镇基本公共服务常住人口全覆盖，实现基本公共服务制度全民覆盖。

一是大力促进教育公平。推进重点地区教育普及攻坚，提升农村公共教育服务水平，健全家庭经济困难学生资助体系，切实保障进城务工人员随迁子女平等受教育权利，强化重点领域和地区教师队伍建设。

二是加强医疗卫生服务体系建设。推动医疗卫生工作重心下移、医疗卫生资源下沉，健全农村三级医疗卫生服务网络和城市社区卫生服务体系，提高基本医疗卫生服务的公平性、可及性和质量水平，为全体人民提供安全有效方便价廉的基本医疗卫生服务。

三是健全面向大众的公共文化服务体系。加快推进重点文化惠民工程，加大对农村和欠发达地区文化建设的帮扶力度，继续推动公共文化服务设施向社会免费开放，更好保障人民群众基本文化权益。

四是健全覆盖城乡居民的社会保障体系。实施"全民参保登记计划"，扩大社会保险参保缴费覆盖面，逐步提高保障水平和统筹层次，适时降低社会保险费率。加快健全城乡最低生活保障制度为核心的社会救助体系，逐步拓展社会福利保障范围。以大病保险为重点探索建立重特大疾病保障机制，切实解决重特大疾病患者的因病致贫问题。

（五）以集中连片特困地区为重点，弭平全面小康的贫困洼地

目前，剩下的贫困人口主要分布在集中连片特困地区，要以集中连片特困地区为重点，以提高扶贫对象生活水平为根本目的，坚持科学扶贫、精准扶贫、内源扶贫，扎扎实实打好扶贫攻坚战，尽快使全国扶贫对象实现脱贫。

一是整合配置各项资源，进一步加大扶贫开发力度。以集中连片特困地区为重点，加

强基础设施建设、生态环境保护和基本公共服务供给，实施整村推进、移民搬迁、特色产业发展等扶贫工程。加大扶贫投入力度，整合扶贫和相关涉农资金，集中解决突出贫困问题。加强政策性金融和商业金融对贫困地区的支持力度。完善社会各方面力量参与扶贫开发的制度、激励机制和相关支持政策，鼓励以多种形式参与扶贫开发。

二是在建档立卡的基础上，实施精准扶贫。用好建档立卡成果，加强对特困村和特困户的帮扶，在对每个贫困村、贫困户建档立卡的基础上，对贫困村、贫困户进行精准化识别、针对性扶持、动态化管理，提高扶贫效率。

三是高度重视教育扶贫，阻断贫困代际传递。加大对贫困地区的教育扶持力度，对贫困地区未能升学的初高中毕业生实施"雨露计划"，提高贫困人口素质和就业技能。

四是实现社保托底，消除绝对贫困。发挥社会保障制度的兜底作用，有针对性地提高保障水平，将缺乏劳动能力和依靠自身能力无法完全实现脱贫农村人口的保障标准提高到贫困线以上，确保其基本生活和各项基本民生权利，坚决消除绝对贫困。

（六）以城乡一体化为着力点，攻克全面小康的"三农"难点

解决好"三农"问题是全面建成小康社会的重中之重。必须在不断提高城镇化水平和质量的同时，不断加大强农惠农富农政策力度，创新以城带乡、以工促农方式，引导城市现代生产要素向农业农村流动，努力向农业强、农村美、农民富的目标迈进。

一是加快转变农业发展方式，建设现代农业。重塑现代农业安全观、生态观和效益观，用现代发展理念、技术装备和经营方式改造传统农业，尽快从主要追求产量和依赖资源消耗的粗放经营转向质量和效益并重、注重提高竞争力、注重农业科技创新、注重可持续的集约发展上来，走产出高效、产品安全、资源节约、环境友好的现代农业发展道路。

二是改善农村生态环境，建设美丽乡村。加快提升供水、供电、公路、污水垃圾处理等农村基础设施水平。实施美丽乡村建设行动计划，大力发展节水农业和农业循环经济，加大农业面源污染防治力度，开展耕地重金属污染治理，逐步退出超过资源环境承载能力的生产，促进受损生态环境恢复治理。

三是拓展增收渠道，促进农民增收。充分挖掘农业内部增收潜力，完善农产品价格形成机制，继续实施农业补贴、最低收购价、临时收储等强农惠农政策，提高补贴效率。大力发展特色种养业、农产品加工业、农村服务业，促进农村一二三产业融合发展，延长产业链条，提高农业附加值。加大农村教育和劳动力就业培训力度，实施农民工职业技能提升计划，促进农民转移就业和创业，拓宽农村外部增收渠道。

（七）以改善人居环境为核心，守住全面小康的环境底线

小康全面不全面，生态环境质量很关键。必须正确处理经济社会发展和生态环境保护的关系，树立尊重自然、顺应自然、保护自然的生态文明理念，坚持节约资源和保护环境的基本国策，切实改善环境质量，建设天蓝、地绿、水清的美丽中国。

一是着力提高资源能源利用效率。节约资源是克服资源瓶颈约束的内在要求，也是从源头上保护生态环境的治本之策。要围绕减少资源利用量、减少废物产生量的"双减"和提高生产清洁化水平、提高资源利用效率的"双提"，完善并全面实施生产者延伸责任制度，全面推行垃圾分类回收制度，将环境保护要求贯穿于生产、流通、消费各个环节；以园区零排放为目标，推进产业园区循环化改造；选择若干重点领域（产品）实行能源、资源利用效率"领跑者"制度，推动向先进水平对标；实施煤炭替代行动计划和煤炭清洁高效利用行动计划，着力降低煤炭利用规模和减少煤炭污染影响。

二是抓好突出环境问题治理。大气、水和土壤等污染问题，是人民群众最关心的突出问题。要按照压减增量、消化存量、控制总量的"三量并进"思路，坚决打好大气、水、土壤污染治理"三大战役"：以京津冀、长三角、珠三角等大气复合型污染突出地区为重点，加大大气污染防治力度，确保空气质量得到明显改善；以黄河、太湖、滇池等水质长期得不到明显改善的重点流域湖泊为重点，推进流域、区域综合治理；以继续推进湘江重金属污染为着力点，认真总结并推广土壤污染治理的有效经验。加大对中西部地区乡镇和农村污水垃圾处理的支持力度。同时，要参照国际标准，进一步修订并实施相关环保标准，提升油品质量标准，确保污染物增量有效降低，总量控制在合理水平。鼓励开展第三方治理，促进污染治理的专业化、市场化。

三是实施美好家园全民行动计划。建设资源节约型、环境友好型社会需要调动全社会力量共同参与。要根据各尽其职、各司其职的原则，对政府、企业、社会组织和民众行为进行规范，使各自成为环保工作的监督者与被监督者。引导全民参与到环境保护行动中来，通过宣传教育、制定并实施文明生活方式细则，重塑公民环保意识和生活行为。全面实施环保信息公开制度，强制要求生产性企业定期发布主要污染排放情况，自觉接受社会监督。有效落实环境污染责任终身追究制度，提高政府决策的科学化水平。创新公众参与方式，鼓励环保组织参与重大环境影响项目决策、环保公益诉讼，形成监督合力。

（八）以提升公民素质为关键，营造全面小康的精神家园

没有社会文明的小康，不是全面的小康。只有不断提高公民文明素质和社会文明程度，

才能为全面建成小康社会奠定坚实的文化基础。

一是加强社会主义核心价值体系建设。大力弘扬民族精神和时代精神，将依法治国与以德治国、以文化人结合起来，科学阐述和诠释社会主义核心价值观，突出其先进性、科学性和独特性。完善公共文化服务体系，促进文化事业产业发展，探索建立将社会主义核心价值观融入全社会、指导人们行为的方式和方法。

二是进一步明确政府责任。深化文化体制改革，建立健全现代文化市场体系，加快形成有利于文化创新繁荣的发展环境。要加快建立健全公共文化标准体系，加大公共文化投入力度。在公共文化服务中引入市场机制，探索公共文化服务提供社会化的路径。完善文化管理体制，改进宣传手段和文化市场监管方式。

三是实施社会文明行动计划。动员广大人民群众广泛参与，以提高社会文明素质为核心，弘扬并引导各全社自觉践行社会公德、职业道德、家庭美德、个人品德，促进形成和谐有序、诚信友善、道德文明的社会。

农业部

尽快补齐 "三农" 短板
夯实现代农业发展基础

"小康不小康，关键看老乡"。改革开放以来，我国 "三农" 面貌发生了巨大变化，取得了举世瞩目的成就。但由于长期以来欠账多、基础弱以及二元结构体制的影响，与国家经济社会发展战略需要和实现全面建成小康社会目标要求比，农业依然是国民经济最薄弱的环节，农村依然是发展最滞后的区域，农民依然是最需要关注的弱势群体。改变这种局面，必须切实加强农业、支持农村、扶持农民。只有农业基础稳固，农村和谐稳定，农民安居乐业，实现全面建成小康社会目标才有保障。

一、农业依然是国民经济最薄弱的环节

中国要强，农业必须强。加快发展现代农业，确保国家粮食安全和重要农产品有效供给，是全面建成小康社会的必然要求。在工业化、信息化、城镇化、农业现代化同步发展中，必须尽快补齐农业短板，使农业走上一条生产技术先进、规模经营适度、市场竞争力强、生态环境可持续的发展道路。

（一）农业现代化实现重要进展

"十二五" 时期，我国现代农业发展水平稳步提升。

1. 粮食等重要农产品生产能力跃上新台阶

2015 年，粮食总产达到 12 429 亿斤，实现了"十二连增"，连续 3 年稳定在 12 000 亿斤以上，标志着我国粮食综合生产能力迈上一个新的台阶。油料、糖料、蔬菜、水果、肉类、水产品等其他农产品也实现全面增产。

2. 农业结构调整取得新成效

坚持实施优势农产品区域布局，提高优势产业集中度，做大做强优势产业、优势产区。目前，产业集中度大幅提高，优势区域产业化水平明显提升。13 个粮食主产省份的产量、商品量和调出量分别占全国的 75%、80%、90%。长江流域、黄河流域和西北内陆三大棉区棉花产量占总产量 99% 以上，甘蔗、苹果、柑橘集中度均超过 50%。生猪、肉羊、奶牛生产进一步向优势区域集中。

3. 农业科技装备水平持续提高

2014 年，农业科技进步贡献率达到 56%，主要粮食品种良种覆盖率超过 96%，农作物耕种收综合机械化水平达到 61%，农田有效灌溉面积增加到 9.52 亿亩，其中节水灌溉工程面积 4.07 亿亩，高效节水灌溉面积 2.14 亿亩，农业灌溉用水有效利用系数达到 0.52。

4. 新型农业经营体系加快形成

稳定和完善土地承包关系，扎实开展农村土地承包经营权确权登记颁证试点；引导农村土地经营权有序流转，支持新型农业经营主体加快发展。2015 年，家庭农场、农民合作社、农业产业化龙头企业、农业社会化服务组织等新型经营主体超过 250 万个，在发展多种形式适度规模经营、建设现代农业中发挥着越来越重要的作用。

5. 农业对外开放迈出新步伐

2014 年，农产品进出口贸易总额 1 945 亿美元，全年农产品出口达 720 亿美元，稳居世界第二大农产品贸易国。农业"走出去"发展较快，据初步统计，有超过 300 家企业在全球 70 多个国家和地区开展了农业投资合作，累计投资超过 37 亿美元。

国务院印发的《全国现代农业发展规划（2011—2015 年）》提出，到 2015 年，现代农业建设取得明显进展。粮食等主要农产品供给得到有效保障，农业结构更加合理，物质装备水平明显提高，科技支撑能力显著增强，生产经营方式不断优化，农业经营体系更趋完善，土地产出率、劳动生产率、资源利用率显著提高，东部沿海、大城市郊区和大型垦区等条件较好区域率先基本实现农业现代化。从实际情况看，"十二五"我国现代农业发展目标基本如期实现，为"十三五"现代农业发展奠定了坚实基础。

（二）现代农业发展仍面临严峻挑战

"十三五"时期，我国农业发展面临的挑战仍十分严峻。

1. 农业的基础地位仍不稳固

我国现代农业发展虽然已取得长足进步，但农业现代化进程还远远滞后于工业化、信息化和城镇化，是现代化建设中最薄弱的环节和短板。**从发展质量看**，2014 年我国农业增加值占 GDP 的 9.5％，而第一产业从业人员占到全社会从业人员总数的 29.5％，相差 20 个百分点。工农业劳动生产率差距扩大，2012 年第二产业劳动生产率为第一产业的 5 倍，比 20 世纪 90 年代初期扩大了 15％。"十二五"期间，工业转型升级态势明显，城镇化质量明显提升，信息化技术日益普及，但农业发展仍处在从传统向现代爬坡过坎的阶段。**从"四化"相辅相成的关系看**，农业是国民经济的基础产业，一方面，农业现代化要满足工业用途拓展、城镇人口增加带来的快速增长的农产品需求，在国民经济持续稳定增长中发挥重要的基础性作用。另一方面，农业现代化也需要工业化来改变生产方式，提升物质装备水平；需要信息化来加大科技支撑，增强农业市场竞争力；需要城镇化来吸纳转移人口，扩大农业生产经营规模。当前，"四化"发展不同步，不仅影响农业现代化的顺利发展，也削弱了工业化、城镇化和信息化持续健康发展的基础。

2. 农业发展与全面小康仍有差距

加快发展现代农业，增强农业综合生产能力，确保国家粮食安全和重要农产品有效供给，是全面建成小康社会的重要内容和基础支撑。《全国现代农业发展规划（2011—2015年）》提出，到 2020 年，现代农业建设要取得突破性进展，基本形成技术装备先进、组织方式优化、产业体系完善、供给保障有力、综合效益明显的新格局，主要农产品优势区基本实现农业现代化。对照这些要求，我国现代农业建设还存在明显软肋，突出表现在：基础设施薄弱，物质装备水平总体不高，技术服务"最后一公里"不到位，农业投入品利用率不高。虽然是农业生产大国，但农业产业链条不完整、不衔接，农产品国际竞争力不强。农村劳动力结构变化的挑战日益突出，小规模经营仍占大多数，限制了农业劳动生产率的提高，今后"谁来种地""如何种地"的问题已很现实地摆在我们面前。

3. 现代农业发展仍面临诸多风险矛盾

近年来，我国农业现代化加快推进，但各种风险和矛盾也在积累聚集，突出表现在：**农产品供给压力长期存在。**农产品需求处于较快增长区间。每年新增 600 万～700 万人口，有 1 000 万人进入城镇，人口数量增加和结构变化将每年增加粮食需求 60 亿～70 亿斤。经济发展带来食物消费升级，大大增加了肉奶蛋消费需求。农产品工业用途拓展，扩大了玉米等产品需求。农产品市场需求发生重要转变，人们不仅要吃饱还要吃好，越来越关注"舌尖上的安全""舌尖上的美味"。粮食和主要农产品供需长期处于紧平衡状态。**农业比较效益偏低。**一方面，国内农业生产成本持续上涨，农产品价格却弱势运行，导致农业比较效益持续走低；另一方面，国际市场大宗农产品价格下降，已不同程度低于我国国内同类产品价格，导致进口持续增加，成本"地板"与价格"天花板"给我国农业持续发展带来双重挤压。**农业资源和生态环境约束日益突出。**多年来资源条件已经绷得很紧，农业面源污染、耕地质量下降、地下水超采等问题日益凸显。**新常态下农业支持保护增添新的变数。**随着我国经济发展进入新常态，财政收入增幅放缓，保持"三农"投入快速增长面临不确定性，农业支持保护的对象可能将由保全面向保重点转变。

（三）千方百计补齐农业短板

当前和今后一个时期，要始终牢牢坚持把解决好"三农"问题作为全部工作重中之重的战略思想，坚持工业反哺农业、城市支持乡村，坚持和完善实践证明行之有效的强农惠农富农政策，加快推进农业现代化进程。

1. 加强粮食等重要农产品生产能力建设

保持粮食播种面积特别是谷物播种面积总体稳定。加快划定永久基本农田。加快推进高标准农田建设，推动建设粮食生产功能区。加大科技创新推广力度，提升种业发展水平。做到藏粮于地、藏粮于技。

2. 优化调整农业产业结构

优化农业区域布局，优先发展比较优势突出的产业或产品，大力发展特色农业、品牌农业，逐步形成具有区域特色的农业主导产品、支柱产业。优化种养业结构，大力发展草食畜牧业，打通种养业协调发展的通道，形成粮饲兼顾、农牧结合的新型农业结构。开发农业多种功能，大力发展休闲农业和一村一品，提升农业的生态价值、休闲价值和文化价值，着力打造一二三产业融合的"六次产业"。

3. 加快构建新型农业经营体系

坚持家庭经营的基础性地位，推进家庭经营、集体经营、合作经营、企业经营等多种经营方式共同发展，培育种养大户、家庭农场、合作社、龙头企业等新型经营主体，建立健全农业社会化服务体系。坚持适度规模经营的发展方向，推进土地经营权有序规范流转，特别是向种田能手流转，引导发展土地入股、土地托管等多种经营形式，提高规模效益。

4. 加强农业资源环境保护

坚持"保护"与"治理"并重，使透支的农业资源环境得到休养生息。切实加大耕地、水、草原、水域滩涂等保护力度，坚决执行最严格的耕地保护制度和集约节约月地制度，发展生态循环农业，提高资源利用效率。强化农业环境突出问题治理，加大治土治水力度，适当降低农地开发利用强度，推广农业节本增效技术，严格管制滥用乱用农业投入品，净化、修复农产品产地环境。

5. 改革完善农业支持保护制度

当前，我国农业发展已进入高成本时代，改变农业竞争力不强、比较效益低的情况，必须加大对农业的支持保护力度。要优先保证农业农村投入，加快建立投入稳定增长机制。调整完善农业补贴政策，提高农业补贴政策效能。改革完善农业补贴政策，增量重点向重要农产品品种倾斜，向粮食主产区倾斜，向新型经营主体倾斜；强化涉农资金整合，强化补贴政策与金融政策配合，利用财政资金撬动金融支农，提高补贴的精准性、指向性。健全农业保险制度，借鉴美国等国家农业风险管理的做法与经验，扩大农业保险补贴规模，增加品种，提高标准，建立健全再保险和巨灾风险保险制度。

6. 充分利用两个市场两种资源

推进农业对外开放，优化粮棉油糖等大宗农产品进口调控政策，适当进口国内紧缺的资源性农产品，支持有比较优势的农产品出口，实现国内外资源有效配置、国内外市场统筹利用，既保障供给，又保护产业、保护农民。着力构建农业对外合作政策体系，抓住"一带一路"建设的重大战略机遇，培育一批跨国经营的大型农业企业，参与农业国际竞争。

二、农民依然是最需要关注的弱势群体

中国要富，农民必须富。农民富是中国富的基础，农村实现全面建成小康社会，最根本、最关键、最重要的一条就是要促进农民增加收入，让农民共享经济发展和现代化建设的成果。

（一）农民人均收入实现翻番目标具备较好基础

按照党的十八大提出的收入倍增目标，2011—2020 年农民人均收入必须保持年均增长 7.2%。近年来，农民收入持续较快增长，2015 年农民增收实现"十二连快"，农民人均纯收入达到 10 772 元，比 2003 年增加 8 150 元，年均实际增长 8.8%。特别是 2010 年以来，农民收入增长加快，年均实际增长 9.8%，增速连续六年超过城镇居民收入增速，是农村经济发展中的突出亮点。而且相对收入差距也开始呈现不断缩小趋势，城乡居民收入之比由 2009 年的 3.33：1 下降到 2015 年的 2.90：1。如果都采用可支配收入口径，城乡居民收入之比从 2013 年的 2.81：1 下降到 2.73：1。

农民增收形势总体向好，主要得益于四个方面：**一是工业化、城镇化快速发展，带动农民工资性收入持续提高。**截至 2015 年年底，全国农民工总量已达 2.77 亿人，农民工月均收入达到 3 072 元，比 2010 年增加 1 382 元，增长近 82%。**二是农业生产稳定发展，农产品价格保持总体平稳。**粮食产量"十二连增"，其他农产品产量稳步增长。国家实施最低收购价和临时收储政策，农民家庭经营收入稳定增加。**三是农村改革全面深化，农民财产红利逐步释放。**农村产权制度改革不断深化，农业适度规模经营和新型农业经营主体不断发展，

农村内部分工分业加快演进，农民土地等财产性收入潜力逐步释放。**四是农业支持保护政策不断强化，农民转移性收入不断增长。**"重中之重"的战略深入贯彻实施，对"三农"的支持保护力度逐年加大，中央用于"三农"的投入稳步增长，转移性收入对农民增收的贡献日益明显。从总体情况看，2015 年农民人均纯收入已比 2010 年实际增长 58%，如期完成 2020 年农民收入翻番目标具备较好基础。

（二）农民增收致富仍面临一些突出矛盾与问题

从发展趋势看，到 2020 年实现农民人均收入翻番目标并不难，难在缩小城乡收入差距、减少农村贫困人口、建立农民增收长效机制。

1. 新常态下农民收入增长面临不确定性

我国经济发展进入新常态后，受经济增速放缓、结构转型升级和产业转移等多重因素影响，农业劳动力转移速度在放缓，外出农民工收入增长幅度在回落。从数量上看，2011—2015 年，农民工总量分别增加了 1 055 万人、983 万人、633 万人、501 万人和 352 万人，增幅逐年下降；从外出农民工收入上看，增幅近几年也呈逐步下降态势，2015 年仅增长 7.2%。工资性收入一直是农民收入增长的重要来源，在新常态背景下，未来工资性收入对农民收入的贡献可能下滑，进而影响农民增收的总体步伐。

2. 贫困人口增收问题是最大难点

我国农村贫困人口数量依然庞大，2015 年年底农村贫困人口为 5 575 万人。而且现有的贫困人口大多分布在老少边穷以及资源环境条件恶劣地区，脱贫攻坚任务相当艰巨，贫困人口如期实现小康目标还需付出巨大努力。同时，区域间农民收入差距逐渐拉大。比如 2004 年，最高的上海市与最低的甘肃省农民人均纯收入相对差距为 4.17 倍，绝对差距为 6 268 元；2013 年，二者的相对差距虽然下降到 3.76 倍，但绝对差距扩大到 14 100 元。

3. 城乡居民收入绝对差距可能持续扩大

"十二五"以来，虽然城乡居民收入比在缩小，但近年来城乡居民收入绝对差距持续扩大的态势没有得到扭转。城乡居民收入绝对差距由 2004 年的 6 486 元扩大到 2015 年的 20 423

元，连创历史新高。同时，农业转移人口市民化进程滞后，被统计为城镇人口的2亿多农民工及其随迁家属难以在城市落户，在教育、就业、医疗、养老、保障性住房等方面未能享受到与城镇居民同等的公共服务，农业转移人口难以融入城市。如果不采取更有力有效措施，城乡收入差距可能进一步拉大。

（三）多措并举促进农民收入持续稳定增长

未来农民增收的最大潜力在制度公平。今后一个时期，针对农民增收面临的突出矛盾与问题，应主要通过制度创新和体制改革，在保障农民家庭经营收入和工资性收入稳定增长的同时，充分挖掘和释放财政性和转移性收入的增长潜力，在缩小城乡收入差距、减少农村贫困人口、构建农民增收长效机制方面迈出更大步伐。

1. 大力促进农业提质增效，稳定增加农民家庭经营性收入

加快转变农业发展方式，完善农业社会化服务体系，降低农业生产成本和生产风险，在稳产增产的同时提高比较效益。调整优化农业产品结构，努力提高产品质量，根据市场变化和区域、资源比较优势，生产优质特色农产品，满足多元化的消费需求。推动农村一二三产业融合发展，延伸农业产业链，发展农产品加工业和农业生产性服务业，拓展农业功能，挖掘农业内部增收潜力，不断开辟农民增收新渠道。健全农业支持保护体系，完善农产品价格形成机制，保障粮食等主要农产品生产获得合理收益。

2. 消除农民就业创业障碍，保持农民工资性收入较快增长

建立和完善城乡劳动力平等就业制度，保护农民工合法劳动权益，推动城镇基本公共服务常住人口全覆盖，提高农业转移人口的劳动参与率。完善最低工资制度，消除农民工与城镇职工"同工不同酬"现象，稳步提高农民工工资水平，让工资基本反映劳动生产率、经济发展和物价水平的变化，统筹兼顾扩大就业和增加收入目标。消除投资体制障碍，促进民营经济和中小企业发展，以利于农民就业增收。

3. 深化农村产权制度改革，大力增加农民土地等财产性收入

深化征地制度改革，保证农民在征地方面各项权利，规范征地程序，提高征地补偿标

准，完善对被征地农民多元保障机制。建立城乡平等的要素交换关系，落实集体经营性建设用地入市流转政策，改变土地政策二元分割格局，实行集体土地和国有土地"同地、同权、同价"。深化农村产权制度改革，探索土地所有权、承包权、经营权"三权"分置的有效办法，健全农村土地流转和产权交易市场，发展农民股份合作、专业合作，发展壮大集体经济，试点农民住房财产权抵押、担保和转让，充分挖掘与释放农民财产增值的巨大潜力。健全完善农村金融市场，增加农民投资渠道，创造条件增加农民的投资性收入。

4. 进一步加大财政转移支付力度，不断增加农民转移性收入

调整国民收入分配格局，切实将公共财政支出重点转向农业农村。坚定不移地加大农业支持保护力度，大幅度增加农村民生事业投入，积极发展农村养老、卫生、医疗等社会事业，建立健全农村社会保障制度、提高保障水平，改善农民福利状况，降低农民生活成本，间接增加农民收入。探索建立特殊群体农民收入补贴制度，努力缩小农村内部的区域、群体之间的收入差距。

5. 加大扶贫开发力度，促进农村贫困人口收入快速增长

大幅增加扶贫资金投入，提高贫困地区公共财力，着力改善贫困地区基础设施条件，提高基本公共服务水平。健全贫困线标准决定机制，参照世界银行等国际机构标准，按照适当高于我国经济增幅和城乡居民收入平均增幅的比例确定贫困线标准，逐步扩大扶贫范围。完善扶贫开发机制，全面实施连片特困地区区域发展与扶贫攻坚规划，着力搞好精准扶贫，加快农村贫困人口脱贫致富步伐。

6. 加快农业转移人口市民化进程，使农民共享现代化建设成果

深化户籍与配套制度改革，实现农业转移人口城镇基本公共服务全覆盖。保障进城落户农民土地承包权，切实维护进城农民工落户后在城市和农村的各项经济、政治权益，尊重其自愿带着土地等财产权进城的平等权利。保障进城落户农民宅基地使用权，加快宅基地使用权立法，对宅基地审批、使用、流转、收回等做出具体规定。保障进城落户农民的农村集体收益分配权，切实解决进城落户农民的集体经济组织成员资格和收益分配问题。推进以股份合作制为主要形式的农村集体产权制度改革，使进城农民的农村财产权益不因

户籍转换而改变。建立城乡统一的产权交易市场，允许农村集体收益分配权在一定范围内有条件地自愿流转。

三、农村依然是发展最滞后的区域

中国要美，农村必须美。农村美是中国美的基石，是全面建成小康社会的重要组成。在全面建成小康社会过程中，必须坚持城乡发展一体化，不断加强新农村建设，做到"软件""硬件"协调推进，使农村与城镇协调发展、各美其美。

（一）新农村建设迈出重要步伐

近年来，中央不断加大新农村建设投入力度，农村水、电、路、气、房和通信等基础设施建设加快推进，农民生产生活条件不断改善；农村社会保障制度加快建立健全，城乡基本公共服务均等化迈出重要步伐。

1. 农村基础设施建设成效显著

农村公路交通实现跨越式发展，截至 2013 年年底，农村公路总里程达到 378.5 万千米，99.97％的乡镇和 99.70％的建制村通了公路，98.6％的乡镇和 92.8％的建制村通了客运班车。农村饮水安全工程稳步推进，2005—2013 年，累计建成集中供水工程 37 万多处、分散供水工程 130 多万处，解决了 4.1 亿农村居民的饮水安全问题，农村集中式供水受益人口比例达 73.1％。农村电网改造升级成效显著，农村电网基本覆盖农村广大地区，基本实现户户通电，供电能力明显提高，供电电压问题得到有效缓解。

2. 农村人居条件和环境不断改善

农村危房改造工程逐年提速，2008 年开始试点，2012 年实现农村地区全覆盖，截至 2014 年，中央财政和中央投资共安排资金 1 060 亿元，累计完成 1 397 万户农村贫困户危房改造。农村环境治理力度逐年加大，2009 年中央财政设立农村环境保护专项资金，支持农村生活污水和垃圾处理等农村环境综合整治，截至 2013 年，累计投资 195 亿元，直接受益人口超过 7 000 万人。

3. 城乡基本公共服务均等化迈出重要步伐

农村义务教育经费保障机制逐步建立，2014 年中央财政安排农村义务教育经费保障机制资金 878.97 亿元，农村义务教育阶段学校普通学生年生均公用经费基准定额比 2010 年增加 200 元。新型农村合作医疗全面推开，2013 年参加新农合人数达到 8.02 亿人，参合率 98.7%。新型农村社会养老保险试点范围不断扩大，目前已有 30 个省份出台了城乡居民基本养老保险新的实施办法，8 个省份开展全省居民医保制度城乡统筹。农村最低生活保障制度普遍健全，2014 年农村最低生活保障人数 5 209 万人，每人最低生活保障月平均标准 231.4 元。

4. 乡村治理取得重要进展

农村民主管理不断推进，村民自治深入开展，村民直选制度日趋完善，启动了以社区、村民小组为基本单元的村民自治试点。村务公开制度不断健全，农村集体资产、资金、资源管理逐步规范。农村集体产权制度改革加快推进，集体经济组织资产运营管理水平逐步提高。基层党组织建设取得新进展，截至 2014 年年底已在农民专业合作社中建立党组织 2.95 万个。农村法治建设稳步推进，农村社会总体和谐稳定。

（二）"农村美" 任重道远

农村美，重点在基础设施和人居环境，难点在基本公共服务供给。与城镇相比，由于底子薄、基础差，基础设施、人居环境和基本公共服务供给仍是实现农村美的突出短板。

1. 农村基础设施建设依然滞后

一方面，乡村发展缺乏系统规划。由于思想认识不到位、管理体制不顺和各部门规划相互脱节等原因，村庄规划严重滞后。目前全国 55% 的行政村编制了村庄规划，但符合实际、能较好指导实施的仅占 10% 左右，大量村庄建设无规可依。有些地方存在村庄规划监管和执行不到位的问题，在新农村建设中大拆大建，缺乏对传统村落的保护。另一方面，基础设施投资领域重大工程轻小项目、重城市轻农村现象普遍存在，与城市相比，国家用于农村基础设施建设的投入明显偏低。目前，农村公路中约 15% 为等外公路，大部分村内道路没有硬化，农村客运服务相对滞后；农村供水保障水平仍然较低，全国尚有约 40% 的行政村没有集中供水，不少地方农村居民饮水安全问题还没有解决。

2. 农村垃圾处理等环境问题日益突出

由于缺乏相应的组织领导、资金投入和治理管护，我国尚未建立起推进农村人居环境改善的长效机制，农村人居环境总体水平偏低，与全面建成小康社会的目标还有较大差距，农村生活垃圾和污水排放问题尤为突出。据测算，全国村庄生活垃圾每年排放量约 1.5 亿吨，生活污水排放量约 110 亿吨，不少生活垃圾和污水未经有效处理直接排放。工业和城市污染有向农村蔓延之势，成为农村新的污染源。

3. 农村基本公共服务供给仍然薄弱

城乡基本公共服务尚未打破二元体制，城乡义务教育、社会保障等方面制度不衔接、标准不统一等问题突出，严重制约了农村基本公共服务发展。与经济的快速发展、与城市的社会建设、与农民的意愿和农村的需要相比，农村基本公共服务供给明显不足。农村文化事业落后，农民文化生活贫乏。农村最低生活保障、养老保险、新型农村合作医疗的标准还较低，农村基本公共服务供给有待进一步加强。

4. 乡村治理机制有待进一步创新完善

当前，农村经济体制深刻变革，社会结构深刻变动，利益格局深刻调整，乡村治理面临着新矛盾与新问题。随着公共服务向农村覆盖，许多工作需要村民自治组织协助完成，政府行政管理与村民自我管理的有效衔接有待加强。农民的民主意识、维权意识日益增强，农民群众的知情权、参与权和监督权需要进一步落实。农村留守儿童、留守妇女、留守老人的问题突显，乡村治理面临新的课题。

（三）农村变美要多管齐下

"十三五"时期，推进新农村建设要"表""里"并重、多管齐下，把广大农村建成农民幸福生活的美好家园。

1. 加大农村基础设施建设投入

完善乡村规划管理，明确相关部门监管职责。坚持立足实际，分类实施村庄规划建设，提高规划的可实施性。按照环境优美、生态宜居的要求，做好村庄规划布局、设施建设、环境保护等方面统筹衔接。正确处理好乡村规划与传统村落保护等的关系，突出地方特色，尊重村民主体地位，提高乡村规划编制和建设质量。大幅增加投入力度，切实把基础设施建设重点转向农村。加强财政资金整合，鼓励社会资本多渠道投入农村基础设施建设。搞好农村饮水安全工程，推进城镇供水管网向农村延伸。继续实施农村电网改造升级工程，确保解决无电人口用电问题。实施村内道路硬化工程。加快推进农村危房改造。加快农村信息基础设施建设和宽带普及，推进信息进村入户。

2. 全面推进农村环境综合整治

以农村垃圾和污水治理为重点，全面推进农村人居环境整治。支持农村环境集中连片整治，加快推进农村河塘综合整治。开展农村垃圾专项整治，建立村庄保洁制度。加快村庄污水处理设施建设，加大农村改厕力度。推进城镇垃圾污水处理等设施和服务向农村延伸，搞好农村公共服务设施配套。加强农村周边工业"三废"排放和城市生活垃圾堆放监管治理，有效遏制工业和城市污染向农村延伸。支持规模化养殖场畜禽粪污综合治理与利用。引导农民开展秸秆还田和秸秆养畜，支持秸秆能源化利用设施建设。合理处置农药包装物、农膜等废弃物，加快废弃物回收设施建设。推进宜居乡村建设，开展美丽乡村创建示范。制定传统村落和民居保护规划，有序推进村庄整治，防止违背农民意愿大拆大建。

3. 加快推进城乡基本公共服务均等化

逐步提高农村基本公共服务的标准和保障水平。积极调整国民收入分配格局和城乡利益关系，切实把社会事业发展的重点转向农村，把国家财政新增教育、卫生、文化等事业经费和固定资产投资增量主要用于农村。推动城市优质资源向农村延伸。利用信息技术等便利化手段，促进农村共享城市优质公共资源。逐步实现城乡基本公共服务的制度衔接。加强城乡基本公共服务规划一体化，制定实施城乡一体的基本公共服务设施配置和标准。

4. 不断完善乡村治理机制

完善农村公共财政制度，按照财权与事权一致原则，增加对地方的一般性转移支付。转变乡镇政府职能，理顺乡村之间关系，减少对村级组织的过度干预。增强集体经济组织服务功能，提高村级组织的凝聚力、带动力。构建村级公益事业建设机制，促进村级公益事业发展。解决好农村"三留守"问题和空心村问题，加强对农民工和流动人口的服务与管理。加强农村应急管理机制建设，提高农村基层应对各类突发公共事件的能力。

中国社会科学院

"十三五"时期全面建成小康社会的目标及 2030 年展望

一、1979—2014 年我国经济增长的分解

根据索洛经济增长模型对 1979—2014 年我国经济增长的动力进行分解。鉴于近年来我国产能过剩严重，治理环境污染投资快速增长，本报告在应用索洛经济增长模型时，考虑了产能利用率和不能增加有效产量的治理环境污染投资对实际利用的资本存量的影响。具体思路如下：

根据索洛经济增长模型：

$$y_t = a_t + \beta k_t + \gamma l_t \tag{1}$$

其中，y_t 为 t 期的实际经济增长率，k_t 为 t 期的实际利用的资本存量的实际增长率，l_t 为 t 期的劳动力增长率，β 为资本弹性系数，γ 为劳动力弹性系数，a_t 为索洛余值，即技术进步率。根据国内相关研究文献，假设该函数为规模报酬不变，1979—2014 年 β 和 γ 分别取值为 0.6 和 0.4。

假定 u_t 为 t 期的产能利用率（本报告运用 Peak-Peak 方法进行估计），K_t 为 t 期的资本存量（不变价），则 t 期的实际利用的资本存量的增长率 k_t 为：

$$k_t = \left(\frac{u_t K_t}{u_{t-1} K_{t-1}} - 1 \right) \times 100\%$$

其中资本存量 K_t 计算公式如下：

$$K_t = (1-\delta)K_{t-1} + (1-\xi_t)INV_t \tag{2}$$

其中，INV_t 为 t 期的资本形成额（不变价）；δ 为资本折旧系数，本报告取值 0.05；ξ_t 为资本存量消减系数，$\xi_t = \dfrac{IENV_t}{IALL_t}$，其中，$IENV_t$ 为 t 期的不能增加有效产量的环境污染治理投资总额；$IALL_t$ 为 t 期的固定资产投资总额，该系数用来反映环境污染治理成本对经济增长的制约。

根据公式（1）及上述假设，可以计算得到实际利用的资本存量、劳动力和索洛余值（即 $a_t = y - \beta k_t - \gamma l_t$）对经济增速的贡献率及其贡献度。表 1 给出了 1979－2014 年中国经济增长动力分解的结果。

从表 1 可以看出，如果将资本、劳动力和全要素生产率作为经济增长的主要投入要素，过去 36 年我国的经济增长主要依靠投资驱动（平均贡献率为 61.8%）；劳动力对经济增长的贡献率从 1979—1985 年的 12.9% 下降至 2011—2014 年的 2.0%；全要素生产率对经济增长的贡献率从 1979—1985 年的 34.7% 上升至 2001—2005 年的 44.5%，然后逐步下滑到 2011—2014 年的 26%。

表 1

1979—2014 年中国经济增长分解　　　　　　　　　　　　　　　　　　　　　单位：%

年份	GDP 增速	实际利用的资本存量			劳动力			全要素生产率		
		增长率	贡献率	贡献度	增长率	贡献率	贡献度	增长率	贡献率	贡献度
1979—1985	10.2	8.9	52.4	5.3	3.3	12.9	1.3	3.5	34.7	3.5
1986—1995	10.0	9.5	57.0	5.7	3.2	12.8	1.3	3.0	30.2	3.0
1996—2000	8.6	10.2	71.2	6.1	2.2	10.2	0.9	1.6	18.6	1.6
2001—2005	9.8	8.6	52.7	5.2	0.7	2.9	0.3	4.4	44.5	4.4
2006—2010	11.2	12.1	64.8	7.3	0.4	1.4	0.2	3.8	33.8	3.8
2011—2014	8.0	9.6	72.0	5.8	0.4	2.0	0.2	2.1	26.0	2.1
1979—2014	9.8	10.1	61.8	6.1	1.8	7.3	0.7	3.0	30.2	3.0

从表 1 还可以看出，我国三大生产要素的一个基本发展趋势是实际利用的资本存量基本上保持在一个较高的增长水平之上。我国的劳动力增长率逐步下降，这与我国劳动年龄人口份额下降、人口抚养比上升相关。技术进步被认为是长期经济增长的重要源泉之一，可以看到，我国的 TFP 增长率，在 1979—1985 年总体处于相对较高水平；在 2001—2005 年达到最高水平，对经济增长的贡献度为 4.4 个百分点；2006 年以后总体呈现下降趋势。**值得注意的是，2011 年以来，TFP 增长率有加速下滑的趋势，其中主要的原因是我国产能过剩加剧，与国际技术前沿面的差距正在缩小，利用外资势头趋缓，通过吸收引进国际先**

进技术所带来的边际收益正在不断降低。

为明确全要素生产率（TFP）的内部驱动要素，我们依据相关理论，构建模型把全要素生产率进一步细分为以下 6 个子要素：城镇化与劳动力转移，国外技术溢出效应，人力资本提高，研发投入与科技进步，市场化进程，其他影响因素。

（一）城镇化与劳动力转移

由于中国第一产业的劳动生产率远低于第二产业和第三产业的劳动生产率，随着城镇化比率的不断提高，越来越多的农村人口会不断转移到城镇，从第一产业转向于第三产业或第二产业，这样，总的劳动生产率将趋向于继续提高。从表 2 可以看出，1995—2014 年，城镇化与劳动力转移对全要素生产率增长率的贡献度平均高达 1.24 个百分点，在 6 个子要素中贡献度最大。

（二）国外技术溢出效应

一般说来，外商直接投资在给东道国提供资金的同时，也会从管理和技术两个途径对东道国产生正向技术溢出效应，从而提高东道国的全要素生产率，外商直接投资占比越大，这种正向溢出效应往往越强。本报告用该变量来反映国外资本技术对中国全要素生产率的影响。从表 2 可以看出，1995—2014 年，国外技术溢出效应对全要素生产率的平均贡献度为 0.91 个百分点，在六个子要素中贡献度居第二位。从不同阶段看，国外技术溢出效应对全要素生产率的平均贡献度呈现先升后降的发展趋势，其中加入世界贸易组织效应显著的 2001—2005 年，其贡献度达到 1.35 个百分点的最高峰。但由于我国与国际技术前沿面的差距在不断缩小，通过学习、模仿和吸收国际先进技术和管理所带来的边际收益正在逐步降低。2011—2014 年国外技术溢出效应对全要素生产率的贡献度已经下降到 0.50 个百分点，比 2001—2005 年大幅下降了 0.85 个百分点。

表 2

各项因素对 TFP 增长率的贡献度　　　　　　　　　　　　　　单位：百分点

时期	全要素生产率	城镇化与劳动力转移	国外技术溢出效应	人力资本提高	研发投入与科技进步	市场化进程	其他影响因素
1995—2000	1.60	0.86	0.55	0.25	0.23	0.50	—0.79
2001—2005	4.40	1.48	1.35	0.57	0.53	0.32	0.15

续表

时期	全要素生产率	城镇化与劳动力转移	国外技术溢出效应	人力资本提高	研发投入与科技进步	市场化进程	其他影响因素
2006—2010	3.80	1.10	0.84	0.57	0.46	0.31	0.52
2011—2014	2.10	1.04	0.50	0.71	0.60	0.20	−0.95
1995—2014	3.00	1.24	0.91	0.59	0.51	0.31	−0.57

注：由于表中部分指标在 1994 年以前没有统计数据，因此从 1995 年开始计算。

（三）人力资本提高

根据人力资本理论，教育是提高劳动者素质、增加人力资本的有效途径，一个国家的教育经费在 GDP 中的比重往往可以衡量该国的人力资本的强弱，而人力资本是影响生产率的显著因素，但由于中国缺乏家庭教育经费的可靠数据，因此，本文用财政性教育经费在 GDP 中的比重来衡量教育对全要素生产率的影响。表 2 显示，**人力资本提高对全要素生产率的贡献度呈现不断增强的趋势，尤其是 2011 年以来，贡献度有所加大。**这与我国近几年大幅提高教育经费投入有关，1995—2014 年，人力资本提高对全要素生产率的贡献度平均为 0.59 个百分点。

（四）研发投入与科技进步

该变量用研究与开发（R&D）经费实际增长率进行衡量，根据经济学理论，研发投入是提高全要素生产率的有效途径，是影响全要素生产率的显著因素；表 2 显示，**科技进步对全要素生产率的贡献率总体呈现不断上升的趋势，**尤其是最近几年上升幅度有所增加，这可能与我国近年来加强研发投入和自主创新财税政策激励有关。1995—2014 年，科技进步对全要素生产率的贡献度平均为 0.51 个百分点。

（五）市场化进程

根据经济学理论，一般来说，市场化程度越高，越能促进市场竞争，从而加快提高技术进步和企业管理水平，这有利于全要素生产率的提高和发展。本报告采用樊纲、王小鲁、朱恒鹏著的《中国市场化指数：各地区市场化相对进程 2011 年报告》中的中国分省市场化指数数据，并估算得到全国市场化总指数。其指标主要包括政府与市场的关系、非国有经济发展、产品市场发育、要素市场发育、中介组织发育和法律等 5 个子指数，用于衡量各省、自治区、直辖市市场化改革的深度和广度，基本概括了市场化进程的各个主要方面。从表 2 可以看出，**1995—2014 年，随着市场化改革红利的逐渐减弱，市场化进程对全要素生产率的贡献度逐渐走低，平均贡献度为 0.31 个百分点。**

（六）其他影响因素

其他影响因素是除了上述五种子要素以外的影响因素，比如规模经济效应、管理经营能力、国外专利使用和技术购买、资源约束等因素。表 2 显示，其他影响因素对我国全要素生产率的贡献度时正时负，1995—2014 年平均贡献度为 -0.57 个百分点。**值得注意的是，近几年其他影响因素对我国全要素生产率的贡献度负向影响较大，这可能与我国产能过剩严重导致规模经济效应下降、生产要素成本过高导致企业经营盈利能力减弱、投资回报率显著下降等因素有关。**

二、"十三五"时期及 2030 年我国经济增长潜力的情景预测

根据发展经济学的规律，当经济体进入严重产能过剩、劳动力市场出现转折后，资本产出弹性一般会出现缓慢下降的趋势，而劳动产出弹性会出现缓慢上升的趋势。根据有关文献，在对 2015—2030 年做预测时，我们把生产函数中的资本弹性系数 β 和劳动力弹性系数 γ 当作变系数处理，使 β 取值从 2015 年的 0.6 逐渐缓慢下降到 2030 年的 0.5，使 γ 取值从 2015 年的 0.4 逐渐缓慢上升到 2030 年的 0.5。运用上述经济增长机制和中国经济年度模型，表 3 给出了 2015—2030 年三种情景下中国经济的主要指标预测。可以看出，尽管中国经济增长率呈现逐渐下降的趋势，但总体上中国经济仍然能够保持平稳、较快的发展态势。

在基准情景下，2015—2020 年、2021—2025 年和 2026—2030 年三个时期 GDP 年均增长率分别为 6.5%、5.6% 和 4.9%。在增长较快情景中，如果中国稳步推进城镇化，促进制造业转型与升级，增强产品国际竞争力，并且进一步加大财政性教育经费在 GDP 中的比重，提高劳动者素质，加强研发投入，提高产品附加值，全面深化市场化改革，那么中国在 2015—2020 年、2021—2025 年和 2026—2030 年三个时期，也可能保持年均 6.8%、6.0% 和 5.5% 的较快增长率。在增长较慢情景中，2015—2020 年、2021—2025 年和 2026—2030 年三个时期的 GDP 年均增长率分别为 6.2%、5.3% 和 4.3%。

表3

2015—2030年中国潜在经济增长率预测

年份	基准情景	增长较快情景	增长较慢情景
2015	7.2	7.3	7.1
2016	6.8	7.1	6.6
2017	6.6	6.9	6.4
2018	6.5	6.8	6.2
2019	6.3	6.6	6.0
2020	6.1	6.5	5.8
"十三五"平均	**6.5**	**6.8**	**6.2**
2021	5.9	6.3	5.7
2022	5.8	6.1	5.5
2023	5.6	6.0	5.3
2024	5.5	5.9	5.1
2025	5.3	5.8	4.9
"十四五"平均	**5.6**	**6.0**	**5.3**
2026	5.2	5.7	4.7
2027	5.0	5.6	4.5
2028	4.9	5.5	4.3
2029	4.8	5.4	4.2
2030	4.7	5.3	4.0
"十五五"平均	**4.9**	**5.5**	**4.3**

上述三种情景预测中，2015—2030年实际利用的资本存量、劳动力、全要素生产率三个因素对GDP增长的贡献度如表4至表6所示。

表4

基准情景下2015—2030年中国潜在经济增长率的分解

年份	GDP增速（%）	实际利用的资本存量		劳动力		全要素生产率	
		贡献率（%）	贡献度（百分点）	贡献率（%）	贡献度（百分点）	贡献率（%）	贡献度（百分点）
2015	7.2	77.27	5.56	1.77	0.13	20.96	1.51
2016	6.8	79.44	5.40	1.88	0.13	18.68	1.27
2017	6.6	79.26	5.23	1.92	0.13	18.82	1.24
2018	6.5	77.76	5.05	1.91	0.12	20.32	1.32

续表

年份	GDP 增速（%）	实际利用的资本存量		劳动力		全要素生产率	
		贡献率（%）	贡献度（百分点）	贡献率（%）	贡献度（百分点）	贡献率（%）	贡献度（百分点）
2019	6.3	77.43	4.88	1.91	0.12	20.66	1.30
2020	6.1	77.15	4.71	1.88	0.11	20.97	1.28
2016—2020	**6.5**	**78.21**	**5.05**	**1.90**	**0.12**	**19.89**	**1.28**
2021	5.9	76.88	4.54	1.82	0.11	21.30	1.26
2022	5.8	75.38	4.37	1.71	0.10	22.91	1.33
2023	5.6	75.21	4.21	1.60	0.09	23.19	1.30
2024	5.5	73.73	4.06	1.43	0.08	24.84	1.37
2025	5.3	73.73	3.91	1.27	0.07	25.00	1.32
2021—2025	**5.6**	**74.99**	**4.22**	**1.57**	**0.09**	**23.45**	**1.32**
2026	5.2	72.41	3.77	1.06	0.06	26.53	1.38
2027	5.0	72.59	3.63	0.84	0.04	26.57	1.33
2028	4.9	71.46	3.50	0.59	0.03	27.95	1.37
2029	4.8	70.47	3.38	0.31	0.01	29.22	1.40
2030	4.7	69.64	3.27	0.01	0.00	30.34	1.43
2026—2030	**4.9**	**71.31**	**3.51**	**0.56**	**0.03**	**28.12**	**1.38**

表 5

增长较快情景下 2015—2030 年中国潜在经济增长率的分解

年份	GDP 增速（%）	实际利用的资本存量		劳动力		全要素生产率	
		贡献率（%）	贡献度（百分点）	贡献率（%）	贡献度（百分点）	贡献率（%）	贡献度（百分点）
2015	7.3	77.72	5.67	1.74	0.13	20.54	1.50
2016	7.1	78.50	5.57	1.80	0.13	19.71	1.40
2017	6.9	79.02	5.45	1.84	0.13	19.15	1.32
2018	6.8	78.19	5.32	1.83	0.12	19.99	1.36
2019	6.6	78.39	5.17	1.82	0.12	19.79	1.31
2020	6.5	77.36	5.03	1.76	0.11	20.87	1.36
2016—2020	**6.8**	**78.29**	**5.31**	**1.81**	**0.12**	**19.90**	**1.35**
2021	6.3	77.45	4.88	1.71	0.11	20.84	1.31
2022	6.1	77.59	4.73	1.62	0.10	20.79	1.27
2023	6.0	76.43	4.59	1.49	0.09	22.08	1.32

续表

年份	GDP 增速（%）	实际利用的资本存量		劳动力		全要素生产率	
		贡献率（%）	贡献度（百分点）	贡献率（%）	贡献度（百分点）	贡献率（%）	贡献度（百分点）
2024	5.9	75.24	4.44	1.33	0.08	23.43	1.38
2025	5.8	74.13	4.30	1.16	0.07	24.71	1.43
2021—2025	**6.0**	**76.17**	**4.59**	**1.46**	**0.09**	**22.37**	**1.34**
2026	5.7	73.02	4.16	0.97	0.06	26.01	1.48
2027	5.6	71.97	4.03	0.75	0.04	27.28	1.53
2028	5.5	71.00	3.91	0.52	0.03	28.47	1.57
2029	5.4	70.14	3.79	0.28	0.01	29.59	1.60
2030	5.3	69.41	3.68	0.01	0.00	30.58	1.62
2026—2030	**5.5**	**71.11**	**3.91**	**0.51**	**0.03**	**28.39**	**1.56**

表 6

增长较慢情景下 2015—2030 年中国潜在经济增长率的分解

年份	GDP 增速（%）	实际利用的资本存量		劳动力		全要素生产率	
		贡献率（%）	贡献度（百分点）	贡献率（%）	贡献度（百分点）	贡献率（%）	贡献度（百分点）
2015	7.1	76.81	5.45	1.79	0.13	21.40	1.52
2016	6.6	79.29	5.23	1.93	0.13	18.78	1.24
2017	6.4	78.33	5.01	1.98	0.13	19.69	1.26
2018	6.2	77.38	4.80	2.01	0.12	20.62	1.28
2019	6.0	76.49	4.59	2.01	0.12	21.50	1.29
2020	5.8	75.72	4.39	1.98	0.11	22.30	1.29
2015—2020	**6.2**	**77.44**	**4.80**	**1.98**	**0.12**	**20.58**	**1.27**
2021	5.7	73.71	4.20	1.89	0.11	24.41	1.39
2022	5.5	73.11	4.02	1.80	0.10	25.09	1.38
2023	5.3	72.61	3.85	1.69	0.09	25.70	1.36
2024	5.1	72.20	3.68	1.54	0.08	26.26	1.34
2025	4.9	71.99	3.53	1.37	0.07	26.64	1.31
2021—2025	**5.3**	**72.72**	**3.86**	**1.66**	**0.09**	**25.62**	**1.36**
2026	4.7	71.90	3.38	1.17	0.06	26.93	1.27
2027	4.5	71.99	3.24	0.94	0.04	27.07	1.22
2028	4.3	72.31	3.11	0.67	0.03	27.02	1.16

续表

年份	GDP增速（%）	实际利用的资本存量		劳动力		全要素生产率	
		贡献率（%）	贡献度（百分点）	贡献率（%）	贡献度（百分点）	贡献率（%）	贡献度（百分点）
2029	4.2	71.16	2.99	0.36	0.01	28.48	1.20
2030	4.0	71.96	2.88	0.02	0.00	28.02	1.12
2025—2030	**4.3**	**71.86**	**3.12**	**0.63**	**0.03**	**27.50**	**1.19**

上述三种情景预测的主要外生变量假定如表7所示。

表7

三种情景预测的主要外生变量假定

主要外生变量	时期	增长较快情景	基准情景	增长较慢情景
（1）人口增长率	2015—2020	年均增长0.428%		
	2021—2025	年均增长0.311%		
	2026—2030	年均增长0.176%		
（2）城镇化率	2015—2020	2015年55.7% 2020年62.0%	2015年55.7% 2020年61.5%	2015年55.7% 2020年61.0%
	2021—2025	2025年67.0%	2025年66.0%	2025年65.0%
	2026—2030	2030年71.5%	2030年70.0%	2030年68.5%
（3）财政性教育经费占GDP比率	2015—2020	年均增长4.5%	年均增长4.4%	年均增长4.3%
	2021—2025			
	2026—2030			
（4）R&D经费实际增长率	2015—2020	2020年R&D与GDP比率达2.4%	2020年R&D与GDP比率达2.3%	2020年R&D与GDP比率达2.2%
	2021—2025	2025年R&D与GDP比率达2.5%	2025年R&D与GDP比率达2.4%	2025年R&D与GDP比率达2.3%
	2026—2030	2030年R&D与GDP比率达2.6%	2030年R&D与GDP比率达2.5%	2030年R&D与GDP比率达2.4%
（5）FDI增长率	2015—2020	年均增长5.0%	年均增长3.5%	年均增长2.0%
	2021—2025	年均增长3.5%	年均增长2.5%	年均增长1.0%
	2026—2030	年均增长2.5%	年均增长1.5%	年均增长0%
（6）世界GDP（汇率法）实际增长率	2015—2020	年均增长3.3%	年均增长2.8%	年均增长2.3%
	2021—2025			
	2026—2030			
（7）市场化率	2015—2020	年均增长3.0%	年均增长2.5%	年均增长2.0%
	2021—2025			
	2026—2030			

续表

主要外生变量	时期	增长较快情景	基准情景	增长较慢情景
（8）环境污染治理投资增长率	2015—2020	年均增长 18%	年均增长 20%	年均增长 22%
	2021—2025			
	2026—2030			
（9）环境污染治理投资增长率	2015—2020	年均增长 0.74	年均增长 0.74	年均增长 0.74
	2021—2025			
	2026—2030			

注：2000—2013 年，不能增加有效产量的环境污染治理投资年均名义增长率为 18.8%，而且增速呈现不断上升的发展态势。

三、2000—2014 年我国单位 GDP 碳排放变化的分解

（一）单位 GDP 碳排放变化的影响因素及分解方法

碳排放可以分成三个部分：一是各生产部门的化石能源消耗产生的碳排放；二是生产中的工艺性碳排放（主要是水泥生产中的碳排放）；三是居民生活消耗化石能源产生的碳排放。据此，我们可以将单位 GDP 的碳排放 q 表示如下：

$$q = \sum_j q_j + q_h = \sum_j \left(\Gamma_j \sum_k \frac{C_{kj}}{F_{kj}} \frac{F_{kj}}{F_j} \frac{F_j}{E_j} \frac{E_j}{G_j} \frac{G_j}{G} \right) + \sum_k \frac{C_{kh}}{F_{kh}} \frac{F_{kh}}{F_h} \frac{F_h}{E_h} \frac{E_h}{H} \frac{H}{G} \qquad (3)$$

其中，q_j 是生产部门 j 耗能产生的碳排放，q_h 是居民生活耗能产生的碳排放，Γ_j 表示第 j 个部门的工艺性碳排放因子（它等于工艺性碳排放与化石能源碳排放的比值加上 1），C_{kj} 表示第 j 个部门消费的第 k 种化石能源产生的碳排放，F_{kj} 表示第 j 个部门消费的第 k 种化石能源，F_j 表示第 j 个部门的化石能源消费总量，E_j 表示第 j 个部门的能源消费总量（化石能源与清洁能源），G_j 表示第 j 个部门的增加值，G 表示全部增加值即 GDP；C_{kh} 表示居民生活消费的第 k 种化石能源产生的碳排放，F_{kh} 表示居民生活消费的第 k 种化石能源，F_h 表示居民生活消费的化石能源总量，E_h 表示居民生活消费的能源总量（化石能源与清洁能源），H 表示居民生活消费支出。

进一步，我们可以把单位 GDP 的碳排放 q 表示如下：

$$q = \sum_j q_j + q_h = \sum_j \left(\Gamma_j \sum_k c_{kj} f_{kj} f_j e_j s_j \right) + \sum_k c_{kh} f_{kh} f_h e_h \Theta \qquad (4)$$

其中，c_{kj} 表示第 j 个部门消费的第 k 种化石能源的碳排放因子，f_{kj} 表示第 j 个部门消费的第 k 种化石能源占其化石能源的份额，f_j 表示第 j 个部门消费的化石能源占其能源消费总

量的份额，e_j 表示第 j 个部门基于增加值的能源强度，s_j 表示第 j 个部门的增加值占 GDP 的比重；c_{kh} 表示居民生活消费的第 k 种化石能源的碳排放因子，f_{kh} 表示居民生活消费的第 k 种化石能源占其化石能源的份额，f_h 表示居民生活消费的化石能源占其能源消费总量的份额，e_h 表示居民生活消费的能源与其总支出的比例（可称为生活能源依赖度），Θ 表示居民生活消费支出占 GDP 的比重即消费率。

从（4）式可以看出，单位 GDP 碳排放量取决于生产部门的能源强度、产业结构、生产部门中的化石能源结构和比重、工艺性碳排放因子、生活能源依赖度、居民生活中的化石能源结构和比重以及消费率等因素。采用对数均值指数分解方法（LMDI）对（4）式进行分解，可以得到各种因素对单位 GDP 碳排放量变化的影响。为便于分析，我们将生产部门和生活部门中化石能源结构和化石能源比重的影响进行合并。分析中所用到的能耗数据主要来自历年《中国能源统计年鉴》[1]，碳排放数据根据政府间气候变化专门委员会（IPCC）（2006）的方法估计[2]。

（二）我国单位 GDP 碳排放变化的因素分解

我们选取 2000—2014 年为研究时期对单位 GDP 的碳排放变化进行历史分解。2000—2014 年，我国单位 GDP 碳排放量有较大幅度下降，但 2000—2005 年单位 GDP 碳排放量有所上升。表 8 给出了 2000—2014 年及其中各子阶段内各因素对我国单位 GDP 碳排放量变化的贡献率。

表 8

2000—2014 年各种因素对单位 GDP 碳排放变化的贡献率　　　　　　　　单位：%

时期	能源强度	工艺性碳排放因子	产业结构	化石能源比重	化石能源结构	消费率	生活能源依赖度	合计
2000—2005	129.0	14.0	100.2	−10.8	−130.4	−22.4	20.3	100.0
2006—2010	103.4	−12.7	−18.2	11.5	12.3	2.5	1.3	100.0
2011—2014	102.7	−47.8	60.7	6.9	−21.4	−0.8	−0.5	100.0
2000—2014	97.7	−35.9	13.6	11.5	11.2	3.9	−2.1	100.0

注：负号代表不利于单位 GDP 碳排放的下降。

---

[1] 2013 年和 2014 年的能耗数据分别来自《中国统计年鉴 2014》和《2014 年国民经济在新常态下平稳运行》（http://www.stats.gov.cn/tjsj/zxfb/201501/t20150120_671037.html）。

[2] IPCC：《2006 年 IPCC 国家温室气体清单指南》，日本全球环境战略研究所，2006 年。

1. 能源强度是单位 GDP 碳排放量变化的主导因素

我国的碳排放主要来自化石能源消耗。在整个研究时期内，各生产部门能源强度（即各部门单位增加值的能源消耗量）的变化对单位 GDP 碳排放量变化的影响远远超过其他因素。根据我们的估算，第一、第二和第三产业的能源强度在整个研究期间分别下降了 35％、26％和 18％，这得益于各产业部门能源利用技术和管理水平的提高。特别是"十一五"期间，我国将节能作为一项约束性指标列入国家发展规划，这对各产业部门能源强度的下降起到了重要激励作用。

2. 工艺性碳排放因子（水泥生产过程产生的碳排放占碳排放总量的比重）是单位 GDP 碳排放量变化的重要影响因素

在整个研究时期内，我国处于快速工业化发展阶段，对水泥的需求量较大，这导致工艺性碳排放年均增长 11％，而第二产业的工艺性碳排放[1]占其碳排放总量的比重则从 12％上升至 17％。工艺性碳排放因子的上述变化也不利于降低单位 GDP 碳排放量。

3. 产业结构变化是单位 GDP 碳排放量变化的另一个重要影响因素

由于不同产业部门的能源强度及相关的碳排放强度差异巨大，因而产业结构的变化也会影响单位 GDP 碳排放。2000—2014 年，我国第二产业增加值在 GDP 中的比重从 45.9％缓慢下降至 42.6％，第三产业的比重从 39.0％上升至 48.2％，而第一产业的比重则从 15.1％下降至 9.2％。第三产业部门的能源强度高于第一产业部门但远远低于第二产业部门，因而产业结构变化有利于降低单位 GDP 碳排放量。

4. 能源结构对单位 GDP 碳排放量变化的影响也比较显著

一方面，我国清洁能源发展迅速，这使得我国能源消耗中的化石能源比重在整个研究时期内有所下降，从而有利于降低单位 GDP 碳排放量。另一方面，我国化石能源消费中煤炭和

---

[1] 我们暂且假定第一产业和第三产业无工艺性碳排放。

石油的份额略有下降，而天然气的份额则有所上升。由于天然气的碳排放因子明显低于煤炭和石油的碳排放因子，因而上述化石能源结构变化也有利于降低单位 GDP 碳排放量。

5. 与居民生活相关的两个因素也有利于降低单位 GDP 碳排放，但它们的影响较小

在整个研究时期内，我国快速的工业化进程导致投资增速居高不下。同时，自 2001 年我国加入 WTO 以来，大大促进了贸易增长，净出口迅速扩大。投资和净出口在 GDP 中的比例也相应地不断上升，挤占了消费的份额，使消费率从 2000 年的 62.3％大幅下降至2010 年的 48.2％，近几年开始缓慢回升。与此同时，生活能源依赖度（生活能耗与消费的比例）也略有下降。但总体上看，消费率和生活能源依赖度的上述变化对单位 GDP 碳排放变化的影响较小。

2000—2005 年，由于我国重化工业在此期间快速膨胀，导致第二产业能源强度不降反升，并使第二产业增加值在 GDP 中的份额也有所上升。在上述两大因素的主导下，我国单位 GDP 碳排放量在这一时期也有所上升。

四、"十三五"时期及 2030 年我国单位 GDP 碳排放变化情景预测

可以预期，我国单位 GDP 的碳排放将不断下降。表 9 给出了三种经济增长情景下我国单位 GDP 碳排放在 2015—2030 年不同阶段的变化。"十三五""十四五""十五五"期间单位 GDP 的碳排放的年均下降率，在基准情景下分别为 3.89％、3.77％和 3.58％；在经济增长较快情景下分别为 3.59％、3.35％和 3.19％；在经济增长较慢情景下分别为 4.06％、3.84％和 3.64％。

表 9

单位 GDP 碳排放的变化　　　　　　　　　　　　　　　　　　　　　　　　单位:％

时期	基准情景	增长较快情景	增长较慢情景
"十三五"平均	−3.89	−3.59	−4.06
"十四五"平均	−3.77	−3.35	−3.84
"十五五"平均	−3.58	−3.19	−3.64

表 10 给出了未来各阶段各种因素对我国单位 GDP 的碳排放下降的影响。**2015—2030年，生产部门能源强度的下降仍将对我国单位 GDP 的碳排放下降起决定性作用，其贡献率为 54％～60％。能源结构变化的影响也将比较显著。**因为未来我国清洁能源在总能源消耗中的比重将持续上升，与此同时煤炭在化石能源中的比重有望进一步下降。上述能源结构

变化对单位 GDP 碳排放的影响将仅次于能源强度的影响。

表 10

2015—2030 年各种因素对单位 GDP 碳排放量下降的贡献率 　　　　　　　　　单位：%

情景	时期	能源强度	工艺性碳排放因子	产业结构	化石能源比重	化石能源结构	消费率	生活能源依赖度	合计
基准情景	2016—2020	66.8	−15.6	15.4	27.1	2.5	−0.1	3.9	100.0
	2021—2025	61.2	−15.9	24.6	16.0	10.7	−0.1	3.6	100.0
	2026—2030	36.8	−18.4	23.0	15.9	40.6	−0.1	2.2	100.0
	2016—2030	54.8	−15.7	21.7	19.5	16.6	−0.1	3.3	100.0
增长较快情景	2016—2020	66.7	−14.7	15.9	28.1	0.3	−0.1	3.9	100.0
	2021—2025	65.0	−14.4	25.9	17.0	2.8	−0.1	3.9	100.0
	2026—2030	67.8	−13.1	22.9	22.9	−4.5	−0.2	4.1	100.0
	2016—2030	62.2	−14.1	23.6	21.3	3.4	−0.1	3.7	100.0
增长较慢情景	2016—2020	68.8	−15.8	14.8	26.0	2.4	−0.1	4.0	100.0
	2021—2025	62.5	−16.2	24.1	15.6	10.5	−0.1	3.7	100.0
	2026—2030	64.3	−14.9	20.3	20.1	6.6	−0.1	3.8	100.0
	2016—2030	59.3	−15.6	20.3	19.0	12.5	−0.2	4.5	100.0

注：负号代表不利于单位 GDP 碳排放的下降。

　　随着服务业在 GDP 中比重的上升，产业结构的变化仍将有利于单位 GDP 碳排放的下降，且其贡献仍将较大。随着居民消费结构的升级，生活能源依赖度将进一步下降，从而也会使单位 GDP 碳排放略有下降。不过，工艺性碳排放在碳排放总量中的比重可能上升，从而不利于单位 GDP 碳排放的下降。而随着我国对内需特别是居民消费的重视，消费率将上升，但其对单位 GDP 碳排的总影响不大。

五、"十三五"时期全面建成小康社会的主要目标设定及对策建议

（一）"十三五"时期经济社会发展主要目标设定

　　党的十八大报告根据我国经济社会发展实际和新的阶段性特征，在党的十六大、十七大确立的全面建设小康社会目标的基础上，提出到 2020 年要全面建成小康社会，在发展平衡性、协调性、可持续性明显增强的基础上实现两个"倍增"，即 2020 年国内生产总值和城乡居民人均收入比 2010 年翻一番。

　　"十三五"时期，按照与到 2020 年实现全面建设小康社会奋斗目标紧密衔接、与改革开放取得决定性进展紧密衔接、与人民群众对生态文明建设的热切期盼紧密衔接、与解决

经济社会发展薄弱环节问题紧密衔接，综合考虑未来发展趋势和条件，参考我们前面的情景预测结果，在目标设定时既要考虑只有通过不懈努力才能实现，又要适当留有余地。"十三五"时期经济社会发展主要目标设定建议如下：

1. 经济平稳健康发展

国内生产总值年均增长 6.5%，城镇新增就业 4 500 万人，城镇登记失业率控制在 5% 以内，价格总水平基本稳定，国际收支趋向基本平衡，经济增长质量和效益明显提高。按照"十三五"时期经济年均增长 6.5% 推算，到 2020 年可以实现国内生产总值比 2010 年翻一番的目标。

2. 结构调整取得重大进展

居民消费率显著上升。农业基础进一步巩固，工业结构继续优化，高端制造业和现代服务业发展取得显著突破，服务业增加值占国内生产总值比重提高 5 个百分点。城镇化率提高 6.0 个百分点，"一带一路"、长江经济带、京津冀协同发展取得显著进展。

3. 教育科技水平显著提升

九年义务教育质量显著提高，九年义务教育巩固率达到 95%，高中阶段教育毛入学率提高到 90%，建议在"十三五"规划中积极推广实施 12 年制义务教育，研究与试验发展经费支出占国内生产总值比重达到 2.4%，每万人口发明专利拥有量明显提高。

4. 人民生活持续改善

全国总人口达到 14.0 亿人左右。人均预期寿命提高 1 岁。新型农村社会养老保险、城镇基本养老保险、城乡三项基本医疗保险水平明显提高。贫困人口显著减少。城镇居民人均可支配收入和农村居民人均纯收入分别年均增长 6.7% 和 8.0%，2020 年可以实现城乡居民人均收入比 2010 年翻一番的目标。建议在"十三五"规划中新增"绝对贫困人口"指标，2014 年中国绝对贫困人口约为 5 800 万人，2020 年应降低到 1 000 万人以下。

5. 生态文明建设取得明显成效

耕地保有量保持在 18.05 亿亩。单位工业增加值用水量降低 26%，农业灌溉用水有效利用系数提高到 0.55。非化石能源占一次能源消费比重达到 15%。单位国内生产总值能源消耗降低 17%，单位国内生产总值二氧化碳排放降低 18%。化学需氧量、二氧化硫、氨氮、氮氧化物等主要污染物排放总量显著减少。森林覆盖率明显提高，森林蓄积量明显增加。

6. 社会建设和依法治国显著加强

覆盖城乡居民的基本公共服务体系显著改善。全民族思想道德素质、科学文化素质和健康素质显著提高。文化体育事业加快发展，文化体育产业占国民经济比重显著提高。全面推进依法治国，社会主义民主法制建设显著提升，人民权益得到积极保障。社会管理制度完善，社会更加和谐稳定。

7. 改革开放取得决定性进展

全面深化改革开放，行政审批、财税金融、要素价格、垄断行业等重要领域和关键环节改革取得决定性进展，政府职能加快转变，政府公信力和行政效率进一步提高。对外开放广度和深度取得突破性拓展，互利共赢开放格局进一步形成。

8. 人类发展水平显著提升

从 1990 年开始，联合国开发计划署（UNDP）首次在《人类发展报告》中公布了人类发展指数（HDI）。2013 年 HDI 是使用预期寿命、教育水平（含人均受教育年限和人均预期受教育年限）以及生活水准（购买力评价法的实际人均国民收入）三个基本维度的发展成就计算出来的综合指数。

根据联合国分类标准，HDI 在 0.8 以上的为人类发展水平很高的国家（2013 年有 49 个经济体），HDI 在 0.7～0.8 之间的为人类发展水平高的国家（2013 年有 53 个经济体），HDI 在 0.55～0.70 之间的为人类发展水平中等的国家（2013 年有 42 个经济体），HDI 在 0.55 以下的为人类发展水平低的国家（2013 年有 43 个经济体）。2010 年中国 HDI 为

0.701，开始进入人类发展水平高的国家行列；2013 年中国 HDI 为 0.719，位居世界第 91 位，在人类发展水平高的 53 个国家中排名第 42 位，未来仍有很大的提升空间。

HDI 是一个综合性指标，将经济指标与社会指标相结合，较好地揭示了经济增长与社会发展的状况。它的四个分项指标既可以表达一定增长速度带来的人均国民收入增长和居民收入增长，也可以反映发展成果分享的目标（如预期寿命既反映医疗卫生、养老，也反映环境对健康影响），以及经济增长长期可持续性（人均受教育年限和人均预期受教育年限）。

建议"十三五"期间新增能够反映人类发展水平的预期性指标。鉴于 HDI 由联合国计算，可以将反映 HDI 的四个分项指标都作为预期性指标（其中预期寿命指标在"十二五"规划中已经包含，只新增人均受教育年限、人均预期受教育年限以及人均国民收入三个指标），而不必把 HDI 本身作为预期性指标，以方便国内各级政府实施（见表 11）。新增的指标有利于提高各级政府和全国人民对于教育、医疗、健康、环境等经济社会发展薄弱环节的重视和关注，为实现邓小平提出的三步走战略目标提前布局。

表 11

"十三五"时期全面建成小康社会的主要目标设定建议

指　标	"十二五"年均增长（%）	2015 年	2020 年	"十三五"年均增长（%）	属性
经济发展					
国内生产总值（万亿元）	7.9	69.9	95.8	6.5[a]	预期性
服务业增加值比重（%）	[5.6]	48.8	54.8	[6.0]	预期性
城镇化率（%）	[6.0]	55.7	61.7	[6.0]	预期性
教育科技					
九年义务教育巩固率（%）	[3.3]	93.0	95.0[b]	[2.0]	约束性
高中阶段教育毛入学率（%）	[4.5]	87.0	90.0[c]	[3.0]	预期性
R&D 占 GDP 比重（%）	[0.3]	2.1	2.3	[0.2]	预期性
生态文明[d]					
耕地保有量（亿亩）	[0]	18.18	18.05[e]	[−0.13]	约束性
单位工业增加值用水量降低（%）	[30]			[26][e]	约束性
农业灌溉用水利用系数	[0.03]	0.53	0.55[f]	[0.02]	预期性
非化石能源占一次能源消费比重（%）	[3.1]	11.4	15.0[g]	[4.6]	约束性
单位 GDP 能源消耗降低（%）	[16.0]			[17.0][h]	约束性
单位 GDP 二氧化碳排放降低（%）	[17.0]			[18.0][h]	约束性

续表

指　标	"十二五"年均增长（%）	2015 年	2020 年	"十三五"年均增长（%）	属性
人民生活					
城镇居民人均可支配收入（元）	7.6	31 420	43 450	6.7	预期性
农村居民人均纯收入（元）	9.9	11 000	16 160	8.0	预期性
绝对贫困人口（万人）		5 000	＜1 000	［−4 000］	预期性
城镇登记失业率（%）		4.1	＜5.0		预期性
城镇新增就业人数（万人）				［4 500］	预期性
全国总人数（万人）		137 319	140 000	0.40	预期性
预期寿命（岁）				［1.0］i	预期性
人类发展指数（HDI）j	0.8	0.73	0.76	0.8	
预期寿命				［1.0］i	预期性
人均受教育年限（年）		7.9	8.9	［1.0］	预期性
人均预期受教育年限（年）		12.9	13.9	［1.0］	预期性
人均国民总收入（万元）		5.09	6.97	6.5	预期性

注：方括号内的数据为 5 年内的变化总量。

a. 将"十三五"期间 GDP 的年均增长目标定为 6.5%，即前文的基准预测情景，既是可能实现的，也是需要努力才能实现的。

b.《国务院关于深入推进义务教育均衡发展的意见》。

c.《国家中长期教育改革和发展规划纲要（2010—2020 年）》。

d.《国家"十二五"规划纲要》。

e.《全国土地利用总体规划纲要（2006－2020 年）》。

f. 根据《2010 年中国水资源公报》，按当年价计算，2010 年万元国内生产总值用水量和万元工业增加值用水量分别为 150 立方米和 90 立方米。据此，按 2000 年价格计算 2020 年万元国内生产总值用水量和万元工业增加值用水量应分别为 224 立方米和 125 立方米。根据《国家"十二五"规划纲要》，2015 年万元工业增加值用水量相当于 2010 年的 70%，则按 2000 年价格计算 2015 年万元工业增加值用水量约为 88 立方米。根据《全国水资源综合规划》，按 2000 年价格计算，到 2020 年，全国用水总量力争控制在 6 700 亿立方米以内；万元国内生产总值用水量、万元工业增加值用水量分别降低到 120 立方米、65 立方米，均比 2008 年降低 50%左右；农田灌溉水有效利用系数提高到 0.55。因此，2020 年比 2015 年降低 26%。

g.《可再生能源中长期发展规划》。

h. 根据我们设定的情景预测中的增长较快、排放较多情景。

i. 预期寿命仅有 2000 年和 2010 年全国普查时的数据，2000 年人口普查平均预期寿命为 71.40 岁，2010 年人口普查平均预期寿命 74.83 岁，年均增长 0.34 岁；考虑到我国资源环境不断恶化以及经济增速逐渐下滑的总体趋势，预计 2011—2020 年平均预期寿命增长大约 0.2 岁，按此数据推测，2020 年预期寿命为 76～77 岁。

j. 鉴于 HDI 由联合国计算，我国在"十三五"时期可以只把该指数的四个分项指标作为预期性指标，而不把 HDI 本身作为预期性指标，以方便国内各级政府实施。

（二）"十三五"期间的主要对策

当前，我国经济总体已经进入中高速、优结构、新动力、多挑战的新常态。经济发展进入新常态，正从高速增长转向中高速增长，经济发展方式正从规模速度型粗放增长转向质量效率型集约增长，经济结构正从增量扩能为主转向调整存量、做优增量并存的深度调整，经济发展动力正从传统增长点转向新的增长点。认识新常态，适应新常态，引领新常态，是 "十三五" 时期我国经济发展的大逻辑。

"十四五" 至 "十五五" 时期的 2020—2030 年，中国潜在经济增长速度将下降到 5％～6％的水平。根据日本、韩国的经验，经济增长率由中高速降低到 5％以下将是债务风险与金融风险突显期和危机爆发期。为此，"十三五" 期间需要未雨绸缪，主要立足于向改革开放要动力，要控制好财政收支节奏，建立规范的地方政府融资机制，着力提高财政支出绩效，要实施稳健和审慎的货币政策，防止货币政策过度宽松，防止政府和企业债务率大幅攀升。

如果不顾地方政府和企业债务率快速攀高的现实，把中国现代化的中长期进程中尚存的基础设施建设任务，通过强刺激政策，提前到 "十三五" 期间集中释放，是可以促进 "十三五" 时期的经济以更高的速度增长的。但是，这种途径无异于缘木求鱼，无法持续，政府和企业债务率将大幅攀升，并可能在 "十四五" 期间引发债务危机、跌入中等国家陷阱。"十三五" 期间的主要对策如下：

第一，坚持区间调控和定向调控。 坚持宏观政策要稳、微观政策要活、社会政策要托底的总体思路，保持宏观政策连续性和稳定性，保持区间调控弹性，稳定和完善宏观经济政策，继续实施定向调控、结构性调控。实施结构性 "加杠杆" 以稳增长，结构性 "去杠杆" 以控风险，有效化解产能过剩，提高产能利用率，建立规范的地方政府融资机制，促进经济可持续、健康发展，促进人民生活水平不断提高，全面建成小康社会。

第二，以开放促改革，向改革要动力。 "十三五" 期间全面深化改革的难度很大，要加快推进多个自贸园区在投资负面清单、贸易便利化、金融改革与人民币国际化、事中事后监管等方面的改革与配套，以开放促改革。进一步放开高端制造业、现代服务业的市场准入，促进行政审批和垄断行业改革，促进供给不足和回报率高的领域投资。要加强对关键领域改革的第三方客观评估，促进改革开放取得决定性进展。

第三，依靠创新驱动推动产业升级。 从日韩等国迈出中等国家陷阱的经验来看，现代服务业的扩张自然重要，但制造业的转型升级更为关键。要加快创新体制机制改革，激发创新潜力，强化企业在技术创新中的主体地位，引导资金、人才、技术等创新资源向企业聚集，推进产学研战略联盟，提升产业核心竞争力。

第四，优化经济发展空间格局。 要完善区域政策，促进各地区协调发展、协同发展、共同发展。继续实施西部开发、东北振兴、中部崛起、东部率先的区域发展总体战略。重点实施 "一带一路"、京津冀协同发展、长江经济带三大战略。稳步推进新型城镇化、劳动力转移和基本公共服务均等化，促进包容性发展。

第五，促进教育、科技、医疗、养老等薄弱环节发展，绝对贫困人口总数显著降低，

全面提升人类发展水平。显著提升教育质量和水平，建议"十三五"时期推广实施 12 年制义务教育。把基本公共服务制度作为公共产品向全民提供，完善公共财政制度，提高政府保障能力，建立健全符合国情、比较完整、覆盖城乡、可持续的基本公共服务体系，逐步缩小城乡区域间人民生活水平和公共服务差距。采取有力措施，力争使绝对贫困人口降低到 1 000 万人以下。

第六，大力推进节能减排和生态文明建设。优化能源结构，合理控制能源消费总量，完善资源性产品价格形成机制，改革资源环境税费制度，健全节能减排和生态文明法律法规和标准。建立可持续的制度安排，坚持源头严防、过程严管、后果严惩，治标治本多管齐下，朝着蓝天净水的目标不断前进。

六、2030 年中国经济发展远景展望

根据上述预测，表 12 给出了基准情景下 2015—2030 年中国经济总量及三次产业结构变化的预测结果，其中 2000—2014 年为历史数据。

根据预测，2030 年中国不变价 GDP 规模将为 2000 年的 9.06 倍、2010 年的 3.34 倍、2020 年的 1.67 倍。2030 年第三产业增加值在 GDP 中的比重将上升到 60.4%。

表 12

基准情景下 2015—2030 年中国经济总量及三次产业结构变化预测

年份	GDP 当年价（万亿元）	GDP 2000 年价（万亿元）	GDP 增长率（%）	第一产业增加值占比（%）	第二产业增加值占比（%）	第三产业增加值占比（%）
2000	9.98	9.98	8.4	14.7	45.4	39.8
2001	11.03	10.81	8.3	14.1	44.7	41.3
2002	12.10	11.79	9.1	13.4	44.3	42.3
2003	13.66	12.97	10	12.4	45.5	42.1
2004	16.07	14.28	10.1	13.0	45.8	41.2
2005	18.59	15.89	11.3	11.7	46.9	41.4
2006	21.77	17.91	12.7	10.7	47.4	41.9
2007	26.80	20.45	14.2	10.4	46.7	42.9
2008	31.68	22.42	9.6	10.3	46.8	42.9
2009	34.56	24.48	9.2	9.9	45.7	44.4
2010	40.89	27.07	10.6	9.6	46.2	44.2

续表

年份	GDP 当年价（万亿元）	GDP 2000 年价（万亿元）	GDP 增长率（%）	第一产业增加值占比（%）	第二产业增加值占比（%）	第三产业增加值占比（%）
2011	48.41	29.64	9.5	9.5	46.1	44.3
2012	53.41	31.93	7.7	9.5	45.0	45.5
2013	58.80	34.39	7.7	9.4	43.7	46.9
2014	63.65	36.93	7.4	9.2	42.6	48.2
2015	69.93	39.59	7.2	9.1	42.0	48.8
2016	76.56	42.28	6.8	9.1	40.3	50.6
2017	83.90	45.07	6.6	9.0	39.5	51.5
2018	91.85	48.00	6.5	8.9	38.8	52.3
2019	100.39	51.03	6.3	8.8	37.7	53.5
2020	109.49	54.14	6.1	8.7	36.5	54.8
2021	119.20	57.33	5.9	8.6	36.2	55.2
2022	129.65	60.66	5.8	8.5	35.5	56.0
2023	140.78	64.05	5.6	8.4	34.8	56.7
2024	152.66	67.58	5.5	8.4	34.4	57.3
2025	165.31	71.16	5.3	8.3	33.8	57.9
2026	178.74	74.86	5.2	8.2	33.2	58.6
2027	193.00	78.60	5.0	8.1	32.9	59.0
2028	208.09	82.45	4.9	8.0	32.5	59.5
2029	224.18	86.41	4.8	7.9	32.0	60.1
2030	241.33	90.47	4.7	7.8	31.8	60.4

　　世界银行从 1987 年开始，按人均国民总收入（与人均 GDP 大致相当）对世界各国经济发展水平进行分组。通常把世界各国分成四组，即低收入国家、中等偏下收入国家、中等偏上收入国家和高收入国家。按世界银行公布的数据，2012 年的最新收入分组标准为：人均国民收入低于 1 035 美元为低收入国家，1 035～4 086 美元为中等偏下收入国家，4 086～12 615 美元为中等偏上收入国家，高于 12 615 美元为高收入国家。但以上标准不是固定不变的，而是随着经济的发展不断进行调整，高收入国家门槛年均上调幅度为 200～300 美元。

　　如果"十三五"期间改革开放能够取得预期的决定性进展，预计中国将于"十四五"时期（2021—2025 年）迈出中等收入国家陷阱，并进入高收入国家行列。

　　根据联合国开发计划署（UNDP）在《人类发展报告》中对世界各国的分组，发达国家（Developed Country）是指经济发展水平较高、技术较为先进、生活水平较高的国家。由于联合国定义的"发达国家"的人均国民收入门槛只是略高于世界银行定义的"高收入国家"的人均国民收入门槛，因此发达国家一定是高收入国家。但高收入国家未必是发达国家，因为高收入国家并不意味着就有先进的科技水平（如沙特阿拉伯王国）。**尽管中国"十四五"时期可进入高收入国家行列，但若想同时进入发达国家行列，还需大幅提升教育科技、生态文明、社会和法治建设水平，大力提升人类发展水平。**

根据世界银行的统计，2013 年全球人均 GDP 为 1.1 万美元，高收入国家的人均 GDP 为 3.9 万美元，高收入国家中的非 OECD 成员国的人均 GDP 为 2.1 万美元，OECD 成员国的人均 GDP 为 4.3 万美元。根据我们的预测，2030 年全球人均 GDP 为 2.6 万美元，高收入国家的人均 GDP 为 6.9 万美元，高收入国家中的非 OECD 成员国的人均 GDP 为 3.3 万美元，OECD 成员国的人均 GDP 为 8.4 万美元。

预计 2015—2030 年间，人民币兑美元升值幅度将放缓，有些年份甚至出现阶段性贬值。假定 2015—2030 年间人民币兑美元年均升值幅度按照 1.5% 匡算，即 2030 年 1 美元兑换人民币 4.85 元。则 2030 年中国人均 GDP 将达到 3.3 万美元，将显著高于全球人均 GDP 水平，达到高收入国家中的非 OECD 成员国的人均 GDP 水平。

这将为实现邓小平提出的"三步走"战略目标的第三步即到 2050 年进入"中等发达"国家行列、人民生活比较富裕、基本实现现代化奠定坚实的基础，也将为实现中国共产党提出的"两个百年奋斗目标"的第二个目标即在新中国成立 100 年时建成富强、民主、文明、和谐的社会主义现代化国家迈出坚实有力的步伐。

中国社会科学院

"十三五"时期实现全面建成小康社会目标存在的"短板"问题及对策

　　小康社会目标是中国特色社会主义发展道路的一个重要组成部分，是中国经济社会现代化进程中不能绕开的必经发展阶段。这一重要目标具有动态探索的特点。1982 年党的十二大提出"2000 年国民生产总值翻两番、20 世纪末达到小康水平"，2002 年党的十六大提出确立了 21 世纪头 20 年"全面建设小康社会"的奋斗目标，把这看作是实现现代化第三步战略目标必经的承上启下的发展阶段。2012 年党的十八大又做出 2020 年"全面建成小康社会"的新部署。2015 年是"十二五"的收官之年，也是准备开启"十三五"全面建成小康社会目标的关键一年。评测"十二五"全面实现小康目标情况，检视其中的短板和风险问题，才能未雨绸缪找寻对策，按预定进程实现国家的小康社会伟大战略。

　　从总体上看，"十二五"全面实现小康目标取得了很大的进展，为"十三五"经济增长打下了很好的物质基础，"十三五"经济增长年均达到 6.5％就能实现 2020 年比 2010 年翻一番的总量目标。依据国家统计局和《小康》杂志社公布的"十二五"各类综合指标看，都取得了长足进展，污染问题、收入分配差距拉大问题也有了重大转机。但从经济增速趋势以及金融债务压力来看，风险仍较高，特别是中国将更全面地融入世界，也存在着外部冲击的风险。"十二五"在"短板"上出现转机，但如收入分配、污染问题更多是政策平抑的结果，不是制度机制保障下的趋势必然改变。展望"十三五"，核心是防止经济增长趋势下滑和外部冲击带来的总量风险，更应该注重克服"短板"问题的结构与体制机制建设，才能在 2020 年实现全面小康社会目标。

一、"十二五"全面建设小康目标存在的"短板"问题

"十二五"期间，中国 GDP 年均增长达到 7.86％的水平（2015 年按 7％计算），为"十三五"打下了坚实的基础，"十三五"年均经济增长速度达到 6.5％就能完成比 2010 年翻一番的总量目标。在经济增长的同时，（1）我国收入差距缩小，更多实现了分享，2010 年后全国居民收入分配差距和城乡收入差异也在缓慢缩小，社保覆盖水平大幅度提高。（2）需求结构发生变化，城乡恩格尔系数持续下降。恩格尔系数是衡量居民生活水平高低的指标，认为居民食物支出占总收入的比重越大，生活水平就越低。根据联合国教科文组织划定的标准，恩格尔系数 60％以上为贫困，50％～60％为温饱，40％～50％为小康，40％以下为富裕。我国 2013 年的恩格尔系数是：城市居民 35％，农村居民 37.7％，恩格尔系数随着居民收入的提高而缩小，均达到小康水平或富裕标准。（3）城市化快速发展。预计"十二五"城市化率超过 56％的水平。从《小康》杂志的"小康指标"看，以人为本的社会、文化、安全、生活质量、人的素质等其他多项统计指标值都有了显著提高。

"十二五"期间也明显存在着趋势性、结构性和机制性的短板问题，具体情况如下。

1. 经济增速趋势性下滑的"短板"问题

这是指"十二五"期间的经济增长速度、劳动生产率、创新和人力资本积累等都出现了趋势性下滑。这些趋势下滑将直接挑战全面建设小康目标的实现。具体表现在：

第一，经济增长速度下滑趋势明显。尽管"十二五"年均增长高达 7.86％，但趋势不容乐观，2011 年经济增长 9.5％，2012 年、2013 年增长 7.7％，2014 年增长 7.4％，2015 年预计增长 7％，以此连年下滑趋势推延下去，"十三五"经济增长完成年均增长 6.5％有相当的难度。

第二，全社会劳动生产率的增速持续下降。随着"十一五"到"十二五"经济增长的减速，2011 年以来中国全社会劳动生产率的增幅也在持续下降（见表 1），预计 2014 年、2015 年全社会劳动生产率增长为 7％左右，降至个位数。分产业看，第二产业劳动生产率增速明显下降，第三产业劳动生产率增长率也出现下降的趋势。在全社会劳动生产率下降的同时，全要素生产率（TFP）增长的贡献也在持续下降，它对经济的贡献从原有 25％下降到 17％左右的水平。

表 1

中国全社会劳动生产率近年来出现下降

年份	2006 年	2007 年	2008 年	2009 年	2010 年	2011 年	2012 年	2013 年
全社会劳动生产率增长（%）	13.05	14.12	12.18	11.17	12.65	11.62	10.21	8.05

数据来源：中国社会科学院经济研究所经济增长前沿课题组。

第三，人力资本增长放缓。一般认为，人力资本的积累主要是通过教育实现，并把平均受教育年限作为人力资本的重要测度，Barro 和 Lee（2010）提供了世界各国人口教育水平的详细数据。把中国 15 岁以上人口平均受教育年限与美国、日本等发达国家及拉美等发展中国家进行比较（见表 2），可以看出：中国的人均受教育年限不仅与发达国家相去甚远，而且与诸多新兴工业化经济体也存在不小差距。从人均教育年限的增长幅度看，1970—2010 年，拉美九国、印度尼西亚、马来西亚、菲律宾、泰国、印度、中国分别增长了 1.1 倍、1.7 倍、1.5 倍、0.8 倍、2.2 倍、2.9 倍、1.1 倍，中国人力资本增幅相对较低。

进一步，若把 15 岁以上人口平均受教育年限与人均 GDP 进行比较，可以得到更有意义的启示。从 Barro 和 Lee（2010）和世界银行世界发展指数中，抽取各国 2010 年 15 岁以上人口平均受教育年限和人均 GDP 序列，制成散点图（见图 1），可以看出，中国人均受教育年限不仅低于大多数人均 GDP 较高的国家，而且低于很多人均 GDP 较低的国家。

上述国际比较说明，技术进步、人力资本培育这两个对于内生增长至为关键的因素，在中国工业化结构性加速时期的要素驱动型增长模式中的作用是相对不显著的。这种局面如果不能予以调整，就很难抵消经济过快减速风险。

表 2

各国 15 岁以上人口平均受教育年限　　　　　　　　　　　　　　　　　　单位：年

国家（地区）	1970 年	1975 年	1980 年	1985 年	1990 年	1995 年	2000 年	2005 年	2010 年
美国	10.8	11.5	12.0	12.1	12.2	12.6	12.6	12.9	13.2
日本	7.8	8.4	9.1	9.6	9.8	10.5	10.9	11.3	11.6
拉美九国	4.0	4.2	4.6	5.3	6.0	6.7	7.3	8.0	8.5
印度尼西亚	2.8	3.2	3.6	3.9	4.2	4.6	5.2	6.4	7.6
马来西亚	4.2	4.8	5.8	6.7	7.0	8.4	9.1	9.7	10.4
菲律宾	4.7	5.5	6.2	6.6	7.1	7.6	7.9	8.2	8.4
泰国	2.5	3.0	3.6	4.2	4.9	5.5	5.7	7.0	8.0
印度	1.6	2.0	2.3	2.9	3.5	4.1	5.0	5.6	6.2
中国	3.6	4.1	4.9	5.3	5.6	6.3	6.9	7.3	7.5

注：拉美九国为人口加权平均，九国分别是乌拉圭、秘鲁、巴拉圭、墨西哥、厄瓜多尔、哥伦比亚、智利、巴西和阿根廷。

数据来源：Barro 和 Lee（2010）。

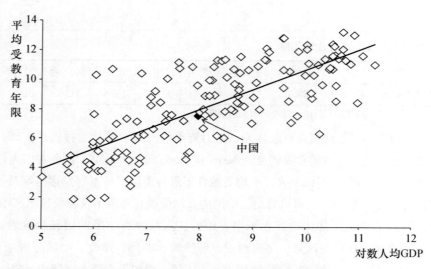

图1　中国与 144 个国家人均 GDP 与平均受教育年限对比散点图

注：平均受教育年限的统计口径为 15 岁以上人口。
数据来源：Barro 和 Lee（2010），2014 年世界发展指数（World Bank，2014）。

2. 结构性的"短板"问题

主要指经济社会分配中，仍有多个处于结构扭曲的短板问题，且未得到全面矫正：

第一，需求结构中，"十二五"消费率持续低位（见表3），1978—2013 年中国的消费率呈下降趋势，而 2007 年全球金融危机爆发后，消费率低于 50%，"十二五"期间仍处在历史最低位。原因很多，表面原因是投资过快，根本原因是劳动者收入增长速度不快。

表3

1978—2013 年中国的消费率　　　　　　　　　　　　　　　　　　　　　　单位:%

	1978 年	1979 年	1980 年	1981 年	1982 年	1983 年	1984 年	1985 年	1986 年	1987 年	1988 年	1989 年
消费率	62.1	64.4	65.5	67.1	66.5	66.4	65.8	66.0	64.9	63.6	63.9	64.5
	1990 年	1991 年	1992 年	1993 年	1994 年	1995 年	1996 年	1997 年	1998 年	1999 年	2000 年	2001 年
消费率	62.5	62.4	62.4	59.3	58.2	58.1	59.2	59.0	59.6	61.1	62.3	61.4
	2002 年	2003 年	2004 年	2005 年	2006 年	2007 年	2008 年	2009 年	2010 年	2011 年	2012 年	
消费率	59.6	56.9	54.4	53.0	50.8	49.6	48.6	48.5	48.2	49.1	49.5	

数据来源：国家统计局。

第二，初次分配中劳动者份额低位徘徊。要素初次分配的劳动报酬占国内生产总值的比重，一直保持在低位 50％上下（见表 4），到"十二五"期间，劳动报酬占国内生产总值比重再次低于 50％，2012 年为 45.51％，初次分配劳动报酬低与非农就业比重低高度相关，农村仍然有大量隐蔽性失业。

固定资产折旧和企业盈余占 GDP 的比重也处于历史上的低位。从 1997 年的 13.63％上升到 2001 年的 15.72％，2001 年达到最高，此后固定资产折旧占 GDP 的比重逐年下降，直到 2012 年的 12.86％，为十几年来的新低。营业盈余占 GDP 的比重从 1998 年开始持续升高，直到 2007 年达到最高，为 31.29％，此后基本逐年下降，到 2012 年营业盈余占 GDP 的比重为 25.66％。

生产税额占 GDP 的比重从 2006 年后逐年上升，直到 2012 年的 15.89％，生产税额占 GDP 的比重的变化方向和固定资产折旧占 GDP 的比重变化方向相反。

表 4

劳动报酬份额　　　　　　　　　　　　　　　　　　　　　　　　　　　单位：％

	1997 年	1998 年	1999 年	2000 年	2001 年	2002 年	2003 年	2004 年
劳动报酬份额	52.79	53.14	52.38	51.38	51.45	50.92	49.62	45.51
劳动报酬份额	52.79	53.14	52.38	51.38	51.45	50.92	49.62	45.51

注：《中国统计年鉴 2014》仅提供 2012 年的分省份的劳动报酬。
数据来源：国家统计局、中国社会科学院经济研究所经济增长前沿课题组。

第三，从生活质量中的分类看，空气质量和食品安全是"十二五"期间的短板。2014 年我们组织的"中国经济增长与周期论坛"对食品安全满意度的调查发现，35 个城市（除厦门外）居民对食品安全均表示不满意。

最近我们新增了一项专项调查，询问受访者："您认为以下哪项①食品安全②空气质量③物价④交通状况，对您的生活质量影响最大？"受访者选择每个答案的比例，见表 5。

表 5

生活质量影响因素调查结果

城市	食品安全	空气质量	物价	交通状况
石家庄市	22.22％	50.81％	19.10％	7.87％
北京市	28.07％	46.37％	18.02％	7.54％
宁波市	28.30％	43.94％	19.95％	7.82％
天津市	28.85％	43.54％	18.58％	9.03％
郑州市	26.88％	42.05％	21.16％	9.90％
南京市	30.83％	41.63％	20.63％	6.92％

续表

城市	食品安全	空气质量	物价	交通状况
济南市	27.71%	40.71%	22.45%	9.13%
上海市	30.36%	38.60%	20.88%	10.16%
杭州市	32.21%	38.38%	17.09%	12.32%
成都市	32.78%	37.09%	22.28%	7.85%
西安市	33.49%	36.51%	21.63%	8.37%
太原市	33.04%	36.38%	23.21%	7.37%
乌鲁木齐市	32.43%	35.59%	22.07%	9.91%
合肥市	34.42%	35.51%	20.25%	9.81%
武汉市	28.81%	35.40%	23.92%	11.86%
广州市	31.02%	34.49%	25.63%	8.86%
青岛市	30.47%	32.13%	27.98%	9.42%
长沙市	37.54%	31.87%	21.67%	8.92%
重庆市	33.10%	31.49%	23.55%	11.86%
长春市	33.79%	31.32%	23.08%	11.81%
沈阳市	35.66%	31.01%	25.58%	7.75%
哈尔滨市	35.12%	29.13%	28.72%	7.02%
大连市	34.40%	28.01%	28.01%	9.57%
福州市	37.15%	27.65%	23.18%	12.01%
厦门市	34.47%	26.89%	25.00%	13.64%
南昌市	37.73%	26.60%	22.06%	13.61%
银川市	37.50%	25.96%	31.73%	4.81%
昆明市	37.60%	25.38%	22.52%	14.50%
呼和浩特市	34.03%	25.00%	26.04%	14.93%
西宁市	28.99%	24.64%	32.61%	13.77%
深圳市	40.14%	23.45%	28.06%	8.35%
兰州市	31.10%	22.26%	30.79%	15.85%
贵阳市	28.15%	21.73%	27.16%	22.96%
南宁市	32.11%	21.28%	34.43%	12.19%
海口市	40.00%	20.95%	26.67%	12.38%
全国平均	31.89%	34.71%	23.18%	10.21%

数据来源：首都经济贸易大学与中国社会科学院经济研究所"生活质量指数"联合调查，其结果发布于各年度蓝皮书。

这一专项调查显示，影响居民生活质量最重要的因素是空气质量和食品安全。35 个城市中，17 个城市的受访者把空气质量视为影响生活质量的最重要因素，18 个城市的受访者把食品安全视为影响生活质量的最重要因素；所有受访者中，认为影响生活质量的最重要因素分别是空气质量（34.71%）、食品安全（31.89%）、物价（23.18%）、交通状况（10.21%）。从 35 个城市的平均值来看，认为空气质量对生活质量的影响最大，食品安全次之，物价排第三位，交通状况最后。显然，安全问题已成为民生发展中的最大短板。

3. "机制"上的短板问题

这是指有很多发展中的短板看似已经有了很大的改善，但是制度机制的保障很不稳定，因此调整机制的短板才是根本。

第一，收入分配机制。基尼系数是国际上用来综合考察居民内部收入分配差异状况的重要指标。国家统计局 2015 年 1 月 20 日发布数据显示，2003—2008 年，中国基尼系数持续上升，而 2009 年达到高峰后，"十二五"基尼系数逐年回落，2014 年降为 0.469。这是基尼系数自 2009 年来连续第 6 年下降，但这一数字仍然超过国际公认 0.4 的贫富差距警戒线（见表6）。

表6

全国居民收入基尼系数

	2003 年	2004 年	2005 年	2006 年	2007 年	2008 年	2009 年	2010 年	2011 年	2012 年	2013 年	2014 年
基尼系数	0.479	0.473	0.485	0.487	0.484	0.491	0.49	0.481	0.477	0.474	0.473	0.469

数据来源：国家统计局。

基尼系数、城乡收入分配差异、区域平衡近年都在缩小，但很多是靠政府的转移支付来实现的，没有完成太多的机制性变革，短板的持续改善仍有着很多的不确定性。从中国反贫困来看，其成就不可谓不巨大。但是，按国内标准看，仍有 8 000 万人口处在贫困线下；如果按照世界银行人均日收入 2 美元的更高标准的贫困线计算，目前还有 2 亿多人口生活在这一贫困线下。这些城乡居民，虽然温饱问题已经解决，但因收入偏低仍然可能陷入相对贫困状态而难以自拔。因此，未来五年的反贫困任务依然十分繁重，但反贫困不只是依靠政府或国际援助，而更应通过教育培训、稳定就业、提高收入、降低生活压力等方面来帮助他们脱困。

第二，城乡一体化机制很不完善。中国城市化发展迅速，"十二五"城市化率预计超过56%，取得城市化发展决定性的一步。但城市化仍然争议颇多，特别是户籍带来的"城市化"

挑战，以户籍人口计算城市化率远低于50%，而以城市常住人口能享受城市社保覆盖也要低于50%，因此城市化率不稳定，更为重要的是城乡一体化的机制不完善，人们无法享受城乡统一的普遍化服务，特别是基本的医疗服务都难以满足。人口流动受到户籍限制仍处于分割状态，行政区划和城乡分割仍难突破，在城乡一体化机制上不完善。

第三，市场经济体制机制仍未成熟。市场经济配置资源的主导作用仍没有发挥，国企改革仍在起步阶段。宏观调控体系改革也刚刚展开，利率、汇率市场化决定刚刚启动，财政税收综合改革"十二五"完成了全面"营改增"，但土地财政、地方债务高企等问题没有取得根本性改善。市场经济运行的法律制度体系也仅仅是起步运行。总之市场经济体制全面深化改革仍在推进中，很多市场机制、宏观调控体制仍是短板。

二、"十三五"全面建成小康社会中可能面临的风险

"十二五"为"十三五"全面实现小康打下了坚实的基础，但仍有着趋势性、结构性和机制性的短板需要在"十三五"期间克服，很多短板的挑战已经成为"十三五"全面建成小康社会的直接风险。特别是经济增长和经济效率趋势性减速、结构调整不利、金融风险累积、体制机制改革不到位，都可能互相交织起来引发经济社会矛盾甚至危机。"十三五"无疑是中国跨越"中等收入陷阱"、全面实现小康社会目标的关键时期，防范风险是重要的。

（一）经济失速与失业率上升过快的风险

2008年伴随美国金融危机爆发，全球普遍的高速增长期也戛然而止。中国通过"四万亿"的反危机政策，推动经济增长在2010年回到了二位数10.4%后，2011年经济开始调头向下，增长速度为9.3%，2012年、2013年降到7.7%，2014年GDP增速进一步下滑，全年GDP同比增长7.4%，2015年只有6.9%，趋势性下降非常严重。经济增长下降伴着劳动生产率和人力资本累积速度下降、全要素生产率下降，也就是说当前的经济下滑趋势中并没有新的技术进步、生产率提高和人力资本的上升，仍严重地依赖于投资。"十三五"增长区间会进一步下移至5%～7%，年均增长达到6.5%就能实现"翻两番"，但也要充分防范经济下滑的"顺周期"的紧缩效应，防止经济增长失速造成经济动荡的风险。

建成小康社会需要稳定的就业作为基石，需要一定的经济增长速度做保证。如果有效需求不足，生产竞争和产能过剩日益加剧，会造成一些实力比较弱的中小企业不断减员限产，企业效益下滑；社会投资总量的减少会使社会就业岗位大打折扣，大量的低收入阶层

失去赖以为生的工作，生活陷入困境；社会经济增速放缓，国家财政收入增长也会减慢，进而政府对低收入者和低收入地区的资金扶持力度减小。这是一个恶性循环过程。从总量看，"十二五"期间城镇新增就业规模持续增长，每年就业指标都能超额完成，2014 年我国城镇新增就业 1 322 万人，创出 21 世纪以来的最高值。但与此同时，经济增速放缓对就业的影响正在逐步显现：第一，新增就业同比增幅缩小，从 2010 年的 5.99% 下降到 2013 年的 3.48%，2014 年较 2013 年增幅不到 1%。第二，从年龄看，国家统计局数据显示 2013 年 16～59 岁的劳动年龄人口较上年减少 244 万人，2014 年则进一步减少了 371 万人。相比需求因素而言，劳动年龄人口减少对劳动力市场的影响将更稳定和持久。第三，由于高等教育的持续扩张，结构性失业的苗头已经显现，未来仍将对劳动力市场的稳定构成挑战。第四，随着产出下滑，近年劳动力成本的"刚性"上升对利润空间压缩的影响程度会更大，由此带来的负反馈效应更为严重。

（二）金融的过快膨胀与外部冲击风险

与制造业景气显著下降形成鲜明对比的是，近年来中国的货币金融资产扩张速度很快。我们根据国际货币基金组织和中国人民银行、国家统计局的数据测算得知，国际金融危机后，中国保持了相对较高的货币扩张速度，广义货币供应量 M2 的余额，2009 年为 60.6 万亿元，2014 年 122.8 万亿元，5 年来翻了一番。由于货币供应的相对过快增长，M2 占 GDP 的比重也显现上升态势，2009 年为 177.7%，2012 年为 187.7%，2013 年达到峰值 194.6%，2014 年略有回落，但仍高达 193.1%。

货币的脱实向虚趋势也很明显。2009—2014 年，中国金融资产从 121 万亿增至 241 万亿人民币，绝对数量翻了一番，年复合增速达到 12.2%，占 GDP 的比重从 354% 增至 378%，增加 24 个百分点，这与全球金融最发达的美国（金融占 GDP 约 410%）已相差不远。在构成金融资产三大类的银行资产、股票、债券中，银行资产的增幅最大，2009 年占 GDP 的比重为 231.1%，2013 年达到峰值 266%，2014 年略有下降至 264.5%，2009—2014 年增加 33.4 个百分点。债务证券占 GDP 的比重从 2009 年的 51.3% 增至 2014 年的 56.1%，增加了近 5 个百分点。股票市值占 GDP 的比重则从 71.6% 降至 2014 年的 58.2%，减少了 13.4 个百分点。2009 年，银行资产占全部金融资产的比重为 65%，2012 年、2013 年、2014 年分别为 73.1%、73.8%、69.8%。未来 5 年，大力发展直接融资的任务依然很重。

近年来，实体经济通缩的影响向信用和负债表等方面传递，金融风险不断累积。企业家对增长前景缺乏信心，投资预期下降，企业资金主要进行财务成本调整，而不用于投资，大部分资金流向基建、地产和其他高杠杆或长周期部门，形成资金沉淀，周转率大幅下降。

银行体系低成本负债资源趋于枯竭，近年来只能用更短的高成本负债（同业＋理财）去支持其信用资产，进一步加剧了流动性的脆弱性。根据国际清算银行的数据，2007—2012年中国的非金融公司债务率、家庭部门的债务率（各自债务余额占GDP的比重）上升较快，分别增加了38个百分点、11个百分点，此格局与发达国家的私营部门去杠杆化、自我修复和再平衡趋势正好相反。而政府部门的潜在债务压力也不小，根据审计署报告，截至2013年6月底，中国政府的债务与或有负债达到了30万亿元。

金融的全面膨胀，拉高了经济杠杆和资产价格水平，支撑了经济增长。但同时，货币金融对经济增长的边际效率在降低，并且不断加剧结构的不平衡，不利于经济发展方式的转变。中国当前的很多宏观政策希望抑制货币信用膨胀，但成效不大，金融继续膨胀，其政策效果恰恰直接打击了实体部门，将金融部门和实体部门的裂口越拉越大。

中国已是全面开放的大国经济，除了单纯贸易盈余波动的影响，"十三五"期间，随着人民币资本项下的开放，汇率和大宗商品价格波动、外资流动、金融市场恐慌和贸易摩擦等都会影响到中国经济的健康，国际经济周期所带来的外需冲击也不可低估。目前全球分工体系仍在重构中，未来5年将是充满摩擦的调整期。预期在"十三五"期间，净出口对中国经济增长的贡献都将处于较低水平甚至为负值，资本流动的逆转也可能成为新常态。

（三）机制不完善导致分配差距再次拉大和社会分化的风险

收入分配制度是经济社会发展中一项带有根本性、基础性的制度安排，是全面建成小康社会的另一项基石和重要保障。如前所述，我国收入分配不合理问题十分严重，反映收入差距程度的基尼系数近年已经逼近0.5警戒线，有研究测算中国收入最高10％家庭的人均收入甚至达到收入最低10％家庭的五六十倍，严重影响到小康社会的建设进程。

我国收入分配不合理的根源在于两大方面：

第一是政府及其代理人在国民收入分配中占的比重较大。居民收入份额在近十余年间下降了约10多个百分点，这是总需求中消费率很低而投资率很高尤其是政府投资高企的最根本原因。由于国民财富以过高的税、费、经济租、非法收入等形式向政府及其各类代理人迅速集中，居民的收入提高难乎其难。

第二是城乡分治造成的"社会二元结构"。城乡分治把13亿人口变成了不平等的两大社会群体，在劳动、就业、教育、医疗、社会保障等方面都呈现不平等待遇。不同的身份，使城市居民与乡村居民参与市场竞争在起点上就变得不平等，在教育、人力资本积累、就业状态、创业环境等方面一开始就有很大的差距。

贫富差距关乎能否全面建成小康社会，影响到社会稳定。不适度的收入分配差距对经济发展动力的需求和投资都会有相应的消极影响，也会使部分经济困难的群体产生严重的心理失衡和被剥夺感，引发他们对社会的抵触情绪。虽然我国收入差距扩大已经导致种种不满，但在经济蛋糕不断做大的情况下，收入差距尚可容忍。然而，随着经济增长减速，在没有足够的增量可供分配的条件下，弱势群体占有的收入份额会更不稳定，而在资产升值的情况下则加剧了不同人群的收入差距。随着低收入群体被弱化，其不满就会强烈表达出来，一些事情处理得不公或不透明成为其宣泄负面情绪的突破口，容易引发大规模的群体事件。贫富差距拉大也意味着中产阶级的萎缩，而中产阶级一向是政治发展的基石。在许多国家，街头政治逐渐取代了议会民主，保护主义及排外情绪挤压了多边合作，在社交媒体的协助下，所谓的 "暴走快闪" 迅速蔓延，很可能演变成群众运动，足以影响社会的稳定甚至政治生态。

三、克服短板、防范风险，全面建设小康之策

未来五年是迈向全面小康社会的关键时期，短板问题能不能解决好，风险因素能不能控制好，将决定了中国能否跨越 "中等收入陷阱"，真正建成全面小康社会。政策上要把稳定化政策和改革体制机制进行联动，才能有效地稳定增长，防范金融风险。应大力推进市场化改革，建设成熟的社会主义市场经济体制，通过要素价格改革和国企改革激活微观经济，通过反垄断法实施和知识产权保护来激励创新；通过税收体制改革，提高劳动报酬比重，改善收入分配机制，大规模削减制度成本和交易费用，以减轻经济主体的显性税费和隐性负担，促使他们更加公平地参与到经济发展过程中来；将原来事业单位的 "科教文卫" 按普遍服务与商业化供给分开，推动现代服务业的发展，推动供给和需求机制进一步协调调整，全面加强政府准入制度和政府公共服务体系建设，让天空更蓝，食品、水和土壤更安全，提升教育、健康和社保水平，让人们得到更全面的发展，从而克服短板，控制风险，全面实现小康目标。

（一）稳速增效与防范金融风险

经济增长趋势性往往与金融风险伴随而生，而对于中国这样一个有着巨大就业压力的人口大国来说更是需要保持一定的增长速度，才能有效地跨越 "中等收入陷阱"。改革开放30 多年来的实践经验证明了超两位数的高增长必然会引起超过 5％的通货膨胀率，过高的经济赶超目标迫使经济、社会和资源体系处于高度紧张状态，难以实现结构调整、和谐社会和友好环境的建立，更难以将经济增长方式从粗放型转向效益型。但过快经济增长减速

也会导致一系列的负面反应，甚至危机。

我国经济"新常态"的一个要义就是利用经济减速时期进行最为积极的结构性改革，并完善社会主义市场经济体制，同时又要稳定经济增长不滑出底线，积极防范金融风险。从世界各国的经验看，利用经济减速进行深层次调整的方法和经验，大多来自于"改革性救助"，即通过经济主体承诺一系列改革目标后再进行救助，这样将定向放松与改革启动相连接，起到防风险推动改革的目的，本质上防止了经济硬着陆。

从理论上讲，经济增长减速是经济体的一次大的"清洁"，经济学家熊彼特称为"清洁机制"，即淘汰落后企业，推动创新企业发展。但这一理论机制在现实中难以完成，特别是亚洲国家，在赶超过程中，政府支持的项目或企业都不愿意被清洁，反而抗拒减速清洁，形成所谓政府支持的"僵尸"企业，形成了巨大的政府包袱。结果是通过政府负债、持续发债提高债务率来维持原有的旧经济生产体系，没有创新，反而不断吸收资源。2009 年反金融危机后，就留下来了很多这方面的诟病。

中国城市化过程中已经积累了大量的基础设施投资和相应的负债，由于基础设施投资回报期长，而对应的负债主要来自信托的高利率或银行贷款的短期限，这使得这些基础设施投资严重影响了地方政府的正常运营和银行等金融资产的安全。中央政府应推出中国版的资产购买计划，发行特别国债等金融工具对长期限的城市化基础设施资产进行购买，以缓解地方政府的债务状况。只有调整当前的债务架构，不断降低资金成本，才能继续扩大投资和提升中国资本存量。但这一地方债务救助必须配合一系列改革措施，否则就不是"改革救助"，而是更大的"软预算救助"了。把中国的高储蓄转化为中国的有效投资，可以推动中国经济增长与改革，并防范金融危机的冲击。

劳动生产率尽管不是一切，但长期而言几乎就是一切。因为劳动生产率是内生增长可持续的源泉，一个国家的人民生活水平的提高最终取决于劳动生产率的提高。因此，应进行现代服务业的改革，推动包括"科教文卫"在内的高端服务业发展，让服务业的效率提高与制造业劳动生产率同步增长，强化人力资本优势和创新优势，稳定潜在增长率。"十三五"期间经济增长速度应保持在 6.5% 左右，为市场化机制调整和体制改革留出空间，有效地激励企业增加效益，同时应以就业为政策底线，推动经济稳速增效。

（二）建立成熟的市场经济体制，进行深层次结构调整和制度创新

随着赶超阶段的政府动员型经济体制不可持续，政府应平衡短期利益和长期利益，转变目标和职能，简政放权，还权于民，让利于民。须明白集中权力也意味着集中风险，给政府带来不必要的工作量与压力也是巨大的。"父爱主义"观念下的威权型、发展型政府的

积极干预、动员、补贴、担保和救援等，容易使政策制定者、企业和民众产生政府是无所不能的错觉，并形成一种依赖心理，长此以往限制了市场机制在资源配置和经济增长中的基础性作用，企业缺乏竞争和创新能力，缺乏自我发展后劲，经济增长因此难以为继。而政府却机构膨胀，人浮于事，不堪重负，难担其重。因此，政府目标应从 "投资增长型" 转向 "公共服务型"，加大政府自身改革力度。要减少干预，改变过去那种在国家干预之下靠扩大投资来刺激经济发展的做法，从对物的投资转变为对人及市场环境的投资，引导经济升级，履行其公共财政和公共服务的职能。特别应强调相对价格体系和竞争性市场的完善，价格是市场运行的指针，合理的相对价格体系能有效引导市场参与者的行为，使整个经济运转效率提高。同时，应赋予所有经济主体以平等的市场待遇，保护合法收入、私有产权和知识产权，形成规范的竞争性市场环境，提高投入要素的产出效率。放权让利核心是明晰政府与市场边界，让市场真正起到资源配置的决定性作用，政府不与民争利，让企业和个人自我决策，自负其果。

（三）和谐发展

未来五年，中国和谐发展和全面建设小康第一要务就是消除贫困，积极按新千年目标中的每天 1.25 美元的标准彻底消除贫困。配合消除贫困，积极调整收入分配机制，缩小收入差距，扩大社会保障体系的覆盖面，积极促进卫生、教育、保障性住房和公共服务的发展，解决百姓的后顾之忧，实现社会的和谐化。根本上就是要建立社会普遍分享的机制，为 2020 年建成全面小康社会打下坚实的基础。

青山净水、蓝天白云是全面小康社会的应有之义，但目前仍是短板。中华文明强调天人合一、道法自然等观念。从这个角度，低碳经济发展及生态文明建设，完全可以建立在中华传统的创造性转化上，以此来推进绿色的生活模式和生产方式，实现人与自然的和谐，尽快走上循环、绿色经济的可持续发展的轨道。

国务院发展研究中心

"十三五"时期全面建成小康社会的目标及2030年展望

一、"十二五"时期经济社会发展主要目标完成情况

"十二五"规划提出了七个方面的发展目标，重点体现在 4 大类 28 个定量指标上。这些指标涵盖经济发展、科技教育、资源环境、人民生活等多个领域，其中有 16 个约束性指标、12 个预期性指标。2015 年，绝大多数指标均已顺利实现，其中，经济发展类、人民生活类多数指标均超额完成。

（一）经济发展

经济发展领域有一个总量目标、两个结构性目标，均完成预期目标，反映我国经济增长和结构调整取得积极进展。

受国际金融危机和国内增长阶段转换影响，"十二五"时期中国经济增速较"十一五"出现明显下降。尽管如此，"十二五"期间 GDP 年均增速仍达到 7.8%，高出预期目标 0.8 个百分点。

经济结构调整呈现良好趋势。2015 年，服务业增加值比重达到 50.5%，比预期目标高出 3.5 个百分点，经济结构调整呈现加速态势。城镇化推进取得显著进展。2015 年常住人口城镇化率达到 56.1%，比预期目标高出 4.6 个百分点。

（二）科技教育

九年义务教育巩固率、高中阶段教育毛入学率两项指标均完成规划目标。

2015 年，研究与试验发展经费支出占国内生产总值比重为 2.1%，距离规划目标仅差 0.1 个百分点。

每万人口发明专利拥有量，2015 年为 6.3 件，比规划目标高出 3 个百分点，反映创新发展和转变发展方式正在取得积极效果。

（三）资源环境

资源总量性指标均已顺利完成。耕地保有量为 18.65 亿亩，比规划多出 0.47 亿亩。森林蓄积量、森林覆盖率均顺利完成规划目标。

资源效率控制目标，单位工业增加值用水量降幅、农业灌溉用水有效利用系数、单位 GDP 能源消耗降幅、单位 GDP 二氧化碳排放强度降幅，均已顺利完成规划的目标。

资源结构调整目标顺利实现。2015 年，非化石能源占一次能源消费的比重为 12%，超出规划预期控制目标 0.6 个百分点。

污染物减排均超额完成规划目标。"十二五"期间，二氧化硫（SO_2）减排量超额完成 10 个百分点；化学需氧量减排超额完成 4.9 个百分点；氨氮减排超额完成 2 个百分点；氮氧化物排放总量降幅超额完成 8.6 个百分点。

（四）人民生活

"十二五"规划关于人民生活共有 9 项指标，均已顺利完成。

"十二五"，城镇居民人均可支配收入实际增长平均为 7.7%，农村居民人均纯收入实际增长平均 9.6%，均顺利完成规划目标。2015 年登记失业率为 4.05%，整个规划期内均符合"低于 5%"的规划目标。"十二五"期间，全国城镇新增就业人数累积 6 431 万人，比预期目标多出 1 931 万人。

2015 年年底，参加城镇职工基本养老保险人数为 3.77 亿人，超过规划目标约 2 000 万人。城乡三项基本医疗保险参保率顺利实现规划目标。

城镇保障性安居工程建设目标顺利完成。五年间累计建设 4 013 万套，比预期目标多出 1 013 万套。

全国总人口数量控制在目标之内，人均预期寿命目标达到 76.34 岁，比预期目标高出约 1.7 岁。

二、"十三五"全面建成小康社会的指标体系设定

（一）"十三五"的发展背景和规划指标调整思路

"十三五"是全面建成小康社会的决胜期，是转变经济发展方式的攻坚期，是全面深化改革的关键期。在此期间，经济潜在增速将比"十二五"有所下降，增长更多转向创新驱动，发展方式由规模速度型向质量效益型转变。规划指标设计要充分反映经济体系的新变化和发展思路的新导向，树立以"质量"定"速度"的核心理念，增加更多的效率、效益性指标，减少速度、规模性指标。同时，指标设计要反映群众在民生领域的关切重点；要与经济重点领域改革，特别是资源环境领域市场化改革进程相衔接。具体应关注以下几点。

——"十三五"时期是经济结构调整和发展方式转变的关键期，可通过设计投资效率、碳排放总量等约束性指标倒逼转方式、调结构。"十三五"时期降低经济杠杆率和风险的任务较重，如有条件可设立政府负债率指标，以促进风险化解。

——"十三五"时期经济增长动力将更多来源于创新、要素配置效率和人力资本质量的提升。可考虑加强教育、研发投入、经济增长效率方面的指标，以起到引导作用。

——环境污染在"十二五"期间有所加重，也将是"十三五"面临的重要挑战。可根据污染物排放变动趋势，调整相关指标，以回应社会关切。

——社会保障体系建设在"十二五"期间取得长足进展，相关统计指标有所改进，民生需求重点发生部分变化，"十三五"期间可根据形势变化调整相应的指标。

（二）建立以发展质量为主导的指标体系

1. 经济发展和结构效率指标

在"十二五"经济发展指标的基础上，从数据可得性、测算简洁和分歧较小的角度考虑，可考虑增加"增量资本产出比""劳动生产率增速"两项反映增长质量的指标，"政府负债率"一项反映风险的指标。劳动生产率增速反映劳动力投入的效率变化，是经济增长质量的显性指标。增量资本产出比（ICOR）反映资本的利用效率，测算中可简化为当年投资率与经济增长速度的比值。

2. 科技和教育指标

在保留"十二五"科技教育指标中"九年义务教育巩固率""研究与试验发展经费占GDP比重""每万人口发明专利拥有量"三项指标的基础上，建议对指标进行以下调整。

——将"高中阶段教育毛入学率"调整为"平均受教育年限"。"平均受教育年限"是反映人口文化素质的综合指标，国际上较通用，强调这个指标有利于加强对职业教育、终身教育的重视，有利于提高全民整体素质。我国在这项指标上已有一定的数据积累，统计上亦可操作，同时也可与国家教育事业发展规划纲要相衔接。

——增加"基础研究占研发投入的比例"一项结构性指标。在研发投入方面增加结构性指标，既强调要不断增加研发投入，又要优化投入结构，鼓励政府研发经费更多地投向基础研究领域。

3. 资源和环境指标

"十三五"时期资源环境形势更加复杂，需要继续维持节能、降耗、治污的高压态势，形成利于促进绿色发展的倒逼机制。指标调整中，一方面可考虑增设资源消耗总量指标，在提高约束力的同时，为开展自然资源和碳排放交易制度改革提供保障。另一方面要增加生态环境质量的控制指标，以响应群众对改善环境质量的迫切要求。

具体来说，在保留"十二五"规划中"耕地保有量""森林蓄积量""单位GDP能源消耗降低率""化学需氧量减排率""二氧化硫减排率""氨氮减排率""氮氧化物减排率"的基础上，对指标进行以下调整。

——不再保留"森林覆盖率"指标。由于"十二五"期间目标完成较为顺利，而且短期内森林覆盖率相对稳定。此外，质量性指标，"森林蓄积量"可以替代其部分功能。

——以"用水总量"指标代替"单位工业增加值用水量变化""农业灌溉用水有效利用系数"两个指标。工业用水只占我国用水总量20％左右，"十二五"期间工业用水重复率明显提高；而农业灌溉用水系数提高一直缓慢，约束性不强。采用"用水总量"指标符合我国施行的用水总量红线控制战略，也可为我国开展水权交易以及排污权交易提供制度上的准备。

——以"碳排放总量"指标取代"单位GDP二氧化碳排放变化""非化石能源占一次能源消费比重变化"两个指标。设计"碳排放总量"指标，在控制能源消费总量的同时，能促进能源结构优化。同时，该指标还可为采用市场化手段推进节能、建立碳交易市场提供制度上的准备，并与 2030 年我国碳排放总量达到峰值的国际承诺相呼应。

——增加"空气质量指数（AQI）达到二级标准天数比例"的指标。设立该指标，可引导加快解决人民群众关心的突出环境问题，同时促进《大气污染防治行动计划》的有效执行。

4. 人民生活指标

——将"农村居民人均纯收入"调整为"农村居民人均可支配收入"。使用此指标可以更加科学地计算城乡收入差距。

——将"城镇登记失业率"调整为"城镇调查失业率"。使用此指标，可以更准确反映失业真实情况，并提高国际可比性。

——将"城镇基本养老保险覆盖人数"调整为"城乡居民基本养老保险覆盖人率"。2014 年，国务院发布《关于建立统一的城乡居民基本养老保险制度的意见》，将新型农村社会养老保险（简称新农保）和城镇居民社会养老保险（简称城居保）两项制度合并实施，在全国范围内建立统一的城乡居民基本养老保险制度。调整该指标可反映政策的新变化。

——不再保留"保障性安居工程建设任务"指标。"十二五"期间已超额完成 3 600 万套建设任务。我国保障性住房供应量总体满足需求，"十三五"期间主要应优化住房保障结构。

——增加"千人拥有病床数"和"千人拥有医生数"两项指标。就医难是当前人民生活面临的重要问题，通过指标引领可以促进政府加大投入，推动医疗卫生事业发展。

经过调整后，"十三五"规划指标的覆盖面和约束性会增强。表 1 列出了"十三五"相对于"十二五"指标变动的情况。

表 1

"十三五"指标与"十二五"指标对照表

"十二五"指标	"十三五"指标
经济发展和结构	
国内生产总值	
服务业增加值占比	
城镇化率	
	增量资本产出比
	劳动生产率增速
	政府负债率

续表

"十二五"指标	"十三五"指标
科技和教育	
九年义务教育巩固率	
高中阶段教育毛入学率	平均受教育年限
研究与试验发展经费支出占 GDP 比重	
	基础研究占研发投入的比例
每万人口发明专利拥有量	
资源环境	
耕地保有量（亿亩）	
森林覆盖率	（取消）
森林蓄积量	
单位工业增加值用水量变化	（取消）
农业灌溉用水有效利用系数	（取消）
	用水总量
单位 GDP 能源消耗降低率	
单位 GDP 二氧化碳排放变化降低率	（取消）
非化石能源占一次能源消费比重变化	（取消）
	碳排放总量
化学需氧量排放总量变化	
二氧化硫排放总量变化	
氨氮排放总量变化	
氮氧化物排放总量变化	
	空气质量指数达到二级标准天数比例
人民生活	
城镇居民人均可支配收入	
农村居民人均纯收入	农村居民人均可支配收入
城镇登记失业率	城镇调查失业率
五年新增城镇就业	
全国总人口	
平均预期寿命	
城镇基本养老保险覆盖人数	城乡基本养老保险覆盖率
城乡三项基本医疗保险覆盖人数	
城镇保障性安居工程建设	（取消）
	千人拥有病床数
	千人拥有医生数

注：右侧未填充栏目表示沿用左侧"十二五"期间的指标。

三、建议"十三五"规划的主要目标及测算

为确保实现全面建成小康社会的目标，为全面深化改革创造有利条件，为经济转型升级提供相应支撑，综合考虑发展趋势和条件，建议"十三五"期间重要的经济社会发展指标可设定如下。

（一）经济发展和结构效率指标

——经济平稳较快发展，国内生产总值年均增长 6.5％。经济发展进入新常态，推动经济增长的生产要素和需求条件都发生变化，技术引进空间缩小，全要素生产率（TFP）增速可能下降。这些综合影响将使未来五年经济潜在增长率下降。考虑到 2020 年 GDP 翻一番的任务和"三经普"对历史数据的调整，建议将"十三五"的预期增长目标设定为 6.5％。

——增量资本产出比（ICOR）控制在 6.1。"十二五"期间，我国 ICOR 平均约为 5.7[1]。考虑到各国增长都会经历资本深化过程，ICOR 将不断上升。提升增长质量，需要促进创新和技术效率提升，从而提高投资效率，因此需要在资本深化过程中控制 ICOR 的增长速度。同时，考虑到为稳定经济增速开展的基础设施投资对当期 ICOR 带来负面影响。建议"十三五"期间将 ICOR 控制在 6.1 以内。

——劳动生产率平均增速 6.7％。"十三五"期间，考虑经济潜在增长率降低，建议目标设定为 6.7％。

——结构调整取得重大进展。服务业增加值占国内生产总值比重提高 6 个百分点，城镇化率提高 4 个百分点。考虑到"十三五"将是结构转型的关键时期，建议设定服务业增加值占比五年累计提高 6 个百分点的预期目标。考虑近年城镇化提升速度趋缓，建议"十三五"继续设定五年累计提高 4 个百分点的预期目标。

——政府负债率（政府负债/GDP）。考虑"十三五"期间需要消化地方政府负债，同时为保增长可适当提高中央政府负债，建议"十三五"末政府负债率控制在 55％以内。

（二）科技教育指标

——研究与试验发展经费支出占 GDP 的比重达到 2.5％。设定此目标，是考虑到新常

---

[1]　为保证数据一致性，按当年投资率与 GDP 增长率比值进行测算。

态下创新驱动需要发挥更强作用。此外，我国企业研发投入近年增长良好，相对于 GDP 增速下降，该值可能会增加较快。同时，对国际公认的创新型国家而言，此指标长期保持在 2% 以上，以色列、瑞典、日本、韩国等国甚至超过 3%。建设创新型国家，推进发展方式转变需要发挥该指标的引领作用。

——基础研究占全社会研发投入的比重达到 5.5%。考虑到政府需要加强基础研究的投入，建议"十三五"将其定为 5.5%，引导优化研发投入结构。

——每万人口发明专利拥有量 12 件。我国专利产出近年增长较快，但发明专利仍较少。强调发明专利可以反映研发的投入产出效率。根据过去的增长情况，可考虑"十三五"目标在 6 件的基础上再提升 6 件，达到 12 件。

——九年义务教育巩固率达到 95%。2015 年此值达到 93%，五年间平均增长 3.3%。考虑到未来提升难度可能加大，可将"十三五"末的目标定为 95%。

——平均受教育年限达到 10.85 年。教育部"十一五"规划的目标是 9.6 年，"十二五"规划目标是 10.5 年。从其平均增长情况看，"十三五"目标可定为 10.85 年。

（三）资源环境指标

——耕地保有量保持在 2015 年 18.65 亿亩的水平上不变。

——森林蓄积量，考虑"十二五"期间的增量水平，"十三五"末达到 165 亿立方米。

——用水总量控制，依据国务院《关于实行最严格水资源管理制度的意见》，建议"十三五"末控制在 6 700 亿立方米以内。

——单位国内生产总值能源消耗降低率，依据《能源发展战略行动计划（2014—2020年）》中的能源消费总量以及能源结构调整目标，2020 年能源强度目标预计比 2015 年下降 15%。

——碳排放消费总量，建议 2020 年控制在 90 亿～95 亿吨之间。

——化学需氧量和二氧化硫排放总量继续保持较 2015 年减少 8% 的目标，氨氮排放总量保持 10% 的减排目标，氮氧化物排放总量较 2015 年减少 15%。

——空气质量指数（AQI）达到二级标准天数比例，"十三五"末可定为 85%。

（四）人民生活指标

——城镇居民人均可支配收入实际增长不低于 7%。农村居民人均可支配收入实际增长平均为 7%。基尼系数控制在 0.44。城镇调查失业率控制在 6% 以内。综合考虑劳动年龄人

口总量减少和结构调整带来失业的情况，"十三五"期间可将我国调查失业率设定在 6%
之内。

——五年新增城镇就业不少于 5 500 万人。"十二五"期间新增城镇就业 6 431 万人。按
照"十三五"期间城镇化率提高 4 个百分点进行测算，每年将有超过 1 000 万人成为城镇居
民。与"十三五"期间经济增长和调查失业率数据相衔接，预期"十三五"期间新增城镇
就业不少于 5 500 万人。

——平均预期寿命达到 77.34。根据日本等发达国家的经验，人口预期寿命在达到较高
水平后，生活水平与医疗设施改善带来的寿命增长呈边际递减趋势。按此规律，"十三五"
期间我国人均预期寿命可设定为提高 1 岁。

——城乡居民基本养老保险参保率超过 90%。

——城乡三项基本医疗保险参保率提高 4 个百分点。党的十八大和十八届三中全会都
提出"2020 年前建立起全覆盖的社会保障制度"。"十三五"期间，有条件实现基本医疗保
险的城乡全覆盖，将参保率提高 4 个百分点。

——千人拥有病床数达到 6 张。2015 年国务院办公厅印发《全国医疗卫生服务体系规
划纲要（2015—2020 年）》，提出"到 2020 年我国每千人床位数达到 6 张"。

——千人拥有医生数达到 2.48 人。根据世界银行统计，2010 年高收入国家每千人拥有
医生数是 2.76 人。如"十三五"期间年均提高 0.08 人/千人，2020 年将达到 2.48 人/千
人，接近高收入国家 2010 年的水平。

表 2 列出了"十三五"规划预期指标的目标值。

表 2

"十三五"规划预期指标

经济发展和结构	
国内生产总值	年均增长 6.5%
服务业增加值占比	累计提高 6 个百分点
城镇化率	累计提高 4 个百分点
劳动生产率增速	平均达到 6.7%
增量资本产出比	平均达到 6.1
政府负债率	低于 55%
科技和教育	
九年义务教育巩固率	95%
平均受教育年限	10.85 年

续表

经济发展和结构	
研究开发经费占国内生产总值比重	2.5％
基础研发投入占比	5.5％
每万人口发明专利拥有量	12 件
资源环境	
耕地保有量（亿亩）	18.65 亿亩
森林蓄积量	165 亿立方米
用水总量	6 700 亿立方米
单位 GDP 能源消耗强度	下降 15％
碳排放总量	90 亿～95 亿吨
化学需氧量排放总量变化	减少 8％
二氧化硫排放总量变化	减少 8％
氨氮排放总量变化	减少 10％
氮氧化物排放总量变化	减少 15％
空气质量指数达到二级标准天数比例	达到 85％
人民生活	
城镇居民人均可支配收入	平均增速不低于 7％
农村居民人均可支配收入	平均增速不低于 7％
城镇调查失业率	6％以内
五年新增城镇就业	5 500 万人以上
平均预期寿命	77.34 岁
城乡基本养老参保率	大于 90％
城乡三项基本医疗保险参保率	累计提高 4 个百分点
千人拥有病床数	6 张
千人拥有医生数	2.48 人

四、2030 年发展远景和重要指标

到 2030 年，我国 GDP 总量将排在全球第一位，人均收入水平达到高收入国家中等水平，社会主义现代化建设的主要任务接近完成。人民安居乐业，社会和谐稳定；人力资本

全面提升、创造力充分发挥；实现高水平广覆盖的社会保障；生态环境质量全面改善。

——经济发展水平达到高收入国家中等水平。创新驱动型增长方式已经形成，技术进步对经济增长的贡献大幅提升，全要素生产率对 GDP 增长的贡献达到 50％左右，城镇化率达到 65％，城镇化质量明显提升。

——全面实现教育现代化，全面建成学习型社会，成为人力资源强国。进入先进的创新型国家行列，为成为世界科技强国打下坚实基础。

——生态环境质量全面改善。空气环境质量基本达标，水和土壤环境质量明显好转，生态系统稳定性增强。用水效率达到或接近世界先进水平，主要污染物入河湖总量控制在水功能区纳污能力范围之内。二氧化碳排放达到峰值，非化石能源占一次能源比重提高到 20％左右，应对气候变化取得全面进展。建成符合生态文明要求的经济社会发展评价体系和领导干部考核体系，生态文明执法能力显著提高，依靠制度约束保护生态环境的目标得以实现。

——人民生活水平全面提高，实现公共服务均等化，建立起较高水平的全覆盖的社会保障体系，中等收入群体占到半数左右，消除绝对贫困。收入差距改善，基尼系数降到0.35。居民平均预期寿命达到 78.7 岁。实现城乡居民基本养老保险和城乡三项基本医疗保险全覆盖。千人拥有病床数达到 7 张，千人拥有医生数达到 3 人，达到高收入经济体的卫生医疗标准。

表 3 列出了 2030 年重要定量指标的预期值。

表 3

2030 年重要指标预期值

经济发展和结构	
国内生产总值	增速保持在 5％左右
服务业增加值占比	63％
城镇化率	65％
增量资本产出比	6.6
技术进步平均贡献率	50％
研究开发经费占国内生产总值比重	3％
用水总量	7 000 亿立方米
空气质量指数达到二级标准天数比例	90％
基尼系数	0.35
平均预期寿命	78.7 岁

续表

经济发展和结构

城乡基本养老覆盖人数	全覆盖
城乡三项基本医疗保险覆盖人数	全覆盖
千人拥有病床数	7 张
千人拥有医生数	3 人

国务院发展研究中心

"十三五"时期全面建成小康社会目标
存在的"短板"问题及对策

全面建成小康社会是党的十八大提出的总奋斗目标，是"十三五"期间需要完成的首要任务。目前在扶贫、教育、医疗卫生、生态环境等方面还存在不少短板问题。"十三五"规划要将如何补齐短板作为重要任务，明确思路和工作重点，加快推进，力争在 2020 年高质量地实现全面建成小康社会的战略目标。

一、全面建成小康社会的主要"短板"

全面建成小康社会，是一个涵盖经济、政治、文化、社会、生态文明领域的"五位一体"总目标，包括经济持续健康发展，人民民主不断扩大，文化软实力显著增强，人民生活水平全面提高，资源节约型、环境友好型社会建设取得重大进展等。结合定量和定性分析，我们认为全面建成小康社会的主要短板主要集中在扶贫、教育医疗等公共服务和社会保障、生态环境三个领域，相关问题在农村和城市流动人口上表现得更为突出。

（一）贫困面仍然较大，扶贫难度加大

一是贫困面仍然较大。按照 2010 年公布的人均纯收入 2 300 元/年标准，2013 年我国仍有 8 249 万人处于贫困线以下。需要注意的是，人均纯收入 2 300 元/年的标准大体上相当于 1 美元/天的赤贫线，该赤贫线主要用来评估撒哈拉沙漠以南非洲国家和南亚国家的贫困状况。如果采用国际通用 2 美元/天的标准，也就是巴西、阿根廷和北非等国家采用的贫困

线，中国大体上还有 2 亿左右的贫困人口，扶贫任务非常艰巨。

二是贫困程度加深，扶贫难度加大。从贫困人口的地区分布来看，主要集中自然条件恶劣、交通不便的"老少边穷"地区，592 个扶贫开发工作重点县有 431 个分布在 14 个集中连片特困地区，有些地区人均纯收入低于 1 000 元/年。从家庭结构来看，贫困家庭中老年人和残疾人的比例较大，家庭的抚养负担很重。根据国务院发展研究中心的实地调查，在 290 户贫困户中，共有 49 户家庭成员只有老人、儿童或者残疾人，没有健康劳动力，占总户数的 16.9％；1 237 个贫困人口中，因病残完全没有劳动能力的人数占总人数的 10.2％，只有部分劳动能力的人数占总人数的 20.3％。从受教育程度看，贫困人口的受教育程度比较低，65.5％的教育程度为小学及以下学历，23％为初中学历，5.4％为高中学历，大专或高职及以上的人口仅占 4.6％。对于这些贫困户来说，难以参与开发式扶贫，必须依靠政府和社会救助的托底才能摆脱贫困。

三是贫困问题与教育医疗问题相互交织。医疗和教育是贫困户的两个支出大项。从调查的数据来看，在农村的贫困家庭中，22.4％的家庭医疗支出占家庭生活总支出的比例在 20％～40％，16.4％的家庭在 40％～60％，24.5％的家庭超过了 60％。教育负担过重也是一个突出问题。27.6％的家庭占总支出的 20％以下，17.9％的家庭占总支出的 20％～40％，18.7％的家庭占总支出的 40％～60％，19.4％的家庭占总支出的 60％～80％，16.4％的家庭占总支出的在 80％以上。在义务教育阶段，尽管免除了学杂费，但由于近年来农村撤点并校使农村居民点离学校的距离过远，学生的交通费用、食宿费用给贫困家庭带来很大负担。

四是城市贫困问题凸显。下岗是以往产生城市贫困比较突出的因素，对部分年龄较大、就业技能差的群体生活的影响比较大。近年来，城市贫困又增加新的因素，随着流动人口的增加，流动人口一旦出现工伤或大病，可能会落入贫困状态，而现有的社会保障体系又不能有效覆盖。根据中国社会科学院的研究，2012 年城市贫困人口为 4 155 万人。

（二）教育、医疗卫生、养老等公共服务和社会保障领域还存在不少缺口和漏洞

一是教育领域还有不少薄弱环节。首先，部分农村儿童上学远、上学贵、上学难的问题仍然很突出。由于快速城市化进程和人口结构变动带来的农村学龄儿童减少以及"撤点并校"政策执行中的不规范，2000 年以来农村小规模学校和教学点的数量急剧减少，寄宿制学校不断增加，但校舍条件有限，低龄学童的生活照料问题突出，校车事故频发，农村居民教育负担加重，甚至在一些地方出现了辍学率反弹。其次，流动人口子女入学难、考试难的问题仍然存在。2014 年我国有流动人口 2.45 亿人，在义务教育领域，大部分流动人

口子女已经能够在城镇公办学校就读，但部分地区仍设立了较高的门槛，入学难的问题仍然存在。一些地方采取在民办学校购买学位的方式解决流动人口子女的入学问题，但民办学校的教学质量参差不齐也影响了义务教育的质量。而在学前教育和高中教育阶段，流动人口子女上学尽管也取得了一些进展，但教育资源的分配仍以户籍人口为主，流动人口子女上学比较困难，特别是异地高考问题仍没有得到很好解决。最后，贫困地区高中阶段教育包括普高和职业教育入学率低。贫困地区高中教育的家庭负担过重，学生出路狭窄，教育投入回报率低。职业教育政府投入不足，办学理念、办学方针、管理体制、办学模式、运行机制等都滞后于产业的发展，毕业生技能水平不高，难以胜任高要求的岗位。

二是基本医疗卫生保障和服务都不到位。我国已经形成了覆盖城乡的基本医疗保障体系，但看病难、看病贵的问题仍然存在。农村和城市之间，居民和职工之间医疗保障的水平差异仍然很大，医疗费用的自付比例较高，仍存在因病致贫、因病返贫的现象。优质医疗资源不足且过于集中，基层医疗服务的水平不高，群众对基层医疗服务的利用率较低，医患矛盾突出，以药养医、以检查养医的现象仍然普遍存在。

三是养老保障和服务体系严重滞后于老龄化快速发展提出的新需求。未来几十年我国将是世界上老龄化速度最快的国家之一，老龄人口迅速增加，65岁以上的老人2030年将达到2.3亿人，2040年则会突破3亿人。目前城乡养老保障制度上实现了全覆盖，但养老金水平较低，特别是城乡居民养老保险的标准较低，保障功能非常有限，难以保障老年人的基本生活。城乡养老服务体系的建设尚处于起步阶段。尽管近几年养老床位数量增加较快，但养老服务机构的专业化水平低，老年人特别是失能半失能老年人难以得到适宜的服务，机构和社区的养老设施很难形成有效支持，家庭的养老照料负担很重。

四是社会"安全网"覆盖面和保护力度不够。目前，我国已经建立城乡最低生活保障制度，但是覆盖面和保护力度都不够。2012年全国城市贫困人口为4 155万人，而同期全国城市低保对象只有2 143.5万人，有超过一半的贫困人口没有进入低保的救助范围。另外，保障水平较低，2012年城市低保平均水平为每人每月330.1元，月人均补助为239.1元，这一保障水平勉强覆盖最基本的生活需求，教育、医疗等需求难以得到保障。

（三）环境保护和生态建设严重滞后于全民建成小康社会的要求，并且还有进一步恶化的趋势

一是大气污染形势严峻，重污染天气频发势头未根本改善。2014年全国74个重点城市空气质量平均达标天数比例为66%，京津冀空气质量达标天数比例仅为42.8%，PM2.5年均浓度平均超标1.6倍以上。部分城市不仅PM2.5和PM10超标，臭氧污染也日益凸显。

"十三五"期间仍有很大可能发生持续时间长、污染程度重的大范围重污染天气，全面改善空气质量面临较大压力。

二是水资源形势严峻，水污染事件频发。我国水资源短缺、水污染严重、水生态环境恶化等问题日益突出。我国人均水资源量仅为世界平均水平的1/4，657个城市中有430个面临水资源短缺问题。"十二五"前三年我国废水排放量年均增速为4%，明显快于"十一五"期间的废水排放增速。全国地表水国控断面的水质"总体为轻度污染"。2013年，全国198个地市级行政区开展的4 929个地下水水质监测点中，水质呈"较差"及"极差"的监测点占57.3%。饮用水源地安全事故频发，已成为影响社会稳定的隐患。"十三五"期间我国用水总量以及废水排放总量仍会继续上升，水污染从单一污染向复合型污染转变的态势将进一步加剧，水环境质量改善面临较大压力。

三是土壤污染日益显现，累积的土壤污染风险呈爆发之势。耕地正成为土壤污染的重灾区，其接纳和自然净化能力已接近或超出极限。据国土资源部调查，我国中东部农耕区约1.2亿亩土壤存在潜在的生态风险，不适宜进行农作物安全种植。全国大中城市土壤普遍存在重金属污染。城市工业区污染企业搬迁、采矿区残渣不合理堆放等引发的土壤污染问题已相当严重。土壤污染呈转移扩散之势，逐步由工业向农业扩散、城区向农村蔓延、地表向地下渗透、上游向下游转移。

四是农村生态环境呈恶化趋势，农村居民健康受到威胁。农村污染形势严峻，点源污染和面源污染共存，生活污染和工业污染叠加，城市污染向农村转移，严重威胁着农村居民身体健康。农村水环境污染严重，农村居民饮水安全难以得到保障。2013年我国农村自来水普及率为76.4%，西部一些省份仅为40%。农村饮用水大部分没有经过有关部门的监测，难以保障村民的饮水安全。农村废弃物污染严重，2012年我国农村规模废弃物综合利用率低于50%，农膜回收率低于60%，废弃农药包装回收率低于20%。由于缺乏垃圾处理基础设施，导致农村垃圾随意倾倒，呈现"脏、乱、差"景象。农村风貌规划和村庄整治滞后，缺乏统一的农村建设规划以及相应的约束机制，导致村民往往随意建设住宅，农村的路基也是坑洼不平，影响了农村的整体风貌和道路设施的使用效果。

二、补齐小康"短板"的总体思路

（一）要把补齐小康"短板"放在经济社会发展工作的优先位置，并予以真正落实

从全面建成小康社会的目标来看，如果短板不能补齐，其他领域再发展也不能全面建成小康，只能是不全面、不平衡的小康；从提升经济发展后劲和促进社会稳定等角度来看，

解决上述短板问题具有最高的投入产出比，长期和综合效益非常明显。因此，应该把补齐全面建设小康社会的短板问题放在经济社会发展工作的优先位置。更为关键的是，要真正体现到各级政府的工作中，尽管从全局和长远的角度来看补短板具有很好的投入产出比，但从局部、短期的角度来看，补短板很难出成绩，各级政府从口头上比较重视，但在实际的工作中往往会更关注经济社会发展的短期目标，这就需要把建成全面小康更多地体现在"十三五"规划中，并建立相应的工作机制加以推进。

（二）要考虑不同"短板"之间、"短板"与一般性问题之间的相互关联，创新思路，系统推进

不同短板之间存在相互关联，比如，扶贫不仅与自然环境、地理位置和产业基础等发展基础有关，同时越来越多地与教育、医疗等公共服务相关，因病致贫、因学致贫成为新时期导致贫困的重要因素。因此，在制定社会领域的规划时要充分反映出扶贫的要求。短板问题与一般性问题之间关联度也明显增强。比如生态环境问题，不仅仅与技术手段和工程投入有关，而且与市场机制和政府治理能力相关。因此，要系统推进，不仅关注直接显露出来的短板问题，而且要着力解决短板问题背后的共性问题。

（三）既要解决眼前的突出问题，也要积极应对出现的新挑战，把长效机制建设放在更加突出的位置

在解决短板问题时，要长短兼顾。既要关注眼前比较突出的贫困、教育和医疗卫生问题，也要关注不断凸显的养老问题。既要有一些短期见效的措施，比如说通过政府补贴或产业扶持来扶贫；也要关注长期见效的措施，通过教育来阻断贫困的代际传递，从根本上解决贫困问题。既要有一定的专项行动，也要注重扶贫推进工作机制和教育、医疗卫生等公共服务均等化机制的建设。

（四）要发挥好政府和社会、中央和地方两个方面的作用

在扶贫和补齐教育、医疗卫生、养老等短板问题上，政府是责无旁贷的，必须起到组织、引导和兜底的作用。同时也要看到，解决这些问题的难度很大，需要的资源很多，需要全社会参与。社会上有资金也有意愿参与扶贫、教育、医疗卫生、养老服务等事业的机构和个人很多，要支持和鼓励包括非政府组织在内的社会机构和个人来参与上述事业。同时，通过完善信息公开机制，健全遗产和捐赠制度，培育诚信友善的社会氛围来调动各方面的积极性。另外，要发挥中央和地方两个方面的作用，中央政府要承担更多的财政支出，特别是在社会最低保障、教育和扶贫方面；要改革贫困地区的干部考核机制，把解决小康短板问题放在更重要位置并赋予更大权重。地方则是要在明确各地区发展定位的情况下，抓住关键问题，积极补齐相关短板。

三、扶贫的重点和政策措施

贫困是全面建成小康社会任务面临的最突出短板，应抓紧推进以下工作。

（一）落实精准扶贫战略部署

首先，完善贫困人口动态识别机制，加强扶贫信息化建设。严格遵循识别工作流程，让群众充分参与进来，把真正贫困的人口识别出来。不仅要通过建档立卡把贫困户、贫困村的基本信息收集起来，而且要借助互联网，搭建扶贫信息服务平台，把贫困户、贫困村的需求与社会扶贫的人、财、物资源对接起来。其次，找准导致贫困的共性因素，加大基础设施、公益事业、特色产业的扶持力度。

（二）推进集中连片特殊困难地区扶贫工作

国家片区扶贫规划要求每个集中连片特困地区各由一个国家部委牵头落实。但地方反映，实施片区规划往往雷声大雨点小，不少部门并没有落实片区规划提出的项目。下一步，要继续以集中连片特殊困难地区为主战场，通过区域整体发展，支持和促进精准扶贫；进一步落实责任，包括片区的主体责任、联系部门的牵头责任、相关部门的行业责任、国务院扶贫办和国家发展改革委的综合协调责任；分类实施规划项目，对涉及区域发展和十项重点工作的重大项目，要优先启动，纳入"十三五"规划尽快实施。

（三）将应对城市贫困问题列入议事日程

要从战略高度来重视城市贫困问题，充分认识到城市贫困问题规模、程度和负面影响，把解决城市贫困问题列入议事日程，建立城市扶贫的战略、规划和政策体系。完善最低社会保障制度和推进户籍制度改革，把常住人口纳入最低社会保障的范围之内。同时，对于一些资源枯竭、产业衰落地区，要加强技能和就业培训，加大贫困人口就业和创业的支持，进一步调动贫困人口脱贫的主观能动性。

（四）加大扶贫的财政投入力度和金融支持力度

一方面，中央财政要扩大专项扶贫资金规模，地方各级财政也应增加专项扶贫资金投入。另一方面，要改革资金管理体制，加强监管，推动整合，提高效率。各省应将财政专项扶贫资金项目审批权限彻底下放到区、县，简化资金拨付流程。在国家层面出台行业部门涉农资金支持贫困地区发展的具体政策，从顶层解决扶贫资源整合难问题。同时，还要提高资金使用的透明度。县以上应建立信息披露制度，将政策规定、资金使用等情况向社会公开。县以下应建立公告公示制度，将扶贫对象确定、资金安排和项目建设等情况全面公开，接受社会监督。在贫困地区推动"特惠"金融服务：一是按"信用贷款、基准利率"的模式向贫困户的产业项目发放贷款；二是增设扶贫再贷款，扶持扶贫龙头企业，实行与"新增支农再贷款可在现行优惠支农贷款利率的基础上再降1个百分点"相同的政策。

（五）做好扶贫政策与社会政策衔接

要更加关注因病、因学致贫问题，健全面向贫困人口的医疗救助和大病保险政策，对患有大病、慢性病、残疾、智障，且丧失劳动能力的建档立卡贫困人口，实施医疗救助政策；优先将建档立卡贫困人口纳入城乡居民大病保险政策范围。切实减轻贫困家庭子女教育负担，探索对建档立卡贫困户家庭学生实行15年免费教育，有效阻断贫困代际传播。增强扶贫政策与社会救助政策的衔接，适当扩大贫困地区低保政策的覆盖面。

四、提升教育、医疗卫生和养老等公共服务和社会保障能力的重点和政策措施

提高教育、医疗卫生和养老等公共服务和社会保障能力不仅是"断穷根"的根本举措，对经济社会持续稳定发展也具决定性的意义。社会政策应注重兜住底线、注重公平可持续、注重发展导向特别是全体社会成员发展能力的提升。"十三五"期间，应着力推进以下几项工作。

（一）促进教育公平，提升人力资本

一是解决好农村撤点并校过程中出现的突出问题。"十三五"期间应恢复保留必要的小规模学校，实现教育资源的合理布局，保障适龄儿童少年就近入学，避免低年级小学生住校。通过对膳食、校舍修建和维护以及校车购买和使用等环节的补贴缓解撤点并校带来的问题，减轻农民教育负担，防止辍学等问题，提高农村教育质量。

二是实现流动人口教育的属地化。"十三五"期间，义务教育阶段应坚持以公办学校为主的政策，在学前教育阶段应通过加大投入和加强监管鼓励普惠性幼儿园的发展，在高中阶段，应在进一步推进异地高考的基础上促进高中阶段教育属地化。此外，还需要完善教育投入在中央和地方各级政府之间的分担机制，缓解流入地基层政府的财政负担。

三是提高职业教育质量。发展职业教育应首先应加大国家投入，同时加强教育、人力资源社会保障、经济管理部门以及各行业企业的密切合作，特别是发挥行业企业在职业教育体系中的作用，推行工学结合、校企合作的技工人才培养模式。建立职业教育与普通教育之间的"立交桥"。加强职业教育与普通教育在学籍、课程、资格证书等方面的互通互认，促进学生在体系间的流动。

（二）深化医疗卫生体系改革，为全民提供基本医疗卫生服务

一是提供基本医疗卫生保障。当前我国基本医疗保险已经实现了制度上的全覆盖，但人群间、地区间保障水平的差异仍然较大。"十三五"期间应着力推进基本医疗保险制度的逐步统一，完善管理。可以首先整合新型农村合作医疗与城镇居民基本医疗保险。同时，通过完善筹资调整机制，逐步缩小与城镇职工医疗保险等之间的待遇差距，稳步推进衔接。

二是强化基层医疗服务。进一步突出"保基本"和"强基层"。对利用基层服务、使用适宜技术的医疗支出，应大幅度提高报销比例。基本药物制度可考虑进一步改革，以免费或基本免费方式向全民提供基本药物。进一步提升农村乡镇卫生院和城市社区医疗卫生服务机构服务能力，加大政府投入和转换机制并举。

三是全面实现基本生育服务免费。基本生育服务是成本效益最高的卫生服务项目之一，实现基本生育服务免费不仅可以降低孕产妇死亡率及婴儿死亡率，通过早期预防、筛查等，还能够降低各种出生缺陷及相关疾病发生率，降低疾病负担，全面提升国民整体健康水平。"十三五"期间，可以通过整合现有的医疗和生育保险基金、国家相关专项补助和新增投入，实现包括婚前检查、孕前检查、孕期保健、住院分娩、产后服务等在内的免费服务。

国家对服务内容、服务路径进行标准化，主要依托县级医院以及城市中的区级医院作为服务提供的责任主体，并采取按人头付费的方式，这些措施既可以提升服务质量、节约投入，又可以为深化医改起到积极的示范效应。

（三）提高养老保障水平，完善养老服务体系

在筹资方面，进一步完善养老保险制度，探索通过补贴或建立长期护理保险等形式提高失能半失能老年人的支付能力。在服务体系的建设上，需要建立老年人的需求评估机制，将公共养老资源投向真正有需要的脆弱老人。强化"以家庭为基础、社区为依托、机构为支撑"的养老服务体系，防止盲目扩张机构养老床位，培养专业化的养老服务人员，加强社区养老服务机构的能力，支持老年人实现居家养老。

（四）完善最低生活保障制度，提高各种保险统筹层次

构建以城乡居民最低生活保障制度为核心的社会保护体系建设。首先，应该进一步完善收入评估和审查机制，提高瞄准率，解决漏保、错保等问题，实现应保尽保。其次，推进最低生活保障制度与扶贫、教育援助、医疗救助以及廉租房等制度的衔接和整合。最后，根据流动人口的居住年限、参保情况、纳税记录等，逐步把在城镇实现长期居住和就业的困难人口也纳入到城镇最低保障体系。

另外，提高各种保险制度的统筹层次，完善转移、接续方式，提高可携带性。完善财政补贴制度，推进以农民工为主的流动人口在流入地参加相关养老和医疗保障，实现保险的属地化。

五、加快生态文明建设的重点和政策措施

补齐生态环境短板是实现全面建成小康社会目标的另外一场攻坚战，"十三五"时期要遏制住生态环境恶化的势头，不仅要关注总量减排目标，也要关注环境质量目标；不仅要关注城市污染，也要关注农村的环境问题；不仅要加强环境治理，而且要加快生态建设。主要举措有：

（一）落实已有的污染防治行动计划

要以《大气污染防治行动计划》《水污染防治行动计划》和《土壤污染防治行动计划》

为行动纲领，全面部署和推进污染防治行动。

在大气污染防治方面，实施好煤炭消费总量控制，扩大非化石能源消费比重；抓好钢铁、水泥、电厂等重化工业的污染治理；控制机动车污染排放。

在水污染防治方面，加强饮用水保护，全面排查饮用水水源地保护区、准保护区及上游地区的污染源；积极修复地下水，划定地下水污染治理区、防控区和一般保护区；大力治理地表水，提高生活污水的处理能力和工业污水的排放标准；继续加强对重点水域、重点流域综合治理。

在土壤污染防治方面，要控制污染源，严格执行高毒、高残留农药使用的管理规定；实行更加严格的环境准入标准；搞好土壤污染的环境风险管理；调整严重污染耕地用途，有序实现耕地休养生息。

（二）实现农村环境保护的破题开局

要把农村环境保护列入"十三五"国民经济社会发展总体规划，并作为环境专项规划的重要内容，力争在"十三五"建立起农村环境保护的技术工程体系、管理运行机制和政府投入机制。提高处理农村生活污水处理率，统一规划、建设和管理包括乡镇、行政村、自然村在内的县域污水处理设施，在条件具备的地方建立污水集中处理设施，条件不具备的地方则采用净化沼气池等分散处理方式。继续开展农村种植业污染防治，遏制农村面源污染势头。推广测土配方施肥技术，优化肥料结构，提高肥料利用技术，限制销售高毒性、高残留农药。开展小流域农村面源污染综合防治工作。

加强农村垃圾收集和处理，逐步提高垃圾无害化处理水平。城市和县城周边村庄的生活垃圾可以统筹处理。对于分散的村庄，可以进行统一收集，就地分类和综合处理。推广农村清洁能源，大力发展农村沼气，加强畜禽养殖废弃物综合利用，建立生态养殖场和养殖小区。开展生态乡镇和生态村建设工作，推进农村生态文明建设。提高农村地区工业企业准入门槛，禁止污染严重的企业向农村地区转移。

坚持城乡统筹，建立城乡一体化的环境保护体制机制，改善农村人居环境质量。抓紧修订乡村建设规划条例，建立地方各级政府针对农村环境保护的专项资金，同时加大中央财政对农村环境保护的支持力度。

（三）加快生态文明制度和治理能力建设

一是加快推进生态环境法律法规的"立改废"工作。加快清理不同资源环境法律中的矛盾冲突条款；研究制定土壤污染防治、生物多样性保护等法律法规。整合环保部和国家质量技术监督总局等有关部门的标准制定职能，提高绿色标准制定质量，并对实施情况加以监管。

二是推进生态资产核算和自然资源资产产权制度改革，尝试对生态环境产品进行定价。尽快建立生态资产核算以及生态服务价值核算的标准方法。推进自然资源资产确权，建立统一的自然资源资产管理机构。成立"绿色发展基金"，多渠道进行融资。积极开展林权、排污权、碳排放权以及绿色产品交易。

三是推进生态环境监测体制改革，加快生态环境领域大数据建设。整合分散在环保、国土、农业、林业、水利等部门的环境监测职能，建立统一的环境监测机构，统一监测方法和信息发布。扩大和优化国家环境监测网，并上收国控监测点位的监测事权，依据"谁考核、谁监测"的原则，为国家开展生态环境质量评估和考核提供数据支撑。鼓励社会力量进入环境监测领域，推动政府购买环境监测服务。加快推进农村环境监测网络建设，加大中央财政支持力度。

四是建立反映生态环境保护要求的经济社会评价指标体系和干部考核体系。加快建立、示范和推广反映生态文明要求的党政领导班子和领导干部的政绩考核制度，加大资源消耗、环境保护等指标在干部考核体系中的权重。开展领导干部离任自然资源资产审计，对任期内管辖区的自然资源资产的保全、保值、增值、收益、分配等进行审计。推进生态环境责任损害终身追究制度，建立环境损害的国家索赔制度和社会公益诉讼制度。

国务院扶贫开发领导小组办公室

"十三五"时期实现全面建成小康社会
目标存在"短板"问题及对策[1]

"小康不小康，关键看老乡，关键在贫困的老乡能不能脱贫。"扶贫开发是实现中国共产党第一个百年奋斗目标的重点工作、最艰巨的任务。本报告以习近平总书记扶贫开发战略思想为指导，以全面建成小康社会为目标，以精准扶贫精准脱贫为主线，对打好"十三五"期间扶贫攻坚战提出政策建议。

一、"十二五"期间扶贫开发的新成效

改革开放以来，我国扶贫开发取得举世瞩目的成就，贫困人口大幅减少，贫困地区农民收入明显提高，生产生活条件逐步改善，社会事业不断进步，率先实现联合国千年目标的主要任务，为全球减贫事业做出重大贡献，得到国际社会高度赞扬。"十二五"特别是党的十八大以来，以习近平同志为总书记的党中央对扶贫开发做出新的战略部署，扶贫改革创新迈出新步伐。

（一）全面启动新十年扶贫纲要

2011 年，党中央、国务院颁布《中国农村扶贫开发纲要（2011—2020 年）》（中发〔2011〕10 号，以下简称《纲要》），召开中央扶贫开发工作会议，做出全面部署，明确总体

---

[1] 本课题的贫困人口是指国家统计局农村贫困监测的贫困人口，扶贫对象是指农村建档立卡贫困人口，重点县是指国家扶贫开发工作重点县，片区县是指集中连片特殊困难地区县，贫困县包括重点县和片区县。

目标，提高扶贫标准，确定集中连片特殊困难地区为扶贫攻坚主战场，实施片区区域发展与扶贫攻坚规划。坚持扶贫开发与社会保障相结合的方针，建立专项扶贫、行业扶贫、社会扶贫三位一体工作格局。扶贫开发从以解决温饱为主要任务，转入巩固温饱成果、加快脱贫致富、改善生态环境、提高发展能力、缩小发展差距的新阶段。

（二）着力推进扶贫改革创新

2013 年，中共中央办公厅、国务院办公厅印发《关于创新机制扎实推进农村扶贫开发工作的意见》（中办发〔2013〕25 号，以下简称 25 号文件），推动六项机制改革，部署十项重点工作[1]，实施精准扶贫战略。为落实扶贫开发责任，改进贫困县考核机制，用好指挥棒，引导贫困县党政领导班子和领导干部把主要精力用在扶贫开发上；建立约束机制，念好紧箍咒，杜绝"穷县富衙、戴帽炫富"现象；研究贫困县退出机制，打好攻坚战，激励贫困县减贫摘帽。加强扶贫资金管理，建立以结果为导向的资金分配机制，将项目审批权限下放到县，2015 年年底将全部到位。

（三）初步完成精准扶贫两项基础工作

一是建档立卡。以贫困识别为切入点，全面展开建档立卡工作，全国共识别贫困村12.8 万个，贫困户 2 948 万户，贫困人口 8 962 万人，建立全国扶贫开发信息网络系统，为动态监测、动态管理，精准扶贫、精准脱贫奠定了基础。二是派出驻村工作队。按照"每个贫困村都有驻村工作队，每个贫困户都有帮扶责任人"的要求，向贫困村派驻工作队12.5 万个，驻村干部 43 万人，基本实现对贫困村全覆盖，为帮扶工作进村入户打通了管道。

（四）实现社会动员新突破

首次实现中央和国家机关等单位定点扶贫对 592 个重点县全覆盖。在对口援助西藏、四省藏区、新疆南疆三地州和革命老区基础上，东西部扶贫协作结对省市进一步增加，协

---

[1] 六项机制改革：改进贫困县考核机制、建立精准扶贫工作机制、健全干部驻村帮扶机制、改革财政专项扶贫资金管理机制、完善金融服务机制、创新社会参与机制。十项重点工作：村级道路畅通、饮水安全、农村电力保障、危房改造、特色产业增收、乡村旅游扶贫、教育扶贫、卫生和计划生育、文化建设、贫困村信息化。

作领域进一步拓展。设立扶贫日，为社会各界参与扶贫开发构建了制度性平台。召开全国社会扶贫工作电视电话会议，印发动员社会各方面力量参与扶贫开发的意见，社会扶贫人人皆愿为、人人皆可为、人人皆能为的局面开始形成。

在党中央、国务院坚强领导下，有关部门大力支持，社会各界积极参与，贫困地区广大干部群众共同努力，"十二五"期间扶贫开发取得了新成效。2011—2014年，农村贫困人口从1.23亿减少到7017万人，贫困发生率从12.7%下降到7.2%。重点县农民人均纯收入从3985元增长到6088元，增速超过全国平均水平。贫困地区基础设施明显改善，公共服务水平不断提高，生态环境恶化趋势得到遏制。

二、"十三五"扶贫开发面临的突出问题

"十三五"是全面建成小康社会的关键时期、冲刺阶段。打好今后五年的扶贫攻坚战，必须全面分析、清醒认识以下突出问题。

（一）贫困人口规模大，收入水平低

减贫任务艰巨。根据国家统计局贫困监测数据，按照国家扶贫标准，2014年年底全国还有7017万农村贫困人口，贫困发生率7.2%。其中河南、湖南、广西、四川、贵州、云南贫困人口在500万以上；西藏、甘肃、新疆、贵州、云南贫困发生率在15%以上。2015年要实现减贫1000万以上的计划，预计"十三五"贫困人口仍有6000万。在扶贫标准不变情况下，减贫边际难度不断加大，实现今后五年每年减少贫困人口1000万以上的目标，是一项艰巨而紧迫的历史任务。

增收难度加大。2014年，592个重点县农民人均纯收入6088元/年，占全国农民人均纯收入的61.5%，占比逐年上升，但绝对差距由2011年的2992元扩大到3804元。特别是一些扶贫任务较重的省份，如甘肃2014年全省农民人均纯收入仅为5736元/年，贵州仅为6146元/年。近年来，受农产品价格影响，贫困户经营性收入增长空间有限。受经济结构转型影响，贫困地区农村劳动力外出就业难度增大，工资性收入增长趋缓。2011年贫困地区农村居民工资性收入比上年增长31%，2012年为20.1%，2013年为25%。同时，经济增速和财政收入增长放缓，贫困人口转移性收入增加空间有限，财产性收入所占比重极低，难以成为增收支柱。2013年贫困地区农村居民人均转移性收入为537元，财产性收入为77元，分别比全国低247元和216元。

贫困代际传递。贫困户普遍存在健康状况不良，教育程度不高，获得技术、信息、贷款、服务等困难，容易导致"一代穷、代代穷"现象，加剧农村社会阶层分化。

（二）区域性贫困凸显，发展能力不足

老少边穷地区贫困问题集中。全国 832 个贫困县中，有革命老区县 357 个，民族县 416 个，边境县 72 个。建档立卡人口 33.4%分布在老区县，22.6%为少数民族。8 个民族省区贫困发生率均高于全国平均水平，其中西藏 23.7%、新疆 18.6%、贵州 18%。832 个贫困县建档立卡人口占全国 63.4%。

县域经济发展水平低。2013 年，重点县人均 GDP 为 15 310 元，占全国人均 GDP 的 36.6%；人均财政收入 1 060 元，占全国地方人均财政收入 20.9%；人均财政支出 4 438 元，占全国地方人均财政支出 50.4%，财政自给率 23.9%。832 个贫困县中，359 个位于主体功能规划中的限制开发区范围，区域开发与生态保护矛盾突出。

贫困人口自我发展能力弱。建档立卡人口中，初中以下文化程度超过 92%。2 948 万建档立卡户中有 1 242 万户主要是因病致贫。资料显示，虽然有 2 000 多万建档立卡人口外出务工，但一半以上为就近打零工，收入低，不稳定。建档立卡贫困村 70.8%没有集体经济，内生发展动力严重不足。

（三）发展基础差，致贫原因复杂

基础设施建设明显滞后。尽管近年国家不断加大对西部地区投入力度，但总体投入水平仍然偏低。2013 年，西部地区固定资产投资为 10.9 万亿元，仅为全国总量的 25%。贫困地区县以下交通基础设施不足，等级偏低，村内生产生活道路建设缺少资金来源。全国 12.8 万个建档立卡村中，6.9 万个行政村不通客运班车。87.1 万个自然村中，有 33 万个不通沥青（水泥）路。贫困地区农村生产生活水利设施建设欠账多，洪涝灾害、干旱缺水、水土流失严重。贫困地区农田有效灌溉面积比全国平均水平低近 20 个百分点。建档立卡户中有 652 万户饮水困难，580 万户饮水不安全。

公共服务水平偏低。2013 年，贫困地区行政村有幼儿园或学前班的占 50.4%，有小学的占 60.4%。平均每个小学拥有教师 16 人，为全国平均水平的 61.2%。贫困地区每千人拥有床位数 2.53 张，为全国平均水平的 55.6%；11.1%的贫困村没有合格卫生室，高出全国平均水平 4 个百分点。贫困村平均每村乡村医生和卫生员 0.85 人，不到全国平均水平的一半。劳动力参加非农技术培训的比重只有 10.6%。

市场主体缺失。贫困地区市场主体发育不足、市场体系建设滞后，产业发展处于价值链低端。2013年，西部12个省份千人拥有规模以上工业企业数为12.2个，占全国平均水平的47%。平均每村只有专业合作社0.6个，缺乏龙头企业和致富带头人辐射带动，产业发展专业化、规模化、组织化程度低，农户利益联系不紧密。贫困地区的存贷比普遍在40%左右，储蓄外流严重。金融服务缺失，实际贷款需求难以满足。建档立卡户中，34%（约1000万户）的贫困户有贷款需求，而2014年扶贫小额信贷实际只覆盖62万户。

致贫原因复杂多样。建档立卡户中，42%因病致贫、9%因学致贫、6%因残致贫、6%因灾致贫，缺劳力、缺技术、缺资金的分别占16.8%、22.3%、35%，不少贫困户存在多重致贫因素。贫困村遭受自然灾害打击的频率是全国的5倍。处于温饱边缘农户，抵御自然和市场风险能力弱，返贫压力大。

（四）扶贫政策针对性不强，缺乏特惠支持

已有政策落实不到位。《纲要》确定了三位一体的扶贫工作格局，制定了财政、金融、税收、投资、土地、生态等八个方面的支持政策，各地各部门不同程度地采取了措施。但是很多方面的政策没有落实到位。如，贫困地区安排的公益性建设项目，仍未全面取消县以下（含县）以及西部地区连片特困地区配套资金。国家医疗救助政策尚未全部覆盖需要救助的贫困户。针对贫困地区的生态保护补偿、资源开发有偿机制还没有真正建立起来。

财政投入明显不足。中央财政专项扶贫资金总量虽逐年增加，但占财政收入的比重由1986年的2.44%下降到2014年的0.67%，占全国GDP的比重由0.18%下降到0.07%。2014年，中央财政专项扶贫资金433亿元，平均每个贫困人口为525元，难以满足扶贫攻坚的现实需求。

行业支持缺少特惠。目前行业政策普惠性的多，到村到户的少。危房改造、安全饮水、教育、卫生等公共服务方面的政策大多是区域指向，没有体现出对贫困人口的格外关心、格外关注、格外关爱。"三农"补贴发放主要以种养规模为依据，种粮大户、养殖大户、农机大户得到的多，贫困农户得到的少。土地增减挂钩等政策效益难以惠及边远贫困地区贫困人口。

工作责任落得不实。一些贫困地区特别是贫困县党委政府没有真正把扶贫开发提上重要日程、摆到重中之重的位置。重县城建设轻农村发展、重发展速度轻减贫进程、重"招

牌工程"轻脱贫实效的现象比较普遍。扶贫工作领导投入精力少，基层工作薄弱，甚至有的县城建设与农村面貌形成强烈反差，"戴帽炫富"，饱受诟病。

社会动员支持体系薄弱。社会扶贫没有专门支持政策，缺少广泛参与的信息服务平台，帮扶方与受助方难以对接，无法满足企业、社会组织和公民个人各方面力量通过多种形式参与扶贫的客观需要。东西扶贫协作、定点扶贫既存在政策不明确，制度化、规范化不够的问题，也面临继续深化、细化和精准化的迫切要求。

因此，要清醒地认识，扶贫开发事关全面建成小康社会全局，必须以时不我待的紧迫感、真抓实干的务实精神、精准扶贫的科学方法，全力推进新时期扶贫攻坚。

三、"十三五"扶贫开发目标任务

（一）指导思想

高举中国特色社会主义伟大旗帜，以邓小平理论、"三个代表"重要思想、科学发展观为指导，全面贯彻党的十八大和十八届三中、四中全会和习近平总书记系列重要讲话精神，按照"四个全面"战略布局，深刻认识扶贫开发在全面建成小康社会全局中的重大意义，切实把扶贫开发摆在更加突出的位置，以扶贫改革创新为动力，以更加明确的目标、更加有力的举措、更加有效的行动，深入实施精准扶贫、精准脱贫，立下愚公志，打好攻坚战，决不让贫困地区贫困群众掉队。

（二）总体目标

按照全面建成小康社会的要求，在基本完成《纲要》"两不愁、三保障"目标和25号文件"六项机制改革、十项重点工作"的基础上，提出今后五年扶贫开发的总体目标：

——到2020年，消除绝对贫困，现国家扶贫标准下的贫困人口全部脱贫。

——到2020年，消除区域贫困，现国家和省级贫困县全部脱贫摘帽。

——到2020年，扶贫开发由重点消除绝对贫困向减缓相对贫困转变，国家制定与经济社会发展水平相适应的贫困标准。

——到2020年，扶贫开发由主要解决农村贫困向统筹解决城乡贫困转变，向实现共同富裕迈进。

（三）重点任务

精准扶贫、精准脱贫的体制机制基本形成，扶贫开发重点工作全面完成，制约贫困地区发展的瓶颈问题得到解决。贫困地区基本公共服务主要领域指标接近全国平均水平（见表1），生产生活条件明显改善，社会事业全面发展，社会保障水平显著提高，特色支柱产业体系初步构成，生态环境持续改观，农村基层组织建设得到加强。村村通沥青（水泥）公路、广播电视和宽带，人人享有安全饮用水，户户享有安全住房并通电，每个孩子接受公平有质量的教育，医疗和养老保险对贫困人口全覆盖。

交通。具备条件的建制村全部实现通沥青（水泥）路、通班车。基本建成贫困地区国家高速公路网，具备条件的县城通二级及以上公路。

水利。贫困地区农村饮水安全保障程度和自来水普及率进一步提高，农村集中式供水覆盖率达到80%以上。基本完成大型和重点中型灌区续建配套与节水改造任务，小型农田水利设施明显改善。

生产生活用电。实现每个贫困户通生活用电，每个自然村通生产用电。

农村危房改造。贫困地区农村危房全部得到改造，贫困户住房达到国家安全标准。

教育。贫困地区基本普及学前教育，义务教育巩固率达到95%以上，普及高中阶段教育，贫困家庭后备劳动力都接受中长期职业教育和技能培训。扫除青壮年文盲，主要劳动年龄人口平均受教育年限提高到10年以上。让贫困家庭孩子都能接受公平的有质量的教育，不因家庭经济困难失学。

医疗卫生。贫困地区县、乡、村三级卫生计生服务网全部建成。贫困人口新型农村合作医疗参合率稳定在98%以上，报销比率进一步提高。

公共文化。基本建成公共文化服务体系。全面实现广播电视户户通。具备条件的自然村实现通宽带。

特色产业发展。贫困地区农业现代化水平不断提高，农产品流通渠道畅通。特色支柱产业体系初步形成。贫困村普遍建立农民专业合作组织，有条件的贫困户掌握1~2项实用技术，至少参与1项增收项目。

生态环境。贫困地区生态文明建设得到加强。

社会保障。实现城乡居民基本养老保险制度和新型合作医疗制度全覆盖，农村最低生活保障实现应保尽保，农村社会保障范围和水平进一步提升。

农村基层组织建设。贫困地区农村基层党组织带领群众脱贫致富的能力不断提高，为每个贫困村派驻1个驻村工作队和1名第一书记。基本消除集体经济空白村。

表1

贫困地区贫困人口脱贫主要指标

项目	类别	指标	单位	2010 年	2015 年	2020 年
总目标	贫困人口规模	国家扶贫标准下贫困人口	万	16 567	6 000	消除
	消费水平	贫困农户恩格尔系数	%	64.4		≤50
	收入水平	贫困村农民人均纯收入占全省比重	%			≥60
		贫困地区农民人均收入占全国比重	%	55.3	65	≥70
基础设施	交通	贫困村通班车比率	%		60	≥95
	饮水	贫困地区农村集中式供水覆盖率	%	46	55	≥80
	用电	贫困户通生活用电比率	%	98	99	100
		自然村通生产用电比率	%		90	100
	住房	贫困户危房改造比率	%		80	100
基本公共服务	教育	贫困地区义务教育巩固率	%	90		≥95
		每个贫困家庭掌握技能	门			≥1
		贫困地区劳动力年龄人口人均受教育年限	年	8		≥10
	文化	贫困户通广播电视比率	%	93	95	100
	卫生	贫困户新型农村合作医疗参与率	%	93.2	97	≥98
	信息化	贫困自然村通宽带比率	%		40	≥95
	社会保障	贫困户参加新型农村社会养老保险比率	%	42	90	≥98
产业		贫困村农民专业合作组织建立比率	%		30	≥70
		扶贫对象参与增收项目比率	%		40	全部
基层组织建设		驻村工作队干部	名			≥3
		贫困村村级集体经济	万元		2	≥10

注：2015 年数据是根据国家统计局监测数据和建档立卡数据推测的，未填的数据目前未能获得，但提出的目标均有依据或来源。

四、"十三五"扶贫开发对策建议

（一）全面落实党政主体责任

明确党政一把手责任。充分发挥党的政治优势和社会主义制度优势，强化各级党委政府扶贫开发主体责任，党政一把手要切实把扶贫抓在手上。地方各级党政领导班子成员每人要确定一个扶贫攻坚联系点。省、市、县要逐级签订扶贫开发目标责任书，加强监督检查和考核评估。贫困县由县委书记担任扶贫开发领导小组组长。中央每年组织对各地扶贫工作情况进行督查。

加强贫困县领导力量。有计划地从中央和国家机关、中央企业选拔部级后备干部到贫困地区任职，各省区市党委政府也应选派厅局级后备干部到贫困县任职，作为提高贫困地区领导班子治理能力和培养锻炼干部的重要途径，表现优秀的，优先提拔使用。

用好贫困县考核"指挥棒"。各省区市细化落实《关于改进贫困县党政领导班子和领导干部经济社会发展实绩考核工作的意见》，制定具体实施办法。把考核结果作为扶贫资金分配、干部任用的重要依据，对贫困地区党政主要领导实行扶贫开发工作不达标一票否决，下决心把贫困县工作的重点转到扶贫开发上来。各省（自治区、直辖市）要选强配好贫困县领导班子，在规定时限内完不成扶贫任务，主要领导不得调动，更不得提拔使用。

强化村级组织建设。加强以村党支部为核心的农村基层组织建设，选好用好带头人。健全村民自治组织，培育发展农民专业合作社，壮大集体经济实力。加快培养贫困村致富带头人，提高贫困群众互帮互助共同致富能力。从各级党政机关、企事业单位、人民团体选派优秀党员干部担任贫困村"第一书记"，选好配强驻村工作队，协助推进扶贫政策宣传和重点工作落实。

（二）瞄准贫困人口分类施策

对有劳动能力的支持发展特色产业。因地制宜制定产业发展规划，组织贫困农户参与产业发展，有针对性地提供产前、产中、产后服务，为贫困群众和扶贫龙头企业提供信贷支持，开展贫困村创业致富带头人培训和贫困人口实用技术培训，帮助实现产业增收。

对贫困家庭子女教育和就业进行扶持。率先在贫困县实行12年义务教育，建档立卡贫困家庭子女高中阶段补助学费、减免食宿费。建立省级重点中学结对帮扶贫困县中学机制，发展互联网远程教育，促进优质教育资源共享。对建档立卡贫困家庭上大学子女，在校期间给予生活补助，提供助学贷款，毕业后到贫困地区工作的，由国家代偿贷款。建档立卡贫困家庭适龄子女接受中高等职业教育、一年以上劳动预备制培训，除享受国家职业教育补助政策外，给予扶贫助学补助和生源地助学贷款。鼓励东部地区、企业为贫困家庭毕业生定向提供就业机会，实现稳定就业的，国家和就业地在落户、住房保障、社会保障等政策上给予倾斜照顾。

对"一方水土养不起一方人"的地方实施扶贫搬迁。按照四化同步发展的要求，结合解决"三个一亿人"问题，对居住在不具备生存条件地区的贫困人口实施扶贫搬迁，改善生产生活环境，帮助搬迁群众实现稳定就业增收。

对丧失劳动能力的实施兜底性保障政策。在贫困地区发展资产性增收项目，使贫困人口获得稳定收益，重点保障无劳动能力的贫困人口基本生活。县域内逐步统一城乡低保标准，将无劳动能力的贫困人口全部纳入最低生活保障范围，完善补差计算办法，逐步提高保障水平。

对因病致贫的提供医疗救助保障。建档立卡贫困人口参加新型合作医疗，自筹部分由财政全额支付；给予大病医疗保险补助，提高报销比例；扩大大病医疗救助对建档立卡贫困户的覆盖范围。

（三）整合扶贫资源

行业部门要将解决贫困地区发展短板、加快贫困群众脱贫步伐作为分内责任，行业资源投向要重点向贫困地区聚焦，行业资金项目投入要瞄准建档立卡人口。在政策制定、项目安排、资金投入、技术支持、年度工作安排等方面真正体现精准扶贫，重点倾斜，确保落实到位。以精准脱贫为导向，建立政策资金项目考核机制，确保行业部门的扶贫资源与脱贫人口挂钩。各行业部门要支持以县级为单位整合扶贫资源，有效汇聚政策资金项目，集中打捆投放贫困村贫困户。审计署等部门每年要对贫困县扶贫资金使用情况进行专项审计，向社会公布结果。

（四）动员更广泛资源参与扶贫

建立有效机制，利用市场手段，吸引更多社会资源参与扶贫开发。允许扶贫捐款税前列支。设立"1017扶贫基金"，接受社会公众扶贫捐赠，全部用于精准扶贫。出台支持社会公众通过电商平台购买贫困地区商品的消费政策。在土地、金融、税收等方面，对民营企业通过投资兴业、吸纳就业、开发资源等方式参与扶贫开发给予支持。出台引导各类社会组织、志愿者参与到村到户精准扶贫的激励政策。鼓励大型国有企业拿出一定比例利润用于扶贫，支持民企建立自我管理的扶贫基金。组织国家三甲医院和军队医院帮扶贫困县、开展健康帮扶行动，帮扶医院派驻医疗队开展巡回体检、诊疗，帮助贫困县培训医务人员，与贫困县医院建立疑难病网上会诊系统。倡导企业包县、包乡、包村、包户扶贫。完善定点扶贫、东西扶贫协作、军队和武警部队参与扶贫机制，推动帮扶优势同贫困地区资源进行有效对接，开展扶贫示范村建设。允许党政机关定点扶贫从机关经费结余或定额公用经费中列支。组织经济强县与贫困县结对帮扶。建立社会力量参与扶贫荣誉表彰制度。

（五）改革创新扶贫思路和扶贫政策

资产收益政策。支持贫困地区发展光伏发电、水电、设施农业等有稳定收益的项目，将投入项目的扶贫资金折股量化给贫困户。支持建档立卡农户以土地入股的方式参与规模化经营。以土地置换方式获得城镇建设用地增值收益。探索扶贫股权投资的新方式。

生态补偿政策。在全国主体功能区基本框架下，制定有利于贫困地区、扶贫对象的生态环境保护补偿政策和资源开发收益分配政策。扩大退耕还林、退牧还草规模，提高公益林补助标准，确保林权所有人受益。

土地政策。国家新增建设用地指标，优先满足贫困地区小城镇和产业聚集区建设、整村推进用地需要。增加贫困地区城乡建设用地增减挂钩指标，在保证农业生产能力不减的前提下，贫困县城乡建设用地增减挂钩结余指标、耕地占补平衡结余指标，可在本省域内和东部对口帮扶地区所在省域内交易，所得收益主要用于支持扶贫搬迁、整村推进和危房改造。实行更加灵活的宅基地管理制度，通过增减挂钩、联建共享等途径让贫困地区分享城镇化的土地增值收益。

财政政策。加大中央和省级财政扶贫资金投入和管理力度。县级统筹安排使用财政专项扶贫资金，严格遵守扶贫资金管理制度，强化监督审计。

金融政策。发行贫困地区建设债券。新增村镇银行优先在贫困地区布局。完善贫困地区农业大灾风险分散制度，对建档立卡贫困户财政补贴保费。对符合条件的建档立卡贫困户发展特色产业，提供5万元以下、3年以内的免担保、免抵押、基准利率放贷、扶贫资金贴息、设立风险基金的扶贫小额信贷。对积极参与扶贫开发、带动贫困群众脱贫致富的扶贫龙头企业，安排扶贫再贷款给予支持。

老少边地区扶贫政策。制定"十三五"革命老区、民族地区和边疆地区发展规划。中央彩票公益金项目实现对贫困老区县贫困村的全覆盖，逐步扩大到民族地区、边疆地区所有贫困村。对集中居住在一到两个县的人口较少民族，研究制定政策措施，实施整县推进、整体脱贫。将边疆扶贫纳入中央事权，结合国家"一带一路"发展战略，加大对边境贫困村扶持力度，提高保障水平。

增强改革红利辐射。加快贫困县土地、金融、户籍等领域改革步伐，提高贫困群众改革获得感。鼓励贫困劳动力向城镇转移就业和落户，在同一城市稳定务工达到一定年限的，给予城市准入和保障性住房支持政策，并在个人缴纳社会保险、医疗保险、子女异地就学等方面享受市民待遇。实行积分入户的大城市，对建档立卡贫困户要采取倾斜措施。

（六）区域开发与精准脱贫紧密结合

研究建立区域扶贫攻坚和精准扶贫相衔接的机制，片区规划项目要分别纳入国家和省级"十三五"规划，确保规划的各类建设项目、民生政策真正落地，使片区规划的实施成为精准扶贫的有力支撑，为贫困地区发展奠定坚实基础。

将整村推进作为片区规划"最后一公里"的实现手段。在建档立卡基础上，编制《"十三五"贫困村整村推进规划》，以整村推进为平台，整合各类扶贫资源，提高标准、集中投入、综合施策，解决建档立卡贫困村内基础设施和基本公共服务"最后一公里"问题。集中资源解决贫困村内的基础设施和基本公共服务，实施村组道路、机耕路、生产性小型公益项目，加强贫困村水、电、房、基本农田、信息化等基础设施和教育、卫生、文化等公共服务建设。注重生态环境保护，提高贫困地区的综合生产能力和可持续发展能力。拓宽建档立卡贫困人口增收渠道，重点培育和发展基础产业、特色优势产业，增加建档立卡贫困户收入。加大良种良法等农业适用技术、农业生产技能、劳务输出人员技能等培训，进一步提高建档立卡贫困人口的基本素质和自我发展能力，做到实施一个村、脱贫一个村。

ZHONGYANG
"SHISANWU"
GUIHUA 《JIANYI》 ZHONGDA
ZHUANTI YANJIU

专题四　消费、投资、出口等
需求结构分析

国家发展和改革委员会

"十三五"时期消费、投资、出口等
需求结构分析

一、当前我国需求结构总体趋向基本合理

改革开放以来，我国需求结构呈现投资率、净出口率提高、消费率降低和投资、消费贡献率高、净出口贡献率低的双"两高一低"特征。虽然在 2007 年左右的全球化峰值阶段出现了较为明显的偏离，投资率显著偏高、消费率显著偏低、净出口率偏高，但伴随经济发展阶段推移、比较优势变化等推动的结构自然演进和政策措施推动的结构调整的双重作用，近年来这种偏离已渐趋消除。总体来看，**我国需求结构与世界各国需求结构变化的一般趋势，尤其与经济发展阶段比较接近、比较优势基本相同的东亚发展中国家比较一致，符合以劳动力优势参与全球化的经济体中低收入阶段发展规律，也基本符合我国比较优势决定的需求结构理论预期水平。可以说，我国现阶段需求结构总体趋向基本合理。**

（一）现阶段我国需求结构呈现双重"两高一低"特征

1. 需求结构总体变化呈现阶段性"两高一低"特征

改革开放以来，我国需求结构的变化呈现阶段性特征。**消费率总体呈台阶式下降**，连续下降 65％、60％、55％和 50％四个台阶；**投资率呈台阶式提高，跨越了 40％和 45％两个台阶；净出口率也呈小幅提高态势**（见图 1）。2000 年之前，需求结构变动幅度较小，投资

率、消费率和净出口率保持相对稳定。2000 年以后，需求结构发生较大变化，投资率持续大幅提高，2011 年达到 48.3％的峰值，消费率持续大幅下降，2010 年达到历史最低 48.2％，净出口率先大幅上升而后快速回落，但一直大于 2％。**近两年，消费率和投资率的变化出现反转，消费率触底回升**，2013 年达到 49.8％，**投资率达到峰值后开始回调**，2013 年达到 47.8％[1]。

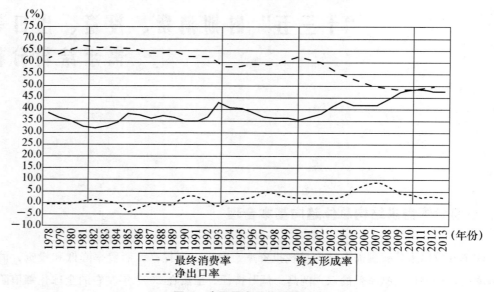

图 1　我国需求结构演变过程

数据来源：《中国统计年鉴（2014）》。

2. 三大需求对经济增长贡献率呈现"两高一低"特征

从三大需求对经济增长贡献率来看（见图 2），**投资、消费对经济增长的贡献远远高于净出口，总体看，我国并不存在经济增长过度依赖外需的问题。**从相对变化来看，2000 年以前，三大需求贡献率波动幅度都比较大，其中消费贡献率相对比较稳定；21 世纪以来，**三大需求贡献率波动幅度均明显收窄，对经济增长拉动作用更加稳定。**2001 年以前，消费贡献率总体大于投资贡献率；2001—2010 年两者关系发生逆转；2011 年以来消费贡献率再次超过投资贡献率（2013 年除外）。

---

　　[1]　一些学者认为，我国的消费率被低估，而投资率被高估。这在局部范围内可能存在，但从全国来看，目前尚不能判定存在系统性的消费低估和投资率高估。同时，考虑到我们将与国际数据比较分析，且无法对其他国家数据进行修调，故我国消费率与投资率仍采用国家统计局公布数据。

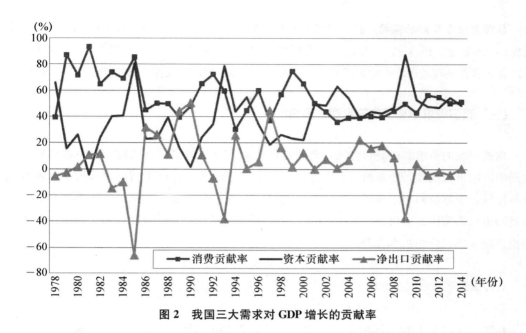

图 2　我国三大需求对 GDP 增长的贡献率

数据来源：《中国统计年鉴（2014）》和国家统计局数据。

（二）我国需求结构与东亚发展中国家变化趋势一致且水平接近

　　开放条件下的需求结构与封闭条件下的需求结构存在根本不同，判断我国需求结构不能简单参照发达国家区域化或贸易国际化背景下的需求结构，而应立足于全球化与国际产业分工的基本背景，以世界各国普遍规律为依据，尤其要以具有同样发展阶段、比较优势和分工地位的东亚发展中国家作为参照系。依此来看，我国需求结构不仅与世界各国需求结构变化的一般趋势，尤其与东亚发展中国家趋势基本相同，且水平比较接近。

　　从消费率变化趋势来看，20 世纪 70 年代以来，我国与东亚太平洋发展中国家一样均经历了"阶梯形"下降趋势。从发展水平来看，20 世纪 70 年代以来，我国消费率均值和东亚太平洋发展中国家仅相差 2.6 个百分点。2000 年之后差距有所拉大，我国消费率低于东亚太平洋发展中国家均值约 4 个百分点。

　　从投资率变化趋势来看，1993 年之前，我国与东亚太平洋发展中国家同样均呈"阶梯形"上升趋势，1994—2000 年均呈大幅下降趋势，2001—2012 年则均为波动上升。从发展水平来看，1960—2012 年，我国投资率均值和东亚太平洋发展中国家仅相差 2.5 个百分点，21 世纪以来，差距有所扩大，由之前的 1.9 个百分点扩大到 4.4 个百分点。

从顺差率变化趋势来看，我国与东亚太平洋发展中国家也基本相同。1970—1979 年顺差率均保持基本稳定，1980—2007 年波动上升，2008—2012 年大幅下降。从发展水平来看，1970—2012 年，我国的顺差率均值和东亚太平洋发展中国家基本相同，且各阶段的差距均非常小。

（三）我国需求结构基本符合理论预期水平

判断一国的需求结构是否合理，既不能简单地与发达国家进行比较，也不能简单地与发展中国家进行比较，而要与综合考虑影响需求结构的各主要因素所测算的理论预期水平进行比较。根据我们利用世界银行发展指标（WDI）数据库相关数据构建的消费率、投资率及净出口率跨国面板模型，除了 2008 年前后的短短几年之外，现阶段我国需求结构符合理论预期水平，趋向基本合理。

1. 2008 年左右消费率明显低于理论预期水平，但近年来差距有所缩小

1970—2013 年我国实际消费率与理论水平都呈持续下降态势，二者变化基本吻合（见图 3）。2005 年以后，实际消费率持续低于理论水平，特别是 2008 年之后两者差距迅速扩大，2009 年甚至低 8.4 个百分点左右，但近年来差距已经有所缩小。

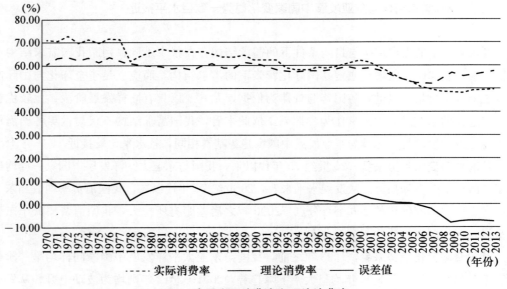

图 3 我国实际消费率和理论消费率

数据来源：CEIC 数据库和课题组计算。

2．2007 年左右投资率偏离理论水平较多，但近年来差距显著缩小

1990—2007 年，我国实际投资率围绕理论水平波动，二者相差最多不超过 5 个百分点（见图 4）。21 世纪以来实际投资率持续高于理论水平，从我国的发展阶段和经济结构特征（如高储蓄率、较高的劳动年龄人口比重等）来看，在一定阶段内保持较高的投资率是合理且必要的，但 2007 年之后几年投资率偏高的问题比较突出，偏离程度达到 10 个百分点左右，**但从 2011 年开始，差距开始显著缩小，实际投资率开始向理论水平趋近。**

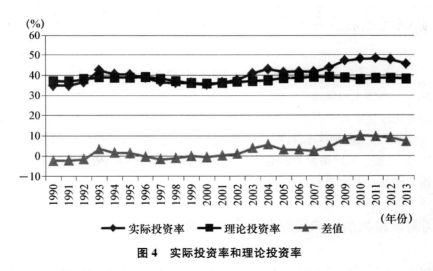

图 4　实际投资率和理论投资率

数据来源：CEIC 数据库和课题组计算。

3．2007 年以来我国净出口率曾明显偏高，但近年来扭曲已基本消除

改革开放以来，我国净出口率与理论水平基本相同，只有 2007 年和 2008 年这些特殊年份偏离理论水平较多，大约为 5 个百分点（见图 5）。**这说明当前我国净出口率处于适度水平，不存在持续偏高或偏低现象。**

总体来看，虽然与根据一般趋势推导出的需求结构理论水平相比，我国投资消费比例关系存在一定程度的扭曲，但仅在 2007 年以后出现了比较明显的"投资率偏高、消费率偏低"现象。进一步看，我国一度出现的消费率偏低、投资率偏高现象并不是特例，而是同

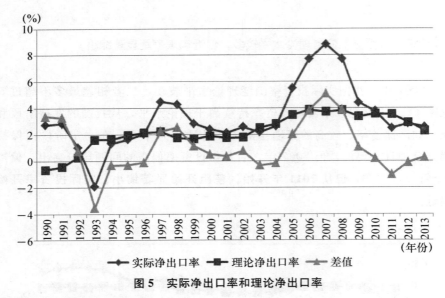

图5 实际净出口率和理论净出口率

数据来源：CEIC 数据库和课题组计算。

样具有劳动力比较优势的东亚太平洋地区发展中国家的区域性发展特征之一。[1]尤其需要注意的是，我国广受诟病的所谓投资率和出口比重较高，以及经济增长过度依赖投资和出口"问题"，仅是基于不同国家数据的简单比较而得出的，我们的研究发现，所谓我国净出口率明显偏高问题并不能得到数据支撑。

二、我国需求结构的影响因素及其变化趋势

从理论上看，需求结构影响因素在根本上是通过两个层面的决定机制来发挥作用的：一是经济活动中政府、企业和居民等微观主体的投资储蓄决策机制；二是微观主体的投资储蓄决策加总形成社会整体需求结构的机制。

（一）我国需求结构影响因素的定性分析

一是受到全球化的影响。在全球化深入发展背景下，我国的低成本劳动力优势突出，

---

[1] 2005 年以来，东亚太平洋发展中国家的实际消费率持续低于理论值，二者差距在 2008 年之后进一步扩大（见附图 1）。1997 年亚洲金融危机之前，东亚太平洋发展中国家的实际投资率持续高于理论值，之后二者差距缩小，但 2008 年之后二者差距再次拉大（附图 2）。实际消费率、投资率与各自理论值间关系的变化，除了与本地区发展阶段变化有关，还与全球化过程中的国际资本流动及国际产业分工格局变化密切相关。

投资回报相对较高，外部资本流入较多，间接推高了投资率。就中美需求结构来看，美国投资向中国转移，使美国投资减少，我国的投资率相应增加。由于跷跷板效应，美国投资转移的同时，消费率相应提高；加上在中国的投资回报以资本盈余形式汇回本国，使美国居民收入得以提高，消费率被二次扩大。也就是说美国的投资转移到中国一部分，消费则相应提高了两部分，我国在接受美国投资时，投资率提高了一部分，而消费相当于减少了两部分。

二是由我国所处的发展阶段决定。一国投资率的高低是发展阶段和经济结构特征的深刻反映。我国目前处于工业化和城市化快速推进阶段。资本相对劳动更为稀缺，投资回报相对更高，更多的国民收入被用于储蓄并进而转化为投资。工业化和城市化快速推进产生的制造业发展和基础设施建设需求为追求较高回报的资本提供了广阔的投资空间，这在客观上决定了我国在一定阶段内具有较高的投资率。

三是与我国人口年龄结构有关。过去30多年，我国经历了一个较快的人口年龄结构转变过程，劳动年龄人口的数量和比重都在提高。充裕的劳动力资源和相对较低的人口负担，构成了显著并持续的"人口红利"期，客观上支撑了我国的高储蓄率，为投资率的提高提供了基础。

四是与体制扭曲有关。投资率偏高与我国体制不完善导致的体制扭曲也有很大关系。比如，在现行行政和财政管理体制下，地方政府有扩大投资做大GDP和获取更多税收的动机。而在现行资源环境体制下，资源要素价格扭曲，环境成本没有内部化，相当于降低了投资成本，为低效投资创造了制度条件。由于体制不完善而带来的金融压抑，压低了资金使用成本，为粗放式扩大投资提供了条件。此外，我国长期存在重复建设、过度投资以及铺张浪费等无效投资，也在一定程度上助长了投资率高居不下。消费率偏低，则与我国收入分配制度和基本公共服务制度不完善有很大关系。

（二）需求结构影响因素的定量分析

对跨国面板数据的计量分析表明，世界各国需求结构变化的一般影响因素有如下规律。

1. 消费率变化的影响因素

世界各国消费率的变化趋势主要受人均GDP增长率、服务业占GDP比重、商品和服务出口占GDP比重、城镇化率等因素影响。从变化方向看，随着人均GDP增长率提高、商品和服务出口占GDP比重提高和城镇化率提高，消费率显著降低；而随着服务业占GDP

比重提高，消费率显著提高（见表1）。

表1

消费率影响因素回归结果

影响因素	被解释变量：消费率
人均 GDP 增长率	－0.159 412 1*** （0.000）
服务业占 GDP 比重	0.409 332 6*** （0.000）
商品和服务出口占 GDP 比重	－0.266 815 6*** （0.000）
城镇化率	－0.142 801*** （0.000）
常数项	77.387 96*** （0.000）
观测数	1 298
R^2	0.764 6

注：圆括号内为 p 值，***、**、*分别表示 1%、5%、10%显著性水平。

2. 投资率变化的影响因素

世界各国投资率的变化趋势主要受储蓄率、城镇化率、适龄劳动人口比例、非农就业人口比例的影响。从变化方向上看，随着储蓄率提高、适龄劳动人口比例提高和非农就业人口比例提高，投资率将显著上升；而随着城镇化率提高，投资率将显著降低（见表2）。

表2

投资率影响因素回归结果

影响因素	被解释变量：投资率
储蓄率	0.420 403 9*** （0.000）
城镇化率	－0.240 231 5*** （0.013）
适龄劳动人口比例	0.463 251 7*** （0.000）
非农就业人口比例	0.004 508 9*** （0.000）
常数项	7.090 397* （0.077）
观测数	873
R^2	0.767 6

注：圆括号内为 p 值，***、**、*分别表示 1%、5%、10%显著性水平。

3. 净出口率变化的影响因素

世界各国净出口率的变化趋势主要受适龄劳动人口比例、工业比例的影响。从变化方向看，随着适龄劳动人口比例提高和工业比例提高，净出口率将显著提高（见表3）。

表3

净出口率影响因素回归结果

影响因素	被解释变量：净出口率
适龄劳动人口比例	0.266 699 5*** （0.000）
工业比例	0.185 524*** （0.000）
常数项	−20.174 37*** （0.001）
观测数	1 345
R^2	0.547 8

注：圆括号内为 p 值，***、**、* 分别表示 1%、5%、10%显著性水平。

计量分析表明，需求结构的影响因素与上述定性分析结论一致。只是影响投资率、消费率和净出口率因素的侧重点有些许差异，投资率主要受资金充裕程度、人口年龄结构、就业结构等因素影响，而消费率和净出口率则主要受工业比例或服务业比例等因素影响。

（三）"十三五"及2021—2025年影响因素变化将推动我国需求结构优化调整

一是全球化进程趋于放缓将推动投资率下降。"十三五"及今后十年，全球化由以收入效应为主的双赢阶段推进到替代效应凸显的利益分化阶段，进程将趋于放缓。一方面，发达国家成本收益格局开始变化，国家保护主义进一步加剧；另一方面，新兴经济体之间的竞争更加激烈。我国在技术资本密集型产品和劳动密集型产品出口方面同时面临发达国家和后起新兴经济体的双重夹击与复杂挑战。我国吸引外部投资的增速将放缓，由全球化带来的替代投资增速会放慢，为投资率的下降提供了条件。

二是发展阶段转变将推动内外投资结构变化。我国已进入由中高收入向高收入转变阶段。一方面受资源禀赋和比较优势变化影响，另一方面受后起新兴市场国家竞争冲击，我国将从商品输出转向商品和资本输出并重。这意味着，海外投资的回报相对更高，海外投资将逐步增加，国内投资增长会下降；同时随着进口规模不断扩大，贸易顺差将逐步收窄。这将有利于降低投资率。

三是人口抚养比趋势性上升将推动消费率上升和投资率下降。我国人口抚养比将改变过去30多年的持续下降趋势转而上升（见图6），将导致社会总储蓄率下降，有利于消费率提高和投资率下降。同时，劳动相对资本过剩状况将发生转折性变化，劳动报酬占比逐步回升，对推动消费率提高和投资率下降产生积极影响。

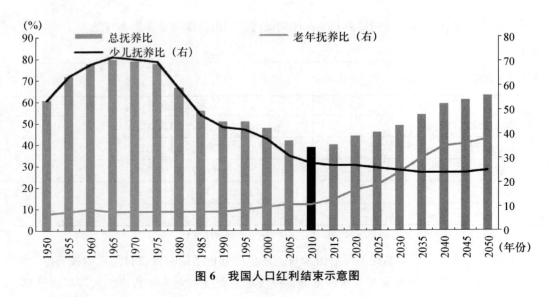

图6 我国人口红利结束示意图

数据来源：世界银行。

四是体制扭曲逐步减轻或消除将推动需求结构优化调整。一方面，随着全面深化改革的推进，财税体制改革有利于消除制度、政策性扭曲对需求结构的影响。如适度加强中央事权和支出责任，有利于降低地方投资冲动；资源环境税制改革，有助于正常反映要素使用成本，优化投资结构。另一方面，财税改革促进收入再分配体制完善，为需求结构优化调整提供制度基础。社保体制完善、个人所得税改革等，有利于提高居民消费能力和扩大消费。金融市场体系的逐步完善，利率市场化的加快推进等将有助于减弱金融压抑程度，消除资本使用价格的人为扭曲影响，以上都为需求结构调整提供有利条件。

三、需求结构变化趋势与消费、投资、出口增长趋势

（一）需求结构变化趋势

1. "十三五"及2021—2025年实际需求结构变化趋势

"十三五"及2021—2025年我国实际需求结构将呈现"一升两降"变化趋势，即消费率将逐步提升，投资率达到峰值后转而下降，净出口率也将会出现一定幅度下降（见图7）。

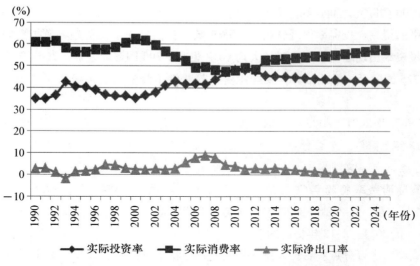

图7　"十三五"及2021—2025年实际投资率、消费率和净出口率

数据来源：CEIC数据库和课题组计算。

（1）实际投资率将趋势性下降，"十三五"时期约为44%，2021—2025年约为42.4%。 对30个曾经经历了投资趋势下降的样本经济体的投资率转折情况进行分析发现，出现投资率转折时的人均GDP约为10 211国际元，中位数为9 404国际元（见图8）。但围绕均值，投资率出现转折时的人均GDP有很大的波动区间。绝大多数经济增长急剧放缓出现在

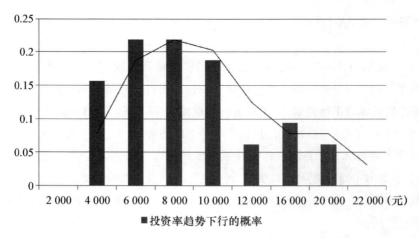

图8　投资率出现趋势性下降时的人均GDP分布

数据来源：CEIC数据库和课题组计算。

4 000—16 000 国际元之间，约占全部经济体的 90%。以上情况表明，伴随经济增长以及人均收入水平的提高，投资率出现转折是普遍现象。我们建立了投资趋势转折点模型，**估计得到我国投资率出现趋势性下降时的人均 GDP 将在 9 300 国际元左右。2008 年我国的人均 GDP 是 6 725 国际元，照此推算，我国投资率趋势性下降的时点大概将于"十二五"末期出现。**

"十三五"及 2021—2025 年我国实际投资率呈下降趋势，"十三五"时期约为 44%，较 2011—2013 年下降约 4 个百分点；2021—2025 年约为 42.4%，较"十三五"时期再下降约 1.6 个百分点。

（2）实际消费率将趋势性上升，"十三五"时期约为 54.5%，2021—2025 年约为 57.2%。"十三五"及 2021—2025 年我国实际消费率将呈趋势性上升，"十三五"时期预计为 54.5%，较 2011—2013 年提高约 5 个百分点；2021—2025 年约为 57.2%，较"十三五"时期再提高 2.8 个百分点左右。人口抚养比上升与商品和服务出口占 GDP 比重下降共同决定了"十三五"及 2021—2025 年我国的实际消费率上升趋势。

（3）实际净出口率将轻微下降，"十三五"时期约为 1.5%，2021—2025 年约为 0.4%。"十三五"及 2021—2025 年我国实际净出口率将轻微下降，"十三五"时期可能为 1.5%，较 2011—2013 年下降约 1.2 个百分点；2021—2025 年约为 0.4%，较"十三五"时期继续轻微下降 1 个百分点。工业化比重下降、劳动人口比重下降是"十三五"时期和 2021—2025 年我国实际净出口率下降的主要原因。

2．"十三五"及 2021—2025 年我国理论需求结构预期变化趋势

"十三五"及 2021—2025 年我国理论需求结构变化将呈现"一升两降"特征，即理论消费率趋势性上升，理论投资率趋势性下降，理论净出口率轻微下降（见图 9）。

（1）理论投资率呈下降趋势，"十三五"时期约为 37.5%，2021—2025 年约为 36.7%。"十三五"及 2021—2025 年我国理论投资率将呈下降趋势，"十三五"时期约为 37.5%，比 2011—2013 年下降约 3.5 个百分点；2021—2025 年约为 36.7%，较"十三五"时期再降低 0.8 个百分点。城镇化率的提高将成为"十三五"时期及 2021—2025 年投资率下降的主要原因[1]，储蓄率下降、非农就业人口增加以及劳动年龄人口比重的下降等因素也对理论投资率具有下拉作用。

---

[1] 在后发国家，伴随城镇化的基础设施投资有超前现象，因此当城镇化达到一定阶段后，随城镇化率提高的投资增量将减少。

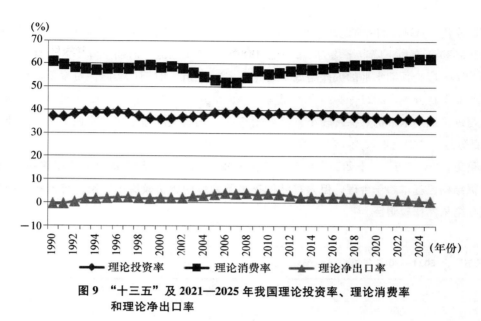

图9 "十三五"及 2021—2025 年我国理论投资率、理论消费率和理论净出口率

数据来源：CEIC 数据库和课题组计算。

（2）理论消费率呈上升趋势，"十三五"时期约为 60%，2021—2025 年约为 62.3%。"十三五"及 2021—2025 年我国理论消费率将呈逐年上升趋势，"十三五"时期约为 60%，比 2011—2013 年提高约 3 个百分点；2021—2025 年约为 62.3%，较"十三五"时期再上升 2.3 个百分点。服务业占比提高是"十三五"及 2021—2025 年我国理论消费率上升的主要原因，城镇化率提高、人均 GDP 增长率下降、商品和服务出口占 GDP 比重下降等因素也对理论消费率具有拉高作用。

（3）理论净出口率轻微下降，"十三五"时期约为 2.5%，2021—2025 年约为 1%。"十三五"及 2021—2025 年我国理论净出口率将呈轻微下降趋势，"十三五"时期约为 2.5%，比 2011—2013 年下将约 0.5 个百分点；2021—2025 年约为 1%，比"十三五"时期再下降 1.5 个百分点。劳动人口比重的下降和工业比重的下降是"十三五"及 2021—2025 年净出口率下降的主要原因。

3. 实际需求结构与理论预期水平偏离程度将趋缩小

从实际需求结构与理论预期水平的缺口来看，"十三五"时期和 2021—2025 年，实际投资率和实际消费率与理论预期水平的差值将较 2011—2013 年有所下降，我国需求结构将进一步优化（见表4）。但实际投资率将依然高于理论预期水平，且其偏差高于实际消费率

和实际净出口率与理论预期水平的差值，"十三五"时期偏离值平均为 6.5 个百分点，
2021—2025 年有所下降，平均为 5.7 个百分点，较"十三五"时期下降 0.8 个百分点。实
际消费率与理论预期水平的偏差略低于投资率，"十三五"时期，实际消费率低于理论预期
水平 5.5 个百分点，2021—2025 年降低至 5.1 个百分点。同 2011—2013 年类似，实际净出
口率与理论预期水平仍然保持较小差距，"十三五"时期实际净出口率将低于理论预期水平
1 个百分点，2021—2025 年该差值将缩小至 0.6 个百分点。

可见，"十三五""十四五"时期，实际需求结构与理论预期水平的差距将有所缩小，
内外需结构已基本趋于合理，但内需结构存量不合理问题仍较突出，投资与消费比例关系
调整任务依然比较艰巨。

表 4

"十三五"及 2021—2015 年需求结构预测

	项目	投资率	消费率	净出口率
"十三五"	实际可能水平（%）	44	54.5	1.5
	理论预期水平（%）	37.5	60	2.5
	实际与理论之差（百分点）	6.5	−5.5	−1
2021—2025 年	实际可能水平（%）	42.4	57.2	0.4
	理论预期水平（%）	36.7	62.3	1
	实际与理论之差（百分点）	5.7	−5.1	−0.6

数据来源：课题组计算得到。

（二）三大需求增长趋势预测

1. 三大需求的实际增速与理论增速均呈下降趋势

依据理论模型，我们计算得到了资本形成额、最终消费额和净出口额等核算变量，参
考以往年度资本形成和固定资产投资之间、最终消费和社会消费品零售总额之间的折算
系数，进一步将其转换为固定资产投资、社会消费品零售总额等总需求增速变量，并用
近几年的均值对其进行趋势外推，结果见表 5。"十三五"时期，投资、消费和净出口实
际增速可分别保持在 14.2%、9.9% 和 −13.6% 左右；2021—2025 年，三者的增速分别
降至 11%、8.4% 和 −16%。"十三五"时期，投资、消费和净出口理论预期增速可分别
保持在 13.6%、9.8% 和 −4% 左右；2021—2025 年，三者的速度分别下降为 10.5%、
8.3% 和 −9.1%。

表 5

投资、消费和净出口增速

年份	折算系数		理论预期增长速度			实际可能增长速度		
	资本	消费	投资（%）	消费（%）	净出口（%）	投资（%）	消费（%）	净出口（%）
2015	0.5	0.8	13.3	12.0	2.3	13.7	12.0	7.9
2016	0.5	0.8	14.0	9.8	−1.2	14.7	10.3	−0.9
2017	0.5	0.8	14.1	10.2	−2.3	14.5	10.3	−9.2
2018	0.5	0.8	13.7	9.8	−3.0	14.1	10.0	−12.9
2019	0.4	0.8	13.5	9.7	−5.2	14.3	9.3	−18.2
2020	0.4	0.8	12.9	9.4	−8.5	13.0	9.6	−26.9
2021	0.4	0.8	11.3	8.5	−11.3	11.6	8.3	−0.1
2022	0.4	0.8	10.9	8.4	−12.0	11.1	8.6	−13.8
2023	0.4	0.8	10.3	8.2	−18.5	10.6	8.5	−9.7
2024	0.3	0.8	10.1	8.2	−25.8	10.2	8.6	−23.9
2025	0.3	0.9	10.1	8.3	22.3	10.3	8.2	−36.3

数据来源：课题组计算得到。

2. 三大需求实际增速基本接近理论预期增速

"十三五"及 2021—2025 年，投资增长明显过快问题将不复存在，实际可能增速约高出理论预期增速 0.6 个和 0.5 个百分点；消费增长基本合理，实际可能增速与理论预期增速仅差 0.1 个百分点；净出口增速偏低，实际可能增速低于理论预期水平近 10 个和 6.9 个百分点（见表 6）。**由此可见，就增量而言，内需结构已经基本趋于合理，外需不足反而有可能成为需求结构主要矛盾。**

表 6

"十三五"及 2021—2025 年需求增速预测

		投资率	消费率	净出口
"十三五"	实际可能增速（%）	14.2	9.9	−13.6
	理论预期增速（%）	13.6	9.8	−4.0
	实际与理论之差（百分点）	0.6	0.1	−9.6
2021—2025 年	实际可能增速（%）	11.0	8.4	−16
	理论预期增速（%）	10.5	8.3	−9.1
	实际与理论之差（百分点）	0.5	0.1	−6.9

数据来源：课题组计算得到。

四、促进我国三大需求增长和需求结构升级对策

"十三五"及 2021—2025 年，我国需求结构方面的投资率偏高、消费率偏低特征仍然存在，但主要是历史因素造成的存量问题，有待通过增量变化逐渐化解。从增量方面来看，内需结构已基本趋于合理，但投资和消费内部结构不合理问题依然存在，内外需失衡即外需不足有可能成为需求结构新的矛盾。因此，需求结构调整的主要任务不再是优化调整三大需求比例关系，而是推动内需内部结构升级和内外需求结构优化。为此，要积极推动消费较快增长，投资合理增长，促进内需结构动态升级，形成消费与投资良性互动，同时要保持内外需基本均衡，着力稳定外需，促进出口稳定增长。由于需求结构变化主要受发展阶段、比较优势等客观因素影响，调整需求结构不能逆势而动，而要顺势而为，在尊重客观规律基础上，发挥好政策的引导作用。

（一）促进需求结构动态升级

1. 升级投资和消费内部结构，保持投资与消费比例关系动态合理

"十三五"及 2021—2025 年消费和投资需求增量的结构将基本趋于合理，内需结构的存量问题仍然存在，宜通过市场机制和政府引导双重作用逐渐化解。内需结构升级的重点应放在解决奢侈浪费型消费过度、正常发展型消费不足的消费内部结构问题，以及部分领域重复建设严重、部分领域投资不足形成短板的投资内部结构问题上。应深化收入分配制度改革，完善社会保障体系，推动城乡居民消费升级，发展新兴服务业，释放居民发展型消费潜力，同时严格贯彻八项规定，控制公款消费和奢侈浪费型消费，推动消费内部结构合理化；重点压缩与重复建设（对应供给领域产能过剩）、过度投资和铺张浪费等相关的投资，扩大民生、环保等重点领域和薄弱环节的投资，着力补短板，引导与工业化、城镇化进程正常需求相关的合理投资增加，促进投资内部结构升级。

2. 坚定不移稳定外需，防止内外需结构逆转

目前我国净出口率已经回到基本合理区间，降低外需依赖的阶段性任务已基本完成。未来一个时期，有必要将稳定外需作为升级需求结构的主要任务。应坚定维护我国的出口权益，坚定不移地稳定外需，促进净出口率向理论预期水平靠拢。

（二）以消费结构升级促进消费需求较快增长

着眼于促进经济持续增长，应避免频繁使用短期促进消费政策，长期来看，通过促进城乡居民消费升级来释放消费增长潜力，才是扩大消费需求的主要方向。应以促进居民消费升级为着力点，稳步扩大国内消费需求，同时，注重将推动消费需求增长与升级消费内部结构相结合，使消费更好地促进城乡居民生活水平和质量提升。

1. 以扩大发展型享受型消费为重点促进城镇居民消费增长

要稳步推动城镇居民消费升级，稳定基本生存型消费、扩大发展型消费、扩展享受型消费。稳定城镇居民住房和汽车消费等大宗消费的关键是顺应居民住行消费升级的正常需求，引导形成合理、可持续的消费模式。以扩大服务消费为重点带动消费结构升级，通过鼓励服务供给、健全市场监管和保障消费者权益为重点，积极推动养老服务、文化娱乐、旅游休闲、医疗健康等现代生活性服务消费。

2. 以扩展发展型消费为重点促进农村居民消费增长

在稳定农村居民住行消费的同时，积极扩展发展型消费，挖掘农村消费潜力。合理引导农村居民汽车消费方向，积极推动农村信息消费，逐步导入文化娱乐、旅游休闲、医疗健康、养老服务等服务消费。同时，适当加大农村消费基础设施和公共服务投资，为居民消费提供必要的环境和条件，推动消费持续稳定发展。

（三）以投资结构升级促进投资需求合理增长

将"补短板"和"促活力"作为未来一段时期投资政策的主要落脚点，在促进投资需求增长的同时，不断优化投资内部结构。"补短板"方面主要是弥补城乡民生领域投资欠账，不断提高区域间协调度和各类设施配套度；"促活力"主要是营造宽松公平的投资经营环境，鼓励民间资本和企业投资，激发民间资本活力和潜能。

1. 实施重大公共设施工程

前一时期我国民生领域较低的公共投资水平，导致城乡民生领域仍存在很多欠账，未来需要通过大力增加公共投资弥补欠账，提高公共投资对民生保障的水平，实现全体居民更加公平地分享经济发展成果。建议按照实现基本公共服务均等化的要求，以教育、医疗卫生等民生领域为重点，实施一批重大民生公共设施工程，加大薄弱环节投资力度，保持公共服务领域投资的合理增长。

2. 实施重大基础设施工程

虽然从总体上看，我国基础设施建设适应经济发展需求，但也存在着突出的结构性问题。从区域看，中西部相对落后地区是短板，从领域看，水利、环保等领域是短板。建议未来针对基础设施建设存在的结构性问题，实施一批重大基础设施工程，保持基础设施领域投资的合理增长，发挥基础设施对经济增长的物质保障能力。

3. 加快设备更新改造和研发创新投资

适应劳动力供求关系变化要求，加大劳动密集型产业和生产环节的设备更新改造投资；适应节能减排和大气治理要求，推动环保设备更新改造投资。适应创新驱动发展战略，落实企业研发费用加计扣除和扩大固定资产加速折旧实施范围政策，强化对创新产品的首购、订购支持，调动企业研发投资积极性，推动研发和创新投资较快增长。

4. 完善有利于投资合理增长的体制机制

充分发挥政府投资的杠杆撬动作用，加大对公共产品和公共服务的投资力度。保障商业类国有企业依法独立自主开展生产经营活动。废除对非公有制经济各种形式的不合理规定，消除各种隐性壁垒，鼓励民营企业依法进入更多领域。推动基础设施和公共服务领域政府与社会资本合作（PPP）发展。

（四）以产业结构升级优化促进出口持续稳定增长

目前我国经济进入了发展阶段转换期，传统比较优势逐步减弱，新的比较优势有待形成。在此背景下，既要加快形成技术密集型产品竞争优势，又要充分利用传统出口产品的比较优势，多管齐下，保持出口稳定增长，发挥外需对经济长期持续增长的支撑作用。

1. 通过升级产业结构保持竞争优势，拓展新市场

要"加减乘除"协同推进产业结构调整，突出加法、乘法和有正面作用的除法。做好

"两改造"——劳动密集型出口导向行业机器替代人工的设备更新改造（乘法），以及各个行业的节能减排设备更新改造（正面除法），以传统产业的升级改造稳固劳动密集型产品制造成本和技术优势。推动"两发展"——发展包括进口替代产业在内的短板产业（短期效果加法）以及战略性新兴产业（长期效果加法），提高资本密集型、技术密集型产品国际竞争力，培育产业和出口新优势，开拓国际新市场，提升出口产品附加值，优化进出口结构，努力维持国际收支基本平衡。

2. 发挥政策作用，促进出口持续稳定增长

围绕培育外贸竞争新优势出台政策措施，加快加工贸易转型，有序推进自贸区尤其是中西部自贸区建设，引导劳动密集型加工贸易向中西部具有劳动力成本相对优势的地区转移发展；探索创新外贸发展模式，发展外贸综合服务平台和市场采购贸易，扩大跨境电子商务综合试点；促进服务贸易发展，增加服务外包示范城市数量，促进在岸、离岸服务外包协调发展，努力提高服务贸易比重。同时，灵活运用出口退税等政策，积极与有关国家协商制定双边自由贸易协定，发挥政策作用，促进我国出口稳定增长。

附：

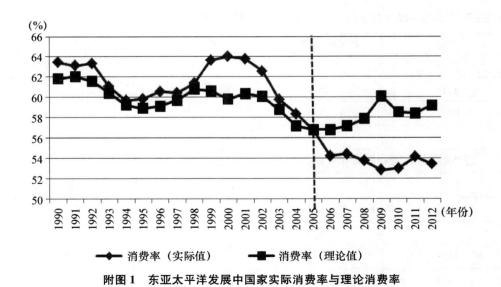

附图1　东亚太平洋发展中国家实际消费率与理论消费率

数据来源：CEIC 数据库和课题组计算。

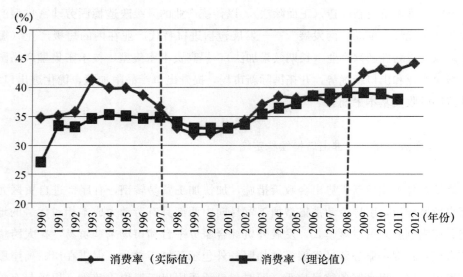

附图2 东亚太平洋发展中国家组实际投资率与理论投资率

数据来源：CEIC数据库和课题组计算。

附表1

"十三五"及2021—2025年经济增速、通胀水平及经济总量

年份	名义增长率（%）	通胀水平（%）	经济总量（亿元）
2015	9.0	2	693 744
2016	8.8	2	754 794
2017	8.6	2	819 706
2018	8.3	2	887 742
2019	8.1	2	959 649
2020	7.9	2	1 035 461
2021	6.8	2	1 105 872
2022	6.8	2	1 181 072
2023	6.8	2	1 261 385
2024	6.8	2	1 347 159
2025	6.8	2	1 438 766

数据来源：课题组计算得到。

附表 2

"十三五"及 2021—2025 年投资、消费和净出口数据

年份	实际水平			理论水平		
	资本形成 （亿元）	最终消费 （亿元）	净出口 （亿元）	资本形成 （亿元）	最终消费 （亿元）	净出口 （亿元）
2015	312 499	369 187	15 262	268 783	409 639	15 323
2016	337 869	404 715	15 124	288 836	447 218	18 740
2017	364 612	443 567	13 733	311 452	489 732	18 522
2018	392 370	484 931	11 959	335 065	534 573	18 104
2019	421 444	524 165	9778	362 008	580 076	17 565
2020	451 816	571 530	7 151	387 700	631 113	16 648
2021	479 718	613 640	7 147	411 982	678 653	15 237
2022	509 326	662 014	6 164	436 646	730 911	13 514
2023	541 085	714 869	5 567	462 589	786 903	11 892
2024	574 368	772 247	4 237	490 457	847 013	9 689
2025	610 301	826 801	2 700	523 447	908 131	7 188

数据来源：课题组计算得到。

商务部

"十三五"时期消费、投资、出口等需求结构分析

　　"十二五"时期特别是党的十八大以来，随着经济持续快速发展和结构转型升级深入推进，我国消费、投资、出口等需求规模持续扩大，结构不断优化，"三驾马车"对经济增长的贡献发生了阶段性变化，资本形成率高、最终消费率高、净出口率低的"两高一低"特征明显。"十三五"时期是我国全面建成小康社会的决胜阶段，既要稳定经济增速，保持中高速增长，更要推进结构转型升级，迈向中高端水平。为此，要坚持需求引领，激活和释放有效需求，推动需求稳步增长和结构优化，扩消费、优投资、稳出口，形成消费与投资良性互动、需求升级与供给升级协调共进的高效循环，适应和引领经济发展新常态，拓展发展动力新空间。

一、我国需求结构变化情况

　　近年来，随着经济持续快速发展，我国基础设施和设备投资高速增长、耐用消费品和住房逐步普及、出口竞争力持续提升，带动了总需求规模扩张，需求结构总体呈现"两高一低"特征，消费、投资、出口比例不协调状况有所缓解。

（一）需求结构"两高一低"特征明显，消费对经济增长的贡献率触底回升

　　近年来，我国大力推动结构调整和转型升级，取得了明显成效，需求结构不断优化，消费驱动型经济模式初步显现。

从三大需求对 GDP 的贡献率看，最终消费的贡献率已回升至 50% 以上。2001 年以前，我国消费贡献率总体大于资本形成贡献率。2001—2010 年，消费对经济增长的贡献率低于资本形成贡献率，在最低点的 2003 年仅为 35.8%，资本形成贡献率在 2009 年则一度达到 87.6% 的峰值。2011 年以来，我国"调结构"措施效果逐步显现，消费贡献率多次超过投资贡献率，2014 年最终消费贡献率达到 51.2%，比资本形成贡献率高 2.6 个百分点。2000 年以来净出口对经济增长贡献率波动较大、作用相对有限，2005 年曾高达 22.2%，2009 年为 −37.4%，其余年份均在 ±10% 以内波动。

从三大需求占 GDP 比重看，最终消费率与世界平均水平相比仍有较大差距。最终消费率从 2001 年的 61.4% 逐年下降至 2013 年的 49.8%，远低于世界平均水平的 70%；与此同时，资本形成率呈现阶梯式上升态势，从 36.5% 提高到 47.8%，远高于世界平均水平的 30%。净出口率除在 2005—2010 年处于 3.7%～8.8% 之间外，其余年份稳定在 2%～3% 之间，总体处于合理水平。

（二）消费需求稳步增长，消费结构升级换代加快

随着我国经济持续快速增长，居民收入水平和消费水平得到显著提升，"十二五"时期社会消费品零售总额年均增长 13.9%，2014 年我国最终消费规模达到 32.9 万亿元，成为仅次于美国的全球第二大消费市场。新型消费不断涌现，消费结构升级换代步伐加快。**从消费结构看**，实物消费经历结构升级换代，食品和生活必需品等消费比重逐步下降，消费结构由"吃穿用"向"住行"为主升级，2000—2013 年，我国城镇居民家庭恩格尔系数从 39.4% 下降到 35%，农村从 49.1% 下降到 37.7%，按联合国标准已达到富裕水平；同时，交通旅游、通讯娱乐、教育文化、医疗等服务消费快速增长，网络购物、信息消费等新型消费呈爆发式增长态势。**从消费主体看**，人口老龄化进程加快，劳动人口抚养比逐步提高，年轻群体改变了低消费、高储蓄的传统，二代农民工等新型城市消费群兴起，都对消费稳定增长形成一定支撑，消费潜力得到一定释放。

（三）投资保持快速增长，服务业和民间投资比重持续提高

近年来，随着工业化、信息化、城镇化、农业现代化步伐加快，我国投资快速增长，投资率不断提高。2001 年以来固定资产投资年均增速达 22.2%，分阶段看，2001—2007 年投资增长总体平稳，2008—2011 年因经济刺激计划连续高速增长，2012 年以来增速逐年下行，2014 年仅为 15.7%，是 2002 年以来的最低点，成为导致我国经济增速回落的主要因

素。从投资占 GDP 比重看，2013 年投资率高达 47.8%，比 2001 年提高 11.3 个百分点。

投资结构有所优化。**从三大主要投资领域看，**制造业占固定资产投资比重总体上行，但近年来增幅持续回落。2004—2013 年制造业投资年均增速为 25.2%，制造业占固定资产投资比重从 2004 年的 27.8%提升到 2013 年的 33.1%。但在国内需求动力不足、国际市场需求疲软、产能过剩矛盾加剧等因素共同作用下，2010 年增速达到顶峰 35.2%后逐步回落，2014 年降至 13.5%。近十年来房地产投资比重保持在 22%~26%，随着国家宏观调控政策效果逐步显现，房地产投资增长有所放缓，2014 年增幅降到 11.1%，比上年降低 9.2 个百分点。基础设施建设投资公益性强、由政府主导，具有明显的"逆周期"特征，2014 年占固定资产投资比重为 17.8%，成为支撑总投资的重要因素。此外，随着我国产业结构升级步伐不断加快，服务业投资明显快于工业，信息服务、电商服务等领域投资增长较快。2014 年服务业投资占固定资产投资比重达 56.2%，高于制造业 14.7 个百分点。**从投资主体看，**2005 年、2010 年国务院先后出台鼓励非公经济、民间投资发展的意见，促进民间投资快速发展。2011—2014 年，民间投资年均增长 23.6%，高于全社会固定资产投资增速 4.2 个百分点，占比从 2010 年的 55.9%提高到 2014 年的 64.1%。国有及国有控股投资占比从 2010 年的 37.3%下降至 2013 年的 32%；外商、港澳台地区投资占比从 2010 年的 6.8%下降到 2013 年的 5%。

（四）对外贸易换挡减速，结构进一步优化

加入世界贸易组织以来，我国外贸总体保持快速发展，"十二五"期间货物进出口年均增长达 5.9%，连续两年成为世界第一大货物贸易国，2015 年进出口总额占世界贸易总额比重超过 13%。受国际金融危机影响，进出口增速大幅下降，年均增速从危机前 7 年的 24.3%下降到危机后 7 年的 10.3%。2011—2013 年，净出口连续 3 年对 GDP 增长形成负拉动。贸易结构调整升级步伐加快，装备制造业成为出口的重要增长点，2015 年机电产品、高新技术产品出口占比分别为 57.6%和 28.8%。民营企业已成为最具活力和出口潜力的经营主体，民营企业进出口额占进出口总额的比重为 37.2%，较"十一五"末提升了 11.9 个百分点。一般贸易占出口比重达 53.4%，20 年来占比首次过半，开始形成以我国自主产品为主体的结构。贸易伙伴不断拓展，出口市场日趋多元，对新兴市场和发展中国家出口占比达 45.4%，我国已成为 107 个 WTO 成员方的前三大进口来源地和 42 个成员方的前三大出口国。2014 年中西部对进出口增量贡献率达 60.3%，首次超过东部；2015 年中西部地区进出口占全国比重为 14.8%，比"十一五"末提高了 4.8 个百分点。服务贸易发展加快，"十二五"时期服务进出口总额年均增长 14.5%，2015 年达 7 130 亿美元，增长 18%，全球

排名从第四位上升至第二位；服务贸易占我国对外贸易的比重从 10.3% 提高到 15.3%。服务外包产业迅猛发展，年均增长 34.9%，已成为全球第二大服务外包接包国。

二、"十三五"时期我国需求结构变化趋势预测

"十三五"时期是我国全面建成小康社会、实现第一个百年奋斗目标的决定性阶段，国际国内环境都将发生重大而深刻的变化，扩大需求面临诸多挑战和困难。但总体来看，三大需求走势有望保持稳定，需求结构变化将呈现阶段性新特征。

（一）"十三五"时期国际国内经济环境

国际市场需求低迷趋于长期化，规则竞争更加激烈。国际金融危机导致的系统性风险逐步释放，世界经济将呈缓慢复苏态势，发达国家增长乏力，发展中国家增长也明显减速。美欧推行再工业化和产业回归，能源资源出口国提供原材料、中国生产、美欧消费的"大循环"出现回调，进一步抑制了贸易增长，全球贸易曲折复苏，世界经济增长对我经济带动作用减弱。移动互联网与云计算、人工智能、3D打印、新能源、新材料等前沿技术产业化进程不断取得新进展，新一轮产业革命正在酝酿，发达国家积极抢占科技和产业发展制高点，国际投资热点与方向发生转换，国际投资波动回升。经济全球化路径发生重大调整，多边慢、区域快的态势更趋明显，我国面临的国际竞争更加激烈。主要经济体经济走势和宏观经济政策明显分化，全球商品和资本市场波动加剧，地区政治安全形势复杂多变，面临的不确定不稳定因素增多。

国内经济进入新常态，发展条件发生深刻变化。我国经济发展进入新常态，增长速度、经济结构、发展动力发生重大变化，经济增速由高速转向中高速，经济结构加速调整，增长动力更加多元。消费、投资、出口三大需求阶段性新特征更加明显，结构不断优化，对经济增长的协调拉动作用进一步增强。同时，劳动力、土地、资源等要素供求关系趋紧，传统比较优势弱化；产业结构不合理，城乡、区域发展不协调的矛盾仍然突出；化解产能过剩、资产泡沫等各类风险仍将持续较长时间，财政、金融等领域潜在风险增大；资源环境约束加剧，长期积累的生态环境问题正在集中显现。

（二）我国需求走势和结构优化趋势分析

国际经验表明，后发经济体在经济起步阶段，消费比重较大，且政府支出比重高，基

础设施、住房投资较少；在高速追赶阶段，伴随着工业化和城镇化进程的快速推进，设备和基础设施投资以及出口在总需求中比重较高，居民消费中耐用消费品迅速普及；进入高收入阶段后，工业化和城镇化进程基本完成，设备、基础设施投资比重降低，对外贸易大体平衡，居民消费在总需求中比重较大，服务消费比重提高。"十三五"时期是我国经济转型升级、跨越"中等收入陷阱"的关键时期，需求结构将出现阶段性调整优化，消费拉动经济作用更加凸显，个性化、多样化消费渐成主流，传统投资需求空间受限，新的投资机会不断涌现，进出口步入中速发展阶段，国际竞争新优势正在积极培育。

一是三大需求"一升一降一稳"态势更加明显，消费逐步成为经济增长的最主要动力。根据国际经验，伴随着经济增长、人均收入水平提高及人口红利消失，投资率将在经济中高收入阶段出现趋势性下行的转折点，而消费进入回升趋势。"十三五"时期及今后十年，我国将经历从中高收入国家向高收入国家迈进的进程，潜在增长率明显放缓，需求增速有所放缓但结构将更趋合理，三大需求逐步呈现"一升一降一稳"态势，即消费率逐步提高，投资率达到峰值后转而下降，净出口率保持总体稳定。

二是消费将保持较快增长态势，服务等新型消费发展迅猛。"十三五"时期我国消费市场具备平稳增长条件，但增速将比"十二五"时期有所放缓。模仿型、排浪式消费阶段基本结束，个性化、多样化消费渐成主流，网络消费、服务消费、大众消费和绿色消费成为新亮点。食品和生活必需品消费比重下降，高档商品和医疗、信息等服务消费比重不断提高，保证产品质量安全、注重用户体验、通过创新供给激活需求的重要性显著上升，消费结构升级步伐加快。一二线城市掀起消费升级浪潮，三四线城市生活品位迅速提高，中西部城市、二代农民工等催生出新的城市消费群，消费潜力巨大。

三是三大主要投资增速稳步放缓，新型投资发展加快。传统产业和房地产投资相对饱和，化解产能过剩需要较长时间，制造业、房地产、基础设施建设三大投资增速将有所放缓。基础设施互联互通和新技术、新产品、新业态、新商业模式的投资机会大量涌现；投资行业结构不断升级，逐步向微笑曲线两端延伸，研发投资和服务领域投资比重不断提升；投资主体结构逐步优化，政府投资比重下降，私人投资比重提高。

四是外贸发展进入新常态，国际竞争新优势逐步形成。"十三五"时期，随着我国农业富余劳动力减少，劳动密集型产业竞争优势减弱，国内产业全球布局和价值链进一步优化，我国经济中工业比重将明显下降，加上全球总需求不振，外贸增长将相应地由高速向中速过渡。同时，国内产业技术不断升级，商品输出和资本输出并行发展，向全球价值链高端攀升，比较优势由传统优势向技术、品牌、质量、服务等综合优势转换，出口主导产业由传统劳动密集型产业向装备制造等新兴产业升级。服务贸易保持快速发展。

三、促进三大需求稳步增长和结构优化的对策建议

要顺应经济发展和结构调整升级大趋势，适应和引领经济新常态，坚持稳需求和调结构同步推进，以最终消费为依归，以投资为先导，扩消费、优投资、稳出口，继续发挥好消费拉动经济增长的基础作用、投资拉动经济增长的关键作用、出口拉动经济增长的支撑作用，最终形成消费、投资、出口协调拉动的总需求结构。

（一）建立健全扩大消费需求和推动结构升级的长效机制

"十三五"时期，要适应消费加快升级，以消费环境改善释放消费潜力，以供给改善和创新更好满足、创造消费需求，不断增强消费拉动经济的基础作用。

一是提高居民消费能力，改善大众消费预期。深化收入分配制度改革，提高居民收入在国民收入分配中的比重，实行更加积极的就业政策，缩小居民内部的收入分配差距，增强升广大民众的消费能力。积极稳妥推进城镇化、实施就业优先战略，挖掘农村消费能力。完善社保、教育、医疗、养老等配套改革，加大扶贫攻坚力度，推进基本公共服务均等化，强化国家对居民基本需求的托底作用，增加公共消费支出，以社会消费带动居民消费，解除居民消费的后顾之忧。

二是以扩大服务消费为重点，带动消费结构升级。扩大服务业开放，加快服务业发展，缓解服务消费增长的供给瓶颈，重点培育和发展信息消费、家政、旅游休闲、文化体育、医疗养老、绿色消费等新的消费热点，支持信息、绿色、时尚、品质等新型消费，稳步促进住房、汽车和健康养老等大宗消费。鼓励多层级、多样化的消费方式，

三是推动线上线下融合等消费新模式发展，引导和创造消费需求。要以电子商务引领流通方式变革，规范和促进电子商务发展，提高电子商务应用水平，优化电子商务发展环境，探索发展全渠道经营模式，促进商业模式、消费模式创新，积极引领流通方式变革，推动信息技术在流通领域的创新和应用，提升流通现代化水平，以更加有效的供给发现需求、引导需求、创造需求。

四是优化消费环境，提高消费便利性和安全性。健全城乡商贸流通体系，优化城市商业网点布局和业态配置，完善农村流通基础设施网络和农产品流通体系，推进电子商务、商贸物流向社区、农村延伸，构建方便、快捷、安全的流通网络。实施消费品质量提升工程，强化消费者权益保护，成分发挥消费者协会作用，营造放心便利的消费环境。以重要旅游目的地城市为依托，优化免税店布局，培育发展国际消费中心。

（二）稳步推进投资结构调整和优化

围绕有效需求扩大有效投资，完善投资体制机制，优化供给结构，明确界定政府投资范围，规范国有企业投资行为，鼓励扩大民间投资，有效遏制盲目扩张和重复建设提高投资效率，发挥投资对稳增长、调结构的关键作用。

一是保持主要投资稳定，有序化解产能过剩。适度采用"托底"政策，稳定基础设施、房地产等投资增速，释放尚存的需求空间。建立市场化的重复建设和产能过剩预警与调控化解机制，抑制垄断企业和公共机构的过度投资倾向，杜绝投资领域铺张浪费，形成与后续消费、出口相匹配的投资规模，防止再次出现严重产能过剩行业。实施结构性减税政策，推动产能严重过剩行业破局性重组，防范财政金融风险，缓解企业融资成本过高困境。

二是加快研发创新和民生领域投资，培育投资新增长点。发展信息产业新业态、新服务和新模式，开发多层次的文化产品，加大公益性体育健身场所设施、养老机构服务设施和护理人员培训投资，增强信息、养老、健康、文化、体育等服务供给能力。实施重大公共设施工程，加大教育、医疗、水利等公共产品和公共服务的投资，使基础设施和公共服务领域投资保持合理增长。以劳动力供求关系变化为切入点，加大劳动密集型产业和生产环节的设备更新改造投资，大力发展机器人替代人工，适应节能减排和污染治理，推动环保设备更新改造投资。

三是创新投资模式，提高投资效率。加快对非公有制经济开放垄断行业的投资准入，进一步放开服务业，推动基础设施和公共服务领域发展公私合作制（PPP模式）。为广大社会资本提供优质投融资服务，培育推动创新和生产率提升的私人部门，促进大众创业万众创新，激活高级生产要素活力，提高全要素生产率和居民可支配收入，推动需求结构升级。

四是深化投资体制改革，规范政府投资。尽早实行统一的市场准入制度，推广负面清单管理模式，更好落实企业投资自主权。更好发挥社会投资主力军作用，营造宽松公平的投资经营环境，鼓励民间资本和企业投资，激发民间资本活力和潜能。改进政府投资方式，建立事权和支出责任相适应的财税制度，硬化地方政府和国有企业的投资预算约束，强化投资责任追究，规范地方政府举债投资行为，更好发挥政府性投资对社会资本的引导和放大作用。

（三）加快从贸易大国向贸易强国转变

适应国际市场需求变化，实施优进优出战略，加快转变外贸发展方式，优化贸易结构，培育新的竞争优势，加快推动从贸易大国向贸易强国转变，发挥出口对增长的促进作用。

一是优化对外贸易布局。巩固美、欧、日等传统市场，扩大先进技术设备进口和质量好、档次高、具有比较优势的产品出口。推动出口市场多元化，把"一带一路"沿线国家作为对外贸易发展的重点市场，努力扩大与沿线国家的贸易规模，提升贸易便利化水平；积极参与和推动非洲"三网一化"建设，拓展非洲市场空间；扩大对其他新兴市场和发展中国家贸易规模，分散贸易风险。

二是壮大装备制造等新的出口主导产业。在巩固轻工、纺织、服装、家电等传统优势产业国际市场份额的同时，抓住新兴市场和发展中国家工业化步伐加快、基础设施建设升温的机遇，发挥我装备制造业和大型成套设备的综合竞争优势，大力推动高铁、通信、电力设备、工程机械、汽车、商用飞机等资本品和中间品出口，推进高端装备制造、新能源等战略性新兴产业国际化发展，提升出口产品科技含量和附加值，培育我国出口贸易新的增长点和主导产业。

三是培育外贸竞争新优势。在巩固传统优势的同时，鼓励企业培育自主品牌，提高产品质量，开展研发创新，建设国际营销网络，加快培育以技术、标准、品牌、质量、服务为核心的对外经济新优势，提升我国产业在全球价值链的地位。推动贸易方式创新，促进贸易与投资互动发展，鼓励跨境电子商务、市场采购贸易、外贸综合服务企业等新型贸易方式加快发展，培育外贸发展新平台，拓展贸易新增长点。充分发挥我国市场规模巨大的优势，积极扩大进口，优化进口结构，更多进口先进技术装备和优质消费品。

四是提升服务贸易水平。巩固劳动密集型服务出口领域的规模优势，重点培育资本技术密集型服务领域发展。加快对外文化贸易发展，加强承载中华文化特色服务领域的贸易、投资和国际交流合作。大力发展生产性服务贸易，鼓励技术进出口，健全售后保养维修等服务体系，促进货物贸易和服务贸易融合发展。积极开拓服务贸易新领域，加大吸引外国游客来华旅游、购物的力度，缩小服务逆差。大力发展服务外包，促进在岸、离岸服务外包协调发展，提高技术含量和附加值高的服务外包业务比重。

国务院发展研究中心

"十三五"时期消费、投资、出口等需求结构分析

"十二五"期间，我国经济中"高投资、低消费"态势仍在延续，但随着内外条件变化、全球分工与结构调整的加快，出口依存度明显下降，投资率峰值出现，供给与需求加快调整、再匹配的态势日益明显。展望"十三五"，在新常态下的中国经济，增长旧动力减弱与新动力逐步成长并存，原有供给能力过剩与新供给能力相对不足并存，旧的国际竞争优势削弱和新竞争优势逐步培育并存，消费结构升级、投资降速增效、出口优势转换的趋势会进一步凸显，中国经济处于从快速追赶逐步走向成熟的关键期。经济发展战略和政策必须适应这一系列重大变化，有效创造、挖掘和发展壮大需求新空间，促进总需求平稳较快增长，将中高速增长的潜力真正变为现实。

一、消费需求特征与结构变动趋势

（一）"十二五"期间消费需求变化特点

1. 居民消费规模跃升世界第二

"十二五"期间，在居民收入较快增长的支撑下，我国国内市场需求持续旺盛，居民消费支出年均实际增长 9.2%。并且农村居民消费支出增幅明显快于城镇居民。根据世界银行统计，2013 年我国居民消费支出总额首次超过日本，跃居世界第二位，世界最有潜力的消费市场正在快速成长。

2. 消费结构和水平更趋富裕

"十二五"期间城乡居民恩格尔系数逐步下降。2013 年，城乡居民恩格尔系数分别降到 35.0％和 37.7％，比 2010 年分别减小 0.7 和 3.4 个百分点，富裕程度进一步提高。同时，居民在发展、享受型方面的消费需求不断增长，服务性消费支出比重明显提高，信息、健康、旅游、互联网金融等新兴消费热点快速发展。我国继续稳居全球最大的网络零售国。

3. 消费方式趋向现代化和个性化

随着社会进步和新一代消费者的成长，居民消费观念和行为发生了较大变化。"80 后""90 后"逐渐成为消费市场的主力，他们追求个性、时尚，倾向于超前消费，传统消费观念正发生变化。2014 年全国消费性贷款余额达到 15.4 万亿元；累计发行信用卡 4.6 亿张、授信总额为 5.6 万亿元，分别是 2010 年的 2 倍和 2.8 倍。人们更加注重品牌、品质以及个性化，更倾向于快捷、高效、低成本的消费方式。

4. 政府消费结构有所优化

"十二五"期间，我国政府消费的增长基本上与 GDP、最终消费增长保持同步、总体稳定。2007—2014 年，政府消费占 GDP 的比重介于 13％～14％，占最终消费的比重 26％～27％，波动区间不大。同时，教育、卫生和社保三项支出占公共财政支出的比重呈现平稳增长的趋势，至 2014 年三项支出之和占公共财政支出的比重达到 32.2％。其中，增长最快的是卫生，所占比重较 2007 年提高一倍多。

（二）"十三五"消费需求发展趋势及面临的挑战

1. 新技术及其应用不断催生消费新增长点

以信息网络、新能源、新材料、生物医药、节能环保为代表的技术革命将继续向纵深发展，推动新的产业链及消费需求的形成。新技术革命在催生出信息消费、节能环保产品消费等一批新消费增长点的同时，也深刻影响不少传统消费热点，通过新技术对家电设备等领域的改造，将引领和促进传统消费领域升级并进入新一轮增长期。我国七大消费新增长点的市场规模到 2020 年将达到 50 万亿元，年均增长 18%～20%，绿色住宅、新能源汽车、智能家电、节能环保产品、智能住宅、信息服务、医疗健康产品等潜在市场规模巨大。

2. 新型城镇化将为消费增长提供新空间

一方面，新型城镇化将继续加快农村人口向城镇转移，大量转移人口的市民化，不仅能提高其收入水平，进一步缩小收入差距，而且这些居民消费观念的更新和消费结构的升级，将会逐步释放出巨大的消费潜能。另一方面，新型城镇化的推进还将促进城市基础设施的建设和完善，从而全面提升城镇化质量和水平，为城乡居民消费提供更为完善、便利的基础设施条件，有利于促进多元化、多层次消费新增长点的形成。

3. 不同收入阶层的梯度消费将使居民消费保持连续性和成长性

随着收入水平的提高，我国居民消费将加快进入发展、享受型阶段，消费选择性增加，生活质量进一步提高。在这其中，高收入居民的消费具有"先导型"的特点，对文化娱乐、医疗保健、旅游休闲以及培训教育等服务性消费需求将明显增长。而这对于中等收入、低收入居民具有较强的示范效应，促进消费观念、消费偏好以及消费方式不断更新。这种梯度消费层次有利于延长消费热点的生命期，促使相关消费保持较好的成长性和持续性。

4. 人口年龄结构变化将使居民消费需求更加细分

新中国成立以来，我国曾出现过三次人口出生高峰（1949—1957 年出生的"50 后"、1962—1970 年出生的"60 后"、1981—1990 年出生的"80 后"）。随着"80 后"逐渐成家立业，现在正经历第四个人口出生高峰。这意味着未来十年 65～74 岁、50～64 岁、35～39 岁、10 岁以下人群将会较快增长。这样的人口结构促使未来消费市场呈现多元化发展趋势。"50 后"逐步进入老龄，其消费主要集中在医疗保健、养老服务和服务性消费方面；"60 后"正从壮年向老年发展，事业和收入稳定，消费需求更多转向保险、医疗保健、奢侈品、休闲娱乐、度假等；"80 后"正值壮年，消费主要集中在住房、汽车、家庭耐用消费品以及婚育需求方面，另外，信息消费、环保绿色等由新技术、新商业模式驱动的产品也是其消费的重要内容；"90 后""00 后"是青少年阶段，其消费更多集中在食品、教育、娱乐、电子产品等。

5. 政府消费将快速增长，对居民消费具有促进作用

国际经验表明，随着一国人均 GDP 的增长，政府消费尤其是政府提供的公共服务支出将呈现增长趋势。其中，人均 GDP（PPP）1 万元是一个重要的门槛，在超越这一水平时，政府消费占 GDP 的比重将会出现快速提升。我国政府消费占比，与发达国家和相同发展阶段的国家都存在差距。2013 年，我国教育、医疗和社保三项公共服务支出之和占 GDP 的比重只有 7.6%，仅为相同发展阶段国家一半。其中，教育的比重已经比较接近同发展阶段国家的水平，差距主要是在卫生和社保上。现阶段增加政府消费对居民消费具有显著的促进作用。测算表明，政府消费每增加 1 元，居民消费相应增加 2.6 元。如果进一步优化我国政府消费结构，将会更好地发挥其对居民消费的促进作用。政府教育、医疗和社保的支出每增加 1 元，居民消费可增加 3.7 元；教育、医疗和社保的支出之和占财政支出的比重每提高 1 个百分点，则相应地居民消费率可提高 0.2 个百分点。

与此同时，消费需求增长还面临不少制约。一是收入分配体制不合理制约居民消费能力的提高。劳动者报酬占比较低，中等收入群体规模相对较小，收入差距偏大，降低了整个社会的平均消费倾向。二是高质量、多样化的消费有效供给相对不足。在一些由技术进步推动的新型消费品领域，国内企业的研发生产制造能力落后于国际先进水平，普遍存在产品结构雷同、质量档次不高等问题，还不适应消费者对更为多样、更高质量的消费需求。此外，消费基础设施和服务体系的支撑能力也亟待提升。三是消费者权益保护还存在欠缺和空白。在基于互联网特别是移动互联网的购物、支付等快速发展中，网络信息安全和个人信息保护亟待加强。对大部分新出现的产品和服务，国家在立法、标准制定上缺乏及时性和针对性。四是相关准入制度不完善、管理体制不健全。一些行业和领域的市场准入门槛偏高，限制了部分改善型服务的供给增长。同时，管理体制上的条块分割、分段管理、分头管理的现象依旧明显，对不少跨行业、跨地区发展的新兴产品和服务构成一定阻碍。

二、投资需求特点与结构变动趋势

（一）"十二五"期间固定资产投资的特点

1. 投资增速下降，投资率维持高位但峰值已过

"十一五"期间，我国全社会固定资产投资名义增速年均达到 25.7%，"十二五"前 4

年平均增速为 19.7％，比"十一五"期间下降了 6.3 个百分点，实际增速下降了 4.9 个百分点。虽然投资增长速度显著下降，但由于经济增速和投资效率也在降低，投资率仍然维持高位。按支出法核算，2011－2014 年我国固定资本形成占 GDP 的比重平均为 46.5％，比"十一五"期间提高了 4.3 个百分点。2011 年我国投资率为 47.3％，比 2009 年还要高 1.6 个百分点。2014 年我国投资增长速度继续下行，投资率为 45.9％。从发展趋势看，我国投资将面临较大的持续下行压力，2015 年以后投资率超过 47％的概率已经很低，2011 年将是中国的投资率峰值年。

2. 投资效率明显下降

增量资本产出比在"十二五"期间继续上升，投资效率明显下降。2005 年每新增一个单位 GDP，需要增加投资 2.4 元，2009 年需要 3.6 元，2014 年已经扩大到 4.3 元。与具有高投资的亚洲其他国家相比，泰国这一比值从 1988 年的 2.0 持续提高到 1996 年的 6.3，印度尼西亚从 1994 年的 2.0 提高到 1997 年的 3.6，韩国从 1988 年的 2.0 提高到 1997 年的 4.1，日本从 1988 年的 1.5 提高到 1997 年的 4.5。我国目前的新增资本产出比处于较高水平，投资低效问题十分突出（见表 1）。

表1

2005 年以来中国投资效率的变化　　　　　　　　　　　　单位：2005 年不变价万亿元

年份	固定资本形成总额	固定资本存量	折旧率（％）	新增资本产出比
2005	7.4	39.5	8.35	2.4
2006	8.7	44.8	8.46	2.3
2007	9.9	50.8	8.49	2.1
2008	11.2	57.5	8.75	2.9
2009	14.0	66.6	8.52	3.6
2010	15.8	76.6	8.73	3.1
2011	17.4	87.5	8.50	3.3
2012	19.3	99.4	8.50	4.1
2013	21.4	112.4	8.50	4.1
2014	22.8	125.6	8.50	4.3

数据来源：历年《中国统计年鉴》。

3. 地区投资增速由分化逐步走向趋同

2005 年以来，我国呈明显的中西部地区投资快于东部地区的现象，这一趋势一直维持到"十二五"。但近年来，不同地区投资增速呈现逐渐趋同态势。2014 年，中西部地区投资增速仅高于东部地区 2～3 个百分点，而东北地区更是低于东部地区 12 个百分点。其中，制造业和房地产投资增速差距缩小是主要原因。2011 年中西部地区制造业投资增速比东部地区高约 17 个百分点，到 2014 年反而低 1 个百分点左右，2005 年中西部地区的房地产投资比东部地区高 20 个百分点左右，到 2014 年已经低于东部地区 1 个百分点左右。

4. 外延式增长特征依然突出

从投资构成看，新建项目占总投资比重从 2000 年的 45.9%，提高到 2005 年的 60.9%、2010 年的 62.9% 和 2014 年的 66.5%，同期扩建的比重相应降低，而改建的比重基本不变。这说明，由于近年来增长迅速，扩建的空间相对较少，大量投资采用新建的形式，而以内涵式扩张为主的改扩建比重减小，说明外延式增长特征依然突出。但 2014 年出现了转折性的变化迹象，改扩建占比明显上升。

（二）"十三五"期间投资增长态势与结构特征

1. 基础设施仍有一定空间，融资模式创新面临挑战

2014 年中国铁路里程达到 11.20 万千米，高速公路里程达到 10.44 万千米，高铁里程达到 1.6 万千米，电力装机容量达到 13.6 亿千瓦，是世界上高铁线路最长、高速公路最长、电力装机容量最大的国家。随着基础设施不断完善，基础设施投资占总投资的比重呈降低趋势，已由 2005 年的 29.6% 降低到 2014 年的 22.3%。"十三五"期间基础设施投资仍具备一定空间，但面临投资回报率低和新融资来源缺乏的难题。经过多年的快速发展，具有一定投资回报率的项目已经较为完善，进一步投资的空间有限，剩下的多是投资回报率很低，甚至完全属于公益性的项目，比如农村基础设施、地下管廊等。由于回报率降低，这些项目对私人投资没有吸引力，必须更多依靠财政资金的投入和带动。而当前财政资金投入、融资平台负债、土地抵押贷款、地方政府债券等模式，都面临着不可持续的挑战。虽然推出了 PPP 等新方式，但仅对少数项目有效，进一步扩大基础设施投资面临相当大

的困难。"十三五"期间，基础设施投资强度取决于投资体制改革和政府资金投入的能力。如果中央财政收入能保持7%左右的增长速度，则基础设施有望保持在14%左右平均增长。

2. 更新改造和产业升级推动的制造业投资仍有潜力

由于投资乘数的作用，制造业投资具有典型的顺周期增长特征。2006—2010年，我国制造业投资年均增速高达29.6%，快于总投资增速3.3个百分点，2012年后有所放缓，2014年制造业投资仅增长13.5%，低于总体投资增速2.2个百分点。而且产能过剩矛盾持续存在，低水平扩张投资失去市场支撑。钢铁、水泥、玻璃、造船、电解铝等能源原材料重化工业，普遍遇到了产能过剩的约束。随着我国工业化进入后期，冶金工业、电力工业、煤炭工业、建材及其他非金属矿制造业、石油工业、化学工业等重化工业所占比重将在2015年前后出现峰值，产能过剩矛盾仍将长期存在，并抑制"十三五"时期制造业投资的增长。但制造业投资也面临产业结构调整升级和环保要求显著提升的机遇。近年来，面对我国劳动力成本上升和招工难等现象，不少企业已经开始通过自动化改造升级来提升生产效率，降低生产成本。"十三五"期间，制造业企业为进一步提高效率、降低成本，升级型投资，如机器人和自动化、信息化、环保等将显著增加，将带动"十三五"期间投资需求增长。

3. 房地产投资增长速度将显著降低

自中国开始实行住房制度改革以来，我国房地产投资获得了快速发展（见图1）。2014年我国城镇住宅总面积为215亿平方米，人均拥有住房建筑面积28.7平方米，住房总量超过2.5亿套，按照常住人口口径推算，城镇家庭户均拥有的住房数已经达到1套。从趋势上看，2011—2014年期间新开工面积一直保持下行态势。2014年，新开工面积13亿平方米，较上年下降12%，低于过去三年的水平。近三年施工和竣工面积年均增速降至10%和5%，仅相当于2004—2011年年均增速的一半。新开工的历史峰值可能已经出现在2011年（14.6亿平方米）。根据住房建设的规律以及国际经验，施工和竣工的阶段性高点预计在"十三五"期间出现。"十三五"期间，全国城镇化水平仍将保持平稳上升，特别是更多常住人口在城镇定居，对住宅的需求仍有增长空间，预计全国城镇住宅年竣工量将保持在12亿平方米水平。但由于竣工量已经达到顶峰，房地产投资增速预计将继续有所下降，"十三五"期间实际平均增速预计低于5%。

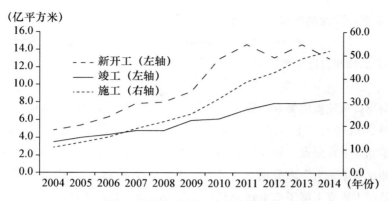

图1　近年来我国房地产发展趋势

数据来源：国家统计局。

4. 其他类投资中金融保险和技术服务业等仍有较大增长空间

除"基础设施""房地产"和"制造业"三大类投资外，"其他类投资"占总投资比重为25%左右。"十三五"期间在房地产和制造业投资增速下降的情况下，"其他类投资"的增长潜力值得关注。从美国的经验看，"其他类投资"在长期有很大的增长空间。美国"其他类投资"占总投资的比重1947年约为30%，到1980年这一比重提高到40%，到2008年超过50%，在61年中平均每年提高0.27个百分点。其中，金融保险业、科学和技术服务业、卫生保健和社会救助业、信息服务业、批发和零售业潜力较大。从发展趋势看，我国在这几个领域也有较大的投资增长空间，"其他类投资"在"十三五"期间仍有保持年均18%左右的潜力。

三、出口需求特征与结构发展趋势

（一）"十二五"出口需求变动的主要特点

1. 货物贸易出口增速降至个位数

受危机后世界经济复苏乏力、我国传统比较优势弱化和国际市场竞争加剧等因素的影响，2012—2014年，我国出口增速已连续三年维持个位数增长，预计"十二五"期间我国出口年均增长率在7.5%左右，为"七五"计划以来最低水平。出口增速与GDP增长率的关系也由 2~3 倍，降为基本相当的水平。

2. 出口商品结构升级步伐不明显

虽然我国出口所依赖的要素传统比较优势在不断弱化，外部面临其他新兴经济体的竞争和挑战，但 2014 年与"十一五"末相比，七大类劳动密集型产品出口所占份额变化不大，且提高了 0.3 个百分点（见表 2）。相反，机电产品（资本密集型）和高新技术产品出口所占比重却比"十一五"末分别下降了 3.3 和 3 个百分点。与"十五"末相比，七类劳动密集型产品所占比重下降了 2 个百分点，机电产品和高新技术产品出口占比分别降低了 0.1 和 0.4 个百分点。

表 2

出口商品结构比较

产品类型	2014 年	2010 年	2005 年
七类劳动密集型产品	20.7%	20.4%	22.7%
机电产品	55.9%	59.2%	56.0%
高新技术产品	28.2%	31.2%	28.6%

数据来源：基于海关总署统计数据计算。（七类劳动密集型产品为塑料制品、箱包及类似容器、纺织纱线和织物及制品、服装及衣着附件、鞋类、家具及其零件、玩具。）

3. 贸易方式发生深刻调整

过去 10 年，加工贸易出口在总出口中的比重持续下降，在 2008 年首次降至 50% 以下，2011 年被一般贸易超越。2014 年，一般贸易出口所占份额超过 50%，分别比"十一五"和"十五"末提高了 5.7 和 10 个百分点。此外，民营企业比重在提升，外贸自主发展能力继续增强。2014 年我国民营企业进出口值占同期我国进出口总值的比重为 34.5%，提升 1.2 个百分点。

4. 出口市场重心继续东移

全球金融危机成为我国出口市场变化的分水岭，向欧美发达市场出口所占份额开始由升转降。"十一五"期间，向欧洲和北美洲出口在我国总出口中所占份额下降 2.94 个百分点，2014 年又进一步下降 4.96 个百分点。而向亚洲的出口在"十二五"期间呈现出稳定增长态势，2014 年比"十一五"末提高了 4.35 个百分点。对非洲出口也呈快速增长状态，但所占份额依然很低。同时，我国出口市场延续分散化趋势。"十五"末，我国向美国、欧盟、东盟、香港地区、日本、韩国和金砖国家（印、巴、俄及南非）等主要贸易伙伴出口占 83.7%，2014 年降到 77.3%（见表 3）。与"十一五"末相比，2014 年对欧盟、美国、日本出口所占份额分别下降了 3.9、1.0 和 1.3 个百分点；而对东盟和中国香港出口所占份额则分别增长了 2.9 和 1.7 个百分点；对金砖国家的出口份额变化不大，仅增加了 0.1 个百分点。

表 3

对主要贸易伙伴出口份额变化　　　　　　　　　　　　　　　　　　　　　单位:%

主要贸易伙伴	2005 年	2010 年	2011 年	2014 年
美国	21.4	18.0	17.1	16.9
欧洲联盟	18.9	19.7	18.8	15.8
东南亚国家联盟	7.3	8.8	9.0	11.6
中国香港	16.3	13.8	14.1	15.5
日本	11.0	7.7	7.8	6.4
韩国	4.6	4.4	4.4	4.3
金砖国家	4.2	6.7	7.1	6.8
合　计	83.7	79.0	78.2	77.3

数据来源：海关总署。

5. 服务出口贸易成为新的快速增长点

一是高端服务业增长动力强劲。虽然"十二五"前四年服务贸易出口仅有 2013 年增长超过 10%，但高附加值服务业在贸易中已居主导地位，2013 年所占比重已超过传统服务业，占比达到 52.5%。2014 年高附加值服务出口继续保持快速增长，金融服务、计算机和信息服务出口增速分别高达 48.5% 和 20%。二是服务业就业规模大，人员教育程度高。截至 2014 年年底，服务外包产业吸纳就业 607.2 万人，其中大学（含大专）以上学历 404.7 万人，占从业人员的 66.7%。三是增长空间大。2014 年我国服务业贸易出口为 2 222.1 亿美元，不到美国的 1/3。

6. 我国综合竞争优势仍比较显著

虽然我国出口增速放慢，仍是全球贸易增速的 3 倍，我国出口在全球市场中的份额仍在持续增加。2014 年我国出口在全球出口中份额达到 12.2%，比"十一五"末（2010 年）提高了 2.6 个百分点。"十二五"期间，我国货物贸易竞争力指数保持持续上升势头，2014 年达到 0.09，欧美在实施"再工业化"和鼓励出口政策后，贸易竞争力指数虽然有所回升，但我国仍保持一定优势。

（二）"十三五"期间出口形势展望

1. 外部经济环境有望向好

"十三五"时期，仍处于 2008 年大危机后的经济周期复苏和深度调整阶段，与"十二五"相比，治理危机的措施从被动应对走向主动结构性调整。能源约束趋缓，投入成本下降，通胀压力减轻，对经济活动复苏有促进作用，世界经济总体增速较"十二五"有所提升，但低于危机前水平。综合国际、国内有关预测，"十三五"世界经济增速要高于"十二五"，其中，美国年均经济增长率可达 2.6%左右，欧盟经济年均增速在 1.5%左右，日本有望实现年均 1.0%的正增长，新兴经济体和发展中国家仍有望保持 5%左右的较高增长。

2. 国际分工继续调整深化

随着我国劳动力成本将继续上升，生态环境治理力度加大，使企业部分成本显性化，将对传统产业产生较大冲击，部分产业向外转移不可避免。我国同发达经济体之间的关系，将由互补更多转向竞争关系。过去发达国家的资本、技术和管理经验与我国劳动力要素形成了较强的互补关系，随着我国与发达国家之间差距缩小，以及发达国家实施再制造业战略，在高端制造业已形成竞争关系。随着印度、印度尼西亚、越南、墨西哥等经济体工业化进程加快，对我国中低端的产业也形成明显竞争。世界价值链分工的"微笑曲线"将变得更为陡峭。

3. 国际规则调整压力加大

随着我国经济地位的上升，对现有的利益格局与秩序自然形成一定挑战。发达国家为维护其主导地位，对抗意识增强，在新的贸易机制建设上有意先避开中国。如 TPP、TISA 对中国的加入都持保守态度。2014 年 6 月，G7 领导人峰会上，美国、英国、德国、法国、意大利、加拿大、日本表示计划达成新一轮贸易自由化协定。在全球分工深刻调整背景下，各国产业保护意识普遍上升。2014 年前三季度，共有 21 个国家（地区）对中国出口产品发起救济调查 75 起，同比增长 17%。过去中国所面临的贸易保护主义主要集中于双反、特保等领域，在未来的国际参与和竞争中，要面临比较集中的双反、特保等传统贸易保护措施外，面临的技术性贸易与他国对安全问题的过度解读等新型贸易保护措施也将增多。

4. 出口市场拓展有利条件也在积累

根据国际货币基金组织预测，"十三五"期间，美国、韩国、东盟和印度都是经济表现较好的经济体，我国在与美国商谈双边投资协定，合作有望进一步增强；与韩国的自贸协定已完成谈判，将有利于促进双边贸易；与东盟经贸关系已走过"黄金十年"，正打造自贸区升级版，且具有比邻优势；印度政府提出"印度制造"兴国计划，将加大装备进口和加强基础设施建设，而这些是中国的优势领域，双方合作空间巨大。中国-海合会谈判重新启动和加快推进也将有助于中国平抑能源进口价格和扩大出口。中国非金融类对外直接保持快速增长，2014 年突破千亿美元，如果包含我国企业在国（境）外利润再投资和通过第三地的投资，实际上已成为资本净输出国。并且在结构上，对美、欧等发达国家投资增长较快，有助于我国主动获取高端资源，深度开拓市场。随着服务业深化改革、扩大开放，劳动力质量红利将被释放，在研发、高端制造业、服务外包等价值链高端的地位将显著上升。

"十三五"期间，由于我国出口基数已经很大，重现高速增长的可能性很小，出口有利因素多于负面因素，估计我国货物出口增长仍有望比世界贸易增长率略高，2020 年货物出口规模可再上台阶，在全球贸易市场份额与 GDP 份额基本相当，将继续小幅提升。其中，我国服务贸易出口将出现快速增长，年均增速可能超过 10%，到 2020 年，服务贸易出口有望超过 4 000 亿美元。

四、三大需求的作用将更为平衡、结构更趋合理

"十二五"期间我国高投资、低消费的趋势进一步发展（见图 2）。2011 年我国固定资本形成占 GDP 的比重为 47.3%，比 2005 年提高了 6.8 个百分点，最终消费的比重是 50.2%，比 2005 年下降了 3.9 个百分点，其中居民消费占 GDP 比重下降了 3.4 个百分点。与世界上发展水平相当的国家相比较，在所有人口大于 2 000 万人，且 2011 年人均 GDP 小于 10 000 美元的国家（地区）中，我国的投资率最高，消费率最低。2014 年，中国的固定资本形成占 GDP 比重是 45.9%，居民消费的比重为 37.9%。而相同发展水平时主要经济体的平均投资率是 24.0%，居民消费占 GDP 比重平均是 60%，中国的投资比率高 20 个百分点，居民消费比重要低 25 个百分点。

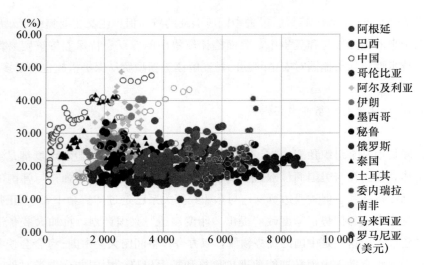

图2　2011年各国投资率（固定资本形成/GDP）的比较

数据来源：世界银行。（横坐标为人均GDP，2005年不变价美元）

　　但随着2011年投资率峰值的出现，这种投资率持续走高的格局已经走到了尽头，三大需求结构将出现重大变化。在投资率出现峰值后逐步将回调的同时，出口依存度在"十二五"期间已经明显降低。我国出口占GDP比重，在2007年达到35.1％的峰值后，出现持续回调，2014年降低到22.6％（见图3）。经常项目顺差规模相对收缩，贸易盈余已经降低到GDP的2％左右的合理水平。1992年特别是2001年以来，我国外贸超高速增长时代已经结束。过去"高投资、高出口、低消费"的格局，正在随着投资持续减速、出口维持个位数增长而发生转折性变化，三大需求在"十三五"期间，将呈现"投资率下降、出口低位稳定、消费率持续回升"的基本格局。

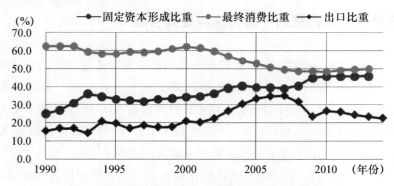

图3　中国三大需求占GDP比重的变化

数据来源：国家统计局。

在以上三大需求各自演变特征分析基础上，初步综合测算，"十三五"期间，居民消费的实际增长速度约在10％左右，将高于GDP增长速度；政府消费略高于GDP增长速度，年增长7％左右；居民消费与政府消费之间存在一定互补和替代关系，消费综合平均增长率保持9.4％左右。同时，固定资产投资有望保持年均10％的增速，出口预计将保持低速增长。在三大需求中，投资依然是增长最快的，消费次之，出口最慢，但由于投资的相对速度下降最大，投资对经济拉动的贡献相对减弱。2015—2020年，投资率将从44.9％持续降低到2020年38％左右的水平，居民消费占GDP的比重有望从38.5％提高到45.7％左右，政府消费率从13.5％小幅提高到13.8％。出口占GDP的比重将略有下降，到2020年有望维持在22％左右的水平，贸易盈余占GDP比重将继续呈下降态势，从中长期看我们贸易将保持基本平衡。

五、"十三五"时期保持三大需求平衡增长的战略思路

"十三五"是我国经济社会发展由高速追赶阶段逐步向成熟经济过渡的关键时期，也是我国经济结构快速调整变动，经济增速逐步确立新增长平台的重要时期，新一轮供给与需求重新匹配、重建新的平衡将是该阶段的主导性特征。随着投资率下降、出口进入低速增长期，我国过去长期存在的"高投资、高出口、低消费"格局将发生转折性变化，经济增长动力结构将从主要依赖投资、出口拉动，转向消费、投资和出口协同拉动，三大需求作用更趋平衡、结构更趋合理。同时，也面临着消费升级不顺、投资效率降低、出口竞争力减弱的严峻挑战。"十三五"时期，要以提升消费能力、改善消费环境为重点，全面促进消费升级，让消费的基础性作用更加坚实；以提升供给创造需求能力、提高投资效率为重点，全面推动我国产业升级和投资结构优化，确保投资的关键作用继续发挥；以全面提升竞争力为重点，推动我国在国际分工地位的提升，稳步向中高端迈进，在新一轮全球经济格局调整中充分释放出口的支撑作用。

（一）大力提升能力、改善环境，支撑消费升级

以促进就业、持续增收为核心，以提高消费能力、提升消费意愿、改善消费环境为重点，努力壮大中等收入群体规模，发挥好政府消费对居民消费的促进作用，大力培育和促进消费新增长点，推动居民消费的多层次、多样化发展，在更加注重节约能源资源和保护环境的基础上，实现消费平稳较快增长。

一是优化收入分配结构，促进中等收入群体的壮大。促进劳动参与，重视就业质量。

在劳动力市场并轨、薪酬制度、公共服务和社会保障等方面进行有针对性的改革，使合理、稳定、可持续的收入分配格局逐步定型。进一步深化工资制度改革，增强税收对收入再分配的调节功能，有效缩小收入差距。完善投资、税收、司法等制度环境，扶持和鼓励人才自主创业，扩大以教师、医生、律师、技术研发人员、企业中层职员等为主体的中等收入群体比重。

二是以市场为导向，调整和完善消费供给体系。 坚持"非禁即入"原则，合理降低在教育、通信、医疗等领域的准入门槛。支持新技术、新产品的加快应用和商业推广，引导各类市场主体加快产品结构调整和产能调整。同时，着力提升和完善消费基础设施建设，健全现代商品流通和物流服务体系。

三是改善消费秩序，保障消费者合法权益。 加强针对新产品、新服务的标准化建设，推动消费领域的诚信体系建设，特别是运用互联网加快建立诚信体系，以此加强社会对消费市场的监督和消费者保护。对于有不确定性或不成熟的产品或服务，政府要在持中立态度和把握趋势的前提下，加强对消费者安全和权益的保护。

四是优化政府消费结构，增加社会保障投入。 进一步减少政府行政费用，加大对医疗、社保、社会保险等公共服务支出，适度降低企业和居民的社会保险费率，更好发挥失业、工伤保险作用，应当加大财政的支持力度，减轻企业和居民负担。加强参保的强制性，着力提升覆盖率，以此作为提升居民消费的重要切入点。

（二）着力提升供给创新能力，以产业升级带动投资效率提升、结构优化

投资是技术进步和效率提升的主要载体和重要途径，在传统产业饱和的同时，新需求供给不足和供给创造需求的空间潜力巨大。适应"十三五"固定资产投资增长速度放缓的同时，以促进产业升级为重点，带动投资结构优化和效率提升。

一是要加大放宽投资准入，发挥市场力量优化投资结构。 要改变目前很多行业、特别是许多服务业部门仍由国有资本主导投资的现象，进一步放开民营和外资的投资准入限制，特别是增长空间较大的行业，如金融保险业、科学和技术服务业、采矿业、卫生保健和社会救助业、信息服务业等行业的准入限制，完善相关激励措施，鼓励创新投资和新兴产业投资，优化投资的行业结构。

二是促进产业升级与投资效率提升同步实现。 在完善基本产权制度前提下，促进农业要素流转，发展规模集约化经营，农村逐步向城市要素开放，切实促进农业现代化和城乡一体化发展。以生产要素升级，制造业与服务业融合，更大范围促进竞争为重点，加快信息技术和互联网对制造业的改造。以大力发展生产性服务业，加快服务业开放，完善服务

业发展环境为重点，提升服务业效率。

三是加强环保、资源消耗和质量要求等监管力度，减少低效投资。通过严格执行环保和质量等要求，使不符合经济社会和环境要求的投资项目难以立项建设、难以盈利经营，从而减少低效、无效，甚至是严重损害环境和市场公平的投资，提高投资的整体效率。

四是创新融资模式，用好国有资本，提高基础设施投资能力。要进一步完善 PPP 等多种融资模式，加强基础设施投资对民营资本的吸引力。通过提高国有企业上缴红利比重、减少竞争性领域国有资本存量等多种方式，增加国有资本（包括财政投资、政府债务和国有企业的资金）对基础设施的投资能力。

（三）全力提升出口竞争力，稳步迈向中高端

一是积极培育竞争新优势。推进传统产业转型升级，鼓励兼并重组，加速固定资产折旧，加快提升企业的机械化、自动化、信息化水平。加大研发投入，降低创业门槛，放宽专利技术入股比例限制，激发创新人员的积极性，提高创新能力，促进增长动力转换。创新监管模式，简化海关程序，积极推进人民币国际化，提升通关和结算便利化水平，降低出口贸易制度成本；注重通过培育和并购方式打造国际品牌，提升国际影响力。探索新型贸易方式，加快发展专业化贸易服务业；发展具有国际竞争力的本土跨国公司，拓展国际生产营销网络，有效整合国内国际两种资源，使之在我国出口竞争力升级中发挥引领作用。

二是着力培育出口新增长点。我国服务业出口规模还不够大，竞争力还比较弱，但具备快速发展的基础，与我国丰富的人力资源优势相符合。应发挥自由贸易试验区"以点带面"作用，大力推广"准入前国民待遇＋负面清单"模式，加快推进服务业开放，通过"引进来"促进"走出去"，推动服务出口上规模、上档次发展。

三是加快推进经济一体化机制建设。金融危机后，区域机制安排成为全球化的主要推动力，自由贸易区建设呈现出大型化和高水平化特征。我国周边集中了日、韩、俄、印等经济大国，应以周边为基础，加快实施自由贸易区战略，形成面向全球的高标准自由贸易区网络，积极推进中美、中欧双边投资谈判，为我国企业"走出去"、开拓国际市场营造宽松外部环境。继续推进多哈谈判进程，积极参与环境保护、投资保护、政府采购、电子商务等新议题谈判，加快提升参与全球治理的能力，引领国际经贸规则制定，维护我国海外利益。

四是提升国际分工中的层级和地位。抓住"一带一路"战略实施机遇，发挥政策性开

发银行、丝路基金、中国-欧亚合作基金等金融机构对贸易投资的支持作用，积极推进亚洲基础设施投资银行建设，创新投融资模式，撬动国内外私人投资，大力推进基础设施建设和互联互通，带动高铁和重大装备"走出去"。加强边境工业园区、跨境工业园区建设，务实推进境外工业园区建设合作，引导过剩产能转移，在更大范围内优化产业空间布局，主导区域产业梯度形成，提升我国在国际分工中的层级和地位。

ZHONGYANG
"SHISANWU"
GUIHUA 《JIANYI》 ZHONGDA
ZHUANTI YANJIU

专题五　产业结构调整

国家发展和改革委员会

"十三五"时期产业结构调整的方向和政策

　　产业是国民经济可持续发展的支撑力量和社会和谐稳定的重要基石。产业结构直接影响增长质量、就业稳定、国际收支平衡。在产业结构调整过程中，推动制造业转型升级、由大变强至关重要。

　　制造业是国家实力的象征和国家间竞争的主战场。作为世界主要经济体和发展中大国，我国必须确立"制造业立国"的战略方针，确保在国际竞争中牢牢把握主动权。当前，我国制造业结构性矛盾突出，面临着"前有堵截、后有追兵"的双重压力，转型升级刻不容缓。与制造业密切相关的生产性服务业发展滞后，既难以支撑制造业提质增效，也影响了服务业的发展水平。

　　"十三五"时期是经济结构战略性调整的关键时期。我国要在经济发展新常态背景下，实现更高质量、更高效率的新均衡，结构优化和动力转换至关重要，推进产业结构调整是关键所在。为此，必须顺应国际产业变革大势和潮流，立足基本国情和产业实际，把制造业转型升级作为产业结构调整的重中之重，加快由制造业大国向制造业强国迈进。

一、制造业竞争力是决定一个国家实力的根本所在

　　纵观世界经济大国和强国的崛起，都离不开强大的制造业，英国、美国、德国和日本无一例外。18世纪第一次工业革命伊始，英国依靠制造业的率先发展，成为当时世界上首屈一指的强国，制造业产值和贸易额一度分别占据世界的1/2和1/4，成为"日不落帝国"。

19世纪中叶，美国利用第二次工业革命机遇，一举超越英国成为世界制造业中心，并以此为基础确立了美国世界超级大国的地位。德国长期将制造业作为发展的支柱，历经多次世界经济萧条的洗礼，依然稳稳屹立于世界强国之列。20世纪初，日本在制造业领域取得长足进步，迅速跻身强国行列，二战后更是通过"雁型模式"大力发展制造业，快速崛起为世界经济强国。同样，瑞典、芬兰、意大利、比利时以及韩国等国家，也都是依靠其在制造业方面的独特优势，进入发达国家行列。

回顾和总结世界制造业发展的历史进程，我们不仅能看到工业化对人类文明进步的巨大推动作用，更会发现制造业的发展与技术进步息息相关。生产制造技术的不断升级，是人类发明创造的重要原动力。一切科学技术成果，只有真正应用到生产制造中，才能转变成现实生产力。正因为制造业发展与技术创新的关系如此紧密，世界制造业强国都是极具创新能力的国家，技术积累厚重，创新成果丰硕，科技人才辈出，长期占据着世界制造业的核心技术高地。可以说，制造业竞争力的强大，奠定了美国、日本、德国成为世界经济强国的基础，而创新资源的深厚积淀，则从根本上决定了这些国家作为世界一流强国的综合实力。

二、"十三五"时期世界产业发展趋势

历史经验表明，全球性经济危机往往会催生重大科技突破进而引发产业变革，成为推动经济发展的新动力，从而带来更高层次上的新一轮经济繁荣。

2008年国际金融危机以来，科技创新的能量不断积蓄，以智能制造为主导的新一轮产业变革正在全球范围内兴起，加速改变着人们的生产和生活方式，并将构成未来一个时期世界产业发展的主旋律和大潮流。可以预见，未来五年将是科技创新和产业变革不断孕育突破、世界产业发展格局持续深刻调整的特殊时期。主要特征是：

——制造业智能化浪潮汹涌。随着移动互联网、物联网平台性、基础性作用的增强，以及机器人、3D打印等先进制造技术的加快发展，将促使产业向智能化转型。生产组织方式的日益网络化、虚拟化、社会化，将引发生产、流通、消费、应用、服务方式出现根本性变化，不断催生新产业、新业态，极大改变人们的生产方式和生活方式。

——制造业服务化趋势明显。随着制造业和生产性服务业加快渗透融合，制造业企业加速从生产型制造向服务型制造转变，在带来商业模式创新的同时，也推动产业价值链向高端延伸。企业创造价值的方式将逐步摆脱"产品制造"，越来越多的企业将依靠服务维持市场地位，呈现出"服务引领制造"的新特点，制造业与服务业的边界也将越来越模糊。

——制造业生态化大势所趋。以低消耗、低排放、低污染为特征的绿色低碳发展已成为产业发展的重要理念，引领着产业发展的方向。随着绿色制造、清洁生产、循环经济等生产方式加快普及，产业发展与生态环境和谐相处已成为人类社会的必然选择。

三、"十三五"时期产业结构调整的外部影响因素

综合分析判断，未来一个时期，我国产业结构调整主要面临市场环境、要素变化这两个方面外部因素的影响。前者直接关系到市场机制作用的发挥，后者直接关系到我国比较优势的发挥。总体看，"十三五"时期我国产业发展到了不进则退、无路可退的重要关口。

在市场环境方面，主要表现在：

——受体制机制不完善的影响，部分地方政府存在非理性发展行为，通过廉价供地、税收减免、低价配置资源等方式招商引资，在一定程度上助推了产能盲目扩张和同质化竞争。

——一些企业社会责任意识缺乏，安全生产、质量保障、劳动保障等观念淡薄，严重干扰了市场秩序。由于市场监管不到位和信用体系建设滞后，"劣币驱逐良币"的现象屡见不鲜，竞争秩序亟须规范。

——金融"避实就虚"倾向比较严重，支持产业发展的金融创新不足，缺乏结构性、差异性的信贷政策和多层次的直接融资方式，实体经济融资难、融资贵问题长期没有得到解决。

——公平竞争的市场环境不健全，环保硬约束不到位，企业破产、退出市场的正常渠道不通畅，市场信号传递和引导作用受到延缓，难以实现优胜劣汰。

在要素条件方面，主要表现在：

——劳动力低成本优势趋于弱化。未来劳动力供给总量增长空间越来越小，劳动力整体素质偏低与劳动力成本刚性上升的矛盾日益突出。2013 年，我国职工平均名义工资较2007 年翻了一番，增长速度高于大多数国家（见图 1）。

——资本产出效率趋于下降。我国过去经济高速增长得益于高投资回报率，信贷资金及各类社会资本进入制造业的积极性很高。随着要素价格逐步理顺以及资源环境成本加大，不合理的投资收益被"挤出"，制造业对社会资本的吸引力下降。

——引进技术的空间趋于缩小。在我国产业技术水平日益提高、与发达国家差距逐步减小的背景下，跨国公司对我技术防范和封锁明显加强，我国企业通过引进技术来提高竞争能力的难度不断加大。技术扩散效应减弱的趋势将是长期的，提高自主创新能力只能靠自己。但从我国情况看，自主创新的环境亟须完善（见表 1）。

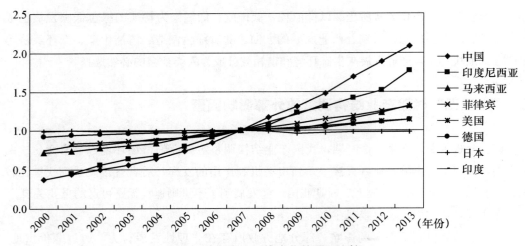

图1　我国名义工资变化的国际比较

数据来源：国际劳工组织。

表1

2014 年全球创新指数

项目	中国	美国	日本	德国
总排名	29	6	21	13
制度	114	17	18	21
人力资本和研发	32	11	17	14
基础设施	39	14	11	17
市场成熟程度	54	1	13	25
商务发展程度	32	10	17	21
知识产出	2	4	12	11
创造性产出	59	20	46	14

资料来源：世界知识产权委员会。

四、"十三五"时期产业结构调整面临的突出问题和有利条件

"十三五"时期，我国面临着跨越"中等收入陷阱"的严峻挑战。从我国基本国情和发展阶段看，"中等收入陷阱"实质上是"产业结构陷阱"。综合分析，我国产业结构主要存在以下问题：

——制造业整体处于全球价值链中低端，大而不强特征十分明显。目前，制造业核心技术仍掌握在发达国家手中，我国制造业自主创新能力弱，机械化、自动化和信息化水平较低，生产的多是低附加值、低技术含量、劳动密集型产品，部分行业产能过剩矛盾比较突出，整体竞争力不强。

——生产性服务业发展严重滞后，难以支撑制造业转型升级。长期以来，发达国家依靠研发设计、品牌标准、市场营销等方面的优势，获取了超额利润。而在我国，传统服务业比重仍然较高，高端生产性服务业起步较晚，专业化水平不高，发展很不充分，严重影响了我国制造业附加值的提高和竞争力的增强（见图 2）。

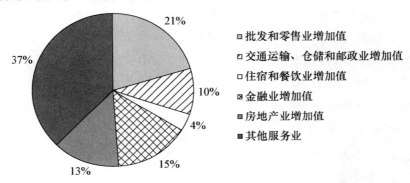

图 2　我国服务业各行业增加值比重（按 2013 年数据计算）

数据来源：国家统计局。

——制造业远未摆脱高投入、低产出的粗放发展模式，产业发展主要依靠增加人力、物力、财力等要素投入，过多注重数量扩张，能源原材料行业比重过高，资源环境代价过大（见图 3）。目前，制造业能源消费量占全国的近 60%，二氧化硫、化学需氧量（COD）排放量大，是造成环境污染的主要来源。

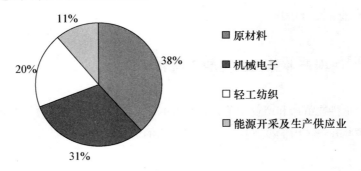

图 3　我国工业内部结构（按 2013 年产值计算）

数据来源：国家统计局。

同时也要看到，经过多年快速发展，我国产业具备了较好的基础，推进产业结构调整有不少有利条件。

——产业体系比较完整。我国已经形成了完整的产业链，原材料、装备制造、消费品产业规模居世界前列，形成了一批规模较大的产业基地和产业集群，积累了相当水平的生产制造经验和数量可观的人才队伍，为我国更高水平参与国际分工创造了条件。

——市场需求空间巨大。我国工业化、城镇化快速发展，国内需求总量增长和结构升级的潜力很大。我国人均钢材蓄积量、汽车保有量等财富积累程度仅为美国和日本的1/5甚至更低，加之区域间发展不平衡，人均消费水平仍有大幅增长的空间。

——资本供给潜力较大。2012年我国总储蓄率达到51.3%（见图4），比世界平均水平和美国、欧盟、日本等发达国家和经济体高出30个百分点左右，比韩国、印度、俄罗斯等国家高出20个百分点左右。2014年年末，我国各项存款余额高达117万亿元，比上年末增加11万亿元。充裕的社会资金，为产业结构调整提供了充足的资本供给来源。

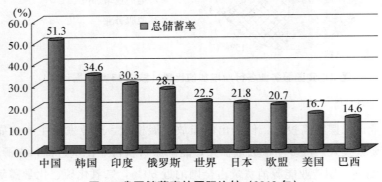

图4　我国储蓄率的国际比较（2012年）

数据来源：世界银行数据库。

五、"十三五"时期产业结构调整的方向和政策

当前，新一轮科技革命和产业变革正在孕育兴起，制造业呈现出新的发展态势和特征，为我国制造业转型升级、由大变强提供了千载难逢的历史性机遇。

（一）"十三五"时期推动制造业转型升级的方向

"十三五"时期推动制造业转型升级的方向是：主动迎接新一轮产业变革，以推动制造业智能化为主攻方向，协同推进制造业服务化、生态化，释放市场活力，强化要素支撑，激发产业创新发展的内生动能，积蓄跻身价值链高端的跃迁势能，力争迈入世界制造业强国行列。

（二）"十三五"时期推动制造业转型升级的主要着力点

1. 推动制造业智能化

这是"十三五"时期制造业转型升级的主旋律。积极探索加快制造技术和信息技术融合的有效途径，研究未来智能化条件下制造业的生产模式和产业形态，把推进智能工厂建设作为制造业智能化的重要抓手，加快推进智能制造进程。将信息技术、现代管理技术和制造技术相结合，实现产品设计、经营管理、生产制造等环节的数字化和集成化。在夯实社会信息化基础方面，要加快实施"宽带中国"工程，推进下一代互联网规模化商用和前沿性布局，推进三网融合，充分发挥信息基础设施对产业发展信息化、智能化的支撑作用。

同时，围绕经济社会发展重大需求和制造业智能化需要，推动重大技术攻关、重大产品研制，在若干制造业重点领域，着力突破一批关键核心技术，实现产业化，带动基础材料、基础工艺、基础零部件水平提高和制造业整体素质提升。

2. 推动制造业服务化

"十三五"时期，制造业和服务业融合发展步伐将进一步加快。要以制造业转型升级需求为导向，进一步加快生产性服务业发展，引导企业向价值链高端延伸，促进我国制造业逐步由生产制造型向生产服务型转变。围绕全产业链的整合优化，充分发挥生产性服务业在研发设计、流程优化、品牌建设、标准制定、市场营销等方面的引领带动作用。建立与国际接轨的专业化生产性服务业体系，推动云计算、大数据、物联网等在生产性服务业的应用，鼓励企业开展科技创新、产品创新、管理创新、市场创新和商业模式创新，发展新兴生产性服务业态。引导生产性服务业在中心城市、制造业集中区域以及有条件的城镇集聚，实现规模效益和特色发展。

3. 推动制造业生态化

"十三五"时期，加快推动绿色低碳发展将是制造业转型升级的必然选择。要按照环境优先的原则，调整存量、优化增量，推进传统制造业优化升级，最大程度减少资源能源消耗水平,最大程度降低污染物排放强度。结合产业发展实际和资源环境承载能力,严格能源资源消耗和污染物排放标准,加快淘汰落后产能。要优化产品设计、生产、使用、维修、回收、处置流程,逐步实现产品全生命周期的绿色管理,探索建立以绿色低碳为主要特征的产业生态系统。

(三)"十三五"时期产业结构调整的政策要点

推动制造业智能化、服务化、生态化既是顺应产业变革潮流的现实需要,更是制造业转型升级的必由之路。"十三五"时期,推动制造业转型升级是一项艰巨复杂的系统工程,需要通盘考虑、综合施策。其中,优化市场环境、强化要素支撑、深化开放合作尤为重要,政策要点是:

1. 关于优化市场环境

一是推广先进质量管理技术和方法,建设标准符合性认证平台,开展质量标杆和领先企业示范。加快向企业推广质量诊断、现场管理、精益生产等先进生产管理模式。建立质量黑名单制度,严格执行产品"三包"、产品召回等制度,切实保护消费者权益。

二是发挥企业在标准制定中的重要作用,加快建立与推进产业转型升级相适应的标准体系。支持企业组建标准推进联盟,协同推进产品研发与标准制定。

三是加强制造业品牌建设,采用市场化运作模式,发展一批品牌培育和运营的专业服务机构,形成一批在国际上有影响、国内消费者信得过的名牌企业和产品。

四是加大对各类环境违法违规行为的惩戒力度,以强有力的环境保护政策为产业生态化发展保驾护航,基本消灭超标违规排放。在全社会倡导和鼓励绿色消费,推进企业社会责任报告制度,开展绿色评价。

2. 关于强化要素支撑

一是培养造就产业转型升级亟须的各类人才。优化高等学校学科设置,培养一批理工科人才和工程师。健全职业技能人才培养体系,建立技术工人职称评定制度,使高级技工享有高级工程师(研究员、教授)同等待遇,改变"重学历、轻技能"的人才选用导向。

二是强化中央财政资金对产业转型升级的扶持力度,重点支持制造业智能化的软硬件建设,支持智能工厂示范、软件集成开发、生产性服务业发展以及先进制造业、新兴产业的关键技术创新。

三是引导各类金融机构加大对产业转型升级的支持。建立完善的资本市场，加大直接融资比例，畅通资金循环通道，满足产业创新发展的资金需求。通过履约担保的方式降低业务风险，鼓励企业以多种方式开展先进技术设备融资租赁业务。

四是建立健全适应我国国情、以公平为核心原则的知识产权保护制度，允许地方大胆探索和实践科技成果转化机制，保护和激发市场主体科技创新的积极性。大力发展各类技术创新联盟和公共服务平台。

3. 关于深化开放合作

一是研究制定适应新形势的利用外资政策，培育公开透明可预期的营商环境，支持制造业企业引进先进技术和高端人才。

二是在更广空间、更大范围、更高层次打造我国制造业新的产业链和价值链，探索产业基金、国有资本收益等渠道，支持企业参与境外基础设施建设，推动铁路、电力、通信、工程机械等中国装备走向世界，培育形成"中国制造"新品牌。

三是 结合"一带一路"战略实施，加强与周边国家及新兴市场国家产业合作，引导我国企业采取多种形式开展对外投资。

四是发挥钢铁、电解铝、水泥、平板玻璃、船舶等产业的技术、装备、规模优势，到资源富集、靠近目标市场的国家投资办厂或建设境外生产基地，提高企业跨国经营水平，拓展国际发展新空间。

工业和信息化部

"十三五"时期产业结构调整方向
和政策研究

　　"十三五"时期，是全面建成小康社会决胜阶段。必须坚持把产业结构调整作为加快转变经济发展方式的主攻方向，处理好稳增长和调结构的关系，努力保持经济平稳健康发展。

一、全球产业发展的基本趋势

（一）新一轮科技革命引发全球产业发展方式变革

　　从产业形态看，互联网与传统产业加速融合，工业互联网、互联网金融、网络购物等新业态新模式密集涌现，**"互联网+"成为产业发展新常态。从创新模式看**，创新活动高度集成化，创新载体由单个企业向跨领域多主体的协同创新网络转变，**协同创新**成为产业技术创新的主流模式。从**生产方式看**，新一代信息技术特别是互联网技术与制造业融合不断深化，智能制造单元、智能车间、智能工厂加快普及，智能制造成为新型生产方式。**从组织形态看**，基于互联网的个性化定制与生产优势更加凸显，企业层级结构弱化，**生产小型化、智能化、专业化**成为产业组织新特征。

（二）绿色低碳发展成为全球产业转型升级的基本方向

　　气候变化、环境保护、能源资源安全、生物多样性保护等成为困扰国际社会的全球性重大挑战。工业发展和生态环境保护的矛盾日益激化，全球制造业发展理念正在革新。绿色低碳不仅是解决能源资源问题、缓解生态环境约束的内在要求，也蕴含着产业升级的新动力。低能耗低污染产品显示出强大市场竞争力，节能环保成为快速崛起的新兴产业。发达国家普遍重视制造业绿色发展，提出"绿色制造""低碳革命""零排放"等理念和举措，并日益成为全球产业发展共识。

（三）比较优势动态变化重塑国际产业分工体系

国际产业分工与合作继续深化，竞争格局加快调整。各国资源、能源、人力、技术等生产要素成本发生变化，比较优势动态转换的特征日益明显。发达国家纷纷实施"再工业化"战略，依靠能源革命、自动化生产等，大幅降低制造业成本，牵引部分中高端产业"回流"，重塑制造业竞争新优势。发展中国家积极吸引劳动密集型特别是中低端产业转移，同质化竞争日益加剧，对全球制造业版图产生影响。

（四）制造业重新成为全球经济竞争的制高点

从**国家战略聚焦点**看，发达国家和新兴经济体着眼于新一轮全球经济和产业竞争格局，纷纷把发展制造业上升为国家战略，如美国先进制造业国家战略计划、德国"工业 4.0"、新工业法国、印度制造战略等。从**创新活动**看，制造业历来是创新最为集中、最为活跃的领域。特别是国际金融危机后，各国都注重将制造业创新作为驱动经济转型发展的核心力量。据统计，制造业研发活动占全社会的 71%，研发经费约占 66%，专利数量占 90%。从**争夺国际话语权**看，发达国家正在制定制造业国际投资、贸易和服务新规则，力图重构全球制造业生态体系，将对未来全球制造业发展产生重大影响。

二、我国产业结构调整的主要背景

（一）产业结构调整取得明显进展

"十二五"以来，产业结构调整持续推进，工业成为支撑经济社会发展的重要基石。**一是制造业第一大国地位更加巩固。**2014 年，全国工业增加值达 22.8 万亿元，占 GDP 的 35.9%。220 多种主要工业产品产量居世界第一，工业制成品出口居世界第一；56 家制造业企业入选"财富世界 500 强"，居世界第二。**二是重点行业竞争力明显提升。**原材料工业结构调整取得积极进展,装备工业整体实力不断增强,消费品工业整体水平明显提升,电子信息产业保持较快发展,形成了一批优势产业和骨干企业。特别是高速轨道交通、百万千瓦级核电装备、百万千瓦级水电机组、特高压输变电设备、万米深海石油钻探设备等高端装备制造业竞争力显著增强。**三是自主创新能力明显增强。**2013年,规模以上工业企业研发支出8 318亿元,研发投入强度达到0.8%。载人航天、载人深潜、卫星导航、新一代宽带无线移动通信网等领域创新发展取得突破,TD-LTE-Advanced成为4G国际标准之一。**四是信息化和工业化深度融合稳步推进。**工业企业数字化工具普及率达54%,其中航天航空、机械、船舶、汽车等行业超过85%;规模以上工业企业生产数控装备比重达30%。2013年我国工业机器人新增3.7万台,成为全球第一大应用市场。智能制造引领工业企业步入信息化综合集成新阶段。**五是军民融合发展不断深入。**先进军用技术在民用领域转化和应用比例大幅提升,民品产业比重超过70%;社会资本进入军工领域取得新进展,获得武器装备研发生产许可证的民营生产企业占比达到三分之二。**六是通信业发展成就显著。**持续实施"宽带中国"战略,2014年全国电话用户数达15.4亿,移动电话用户达12.9亿,4G用户达9 728万,移动互联网用户达7.3亿。**七是节能减排成效明显。**"十二五"前四年,单位工业增加值能耗、水耗累计下降21%和28%。电解铝综合能耗低于13 500度/吨,处于世界领先水平。淘汰落后产能取得重要进展,截至2014年年底,淘汰炼钢7 538万吨、炼铁6 928万吨、电解铝160万吨、水泥5.7亿吨、平板玻璃1.5亿重量箱,提前完成"十二五"规划目标。**八是产业集约集聚发展水平不断提升。**重大产业布局持续优化,钢铁产业布局逐渐向沿海沿江和贴近市场调整,高载能行业逐步向资源能源富集地转移,加工产能逐步向应用地区转移。产业组织结构不断优化,2014年汽车销量前十名企业生产集中度达90%。

(二)产业结构调整的任务艰巨而紧迫

一是部分关键核心技术缺失,产品质量水平不高。产业发展需要的高端设备、核心领域的控制系统等很多依赖进口。2013年,80%的芯片依赖进口,进口总额达到2 313亿美元。国家监督抽查产品质量不合格率高达10%,出口产品长期处于国外召回问题产品数量首位。**二是部分行业产能过剩形势严峻。**钢铁、水泥、电解铝、平板玻璃等传统行业产能总量过剩与结构性过剩并存,部分新兴产业也出现产能过剩苗头,导致企业生产经营困难,产业系统性风险加大。**三是资源环境约束趋紧。**2014年,石油、天然气、铁矿石对外依存度分别达59.9%、32.2%和78.5%。环境承载能力已达到或接近上限,大气污染、重点流域水污染、土壤重金属污染严重。**四是生产要素低成本优势逐步减弱。**可用于开发的国土面积日益减少，支撑经济高速增长的人口规模红利正在消失，要素成本快速上升。**五是体制机制束缚问题突出。**土地、资源、能源等要素价格改革滞后，金融服务实体经济的功能有待加强，部分垄断性行业改革进展缓慢，民营资本创新创业活力难以有效释放。

三、主要思路、基本方针和发展目标

（一）主要思路

深入贯彻党的十八大和十八届三中、四中全会精神，坚持以邓小平理论、"三个代表"重要思想、科学发展观为指导，深入贯彻习近平总书记系列重要讲话精神，落实"四个全面"战略布局，抢抓科技革命与产业变革新机遇，主动适应和引领经济发展新常态，以创新发展为主题，以信息化与工业化深度融合为主线，重点优化行业结构、技术结构、组织结构和空间布局结构，提升发展质量效益，加快从"制造大国"向"制造强国"转变。

坚持做优增量与调整存量相结合。加大新兴产业培育力度，促进信息技术与制造技术深度融合，推动产业形态、生产方式、商业模式变革，高起点建设现代产业体系。改造提升传统产业，加大技术改造力度，加快产品升级换代，提高生产效率和产品附加值。

坚持创新供给与需求拉动相结合。把创新供给作为重要发力点，引导企业提供有市场竞争力的个性化、多样化的新产品、新服务。把扩大内需作为促进产业结构升级的原动力，引导消费向智能、绿色、健康、安全方向升级。

坚持市场主导与政府引导相结合。发挥市场在资源配置中的决定性作用，加快形成公平公正的市场秩序，激发企业活力。切实转变政府职能，加强战略、规划、政策、标准引导，统筹使用经济、法律和政策手段，加强对产业的引导和规范。

坚持国内市场与国际市场相结合。发挥大国大市场优势，加快培育新兴产业和新的增长点，完善产业链条，形成自主发展能力。进一步扩大开放，主动参与国际市场竞争，积极利用全球资源，加强国际交流合作，加快形成新的比较优势。

（二）基本方针

创新驱动。坚持把创新摆在产业结构调整全局的核心位置，完善有利于创新的制度环境，推动跨领域跨行业协同创新，突破一批重点领域关键共性技术，促进制造业数字化网络化智能化，走创新驱动发展道路。

融合发展。坚持把推进信息化和工业化深度融合，走新型工业化发展道路作为产业结构调整的重要突破口，发展新一代信息技术产业，加快构建现代信息基础设施，健全网络与信息安全保障体系，推进信息网络技术广泛应用，走智能发展道路。全面深化改革，促进军民融合深度发展。

质量为先。坚持把提升质量品牌作为产业结构调整的重要目标取向，强化企业质量主体责任，加强质量技术攻关、自主品牌培育，建设法规标准体系、先进质量文化、质量监管体系，营造诚信经营市场环境，走以质取胜发展道路。

绿色发展。坚持把可持续发展作为产业结构调整的重要着力点，加强节能环保技术、工艺、装备推广应用，全面推行清洁生产，发展循环经济，提高资源回收利用效率，构建绿色制造体系，走生态文明发展道路。

人才为本。坚持把人才作为产业结构调整的战略支撑，建立健全科学合理的选人、用人、育人机制，加快培育制造业发展急需的经营管理人才、专业技术人才、技能人才，营造大众创新、万众创业的氛围，建设一支素质优良、结构合理的产业人才队伍，走人文发展道路。

（三）发展目标

到 **2020** 年，工业化基本实现，信息化水平大幅提升，信息化和工业化深度融合取得重大突破，军民融合不断深化，走上新型工业化发展轨道，向制造强国和网络强国迈进。工业化发展指数超过 90，发展质量效益明显提升。掌握一批关键核心技术，工业基础能力和质量品牌有较大提升。战略性新兴产业发展取得突破，优势领域竞争力进一步增强，产能严重过剩基本缓解。重点行业单位工业增加值能耗、水耗、物耗及污染物排放明显下降。信息技术得到广泛运用，制造业数字化网络化智能化取得明显进展。先进信息基础设施更趋完善，网络和信息安全保障体系基本建成，通信业对国民经济和社会发展的支撑能力显著增强。

到 **2025** 年，制造业和现代服务业整体素质大幅提升，创新能力显著增强，全员劳动生产率明显提高，两化融合、军民融合迈上新台阶。重点行业单位工业增加值能耗、物耗及污染物排放达到世界先进水平。形成一批具有较强国际竞争力的跨国企业，在全球产业分工和价值链中的地位明显提升，迈入制造强国行列。

四、产业结构调整的重点方向

（一）突破发展新兴产业

新一代信息技术产业。大力发展集成电路及专用装备，加快发展网络通信设备，全面突破 5G 移动通信技术，发展工业互联网、物联网、移动互联网、云计算、大数据，自主可控的操作系统及工业应用软件。

高档数控机床和机器人。开发一批精密、高速、高效、柔性数控机床与基础制造装备及集成制造系统，发展智能机器人。

航空航天装备。推进大型客机、重型直升机、支线飞机、直升机、无人机和通用飞机的研制和产业化，实现发动机自主设计、试验和制造。发展新一代运载火箭、重型运载器等，推进国家民用空间基础设施建设。

海洋工程装备及高技术船舶。大力发展深海探测、资源开发利用、海上作业保障装备及其关键系统和专用设备，开发深海空间站、大型浮式结构物，全面提升液化天然气船等高技术船舶国际竞争力。

先进轨道交通装备。重点突破体系化安全保障、节能环保、数字化智能化网络化技术，研制轻量化模块化谱系化产品。研发新一代绿色智能、高速重载轨道交通装备系统。

节能与新能源汽车。支持电动汽车、燃料电池汽车发展，提升动力电池、驱动电机、高效内燃机、先进变速器等核心技术的工程化和产业化能力。研发以无人驾驶为标志的智能汽车，并将技术成果应用于传统汽车和新能源汽车，减少油耗和尾气排放污染。

电力装备。提高超大容量水电机组、核电机组、重型燃气轮机制造水平，推进新能源和可再生能源装备及先进储能装置、智能电网用输变电和用户端设备发展。

新材料。加快研发先进熔炼、凝固成型等新材料制备关键技术和装备，积极发展军民共用特种新材料，做好战略前沿材料提前布局和研制，加快基础材料升级换代。

生物医药及高性能医疗器械。发展抗体药物、抗体－药物偶联物、基因重组蛋白质药物、疫苗及个性化治疗药物。提高现代中药生产技术和装备水平，发展高性能医学影像设备、临床检验和先进诊疗设备等。

（二）改造提升传统产业

持续推进企业技术改造。明确支持企业技术改造的政策方向，推动相关立法，设立企业技术改造基金，建立长效工作机制。围绕两化融合、节能降耗、质量提升、安全生产等领域改造，推广应用新技术、新工艺、新装备、新材料，提高企业生产技术水平和效率效益。

推进重点行业结构调整。调整优化原材料工业，立足国内市场需求，合理控制总量，促进传统基础结构材料升级换代，建立长期稳定的资源安全供应体系。做强装备制造业，加快推进一批重大技术装备自主化和本土化，完善产业配套体系。塑造消费品工业竞争新优势，引导产业集聚和有序转移，增加有效供给，保障质量安全，引导消费升级。提升电子信息产业核心竞争力，着力攻克核心关键技术，拓展国内市场需求。

加快建设先进国防科技工业体系。统筹军民两方面资源，开展军民两用技术联合攻关。加快国防科技成果转化和产业化，推进军民技术双向转移转化。大力推动国防装备采用先进的民用标准，推动军用技术标准向民用领域的应用。

化解产能过剩矛盾。加强和改善宏观调控，遏制过剩行业产能盲目扩张，加强行业规范和准入管理，推动企业改造提升技术装备水平，优化存量产能。发挥市场机制作用，化解产能过剩。

（三）大力发展现代服务业

加快发展生产性服务业。大力发展面向制造业的信息技术服务。加快发展研发设计、技术转移、创业孵化、知识产权、科技咨询等科技服务，完善科技服务体系。发展壮大第三方物流、节能环保、电子商务、融资租赁、服务外包等生产性服务业。推进服务功能区建设，建立一批生产性服务业公共服务平台，提高对制造业转型升级的支撑能力。

推动制造业服务化发展。实施制造业服务化行动计划，开展试点示范，引导制造业企业延伸服务链条。支持有条件的企业由提供设备向提供系统集成总承包服务转变，由提供产品向提供整体解决方案转变。鼓励优势制造业企业"裂变"专业优势，面向行业提供社会化专业化服务。

（四）推动通信业转型发展

建设先进信息基础设施。深入实施"宽带中国"战略，深入推进"三网融合"，优化提升云计算中心建设。加快4G网络建设和业务发展。完善电信普遍服务机制。加强基础设施规划布局，建设低时延、高可靠、广覆盖的工业互联网。加强无线电频谱资源集中统一管理，保障重点领域用频需求。

创新互联网行业管理。 实施"互联网＋"行动计划，促进互联网深度广泛应用。完善互联网行业管理体系，加强互联网监管，维护互联网市场秩序，促进互联网行业健康发展。加强互联网新业务、个人信息保护、大数据管理等制度建设。积极参与全球互联网治理，加强关键信息基础设施、互联网域名和 IP 地址等管理。

保障网络和信息安全。 加强重点领域信息安全审查。加强工业控制系统和关键信息技术产品的信息安全检查、监管和测评。推广电子签名应用，推进网络信任体系建设。加强网络与信息安全监管，提升系统安全防护水平。

（五）实施创新驱动发展

完善制造业创新体系。 围绕全产业链来匹配创新链，补齐产业链各环节的"短板"。根据制造业重大共性需求，依托企业、高校、科研院所改建新建一批国家制造业创新中心。充分发挥行业骨干企业的主导作用，高校、科研院所的基础作用，行业组织的桥梁纽带作用，开展产学研协同创新。建设一批促进制造业协同创新的公共服务平台、重点行业领域工程数据中心、重大科学研究和实验设施。

完善制造业创新链。 制定和发布制造业重点领域技术创新路线图。抓紧实施并适时增设制造业重大科技计划和重大工程，攻克一批关键共性技术。加强重点领域知识产权储备和布局，推动知识产权协同运用。完善标准体系，推动标准国际化进程。健全技术转移和产业化服务体系，完善科技成果转化激励机制。

实施工业强基工程。 发布"四基"发展指导目录。引导重点领域整机企业和"四基"企业、高校、科研院所产需对接、协同创新，提升重大装备的自主可控水平。开展工业强基示范应用，支持核心基础零部件、先进基础工艺、关键基础材料推广应用。建立国家工业基础数据库。

（六）推动信息化和工业化深度融合

实施智能制造工程。 建立智能制造产业联盟，推进智能制造技术研发、智能化技术装备及控制系统集成创新和产业化应用。选择一批重点企业开展智能制造应用示范，推动企业关键部件、装置及制造装备的智能化改造。制定智能制造标准化路线图，推进企业两化融合管理体系标准研制和应用。

发展新业态新模式。 支持制造企业发展工业云、工业 APP、在线监控诊断等服务新业态。推动面向制造业的新型电子商务、智慧物流、智能电网等快速发展。鼓励基于互联网的大众创新，积极发展大规模个性化定制、众包设计、云制造等新型生产方式，培育位置服务、社交网络、车联网等新模式。

发展智能制造装备及产品。组织研发具有深度感知、智慧决策、自动执行功能的高档数控机床、工业机器人、增材制造装备等智能制造装备和生产线，突破新型传感器、智能测量仪表、工业控制系统、伺服电机及驱动器和减速器等智能核心装置。加快机械、电子、汽车、船舶、轻工、纺织等行业生产设备的智能化改造，提高精准制造、敏捷制造能力。统筹布局智能工程机械、智能汽车、服务机器人、智能家电、可穿戴设备等产品研发和产业化。

（七）发展绿色制造

绿色改造升级。全面推进传统制造业绿色化改造，研发推广绿色工艺技术装备，实现绿色生产。加强绿色产品研发应用，推广轻量化、低功耗、易回收等技术工艺。积极引领新兴产业高起点绿色发展。建设绿色数据中心和绿色基站。促进新材料、新能源、高端装备、生物产业绿色低碳发展。

资源高效循环利用。支持企业增强绿色精益制造能力，大幅降低能耗、物耗和水耗水平。开展工业园区和企业分布式绿色智能微电网建设。全面推行循环生产方式，促进企业、园区、行业间链接共生、原料互供、资源共享。推进资源再生利用产业规范化、规模化发展，提高大宗工业固体废弃物、废弃电器电子等综合利用水平。大力发展再制造产业。

绿色制造体系。支持企业开发绿色产品，推行生态设计，引导绿色生产和绿色消费。建设绿色工厂，实现厂房集约化、原料无害化、生产洁净化、废物资源化、能源低碳化。发展绿色园区，推进工业园区产业耦合，实现"零排放"。打造绿色供应链，加快建立以资源节约、环境友好为导向的采购、生产、营销、回收及物流体系，落实生产者责任延伸制度。强化绿色监管，健全节能环保法规、标准体系，加强节能环保监察，开展绿色评价。

（八）加强质量品牌建设

加快提升产品质量。实施质量品牌提升三年行动计划。支持企业以提升重大装备、关键原材料和基础元器件的加工精度、性能稳定性、质量可靠性、环境适应性和使用寿命为重点，提升产品质量。组织相关企业以保障食品、药品、婴童用品、家电等重点消费品的质量安全为重点，推进重点产品技术、安全标准全面达到国际先进水平。强化质量发展基础，完善检验检测技术保障体系，建设一批高水平的工业产品质量控制和技术评价实验室、产品质量监督检验中心。

推进制造业品牌建设。 扶持一批品牌培育和运营专业服务机构。健全集体商标、国家地理标志、原产地注册等管理制度，打造一批产业集群区域品牌。推进品牌文化建设，引导企业增强以质量和信誉为核心的品牌意识，树立品牌消费理念，提升品牌附加值和软实力。加大中国品牌海外宣传推广力度，树立中国制造品牌良好形象。

（九）推动大中小企业协调发展

发展具有国际竞争力的大企业。 支持企业间战略合作和实施跨行业跨区域兼并重组，培育一批具有自主知识产权、自主品牌的大型企业集团。鼓励优势企业在全球布局产业链，建立海外研发中心、实验基地、营销服务体系，提高对价值链的掌控能力，加快形成以技术、品牌、质量、服务为核心的竞争新优势。

促进中小企业创新发展。 着力营造环境、改善服务，激发中小企业创新创业活力，发挥中小企业生力军作用，推动大众创业、万众创新。支持创新型中小企业做精做优、加快成长，发展一批主营业务突出、竞争力强、成长性高、专注于细分市场的专业化"小巨人"企业。积极发展特色优势中小企业，推广以低成本自动化技术为特征的先进适用技术，支持劳动密集型中小企业提高劳动生产率。发挥中外中小企业合作园区示范作用，利用双边、多边中小企业合作机制，支持中小企业走出去和引进来。

（十）优化制造业发展布局

打造先进制造业基地。 遴选一批特色鲜明、基础较好的产业集群，制定转型升级实施方案，加强动态评估和考核，推动产业集群从传统的空间聚集向生产要素整合和价值链提升转变。着力打造一批以产业链为纽带、核心竞争力强、公共服务体系健全的国家新型工业化产业示范基地，构建协同高效的产业生态体系。

推动产业有序转移。 完善产业转移指导目录，建设国家产业转移信息服务平台，创建一批承接产业转移示范园区，鼓励中西部地区通过委托管理、投资合作等多种形式与东部地区合作共建产业园区，促进产业合理有序转移。积极推动京津冀和长江经济带产业协同发展，优化钢铁、有色、石化、建材、煤化工等资源性产业布局，加强对新兴产业布局的规划引导。

深化产业国际合作。 落实"一带一路"等重大战略，构建我国开放合作的重要产业平台。发挥沿边开放优势，推动在有条件的国家和地区建设一批境外制造业合作园区。在巩固传统市场的同时大力开拓新兴市场，鼓励高端装备、先进技术、优势产能"走出去"。推动产业合作向协同研发、联合设计、市场营销、品牌培育等高端环节延伸。

五、产业结构调整的政策取向

（一）深化体制机制改革

加快转变政府职能，全面推进依法行政，强化战略、规划、政策、标准等制定和实施。深化行政审批制度改革，进一步减少行政审批事项，缩小政府核准的企业投资项目范围。支持产学研创新联盟建设，完善协同创新机制，推进创新资源配置、成果评价和转化机制改革。深化国有企业改革，积极发展混合所有制经济。废除对非公有制经济的不合理限制。稳步推进国防科技工业改革，推动军民融合深度发展。完善制造业投融资、并购重组、招标采购等的产业安全审查机制。

（二）加大财税金融等政策扶持力度

创新财政支持方式，整合现有专项资金，设立由中央财政支持的股权投资基金，重点投向高端装备、智能制造等转型升级关键领域。完善国有资本收益使用方式，支持重点国有企业技术创新和转型升级。完善政府采购政策，推动创新产品的研发和规模化应用。完善首台套支持政策，尽快建立支持国产首台（套）重大技术装备、首批次重要新材料示范应用的保险补偿机制。完善结构性税收政策，推进增值税改革，适当简化增值税税率，扩大研发费用加计扣除和高新技术企业所得税优惠政策适用范围。拓宽企业直接融资渠道，健全多层次资本市场，支持企业境内外上市融资和发行企业债券。引导风险投资、私募股权投资等基金支持企业创新发展。引导社会资本参与制造业重大项目建设、企业技术改造和关键基础设施建设。健全企业走出去金融服务。加强产业政策与财税金融政策的协调配合。

（三）完善中小企业政策

加强财政资金引导，吸引社会资金，加快设立国家中小企业发展基金。鼓励各类天使投资支持中小企业发展和个人创业。支持民营资本依法建立中小型银行，鼓励商业银行加大中小企业金融服务专营机构建设力度。建立和完善中小企业信用担保体系，继续实施信用风险补偿，支持担保机构为更多中小企业提供融资担保。建立完善中小企业征信体系，积极发展面向中小企业的融资租赁、知识产权质押贷款、信用保险保单质押贷款，引导和规范互联网金融发展。鼓励和促进大学、科研院所、工程中心等对中小企业开放共享各种实（试）验设施。加强中小企业综合服务体系建设，为中小微企业提供创业创新专业化服务。

（四）健全多层次人才培养体系

加强制造业人才发展统筹规划和分类指导，重点培养经营管理人才、专业技术人才和技能人才。组织实施企业经营管理人才素质提升工程和国家中小企业银河培训工程，培养造就一大批优秀企业家和高水平经营管理人才。实施先进制造卓越工程师培训计划，打造一支宏大的高素质专业技术人才队伍。强化职业教育和技能培训，建立一批实训基地，形成一支门类齐全、技艺精湛的高技能人才队伍。鼓励校企合作培养制造业急需的科研人员与高技能人才，加大领军人才和紧缺人才国际化引智力度，建立产业人才信息库，完善制造业人才服务体系。

（五）进一步扩大对外开放

深化外商投资管理体制改革，推行准入前国民待遇加负面清单的管理模式，进一步放开一般制造业。全面深化外汇管理、海关监管、检验检疫管理改革，提高贸易投资便利化水平。支持制造业企业通过委托开发、专利授权、众包众创等方式引进先进技术。加强对外投资立法，强化制造业企业走出去法律保障，规范企业境外经营行为，维护企业合法权益。推动金融与贸易投资深度合作，依托"一带一路"重大对外投资合作项目和重大工程等，支持高铁、电力装备、汽车、工程机械等装备和优势产能走出去。建立制造业对外投资公共服务平台和出口产品技术性贸易服务平台，完善应对贸易摩擦和境外投资重大事项的协调机制和预警机制。

中国社会科学院

"十三五"时期产业发展的方向与政策[1]

"十三五"是我国实现"两个百年"目标、全面建成小康社会、跨越"中等收入陷阱"、基本实现工业化的关键时期，同时也是在新的竞争环境下努力破解长期制约我国产业转型升级的一系列根本性障碍的关键时期。在由新一轮产业革命不断拓展、全球投资贸易秩序加速重构和我国全面改革日益深化共同构成的新技术经济范式下，"十三五"时期我国三次产业结构调整方向和各次产业自身的定位和发展模式都将发生深刻的变革。作为传统弱势产业的农业部门，将通过技术创新和组织创新逐步提高自生发展能力；作为过去经济增长引擎的工业部门，将通过核心能力构建进一步突出在国民经济中的创新驱动和高端要素承载功能；在消除体制机制障碍的基础上，服务业部门对于经济增长的拉动作用将更加显著。与此同时，技术突破和业态创新将不断打破三次产业的边界，更加突出能力和效率提升的产业融合协调，而不是增长导向的规模比例关系将成为三次产业结构优化升级的新主题，中国产业发展战略的重点也将从产业数量比例调整转向产业质量能力提升。

一、"十二五"中国产业发展现状评估

整体上看，《国民经济和社会发展第十二个五年规划纲要》及相关产业专项规划针对三

---

[1] 本报告主要参阅了黄群慧、李晓华、贺俊：《"十三五"时期中国工业转型升级研究》，夏杰长、倪红福：《"十三五"时期中国服务业发展改革研究》，李周、任常青、张海鹏：《"十三五"时期"三农"问题改革与发展研究》，吕铁、邓洲、王海成：《"十三五"我国供给要素的变动趋势和特征》，李晓华：《"十三五"及未来十年世界产业分工发格局调整趋势》五份研究报告。

次产业结构调整以及农业、工业和服务业发展制定的比例、增速、研发强度等数量性指标基本能够在"十二五"末期顺利实现（见表1），但是在生产效率和竞争能力提升等方面仍然面临较大的压力。

表1

"十二五"规划产业发展主要相关指标及进度完成情况

类别	指标		预期目标			进度情况		基本评估
			2010 年	2015 年	2010—2015 年累计变化	2013 年	2010—2013 年累计变化	
宏观经济运行	国内生产总值（万亿元）		39.8	55.8	[7]	50.4	[8.2]	预计能够提前实现规划目标
	城镇化率（%）		47.5	51.5	4	53.7	6.2	已经实现规划目标
	城镇新增就业人数（万人）				4 500	1 310	3 795	预计可以完成规划目标
技术创新	研究与试验发展经费支出占国内生产总值比重（%）		1.75	2.2	0.45	2.09	0.34	预计能够完成规划目标
	每万人口发明专利拥有量（件）		1.7	3.3	1.6	4.02	2.32	已经提前实现规划目标
	规模以上企业 R&D 经费内部支出占主营业务收入比重（%）		0.69	>1.0		0.80		预计可以基本实现规划目标
产业结构	工业增加值增速（%）				[8]		[8.6]	预计可以实现规划目标
	服务业增加值比重（%）		43	47	4	46.1	3.1	预计可以提前实现规划目标
	战略性新兴产业增加值占工业增加值比重（%）		7	15	8	—		暂无数据
	产业集中度（%）①	钢铁行业前10家	48.6	60	11.4	39.4		预计实现规划比较困难
		汽车行业前10家	82.2	>90	7.8	88.4		预计可以实现规划目标
		船舶行业前10家	48.9	>70	21.1	47.1		预计实现规划目标比较困难

续表

类别	指标	预期目标			进度情况		基本评估
		2010 年	2015 年	2010—2015 年累计变化	2013 年	2010—2013 年累计变化	
资源节约和环境保护	耕地保有量（亿亩）	18.18	18.18	0	20.27	2.09	预计可以实现规划目标
	农业灌溉用水有效利用系数	0.5	0.53	0.03	0.52	0.02	预计可以实现规划目标
	单位国内生产总值能源消耗降低（%）			16	0.74	2.31	预计实现规划目标比较困难
	非化石能源占一次能源消费比重（%）	8.3	11.4	3.1	9.8	1.5	预计实现规划目标比较困难
	单位国内生产总值二氧化碳排放降低（%）			17	1.73	5.44	预计实现规划目标比较困难
	单位工业增加值用水量下降（%）			30		34.90②31.66③	已经完成规划目标
	主要污染物排放总量减少（%）——化学需氧量			8		7.8	预计可以实现规划目标
	主要污染物排放总量减少（%）——二氧化硫			8		9.88	已经完成规划目标
	主要污染物排放总量减少（%）——氮氧化物			10		2.8	预计实现规划目标比较困难
	主要污染物排放总量减少（%）——氨氮			10		7.1	预计可以实现规划目标

注：[ ] 内数值为年均增速；如未指明工业，均为全部国民经济部门数据。"—"代表缺统计数据。
①是按产品产量计算的产业集中度；②是按当年价格计算；③是按 2010 年不变价格计算。
资料来源：宣晓伟：《"十二五"规划执行情况的分析及对"十三五"规划制定的启示》，《区域经济评论》，2015 年 1 期；2015 年目标引自《国民经济和社会发展第十二个五年规划纲要》和《工业转型升级规划（2011—2015 年）》（国发〔2011〕47 号）；2013 年船舶行业集中度引自中国船舶工业经济与市场研究中心：《中国船舶工业发展研究（2013 年度）》，汽车行业集中度引自中国汽车工业协会网站，钢铁行业集中度根据国际钢铁协会粗钢产业数据计算。

（一）三次产业结构调整目标基本实现

预计到"十二五"末期，《国民经济和社会发展第十二个五年规划纲要》提出的三次产业结构调整目标可以顺利实现（见图1）。截至 2014 年第四季度，第一产业累计值 58 332 亿元；第二产业累计值 271 392 亿元；第三产业累计值 306 739 亿元。同比看，第一产业占GDP 的比重下降至 9.17%，第二产业占 GDP 的比重下降至 42.64%，第三产业占 GDP 的比重上升至 48.19%，我国三次产业结构比重为 9.2：42.6：48.2，第一产业增加值占 GDP 比重较"十一五"末期下降 0.9 个百分点，第二产业增加值占 GDP 比重较"十一五"末期下降 4.1 个百分点，第三产业增加值占 GDP 比重较"十一五"末期增加 5 个百分点。2013 年，服务业首次超过第二产业成为国民经济中最大的经济部门，这标志着我国消费结构升级和产业结构转型进入了新的阶段。按照《国民经济和社会发展第十二个五年规划纲要》提出的"到 2015 年，服务业增加值占国内生产总值的比重较 2010 年提高 4 个百分点"的目标，"十二五"末期产业结构调整的目标已经提前实现。

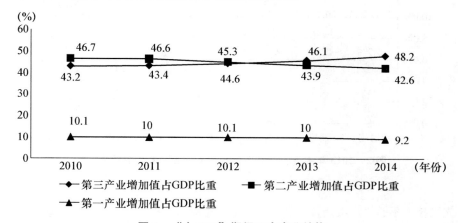

图1　"十二五"期间三次产业结构

数据来源：国家统计局[1]。

（二）农业基础地位进一步巩固

"十二五"以来，我国农业基础进一步巩固，农业农村经济发展亮点纷呈、成效显著，《国民经济和社会发展第十二个五年规划纲要》和《全国农业和农村经济发展第十二个五年规划》制定的各项目标任务逐步顺利完成，为确保整个国民经济社会平稳健康发展奠定了坚实的基础：

1. 主要数量增长指标完成都超过预期，部分指标甚至已经提前完成规划期末目标

粮食、油料、肉类、水产品等主要农产品产量指标超额完成规划期末目标，棉花、糖料、

---

[1]　本文数据如无特别说明，数据均来源于国家统计局。

蔬菜、禽蛋等其他农产品产量指标总体好于规划期中目标。2013 年粮食总产达到 12 039 亿斤，实现新中国成立以来首次连续十年增产，粮食综合生产能力跃上了 1.1 万亿斤的新台阶；棉花、油料、糖料、蔬菜产量分别比 2010 年增产 5.9%、9.3%、15%、11.2%；肉类、禽蛋、水产品产量分别比 2010 年增产 7.7%、4.1%、14.8%（见图 2）。

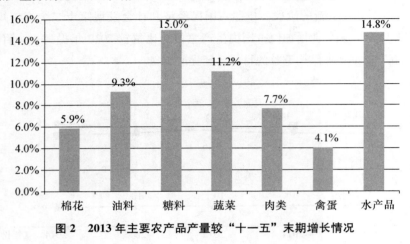

图 2　2013 年主要农产品产量较"十一五"末期增长情况

2. 先进技术不断推广应用，物质技术装备支撑能力等指标基本提前完成规划期中目标

截至 2013 年年底，全国农田有效灌溉面积、农业科技进步贡献率、农机总动力分别比 2010 年提高 0.8 亿亩、3.2 个百分点和 1.3 亿千瓦。农作物耕种收综合机械化水平达到 59%，距规划期末目标只有一个百分点。农产品加工业产值与农业总产值比达到 2：1。农业科技和物质装备条件进一步改善。国家深入实施创新驱动战略，强化重大成果和关键技术推广应用，开展新型职业农民培育试点，年培训农民 300 多万人次。三农信息服务平台体系加快构建，农村信息化基础条件不断改善。新增千亿斤粮食生产能力田间工程和旱涝保收高标准农田建设等项目顺利推动和实施，建成高标准农田 4 800 万亩。农业机械化发展支持力度不断加大，玉米机收水平已超过 49%，水稻机插水平超过 35%（龙新，2014）。

3. 组织创新不断涌现，农业生产经营组织方式各项指标总体好于规划期中目标

家庭农场、农民合作社、龙头企业等新型农业经营主体加速发展。2013 年年底，全国依法登记的农民合作社 98 万家，已有家庭农场 87.7 万家，龙头企业 12 万多家，各类产业化组织辐射带动农户数近 1.2 亿户。全国依法登记的农民合作社、家庭农场和龙头企业已

分别达到 98 万家、7.7 万家、12 万多家。

4. 政策体系不断完善，规划主要任务和重点工程顺利推进

粮食等重要农产品供给保障能力进一步提升。政府不断加大农业"四补贴"支持力度，启动粮食增产模式攻关，大规模开展粮棉油糖高产创建，建成粮食万亩示范片 29 136 个，棉花 1 260 个、油料 1 694 个、糖料 410 个。实施新一轮"菜篮子"工程，加强园艺作物、畜禽标准化建设支持力度，创建园艺作物标准园 2 835 个，支持生猪、奶牛、肉牛肉羊标准化规模养殖小区（场）改扩建。现代农业示范区建设稳步发展。认定 153 个国家现代农业示范区，选取 21 个示范区开展农业改革与建设试点，着力在探索建立农业经营新体系、农业产销新模式、财政支持新方式等方面进行先行先试，现代农业示范区已成为中国特色现代农业建设的排头兵。

（三）工业转型升级稳步推进

《国民经济和社会发展第十二个五年规划纲要》提出的工业转型升级目标主要包括结构调整取得重大进展、科技教育水平明显提升、资源节约环境保护成效显著等三个方面的内容。2011 年 12 月发布的《工业转型升级规划（2011—2015 年）》将《纲要》提出的工业转型升级目标进一步细化为六个方面，即：工业保持平稳较快增长、自主创新能力明显增强、产业结构进一步优化、信息化和军民融合水平显著提高、质量品牌建设迈上新台阶、资源节约环境保护和安全生产水平显著提升。总体上看，"十二五"以来，面对欧洲主权债务金融危机和世界经济缓慢回升的国际环境、发达国家重振制造业和低成本发展中国家大力发展劳动密集型产业的挑战以及国内生产要素价格持续上涨的压力，我国工业保持了平稳较快发展态势，国家层面制定的有关工业转型升级的主要"数量型"指标基本实现。

1. 工业保持平稳较快增长

2010 年我国工业增加值为 160 722 亿元，2013 年增长到 210 689 亿元，年均增长速度达到 8.56%，超过"十二五"期间年均增长 8% 的目标值。需要注意的是，工业增加值增速呈现逐年下降的趋势，从 2011 年的 10.4% 下降到 2013 年的 7.6%，2014 年前三季度进一步下降到 7.4%。增长速度放缓的背后是过去工业增长长期依赖的投资和净出口增长出现乏力，而消费增长和生产效率提升又没能及时跟进。

2. 科技投入强度不断增强

全社会 R&D 经费支出从 2010 年的 7 062.6 亿元增加到 2013 年的 11 846.6 亿元,增长
67.7%,R&D 经费支出与国内生产总值之比从 1.76% 提高到 2.08%。"十二五"规划目标
为 2015 年 R&D 强度达到 2.2%,2013 年年底已完成计划进度的 72.7%。但工业领域研发
投入不足的问题仍然较为突出。规模以上工业企业 R&D 经费支出与主营业务收入之比,
2009 年为 0.69%,2011 年达到 0.71%,2013 年达到 0.80%,与 2015 年 1.0% 的规模目标
尚有较大差距。

3. 产业结构不断优化

高技术产业保持快速增长。2013 年,高技术制造业增加值较上年增长 11.8%,高于工
业 9.7% 和制造业 10.5% 的总体水平。但重工业产值占全部工业的比重仍然保持在 70% 以
上的水平,轻重工业比例不协调的问题长期存在。工业产业集中度总体上进一步提升,但
由于落后产能退出的市场化机制没有形成,钢铁、石化、建材等行业的产能过剩问题仍长
期存在,并且随着经济增速放缓变得更加突出。

4. 信息基础设施建设加快推进

2013 年,制造业每百家企业拥有网站数达到 68 个,有电子商务交易活动的企业比重达
到 7.2%。在物联网、大数据、云计算等新一代信息技术成熟的推动下,商业互联网与工业
互联网相互衔接融合,越来越多的工业企业开始将信息技术应用于制造过程。但多数工业
企业、特别是工业企业进一步利用信息化工具优化管理流程和运营流程的意识和能力还很
薄弱。

5. 节能减排效率明显提升

2010—2013 年,亿元工业增加值用水量从 0.009 0 亿立方米下降到 0.006 7 亿立方米
(如果按照 2010 年不变价 GDP,2013 年亿元工业增加值用水量为 0.006 8 亿立方米),下降
34.9%(按 2010 年不变价格计算下降 31.7%),已提前完成"十二五"规划目标的 30%。
但全国能源消费总量仍然从 324 939 万吨标准煤增加到 375 000 万吨标准煤,资源利用和环

境保护的总体压力仍然在加大。

6. 国际竞争力不断提高

工业制成品出口额从 2010 年的 14 765 亿美元增加到 2013 年的 20 772 亿美元，增长 40.7%。高技术产品出口额从 4 924 亿美元增加到 6 603 亿美元。制成品出口额占世界的比重从 14.8% 提高到 17.5%。但出口贸易、特别是高技术产品出口仍然严重依赖外资。"十二五"期间，多数年份外商投资企业占全国高技术产品出口的比重均超过 60%，内资企业出口仍然主要分布于传统产业和高技术产业的低端环节。

(四) 服务业主导地位日益突出

"十二五"期间，我国服务业呈现加速发展的态势，伴随着消费结构升级和要素结构调整，服务业在国民经济中的比重稳步提升，服务业自身的产业结构不断优化，服务业对经济社会发展的拉动作用日益突出。

1. 服务业保持快速增长态

2011—2013 年，服务业增加值增长率三年平均为 8.6%，比相应的 GDP 增长率 (8.2%) 高 0.4 个百分点。从 2014 年的前三季度情况来看，季度服务业增加值增长率持续高于季度 GDP 增长率，相差达约 0.5 个百分点。即使 2015 服务业增加值增长率速度与 GDP 增长率持平，"十二五"期间，我国服务业增加值年均增速超过国内生产总值年均增速的"十二五"规划目标也能够实现。2013 年，我国服务业就业人数占全社会就业人数的比重为 38.50%，比 2010 年的服务业就业人数占全社会就业人数的比重（34.6%）高 3.9 个百分点，与"十二五"期间的服务业就业人数占全社会就业人数的比重较 2010 年增加 4 个百分点，只差 0.1 个百分点，基本上能提前实现《"十二五"服务业发展规划》提出的就业目标。考虑到 2014 年和 2015 年的就业发展形势，随着城市化和户籍制度的改革，第一产业的就业人数将继续存在下降空间，而第二产业的就业人数增长趋势放缓，第三产业的就业人数增长速度依然能保持增长态势，我国服务业就业人数占全社会就业人数的比重将进一步提高，到 2015 年服务业就业人数占全社会就业人数的比重将达 40%。

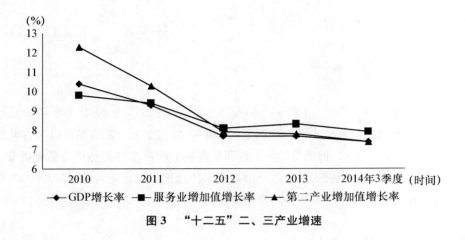

图 3 "十二五"二、三产业增速

2. 生产性服务业快速发展，对产业结构优化升级的支撑作用日益突

2011—2013 年，我国生产性服务业快速发展，生产性服务业的新兴领域不断拓展，新型商业模式和业态不断涌现：（1）随着云计算、大数据、移动互联网信息技术的快速普及发展，以及中国互联网的广度和深度不断提高，互联网金融发展发生了巨变，形成了多种互联网商业模式（互联网支付、互联网信贷、互联网理财、互联网众筹）。这些新兴的金融业态，便利了实体经济的资金融通，尤其是小微企业的融资，有利于中国产业结构的升级。（2）交通运输网络进一步完善，有力支撑国家"三大战略"。兰新、贵广、南广高铁开通，连通"一带一路"，云南昆明至越南河内的国际高速公路贯通。编制完成《京津冀协同发展交通一体化规划》和交通一体化率先突破方案，京津冀一体化率先在交通一体化方面实施。（3）物流业作为新兴的服务业部门，进入全面快速发展阶段。"第三方物流业"保持快速发展势头，网上购物继续推动中国物流网络体系建设和快递业的飞速发展。（4）电子商务保持较快的增长速度，截至 2013 年年底，电子商务市场交易规模达 10.2 万亿元，同比增长 29.9%，占 GDP 的比重超过 18%。中国网络零售占全年社会消费品零售总额的比重达到 7.93%，该比重已超过电子商务发达的美国的 5.8%。跨境电子商务成为电子商务中的新亮点。2013 年，我国跨境电商进出口交易额达 3.1 万亿元。以"一带一路"为指导思想、全国范围内铺开自贸区为政策支持，跨境电商成为新的经济增长点。

3. 文化旅游类生活性服务业快速发展，极大地满足了居民日益增长的物质文化生活需要

"十二五"以来，文化产业异军突起，随着一系列利好政策不断出台，文化经济和文化

消费指数持续攀升，中国正在从文化大国向文化强国不断迈进。2013 年，我国电影票房已经突破 200 亿元。旅游业服务质量明显提高，市场秩序明显好转，可持续发展能力明显增强，初步发展成为国民经济的战略性支柱产业。2013 年，国内游达 326 200 万人次，是 2010 年国内游（210 300 万人次）的 1.55 倍；国内旅游总花费 26 276.12 亿元，是 2010 年国内旅游花费（12 579.77 亿元）的 2.09 倍。体育产业得到快速发展，体育产业作为国民经济增长点作用日益显现，更加得到了各级政府的重视，发展环境进一步优化。2013 年全国体育及相关产业总产出 1.1 万亿元，同比增长 11.91%，实现增加值 3 563 亿元，同比增长 10.82%，增加值占 GDP 比重增加到 0.63%。

4. 服务业对外开放进一步深入，开放度进一步提升

在中国对外开放大格局中，服务贸易正在发挥越来越重要的作用。按 WTO 划分的服务业的 160 个部门，中国已经开放了 104 个部门，内地与港澳更紧密经贸关系安排中有 145 个部门开放，涉及保险、证券、银行、通信、邮政、快递、能源、会计、卫生、社会服务、旅游、建筑、房地产、环境等行业。据商务部最新数据，2013 年中国服务业实际使用外资 614.51 亿美元，同比增长 14.15%，在全国总量中的比重为 52.3%，首次占比过半。外资渗透到中国金融、医疗、科研等服务领域各行各业，产生了提高经营效益、提升本土技术、拓宽服务领域等全方位影响。中国服务业对外开放的空间在不断拓展，中国利用外资正在加速迈入"服务经济时代"。

二、未来全球产业发展和分工格局调整趋势

以初级产品和制成品为主要交易对象、以产业间水平分工为特点的传统世界产业分工格局正在转变为服务贸易与商品贸易并重、产业内和产品内分工重要性日益突出的新型产业分工格局。在未来 5～10 年，服务贸易在全球产业分工中的重要性将更加突出，服务业甚至研发活动都将呈现深入的产业内垂直分工特征。中国已经是世界产业分工格局中的重要力量，但仍存在产业发展水平低、处于全球分工格局低端等问题。在国内生产成本快速上涨的推动下，随着国内企业不断提高创新能力、积极走出国门，中国在全球分工体系中的地位将会不断提升，有望从全球价值链的低端向中高端升级，并在全球价值链治理中发挥越来越积极的作用。

（一）全球产业发展与分工格局调整的特征

一是产业间融合已成为现代产业发展一个重要特征。当今世界，服务业与制造业、农业之间关系越来越密切，彼此融合与互动发展是大势所趋。只有融合发展，服务业才有更大的市场空间，才能为制造业升级和农业现代化提供强有力的支撑。从农业看，农业与工业技术和服务业态的融合，已经成为农业现代化的核心内容。现代农业是产业化大农业，是以现代科技引领农业一、二、三产业融合及产前产中产后一体化的产业体系；在现代农业的发展过程中，科技水平、金融能力、信息化水平和管理水平缺一不可。只有把传统农业改造成为具有二产化、三产化开发条件的农业，才是包含了一、二、三产多个产业门类的现代化农业，才有条件改变过去在生产相对过剩条件下过多强调二产化的农业，也才能改变传统农业所表现出的面源污染和食品不安全的"双重外部性"问题（温铁军，2013）。通过促进产业融合来增加农产品的附加价值已成为各国发展现代农业的一个必然选择。近年来，日本积极探索基于第一、第二、第三产业融合的"第六产业"的发展，实施了"第六产业"发展战略，我国应该借鉴相应经验（王志刚、江笛，2011）。[1] 从制造业和服务业融合的角度看，在中国进入工业化后期以后，其工业化又与发达国家的"再工业化"叠加，这使得中国工业化进程又增加了一些"变数"。以重振制造业和大力发展实体经济为核心的"再工业化"战略，并不是简单地提高制造业产值比例，而是通过现代信息技术与制造业融合、制造与服务的融合来提升复杂产品的制造能力以及制造业快速满足消费者个性化需求能力，这种制造业信息化与制造业服务化的趋势使得制造业重新获得竞争优势（黄群慧，2014）。

制造业与服务业的融合具体表现在两方面：

一是投入产出角度的"作为制造业投入的服务化"和"作为制造业产出的服务化"，前者即产品制造过程中所需的工业设计、信息存储和处理、人力资源管理、会计、法律、金融等服务性要素在制造和价值创造中的投入增加，成为企业竞争力的关键来源；后者是指在实物产品的基础上衍生出越来越多的围绕实物产品的附加服务，而且服务的内容和质量成为满足消费者需求从而决定消费者购买决策的主要因素。制造业服务化的另一个维度是制造业服务化的"场所"或交易关系，这个角度的制造业服务化主要表现为"企业内部的

---

[1] 1996年，日本东京女子大学教授今村奈良臣首先提出了"第六产业"的概念，其基本含义是，农业生产向二、三产业延伸，通过一、二、三产的相互融合，形成集生产、加工、销售、服务一体化的完整产业链，如果将第一、第二和第三产业相加（1＋2＋3）或相乘（1×2×3），正好都等于6，所以，就有了"第六产业"这一概念。2009年11月，日本农林水产省专门制定了《农业六次产业化》白皮书，提出多项推进"第六产业"的措施。

制造业服务化"和"企业外部的制造业服务化",前者表现为企业内部服务职能的强化,有助于制造业企业获取范围经济,后者主要表现为独立的生产性服务业的发展,满足了制造业企业寻求规模经济的要求。制造业服务化已经成为全球产业发展的一种趋势,技术融合和商业模式创新正不断推进制造企业的服务化和新型生产性服务业的涌现。20世纪初期IBM公司的硬件收入占其销售收入70%,而现在其生产性服务收入已占到70%(邬贺铨,2014)。制造业服务化既是我国制造业转型升级的重要方向和途径,也是服务业特别是生产性服务业大发展的源泉和动力。在制造业服务化的趋势下,制造业企业将自己的研发制造能力与营销服务能力有机融合,竞争力大大提高,制造业和服务业的界限被模糊了,制造业和服务业日益融合,这极大地巩固了制造业在经济中的主导地位。

二是服务贸易快速发展,形成了"服务-制造"的新分工形态。随着发达国家的产业结构向服务业的转变、在信息技术驱动下服务业可分性(即可贸易性)的提高以及制造业与服务业的融合趋势,服务业在国际贸易分工中的比重不断提升。2013年,世界商品出口和商业服务出口额分别为188 160亿美元和46 444亿美元(见图4),分别是1980年的9.24倍和12.65倍;商业服务出口额占世界商品和服务(不包括政府服务)总出口额的比重也从1980年的15.27%提高到2013年的19.80%。2013年,美国、加拿大、欧盟28国和日本在商业服务贸易实现2 630.3亿美元顺差的同时,商品贸易逆差却达到3 367.5亿美元,总体上处于贸易赤字状态(见表2)。可以看到,发达国家与发展中国家在二、三产业之间的分工呈现出典型的"服务-制造"分工格局,即发达国家出口商业服务进口商品,而发展中国家出口商品而进口商业服务。

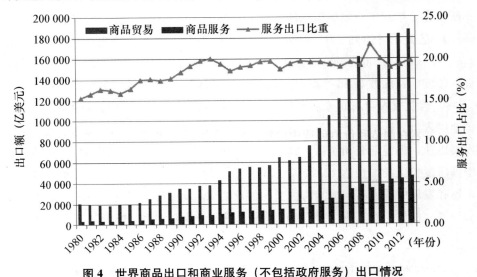

图4 世界商品出口和商业服务(不包括政府服务)出口情况

资料来源:WTO Statistics Database (http://stat.wto.org).

表 2

主要发达国家（地区）商品和服务进出口及占世界比重

国家（地区）	商品出口（亿美元）	比重（%）	商品进口（亿美元）	比重（%）	商业服务出口（亿美元）	比重（%）	商业服务进口（亿美元）	比重（%）
世界	188 160.0		188 900.0		46 443.8		43 813.5	
美国	15 795.9	8.39	23 290.6	12.33	6 620.4	14.25	4 315.2	9.85
加拿大	4 583.8	2.44	4 742.7	2.51	19 985.6	43.03	16 631.6	37.96
欧盟 28 国	60 764.5	32.29	60 040.5	31.78	26.6	0.06	1 048.7	2.39
日本	7 151.0	3.80	8 331.7	4.41	1 453.6	3.13	1 622.9	3.70
美加、欧、日合计	88 295.2	46.93	91 662.7	48.52	28 086.2	60.47	23 618.3	53.91

资料来源：WTO Statistics Database(http://stat.wto.org).

三是垂直分工从制造业扩展到服务业。在过去的十年中，服务业的离岸外包获得巨大的发展，据 NASSCOM、BCG[1] 和 OECD 等机构估计，2008 年离岸外包的金额在 1 010 亿美元到 1 570 亿美元之间。目前，服务离岸外包的范围已经从信用卡账单处理、软件代码编写等简单服务工作扩展到处理住房贷款申请、解释病人的 CT 扫描、为投资者进行公司财务分析等，并且企业越来越希望将产品设计、研发、工程服务、软件开发等高技能的创新活动外包到国外（Linda，2011）。

四是发达国家主导的分工格局向多极化方向发展，新兴经济体在国际产业分工中的地位不断增强。按照工业发展组织的数据，发展中经济的国外直接投资流出量从 2000 年的 2 666.44 亿美元增加到 2013 年的 7 783.72 亿美元，占世界的比重从 18.84% 提高到 53.61%。在《财富》世界 500 强 2014 年榜单中，来自中国大陆、中国台湾、智利、印度尼西亚、印度、新加坡等 16 个新兴市场国家和地区的跨国公司共 139 家，占 500 强数量的 27.8%，营业收入和利润分别占到 27.10% 和 24.71%。新兴经济体的跨国公司不但越来越多地进入世界性的生产、服务领域，而且在传统上由发展中国家企业主导的研发领域也发展迅速。据博斯公司统计，2010—2011 年，全球研发支出最大的 1 000 家公司在印度和中国研发支出的增长达 27.2%，远高于北美的 9.7%、欧洲的 5.4% 和日本的 2.4%。新兴市场和发展中国家不但成为跨国公司的重要 R&D 投资，而且日益成为研发全球化的主动参与者。例如，2010 年，中国有 68 家创新型企业在北美、欧洲、日本等发达国家或

---

[1] NASSCOM 是印度软件和服务业企业行业协会，是印度信息技术和软件业最具有影响力的组织，拥有 1100 家会员单位，其中 200 家是全球性公司。BCG 是一家全球性管理咨询公司，是世界领先的商业战略咨询机构，客户遍及所有行业和地区。

地区设立了106家海外研发机构（杜德斌，2014）。

（二）中国在世界产业分工格局的地位

中国目前已经是世界产业分工格局中的重要力量，但仍存在产业发展水平低、处于全球分工格局低端等问题。在国内生产成本快速上涨的推动下，随着国内企业不断提高创新能力、积极走出国门，中国在全球分工体系中的地位将会不断提升，有望从全球价值链的低端向中高端升级，并在全球价值链治理中发挥越来越积极的作用。

一是中国已成为世界产业分工体系的重要参与者。经过新中国成立60多年特别是改革开放30多年的发展，通过对外开放将中国丰富廉价的劳动力优势与国际产业转移的大趋势有机结合、不断推进市场化改革激发微观主体的活力，成为世界重要的制造业基地甚至成为新一代"世界工厂"。2009年，中国制造业规模超过美国，成为世界第一制造大国。按照联合国工业发展组织（UNIDO）的数据，在2011年世界制造业增加值中，中国的比重达到19.7%。一方面，跨国公司的直接投资大量涌入中国，助其成为世界制造基地，另一方面，中国企业也加快"走出去"步伐，对外直接投资快速增长。2013年中国制成品出口达到20 772亿美元，占世界制成品出口额的17.53%，是排名第二的德国（12 373亿美元）的1.68倍；其中，在电子数据处理和办公设备、通信设备、集成电路和电子元件、纺织品、服装等领域占有最大的市场份额，国际市场占有率分别达到41.2%、37.8%、21.8%、34.8%和38.6%，钢铁的国际市场占有率达到12.0%（见表3）。

表3

中国主要产品出口情况变化　　　　　　　　　　　　　　　　　　　　单位：亿美元

产品	1980年			2000年			2013年		
	世界	中国	中国占比（%）	世界	中国	中国占比（%）	世界	中国	中国占比（%）
铁和钢	767.5	2.4	0.3	1 428.5	43.9	3.1	4 540.3	546.9	12.0
化学品	1 416.8	11.3	0.8	5 863.9	121.0	2.1	20 011.8	1 195.7	6.0
医药品				1 085.7	17.9	1.6	5 217.0	123.1	2.4
机械和运输设备	5 233.9	8.4	0.2	26 318.5	826.0	3.1	59 321.7	10 395.3	17.5
办公和电信设备	851.0	0.7	0.1	9 641.2	435.0	4.5	17 501.1	5 936.6	33.9

续表

产品	1980 年			2000 年			2013 年		
	世界	中国	中国占比(%)	世界	中国	中国占比(%)	世界	中国	中国占比(%)
电子数据处理和办公设备				3 710.0	186.4	5.0	5 431.3	2 238.0	41.2
通信设备				2 864.3	195.1	6.8	6 695.8	2 528.2	37.8
集成电路和电子元件				3 067.0	53.5	1.7	5 374.1	1 170.5	21.8
运输设备				8 325.7	95.9	1.2	20 334.1	1 115.0	5.5
汽车	1 318.0	0.6	0.0	5 764.4	15.8	0.3	13 478.0	459.8	3.4
纺织品	549.9	25.4	4.6	1 547.8	161.3	10.4	3 059.0	1 065.8	34.8
服装	405.9	16.3	4.0	1 976.4	360.7	18.3	4 602.7	1 774.3	38.6

资料来源：WTO International Trade Statistics.

二是中国整体上仍处于国际分工体系的低端。尽管中国产业的规模很大、参与世界分工格局的程度高，但由于整体产业发展水平较低，仍然处于国际分工体系的低端（见表4）：一方面是产品附加价值低。中国的增加值率仅为 32.49%，是对照国家中最低的，2007 年中国制造业增加值率为 21.86%，仅略高于韩国的 20.00%，远远低于美、日、德、英等国家。在制造业内部，中国最具国际竞争力的两大类产业即纺织、电与光学设备的增加值率远远低于其他七个工业化国家。2007 年，中国纺织、纺织品、皮革和鞋产业的增加值率为 20.68%，而其他国家多在 30% 以上甚至超过 40%；中国的电与光学设备产业的增加值率只有 17.03%，仅略高于墨西哥的 16.89%，该产业的增加值率美国高达 48.24%。由于产品的附加价值低，中国没能充分分享到全球化的利益。Kraemer 等对苹果公司价值分布情况的研究表明，在一部 iPad 中，原材料成本占 31%，苹果公司的利润占 30%，分销和零售占 15%，中国的劳动力投入只占 2%，而在一部 iPhone 中，苹果公司独占 58.5% 的利润，而中国的劳动力成本只占其中的 1.8%。另一方面是参与国际分工的代价巨大。通过参与国际产业分工，中国一方面充分利用了劳动力资源丰富的比较优势实现了经济的高速增长，但另一方面也付出了巨大的资源、能源和环境代价。2010 年，中国单位 GDP 能耗是世界平均水平的约 2.15 倍，即使用购买力平价美元衡量，中国单位 GDP 能耗也是世界平均水平的 1.52 倍，每千克油当量能源使用的 CO_2 排放量为 3.29 千克，亦远远高于其他国家。中国的能源、资源消耗和碳排放很大一部分是蕴含在出口产品之中的。英国 Tyndall 中心的一个政策简报称，2004 年中国净出口内涵排放 11.09 亿吨 CO_2，占中国当年总排放（47.32 亿吨）的 23%，略少于日本的总排放，大致相当于德国和澳大利亚的总排放，以及英国总排放的两倍（Wang，2007）。

表 4

中国主要产品出口情况变化　　　　　　　　　　　　　　　　　　　　　　单位：%

行业	中国	美国	日本	德国	法国	英国	意大利	韩国	墨西哥
全部行业	32.49	54.09	55.01	48.50	49.22	49.58	44.99	36.12	58.25
C10T14 采矿业	47.29	55.44	33.08	35.23	—	69.81	54.91	57.68	82.66
C15T37 制造业	21.86	31.76	29.75	30.95	23.53	34.11	26.25	20.00	32.17
C17T19 纺织、纺织品、皮革和鞋	20.68	45.43	38.40	31.31	31.11	41.79	27.91	25.93	36.96
C29 机械与设备	23.09	36.53	38.94	36.72	31.02	36.82	29.15	24.16	34.71
C30T33 电与光学设备	17.03	48.24	33.91	37.20	29.35	39.80	32.97	24.01	16.80
C34T35 运输设备	19.48	26.97	25.51	25.31	14.70	24.53	19.43	21.24	33.43

　　说明：韩国、墨西哥为 2009 年，美国、日本（除服务业）为 2008 年；中国、德国、法国、英国、意大利、日本的服务业为 2007 年。

　　数据来源：中国数据根据《中国统计年鉴》有关数据计算，其他国家数据引自 OECD. StatExtracts 数据库。

（三）中国分工地位的调整趋势

　　在科学技术的变革、国际经济的再平衡、国内资源禀赋的变化和发展阶段转换等内外部因素推动下，未来五到十年是中国产业结构从以物质产品生产为主向服务经济转变、制造业由大变强、国际分工地位不断攀升的重要时期。

　　从依靠廉价劳动力形成的成本优势到综合竞争优势。中国成为世界工厂和国际产业分工体系的重要参与者主要得益于发挥了劳动力丰富和成本低廉的比较优势，并形成了在制成品领域的价格竞争力，然而这一情况正在发生转变。2003 年以来，中国劳动报酬持续大幅上涨，且从 2008 年开始劳动生产率的提高已经无法弥补劳动报酬的上涨，这就造成单位劳动成本不但已经超过越南、印度、印度尼西亚等发展中国家，而且相对发达国家的劳动成本优势也正在缩小，目前已经出现一些劳动密集型产业从中国向周边成本更低的发展中国家转移甚至向发达国家回流的现象，特别是那些自动化程度较高、劳动投入较少、对当时市场变化响应要求较高的产业的回流更为明显。中国已经无法继续依赖于简单的劳动成本优势，而必须将劳动力素质优势、产业配套优势和低成本制造优势结合起来并通过加强创新提高产品的技术水平、精致程度和质量，形成新的综合竞争优势。

　　从国际直接投资的净流入国转变为对外投资大国。改革开放之初，中国吸引外资的重要原因之一就是解决国内的资金短缺，经过 30 多年的发展，中国已经成为最大的外汇储备国，2014 年外汇储备余额达到 3.84 万亿美元，一大批中国企业开始对外投资的步伐，从最初海外投资是为了获取满足经济增长的矿产资源和能源，现在已经扩大到服务于当地市场、整合东道国生产要素甚至利用国外的创新资源。近十年来，中国对外直接投资蓬勃发展，外商直接投资（FDI）流出额从 2000 年的 9.16 亿美元增加到 2013 年的 1 010 亿美元（见表 5），占世界 FDI 流出的比重达到 7.16%。随着国内生产成本的上涨，国内企业已经有意识地将一些在国内丧失优势的产业向国外转移，像联想、三一重工、中联重科等企业正加大对海外企业的跨境并购力度，国家正在实施的"一带一路"战略、自由贸易区谈判也会有力地推动国内企业的走出去。可以预见，未来的十年，中国的对外直接投资仍将快速增长，并很有可能呈现 FDI 的净流出。

表 5

中国 FDI 和 FDI 流出情况　　　　　　　　　　　　　　　　　　　　　　　单位：亿美元

项目	2000 年	2005 年	2006 年	2007 年	2008 年	2009 年	2010 年	2011 年	2012 年	2013 年
FDI 流入	407.15	724.06	727.15	835.21	1 083.12	950.00	1 147.34	1 239.85	1 210.80	1 239.11
FDI 流出	9.16	122.61	211.60	265.10	559.10	565.30	688.11	746.54	878.04	1 010.00
净流出	−397.99	−601.45	−515.55	−570.11	−524.02	−384.70	−459.23	−493.31	−332.76	−229.11

资料来源：根据 UNCTAD 统计数据计算。

从全球价值链的低端向全球价值链的中高端攀升。随着技术、管理水平的提升，国内产业发展正从低端向共高端水平迈进，中国在全球价值链中的分工地位也正在向中高端攀升。以出口的本地附加值比重来衡量，中国这一比重在由 1995 年的 88% 下降至 2005 年的 64% 后已经开始回升，2009 年达到 67%（罗长远等，2014）。中国出口产品的单位价值也正在缩小与发达国家的差距。中国在高技术产品与中低技术产品上与美国、日本的差距都呈缩小趋势，反映出国际分工地位正在改善。以华为、中兴为代表的一批中国企业已经成为行业的领先公司，华为已经成为全球通信设备排名第一的企业，华为海思的手机芯片已经具备向美国高通高度垄断的市场发起挑战的能力。未来的五到十年，会有越来越多的中国企业通过提高创新能力、打造品牌、建立平台，实现从全球价值链的被动参与者向全球价值链智力的积极参与者转变，甚至会有一批企业成为全球价值链的主导者。

三、"十三五"中国产业发展面临的挑战与问题

伴随着新一轮产业革命的深入拓展、全球贸易投资秩序的加速重构以及我国国内要素条件和制度基础的深刻转变，未来我国产业发展面临的主要挑战将呈现出一系列新的特征，产业发展中的深层次问题亟须破解。

（一）国际贸易投资秩序重构的挑战

"十三五"将是美、欧等国家加速推进新一轮全球贸易、投资秩序新格局形成的重要时期。通过积极推进 TPP（跨太平洋伙伴关系协议）、TTIP（跨大西洋贸易与投资伙伴协议），美国正在组织创建超越 WTO 规范的全面性经贸自由化网络。美、欧、日等国以新一轮的市场自由化为名，推动双向互惠的高规格贸易、投资条件的形成，构筑有利于美欧等国的全球贸易新秩序。TPP 横跨整个太平洋地区，包括文莱、智利、新西兰、新加坡、美国、澳大利亚、秘鲁、马来西亚、越南、墨西哥、加拿大和日本 12 个发展水平不同的国家。TPP 谈判国的经济总量占全球的 40%，贸易规模约占全球贸易的 1/4，中国贸易的 1/3，将成为未来亚太自贸区的重要基础。而 TTIP 覆盖的欧美两大经济体占全球经济总量的 45%，以及高收入国家经济总量的 2/3。在全球前六大进口国中，TTIP 涵盖了除中国之外的其他五个。美国、法国、意大利、英国和德国在多数行业中均位列前十大出口国。如果 TPP 和 TTIP 最终达成协议，那么除中国和金砖国家之外的主要经济体都将进入到这两大贸易区之内。

TPP 和 TTIP 将对全球产业竞争格局以及我国参与国际竞争的方式产生深刻的影响：

首先，TPP 和 TTIP 所涉及的非关税壁垒将在很长时期内成为制约我国制造业融入新的贸易、投资秩序的重大障碍。从谈判内容看，TPP 和 TTIP 都是高规格的自由贸易协定，开创了新的投资和贸易秩序。美国主导的 TPP 和 TTIP 不仅将规定取消或降低商品的关税，还将涵盖国有企业、安全标准、技术贸易壁垒、动植物卫生检疫、竞争政策、知识产权、政府采购、争端解决，以及有关劳工和环境保护的规定，标准之高和覆盖领域之广远超一般自贸区协议。

其次，TPP 将成为亚太地区新的竞争性区域合作机制并将改变亚太地区自由贸易格局，对我国在全球制造业竞争体系中的比较成本优势形成冲击。旨在保护 TPP 内部市场的高标准技术性壁垒将使得成员国贸易结构及流向发生重大变化，从而对中国产品向 TPP 成员国出口造成威胁。比如，中国的出口产品会由于 TPP 国家之间的关税免除而遭受变相的成本提高，因而竞争力会有所下降。再如，TPP 中"原产地规则"限制成员国使用来源于非 TPP 成员国的原材料以及中间产品，而中国有相当一部分出口产品为中间品贸易，这就间接限制了中国对 TPP 出口。总体上看，由于 TPP 域内各国经济发展水平及出口产品有很大不同，这种资源禀赋的巨大差异和互补性有利于 TPP 内部发生投资及贸易转移。因为 TPP 中的新兴经济体与中国的产业结构及要素分配趋同，所以在产品出口的市场和结构上存在强烈同构性竞争，这些趋同必然导致对中国某些劳动密集型、资源型产业的冲击（吕铁等，2014）。

最后，TPP可能对我国金融业开放发展形成巨大的外部压力。TPP对于金融业的国民待遇提出了更高的要求。我国目前对外资银行的监管适用《外资银行管理条例》及其实施细则，TPP国民待遇条款提出的相关要求会迫使《外资银行管理条例》与《商业银行法》的统合。目前，我国《外资银行管理条例》要求外资银行只有转制为本地注册法人银行才能从事本地居民零售业务，这与TPP的市场准入要求相悖。此外，TPP案文强调跨境金融服务提供，仅要求跨境金融服务提供商在对方国家进行登记即可跨境为对方居民服务，这明显区别于WTO的《服务贸易总协定》中金融附件的规定，更突破了我国金融立法及执法实践中所要求的金融机构及金融服务以商业存在为前提的传统规定。在我国现实的监管执法中，境外机构未通过我国境内商业存在提供的跨境金融服务如外汇交易、保单及基金的销售行为被认定为非法行为，并对境内投资者进行过风险提示（陈胜等，2013）。除此之外，TPP对于跨境贸易的要求还涉及外汇转换管制问题，都将迫使我国加快金融业开放发展的步伐。

（二）新一轮技术革命加速拓展的挑战

"十三五"期间，以智能化、数字化、网络化为核心的新一轮技术革命将逐渐由孕育期进入加速拓展期。这场技术革命将不仅改变制造业和农业的生产方式，大幅提高一次产业和二次产业的生产效率，而且将通过商业模式创新，促进远程医疗、网络教育、互联网交融等新兴服务业态的快速发展。当前方兴未艾的新一轮技术革命，是由于超级宽带、移动互联网、人工智能、数字制造、工业机器人等基础技术的成熟和成本下降，以数字制造、智能制造、大数据、云计算为代表的现代信息技术对既有制造范式、服务内容和商业模式的改造以及基于现代信息技术的新型制造范式、新兴服务业态的出现，其核心特征是网络化、数字化、智能化和个性化。

新一轮技术革命将成为全球技术变革和产业发展的新趋势，这种趋势对我国产业发展可能会形成以下冲击和挑战：（1）进一步弱化我国的要素成本优势，促使我国推进劳动密集型农业和低成本工业的战略转型。新技术革命加速推进了先进农业技术和制造技术的应用，必然会通过资本深化和设备替代减少简单劳动在农业和工业总投入中的比重，我国的比较成本优势可能加速弱化。（2）对我国产业升级和产业结构升级形成抑制。现代制造技术的应用提升了制造环节的价值创造能力，使得制造环节在产业价值链上的战略地位变得与研发和营销同等重要，过去描述价值链各环节价值创造能力差异的"微笑曲线"有可能变成"沉默曲线"甚至"悲伤曲线"。发达工业国家不仅可以通过发展工业机器人、高端数控机床、柔性制造系统等现代装备制造业控制新的产业制高点，而且可以通过运用现代制造技术和制造系统装备传统产业来提高传统产业的生产效率，曾经为寻找更低成本要素而从发达国家转出的生产活动有可能向发达国家回溯，导致制造业重心再次向发达国家偏移，传统"雁阵理论"所预言的后发国家产业赶超路径可能被封堵。（3）可能进一步恶化我国的收入分配结构。如果劳动者的知识和技能结构不能适应新兴生产制造技术的要求，新技术革命的推进会造成职工的失业或者被锁定在低附加值的简单劳动环节，从而对劳动者收入增长形成抑制作用（黄群慧、贺俊，2013）。（4）新技术革命将突破服务市场的国际边界，为我国服务业改革开放造成了巨大的竞争压力。随着互联网等信息基础设施和大数据、人工智能等信息技术的发展，远程医疗、跨境电子商务、互联网教育等新的服务业业态正在不断突破传统制约服务业跨境贸易和发展的地理制约，基于互联网的面向全球的服务业业务快速发展，对我国打破现代服务业的行政垄断和管制施加了前所未有的竞争压力。当然，新一轮技术革命对我国也是一种机遇。这种机遇不是传统意义上的纳入全球分工体系、扩大出口的机遇，而是倒逼我国产业结构转型升级的新机遇。因此，面对新技术革命的挑战，既要有紧迫感，也要有信心，既要保持战略上的平常心态，又要积极应对、适应新变革。

（三）支撑传统增长的要素供给短缺的问题

"十三五"时期，支撑产业高速增长的主要供给要素大多将呈现"短缺"的特征，且伴随质量、分布结构不合理问题。

劳动力供给方面，劳动年龄人口开始下降，且劳动年龄人口中青壮年的比重也将下降。长期以来，我国的人口数量和劳动年龄人口数量保持了持续增长。但是，受人口出生率下降的影响，其增速日益下降。根据联合国经济和社会事务部 2012 年的预测结果，我国劳动年龄人口数将在 2015 年达到峰值，为 10.145 亿人，而劳动年龄人口占总人口比重早在 2010 年已经达到峰值（见图 5）。"十三五"期间，我国劳动年龄人口全面进入总量减少阶段。对 20～59 岁的劳动年龄人口分析显示，20～24 岁劳动力比重在"十一五"期间达到峰值，"十二五"期间下降，"十三五"期间将继续下降；25～29 岁劳动力比重在"十二五"期间达到峰值，"十三五"期间开始下降；相比"十一五"，30～34 岁劳动力比重在"十二五"期间有所下降，但"十三五"期间将有所上升，35～39 岁劳动力比重自"十五"期间开始下降，"十三五"期间将继续下降；40～44 岁比重自"十二五"开始下降，"十三五"期间将继续下降；而 45～59 岁人口比重将不断上升。这些变动趋势表明，我国的青年劳动人口比重呈现下降趋势。

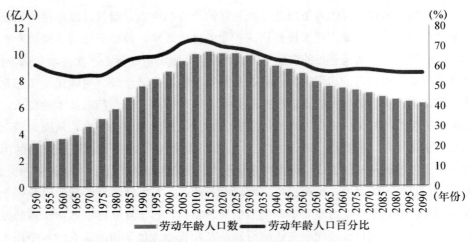

图 5　中国劳动年龄人口数量与百分比（1950—2095 年）

资料来源：联合国经济和社会事务部。

土地供给方面，产业用地结构将有所优化，但新增产业用地和城市产业用地增长空间不大，土地供给以存量调整为主。2014 年全国国土资源工作会议指出，"今后将逐步调减东部地区新增建设用地供应，除生活用地外，原则上将不再安排新增建设用地"，"我国将从 500 万人口以上大城市周边开始划定永久基本农田，并逐步划定覆盖全部城市、小城镇和农村的耕地红线"。集体建设用地流转以及工业用地成本的不断提高，将会加速城市用地结构的变化，具体表现为一线城市工业用地比例的不断下降和商业用地比例的不断上升，进而导致城市产业的转移。目前，北京、上海、天津、深圳等一些城市正处于这个阶段，工业用地在城市建设用地中的比例将逐渐下降，商业用地、居住用地、绿化用地等非工业用地的比例将不断增加。与此同时，工业外迁和农村集体建设用地流转的双重力量叠加，将导致新增的工业用地主要集中在郊区集体建设用地或者是大城市的周边。

（四）生产效率和创值能力低下的问题

生产效率不高和创值能力不强已经成为当前及未来"十三五"我国产业发展面临的最严峻的问题。在农业领域，规模化经营发展滞后使得农业生产效率落后。2014 年，我国经营规模在 30 亩以下的小规经营农户数量为 2.54 亿户，占到总农户数的比重高达 96.2%。而农业生产效率低下又直接导致农产品价格缺乏国际竞争力。2014 年，我国小麦、玉米和大米三个重要农产品的国内价格均高于进口粮食的国内到岸完税价，小麦高

5％，玉米高 6％，大米高 25％。大豆国内现货价格为每吨 4 500 元，较进口到岸价格高出 7％；国家棉花临时收储价格为每吨 20 400 元，较进口到岸价格高出 20％；原糖主产区柳州、南宁中间商报价为每吨 5 400 元，较外盘原糖进口到岸价格高出 25％多；瘦肉型猪价格每吨为 15 000 元至 18 000 元之间，而同期芝加哥商业交易所的瘦肉型猪价格每吨仅为 12 000 元。

从工业部门看，2003 年以来，全要素生产率与资本产出效率呈现不断恶化的趋势（见图 6）。研究表明（江飞涛，2014），2003—2012 年期间，我国工业全要素生产率增长率年均值为－0.051 个百分点，2008—2012 年期间全要素生产率增长率年均值更是下降至－1.82 个百分点（见图 3）。这一时期，中国工业边际资本产出率亦持续快速下降，2002 年工业边际资本产出率为 0.61，2012 年该值已下降至 0.28（见图 4）。工业边际资本产出率和全要素生产率的下降并非仅仅是国际金融危机冲击的结果。2003—2007 年期间，国民经济处于繁荣期，工业经济增速不断加快，与之背道而驰的是全要素生产率增长率与边际资本产出率的急剧下滑（见图 7），2008 年金融危机及国内经济减速的冲击只是进一步加剧了效率恶化趋势。这表明，不是经济周期，而是我国工业经济中的一些长期性因素导致了全要素生产率和资本边际产出率的下降。

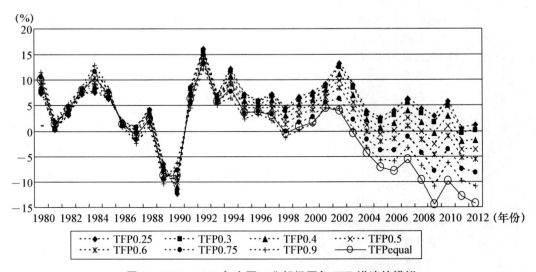

图 6 1979—2012 年中国工业部门历年 TFP 增速的模拟

从服务业看，虽然"十二五"期间服务业规模加速扩张，但服务业创值能力低下的状况却没有根本改观。由于我国服务业以劳动密集型行业为主，且劳动报酬水平低，从而一定程度上导致了我国整体服务业的增加值率相对较低。美国、法国、德国、日本等发达国家的服务业增加值率基本上处于 60％以上，"金砖国家"中的巴西、印度、俄罗斯服务业增加值率也在 60％。而我国服务业增加值率的最高水平（2010 年）也只有 55％（见图 8）。

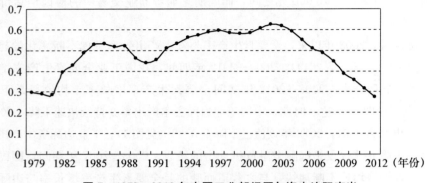

图 7　1979—2012 年中国工业部门历年资本边际产出

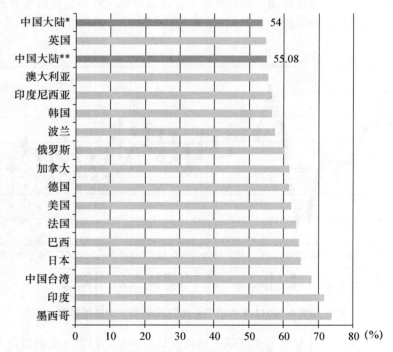

图 8　2010 年中国大陆与世界各国（地区）服务业增加值率比较

注：＊此处数据是根据 WIOT 表中数据计算。＊＊利用《中国统计年鉴》中公布数据计算。其他数据根据 WIOT 表计算而得。

（五）产业技术创新能力不强的问题

产业技术创新能力不强的问题主要表现在以下三个方面：

一是高技术的、信息密集的农业技术储备不足。目前我国的农业技术整体上仍然具有显著的劳动密集、土地密集、资本密集的特征，新的动植物品种获取技术、新的细胞和蛋白获取技术等前沿技术的创新能力较为薄弱。卫星定位遥感和生物自动管理等现代信息技术创新和推广应用不足，不能实现对农产品生产和农业生态系统进行有效监测，使作物营养的供给与作物的营养需求在数量上和时间上都高度匹配，并将化肥和农药的用量控制在环境可承受的范围内。面对农业面临的各种挑战，"十三五"期间我国农业科技急需在植物种质资源利用与现代育种、动物种质资源利用与现代育种、资源节约型农业、农业生产与食品安全、农业信息化和精准农业等重大科技领域实现一系列突破。

二是在国内要素成本快速上涨、新技术革命不断侵蚀传统比较成本优势的背景下，底层技术和关键技术缺失对我国工业转型升级的制约作用将表现得更加突出。传统产业的高端生产装备和核心零部件受制于人。以机械产业为例，多数出口机械产品是贴牌生产，拥有自主品牌的出口机械产品不足20％。从国内需求来看，80％的集成电路芯片制造装备，40％的大型石化装备，70％的汽车制造关键设备、先进的集约化农业装备等依靠进口；基础部件制造能力滞后，高参数、高精密和高可靠性的轴承、液压/气动/密封元件、齿轮传动装置及核心传动部件，大型、精密、复杂、长寿命模具及其他关键基础零部件、元器件、电器部件的质量和寿命还不能完全满足机械工业发展的需求，大量依靠进口。

三是新兴技术领域的制高点掌控不足。以目前快速发展的工业机器人产业为例，在由机械、控制、传感三个部分组成的复杂技术结构中，中国企业整体上仅掌握了机械中的硬件技术。在机器人本体产业，国外机器人制造企业占据中国近90％的市场份额，发那科、安川、KUKA、ABB四家公司合计占据中国国内约65％的市场份额。剩余35％的国内企业份额主要为低端市场。与此同时，国外厂商积极布局中国国内市场，遏制中国本土企业的发展。在核心零部件领域，控制器、驱动及伺服电机、减速机等主要依赖进口（黄群慧等，2014）。在工业机器人成本中，成本占比最高的减速机占33％～38％，驱动及伺服电机占20％～25％，控制器占10％～15％，机器人本体在总成本中占比只有20％左右。在减速机领域，国际供应商主要有Nabtesco和Harmonic两家。在工业用机器人关节上的精密减速机上，Nabtesco产品的全球市场占有率达60％，特别在中/重负荷机器人上，其RV减速机市场占有率高达90％；Harmonic公司则以谐波减速机为主，在全球工业机器人关节减速机领域拥有约15％市场占有率。由于市场集中度高，国内本体厂商议价能力较弱，其减速机采购成本常常为发那科、KUKA、安川、ABB 等国际巨头采购价格的 3～5 倍。

（六）现代服务业发展滞后的问题

虽然近年来我国服务业的规模和比重不断扩大，但服务业结构不合理的问题却长期存在。主要表现在，一是现代服务业比重低；二是生产性服务业发展滞后。当前，我国的服务业主要集中在商贸、餐饮、仓储、邮政等传统服务业，金融、电信、信息服务、商务服务和租赁服务、科学研究等现代服务业发展不足，服务业仍处于低层次结构水平。尽管近几年服务业内部结构有所改善，新兴产业有一定的升级趋向，但还没有成为产业增长的主体，传统部门和一般产业仍是带动服务业增长的主要力量。2012 年，交通运输仓储和邮政业、批发和零售业、住宿和餐饮业三大传统服务业增加值比重为 36.65%，而金融保险、商务服务、科技信息等具有在中心城市高度聚集、需求潜力巨大的现代服务业比重明显偏低，如金融业增加值占全部服务业的 12.41%左右，信息传输、计算机服务和软件业占比还不到 5%（见表 6）。

表6

中国服务业细分行业结构

年份	第三产业（现价，亿元）	交通运输、仓储和邮政业	批发和零售业	住宿和餐饮业	金融业	房地产业	其他
2004	64 561.292 0	14.41%	19.29%	5.68%	8.35%	11.11%	41.16%
2005	74 919.275 2	14.24%	18.64%	5.60%	8.12%	11.37%	42.03%
2006	88 554.884 4	13.76%	18.67%	5.41%	9.15%	11.71%	41.31%
2007	111 351.947 8	13.11%	18.80%	4.98%	11.08%	12.40%	39.62%
2008	131 339.987 1	12.46%	19.93%	5.04%	11.32%	11.22%	40.03%
2009	148 038.036 0	11.30%	19.58%	4.81%	12.00%	12.60%	39.71%
2010	173 595.984 0	11.02%	20.59%	4.65%	12.09%	13.12%	38.53%
2011	205 205.023 7	10.93%	21.17%	4.47%	12.16%	13.05%	38.21%
2012	231 406.487 3	10.79%	21.35%	4.52%	12.41%	12.53%	38.40%

从国外主要国家的服务业细分行业的比较来看，中国传统服务业（零售、批发、交通、运输、住宿和餐饮行业）的增加值占第三产业增加值的比重过高，达 36.14%。传统服务业比重明显高于发达国家，如比美国（23.41%）高 12.73 个百分点，比日本（28.20%）高7.94 个百分点（见表 7）。

表 7

2010 年主要国家细分行业结构

行　　业	法国	德国	日本	美国	韩国	印度	巴西	俄罗斯	中国
机动车辆销售、维修和燃油零售	2.0%	2.2%	1.4%	1.2%	1.0%	1.3%	2.0%	3.0%	0.0%
除机动车辆以外的批发和佣金贸易	5.7%	6.6%	10.7%	7.1%	6.1%	10.0%	6.6%	19.4%	16.5%
除机动车辆以外的零售贸易、居民货物修理	4.8%	5.2%	6.0%	7.9%	8.2%	16.3%	9.9%	11.6%	3.4%
陆运	3.0%	2.3%	4.0%	3.9%	3.9%	2.6%	2.9%	1.6%	4.9%
水运	2.8%	2.1%	3.8%	1.6%	3.3%	10.0%	4.4%	7.9%	6.6%
空运	0.7%	0.5%	0.7%	0.1%	1.9%	0.3%	0.3%	0.2%	2.3%
其他运输辅助及旅行代理活动	0.5%	0.4%	0.4%	0.5%	0.8%	0.3%	0.4%	0.5%	0.5%
住宿和餐饮	2.1%	2.5%	1.1%	1.2%	1.2%	0.9%	2.1%	3.3%	2.0%
邮政和通信	2.5%	2.4%	3.1%	3.1%	3.2%	2.5%	3.0%	3.6%	5.9%
金融中介	6.8%	6.3%	7.2%	11.8%	11.6%	10.4%	10.7%	7.3%	12.1%
房地产业	18.0%	17.2%	17.8%	13.5%	12.1%	10.2%	12.4%	8.3%	13.1%
机器设备租赁及其他商务服务	17.6%	19.3%	11.1%	17.0%	12.0%	8.9%	10.4%	11.8%	8.3%
公共管理和国防、社会保障	9.7%	8.3%	12.2%	15.7%	10.6%	11.6%	15.1%	9.1%	8.4%
教育	6.8%	6.4%	5.5%	1.3%	10.5%	7.7%	7.7%	4.4%	7.1%
卫生和社会工作	11.6%	11.0%	7.8%	9.4%	7.7%	2.9%	6.0%	5.7%	3.7%
其他团体、社会和个人服务	4.6%	6.7%	7.1%	4.6%	6.1%	4.0%	6.1%	2.4%	5.4%
雇人的私人住户	0.8%	0.5%	0.0%	0.2%	0.0%	0.3%	0.0%	0.0%	0.0%
批发、零售、交通、运输、住宿和餐饮合计	21.7%	21.9%	28.2%	23.4%	26.3%	41.5%	28.6%	47.4%	36.1%

注：根据 WIOD 数据库中数据计算。

　　我国服务业产业结构问题还表现在生产性服务业产值规模小、发展水平较低。从中间投入角度来，我国作为中间投入的服务产品占 GDP 的比重显著低于西方主要发达国家，如 2010 年，美国作为中间投入的中间服务产品占 GDP 的比重为 47.54%，法国为 54.42%，韩国为 45.47%。而中国作为中间投入的中间服务产品占 GDP 的比重为 43.27%（见图 9）。值得注意的是，与巴西、印度、日本等国家相比，中国作为中间投入的服务产品占 GDP 的比重与这些国家相当，甚至好于这些国家，且占比的增长速度快于这些国家。

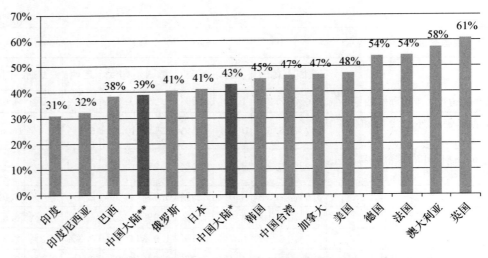

图 9 主要国家（地区）作为中间投入的中间服务产品占 GDP 比重

注：* 表示数据根据全球投入产出表计算而得到。** 表示数据根据中国历年投入产出表计算而得到。其他数据都是根据全球投入产出表数据计算而得。

（七）选择性政策过度使用与产业发展需求不协调的问题

我国长期以来实施的以直接干预微观经济为特征的选择性产业政策，由于扭曲了市场机制，已经带来许多不良的政策效应，有悖于经济新常态的内生性要求（江飞涛，2015）。

首先，严格的投资审批、核准政策及市场准入政策，具有限制竞争、扶大限小的特征，对行业效率的提升产生了显著的负面影响。采用工业企业微观数据的实证研究表明，这些政策使得汽车、石化、钢铁、船舶等行业中优胜劣汰机制严重受阻，不利于行业效率的改进：（1）在位大企业由于受政策扶持且缺乏竞争压力，生产效率偏低且改进缓慢，但市场份额却不断扩大；（2）一些具有较高生产效率且效率改进速度较快的中小企业或新进入企业，受政策限制却难以进一步成长和扩大市场份额；（3）由于市场竞争受限，一些低效率的企业长期存活在市场中，不能被淘汰出市场。此外，不必要的投资审批和核准还阻碍了企业对市场需求增长和结构变动做出迅速反应，给企业经营以及产品结构调整带来困难。

其次，目录指导成为政策部门以自身的判断和选择来代替市场机制的工具，导致不良政策效果。目录指导实质上是政策部门从各个行业中挑选出需要重点发展的先进技术、工艺和产品进行扶植，并挑选出落后的技术、工艺和产品进行限制和淘汰，需要政策部门对上百个细分行业中众多技术、工艺和产品的前景、经济性与市场能够进行准确的判断和预测，而这是一项政策部门根本不可能完成的工作。目录指导政策制定和实施中往往超越我国经济发展阶段而片面追求发展高新技术产品和工艺，同时把本来具有市场需求的产能看作落后产业并加以淘汰。例如，近年来多晶硅、风电设备制造业的产能过剩问题，钢铁行业部分高端产品设备能力过剩问题；以及前些年由于限制线材、螺纹钢产能等低端产品的政策，导致建筑钢材市场供应相对短缺。目录指导应重在指导，即为企业提供关于未来市场和产业发展趋势的重要信息，应对企业加以引导而不应具有强制力。

再次，片面强调市场集中度、企业规模，导致大量低效率重组行为。中国在重要行业实施的产业组织政策及促进兼并重组政策，均将提高市场集中度和打造大规模企业作为最为重要的政策目的，从政策诸多方面扶持大企业并限制小企业。这种政策模式将市场结构与市场绩效简单对应，忽略了市场竞争过程作为一个筛选机制和发现过程，让具备效率优势的企业能够生存和发展，市场份额总从缺乏效率的企业转移到更具效率的企业，脱离开这一过程，去强调集中度、企业规模的效率是毫无意义的。对于兼并重组政策而言，应淡化集中度和企业规模目标。其最为重要的意义应在于通过构筑有利于兼并重组的制度和市场环境，改善和强化市场的优胜劣汰机制，提高市场的整体效率，为产业的转型升级提供良好的市场环境。试图通过政府主导或者推动的兼并重组来实现产业转型升级的目标，实则是拔苗助长。

最后，发展战略性新兴产业政策实施中，过于注重补贴生产企业，导致部分新兴产业过度投资，并频繁遭遇国外反补贴调查和制裁。近年来，战略性新兴产业是政策扶持的重点，对于新兴产业企业的财政支持和税收优惠则是重中之重，地方政府更是采取低价供地、直接提供财政补贴等方式大力推动战略性新兴产业发展。然而，这种过于注重补贴生产企业的措施，直接导致多晶硅、风电设备等新兴行业出现比较严重的产能过剩，并导致太阳能电池板、风电设备等产品相继在欧、美市场遭遇"双反"调查。更为重要的是，对于生产企业和生产环节提供大量补贴还会诱发企业的寻租行为，而不是把更多的投入放在研究开发和技术工艺的改造升级上，这也会使得新兴行业中企业在国际竞争中更依赖以政府补贴和低污染排放标准所带来的所谓低成本竞争力。

四、"十三五"中国产业发展目标与基本思路

随着我国三次产业结构趋于合理、各次产业内部产业体系日益完备，我国产业结构调整的基本思路应当逐渐由增长导向的规模比例关系向效率导向的核心能力提升转变，在三次产业关系方面重点通过产业融合促进各次产业协调发展，作为传统弱势产业的农业将通过技术创新和组织创新逐步提高自生发展能力，作为过去经济增长引擎的工业部门将通过

核心能力构建进一步突出在国民经济中的创新驱动和高端要素承载功能，在消除体制机制障碍的基础上服务业对于经济增长的拉动作用将更加显著。

（一）"十三五"产业结构预期变化与产业发展质量目标

长期以来，国内与钱纳里等学者开创的经典产业结构研究相背离、把产业结构问题完全外生化的一个错误理论和政策认识，就是把产业结构概念工具化，将产业结构本身作为经济发展的目标（贺俊等，2015）。为了更好地适应产业融合的趋势，未来我国的产业政策思路应当逐步突破传统的"产业结构对标"的思路，消除政府对部门间要素流动的扭曲和干预，减少部门垂直管理带来的产业融合障碍，通过促进产业间的技术融合、商业模式融合和政策协调，促进三次产业和各产业内部的协调发展。

基于这样的认识，我们认为不应该把三次产业结构产值和就业比例作为产业发展的目标进行要求，重点考核三次产业发展的质量目标。产业结构数量比例只是一个预期变化，而产业质量发展目标可以用劳动生产率和技术创新指标来衡量。

产业结构预期变化。"十三五"期间，农业比重将基本保持稳定，服务业比重稳步提升，而工业在国民经济中的比重将进一步下降，到2020年基本形成9：36：55的三次产业结构。从三次产业的就业结构比重看，与人均GDP在6 000～12 000美元的中等收入国家相比，中国农业劳动力继续转移的潜力是巨大的。汇总2007年世界上一些处于这个阶段国家的资料，我们发现，它们平均的农业劳动力比重为14.8%，比中国低近10个百分点。这意味着"十三五"期间，我国农业劳动力每年需要减少约800万人，即降低1个百分点（蔡昉，2013）。未来第一产业的劳动力仍将继续向劳动生产率更高的第二产业和第三产业转移。继2011年第三产业就业人数超过第一产业后，预计到2015年左右，第二产业的就业人数也将超过第一产业，从而最终形成第三产业就业人数最多、第二产业次之、第一产业最少的现代就业结构。

产业发展质量目标。生产效率提升是"十三五"时期我国产业发展质量提高的核心内容，效率提升对各次产业增长的贡献将日益突出。伴随着户籍制度改革、农业劳动力向第二产业和第三产业的进一步转移以及农业规模化、现代化经营的快速发展，第一产业的劳动生产率水平将进一步提升。"十三五"期间，我国农业劳动生产率仍将保持较高的增长速度，预计"十三五"期间年均增速在10%左右。在工业领域，伴随着"第三次工业革命"的深化，特别是自动化、数字化技术的快速发展，资本深化、新兴高效率部门的出现以及低效率企业的逐步淘汰，工业生产效率在"十三五"期间仍然能够保持较高的增长速度，以及"十三五"期间我国制造业劳动生产率的平均增速能够达到7.5%左右的水平。而现代服务业在服务业中比重的快速上升有望促进服务业劳动生产率的提高，预计"十三五"期间我国服务业劳动生产率年均可以提高 5％左右。

技术创新目标。2013 年中国制造业规模以上企业 R&D 经费占主营业务收入的比重为0.88％，比 2011 年提高 0.10 个百分点。按此增长趋势，到 2020 年，制造业规模以上企业R&D 经费占主营业务收入比重将达到 1.20％。随着创新驱动该战略的深入实施，知识产权拥有量进一步提高，每万人口发明专利拥有量有望于 2015 年达到 6 件，2020 年达到 14 件（见表 8）。

表 8

"十三五"产业结构预期变化与产业发展质量目标

类别	指标	预期变化		
		2013 年	2020 年	2015—2020 年累计变化
产业结构预期变化	三次产业增加值比重	10.0∶43.9∶46.1	9∶36∶55	农业比重基本保持稳定，服务业比重每年提高 1 个百分点左右
	三次产业就业比重（未考虑农业实际务农情况）	31.4∶30.1∶38.5	23∶29∶46	—
	三次产业就业比重（考虑农业实际务农情况）	22∶36∶42	15∶34∶51	—
产业发展质量目标	农业劳动生产率增速	10.9％		年均 10％
	制造业劳动生产率增速	7.9％		年均 7.5％
	服务业劳动生产率增速	1.2％		年均 5％
	每万人口发明专利拥有量（件）	4.1	14	增长 2 倍以上
	规模以上工业企业 R&D 经费内部支出占主营业务收入比重（％）	0.88	1.3	提高约 0.3 个百分点

注：表中三次产业比例预期变化和劳动生产率增速基于有关研究和我们的预测得出，其中根据农业实际务农人口的估算基于蔡昉（2012）；技术创新 2020 年的预期指标引自有关专业规划。

（二）通过技术制度创新促进农业自生发展

转变过去主要通过财政补贴等扶持性的政策措施降低农业生产经营成本的思路，在继续贯彻惠农政策的同时，重点通过现代农业技术的推广和应用，通过农业生产方式和农业结构调整，提高农业部门的竞争力。即在"十三五"期间，重点通过加强技术创新、制度创新和组织创新，促进农业自生发展能力的提升。

1. 转变农业发展方式

首先，依靠动植物品种获取技术、细胞、蛋白获取技术和卫星定位遥感、生物自动管理等创新，促进技术、信息对资本、土地、劳动的替代，实现农产品供需平衡和消除资源耗竭、生态破坏和环境污染的有机统一。既要利用基因工程和细胞工程成分利用生物种质资源和杂种优势，又要构建监测和化解风险的快速反应机制，防范这种最大限度地简化复杂的生物演化过程的创新可能造成的风险。

其次，以市场需求为导向，以技术、制度、组织创新为手段，以生态系统和水土资源可持续利用为约束，进行农业布局规划和战略调整，形成优势突出、特色鲜明、适应资源、生态和市场要求的农业产业体系。实施高标准粮田建设工程，增强粮食综合生产能力；实施产业集群培育工程，构建新型农业经营体系；实施生态农业发展工程，形成农业新业态；提高农业规模化、专业化、区域化、组织化和机械化、信息化水平，提高农业综合生产能力。重点打造粮食生产核心区，增加产能、稳定产量、提高效益，保障国家粮食安全。

最后，政策重点要由解决"近渴"拓展为消除"远渴"。要将瞄准食物产量、农民收入的政策体系拓展为瞄准农业资源、食物质量、生态系统服务价值的政策体系。要多扶持农业技术研发等具有乘数效应的公共品，少扶持农产品、生产要素等没有乘数效应的私有品，并将按行政区划配置农业研发资源的体制改为按农区类型配置农业研发资源的体制。要多补贴有机肥、生物农药、可降解地膜等环境友好型投入品，少补贴化肥、农药、地膜等对环境有负面影响的投入品。要多补贴农业生态建设，少补贴农业生产活动。水土资源确权登记必须尊重农民的选择，同时提倡能为土地整理创造条件的确股不确地的确权方式。

2. 扩大农业经营规模

我国农业面临的突出问题是主要农产品价格普遍高于进口农产品价格。2014年，国内小麦、玉米和大米的价格都高于相应进口产品的国内到岸完税价，小麦高5%，玉米高6%，大米高25%。大豆国内价格为每吨4 500元，进口到岸价格为每吨4 200元；油菜籽国内价格为每吨5 100元，进口到岸价格为每吨4 300元；棉花国家临时收储价格为每吨20 400元，进口到岸价格为每吨17 000元。原糖国内主产区价格为每吨5 400元，进口到岸价格每吨低于4 000元。畜产品也是如此。在价格信号的引导下，"十二五"期间农产品净进口量快速增加。面对这个局面，我们要跳出农业必须保护的窠臼，抓住越来越多的农民不愿继续从事超小规模农业的有利时机，推进农业适度规模经营，培育具有自生能力的核心农户，提升我国农产品的国际竞争力。

具有自生能力的核心农户是土地经营规模足以使其在农业中充分就业且农业收入不低于主要劳动力在非农部门就业的农户收入的农户。农民就业转移和农地流转是核心农户充分就业的基础。国家应放弃维系超小规模农业的政策，消除劳动力转移、土地流转和改造传统农业的人为障碍，并从提高非农部门就业、收入的稳定性和农民的非农就业技能入手，提高农户经营超小规模农业的机会成本，促使农民就业转移、土地流转和核心农户形成。

3. 拓展农业多种功能

农业的功能包括农产品供给功能、调节气候、净化环境、维持生物多样性等生态服务功能和自然人文综合景观带来的休闲、审美、教育等文化服务功能。农民增收的途径要与农业功能拓展相衔接。农业功能拓展越充分，农业产业体系越健全，农民增收渠道就越通畅。

"十三五"期间我国农业要从拓展功能入手，延长产业链，形成现代农业产业体系。第一，以农业资源高效和循环利用为核心，以生态农业、绿色产业为抓手，增强农业的产业竞争力。通过微生物资源产业化，将植物、动物构成的二维农业拓展为植物、动物、微生物构成的三维农业，通过海藻资源产业化，将陆地农业拓展为陆地与海洋交融的农业。第二，利用农业资源、农业设施、田园景观、农家生活、农耕历史文化、民族传统文化、地方特色文化等旅游资源，满足国民日益丰富多彩的精神生活与文化需求，实现第一产业和第三产业的有机结合。第三，维护和提升农业生态系统服务价值，通过生态补偿政策获得回报。

（三）通过核心能力构建促进工业创新发展

到 2020 年，我国将基本实现工业化。但是，实现工业化不等于工业化时代的终结。对于刚刚步入工业化后期的中国而言，其工业化进程还远未结束，工业在我国经济发展中的重要性并没有下降：一是工业的效率提升作用将更加突出。作为技术创新的"土壤"，工业的主要功能不再是集聚资本和创造就业，而是通过促进新技术的创新和扩散，提高经济增长效率，并在这个过程中创造出更多高质量的工作岗位。二是工业对于经济增长的间接拉动作用更加突出。虽然从比重上看 2013 年以来工业开始落后于服务业，但是工业对服务业的拉动作用仍在增强，这种作用集中表现为生产性服务业的规模扩张和质量提升实际上是围绕"做强工业"展开的（黄群慧，2014）。

工业经济功能的转变决定了，工业的发展方向也必须适时进行调整。过去长期主导我国工业转型升级政策实践的产业结构思维已经越来越不能适应新的竞争环境和要素条件。从"结构优化主导"向"能力提升主导"转变，将成为"十三五"及未来更长时期我国工业转型升级的主题。随着国内外产业环境和竞争环境的变化，传统的产业结构概念对于我国工业转型升级的理论意义和实践意义已经大打折扣，工业发展的"结构红利"日益弱化：（1）我国已经具备较为完整的产业结构，经典产业结构理论揭示的产业结构变动特征已经很难指导我国的产业结构升级战略。经过30多年的改革开放发展，我国本土企业的进口替代规模和外资企业的本地采购比例不断扩大，各类产业的分工水平不断深化，我国已经形成了产业门类齐全、行业覆盖广泛的制造业体系，中国已经成为继美国、德国和日本后世界上极少数具备完整工业体系的国家行列。随着我国产业结构日益完备，制造业产业体系中的"短板"在不同的周期中被逐渐弥补，通过资源在产业间再配置提升总体生产效率的空间越来越小，制造业增长的主要动力正快速由产业间配置效率向动态效率转变。（2）我国的工业贸易结构已经呈现出"稳态化"的特征。"十一五"以来，我国工业出口结构呈现出的一个重要特点就是主要行业的出口比重变动明显收窄、出口结构总体趋于稳定（宋鸿，2010）：以纺织服装、鞋帽为代表的劳动密集型行业出口比重分别稳定在14%～16%和3%～4%的水平，以矿产品为代表的资源型行业的出口比重稳定在2%～3%的水平，以化工产品为代表的资本密集型行业的出口比重稳定在4%～5%的水平，而以机电产品为代表的技术密集型行业的出口比重稳定在55%～60%的水平。即随着我国经济发展水平的提高，我国制造业出口结构已经由"极化"向"多元化"发展，由"动态化"向"稳态化"发展，经典产业结构理论指导下的"增长极"战略的作用空间越来越小。（3）从工业促进国民经济增长的作用看，工业的能力、而不是工业的结构决定了长期国民经济增长趋势。对制造业与国民经济增长关系的最新研究表明，在过去60多年间，由工业产品复杂性所反映的一国制造业能力是所有预测性经济指标中能够最好地解释国家长期增长前景的指标，该指标甚至能够解释国家间收入差异的至少70%（Hausmann和Hidalgo，2011）。如果说在经典的产业结构研究中，Fisher和Clark的三次产业划分强调的是产品的物理形态，Hoffmann对制造业的划分强调的是工业品的直接用途，新的研究显然更强调从产业所依赖的知识的复杂性、或者说工业所体现的技术的复杂性来认识工业的功能。因此，无论是从工业自身增长还是从工业促进国民经济增长的角度看，工业的能力提升都较工业产业结构变得更加重要（贺俊等，2015）。

在明确工业转型升级指导思想从"结构优化主导"向"能力提升主导"的前提下，未来我国工业核心能力提升应重点围绕两个方向：

一是由标准化、模块化产品向一体化产品转型升级。以日本东京大学 Fujimoto 教授为代表的经济学家开创的基于产品架构概念的研究，通过利用产业一体化架构指数来测度不同产业的一体化程度（integral degree），他们发现了一国制造业在全球产业分工体系中的结构性特征——中国在劳动密集型的模块化产品具有优势，日本在劳动密集的高一体化程度产品更具优势，美国则在知识密集的低一体化程度产品更具优势（Fujimoto，2006）。基于技术模仿的大规模、标准化生产虽然有利于我国在短期内融入全球制造业分工，并快速形成完整的制造业体系，但产业创新能力弱、国际竞争力弱、分工地位低下的问题却长期难以改善。在这种情况下，未来我国制造业发展，应当在依托既有的大规模生产优势的基础上，加强生产工艺提升、产业工人技能提升和前沿技术突破，实现制造业向技能密集和技术密集的一体化产品升级。

二是由体现为装备引进的简单产品生产向以知识资源整合为核心的复杂集成产品转型升级。在一些关键设备和核心零部件领域，我国长期陷入"进口替代和循环引进"的怪圈——中国企业不断进入重大装备和核心零部件的生产领域，但重大装备和核心零部件受制于人的格局却始终没有改观。造成这种状况的根本原因在于，国内企业在进入重大装备和核心零部件领域的方式主要是依靠生产设备引进，而且大部分是交钥匙工程的设备引进。这种所谓的"产业升级"缺乏实质性的技术吸收和学习过程，因而最终陷入循环引进的怪圈。虽然从产业或产品的角度看，发达国家企业将大量的零部件甚至关键零部件生产外包给了中国企业，而且中国企业确实逐渐掌握了这些产品的生产工艺。但是从知识分工的角度看，概念设计和检测等关键能力仍然由领先企业掌握，仅仅是细节设计和工业设计等技术环节外包到了发展中国家。例如，在飞机发动机产业，虽然空客等飞机发动机制造商将大量的零部件进行全球外包，但由于其直接参与零部件等的设计，因此仍在相当数量的核心零部件领域保留着技术优势。也就是说，简单的产业分工和产品分工模式实际上掩盖了企业间和国家间远远更为复杂的技术和知识分工形式（Brusoni 等，2001）。比自主生产更重要的是本土企业是否掌握了重大装备和核心零部件的设计知识。鉴于此，"十三五"期间我国产业政策应当重点扶持兼具自主创新和开放式创新的集成创新，特别是复杂产品集成创新，通过全球知识资源的整合（而不是"自主生产"），从根本上解决核心技术"受制于人"的问题。

（四）通过消除体制障碍促进服务业跨越发展

制度是经济增长和效率提高的重要影响因素，我国有关产业的改革历程中，服务业体制改革最为落后、也是改革难度最大的领域之一。我国服务业发展面临着以下几个体制障碍：一是服务业部分细分行业垄断最为严重，行政垄断在我国许多经济领域都存在，但以生产性服务业领域为甚，比如金融、电信、铁路、民航、教育、新闻出版传媒等就是典型的行政垄断行业。这些行业普遍产权不明晰，竞争力不强，效率低下。二是市场准入的门槛还比较高，尤其是对民营企业的门槛比较高。除餐饮、商贸等传统服务业外，其他服务业的市场准入门槛比较高。如银行、保险的经营牌照基本上政策分配的。很多新兴服务业不让民营企业介入，抑制了服务业的发展。三是管理体制比较落后，与市场经济的要求存在一些差距。与工业企业相比，缺乏具有国际竞争力、符合现代企业制度要求的大型企业。四是真正落实和可操作性的服务业发展支持政策缺乏，过去一些财税、金融政策都是针对工业部门而出台，许多对于服务业并不适应。如银行贷款一般要求资产抵押，而对于服务企业中像知识产权、品牌等无形资产占主导，造成许多服务业企业贷款困难。服务业的税率也相对较高，抑制了服务业的发展。

针对制约我国服务业发展的体制机制僵化、市场化程度不高、社会分工程度低、部门服务业行政垄断严重、市场准入门槛高、定价机制不合理等制度性因素，未来推进服务业改革、构筑有利于服务业发展的体制机制，应当着重从以下三个方面着手：

一是打破垄断和市场管制、放宽服务业市场准入，引进竞争机制。行政垄断和市场管制是当前制约服务业发展的突出难题。国有企业在教育、文化传媒、医疗卫生、金融、交通运输和公用事业等领域的投资占比超过2/3。要改变这些状况，就必须大胆地进行制度创新，参照国际通行的做法，制定公开透明的准入条件和标准，除对少数垄断行业及关系到国家安全的重点服务业，制定"否定"或"限制"行业目录外，其他的一概实施"非禁即入"的准入制度，切实打破垄断经营，鼓励社会资本以多种方式发展服务业，形成公正公平、多种所有制竞向发展的格局。

二是改革投资审批体制。我国现有的投资审批体制，仍对服务业有着较多的限制。例如，对铁路、高速公路、快递、房地产等诸多服务行业的投资方面，仍存在着大量的政府审批现象。现有的投资审批体制是一种对市场投资决策的扭曲，因为投资审批者并不对投资结果负责任，而审批的标准、原则、程序等又不够透明。这也是造成服务业投资效率低下和官员腐败的重要原因。要对现有的投资审批体制进行全面清理，尽量减少行政审批，简政放权，尽可能减少前置审批和资质认定项目，把"先证后照改为先照后证"落到实处，认真落实注册资本认缴登记制，营造有利于服务业发展的制度环境。

三是加强信用制度建设。服务品无形的特点以及越来越多服务网上交易，决定了服务交易更具"信息不对称"和"道德风险"的可能性。采取切实有效措施，完善企业、社会和个人信用环境体系建设，建立企业和个人信用档案，增强交易透明度，加大对"违信"的处罚力度，确保服务业发展的正常市场秩序。

五、"十三五"中国产业发展的政策支撑

在新的国际竞争规则建立和国内深化改革的背景下，"十三五"期间，既有的产业政策必须根据新的环境和战略部署在政策作用对象、政策工具和政策作用机制等方面及时进行调整，通过更加合理的产业政策体系、更加科学的产业政策内容和更加有效的产业政策执行机制，促进我国产业整体生产效率和国际竞争力的提升。

（一）政策思路：从选择性主导到功能性主导

中国经济发展已步入新常态，面临新的形势与挑战，必须把握好新阶段的新特征与新要求，针对制约结构调整与经济转型的突出问题与根本性问题，推动产业政策的转型。

从市场与政府的关系的角度可以将产业政策分为选择性产业政策和功能型产业政策。选择性产业政策是以"政府对微观经济运行的广泛干预，以挑选赢家、扭曲价格等途径主导资源配置"为特征。功能型产业政策则是"市场友好型"的产业政策，它是以"完善市场制度、补充市场不足"为特征。即在功能型产业政策中，政府的作用是增进市场机能、扩展市场作用范围并在公共领域补充市场的不足。如果说改革开放以来的前30年里，由于我国工业整体技术水平与发达国家存在很大差距，无论是在产业结构的演变、技术、工艺路线还是在产品设计、商业模式等方面都有发达国家的经验可供借鉴模仿，还存在某些有利于实施选择性产业政策的条件（尽管由于发展环境与条件的巨大差异，很难根据这些经验确定在某一具体时间应该扶持何种具体产业、技术、工艺与产品）。进入经济新常态后，则更不具备实施选择性产业政策的前提条件：从消费需求来看，模仿型排浪式消费阶段基本结束，个性化、多样化消费渐成主流，政策部门更难选择应该培育什么消费产品、不应该培育什么消费产品。而从投资需求来看，传统产业投资相对饱和，新技术、新产品、新业态、新商业模式的投资机会大量涌现，但是新的投资机会也意味着面临更大的不确定性，政策部门更难确知哪些新产品、新业态、新商业模式会成功并成为市场的主导。而从技术与供给层面看，随着整体技术水平向技术前沿逼近，在新兴技术和产业领域已经没有可供借鉴的发达国家成熟经验，面临着与发达国家同样的高度不确定性。在经济新常态下，政策部门更难以正确选择"应当"扶持的产业、产品、技术与工艺。

现阶段，实施功能型产业政策应主要从以下三个方面的着手：第一，放松政府管制，退出选择性产业政策，清除（除生态环境、生产安全领域以外）所有政府对微观经济不必要的直接干预，放弃政府试图主导产业发展与资源配置方向的做法。第二，建立健全市场

制度，构建统一开放、公平竞争的现代市场体系，强化保持市场良好运转的各项制度，以此约束企业不正当竞争、不公平竞争及其他不当行为，充分发挥市场的优胜劣汰机制，激励企业提升效率、根据消费者需要改进质量与功能以及企业的创新行为。第三，在创新、环保等市场机制存在不足的领域，在尊重市场机制、不扭曲市场机制、不扭曲市场主体行为的基础上积极作为，补充市场机制的不足，而不是代替市场主导资源配置。

（二）创新政策：从重点突破到全面创新

针对农业创新体系不完善和工业创新政策中存在的"重产品创新、轻工艺创新""重技术创新、轻技术扩散"的问题，"十三五"期间重点从以下几个方面完善我国的产业技术创新体系：

（1）在强化农业公共科研单位的公益职能和现阶段在农业科技创新中重要地位的同时，进一步分离农业公共科研单位可商业化的研究和产业化活动，把研究重点放在基础和应用基础研究领域，为企业进入农业科研提供发展空间，使企业逐渐成为农业应用研究和科技产业化的主体；同时，强化知识产权的实施力度和提供优惠政策，建立企业进入农业科研领域的激励机制。在创建新时期的农业技术推广创新体系方面，进一步明确基层农技推广的公益职能，切实保障充分发挥农技推广公益职能的财政支持力度。完善农技推广职业资格准入制度、技术推广责任制和技术需求反馈机制，建立以农民需求为导向的考评激励机制，体现技术推广人员的收入与工作业绩挂钩的分配制度（黄季焜，2013）。

（2）推出我国的《现代工厂建设计划》，加快培育中国的"母工厂"。组织技术、产业和管理专家，加快制定和出台我国的《现代工厂建设计划》，明确提出依托具有先进制造能力的优势企业，加快建设我国的制造业"母工厂"（名称上可以采取"现代工厂"的说法）。以"现代工厂"为平台，加快人工智能、数字制造、工业机器人等先进制造技术和制造工具的研发和应用。只有大力发展先进制造（我们强调先进制造而不是先进制造业），才能从根本上解决我们制造业越来越严重的"成本病"，并未雨绸缪地解决未来我国可能面临的"制造业大规模外迁"问题。

（3）在工业技术改造资金的使用中，突出现代生产管理方法的推广和应用，切实提高技改资金的使用效率。目前由工信部牵头管理的企业技术改造资金，主要用于激励企业进行既有生产设备的改进和新型生产设备的引进。我们建议，在技术改造扶持的同时，借鉴日本政府的"技术咨询师"和澳大利亚的"管理顾问"做法，建设一支专门的包含了生产管理咨询和培训的管理服务专家队伍，为企业提供质量管理、现场管理、流程优化等方面的生产管理指导和培训，切实提高我国制造业企业的生产制造水平。

（4）加快共性技术机构和科技基础设施建设。根据我们的研究，无论是在工业化中、后期还是当前，在绝大多数的领域，美、日、德、韩等工业强国对产业发展直接提供的扶持资金或基金都是非常有限的，相反，这些国家的工业成果与其将大量公共资源投入到公共服务体系建设和科技基础设施建设方面直接相关。建议借鉴发达工业国家的经验，以海外高层次人才为依托，建设我国的工业技术研究院，为重点制造业发展提供共性技术支持。与此同时，加强我国先进制造业科技与产业化基础设施建设，加快我国的"先进制造业研究中心"的建设，加快我国在高效能运算、工程数据库等方面的科技基础设施建设。

（5）针对服务业创新的特点，重点支持公共基础设施、市场诚信体系、标准体系建设以及公共服务平台等服务业发展薄弱环节建设。继续深化服务业增值税的"扩围"改革，全面实施这一"税收新政"，以鼓励制造业与服务业的高度专业分工，从分工合作中寻求制造业和服务业的"双赢"。对研发设计、检验检测认证、节能环保等科技型、创新型生产性服务业企业，应实施税收激励政策，允许其按照高新技术企业的待遇享受15％的企业所得税优惠税率。

（6）在科技资金的使用方式上，充分借鉴国际成熟经验，增加研发项目事前扶持的规模和比重，同时提高科技资金使用的透明度，通过社会治理提高科技资金使用效率。目前我国的科技资金主要采用事后扶持的方式，即研发项目基本已经比较成熟的额阶段才能获得政府的资金补贴。而反观美、日、德等发达国家，则更多采用事前补贴而不是事后奖励的方式，从而真正帮助被补贴企业降低创新风险；政府部门对被补贴企业通常都采用严格的资金使用和项目过程评估，从而确保资金的使用效率。另一方面，发达工业国家在关注补贴规模的同时，更加关注补贴资金的使用效率和透明度，从而最大限度地提高了公共资金对于提升创新能力和产业竞争力的效果。

（三）组织政策：从促进集中到培育生态

针对不断融合的产业发展趋势，产业组织政策的重点将逐渐由过去的促进资源集中和培育大企业向形成多元化的创新主体和竞争生态转变，具体体现在：

（1）创新农业经营主体。新型农业经营主体是在竞争中脱颖而出、具有自生能力的农民，而不是没有政府扶持就无法经营的农民。新型农业经营主体必须量力而行，自行解决发展过程中遇到的问题。政府采用这种策略，新型农业经营主体的发育会慢一些。但只有这样，才能通过市场竞争机制，形成具有自生能力的新型农业经营主体成长壮大的格局。这样的新型农业经营主体，银行会乐意为其贷款，保险公司会乐意替其保险，市场化的营商环境就逐步形成了。政府的责任是为新型农业经营主体创造公平竞争的环境，并把他们推向市场，而不是保护他们。核心农户是推进农业经营方式创新的主体。"十三五"时期，要全方位地优化核心农户成长环境。要为核心农户增强素质、提高技能创造条件，要为有文化、懂技术、会经营的核心农户开办家庭农场创造条件，要为农民合作社、农业企业等其他新型主体的发展创造条件，提升我国农业对接市场、抵御风险的能力。

（2）加快推进国有企业分类改革和国有经济管理体制改革。整体上看，前两轮的国有经济调整与改革具有鲜明的"适应性"特征，即政府主要为了解决国有企业的亏损问题或提高国有企业的竞争力采取的民营化和重组措施（张文魁，2014）。如果我国国有经济改革的主线是促进国有经济与市场经济的融合，那么，前两轮的国有经济改革更多是通过改革使国有经济去适应市场经济特别是市场竞争的要求。我们认为，党的十八大确立了我国全面深化改革、以深化改革促制度转型和经济发展的总体方向。在这样的背景下，新一轮国有经济调整应该由过去的"适应性"调整向"战略性"调整转变。改革的"战略性"主要体现在两个层面：一是国有经济调整本身应当成为推进市场经济改革的重要部分，通过国有经济改革，通过突出国有企业的市场主体地位和消除国有企业"特权"，促进市场经济的基本制度更加完善；二是国有经济由适应市场经济到"补充"甚至"增强"市场经济，通过恰当地发挥国有经济的作用，让市场经济更好地服务于国民经济社会发展，这种增强作用主要体现为，通过分类改革，使部分国有企业有序退出制造业和服务业的竞争性领域，而更多地集中到公益性领域和战略性新兴产业和涉及国家经济安全的战略性产业（黄群慧等，2013）。

（3）加强国内企业在战略性新兴产业领域的技术合作。对于处于摸索阶段、具有较大技术差距的技术，加快联合攻关；对于已经具备技术基础的领域，把握机遇，加快推进工程化和产业化。以往我国的科技政策基本上遵循了一条不平衡发展的路径，即科学政策主要是促进资源向少数研究型大学和公共科研机构集中，技术政策主要向少数技术基础好、初步具备全球竞争力的企业倾斜。在过去科技资源相对有限的情况下，这种培育个别科学技术精英的做法有利于我国在少数关键技术领域的快速突破。但是，随着创新组织的生态化、关键知识的分散化以及知识产权竞争的"丛林化"，这种政策思路已经越来越不能适应产业发展的科技需求。例如，重大装备领域我国企业与国外的差距很大程度上不在于总成技术的能力差异，而在于基础材料和控制系统自主开发能力的缺乏，而基础材料和控制系统的突破又不是总成企业、材料企业或软件企业能够独立解决的。在这种情况下，通过合作研发来分散前沿技术突破的风险、实现创新主体之间的能力互补就变得更加重要。相应地，产业科技政策的思路就应当由培育科技精英向推动各类创新主体的合作转变。一是通过产业主导型的产学研合作加强基础研究对新兴产业的支撑作用。对于这类合作，政策的重点不应当是对科学研究不断施加越来越强的商业化激励和产业化研究任务，而应是在完善研究型大学和公共科研机构学术研究机制和共性技术开发、管理机制的基础上，加强企业在前沿技术领域的战略部署和项目组织能力。产业主导型的产学研合作不是体现在科技资源向企业的倾斜配置，而是体现在企业对技术路线选择和多主体合作复杂创新项目的管理能力上。

（4）推出更加适应高技术创业和高技术小微企业要求的全生命周期技术扶持项目，政策资源配置的重点逐渐由大企业向高技术小微企业转变。建议借鉴美国和日本 SBIR 项目的经验，按照技术创新生命周期采取分阶段、竞争性、差异化的创新支持方式：第一阶段为技术可行性研究资助阶段，该阶段政府为企业提供相对小规模的资助。第二阶段是政府对第一阶段取得初步成功的项目提供进一步的资助。前两个阶段的政府资助都是无偿的。不同的是，在技术可行性研究阶段，采取小额普发原则，即大范围资助，但单项资助额度相对低，这样既避免了对失败项目的过度投入，又可以广泛培育技术种子。一旦进入研究开发阶段，资助就采取大额集中原则，以加快推进技术成熟。第三阶段是技术成果商业化的阶段，该阶段政府对企业的资助不是必然的，而是根据技术产业化的市场条件和企业能力相机给予，政府的主要功能是为技术产业化提供各类服务。

（四）区域政策：从激励投资到优化环境

地区间竞争是过去 30 多年驱动中国经济快速增长、产业体系趋于完备的主要力量。以地方政府财政"分灶吃饭"为特点的制度安排，激发了各级地方政府通过压低土地、环境、劳动等要素价格，通过给予投资者税收、金融方面的优惠性政策等措施，动员投资特别是能够快速带来增加值和税收的大规模工业投资。这样的激励机制，充分调动了地方政府做大经济规模的积极性，对于鼓励各类企业的生产性投资具有明显的效果；但同时也导致了要素价格扭曲和产能过剩等一系列严重问题。扭曲的要素价格降低了整个经济系统的资源配置效率，而日趋严重的产能过剩以及与之相伴的恶性竞争又侵蚀了实体经济的盈利能力，不仅使得实体经济企业特别是中小企业丧失了进行创新性投资的能力，而且导致了民间资本脱离实体经济的恶劣现象。地区间竞争本身是个中性的概念，从某种意义上讲，有效的地区间竞争应当是中国作为一个发展中大国的独特有利条件；问题的关键是如何设计恰当的激励结构引导地方政府竞争什么和如何竞争。

对于技术密集的先进制造业和人力资本密集的现代服务业，各类主体的踊跃投资对于产业发展是重要的，但是不同于传统产业增长所要求的生产性投资，对于技术密集和人力资本密集的新兴产业，具有多样性和探索性的创新性投资才是产业成长的关键。因此，既有的与成熟产业快速扩张相适应的地方政府激励结构，必须根据先进制造业和现代服务业的技术经济特点和转变经济发展方式的要求进行适时的调整：一是将目前以增值税、营业税等间接税为主的税收体系逐步转变为以所得税、房产税、遗产税、社会保险税等直接税为主体的税收体系，弱化地方政府的唯 GDP 最大化冲动，同时配合地方政府官员晋升和绩效评价体系的改革，引导地区间竞争朝着追求更加多元化经济社会目标和完善创新、创业环境等长期经济目标的方向发展。二是改变目前所谓的战略性新兴产业和现代服务业遍地开花的思路，通过鼓励少数有条件的地区通过开辟和建设先进制造业和现代服务业发展特区的形式实现地区间的有控制的竞争。通过地区间的错位发展和多元创新，探索对于培育发展我国先进制造业和现代服务业至关重要的科技基础设施、主导产品和主导商业模式。

（五）军民融合：从分散实施到系统推进

加强军民融合顶层设计，加快推出我国的"军民融合中长期发展规划"，分阶段推进促进军民融合的制度改革和平台建设，全方位促进军民融合层次由行业系统分散实施向国家统筹推进提升。改变我国经济建设和国防建设分属部门行业管理、经济社会发展规划与国防和军队建设规划之间缺乏衔接配套的现状，从国家层面上统筹宏观规划，把军队建设融入国家发展大局。对涉及军地双方重要领域的发展规划和重大项目，由军地双方共同研究论证。统筹资源利用，从具备军地双重使用功能入手，探索不同种类资源共享的范围准则、审批程序、联合评议、会商对话等多项措施，从源头上减少重复投资、分散建设（韩志庆，2014）。

突破军民融合深度发展的体制机制障碍。当前我国军民融合发展正处于攻坚期，主体多元，利益交叠，关系复杂，必须按"需求牵引、国家主导"要求，找准国家、军队、企业利益的契合点，调动军地各方积极性。扫除融合体制壁垒。体制分割是制约军民两大体系深度融合的关键因素。应建立国家和各省（自治区、直辖市）军民融合领导机构，协调解决跨军地、跨领域、跨部门融合发展的重大问题。

建立配套融合法规体系。军民融合涉及国家、军队、企业和社会诸多领域，在当前市场经济大环境下，必须加快军民融合法及相关法规的立法工作，善于运用法规制度这个"硬杠杠"来推动。特别是要解决好资源优先使用问题，从宏观上对国防需求与民用需求、应战需求与应急需求等进行统筹，实现资源优化配置和应急应战时社会各领域的正常运转；解决好现行政策覆盖面不够全的问题，对近年来国家和地方政府在经济社会发展中出台的优惠政策措施进行系统梳理和修订完善，避免军事需求挂空挡；解决好考虑平时多、兼顾战时少的问题，明确参与军民融合项目的企业，必须有一定比例的员工是已经加入预备役的人员，应急应战时能直接从该企业抽出这部分预备役人员，完成承包商的军事合同任务（韩志庆，2014）。

（六）开放政策：从驱动增长到整合资源

以往增长导向的投资、贸易政策的基本逻辑，一是利用本土的要素成本优势，同时配合更加优惠的投资政策，吸引外资以及与这些资本相结合的设备和管理在本土落地；二是通过扩大对外贸易，积累引进国外生产设备和其他要素所需要的外汇，同时为国内快速增长的生产能力找到市场需求出口，从而形成产业不断扩张和快速增长的自我循环机制。随着国际贸易投资环境的变化，为了更好地适应企业转型升级的内在需求，"十三五"期间我国的对外开放政策应当逐渐由过去的驱动增长向有利于本土企业整合、利用全球高端要素和市场的目标转变。

（1）开放政策的重点要逐渐从促进"引进来"到鼓励"走出去"转变。在农业领域，加大农业"走出去"支持力度，为企业搭建平台，扩大农业对外合作与交流，实现互利共赢。进一步强化贸易促进公共服务能力，积极推动优势农产品出口。继续加强农业国际合作，积极参与多双边农业贸易谈判和涉农国际规则制定，推动建立公平合理贸易秩序。在工业领域，鼓励本土企业主动走出去融入发达国家的本地创新网络，来逐渐积累相关的技术能力。在发达国家可能掌握先进制造业创新资源的各类主体中，中小企业、高技术服务企业和研究型大学是中国企业接入当地创新网络的重要端口。这是因为，中小企业规模小，中国企业通过并购等方式整合利用其技术资源的难度小、成本低；高技术服务企业以出售技术为业，中国企业容易与其建立技术交易和合作创新的机制；研究型大学以推进科学研究为主要目标，与中国企业之间的技术竞争和产业利益冲突小。

（2）自主创新能力归根结底要在本土形成，因此"引进来"仍然是需要的，但引进来的结构需要调整优化。过去针对传统产业发展引进来的主要是资金、设备和最终产品，这些要素对于先进制造业的发展仍然重要，但先进制造业发展最亟须的是承载了关键技术和隐含知识的人才。因此，"进口人才和知识"（而不是进口设备和资金）是未来我国国际贸易与投资政策调整的重点。对于后发国家而言，人才流动特别是既具备高深的专业知识又深谙发达国家研发组织流程的留学人员的回溯，是比跨国公司投资更加有效的高技术转移渠道。需要注意的是，与财务资本关注在中国投资的要素成本和市场规模不同，智力资本除了考虑成本因素，更关注在中国的创业和生活环境。与此相适应，针对先进制造业的产业政策除了要为企业提供扶持性的帮助外，更要提供适宜的生活和经营环境。

（3）关注国际高端市场，调整出口结构。日本数控机床产业和韩国电子产业的发展经验表明，高端市场不仅为后发国家提供了更高的产品附加价值，更为后发国家提供了重要的用户创新资源。对于传统产业的发展，从占领国外低端市场和新兴市场逐渐向高端市场和发达经济市场升级的路径可能是最优的，但对于先进制造业而言，高端市场更有利于本土企业直接接入实验性消费者和关键创新资源。因此，从首先瞄准发达经济市场再向新兴经济市场拓展可能更有利于产业的技术能力和长期竞争优势的培育和积累。

（4）服务业对外开放是提升我国服务业素质和国际竞争力的必由之路。服务业将是我国下一步对外开放的重中之重。要按照准入前国民待遇加负面清单的管理模式，着力推进金融、教育、医疗、文化、体育等领域的对外开放。通过积极参与 TPP 和自由贸易协定（FTA）等自由贸易协议努力放宽服务贸易的准入和投资限制，实现服务要素在全国、全球范围内的互联互通。服务业对内开放同样重要。要通过对内开放，实现服务要素在全国范围内无障碍流动和服务资源的最有配置，从而提高服务资源的配置效率，各地把自己的服务业优势充分发挥出来，又能吸引其他地区的服务要素进入，弥补自己的短板。

（七）人才政策：从吸引精英到形成梯队

在农业领域，重点壮大农业农村人才队伍。以实施现代农业人才支撑计划为抓手，大力培养农业科研领军人才、农业技术推广骨干人才、农村实用人才带头人和农村生产型、经营型、技能服务型人才。围绕农业生产服务、农村社会管理和涉农企业用工等需求，加大农村劳动力培训阳光工程实施力度。大力发展农业职业教育，加快技能型人才培养，培育一批种养业能手、农机作业能手、科技带头人等新型农民。支持高校毕业生和各类优秀人才投身现代农业建设，鼓励外出务工农民带技术、带资金回乡创业。

在工业领域，在继续贯彻落实国家引进高层次科技人才的一系列优惠政策的基础上，重点通过优化创业环境，形成海外高层次管理和技术人才回溯的市场机制。针对先进制造的人才要求，加强"精英型"的实用技术人才和工程人才的培养、培训，大学应当针对现代工厂中的班组长或车间负责人的工作要求来设置相应专业。建议设立"中国制造业产业技能提升资金"，对一流大学和企业合作培养工程师和产业技术工人给予资金扶持，通过培养高技能产业工人，填补我国"低端职业教育"不能满足"高端制造"发展要求的空白。在加强工程师和高技能产业工人培训的同时，借助职业技术学校的发展不断提升广大产业公认的技能水平。与此同时，借助政府扶持的培训项目，针对机床操作、通用工业机器人操作等重点工艺设备进行有重点的培训，提升我国制造业的整体劳动生产率。加强企业、职业学校、工程型大学和政府公共服务机构之间的合作，形成"终身学习"制度。

在服务业领域，按照"不求所有，但求所用"的原则，积极推进技术入股、管理人员持股、股票期权激励等新型分配方式，建立创新型人才柔性流动机制，鼓励更多的高端人才向农业、战略性新兴产业和现代服务业领域聚集，为产业转型升级提供强大的智力支撑。

中国国际经济交流中心

"十三五"至 2025 年我国制造业结构调整方向与政策

经济结构调整是转变发展方式主攻方向，制造业结构调整是整个经济结构调整的重点、难点与基础。制造业强则一国工业强，工业强则一国经济就强。"十三五"至 2025 年，我国要坚持走中国特色新型工业化道路，根据国内外市场需求变化，适应科技革命新趋势，抓住新机遇，迎接新挑战，充分发挥我国比较优势，保持制造业稳定增长，全面深入调整与优化结构，在建立现代产业体系、提升整体科技水平、全面提高产品质量、增强全球竞争力等方面取得根本突破，实现由制造大国向强国转变的中国梦。

一、"十二五"制造业结构调整优化成就与问题

"十二五"以来，我国制造业快速发展，为推进工业化、稳定经济增长与提高综合国力做出了重大贡献。制造业投资、增加值和税收增速均高于全部工业和全国经济增速，产业门类更齐全、体系更完整。中国制造业竞争力已居世界第一，2011 年生产规模超过美国成为制造业第一大国，近几年在主要产品和门类的生产规模、出口总量和增速上均居世界第一，不少远超美日欧。中国发明专利申请量已连续三年全球第一。同时，我国实施了一系列产业政策，大力推进结构调整优化，取得多方面重大成就，但也面临不少问题。

（一）加大产业结构调整

成就：重点产业振兴和技术改造取得重要进展，航空航天、机车和海工等装备制造有

所突破，高技术和战略性新兴产业快速发展，物联网、云计算等新业态蓬勃发展，电子商务规模居世界首位，化解过剩产能积极推进，淘汰落后产能取得预期进展，主要污染物排放总量下降较大。

问题： 创新能力不强，高端制造比重低、低端制造比重大，产品附加值低；传统制造业成本优势逐步弱化，部分产业竞争力下降；多数行业资源消耗和污染排放强度指标明显超控制；钢铁、水泥等行业产能过剩严重，光伏等新兴产业产能利用率不足 50%；战略性新兴产业水平不高，制造服务业发展滞后于需求。

（二）强化技术结构调整

成就： 研发投入力度不断加大，自主创新能力明显增强，突破了一批核心关键技术；工业技术与装备总体已居世界中等偏上水平，航空航天等行业部分技术装备已居世界前列；企业研发投入力度明显加大，专利申请远超"十二五"规划目标，总量已占世界总量的 1/4 以上，PCT 国际专利申请量居全球第三位；企业发明专利占全国的 50% 以上，华为、中兴等公司发明专利数量稳居世界前几位；新产品比重和高技术产品出口比重明显提高。

问题： 多数行业重大技术自主知识产权较少，核心技术对外依存度相对较高，高端设备、关键零部件和新材料等大多依赖进口，近 80% "芯片"靠进口；研发投入比重较低，重大发明专利不多。产业信息化水平不高，产品质量总体不高，高端产品较少，低端产品多，品牌建设滞后。

（三）推进地区结构调整

成就： 积极引导制造业相关产业向有比较优势和适宜发展地区集聚，推进了劳动与资源密集型制造业向中西部转移；以工业园区和高新技术区为依托发展产业集群，东部地区先进制造业和制造业新业态快速发展，中西部地区制造业比重提高，东北等地区老工业基地振兴取得积极成果。

问题： 地区制造业发展雷同现象依然严重，部分地区产能过剩现象突出，产业转移中技术水平提升不高，主要城市及其周边地区制造业发展给环境带来巨大压力，东北地区工业增长速度下降，东部地区制造业部分企业向境外转移，外资加工企业撤资现象加重。

（四）引导所有制结构调整

制造业所有制结构变动延续了改革开放以来趋势，国有经济比重大幅度下降，但在重点行业保持优势，发挥着骨干与引导作用；外资经济总体比重进一步下降，但在技术密集型行业占领先地位，是技术进步与产品出口的主要推动力量；民营经济总体比重进一步提高，在所有行业都发展迅速，已成为制造业发展主体。2010—2013 年，制造业投资中国有控股、外资控股和私营控股投资分别增长 5.8％、10％和 29％；国有、外资、私营比重由 16.3：10.7：69 变为 9.8：7.2：74.3。2014 年民间投资占全国投资的 87％。资产、营收、利税与就业等指标变动趋势也大体一样。在经营效益、扩大就业、研发投入、专利申请、新产品比重等方面，私营企业占据明显优势，国有企业在部分重大技术领域保持比较优势，外资企业在高新技术领域和产品出口上具有显著优势。

（五）支持企业组织结构调整

成就：规模以上制造业企业的数量、规模、实力明显提升，2014 年有 49 家企业进入世界 500 强；中小型成为制造业增长和技术创新重要主体，提供了我国绝大多数专利，更是电商、物联网等新业态新商业模式的发展主体；国有企业兼并重组取得重大进展，混合经济改革推进了企业资本、产业、人力资源和组织管理结构优化；企业投融资结构改善，境内外上市公司大幅度增加。

问题：企业组织结构比较分散，各类企业之间分工不合理现象仍较突出，重点企业的行业集中度较低。小企业普遍技术水平低、人员素质低、管理水平低、产品质量低。政府对大企业兼并重组干预过多，对小微企业支持力度不够。

（六）鼓励企业经营形态调整

成就：新技术革命和互联网经济改变了企业投资、生产与贸易形态与方式，催生了电子商务、物流快递等新业态和新商业模式。大数据、云计算、物联网应用空前活跃，创意设计、系统流程服务、设备生命周期管理服务等发展迅速。中国拥有近 7 亿互联网用户，是世界最大电商市场，2014 年交易额达 12.3 万亿元。阿里巴巴、腾讯等互联网公司的兴起深刻地影响着中国与世界经济与生活。

问题：互联网核心技术和关键设备制造仍受制于人，网络安全面临巨大挑战，电商服务中假冒伪劣现象比较突出。

二、世界制造业发展新趋势新挑战

（一）世界制造业发展新趋势

一场新科技革命和新产业变革正在发生，美、日、德等工业强国成为主要引领者。美国推出了工业互联网战略、先进制造业国家战略等一系列规划，以重振其制造业在全球的领先地位。德国提出了"工业4.0"国家战略，强化将高新技术、物联网及服务全面应用于制造业，以强化德国的工业强国地位。日本出台了发展新技术新产业发展战略，重申科技立国国策，以保持日本工业的全球竞争优势。

在美、日、德等制造强国引领下，全球制造业出现了一系列重大变化，主要有五大新趋势：

一是新技术革命催生新产业、新业态兴起。云计算、新能源、3D打印等发展带来了信息、能源和材料技术革命，催生信息产业、新能源产业、新材料产业快速发展，改变了制造业增长格局；在智能制造、机器人、大数据等带领下，满足个性化需求的新产品以更低廉价格生产，产品生命周期大大缩短，新产品新市场不断出现；新技术推动制造业与服务业相互融合，电商、网购等新业态新商业模式不断涌现。

二是互联网经济带来生产方式深刻变革。福特生产模式下的低成本、大规模生产方式正在被突破。大规模生产转向大规模定制，使得用户的创新、创意在生产中扮演重要角色，企业规模成本竞争策略受到挑战；刚性生产系统转向可重构制造系统，以重排、重复利用和更新系统组态方式，实现快速调试以及制造；工厂化生产转向社会化生产，借助产品设计程序和模板，加之社区网络媒体扩散效应以及用户互动机制，用户由创新者转变为制造者成本迅速降低。

三是制造业生产服务化迅速发展。在要素投入端，制造过程对传统生产要素需求越来越集约，对产品设计、工艺、标准需求日益提高，高精度、高强度、高效率制造需要更多服务要素支撑；在产品产出端，价值链中服务环节不断延长和加深，市场调查、设备安装维护、机器调试、产品销售、售后服务等环节在价值链中比重越来越高，呈现专业化趋势。

四是制造业两大国际新流向已成趋势。高端制造回流发达国家。发达国家为恢复经济增长，提出再制造战略，强化扶持制造业，推动其具有优势的汽车制造、装备制造、电子信息、生物医药等行业出现向本国"回溯"趋势。中低端制造流向后起新兴国家。东南亚、非洲等国家为振兴经济，利用劳动力、资源与市场潜在优势，采取产业吸引战略，推动着中国部分中低端制造业向这些国家不断转移。

五是跨国公司调整全球资源布局。适应技术进步、产业转型、资源利用和新兴市场增长变化，发达国家跨国公司加快了全球资源布局调整。跨国公司通过向发展中国家转移产业与技术和设立地区总部，提高其对全球资源市场的控制力；通过跨国公司之间业务的相互转让与收购，突出产业重点、强化产业优势，巩固其世界竞争强势地位。西方大型跨国公司通过全球资源布局变得更加全球化、更加强大，对世界经济实际影响力超过许多中型发展中国家，真可谓富可敌国。

（二）世界制造业发展新挑战

制造业发展新趋势正在给我国带来新挑战，主要有四大挑战：

一是新技术新产业革命挑战。面对新一轮科技革命、互联网经济革命和新产业变革，我国技术与产业基础相对落后，在顶层设计、科技研发投入、核心技术储备、拔尖科技人才、人力资本素质、有效资源供给等方面总体还准备不足，在一些重要方面和领域可能面临跟不上、受挤压和被抛下的风险，可能制约我国走向制造业强国的进程。

二是新国际经贸规则挑战。美、欧、日主导的 TPP 和 TTIP 正在快速推进，大区域贸易自由化和自由贸易区建设已成新潮流，以"准入前国民待遇"和"负面清单"外资管理模式为代表的新国际经贸规则正在形成。美、欧、日主导着制定新国际经贸规则，许多重要规则是专门针对中国的，我国缺乏应有的国际话语权，这给我国对外开放带来重大压力与挑战。

三是新国际贸易保护主义挑战。金融危机之后，发达国家进一步对我国等发展中国家出口施加压力，导致一些贸易条件恶化，贸易争端频发。新贸易保护主义兴起，技术壁垒、绿色壁垒等新贸易保护手段被广泛使用，加大了我国与其他发展中国家在中低端市场的竞争矛盾。

四是发达国家再制造和后起新兴国家产业振兴挑战。发达国家政府加快再制造部署，对我国高端制造业造成新压力。东南亚和非洲等一些后起新兴经济国家，利用资源、劳动与市场潜在优势，正在吸引一大批中国加工企业向其转移，对我国传统制造业原有优势和稳定发展带来挑战。

三、"十三五"至 2025 制造业结构调整目标与思路

（一）主要目标

保持制造业增长适度高于经济增长，基本形成产业完备、结构完善的现代制造体系，

多数产业产能产量保持世界第一，重要产业创新能力和技术装备水平、重点企业实力进入世界前五位，部分进入前一、二位，产品和服务质量总体居于世界中上等水平，部分居于上等水平，为中国全面实现工业化、确立先进工业国和世界制造强国地位奠定坚实基础。

（二）总体思路

坚持走中国特色新型工业化道路，适应全球科技与产业变革大趋势，深化制造业体制机制改革，充分发挥市场决定作用和更好发挥政府作用，坚持创新驱动、质量为先、节约集约、绿色发展和结构优化，以突破关键产业、重点环节和薄弱领域为主攻方向，以加快ICT[1]技术与制造业融合创新和广泛开展"互联网＋"行动为重点，以调整和优化制造业内部结构为支撑，强化供给侧产业政策引导，完善需求侧市场培育手段，推进国际化经营和全球资源布局，推动制造业向产业形态更高级、行业分工更协调、结构布局更合理、国际竞争力更强大的发展阶段演进。

必须坚持制造业稳定发展与结构优化调整相结合，在发展中调整优化结构，在调整优化结构中推动更好发展。

切实保障制造业长期稳定发展。制造业是工业主体，是强国之本，是综合国力的主要体现。我国经济新常态下保持中高速增长，防止经济失速，必须保持制造业这一最大实体经济中高速增长。这是一项必须高度重视的长期重大任务。我国人力资本潜在优势很大，产业体系和基础设施比较完善，大国市场优势非常突出，传统制造业发展空间仍然巨大，高端制造业前景非常广阔，制造业相关生产生活性服务业需求增长强劲，工业制成品出口比较优势仍然显著。国家要在财政、税收、金融等方面加大支持力度，保障制造业主要经济指标增速不低于全国增速，稳定和适当提高其在国民经济中的比重。

全面深入推进制造业结构调整。要全方位思考和全面谋划制造业结构调整问题。既要大力推进产业结构、产品结构和技术结构调整，也要积极推进供给要素结构、空间布局结构调整、所有制结构、企业组织结构、进出口结构调整。只有各类结构调整共同、协调和深入推进，才能真正实现制造业整体优化与提升，保障制造业快速持续健康发展。要以追求更高质量和更好效益为核心，推动制造业由要素驱动型向创新驱动主导型转变，由成本价格竞争型向品牌、质量和服务竞争导向型转变，由粗放型高碳模式向集约型低碳模式转

---

　　[1]　ICT（Information and Communication Technology）即信息和通信技术，是电信服务、信息服务、IT服务及应用的有机结合，这种表述更能全面准确地反映支撑信息社会发展的通信方式，同时也反映了电信在信息时代自身职能和使命的演进。

变。通过全面深入调整优化结构，推动制造业更好更快发展，经过五年和十年奋斗，到 2020 年实现中国工业化目标，2025 年进入世界制造强国之列。

四、未来我国制造业结构调整主要方向与政策建议

全面深入调整优化制造业结构，重点抓几个主要方面。

（一）调整产业和产品结构，提升整体综合实力

在调整产业结构方面，明确重点产业领域发展方向。先进装备制造业，重点发展关键基础零部件及基础制造装备、重大高档数控机床、智能机器人、航空航天资金装备、轨道交通装备、节能与新能源汽车、电力装备等；原材料工业，重点调整优化钢铁、有色金属、石油化学、建材，发展新材料等；消费品工业，重点改造升级轻纺、食品和医药工业等；电子信息产业，重点发展集成电路、网络通信设备、操作系统和工业软件，实施"互联网＋"计划。以经济手段为主、法律手段为基、行政手段为助，强化环保、能耗、安全等指标硬约束，建立化解产能过剩、淘汰落后产能长效机制。

在调整产品结构方面，以开发品种、提升质量、提高效益、改善服务为重点，大力实施质量和品牌战略，提高制造业产品设备附加值和竞争力。健全技术标准体系，优化产品设计，强化知识产权保护，推动企业建立全员全方位、产品全生命周期的质量管理体系。提高工业制成品整体质量档次，高、中、低档产品协调发展，高档产品看齐国际先进标准水平，中档产品适应百姓提高生活品质需要，低档产品符合起码质量卫生安全要求。提高全民品牌意识，鼓励企业制定品牌发展战略，培育民族品牌与国际品牌，建立品牌评价与监测机制，创立中国的世界品牌。

（二）调整供给要素结构，增强内生发展基础

一要提升人力资源素质。我国人口红利时代正在结束，人力资本红利时代正在到来。要挖掘人力资本红利，健全与完善各类各层次人才发现、培养、使用与激励的体制机制。扩大科研院校科技人才队伍，提高应用型科技人才比重，为其提供创业创新自由发展空间。完善高端人才引进制度机制，大力引进海外华人与非华人科技人才。提升企业科技研发人员地位，完善股权、劳动报酬激励机制，充分发挥其在企业创新中的重要作用。全面提高产业工人基本素质，强化普通员工技能培训与提升，扩大企业工程师、技师和通用技能熟

练工队伍，全面提高劳动生产率。充分尊重企业家和企业管理人才，严格保护其财产权、股权等合法权益。健全国家、企业、社会相结合的职业培训制度机制，对中小企业员工普遍开展职业免费培训。

二要节约集约利用土地资源。全面推进城市建设用地市场化改革，提高土地资源节约利用、集约利用和有效利用水平。取消城市增量建设用地"双轨制"供应制度，非公共和公益性土地，一律推行市场化定价政策，国有与民营企业平等参与。严格执行工业用地最低出让价标准，提高出让标准，缩小其与商业和住宅用地的过大差价。实行工业用地弹性出让和年租制度。推进城市工矿企业存量土地市场化转让，对过去无偿划拨和转让给企业的工矿用地，要重新确定其与国家与企业的权益关系，通过租赁等方式由企业向国家缴纳租金。

三要节约集约利用矿产资源。全面推进国家矿产资源市场化改革，深化资源性产品价格和税费改革，通过提高能源资源使用成本倒逼发展方式由粗放向集约转变。清理和取消对传统能源和资源性产品的各种显性或隐性补贴，对国有企业过去占有的矿产资源，逐步按市场价格收取特许权使用费。

四要强化金融服务实体经济。改进支持实体经济政策，缩小实体经济与金融的过大利益差别。发展互联网金融，提升金融市场配置资本效率。积极稳妥推动利率市场化进程，从根本上抑制低效率、粗放型投资。放开市场准入，发展民间金融。建立多层次资本市场，健全证券市场、扩大三板市场、发展区域性场外市场，提高企业债券规模与比重，充分满足多元化和多层次企业与个人投资需求。

（三）调整地区布局结构，发挥区域比较优势

一要强化地区布局顶层设计。落实区域主体功能区规划，做好地区制造业布局发展规划，深入挖掘和积极培育制造业地区发展的动态比较优势，实行差别化的地区产业政策，探索制定地区制造业项目负面清单。

二要处理好中央与地方关系。中央重在制定与监督实施国家产业的地区布局规划、政策和负面清单，除影响全国的特大型项目需中央审批或审核外，其他项目均由地方自主。地方也要大幅度减少审批，放权企业自主决策投资。

三要协调区域发展战略实施。继续积极实施东中西部和东北等四大区域发展战略政策，结合大力实施"一带一路"、京津冀协同发展、长江经济带三大战略，对各个相关地区制造业发展的方向、重点及政策进行适当调整和完善，提升区域与地区制造业协调发展水平。

四要推进产业合理有序转移。坚持政府引导与市场机制相结合、产业转移与产业升级相结合、优势互补与互利共赢相结合、资源开发与生态保护相结合，引导地区制造业产业

发展合作与有序转移。强化产业转移中的资源利用、环境保护与生态安全监管，禁止落后加工制造业异地转移。

五要正确处理地区产业雷同与产能过剩问题。坚持遵循市场决定资源配置规律、充分发挥地方积极性主动性和尊重企业自主投资决策权，制定主体功能规划和重大生产力布局规划实施政策，及时调整产业发展指导目录，强化与完善产业进入的资源消耗、环境保护、品质质量等方面标准，探索提出地区产业项目负面清单，严格法律政策执行监督，严惩违法违规行为。

（四）调整所有制结构，推动国有民营融合发展

发挥国有、民营与外资企业各自比较优势，大力发展混合经济，增强三类企业发展的相融性、相助性和互补性。

一要优化国有资本投向与产业布局。以管资本为主加强国有资产监管，改革国有资本授权经营体制。国有资本投资运营要服务于国家战略目标，更多投向关系国家安全、国民经济命脉的重要行业和关键领域，重点提供公共服务、发展重要前瞻性战略性产业和保障国家安全。减少国有资本在过度竞争产业领域的投资，大幅度收缩其在竞争性产业中的低效与无效资本。

二要深化国有企业制度机制改革。以规范经营决策、公平参与竞争、提高企业效率活力、承担社会责任为重点，深化国有企业改革。准确界定不同国有企业功能作用，破除各种形式的行政垄断。自然垄断行业，实行以政企分开、政资分开、特许经营、政府监管为主要内容的改革，根据不同行业特点实行网运分开、放开竞争性业务。推进公共资源配置市场化。提高重点央企的行业集中度、技术创新能力和市场竞争力，充分发挥其在重点行业中的骨干与引领作用。

三要为民营经济发展创造更广阔空间。坚持权利平等、机会平等、规则平等，消除各种隐性壁垒，打破行业垄断，放开特许经营领域民营企业进入。支持民间资本平等进入重要能源资源和高端制造领域，有序放开武器装备、航空航天和核工业等国防科工领域。

四要全面提高利用外资水平。进一步放宽制造业准入，完善外商投资产业目录。统一内外资法律法规，保持外资政策稳定、透明、可预期，努力保持外商投资继续增长势头。优化外商投资结构，引导外资更多投向高新技术、高端制造、节能环保、新能源等领域和中西部地区，鼓励跨国公司在中国设立地区总部和全球研发中心。

（五）调整技术创新结构，提高整体科技实力

全面增强企业自主创新能力，大力推进企业技术改造，普遍提高企业技术装备水平。

一要强化企业创新主体地位。鼓励企业扩大技术投入，提高研发投入比重，增强创新能力。引导重点企业紧跟新技术革命步伐，推进重点企业原始创新、集成创新和引进消化吸收再创新。支持重点行业、重点领域的重大技术改造项目，引导中小企业加强技术改造。

二要健全制造业技术创新体系。加快构建以企业为主体、产学研结合的技术创新体系，充分利用国际资源，有效整合国内资源，建立一批由工业企业、科研院所和高校共同参与的产业创新战略联盟，建立产学研用风险分担机制、补偿机制和利益共享机制。

三要加强制造业共性（关键、基础）技术研发。充分利用国家重点实验室、国家工程实验室、国家工程技术中心和国家工程技术研究中心等相关科技资源，支持开展关键共性技术和前沿技术研发，逐步形成分布式、网络式的共性技术（关键、基础）研发体系，为企业提供技术成果辐射、转移、扩散与转化的平台。

四要全面实施知识产权战略。建立重点产业知识产权评议机制、预警机制和公共服务平台，完善知识产权转移交易体系，发展知识产权服务业。完善工业技术标准体系，制定新兴产业和"互联网＋"重大技术标准。支持基于自有知识产权的标准研发、评估和验证，促进更多中国标准成为国际标准，提高在国际标准领域的话语权。

（六）调整企业组织结构，提高企业国际竞争力

遵循市场竞争、规模经济、专业分工、产业配套原则，提高重点企业产业集中度，形成以产业链为纽带，骨干企业为龙头，大中小企业协作配套、上下游企业协调发展局面。

一是大企业做强做大，提高核心竞争力。发挥市场决定作用，推动优势企业强强联合、兼并重组，促进规模化、集约化经营。鼓励大企业大集团在研发设计、生产制造、品牌经营、专业服务、系统集成、产业链整合等方面形成核心竞争力。结合"一带一路"战略，推动行业骨干点企业实施"走出去战略"，利用全球市场、全球资源开展境外并购和投资合作。鼓励国内技术成熟、国际市场需求大的行业，向境外转移部分生产能力。

二是中小企业做精做专，增强内在素质。引导和支持小企业专业化发展，支持成长性小企业做精做优，发展一批专业化企业。着力营造环境、改善服务，鼓励、支持和引导小企业进一步优化结构和转型成长。协助小企业制定技术创新战略，在科技专项资金上给予小企业更大支持。

三是大中小企业广泛协作，发展产业集群。引导大型企业与中型、小型企业通过专业分工、订单生产等多种方式广泛开展合作，提高协作配套水平。大力发展产业集群，提高中小企业集聚度，优化生产要素配置。

四是推动企业适应产业链和新业态健全组织结构。鼓励重点企业根据产业链进行组织结构调整，推动上下游间的纵向关系整合和产业链各个环节上横向兼并，实现资源的全国与全球合理配置。适应制造业新业态、新商业模式，通过整合公司业务流程、企业文化、激励机制、员工队伍、资源能力来优化组织系统，增强企业竞争力。

（七）调整经营形态结构，发展新业态与新商业模式

把握国际产业新业态、新商业模式发展趋势，结合我国实际，遵循市场决定配置资源规律，发挥政府引领作用。

一要加强政策引导。加强新业态、新商业模式的梳理、统计和分析工作，完善和出台支持新业态新模式发展政策，加强公共服务平台、示范基地建设，研究建立配套政策措施。

二要线上与线下融合。发挥线下资源优势，引导企业利用信息技术，突破外部资源利用界限，大力发展境内外电子商务。鼓励企业为适应电子商务特点和新消费方式，对产品设计、品牌推广、营销方式、渠道物流、支付结算、售后服务等环节进行革新，以新型业态促进线下生产与销售。

三要产业与金融结合。鼓励企业开展资本运营，发展互联网金融，寻找战略投资伙伴或引入创业投资资本，采取投资控股、债务重组等方式，收购境外知名品牌、先进的营销网络和研发机构。

四要制造与服务结合。以价值链、产业链延伸为重点，引导企业依托制造优势发展服务业，从生产加工跨界拓展为流程控制、产品研发、市场营销、客户管理等生产性服务，向服务提供商转型。

五要加强平台建设。鼓励电子商务交易平台建设运营，引导实体市场进行信息化、智能化、多功能化改造，推动企业运用电子商务平台和跨境贸易电子商务平台等开拓市场，促进虚拟平台与实体生产网络深度融合。

（八）调整民用与国防工业关系，推进军民融合发展

强化国家顶层设计和战略统筹，深化国防科工体制改革，推进军民产业资源共建共用共享、要素优化配置合理流动，形成技术相互转化、产业相互促进、企业互动发展、军民

深度融合的国防科技工业新格局。

一要调整军工管理体制。重点针对军工和民口两条线、科技研发多头管问题，改革军工管理体制，强化军民融合协调机制，实现军品生产服务军方、行业管理集中统一、科技研发全盘统筹的格局。制定军民融合战略规划，明确目标重点和思路举措。

二要推进军工国企改革。推进军工国企分类改革重组，深化军工相关科研院所改革，明确功能定位和战略目标，调整负责人考核机制；发展混合经济，多渠道多方式引入民口国有和民间资本，健全法人治理结构，为军工企业转变理念提供制度土壤。

三要加快军转民步伐。以军用技术转移与合作为重点，调整技术解密制度，健全信息发布渠道，完善技术、资源和产业合作体制机制，推动通用技术和产业发展；尽快梳理已有技术，加快成果解密，鼓励以转让、合作等方式发展民品。

四要畅通民入军渠道。有序放宽军工行业准入门槛，建立需求信息发布制度，改革军品定价机制，完善国家投资政策，军口资金平等支持民口企业的军品研发生产，形成军工之间、军口民口之间有序竞争格局，构建根植于国民经济的小核、大协作、开放型国防科研生产体系。

五要推进军民资源共享。统筹军民两用科研生产基础设施布局，明确资源开放共享重点领域，建立共建共享机制，促进资源合理流动、有效配置。推进标准通用化工程，全面梳理现有标准，推动军工领域逐步采用民品标准，消除军民技术转化壁垒。

六要发展军民结合产业。加强制造业与武器装备发展、能力建设的规划衔接，统筹科技项目布局，建立协同创新机制，加快突破关键材料、核心元器件、基础软件、军用动力、先进设计试验制造手段"五大瓶颈"，增强军民两用工业发展基础。加强科技、产业集聚区共性技术和服务平台建设，促进军民结合产业规模化、集聚化发展。

（九）调整进出口结构，推动外贸增长方式转变

适应经济全球化新趋势，推动对内对外开放相互促进，促进国际国内要素有序自由流动、资源高效配置，转变外贸增长方式，加快培育参与和引领国际经济合作竞争新优势，以开放促改革。

一要从出口导向向产业优势导向转变。提升制造业国际竞争力，形成世界优势产业，让全世界因中国的产业优势而需要中国产品。改外贸需求（出口导向）带动外贸生产为外贸生产（产业优势）推动外贸需求。重点加快外贸转型基地建设，依托外贸产业集聚区，加快培育一批轻纺医药、五金建材、专业化工、工程机械等专业基地。

二要从粗放型贸易向集约型贸易转变。大力提升加工贸易，鼓励加工贸易转型升级。

推动我国本土企业进入加工贸易产业链和供应链，并充分利用全球资源、全球市场做大做强。鼓励加工贸易企业延伸产业链、增值链，提高本地增值、本地配套比重。推动来料加工企业转型，培育一批加工贸易梯度转移重点承接地与示范区。创新加工贸易模式，形成有利于内陆产业集群发展的体制机制。

三要从中低端要素集成品为主向中高端要素集成品为主转变。全面提高制成品的技术要素、创新要素、智慧要素、文化要素、品牌要素、国际要素含量。推进企业自有品牌、自有知识产权和高附加值产品出口。鼓励企业采用国际先进技术标准，参与国际标准制定。建立国家出口产品质量风险动态监测体系，强化企业质量和诚信自律。鼓励低碳排放、节能环保产品贸易，严格控制高污染、高耗能行业加工贸易。

四是从以西方市场为主向全球多元市场转变。努力保持中国制造业出口产品在西方市场的竞争优势，保持和扩大市场份额，着力开拓新兴国家市场、发展中国家市场，特别是非洲与南美市场，形成中国制成品出口的全球多元化市场。巩固传统市场，培育周边市场，开拓发展中国家市场，提高发展中国家在外贸中的比重。

五是积极参与跨区域自由贸易区建设。加快实施自贸区战略，进一步完善政策，扩大已有自贸区伙伴市场规模。加大与相关国家的自由贸易区谈判，争取更多的中外双边与多边自由贸易。积极应对 TPP 谈判，争取国际贸易新规则的话语权。深化中国（上海）自由贸易试验区改革，加快推进天津、广东和福建自贸区建设，继续扩大自贸区范围。

六要推进重点企业向国际化经营发展。进一步实施"走出去"战略，推动优势重点企业利用全球资源，开展国际化经营，构建全球布局产业链体系，培育一批世界级中国跨国公司和全球公司。鼓励国内技术成熟、国际市场需求大的行业和企业，向境外转移生产能力。鼓励国内企业在科技资源密集的国家（地区）设立研发中心。支持我国重大技术标准海外应用，增强中国企业国际影响力。

附：制造业数据表

附表 1

工业与制造业主要数据 单位：亿元

项目		2000 年	2005 年	2010 年	2013 年	平均增长率（2000—2013 年）	平均增长率(2010—2013 年)
企业数	工业	162 885	271 835	452 872	352 546	6.1%	−8.0%
	制造业	144 897	251 061	421 230	326 582	6.5%	−8.1%
	制造比重	88.96%	92.36%	93.01%	92.64%		

续表

项目		2000 年	2005 年	2010 年	2013 年	平均增长率（2000—2013 年）	平均增长率(2010—2013 年)
资产总计	工业	126 211	244 784	592 881	850 625	15.8%	12.8%
	制造业	95 234	183 056	450 033	649 994	15.9%	13.0%
	制造比重	75.46%	74.78%	75.91%	76.41%		
主营收入	工业	84 151	248 544	697 744	1 029 150	21.2%	13.8%
	制造业	71 596	213 843	606 299	901 011	21.5%	14.1%
	制造比重	85.08%	86.04%	86.89%	87.55%		
利润总额	工业	4 393	14 802	53 049	62 831	22.7%	5.8%
	制造业	2 714	9 695	42 435	50 527	25.2%	6.0%
	制造比重	61.78%	65.50%	79.99%	80.42%		
税收总额	工业	5 882	14 104	40 648		20.0%	13.9%
	制造业	4 541	10 551	32 378		20.3%	13.6%
	制造比重	77.20%	74.81%	79.65%			
出口交货值	工业	14 575	47 741	89 910		20.1%	17.8%
	制造业	14 179	47 081	89 534		20.3%	17.9%
	制造比重	97.28%	98.62%	99.58%			
投资额	全国		88 773	251 683	446 294		21.0%
	工业		37 717	115 299	181 990		16.4%
	制造业		26 575	88 619	147 705		18.6%
比重	制造业/工业		70.5%	76.9%	81.2%		
	制造业/全国		29.9%	35.2%	33.1%		

附表 2

2011—2013 年制造业研发情况

项目	口径	2011 年	2012 年	2013 年	2013 年较 2011 年年均增长率
R & D 人员全时当量（人年）	全国总数	2 883 000	3 247 000	3 533 000	8.8%
	工业	1 939 075	2 246 179	2 493 958	11.0%
	制造业	1 823 784	2 131 537	2 368 204.7	11.1%
R & D 经费（万元）	全国总数	86 870 000	102 984 100	118 466 000	15.0%
	工业	59 938 055	7 200 6450	83 184 005	15.5%
	制造业	56 923 792	68 456 983	79 502 286	16.1%

续表

项目	口径	2011 年	2012 年	2013 年	2013 年较 2011 年年均增长率
专利申请数（件）	全国总数	1 633 347	2 050 649	2 377 061	15.9%
	工业	386 075	489 945	560 918	14.5%
	制造业	346 297	469 343	534 927	14.0%
发明专利申请数（件）	全国总数	526 412	652 777	825 136	26.4%
	工业	134 843	176 167	205 146	16.4%
	制造业	124 517	169 410	195 598	15.5%
有效发明专利数（件）	全国总数	960 513	1 255 138	1 313 000	4.6%
	工业	201 089	277 196	335 401	21.0%
	制造业	189 096	271 080	327 989	21.0%

附表 3

高技术产业出口数据　　　　　　　　　　　　　　　　　　　　单位：百万美元

国家	项目	2002 年	2003 年	2004 年	2005 年	2006 年	2007 年	2008 年	2009 年	2010 年	2011 年	2012 年
中国	高技术产业出口	69 226	108 669	163 007	215 928	273 132	302 773	340 118	309 601	406 090	457 107	505 646
	高技术产业出口占制造业出口的比重（%）	23.7	27.4	30.1	30.8	30.5	26.7	25.6	27.5	27.5	25.8	26.3
美国	高技术产业出口	162 082	160 291	176 282	190 737	219 026	218 116	220 884	132 407	145 498	145 273	148 772
	高技术产业出口占制造业出口的比重（%）	31.8	30.8	30.3	29.9	30.1	27.2	25.9	21.5	19.9	18.1	17.8
日本	高技术产业出口	95 882	107 081	126 245	125 445	129 241	117 858	119 915	95 159	122 047	126 478	123 412
	高技术产业出口占制造业出口的比重（%）	24.8	24.4	24.1	23.0	22.1	18.4	17.3	18.8	18.0	17.5	17.4
英国	高技术产业出口	69 892	62 599	65 343	83 697	116 296	61 149	59 427	55 135	59 785	69 315	67 787
	高技术产业出口占制造业出口的比重（%）	31.7	26.3	24.5	28.3	33.9	18.9	18.5	21.8	21.0	21.4	21.7
法国	高技术产业出口	53 277	57 053	66 065	70 506	81 538	78 822	91 980	82 531	99 736	105 101	108 365
	高技术产业出口占制造业出口的比重（%）	21.5	19.7	19.8	20.3	21.5	18.5	20.0	22.6	24.9	23.7	25.4
德国	高技术产业出口	93 578	106 203	135 678	146 389	163 169	153 419	159 812	139 961	158 507	183 371	183 354
	高技术产业出口占制造业出口的比重（%）	17.5	16.9	17.8	17.4	17.1	14.0	13.3	15.3	15.3	15.0	15.8

续表

国家	项目	2002 年	2003 年	2004 年	2005 年	2006 年	2007 年	2008 年	2009 年	2010 年	2011 年	2012 年
韩国	高技术产业出口	46 936	57 458	76 117	83 907	93 352	101 032	100 909	92 856	121 478	122 021	121 313
	高技术产业出口占制造业出口的比重（%）	31.5	32.3	32.9	32.5	32.1	30.5	27.6	28.7	29.5	25.7	26.2
俄罗斯联邦	高技术产业出口	4 664	5 501	5 254	3 820	3 866	4 109	5 071	4 527	5 075	5 443	7 095
	高技术产业出口占制造业出口的比重（%）	19.2	19.0	12.9	8.4	7.8	6.9	6.5	9.2	9.1	8.0	8.4
巴西	高技术产业出口	5 224	4 515	5 954	8 031	8 418	9 076	10 286	7 896	8 122	8 415	8 820
	高技术产业出口占制造业出口的比重（%）	16.5	12.0	11.6	12.8	12.1	11.9	11.6	13.2	11.2	9.7	10.5
印度	高技术产业出口	2 354	2 710	3 356	4 139	4 876	5 998	7 738	10 728	10 087	12 871	12 434
	高技术产业出口占制造业出口的比重（%）	6.2	5.9	6.0	5.8	6.1	6.4	6.8	9.1	7.2	6.9	6.6

注：根据《中国高技术产业统计年鉴 2014》整理。

ZHONGYANG
"SHISANWU"
GUIHUA 《JIANYI》 ZHONGDA
ZHUANTI YANJIU

专题六　交通基础设施建设

国家发展和改革委员会

"十三五"时期交通基础设施建设的主要任务

一、现实基础

（一）发展成绩

1. 基础设施网络初步形成

"十二五"时期是我国交通基础设施投资力度最大的五年，五年总投资预计13万亿元，是"十一五"总投资的1.6倍。"五纵五横"综合运输大通道基本贯通，快速铁路网、高速公路网基本建成，高速铁路营业里程、高速公路通车里程、港口深水泊位数量均位居世界第一，综合交通网络总体水平大幅提升，覆盖范围明显扩大，总体完成"十二五"规划目标任务，总体适应经济社会发展需要，为交通运输迈向现代化奠定了坚实基础。

表1

"十二五"末我国交通基础设施预计完成情况

指　标	单位	2010 年	2015 年预计	2015 年规划目标
铁路营业里程	万千米	9.1	12.1	12
复线率	％	41	53	50
电气化率	％	46	60	60

续表

指　标	单位	2010 年	2015 年预计	2015 年规划目标
公路通车里程	万千米	400.8	457	450
国家高速公路	万千米	5.8	8.3（原国高）	8.3
乡镇通沥青（水泥）路率	%	96.6	98	98
建制村通沥青（水泥）路率	%	81.7	90	90
内河高等级航道里程	万千米	1.02	1.36	1.3
管道输油（气）里程	万千米	7.9	10.6	15
城市轨道交通营运里程	千米	1 400	3 300	3 000
沿海港口深水泊位数	个	1 774	2 214	2 214
民用运输机场数	个	175	207	230

2. 区域城乡发展渐趋协调

中西部地区交通基础设施规模增速明显，技术等级大幅提高。西部地区高速铁路从无到有，东、中、西、东北"四大板块"之间实现高速铁路连通。城际铁路起步建设，京津冀、长江三角洲、珠江三角洲等部分城市群基本形成中心城市至节点城市的 1.5 小时交通圈。农村公路基本覆盖所有乡镇和建制村，集中连片特殊困难地区公路条件改善，农村邮政普遍服务能力增强，实现乡乡设所、村村通邮。

3. 运输服务质量明显改善

"十二五"时期，客货运输总量继续保持规模扩张态势，全社会客货运量预计年均增长约 4% 和 8%，其中铁路和民航客运量年均增速约 9% 和 10%。运输结构变化明显，中西部地区运输、城市群交通和快递快运成为新增长点。公共运输服务、普遍运输服务能力增强，214 个城市享有轨道交通服务，乡镇、建制村客运通班车率达到 100%、92%，城乡农超配送取得进展。铁水、空铁、公铁联运等一体化运输服务水平提升。

4. 技术装备水平大幅提升

高速铁路列控技术自主化和产业化取得突破，汽车安全性能和智能化、超大型专业运输船舶建造、内河船舶标准化和环保性、国产支线飞机研制、城市轨道列车自动控制系统

（CBTC）等运输装备技术发展取得进展。远距离外海和离岸深水筑港技术、全套水上施工大型专用作业船及相应成套施工新工艺等技术，均已达到世界先进水平，为我国技术装备"走出去"奠定了良好基础。不停车收费系统（ETC）覆盖全国，客票销售、信息查询等服务不断完善，交通运输物流信息平台、铁路货运网上办理平台相继开通，为提升服务质量和品质提供技术支撑。

5. 体制机制改革实质突破

推进交通运输大部制改革，初步建立综合交通运输管理体制。积极推进行政审批制度改革，下放城市轨道交通、沿海港口、内河专业化码头、通用机场、扩建军民合用机场等项目审批或核准，取消企业投资扩建民用机场核准，激发市场活力。铁路实现政企分开。扎实推进投融资体制改革，设立铁路发展基金。深入推进邮政体制改革，基本建成三级管理体系。铁路、民航运价改革取得进展。

（二）存在问题

当前，交通运输发展总体适应经济社会发展的要求，但仍存在问题。主要是：运输通道和交通网络布局不够完善，区域间发展不尽协调；综合交通枢纽建设滞后，一体化衔接不顺；国际运输通道建设进展缓慢，部分通道通而不畅；交通基本公共服务尚未实现全覆盖，多样化需求未能有效满足；交通运输信息资源整合与共享不足；改革创新动力不强，惯性思维依然存在，难以适应新形势、新业态、新模式和"三大战略"发展的新要求。

二、形势研判

从国际看，"十三五"时期，世界经济仍处于金融危机后的复苏和变革期，围绕市场、科技、资源、文化、人才的竞争更加激烈，新技术和信息技术的广泛应用特别是与传统产业的深度融合，将引发包括交通运输业在内的产业革命，形成新的生产方式和增长空间。国际区域合作格局深度调整，对交通互联互通和建设合作的要求更为迫切，特别是与周边国家地区合作中，要求形成交通、资源、金融等多位一体的合作方式。世界能源版图深刻变化，我国能源供应渠道多元化，需要增强国际能源运输通道安全保障能力。

从国内看，我国经济发展进入新常态，经济转入中高速增长区间，产业结构调整步伐加快，运输需求规模和结构都将发生重大变化，个性化、多样化需求日益增多，要求交通运输加快转型升级。推进以人为核心的新型城镇化，要求加快构建城市群和都市圈交通网络、优先发展城市公共交通、推进城乡交通一体化，满足多层次客货运输需要。加强"四大板块"统筹协调，实施"一带一路"、京津冀协同发展、长江经济带三大战略，要求重点区域交通率先发展、重点突破，为区域协调发展提供支撑。统筹考虑和综合运用国际国内两个市场、两种资源，要求加快交通"走出去"步伐。全面保障改善民生，提高人民生活水平，要求进一步完善交通基本公共服务体系和交通安全保障体系。推进绿色低碳发展，建设生态文明新家园，要求加快转变交通发展方式，提供更加节能环保的运输服务。全面深化改革，使市场在资源配置中起决定性作用和更好发挥政府作用，要求深入推进交通运输体制改革，更好释放市场活力，增强发展动力。

三、总体思路

（一）指导思想

高举中国特色社会主义伟大旗帜，以邓小平理论、"三个代表"重要思想、科学发展观为指导，深入贯彻习近平总书记系列重要讲话精神，按照"四个全面"战略布局，以改革创新为动力，以服务民生为根本，以提质增效为导向，国内与国际并进，通达与通畅并重，建设与服务并举，着力推进交通运输网络化布局、智能化管理、一体化服务、绿色化发展，全面建设综合交通运输体系，加快交通运输现代化进程，为实现第一个一百年奋斗目标、全面建成小康社会、维护国家利益和拓展国际发展空间提供交通战略支撑。

（二）基本原则

一是统筹兼顾，优化发展。统筹国际国内两个大局、两个市场、两种资源，统筹交通运输与经济、社会、环境发展，统筹基础设施、技术装备、运输服务，统筹供给侧与需求侧管理，优化运输结构，优化交通网络，实现提质增效、可持续发展。

二是突出重点，补足短板。围绕"四大板块""三大战略"和新型城镇化，着眼提升交通运输整体水平，盘活存量、优化增量，加强基础设施的薄弱环节，谋划一批重大交通项目，弥补公共服务短板，改善群众出行，让交通发展的成果惠及全体人民。

三是适度超前，有序推进。立足实际、谋划长远，适度超前建设基础设施，与国土空间开发良性互动。兼顾经济社会效益、技术成熟程度和资源环境承载力等因素，合理把握发展节奏。加强重大项目、先进适用技术、交通政策的预研和储备，加快交通现代化进程。

四是改革创新，开放融合。理顺政府与市场关系，加快市场化进程，引入竞争、打破垄断、提高效率，在重点行业和关键领域进行改革攻坚，建设统一开放、竞争有序的市场体系。加快交通科学技术、管理方式、商业模式创新，推行自主创新、产业融合创新和国际协作创新。

五是安全绿色，永续发展。在制度安排、技术保障、规范标准和运营管理领域全方位加强安全举措，强化监管。增强国际运输战略通道和战略支点的选择性和保障性。全面提升应对自然灾害、突发事件的保障能力。集约节约利用资源，推进交通节能减排，保护生态环境。

（三）发展目标

到 2020 年，形成国内国际通道联通、区域城乡覆盖广泛、枢纽节点功能完善、运输服务一体高效的综合交通运输体系，部分地区和领域率先实现交通运输现代化。

——基本建成现代化高速铁路网，基本连通省会城市，营业里程 3 万千米以上。

——建成现代化高速公路网，通车里程 15 万千米以上，基本建成国家公路网。

——建成煤炭、油气、矿石和集装箱深水、专业、高效的现代化沿海港口，建成内河高等级航道网，里程 1.9 万千米。

——90％的人口在直线距离 100 千米内享受航空运输服务，民用运输机场总数达到 257 个左右。

——基本建成东北、西北、西南区域相连的油气管网。

——主要城市群中心城市之间以及中心城市与周边节点城市之间 1～2 小时交通圈。

——建成特大城市现代化轨道交通网，大城市轨道交通基本网；公共交通占机动化出行比例达 60％以上，城市轨道交通运营里程 6 000 千米以上。

——建成北京、上海、广州、深圳、大连、武汉、西安和成都八大全国性综合交通枢纽。

四、重大任务

（一）构建内通外联的运输通道网路

统筹国际国内两个大局、两个市场和两种资源，建设横贯东西、纵贯南北、内畅外通的综合交通走廊，其战略框架是：

1. 综合运输大通道

在初步形成"五纵五横"综合运输大通道的基础上，增加济南（青岛）经郑州、重庆至昆明通道和北京经太原、西安至成都的通道，沟通华北、华东至西南地区；增加银川经西安、武汉至福州通道和重庆经长沙至厦门通道，沟通西北、西南至华东地区；将西北北部出海大通道由哈密西延至新疆北部阿勒泰地区，将沿江综合运输大通道由成都西延经南北两条径路至喀什，形成新疆连通内地的北、中、南三大通道和西藏连通内地的新通道。

2. 国际交通走廊

重点构建西北、西南、东北对外交通走廊和海上丝绸之路走廊。以新疆为核心区，以乌鲁木齐、喀什为支点，连接陆桥运输大通道、西北北部出海运输大通道、进出疆南通道，构建向西北辐射的交通走廊。以云南为桥头堡，以昆明、南宁为支点，连接上海至瑞丽运输大通道、临河至防城港运输大通道以及青岛、济南至昆明运输大通道，构建向西南辐射的交通走廊。以辽吉黑、蒙东为依托，以哈尔滨、沈阳、长春为支点，连接满洲里至港澳台运输大通道、南北沿海运输大通道，构建向东北辐射的交通走廊。依托京津冀、长江三角洲、珠江三角洲，以福建为核心区，以大连、天津、青岛、连云港、上海、宁波、福州、厦门、深圳等沿海主要港口为节点，对内连接综合运输大通道，构建海上丝绸之路走廊。

3. 综合交通网络

加强综合交通基础设施网络建设，扩大网络规模与覆盖范围，优化网络功能，提升运输服务质量，提高基本公共服务水平。一是打造高品质的快速交通网。在全面建成"四纵四横"高速铁路主骨架基础上，进一步拓展高速铁路覆盖范围，增强辐射带动力。推进国家高速公路剩余路段建设，尽快打通国家高速公路待贯通路段，推进建设年限较早、交通繁忙的国家高速公路扩容改造和分流路线建设，推动口岸高速公路发展，有序发展地方高速公路。完善机场布局，构建规模适当、结构合理、功能完善的机场体系，重点解决繁忙航路和繁忙机场空域使用紧张问题，优化空域资源配置，提升空域使用效率。二是完善广覆盖的基础交通网。加快中西部铁路、区际干线铁路建设，完善东部干线铁路网，推进边境铁路、口岸铁路等开发性铁路建设。加快普通国道未贯通路段建设，重点加强西部地区和集中连片特困地区低等级普通国道升级改造和农村公路建设，推进沿边公路、口岸公路、港口集疏运公路建设，强化公路养护管理。优化整合港口布局和功能，强化航运中心功能，完善水运网络，加快内河高等级航道建设，加快长江黄金水道系统治理。加快通用机场建设，推进油气管道区域互联，完善邮政网络和快递设施。

（二）建设现代高效的城际城市交通

"十三五"是新型城镇化快速发展的关键时期，城镇化地区综合交通和城市交通将是发展潜力最大的地区和重点建设的领域，要着力构建城镇化地区以轨道交通和高速公路为骨干，以普通公路为基础，以水运、民航为有效补充，高效衔接大中小城市和小城镇的结构优化、层次多样、快速便捷交通运输网络，有效支撑和引导城镇化发展。

加快京津冀、长江三角洲、珠江三角洲、长江中游、中原、成渝、山东半岛等城市群城际铁路建设，发展市域（郊）铁路，鼓励利用既有铁路开行城际列车。

落实公交优先发展战略，加快转变城市交通发展方式，突出城市公共交通的公益属性，加快发展城市轨道交通、快速公交等大容量公共交通，完善城市停车设施。促进网络预约等定制交通发展。

在进出城市高速公路与干线公路的繁忙出入口，通过改扩建城市道路、立交桥和新建连接道路等方式，打通中心城区至对外干线公路快速通道，畅通内外交通。加强邮政、快递网络终端建设，完善城市配送系统。

（三）打造一体衔接的综合交通枢纽

统筹国内国际通道网络与枢纽协调发展，优化综合交通枢纽（节点城市）空间布局，完善枢纽站点功能，加强新疆、福建等枢纽核心区域建设，实现旅客零距离换乘和货物无缝化衔接。

1. 优化枢纽节点空间布局

统筹考虑国内国际通道和网络格局，优化完善综合交通枢纽（节点）布局，重点建设北京、上海、广州等国际性综合交通枢纽，提升全国性、区域性和地区性综合交通枢纽功能。增强西部重要枢纽辐射能力，推进沿边重要口岸枢纽建设。

2. 完善枢纽站点服务功能

加快上海、天津北方、大连东北亚国际航运中心和重庆长江上游、武汉长江中游航运中心建设，推进南京航运物流中心、舟山江海联运服务中心等建设，提升粤港澳湾区枢纽经济辐射能力，促进沿海港口向现代化迈进，推动内河港口向集约化专业化发展。加强国际枢纽、区域枢纽与干支线机场联动发展，推进通用航空发展，发挥机场对临空产业集聚带动作用。完善铁路枢纽场站布局，高速、城际和市域（郊）铁路应尽可能在城市中心城区设站，并同站建设城市轨道交通、公共汽（电）车等城市公共交通设施，铁路货运站应建设布局合理、能力匹配、衔接顺畅的公路集疏运网络，并同站建设铁路与公路的换装设施。加强公路客货运站与铁路车站、机场的协同发展。推进枢纽站点综合开发，推动综合客运枢纽向城市综合体、港口和物流园区向产业综合区转型升级。

（四）推动运输服务低碳智能安全发展

统筹交通设施设备、组织管理与运输服务协同发展，提升一体化服务水平，适应市场新需求，加快智能交通发展，开辟转型新路径，增强绿色安全能力，开创发展新局面，全面提高交通运输可持续发展能力。

1. 提升交通一体化服务水平

加快构筑一体衔接的联程联运系统，强化运输服务各环节有机衔接，推进客票一体联程和货物多式联运。建设开放共享的公共信息系统，加快建设集物流、客流、信息流、资金流等为一体综合交通公共信息平台，构建开放式交通大数据中心。打造现代高效的智能管理系统，积极推进现代通信、信号、传感、定位、识别等技术在交通调度指挥、运输组织、运营管理、安全应急等领域的应用，加大物联网、车联网、数字航道等建设，通过智能化手段解决交通发展问题。

2. 推动交通绿色低碳发展

节约集约利用线位、岸线等资源，优化空域资源配置，处理好交通发展与环境的关系。加强建设、运营、养护等环节再生资源循环利用。推广节能环保型运输工具，提高能源利用效率，降低排放强度。

3. 强化交通安全保障能力

完善安全监管体制，落实企业安全主体责任。加强应急设施建设，建立健全国内国际交通应急保障机制，构筑安全防范体系，全面提升安全应急能力，增强国际能源运输战略安全保障能力。

五、重大项目

按照交通运输发展的目标和任务，"十三五"重点推进十大类项目建设，具体是：

（一）高速铁路

加快完善高速铁路网，贯通哈尔滨至北京至香港（澳门）、连云港至乌鲁木齐、上海至昆明、广州至昆明高速铁路通道，建设北京至香港（台北）、呼和浩特至南宁、北京至昆明、包头银川至海口、青岛至银川、兰州（西宁）至广州、北京至兰州、重庆至厦门等高速铁路通道，拓展区域连接线。高速铁路营业里程达到3万千米，覆盖80％以上的大城市。

（二）高速公路

加快推进由7条首都放射线、11条北南纵线、18条东西横线，以及地区环线、并行线、联络线等组成的国家高速公路网建设。提高长江经济带、京津冀地区高速公路网络密度和服务水平，推进高速公路繁忙拥堵路段扩容改造。新建改建高速公路通车里程约3万千米。

（三）"四沿"通道

基本贯通沿海高速铁路、沿海高速公路和沿江高速铁路，加快建设沿边公路，建设和田至若羌铁路、东北沿边铁路和川藏铁路等沿边铁路。推进与周边国家跨境通道和"一带一路"沿线通道建设，建设乌鲁木齐、兰州重要节点城市铁路国际班列物流平台。建设深中通道。

(四)民用机场

打造国际枢纽机场,建成北京新机场,建设京津冀、长三角、珠三角世界级机场群,加快建设哈尔滨、深圳、昆明、成都、重庆、西安、乌鲁木齐等国际航空枢纽,强化区域性枢纽机场功能。实施部分繁忙干线机场新建、迁建和扩能改造工程,建设支线机场和通用机场。建设郑州等以货运功能为主的机场。新增民用运输机场50个以上。

(五)港航设施

优化提升环渤海、长三角、珠三角港口群,加快长江、珠江—西江、淮河、闽江等内河高等级航道建设,大力推进上海、天津、大连、厦门等国际航运中心建设,有序推进沿海港口集装箱、原油、液化天然气等专业化泊位建设,稳步推进海南凤凰岛等国际邮轮码头建设,提高港口智能化水平。

(六)城市群交通

建设城市群中心城市间、中心城市与周边节点城市间1~2小时交通圈,打造城市群中心城市与周边重要城镇间1小时通勤都市圈。基本建成京津冀、长三角、珠三角、长江中游、中原、成渝、山东半岛城市群城际铁路网,建设其他城市群城际铁路网主骨架。实施市域(郊)铁路示范工程。

(七)城市交通

完善优化超大、特大城市轨道交通网络,加快300万以上人口城市轨道交通成网,优化城市公共交通系统,建设集约化停车设施。新增城市轨道交通运营里程约3 000千米。畅通城市道路与对外公路繁忙出入口,具备条件的城市规划建设绕城公路。

(八)农村交通

继续加强农村公路建设,有条件的地区推进联网,加强县乡道提级改造、农村公路安全防护设施建设和危桥改造,加大农村公路养护力度,实现具备条件的建制村通硬化路和班车。完善农村和西部地区邮政、快递基础设施，实现村村直接通邮。

（九）交通枢纽

以高速铁路、城际铁路和机场等为重点，打造一批开放式、立体化综合客运枢纽，推进同台换乘、立体换乘，加强城市内重要客运枢纽间的快速通道建设，减少换乘距离和时间。建设一批多式联运货运枢纽，提升换装效率。鼓励依托交通枢纽建设城市综合体，推进整体开发。

（十）智能交通

推进交通基础设施、运输工具、运行信息等互联网化，加快构建车联网、船联网，完善故障预警、运行维护和智能调度系统，推动驾驶自动化、设施数字化和运行智慧化。推动铁路、民航、道路客运"一站式"票务服务系统建设，建设综合运输公共信息服务平台和交通大数据中心。

六、重大政策

按照全面深化改革、全面依法治国的要求，提出法制建设、产业政策、社会投资、创新驱动、标准体系、国际合作等方面的重大政策。

（一）制修订相关法规政策

完善交通法律法规体系，修订《铁路法》《公路法》《收费公路管理条例》等，研究出台《交通基础设施特许经营管理条例》，推动制定《航空法》和各种运输方式协调发展的法律法规，依法全面履行政府职责。分类施策，建立交通公共服务普惠扶持、经营性领域公平竞争的政策体系。

（二）鼓励社会资本投资交通

按照充分发挥市场在资源配置中的决定性作用和更好发挥政府作用的要求，以《关于开展政府和社会资本合作的指导意见》为范式，通过铁路、公路、水路、航空、管道、城市轨道和综合交通枢纽等试点、示范项目，推动政府与社会资本合作（PPP）模式在交通领域的应用。扩大铁路发展基金募集规模，研究交通各领域发展基金。创新交通投融资模式，扩大交通直接融资规模。创新交通项目综合开发方式，实现跨领域融合联动发展。

（三）提高交通创新驱动能力

夯实交通领域国家工程研究中心和实验室的研发基础，实施关键装备、核心技术研发工程，加快自主品牌产品工程化和产业化，提高自主创新能力和国际竞争力。以交通运输企业为创新主体，营造鼓励创新、宽容失败的良好氛围，并建立相应的保障机制。鼓励开展技术、服务、组织和模式等各类创新。在交通运输市场发展进程中，不断向产业链和价值链高端延伸，实施交通企业的品牌战略。

（四）健全交通技术标准规范

加快制定和完善先进适用的市域（郊）铁路、城市轨道、联程联运及综合交通枢纽等国家标准，形成规划、建设、运营、装备制造等方面完整的技术标准体系。因地制宜，推广不同航段内河船型标准化，研究江海直达船型。依托境外交通投资项目，带动装备、技术和服务等标准输出。加大交通技术标准和规范的国际话语权。

交通运输部

"十三五"时期交通基础设施建设的主要任务

一、发展形势

（一）发展基础

"十二五"期间，在党中央、国务院的坚强领导下，交通运输行业坚持以科学发展为主题，以转变发展方式、发展现代交通运输业为主线，按照稳中求进的总基调，着力调整交通结构，拓展服务功能，集中力量加快推进综合交通、智慧交通、绿色交通、平安交通"四个交通"发展，实现了稳中有进、稳中向好的发展局面，基本实现"十二五"规划确定的发展目标，初步形成了网络设施配套衔接、技术装备先进适用、运输服务安全高效的综合交通运输体系，基本适应经济社会发展和人民群众出行需要。

交通基础设施建设成效显著，"十二五"累计完成交通固定资产投资 12.5 万亿元，综合交通网总里程将达到 475 万千米；铁路营业里程 12 万千米，其中快速铁路 4.2 万千米，国家快速铁路网基本建成；公路通车里程 457 万千米，其中高速公路突破 12 万千米，"7918"国家高速公路网基本建成；内河高等级航道 1.36 万千米，沿海港口万吨级以上泊位超过 2 100 个，上海等国际航运中心建设取得积极进展；民航运输机场 210 个，航空网络进一步完善；邮政基本实现乡乡设所、村村通邮。综合运输服务水平整体提升，客运服务时效性、舒适性、便捷性、多样性显著提高，货运服务功能不断延伸，服务水平明显改善。运输装备水平显著提高，专业化趋势明显。科技进步和信息化建设稳步推进，高速铁路、高原高寒铁路和公路、重载运输等核心关键技术取得突破性进展，铁路成为我国对外交流合作的新名片，基本实现ETC全国联网。节能减排取得明显成效，单位运输周转量能耗和污染物排放量显著下降。安全应急体系建设快速推进，综合保障能力明显提高。交通运输改革全面推进，大部门制改革、铁路改革取得突破性进展。

尽管"十二五"发展成绩显著，但与经济社会发展的总体要求相比，仍然存在以下问题：一是交通运输方式间不协调、区域间不均衡的问题仍然存在，铁路、内河水运发展相对滞后，各种运输方式之间的衔接尚不顺畅，西部地区和贫困落后地区仍有较大发展空间，交通运输对经济社会发展的支撑作用仍待加强，"先行官"的作用还需要加强；二是交通运输发展方式较为粗放，重数量、轻质量，重增量、轻存量，重设施、轻服务等问题仍未得到有效解决，交通运输发展与经济转型升级要求相比仍有较大差距；三是运输服务水平亟待进一步提高，一体化运输发展缓慢，换乘换装不方便，信息共享不充分，货运组织亟待优化，城乡客运基本公共服务与人民群众期盼仍有一定差距；四是交通运输可持续发展能力有待进一步提升，土地等资源约束加大，节能减排、环境保护压力依然较大，交通建设、养护资金需求与供给矛盾进一步突出，综合交通运输的法律法规和标准规范体系尚不完善，体制机制障碍仍然存在。

（二）发展要求

"十三五"时期，世界经济仍将处于金融危机后的复苏和变革期，我国经济发展进入新常态。国际国内新形势、新变化对交通运输发展提出了新的更高要求。

一是主动适应经济发展新常态，加快转变发展方式，要求加快构建综合交通基础设施网络。新常态背景下，稳增长、调结构、转方式，努力实现提质增效升级，将是"十三五"时期我国经济发展的重要导向。要合理优化存量，科学安排增量，加快补足短板，不断增加交通有效供给，提升综合交通运输整体效能，为经济社会发展提供交通运输支撑和保障。

二是全面建成小康社会，切实保障和改善民生，要求不断提升交通运输服务水平。"十三五"时期是全面建成小康社会的收官期和决战期。交通运输要以集中连片特困地区为主战场，不断提高交通运输基本公共服务水平，有效支撑全面建成小康社会目标的顺利实现；要加快推进信息技术与交通运输的深度融合，加强交通运输安全监管和应急体系建设，为人民群众提供安全、便捷、舒适、高效的运输服务。

三是落实国家重大战略，推进新型城镇化发展，要求交通运输在重点区域和重点领域率先突破。"十三五"时期，我国将统筹实施"四大板块"与"三大战略"，加快形成主体功能区布局，促进新型城镇化发展。交通运输要加快构建便捷、高效的区域综合交通网络，切实提升一体化服务水平，充分发挥在促进区域经济发展、支撑国土空间开发、优化城镇产业布局中的先行引导和基础支撑作用。

四是开创全方位对外开放新格局，落实"一带一路"发展战略，要求交通运输进一步拓展国际发展空间。党中央、国务院积极谋划全方位对外开放新格局，加快实施"一带一路"战略，交通运输要加快构建联通内外、安全通畅的综合交通运输网络，加强与周边国家互联互通；充分发挥我国在铁路、高速公路、深水筑港、长大桥隧等工程建设、技术、管理方面优势，积极推动交通运输企业"走出去"。

五是建设生态文明新家园，推进绿色低碳发展，要求切实增强交通运输可持续发展能力。"十三五"期将是我国加快推进绿色低碳发展、实现 2030 年减排承诺的关键时期。交通运输发展面临的能源、土地、环境等刚性约束进一步增强，必须把绿色发展理念贯穿落实到各个领域、环节，切实加强土地、岸线等资源的集约利用，强化节能减排，降低资源消耗，为国家的生态文明建设做出更大贡献。

六是全面深化改革和全面推进依法治国，要求积极推进交通运输治理体系和治理能力现代化。"十三五"期我国将继续全面深化改革和全面依法治国，为两个百年目标的实现奠定制度基础。交通运输行业要继续深化各领域改革，加快转变政府职能，提高行政效率；继续深化交通运输大部门制改革，加快形成适应综合交通运输发展的体制机制；全面推进法治建设，着力完善综合交通运输法律法规体系，加强行业监管，提升依法行政水平。

（三）发展特征

在经济发展新常态背景下，判断未来一段时期我国交通运输发展将呈现以下趋势与特征：

一是从运输需求看，总量增速放缓、结构加速调整。随着我国经济转向中高速增长和经济结构深度调整，预计"十三五"时期全社会客、货运量年均增速分别为 4.5%、7.1% 左右，比"十二五"下降 1.4、2.5 个百分点。中西部地区客货运量增速将快于东部地区。客运方面，铁路、民航客运量将继续保持较高增速；公路客运量低速增长，在部分城际轨道、市域铁路发展快的区域，公路客运可能出现负增长；铁路旅客周转量占全社会旅客周转量比例将逐步上升，并有望超过公路旅客周转量占比。货运方面，民航、内河货运量仍将保持较高增速；铁路货运量总体呈低速增长态势，但以集装箱为主的快捷货物运输需求增长较快；沿海港口货物吞吐量中低速增长。

二是从运输服务看，多层次、个性化需求进一步凸显。随着我国"模仿型排浪式"消费阶段的逐步结束和"个性化多样化"消费渐成主流，个性化运输服务需求更加旺盛。客运快速化趋势更加突出，民航和高铁客运需求增长较快，旅游客运、邮轮游艇快速发展，衔接高铁站等综合枢纽的公路、城市客运快速发展。交通基本公共服务诉求更加强烈，农村地区、集中连片特困地区公路客运、物流配送、邮政服务等需求显著增长，城际、城市公共交通需求进一步上升。保税物流、电商物流、航运金融等现代物流进一步发展，高附加值货物运输和多批次、小批量运输发展迅速，快递服务仍将保持快速增长态势。

三是从发展重点看，基础设施建设仍是重要任务，但提质增效升级和提升服务水平的要求更加迫切。随着交通运输基础设施加快成网，预计"十三五"时期交通建设投资总规模仍将在较高平台上运行。与此同时，交通建设将更加注重通道资源集约节约利用，发展大容量、快速化基础设施，利用科技和信息化手段促进交通运输提质增效升级；人民群众对出行安全、舒适、便捷等要求进一步提高，交通运输发展将更加注重提升运输服务水平。

四是从发展范畴看，将进一步拓展国际空间。我国与周边国家交通基础设施互联互通将加快推进，双边多边和区域次区域交通运输合作进一步深化，海运强国建设将迈出新步伐。交通运输"走出去"步伐进一步加快、范围逐步拓展，交通行业对外投资规模持续扩大，交通运输装备、技术出口及建设项目成为我国对外交往的重要领域。

五是从发展动力看，将更多依靠制度创新和科技创新。交通运输投资回报率降低、劳动力成本提高、土地资源约束增强等压力进一步凸显，债务风险问题突出，资金、劳动力、资源等传统要素投入的驱动力逐步减弱。交通运输发展将更多依靠深化管理体制及投融资体制改革、加快推进法制和标准建设等制度创新，以及信息技术深度应用、运输组织优化等技术和管理创新，改革创新成为交通运输发展的重要驱动力。

综合上述分析，"十三五"时期，我国交通运输发展处于基础设施加速成网和全面提升运输服务水平的重要阶段，建设任务依然繁重，客运快捷舒适、货运经济高效的要求更加突出，行业提质增效升级、全面提升服务水平的任务更加迫切，发展动力也将发生显著变化。因此，"十三五"时期将是完善综合交通运输网络、强化基本公共服务的攻坚时期，是行业提质增效升级、提升综合运输服务水平的关键时期，是全面深化交通运输改革、全面加快交通运输法治建设的重要时期。

二、战略框架

（一）指导思想

高举中国特色社会主义伟大旗帜，以邓小平理论、"三个代表"重要思想和科学发展观为指导，全面贯彻落实党的十八大和十八届二中、三中、四中全会精神，深入贯彻落实习近平总书记系列重要讲话精神，以"四个全面"为统领，牢牢把握稳中求进的总基调，着力完善交通基础设施网络，着力提高运输服务品质，着力支撑国家区域发展新战略，着力构建对外开放新格局，着力推动行业转型升级，着力提升治理能力和水平，基本建成安全便捷、畅通高效、绿色智能的现代综合交通运输体系，适应国民经济和社会发展需要，让交通真正成为发展的先行官，为全面建成小康社会提供强有力的交通运输保障，为第二个百年目标的实现奠定坚实基础。

（二）基本原则

适度超前，有序推进。把发展作为第一要务，保持一定的发展速度，有序推进综合交通基础设施建设，努力实现基础设施能力适度超前配置，为国家重大战略的实施提供交通运输保障。

统筹发展，深度融合。把统筹发展作为重要途径，统筹国际国内发展，统筹各种运输方式发展，统筹建设、养护、运输、管理发展，统筹区域城乡发展，促进各种运输方式高效衔接与深度融合，促进区域交通运输一体化进程，促进交通运输深度融入全球运输系统。

服务为本，提质增效。把建设人民群众满意的交通作为出发点和落脚点，着力提升交通运输服务水平。把提质增效升级作为发展的衡量标准，以科技进步和信息化引领交通运输现代化发展，努力推动行业转型升级。

绿色环保，安全可靠。把可持续发展作为基本要求，落实国家生态文明战略，努力实现交通运输绿色发展。牢固树立安全第一理念，全面提高交通运输的安全性、可靠性和应对自然灾害、突发事件的保障能力。

改革创新，依法治交。把改革创新作为强大动力，全面深化交通运输重点领域和关键环节改革，加快体制机制创新、政策创新和管理创新。把法治要求贯彻到交通运输建设、运营、管理、安全生产的各个领域，使交通运输改革发展全面纳入法治的轨道。

（三）发展目标

1. "十三五"发展目标

到 2020 年，基本建成综合交通基础设施网络，充分发挥各种运输方式比较优势；打造形成综合运输服务升级版，实现城际客运快速化、枢纽换乘衔接顺畅，城市公共交通分担率显著提高，农村客运班车全覆盖；大力发展多式联运系统，形成若干复合型运输大通道和重要物流枢纽节点，交通运输在现代物流中发挥基础和主体作用；交通运输与信息技术融合程度全面提高，基础设施和技术装备整体基本达到世界先进水平；资源利用和节能减排成效显著，安全和应急保障充分有力，基本建成安全便捷、畅通高效、绿色智能的现代综合交通运输体系。具体任务目标如下：

基础设施。基本建成综合交通基础设施网络，铁路、高速公路、机场基本覆盖城区常住人口 20 万以上城市。铁路网营业里程 15 万千米左右，其中高速铁路 3 万千米以上，基本覆盖 50 万人口以上城市、90％地级行政中心，复线率和电化率分别达到 60％和 70％。公路通车里程达到 500 万千米，国家高速公路网主线基本贯通，普通国道二级及以上比重达到 75％以上，所有具备条件的建制村通硬化路。沿海港口通过能力适应经济社会发展的需要，集疏运瓶颈制约明显缓解。内河高等级航道里程达到 1.9 万千米。民用运输机场总数达到 260 个。与周边国家交通基础设施互联互通重大工程取得实质性成果，基本适应"一带一路"建设需要。

运输服务。打造形成综合运输服务升级版，旅客联程运输和货物多式联运系统建设取得突破性进展，基本建成顺畅便捷的城市公共交通和物流配送体系。铁路旅客列车正点率达到 98％，铁路运用货车重车率达到 68％。公路中高级客车占营运客车比例、营运货车里程利用率均达到 70％，货运车型标准化率达到 80％，具备条件的建制村通班车。海运专业化大型化船队建设取得实效；重点水路客运航线定点发班率达到 70％；500 人以上岛屿通班轮比例达到 100％。民航航班正常率达到 80％。城区常住人口 100 万以上城市建成区实现公共交通站点 500 米全覆盖，城区常住人口 300 万以上城市公共交通占机动化出行比例达到 60％以上。建制村通邮比例达到 100％，重点快递企业省会及重点城市间快件 72 小时投递率达到 90％。国际运输便利化取得重大进展，口岸通关环境明显改善，国际铁路班列、国际道路运输规模和范围进一步扩大。

可持续发展。综合交通出行信息、综合运输网络售票服务基本覆盖所有省级行政区；高速公路收费站 ETC 覆盖率达到 80％。建立具有自主知识产权的铁路高速动车组标准体系。节能环保、安全应急水平进一步提升，交通运输 CO_2 排放强度比 2015 年下降 7％，较大以上等级道路运输行车事故死亡人数比 2015 年下降 20％，铁路交通事故 10 亿吨千米死亡人数比 2015 年下降 5％，运输船舶百万吨吞吐量死亡失踪人数比 2015 年下降 20％，民航运输飞行百万小时重大事故率低于 0.2％。

2. 2030 年远景目标展望

到 2030 年，要全面建成基础设施能力充分、运输服务便捷高效、科技信息先进适用、资源环境低碳绿色、安全应急保障有力、行业管理规范有序的现代综合交通运输体系。综合交通网布局合理、功能完善、衔接顺畅、便捷高效，联通内外、安全高效的通道网络基本形成，旅客联程运输和货物多式联运系统基本形成，智慧型交通运输系统初步构建，绿色循环低碳交通运输体系总体建成，交通运输安全和应急保障充分有力，交通运输基本实现现代化。

三、重点任务

（一）加快推进综合交通基础设施网络形成，全面服务经济社会发展

优化交通基础设施布局，强化薄弱环节建设，提升交通运输保障能力，总体达到国际先进水平。

加快建设综合运输大通道。推进综合运输大通道瓶颈路段建设，统筹通道内各种运输方式建设。重点建设新亚欧大陆桥通道、中蒙俄经济通道、中国—中亚—西亚经济通道和京沪、京广、沿海等一批国家综合运输大通道。推进重要枢纽城市的综合交通发展，持续完善北京、上海、广州等综合交通运输枢纽的功能，统筹布局客货枢纽站场。

加快形成综合交通网络。着力推进铁路建设，进一步完善快速铁路网，重点实施"中西部铁路建设项目"，加快建设城际（市域）铁路、周边互联互通境内铁路，建设地区开发性铁路及支线铁路。稳步推进公路建设，重点实施"国家公路网升级改造项目"，大力推进国家高速公路网骨架贯通和重要通道拥挤路段扩容改造；以国道瓶颈路段及西部通州区国道为重点，全面提升干线公路技术水平，消灭等外路和未铺装路面路段，强化公路养护，保障公路服务水平和质量。全面加快内河航道建设，加快实施"长江干线航道能力提升项目"，加快推进"三峡水运新通道工程"建设；加快西江航运干线、京杭运河、长三角、珠三角高等级航道网和重要支流航道建设；提升内河航道及设施的养护与管理水平。优化民航航路航线网络结构。加快推进空中丝绸之路、京广、京沪等大容量空中通道建设，推进空域整合，盘活空域存量。

加强综合交通枢纽建设。推动铁路综合货运枢纽在全国范围内的布局和建设，加强与其他运输方式的衔接。有序推进沿海港口建设，优化港口布局，引导区域港口群协调发展；拓展港口服务功能，推进以国际航运中心为重点的现代航运服务体系建设。加强内河主要港口规模化集约化港区建设，加快重庆长江上游、武汉长江中游航运中心建设，完善集装箱、大宗散货等专业化港口运输系统，强化主要港口枢纽作用和现代物流功能。加快民航运输机场建设，大力推进容量受限机场建设，重点实施"北京、成都新机场等建设工程"；积极新建支线机场；推进大型机场综合运输枢纽建设。加快推进综合客运枢纽建设，鼓励

统一规划、统一设计、同步建设、同期运营，促进多种运输方式的高效换乘。积极引导物流园区建设，发展衔接多种运输方式的综合货运枢纽。促进邮政快递枢纽与铁路、公路、民航融合，重点推进湖北等国际快递枢纽建设。加强铁路车站、主要港口、机场和重要枢纽集疏运体系建设，同步配套邮件快件运输"绿色通道"和装卸操作接驳场所。

（二）总体实现交通运输基本公共服务均等化，打好全面建成小康社会攻坚战

以实现基本公共服务均等化为指向，加大对集中连片特困地区、革命老区、民族地区、边疆地区的支持力度，小康路上绝不让任何一个地区因交通而掉队。

全面改善农村地区基本出行条件。继续实施"农村公路畅通项目"，确保到2020年实现所有具备条件的乡镇和建制村通沥青（水泥）路和通班车，加大县乡道改造力度，全面提升农村公路安全防护水平和技术条件。推进农村物流发展，加快完善县乡村三级农村物流服务体系，统筹交通、邮政、供销等农村物流站点资源，实施"快递下乡工程"等。

抓好集中连片特困地区交通扶贫工作。继续实施好集中连片特困地区及西藏、四省藏区和新疆等落后地区的交通扶贫攻坚，着力强化对外运输通道，完善内部干线网络。

（三）着力提升综合运输服务水平，促进经济结构战略性调整

以满足多层次、多样化客运需求为导向，切实提升客运服务水平，以多式联运为突破口，着力优化货运结构，努力实现"人便于行、货畅其流"。

提供多层次、多样化客运服务。加快多种运输方式客运联程系统建设。积极支持铁路形成高速、特快、普速合理匹配的客运产品。积极促进邮轮、旅游客运发展。开展多样化航空运输服务，增强国际航空竞争能力。积极引导客运装备优化升级，提高装备的安全性、舒适性。

加快城乡客运一体化发展。优先发展城市公共交通，重点实施"公交都市建设示范工程"，不断提升城市公共交通出行分担率。大力推进城乡交通一体化，切实支撑新型城镇化发展战略的实施。加强城市轨道交通运营安全风险控制与治理。推广应用清洁能源、新能源城市客运车辆。规范出租汽车运营服务，创新运营服务方式。

积极促进现代物流发展。重点实施"物流大通道项目"。优化货运组织方式，大力发展多式联运，加快推进跨区域甩挂运输、内河水运干支直达和江海直达运输，支持发展高铁快递和电商快递班列，探索推进铁路驼背运输、公铁滚装运输等运输组织模式。建立铁路全程物流服务体系，推进航空货运向综合物流发展。提升城市物流配送效率，促进城市配送网络节点体系优化，推动物流配送车型标准化发展，促进邮政普遍服务快捷化，推动邮政基础设

施网络改造升级。加快邮政综合服务平台建设。促进快递服务普惠化，推动快递物流园区和公共服务投递站建设。加快交通运输物流公共信息平台建设，推进平台在重点领域的应用和推广。大力推进货车车型标准化，加快推进内河船型标准化，积极发展多式联运装备。

进一步强化交通运输信息化建设。推动移动互联网、云计算等现代信息技术在交通运输系统的深度应用，重点实施"智慧交通项目"。建设综合交通运行监测与应急处置平台体系，提高交通运输预测预警和突发事件应急处置能力。建设全天候、全覆盖的综合交通信息服务体系，大力推进电子客票、联网售票、联程联运信息服务，提供交通出行综合信息服务，推进全国高速公路ETC联网及重点区域交通一卡通互联互通工程。建设一体化运输服务体系，推广电子路单，实现货运"一单制"联运服务。建设交通运输综合管理与执法体系，加快完善交通运输市场监测体系、信用信息体系。

积极完善运输市场管理。加快改进运输市场环境，充分发挥市场在运输资源配置中的决定性作用，推动运输管理加快由注重事前审批向强化事中、事后监管与服务转变，促进形成统一开放、公平竞争、规范有序的运输市场。以安全、节能减排和服务质量为重点，完善运输市场准入和退出机制。加强运输行业诚信体系建设，完善对运输企业质量信誉考核和从业人员的诚信考核。

（四）大力发展重点区域综合交通运输，支撑国家发展新战略

切实推进"一带一路"、京津冀协同发展、长江经济带综合交通运输发展，充分发挥交通运输先导作用，努力实现率先突破。

加强"一带一路"境内设施建设。重点实施"沿边沿海通道工程"，推进陇海、进出疆等综合交通运输通道建设，加快建设口岸铁路、口岸公路、界河航道。强化重要交通枢纽节点功能，加强国内干线公路、铁路与口岸、港口、机场等重要门户枢纽节点的连通。加强国际邮政互换局（交换站）规划布局建设。

推进京津冀交通运输一体化发展。建设多节点、网格状、全覆盖的综合交通网络，重点实施"京津冀城际轨道建设项目"，打造"轨道上的京津冀"，加快推进首都地区环线等国家高速公路建设。促进机场、港口等枢纽功能优化配置，构建现代化的世界级机场群和津冀港口群，加快北京新机场及集疏运体系建设。打破区域壁垒和分割，加强标准政策对接和信息资源共享，促进区域运输服务一体化。

建成长江经济带综合立体交通走廊。建设长江黄金水道，重点加强长江干线航道升级改造与系统治理，加大支线高等级航道建设。建设以沿江、沪昆高速铁路为骨架的快速铁路网和以沿江、沪昆铁路为骨架的普通铁路网。建设以沪蓉、沪渝、沪昆、杭瑞高速公路

为骨架的国家高速公路网和覆盖所有县城的普通国道网。形成以上海国际航空枢纽和重庆、武汉、南京等区域航空枢纽为核心的民用航空网。

(五)着力构建国际通道网络，支撑"一带一路"倡议实施

以周边国家为重点，构建多元化的国际通道格局，全面提升交通运输领域的国际交流与合作水平。

推进国际陆上运输大通道建设。推进实施"与周边国家互联互通项目"，强化中蒙俄、新亚欧大陆桥、中国—中亚—西亚、中国—中南半岛、中巴、孟中印缅等陆上骨干通道建设，重点推进东南亚、南亚、中亚、东北亚方向的交通基础设施互联互通工程。

完善海上通道，打造海上丝绸之路支点港口，支持国内企业通过多种方式参与海外港口的建设和经营。积极参与马六甲海峡、北极航道等国际海上通道事务。加强海上应急搜救和安全保障能力建设。

促进国际运输便利化。积极推动跨国物流信息共享，依托东北亚物流信息服务网络(NEAL-NET)，制定推广物流信息互联互换标准。发展中欧国际班列，统筹整合班列资源和市场资源，建立统一的对外协调平台。加快推动上海合作组织、大湄公河次区域(GMS)等多边框架下的国际道路运输便利化工作，落实双边运输协定。提高口岸通关便利化水平，加快国际陆港建设，推动海关、检验检疫、交通等信息系统的数据共享。积极推进采用铁路国际联运方式运邮工作。

提高国际影响力。加大参与交通领域国际组织工作的力度，提高在国际规则制定中的话语权，推进交通运输标准国际化，推动我国高铁、港口、公路工程建设和产品技术"走出去"。

(六)不断完善综合交通运输支持保障系统，促进经济可持续发展和包容性增长

大力推进智慧交通、绿色交通、平安交通建设，切实提高交通运输可持续发展能力。

加强科技研发和创新能力建设。加强重点领域的科技研发，推进重点科研基地和协同创新平台建设，加强科技成果的转化和应用，有效支撑跨海湾海峡交通大通道(隧、岛、桥)集群工程、高海拔高寒地区高速铁路与公路建设，形成高速铁路、重载铁路等关键核心技术自主知识产权体系。

推进绿色循环低碳交通运输发展。强化交通运输节能减排，大力发展低碳环保的交通运输方式，加强新能源新技术新装备的推广应用。推进资源集约节约利用，统筹利用综合运输通道、跨江跨海通道线位资源，推广使用交通废弃物(废水)循环利用的新工艺和新

设备。加强环境保护和污染治理力度，减少交通运输对生态环境的影响和破坏，加快推进行业环境监测网建设，加快实施船舶污染治理。

增强交通运输安全保障和应急反应能力。加强交通运输安全生产管理，完善安全生产风险管理、隐患排查治理机制，加强客运、危化品等运输安全监管，加强安全生产诚信体系建设。提高交通基础设施安全水平，加大隧道隐患整治和危桥改造力度，加强施工安全监管。构建统筹各种运输方式的应急联动机制，完善综合运输应急预案、指挥和监测预警体系。加强海上应急救援和安全保障能力建设。

四、措施建议

（一）保障措施

强化规划引领和指导作用。科学编制《综合交通运输"十三五"发展规划》，建立规划实施的分工协作机制，强化与国土、规划、环保等部门的协调，确保规划任务有序推进。

全面深化交通运输改革。深化行政管理体制改革，加快转变政府职能。深化交通运输重点领域改革，加快推进铁路运输市场化改革，完善铁路运价机制；合理划分公路管理事权，建立符合国情的公路管理体制机制，推动公路养护市场化改革；推进航道管理体制改革，实现中俄、中朝界河航道由中央直接管理；稳步推进邮政资费改革。深化交通投融资体制改革，合理划分交通中央与地方事权和支出责任，探索建立支持交通发展的地方政府规范化举债机制和政府统一管理的高速公路"统借统还"机制。

全面推进法治政府部门建设。制定并实施《关于建立综合交通运输法规体系框架的实施意见》，研究修订《铁路法》《公路法》《港口法》《民用航空法》《铁路运输条例》《收费公路管理条例》《国际海运条例》等现有法律法规，积极推动《城市公共交通条例》《快递条例》和《邮政普遍服务条例》等法规出台，加强配套法规制定。严格行政执法，整合执法职责，推进交通运输行政执法模式改革。加强依法行政能力建设，建立健全交通运输法治政府部门考核评价机制。

全面推进综合交通运输标准体系建设。做好标准技术体系顶层设计，促进多方式标准间的协调衔接。完善标准实施监督机制，健全标准审查评估机制。

（二）政策建议

建立稳定的资金保障机制。建议确保车辆购置税、港口建设费、铁路和民航发展基金等交通专项资金政策的长期性和稳定性，同时，研究设立交通运输发展基金，研究建立国家高速公路专项债券政策。建议加大地方发行的专项债券对交通基础设施建设的投入。建议落实已出台的铁路发展基金、土地开发、运价调整及公益性补贴等各项支持政策。建议严格执行成品油税费改革新增收入专款专用制度，将提高成品油消费税税率后获得的新增收入继续用于增加对公路、航道的投入。建议延续完善内河船型标准化资金补贴引导政策，鼓励清洁能源船舶发展。建议研究制定支持公路、水路基础设施发展的土地综合开发等政策。

深化交通大部门制改革。建议由交通运输部报请国务院出台加快综合交通运输发展的指导意见。建议推进《综合运输促进法》的立法工作。在综合运输发展政策和标准等方面加强统筹。建议鼓励和支持各地加大综合交通运输改革探索，选择具备条件的地区开展综合交通运输改革试点。建议推动车辆管理体制改革，建立车辆全寿命周期管理制度。

继续深化空域管理体制改革。建议进一步深化空域管理体制改革，加快推进低空空域管理改革，为通用航空发展创造良好条件。

支持城际铁路发展。建议按照国务院关于铁路投融资改革的有关要求，研究出台支持城际铁路发展的投融资政策和运营补贴政策，落实城际铁路沿线土地资源综合开发政策，鼓励社会资本参与城际铁路建设和运营。

促进快递业发展。建议完善城市快递配送车辆市内通行相关政策。建议完善快递安全管理的相关管理办法和监控制度。建议出台配套政策，促进乡镇快递网点建设，健全农村快递服务网络。

附件

"十三五"时期交通运输重大项目与重大工程

一、重大项目

1. 物流大通道建设项目

在重点物资大规模、高密度、长距离货运密集带上，以综合运输通道和重要综合运输枢纽建设为基础，以完善现代化物流组织为主线，大力发展多式联运，重点打造长江经济带综合立体交通走廊和京沪、京广、欧亚大陆桥等物流大通道。

2. 与周边国家互联互通项目

推进"一带一路"互联互通境内铁路项目建设，推进磨憨-万象铁路、澜沧江-湄公河国际航道二期整治工程、喀喇昆仑公路二期改造工程、中塔公路二期工程、中蒙俄铁路升级改造、中俄黑河公路大桥、中俄同江铁路大桥等境外和跨境交通基础设施建设。

3. 农村公路畅通项目

全面推进建制村通硬化路建设，加强农村公路安保工程建设和危桥改造，大力推进农村客运线网全覆盖，在有条件的农村地区实施城乡客运一体化试点工程，推进城市公交线路向农村延伸和客运班线公交化改造。

4. 京津冀城市群城际轨道建设项目

重点推进京津冀区域城际铁路建设，编制《京津冀城际铁路网规划》，加快京津城际延伸线、京滨城际、京唐城际、京九客专北京至霸州段、廊涿城际等项目建设，打造"轨道上的京津冀"。

5. 长江干线航道能力提升项目

重点加快推进长江干线航道系统治理，下游重点实施南京以下12.5米深水航道工程和长江口深水航道减淤工程，中游重点实施荆江河段航道治理工程，上游重点实施水富至重庆段航道治理工程，同时，扩大三峡枢纽通过能力。

6. 国家公路网升级改造项目

消除国家高速公路"断头路"和普通国道瓶颈路段，基本消灭普通国道等外路和无路面路段，大力推进西部地区、集中连片特困地区通州区二级路建设，力争实现具备条件的县城通二级及以上公路。

7. 中西部铁路建设项目

加快建设银川至西安铁路、川藏铁路、京九高铁南段工程、郑渝昆铁路、丽江（大理）至攀枝花至昭通至黔江铁路等重点项目，逐步构建西南和西北互联互通通道、沪汉蓉至拉萨通道、西南至中南（华东）地区等新的东西通道和南北通道，完善中西部地区铁路网布局。

8. "公交都市"建设项目

以部、省和城市共建的模式，大力推进示范城市快速通勤系统建设、公交智能管理服务系统建设、低碳出行配套服务设施建设、综合客运枢纽建设、城乡一体化运输体系建设等，推动建立以公共交通为主体的城市交通系统。

9. 智慧交通建设项目

重点建设综合交通运行监测与应急处置平台体系、综合交通信息服务体系、一体化运输服务体系、交通运输综合管理与执法体系、信用体系，大力推进不同运输方式间客运"联程联运"、货物"多式联运"、区域中心城市"交通一卡通"和铁路信息化建设。

二、重大工程

1. 三峡水运新通道工程

加快推进三峡水运新通道工程建设，包括增设三峡枢纽水运新通道和葛洲坝船闸扩能。

2. 全国交通运输物流公共信息平台工程

建设国家平台门户网站和区域交换节点，开展物流园区、城市配送、多式联运、危险品运输、跨境电子商务等典型互联应用试点，开发建设若干交通运输物流运行分析和服务产品，明确一批物流信息平台技术标准。

3. 沿边沿海通道工程

建设沿边公路、支线机场，建设沿海铁路、公路。

4. 北京新机场集疏运体系建设工程

为北京新机场配套建设地面集疏运系统，重点推进京九客专北京至霸州段等3条铁路线、北京地铁新机场线等1条城市轨道交通线和新机场高速公路等5条高速公路线建设。

5. 湖北国际快递枢纽工程

在湖北分三期建设国际快递枢纽核心区、现代快递物流区和先进服务业产业带。

6. 深圳至中山跨江通道工程

加快深圳至中山跨江通道工程的前期工作，尽快开工建设并力争完工，形成珠三角地区"深莞惠""珠中江"两大功能组团间唯一的公路直连通道。

7. 跨海峡通道工程

包括渤海海峡和琼州海峡通道工程。开展渤海海峡通道专题研究，加强工程方案和经济可行性论证，加快推进前期工作。在琼州海峡通道工程有关专题研究基础上，根据国家对海南的发展定位开展下一步工作。

国务院发展研究中心

"十三五"时期交通基础设施建设的主要任务

本报告的研究范围是提供境内及跨境交通运输服务的基本设施和资本设备，以及嵌入到这些物理设施之中，使其发挥效能的信息通信和运营控制系统，主要包括铁路、公路、民航、港口航道（内河和海运）四大类，不包括管道、邮政、隧道桥梁等[1]。报告所称"建设"，指以增加运力和提高效率为目的，通过一定融资渠道进行基本建设投资，形成固定资产的过程，包括以新建和改扩建投资项目为主的"工程建设"和以体制机制改革和政策完善为主的配套"制度建设"。

一、我国交通基础设施建设面临的突出问题

"十二五"时期，我国交通基础设施建设取得了显著成就，基本适应了国民经济和社会发展对交通基础设施的需要[2]。据统计，"十二五"时期，全国完成交通固定资产投资超过12.5万亿元，是"十一五"时期的1.6倍。"五纵五横"综合运输大通道基本贯通，综合交通网络初步形成，综合枢纽建设明显加快。但同时，总量不足、结构不合理、衔接不顺畅、服务效率不高、高消耗高排放、智能化程度低和体制机制不完善等问题依然存在，且将成

---

[1] 从地理空间上看，主要有跨境、省际、省内、城际和市内交通基础设施。

[2] 据统计，截至"十二五"末，全国铁路运营总里程达到12.1万千米，高速铁路运营里程达到1.9万千米，占世界60％以上；公路通车总里程达到457万千米，高速公路通车里程突破12万千米，农村公路里程突破397万千米，全国96％的县城实现二级及以上等级公路连通；沿海港口万吨级以上泊位超过2 100个，五年新增500个，总通过能力达79亿吨，内河高等级航道达标里程1.36万千米；通航的民用运输机场214个。

为"十三五"时期我国交通基础设施领域的突出矛盾。

（一）总量相对不足

尽管我国高速铁路、高速公路、内河航道等运营总里程已位居世界第一位，但相对于完善现代综合交通运输体系的目标而言，交通基础设施总量依然不足。主要表现在：全国综合交通基础设施网络体系尚未全面建成[1]；部分省际、城际、区县际断头路和瓶颈路段依然大量存在，严重制约着综合交通网络体系效率的发挥；京广、京沪等部分干线、网络节点、部分枢纽港口和枢纽机场的承载能力长期紧张，安全运营风险加大；众多城市轨道交通建设刚刚起步，尚未形成网络体系；与世界主要国家相比，我国交通基础设施的人均拥有量和覆盖率等还存在很大差距。

（二）结构性矛盾突出

由于部门分割、自成体系的旧管理体制和地区发展不平衡等多种原因，造成我国交通基础设施始终存在结构性矛盾：东中西部发展不平衡，东部沿海地区发展快、缺口小而广大中西部地区相对滞后、缺口较大；大城市和特大城市相对发达，而中小城镇和广大农村地区普遍落后；基本建设投资较多，而安全运营和系统维护投资相对不足；普通等级设施比重高，而高等级设施（特别是高等级公路和内河航道）比重较低；铁路、公路和机场建设较快，而港口航道、支线和通用航空机场建设相对滞后；铁路货运能力紧张而内河航运设施利用率低[2]；城市路网干线多而"毛细血管"少，轨道交通尚未成网。

（三）互联互通水平有待提高

受制于各自规划和分散建设的旧管理体制，我国交通基础设施之间的互联互通问题一

---

[1] 《国家公路网规划》《中长期铁路网规划》《全国民用机场布局规划》《全国沿海港口布局规划》等建设规划目标尚未全面实现。如根据国家高速公路网和铁路网规划，到2030年，我国还需建设6万千米以上高速公路和1万千米以上高速铁路。

[2] 在我国综合交通基础设施体系中，铁路货运周转量在整个交通运输体系中的比重近些年不断下降（由20世纪80年代的近70％下降到目前的24％），公路承担了大量不适宜承担的中长距离大宗物资、集装箱和一部分中长距离的旅客运输。

直没有根本解决，影响了综合交通和物流效率的提高。由于规划缺乏整体性和系统性，建设和管理缺乏统一标准，资源信息缺乏共享平台，导致铁路、公路、机场、港口、城市交通等无法实现高效的多式联运、客运"零距离换乘"和货运"无缝衔接"。例如许多大型港口没有铁路衔接，集装箱干线港与高速公路网之间缺乏快速集疏运通道，疏港交通与城市交通相互混杂，大大影响了运输效率；机场与铁路的衔接尚处于起步阶段。

（四）资源环境问题日益突出

受规划、设计、投资、建设和运营缺乏整体性、配套性和连通性，以及主导思想上存在"贪大求奇"等多种因素的影响，许多交通基础设施占地多、能源资源和材料消耗多[1]、产生固体废弃物多；一些地方还热衷于建设外观"高大上"、功能结构复杂、装潢华丽的大场站和大设施，乘客进出站和换乘需步行很长距离，忽视了公共设施本身的功能集约性、经济实用性和环境友好性，忽视了以人为本的根本原则，同时也加大了投资建设的成本。

（五）智能化程度不高

包括智能交通基础设施在内的智能交通体系（ITS）已经成为一种全球性发展趋势。传感器、大数据、云计算等正在被广泛应用于智能公路、智能信号、智能照明、智能通信和智能停车场等诸多领域，从而大大提高交通效率、安全性和环境友好性。相比之下，我国交通基础设施的智能化程度普遍不高，各领域、各部门和各地区交通基础设施的规划设计、工程建设、调度管理和运营监管等信息采集、传输、处理、安全保障等系统处于分散和封闭运行状态，物联网、大数据管理、云计算等信息技术应用刚刚起步，信息的互联互通和集疏共享远未实现。

---

[1]　有研究表明，我国建筑消耗的钢材数量超过可比较项目 25% 以上。大城市公共建筑能耗比相同气候条件下日本的同类建能耗高近 40%。参见：国务院发展研究中心，壳牌国际有限公司. 中国中长期能源发展战略研究［M］. 北京：中国发展出版社，2013.

（六）投融资体制不完善

近年来，国家陆续出台了一系列规范性文件[1]，下放了一批行政审批权，明确鼓励民间资本以独资、控股和参股等方式投资建设公路、水运、港口码头、民用机场、通用航空设施等项目。但总体来看，民间资本参与交通基础设施投资还不普遍，热情不高（以投资项目的经济性来排序，存在公路—铁路—航道和港口码头—机场的递减现象），投资规模不大，成功案例也不多，民间投资的"玻璃门"现象依然存在[2]，政府仍然在唱"独角戏"。其原因是多方面的：如融资成本高，投资回收期长[3]，风险大，收益前景不明朗也不乐观；经济效益好的投资项目往往被国有企业把持，民间资本容易被挤出；相关扶持政策不配套不完善，民间资本退出成本高，政策性风险较大[4]，等等。而从政府一方来看，其"独角戏"并不好唱：中央与地方的项目审批事权和财政支出责任边界尚不完全清晰；在股权投资多元化渠道不畅的情况下，项目法人的融资平台过于单一（通常是以国有独资公司作为项目法人和融资平台），政府仍然承担着财政资本金注入和协调商业银行贷款的投融资责任（铁路产业投资基金等新融资机制刚刚建立）；在地方财政收入过多依赖土地出让收入的情况下，一旦土地出让收入大幅度减少，势必严重削弱地方财政性资本金的高强度持续投入能力；受征地成本和综合建设成本不断攀升的影响，交通基础设施的投资门槛逐渐抬高，贷款融资规模和成本不断增加，高负债率将成为影响项目法人再融资的绊脚石

---

[1] 自 2005 年国家颁布《关于鼓励支持和引导个体私营等非公有制经济发展的若干意见》（国发〔2005〕3号）特别是进入"十二五"以来，国家陆续出台了针对民间资本投资基础设施（含交通基础设施）领域的一系列规范性文件，如《国务院关于鼓励和引导民间投资健康发展的若干意见》（国发〔2010〕13号）、《民航局关于鼓励和引导民间投资健康发展的若干意见》（民航发〔2010〕133号）、《交通运输部关于鼓励和引导民间资本投资公路水路交通运输领域的实施意见》（交规划发〔2012〕160号）、《铁道部关于鼓励和引导民间资本投资铁路的实施意见》（铁政法〔2012〕97号）、《国家发展改革委关于印发利用价格杠杆鼓励和引导民间投资发展的实施意见的通知》（发改价格〔2012〕1906号）和《国务院关于创新重点领域投融资机制鼓励社会投资的指导意见》（国发〔2014〕60号）。

[2] 如 2009 年前后，长三角地区高速公路投资建设一度遭遇"倒春寒"，如沪杭高速、嘉金高速、沪青平高速、甬金高速等民营企业所拥有的股权陆续被地方政府收回，使得本已现生机的经营性公路多元化股权融资模式，又回归到传统的"收费还贷"模式。

[3] 通常情况下，铁路投资回收期是公路的 3 倍。日本新干线和法国高铁建成后分别运营 8 年和 10 年才实现盈利。参见：韩旭. 民间资本投资铁路仍存三大障碍 [N]. 京华时报，2012-06-04.

[4] 如政府给予民营企业的财政、税收、融资、收费等优惠政策，相对于国有企业而言不完善也不对等。再如，民间投资在政府提前收回股权时获得的经济补偿，以及由于政策或法律变更造成项目公司遭受损失给予延长经营期等政府补偿承诺，要么不合理，要么无法兑现，从而加大了民间资本投资经营风险和市场退出成本。参见：上海高速公路国进民退悬疑 [EB/OL]. （2009-04-12）[2015-02-20]. 中国公路网.

（如铁路总公司总负债率接近 65%，每年还本付息约 500 亿元[1]）；地方政府"自发自还"的债券融资模式刚刚在 10 个省份拉开试点帷幕[2]，且国家实行年度发行额管理，融资规模有限。

（七）激励政策和监管机制有待改进

除了财政投入和商业银行贷款外，各地方政府在规划、土地、税收、金融和价格等激励性政策的使用上，缺乏统一性、可操作性和长效机制；高速公路通行费等行政性收费存在坐收坐支问题，尚未纳入收支两条线的全口径预算管理；基于市场的、富有弹性和多层次的定价（收费）机制尚未完全建立起来[3]，投资项目缺乏有法律保障的、长期稳定和可预期的盈利模式[4]；边远地区、农村地区等公益性强的交通基础设施或公益性运输服务缺乏合理、稳定的补偿机制；项目招投标监管不到位，招投标过程存在一定程度的暗箱操作，违法违规活动时有发生[5]；互联互通、公平竞争、公平接入、节能环保、质量安全、信息共享等监管权力分散行使，各监管机构之间的职责边界存在模糊和真空地带。

二、新战略和新常态对交通基础设施建设提出新要求

（一）发挥基础支撑和先行引领作用，支撑国家重大战略的实施

"十三五"时期，国家既有区域发展总体战略（包括西部开发、东北振兴、中部崛起、东部率先等）以及"一带一路"、京津冀协同发展、长江经济带等"新三大战略"的实施对

---

[1] 赵昀. 铁路总公司负债率扩大到 64.77%，每年付利息 500 亿 [N]. 东方早报，2014-11-03.

[2] 参见财政部《关于印发〈2014 地方政府债券自发自还试点办法〉的通知》（财库〔2014〕57 号）。

[3] 在铁路等行业，为科学合理定价而进行的独立经济核算存在技术上的难度，如现行铁路运价是价格主管部门根据全路网成本和收益进行的综合核算，难以科学计算出单一线路的成本和收益，因而难以给出单一线路的运价收费。

[4] 一方面是建设项目受征地、贷款和人工成本等不断增加的影响，综合建设成本不断抬升。另一方面，基础运输价格（如铁路运价和轨道交通收费）却受到政府严格的刚性管控，导致投资项目长期回报率不乐观，因而民间资本的投资积极性不高。在美国，为鼓励民间投资基础设施，政府允许民间投资者自主定价，以获得高于市场一般利率水平的投资回报率。

[5] 如 2006 年 7 月，上海社保案主犯之一的福禧集团总裁张荣坤被指控通过非法"官商交易"获得沪杭高速 99.35% 的股权，在被上海市政府收回后转交市属企业——上海实业控股有限公司。2008 年，曾号称"公路大王"的刘根山抽逃巨额资金案事发，其参与投资的沪青平高速公路经营收费权由政府收回后转交给上海建工集团和上海城建集团。参见：上海高速公路国进民退悬疑 [EB/OL]. （2009-04-12）[2015-02-20]. 中国公路网.

交通基础设施建设提出了新的要求。特别是"新三大战略"的实施，要求交通基础设施建设要在规划设计、投资建设、运营管理和信息服务等方面，突破行政区划分割的限制，强化各种运输方式的衔接，实现区域内各种运输方式的互联互通、顺畅衔接和高效集疏的综合网络体系，全面提升区域综合交通运输能力，为国家重大战略实施提供强有力的物质支撑。

（二）发挥交通基础设施建设的稳增长作用，支撑新常态下的经济平稳运行

"十三五"时期，我国经济发展将处于发展动能转换的新常态，依托现有综合交通网和中长期交通专项规划的继续推进，围绕一批交通建设重点工程，特别是一批断头路瓶颈线、一批运力紧张的骨干线复线工程、一批新机场和高等级深水航道、一批重要综合交通枢纽工程的开工建设，交通基础设施建设对于新常态下拉动国内需求、推进供给侧结构调整、增加就业、消化过剩产能、支持技术创新和提高物流效率等方面的推进器作用将进一步显现。

（三）发挥交通运输的提质增效作用，支撑供给侧结构性改革

"十三五"时期，将是推进我国供给侧结构性改革的关键时期。特别是制造业的高附加值化，生产性服务业、临空经济、自由贸易区发展等，都需要高效率、网络化、现代化的交通基础设施做保障，需要完善的现代物流服务体系做支撑。通过优化交通结构来提高运输效率，大幅度降低全社会物流费用，才能避免陷入"成本上涨—抬高建设成本—高收费—高物流成本—竞争优势削弱"的恶性循环。

（四）发挥交通运输的民生保障作用，提高服务均等化水平

"十三五"时期，随着经济社会发展进入新常态，全社会对"惠民生"的呼声将更加迫切。这就要求交通基础设施建设紧紧围绕保障民生、改善服务质量和提高均等化水平为核心来展开；要求加大对贫困地区、边疆地区、民族地区公路、内河水运等交通基础设施建设的投入力度；要求落实好公交优先发展战略，着力发展大容量快速轨道交通和地面专用道路，强化中心城区与对外干线公路快速联系，加快多功能、集约化的综合转乘枢纽建设；加强城市停车设施建设。

三、指导思想和总体目标

（一）指导思想

"十三五"时期，我国交通基础设施建设的指导思想应体现如下**"五个转变"**：

一是由过去热衷于铺摊子、上项目、扩规模为主要特征的旧模式，向更加追求质量效率、结构优化、战略支撑和可持续发展的新模式转变。

二是由过去主要依靠政府财政投入、国有商业银行贷款为主的单一融资平台模式，向更加注重引入社会资本、促进政府与民间紧密合作的多元融资平台模式转变。

三是由过去各自规划、各自建设、各自运营和各自收费等为主要特征的分散管理模式，向统一规划设计、因地制宜、适度超前、互联互通和网络化运营为主要特征的集中管理模式转变。

四是由过去重物轻人、资源能源粗放利用、功能结构复杂、华而不实和信息化智能化程度低的旧模式，向更加以人为本、资源节约和环境友好、功能结构紧凑实用和信息化智能化程度高的新模式转变。

五是由过去以国内建设为主、主要依靠国内资源和市场的相对封闭的旧模式，向更加注重综合利用国内外两种资源两个市场、内外兼顾的新模式转变。

（二）总体目标

在上述指导思想下，力争到 2020 年，要基本形成**安全高效、互通互联、布局合理、结构优化、智能绿色和以人为本的铁路、公路、民航、水运和城市交通多位一体、协同联动的现代基础设施网络体系**，在更高水平上满足小康社会、国家重大区域战略和新常态下经济社会中长期发展对交通基础设施建设的需要。

具体地讲，从解决"补短板"等短期矛盾和满足新常态下经济社会中长期发展需要，以及实现国家重大区域战略出发，到"十三五"期末，我国交通基础设施建设应实现：

——投资规模不低于"十二五"时期，铁路、公路、水运和民航等五年内完成固定资产投资 12 万亿元以上。

——铁路、公路、水运、民航和城市交通等基础设施短板基本消除，互联互通、安全高效的综合交通运输体系全面建成。

——在全面完成并修订完善交通基础设施中长期专项规划[1]基础上，使人均交通基础设施拥有量接近高收入国家水平，交通基础设施的覆盖率显著提高[2]。

——在显著提高交通基础设施综合营运效率的基础上，推动全社会物流费用与GDP之比降低2～3个百分点[3]。

——跨境陆路大通道、国际港口、界河航道建设加快，全方位、立体化和互联互通的国际交通大通道初具规模。

（三）基本原则

一坚持统筹规划和适度超前。要加强顶层设计和统筹规划，综合性规划与专项规划要实现功能匹配和有效衔接。同时，规划要保持一定的超前性和前瞻性，为满足未来的交通需求预留合理空间。

坚持处理好政府与市场的关系。要推动政府实现从唱"独角戏"到唱"二人转"的角色转变（政府和民间合作），发挥政府在统筹规划、土地利用、特许权经营、技术标准、财政投资、税收激励、融资平台搭建、竞争性市场构建、市场监管、信息服务、投资环境营造等方面的支撑性作用。同时，要发挥好市场机制在民间资本参与、资本市场融资、竞争性招投标、技术创新等方面的基础性作用。

坚持发展与改革协调推进。要实现交通基础设施建设过程中硬件建设和软件建设的结合。硬件建设要突出发展这个主题，包括补齐短板、消除瓶颈和优化网络等；软件建设要突出市场化改革，包括放松对民间资本的准入限制，搭建多元化投融资平台，推进运价和规费改革，完善互联互通和环境监管等。

坚持以人为本和绿色智能发展。要注重在交通基础设施建设过程中体现以人为本的宗旨，要突出交通基础设施的便利性、人性化、通达性和实用性，还要突出节能环保和智能发展主题，避免能源资源的过度消耗和对生态环境的破坏。

坚持社会效益与经济效益并重。交通基础设施建设要突出经济效益，重视其对稳增

---

[1] 主要包括《综合交通网中长期发展规划》（2007）、《中长期铁路网规划》（2008年调整）、《全国民用机场布局规划》（2008）、《国家公路网规划（2013—2030）》、《全国内河航道与港口布局规划》（2007）、《新型城镇化发展规划（2014—2020）》。

[2] 根据《国家新型城镇化规划（2014—2020）》，到2020年，普通铁路覆盖20万人口城市，快速铁路网基本覆盖50万以上人口城市；普通国道基本覆盖县城，国家高速公路基本覆盖20万以上人口城市；民用航空网络不断扩展，航空服务覆盖全国90%左右的人口。

[3] 根据《中国采购发展报告（2014）》，2013年我国社会物流总费用超过10.2万亿元，同比增长9.3%，占GDP比重为18%，显著高于美国（8.5%）等发达国家。

长、调结构和促改革的经济激励作用，更要发挥其"惠民生"的社会效益，特别是为欠发达地区、广大农村地区、低收入群体和社会公益性运输需求提供均等化的普通服务。

四、"十三五"时期交通基础设施建设的主要任务

（一）补齐短板，优化结构，完善网络

一是补足短板，消除瓶颈。 继续完成"十二五"已开工建设或已规划未开工的结转任务，填平补齐，不留历史欠账；以中西部地区、广大农村和边远地区等为重点，新建和改扩建一批重点公路，提高服务覆盖范围；打通各种断头路、瓶颈线和重要联络线，推进高速公路繁忙拥堵路段扩容改造；完善航空、铁路、公路、水运港口、城市一体化综合交通基础设施网络，提高各种交通基础设施的综合承载能力；在经济效益好且运力紧张的骨干线和交通节点，有选择地开工建设复线（如京津城际复线）和新场站；建设一批"卡脖子"工程和公共停车设施；加大高等级内河航道建设；加快农村交通基础设施建设，提高农村公路的覆盖面、技术等级和通达性；加强交通基础设施的智能化、安全防护、应急处理和救援设施建设。

二是加快组网建设，优化网络结构。 优化高速公路、内河航道、城际快速网络、城市交通网络和转乘枢纽等规划设计，提高建设标准和技术等级。**铁路网**建设重点放在连接东中西部的快速通道；建成"四纵四横"客运专线；加大区际干线新线建设、既有线改造；加强煤运通道和进出新疆货运通道能力建设。**公路网**加快推进由7条放射线、18条东西横线，以及地区环线、并行线、联络线等组成的国家高速公路网建设。提高长江经济带、京津冀地区高速公路网密度和服务水平。民航机场网络建设要以北京新机场等新建国际枢纽机场、干支线机场改扩建以及一批中西部新支线机场和通用航空机场、技术等级低的空管设施建设等为重点，整合区域机场群航空资源，实现枢纽、干线和支线有机衔接，空、铁、路、水以及城市交通互联互通的现代综合交通运输体系。**水运网络建设**重点是加强港口集疏运体系能力建设，大力发展多式联运；完善煤炭、原油、铁矿石、集装箱等主要货类运输系统港口布局；加快长江、西江、京杭运河等高等级航道和主要港口为重点的内河水运基础设施建设，推进珠江、黑龙江等内河航道建设。**城际快速网络**建设要以轨道交通和高速公路为骨干，加快推进城市群（圈、带）多层次城际快速交通网络建设，到2020年，建成环渤海地区、长江三角洲地区、珠江三角洲地区的城际快速交通网络。**城市交通网络**以快速轨道交通、大容量地面交通和城区道路"毛细血管"等为重点，打造地铁、轻轨、有轨电车和快速公交（BRT）为主的公交网络和适宜非机动车、行人步行为主的慢行道网络。

（二）以枢纽建设为重点，提高互联互通性

按照客运"零距离换乘"和货物换装"无缝化衔接"的原则，统筹各交通方式、线路和场站的互联互通和高效衔接，加快全国性、区域性、地区性的客货交通枢纽建设。

在客运枢纽节点建设上，将干线铁路、城际铁路、干线公路、机场等与城市轨道交通、地面公共交通、市郊铁路、出租车、私人交通等各种交通方式合理接驳和换乘，使各种运输方式有效衔接，提高客运换乘的便捷性、安全性和舒适性，优化换乘流程，缩短换乘距离和换乘时间。

建成一批综合货运枢纽。根据城市工业园区、产业园区、物流园区以及城市居民生产生活的需求，合理布局不同层次、不同规模的综合货运枢纽。在货运枢纽节点，充分考虑枢纽的集疏运功能，在铁路货运枢纽节点应布局能力匹配、衔接顺畅的公路集疏运及其他运输网络，并同站建设铁路与公路的换装设施；有条件的港口货运枢纽节点应加强干线公路和铁路集疏运系统建设，使干线铁路直达港口，支线铁路通达码头，加快发展多式联运；在民航货运枢纽节点，配套建设高速公路集疏运系统，提高高附加值航空货物的集疏运效率。

（三）推进支撑国家重大战略的交通基础设施保障和引导工程

"一带一路"战略下的交通基础设施建设，要统筹国际国内两个大局，通过规划建设亚欧陆桥运输战略通道、中国与东盟地区的海陆空综合交通战略通道，以及连接南亚和印度洋的跨境战略通道，实现与"一带一路"沿线国家交通基础设施的互联互通。推进亚欧大陆桥、新亚欧大陆桥、中蒙俄、中巴、孟中印缅、大湄公河次区域等经济走廊和骨干通道建设；重点建设昆明至越南、缅甸、老挝和泰国的铁路和公路，打通中老泰通道和中越通道；建设澜沧江、红河等水路国际运输通道；依托海上丝绸之路重点港口城市提升出海大通道功能，加强海上战略通道重要支撑点的合作与建设，参与海上集装箱运输国际转运枢纽建设，提高重要国际海运通道保障能力。

京津冀交通一体化建设在打破地域界限、统一规划和互联互通的基础上，重点建设城际快速路网、城际铁路、北京大外环高速公路；打通京昆、京台、京秦、承平、唐廊等省际"断头路"，疏解北京过境交通压力；以北京新机场建设为契机，统筹京津冀地区机场群一体化建设；统筹津冀港口群一体化发展；加强京津冀交通信息化和智能化重大工程建设。

长江经济带综合立体交通走廊建设要统筹水路、铁路、公路和民航发展，以提高主要

通道运输能力为重点，加快水路和铁路建设，提升设施技术等级，强化综合交通枢纽功能，形成以上海国际航运中心为龙头、长江干线为骨干、干支流网络衔接、集疏运体系完善的**长江黄金水道**；形成以沿江、沪昆高速铁路为骨架的**快速铁路网**和以沪蓉、沪渝、沪昆、杭瑞高速公路为骨架的**国家高速公路网**；形成以上海国际航空枢纽和重庆、成都、昆明、贵阳、长沙、武汉、南京、杭州等区域航空枢纽为核心的**民用航空网**；形成以快速铁路、高速公路等为骨干，连接长江中游城市群与长三角和成渝、黔中、滇中城市群的**城际交通网**。

（四）强化交通基础设施建设运营的"绿色化"

从结构节能、技术节能和管理节能等多个维度出发，大力推进交通基础设施的绿色发展。加强全过程监管，坚持源头控制和末端治理并重；采用水土保持、动植物保护、湿地保护等有效措施，最大化降低交通运输建设过程中对生态环境破坏的影响，注重项目建成后的生态修复和沿线绿化建设；加强对工程项目施工中产生的废水、废气、废渣等污染物处理和回收再利用；加快对既有交通基础设施的节能改造；统筹利用综合运输通道线位资源、运输枢纽资源、跨江跨海通道线位资源，提高公路、铁路、机场建设用地和港口岸线的资源利用效率，积极推进城市公共交通设施用地综合开发；完善城市慢行设施系统。

（五）加快推进交通基础设施的"智能化"建设

要大力推进交通运输的智能化发展。从规划、设计、施工、监理、标准等多个维度入手，推动物联网、云计算、大数据处理、下一代互联网等信息技术在交通基础设施建设中的融合应用，提高系统运行监测、运营管理、运输服务和安全应急等智能化水平。全面实现高速公路 ETC 系统和智能城市公交、出租车调度系统，加快公共交通"一卡通"互联互通进程，推动票务联程联网系统建设，推动各种运输方式信息系统的互联互通。推广自动化大型化码头、集装箱码头集卡全场智能调度系统、内河船舶免停靠报港信息服务系统、内河智能导航系统，以及无线射频识别（RFID）、智能标签、智能化分拣等技术。

（六）加快推进体制机制改革创新

第一，完善交通基础设施规划体系，提高综合规划的前瞻性、系统性和协同性。加强顶层设计和统筹规划，明确交通主管部门与综合规划、产业发展、投资审批、城市建设、国土开发、商务和外交等职能部门在制定综合交通基础设施规划与建设中的职责边界；对于已经颁布实施民航、公路、铁路、内河航道和港口等中长期专项规划，要根据国家经济与社会发展形势变化的需要进行修订完善，并确保各专项规划之间的衔接和协调，在因地制宜的原则基础上，保持适度超前发展；以京津冀、长江经济带和"一路一带"交通基础设施规划为重点，确保规划统一、政策统一、标准统一、监管统一和信息平台统一，提高规划体系的完整性和协同性。

第二，以深化投融资改革为突破口，塑造充满活力的多元融资格局。根据国家《深化财税体制改革总体方案》的要求，厘清中央与地方两级政府在交通基础设施建设上的事权和支出责任，实施规范透明的预决算管理；切实落实好国家关于鼓励支持和引导非公有制经济发展，以及鼓励和引导民间资本投资基础设施建设（含交通基础设施）一系列法规和规章及相关配套政策，落实工作责任制，拆除阻隔民间资本的"玻璃门"；理顺政府投资与民间投资的关系，对于那些经济效益好的项目，要允许和鼓励民间资本独资或控股（已经建成运营的项目，国有资本也可以通过有计划的减持股份变现，用之于社会效益好但经济效益不佳的投资项目），实现互利共赢；各级政府对于民间投资者要信守承诺，不得随意变更甚至撤销具有法律效力的特许权经营合同（如大幅度缩短特许经营期限），对于确因不可抗因素变更原特许权经营合同条款的，要给予充分、合理的经济补偿，以体现投资的市场价值和机会成本，完善退出机制，降低民间投资的政策风险；政府要灵活运用"政府与社会资本合作"（PPP）、交叉持股、公开招募（IPO）、"设施＋物业"和部分经营性资产变现等多种融资方式，形成各类社会资本混合发展的格局；对政府投资和民间投资都要一视同仁，坚持公开、公平和公正的国民待遇原则；搭建好多层次、多元化、低成本和高效率的综合融资平台，用好政策性融资与商业融资、债务融资与股权融资、国内融资与国际融资[1]等各种融资平台，减少高成本的间接融资比例；做大产业发展基金，使之覆盖范围从铁路领域扩大到其他交通基础设施领域；在强化地方政府预算管理、完善中央与地方财税关系的基础上，扩大地方政府"自发自还型"融资规模，摆脱地方财政投入能力对土地出让收入的过度依赖，同时，建立地方债务风险预警机制，有效控制地方政府债务融资风险；对于前期投入大、负债率过高的国有企业（如铁路总公司），要通过深化网运分离等市场化改革和有计划地变现经营性资产等多种形式提高资本金比例，降低总负债水平，提高自身融资能力。

---

[1] 如充分利用中方主导的亚洲基础设施投资银行、丝路基金等国际性基础设施融资平台，以我为主，为我所用，为我国具有战略意义的跨境陆路大通道、界河航道、国际港口等交通基础设施建设提供融资服务。

　　第三，完善经济激励政策，为"补短联网"和推进新三大战略创造条件。各级政府要用足、用好规划、土地、财税、信贷、产业基金、特许权经营等各种政策工具，确保各项政策之间有效衔接和配合，尽快完善各项配套政策的实施细则，增加政策的可操作性；在保持中央政府对交通基础设施的投资力度不减的基础上，将中央投资重点投向"断头路"、瓶颈线、骨干线、重点网络枢纽、重要交通节点；省际和国际通道、边远地区和中西部地区倾斜；做到基本建设投资与升级改造投资、经营性项目投资与公益性项目投资并重；清理交通基础设施领域的不合理税费，规范车船税等各项税费收入，并纳入统收统支的全口径预算管理；京津冀、长三角和珠三角等重点经济区域，以及各级地方政府要大胆创新引导、支持和鼓励交通基础设施投资的经济激励政策。

　　第四，积极推进市场化改革，加强互联互通、公平竞争、安全运营、财务规范和环境友好性监管。以进一步深化铁路运输体制改革为重点，推进基础设施项目的投资建设与运营业务、网络型业务与运营性业务、公益性业务和经营性业务的分离，充分引入竞争机制，提高运营与管理效率；以民航和铁路运价改革为突破口，深化交通运输价格形成机制改革，形成基于市场的、多样化、灵活的定价机制，为吸引社会资本进入创造条件，同时加强对现有收费项目的监管，确保各项交通设施使用收费"可报告、可核查和可监督"；加强和完善基础设施之间互联互通、公平接入、信息互享和规范透明的监管制度，以无缝隙衔接和保障互联互通作为前置性审批条件；对基础设施建设项目的安全性和环境友好性实施严格的全过程监管。

ZHONGYANG
"SHISANWU"
GUIHUA 《JIANYI》 ZHONGDA
ZHUANTI YANJIU

专题七　财政金融发展和有效
　　　　支持实体经济的政策

国家发展和改革委员会

"十三五"时期财政金融发展和有效支持实体经济的政策

"十三五"时期，是我国全面建成小康社会的决战时期，是全面深化改革的攻坚时期，是全面推进依法治国的关键时期。加快形成有利于转变经济发展方式、有利于建立公平统一市场、有利于推进基本公共服务均等化的现代财政制度，加快深化金融业改革开放、完善金融市场体系、提升金融业服务实体经济的能力，更好发挥财政金融在国民经济中的基础和核心作用，是实现"十三五"经济社会发展目标的重要保障。

一、"十三五"时期我国财政金融运行面临的宏观经济环境

（一）国际环境更加复杂，竞争博弈更加激烈

总的来看，"十三五"时期世界经济格局更趋复杂。美国经济复苏态势趋于明显，失业率下降，但面临量化宽松政策退出的考验。欧洲债务危机基本得到控制，但财政收缩和去杠杆压力使经济复苏步履维艰，失业率居高不下。日本量化宽松刺激和日元贬值力度不断加大，但受债务高企和结构性问题拖累，复苏效果并不理想。新兴经济体增速放缓，但在全球经济中的比重将继续提升。全球科技和产业变革孕育新突破，为我国迎头赶上提供了机遇，但也存在与发达国家差距拉大的风险。国际和区域经贸规则主导权争夺加剧，以美国为首的发达国家主导发起了跨太平洋战略经济伙伴关系协议（TPP）和跨大西洋贸易与投资伙伴关系协定（TTIP）谈判，设置了更高标准的自由贸易和投资规则，覆盖了我国的主要贸易对象，对我国适应新的贸易规则和标准、融入全球经济带来新的挑战和压力。全

球分工格局发生深刻调整，发达国家为了塑造新的竞争优势，在更高水平上推行"再工业化"，围绕市场、资源、人才、技术、标准和规则等高端资源或科技创新核心要素的竞争将会更加激烈。新兴经济体依靠比我国更低的成本优势，吸引劳动密集型产业转移，替代和挤占我国市场份额。

（二）国内条件深刻变化，经济发展进入新常态

总的来看，"十三五"时期我国经济发展进入新常态，挑战和机遇并存。一方面，传统要素优势正在减弱，劳动力、土地、资源等生产要素的供求关系日益趋紧，人口老龄化加快，劳动力成本上升，城镇化、工业化对耕地的大量占用与耕地保护红线之间的矛盾更加突出，能源资源约束日益强化，全要素生产率趋于下降。结构性矛盾依然突出，产业结构不合理，自主创新能力较弱，城乡差距仍然较大，区域发展不平衡。前几年实施的扩张性刺激政策所导致的产能过剩和财政金融风险延续到"十三五"时期，企业整体负债水平偏高，部分地方政府债务水平超过警戒线，去产能、去泡沫、去杠杆压力持续加大，并对经济增长产生抑制作用。社会不稳定因素明显增多，收入分配格局不合理，利益群体更加多元化，过去被经济高速增长掩盖的一些社会矛盾开始显现，维护社会和谐稳定的压力明显加大。另一方面，新技术革命正在推动新一轮产业变革，新的经济增长点正在加快形成，新型工业化、信息化、城镇化和农业现代化同步发展将释放巨大的发展潜能，全面深化改革和全面推进依法治国将释放巨大的改革红利，经济发展前景依然十分广阔。

"十三五"时期，面对复杂的国际国内环境，我们要全面贯彻党的十八大和十八届二中、三中、四中、五中全会精神，适时适度地运用好财政政策和货币政策，妥善应对经济结构调整中出现的各种风险挑战，保持国民经济平稳健康发展；要继续深化财政金融体制改革，加快建立现代财政制度，加快完善现代金融体系，为建立健全现代国家治理体系、实现国家长治久安提供制度保障。

二、"十三五"时期我国财政金融运行面临的主要风险挑战

（一）财政收入中低速增长将成为常态，但政府支出责任越来越大，收支矛盾进一步突出

综合考虑劳动力供求趋紧、资本价格趋升、债务杠杆率偏高、外部需求偏弱和资源环境约束加剧等因素的影响，"十三五"时期，我国经济增速将比"十二五"时期有所降低。由于我国税制结构以流转税为主体，财政收入具有随着经济高速增长而加速增长、随着经

济减速而加速放缓的特征。经济增速下降后，财政收入将加速下降，中低速增长将成为常态，但从财政支出看，我国进入中等偏上收入阶段后，社会保障、医疗卫生、环境保护等民生支出将大幅增加，人民群众对社会福利期望不断攀升，财政支出刚性越来越强、压力越来越大。财政收支矛盾突出，将压缩政府实施结构性减税政策的空间，从而放缓结构性减税步伐，财政收支困难的地方政府甚至可能会向企业收取"过头税"或是"乱收费"，加重企业负担，或者违规举借政府性债务，进一步增加债务风险。另外，"十三五"时期，中央地方财政关系可能会进一步调整，如果中央承担更多的事权和支出责任，财政收支矛盾可能会呈现从地方政府向中央政府"结构性上移"的特点。

（二）地方政府性债务风险不断累积，是"十三五"时期财政运行面临的重大风险挑战

"十二五"时期，地方政府性债务问题开始凸显，尽管目前主要债务指标低于国际警戒线，风险总体可控，中央也提出了一系列政策措施防范和化解债务风险，但债务问题尚未彻底解决，地方举债冲动依然强烈，债务增长仍然较快，债务到期偿还压力很大，利息负担较为沉重，风险仍在不断累积。"十三五"时期，防范和化解地方政府性债务风险的压力很大，债务风险可能更加突出，集中表现在以下几个方面：一是经济减速下行使地方政府偿债能力弱化的风险；二是房地产市场深度调整带来的地方政府性债务违约风险；三是债务期限和投资项目期限错配带来的流动性风险；四是地方基础设施建设过度依赖政府债务的风险；五是信托理财等高成本融资风险；六是部分地方政府债务风险过高，倒逼中央政府兜底的风险；七是融资主体相互关联产生的交叉风险，一旦某一平台发生债务违约，可能会因为平台之间的互联互保关系形成连环违约，容易引发区域性风险。

（三）人口老龄化将对我国财政的可持续性造成重要影响

"十三五"时期，我国老龄化将呈现加速发展态势，预计"十三五"末，我国老龄化水平将达到17.5%。人口老龄化，不仅给现行养老保险制度带来重大挑战，也将对未来财政收支平衡产生重大影响。一方面，随着老年人口不断增加，城镇养老保险参保离退休人员增多，养老保险基金支出规模将持续扩张；另一方面，随着劳动年龄人口增长放缓，城镇养老保险参保职工人数和征缴收入的增长也将相应放缓。一增一减，很有可能导致社会统筹基金入不敷出，只能通过挪用个人账户来实现当期支付平衡。目前企业应缴未缴或缴纳不足的部分，届时也可能由财政兜底。未来要保证养老金的按时足额发放，

就需要财政承担支付责任，这就意味着，养老金的缺口可能实实在在地转变为政府的负债。此外，为了实现养老保险全覆盖的目标，包括城镇居民以及农村居民在内的非正式就业人群也被纳入社会保障范畴，这就更需要财政给予更多的补贴。如果再考虑到医疗、失业保险制度存在的资金不足问题，全口径的社会保险欠账规模和政府的支付责任将更大。

（四）房地产市场进入深度调整期，潜在财政金融风险不容忽视

近年来，伴随着房地产市场的高速发展，不少地方政府不仅形成了可支配财力高度倚重土地及其相关产业税费收入的"土地财政"，还以土地为抵押，通过各类金融工具举借了大量政府性债务。"土地财政"在一定程度上缓解了地方政府财力不足，对推动城镇化和地方经济发展具有积极作用，但这一模式高度依赖房地产市场，潜在财政金融风险不容忽视。当前，我国房地产市场进入深度调整期，投资增速减缓、去库存任务重、局部金融风险显现、市场价格预期发生变化，综合考虑宏观经济环境、房地产运行周期、住房供给和需求等因素，以及不动产登记、房地产税等制度改革效应，预计"十三五"时期房地产市场将平稳发展，不会发生硬着陆，但发展速度将会比"十二五"时期明显放缓，相应的土地出让收入和房地产相关税收收入增速也会放缓甚至可能下降。以土地出让收入为还款来源的政府性债务链条可能会发生断裂，容易导致地方政府债务率和金融机构不良贷款率提升，诱发财政和金融风险。

（五）金融体系尚不健全，服务实体经济的作用有待加强

一是银行间市场流动性向实体经济传导受阻。"十二五"时期，我国信贷投放和社会融资规模虽然保持较高增速，银行间市场流动性宽松，但大量的资金并未有效投入实体经济，相当一部分资金在金融机构体内循环。一方面，商业银行因为企业效益下滑、呆坏账增加，惜贷、压贷、抽贷、断贷现象突出；另一方面，经济下行压力加大，市场主体对未来预期悲观，投资意愿和能力不足，不愿也没有能力向银行申请贷款扩大投资和消费。"十三五"时期，如果货币政策传导机制仍然不畅，那么即使货币信用总量快速扩张，实际利率和汇率仍然会偏高，实体经济面临的货币条件仍会偏紧。二是企业股本融资与债务融资比例不协调，企业资产负债率和金融机构债务杠杆率较高。直接融资比重过低，主要依靠银行体系的间接融资，导致银行业的经营压力和经营风险较大。特别是在"十三五"时期经济增速下降后，在民营经济较为集中的地区，银行不良贷款可能较快增长。三是金融体系结构

不合理。区域间发展不协调，东部地区相对发达，而中部特别是西部地区金融业发展严重不足。服务"三农"和中小企业的金融机构和民营金融机构仍相对薄弱。市场中介机构规模小，行为不够规范，缺乏有效监管。

（六）金融调控难度加大，有效性不足

一是加大金融对经济增长支持力度与防范化解金融风险、保持金融平稳运行之间的调控难度增大。当前，我国经济已经进入新常态，经济发展方式正在发生深刻变革，货币政策的基础条件也将出现重大变化，在这一历史时期，货币政策既要防止经济出现惯性下滑，也要注意防止过度"放水"，还要防范和化解各类金融风险。在较长一段时期内，货币政策将面临多重任务目标，调控难度进一步加大。二是利率、汇率尚未完全市场化，金融宏观调控效率有待提高。中央银行尚未建立成熟的利率调控框架，长期以来较多运用数量型、行政性调控手段，适合我国国情的货币政策操作工具、中介目标等制度安排仍需进一步探索，过高的存款准备金率和合意贷款规模管理也间接提高了企业融资成本。三是货币政策、财政政策、金融监管政策和产业政策协调配合有待加强。目前已经建立起来的发展改革委、财政部、人民银行三部门的协调工作机制，在政策协调的有效性、多层次信息共享的时效性等方面仍有待完善。特别是货币政策、财政政策的松紧配合还不完善，政策取向、政策组合的力度、政策工具的选择、政策出台时机和政策实效的把握、政策风险的化解等方面政策配合仍显不足。

（七）金融监管协调机制有效性不足，金融监管体制难以适应鼓励创新的要求

金融业综合经营趋势日益加强，给分业监管体制带来挑战。金融监管协调机制的有效性不足，游离于金融监管之外的"监管真空"地带越来越大。由于一行三会组成的金融监管部际联席会议只是一种松散的机制，对参会各方均缺乏制度约束，因此难以发挥实际作用。同时，现行监管体制难以有效支持必要的金融创新。积极的金融创新是适应市场环境发展需要而开展的金融服务方式和金融服务产品的推陈出新，是提高服务实体经济效率的必然要求。但是，由于我国现行金融监管体制的有效性不足，金融监管部门普遍存在"重防范风险、轻创新发展"的心态，因此，在对待自己可监管到的金融领域时，往往是过而无不及。对可监管领域的过度监管，必然会对积极的金融创新带来抑制。

三、"十三五"时期财政金融发展和有效支持实体经济的政策建议

（一）加强财政政策与货币政策的协调配合，健全宏观调控体系

要健全和完善财政政策、货币政策相互配合的宏观调控体系，就要通过国民经济和社会发展中长期规划对财政政策和货币政策进行统筹安排和政策协调。包括两大政策目标的协调、财政赤字和金融不良资产的定期跟踪测算、财政金融稳定性的预安排、财政金融政策和操作工具进行互动效率评估和化解金融不良债务安排等。财政政策要在促进经济增长、优化经济结构和调节收入分配方面发挥重要功能，货币政策要在保持币值稳定和经济总量平衡方面发挥作用，健全货币政策传导机制。财政金融政策协调配合，不仅体现在总量调控的方向和力度上，也体现在与产业政策、区域政策、城乡政策等其他政策的制定上，以及各种政策措施及其组合出台的时机选择上。要加强各宏观经济调控部门的功能互补和信息共享，加强协调配合机制建设和制度保证，完善统计体制，健全经济运行监测体系，提高宏观调控水平。

（二）健全中央与地方事权和支出责任相适应的财政体制，增强公共服务能力

一是适度加强中央事权。将国防、外交、国家安全等关系全国政令统一、维护统一市场、促进区域协调、确保国家各领域安全的重大事务集中到中央，减少委托事务，以加强国家的统一管理，提高全国的公共服务能力和水平。二是明确中央与地方共同事权。将具有地域管理信息优势但对其他区域影响较大的公共产品和服务，如社会保障、跨区域重大项目建设维护等作为中央与地方共同事权，由中央和地方共同承担。三是明确区域性公共服务为地方事权。将地域信息性强、外部性弱并主要与当地居民有关的事务放给地方，调动地方政府的积极性，更好地满足区域公共服务的需要。四是调整中央和地方的支出责任。在明晰事权的基础上，进一步明确中央承担中央事权的支出责任，地方承担地方事权的支出责任，中央和地方按规定分担共同事权的支出责任。中央通过安排转移支付将部分事权支出责任委托地方承担。五是进一步理顺中央和地方收入划分。根据税种属性特点，将收入周期性波动较大、具有较强再分配作用、税基分布不均衡、税基流动性较大、易转嫁的税种划为中央税，或中央分成比例多一些；将区域性特征明显、对宏观经济运行不产生直接重大影响的税种划为地方税，或地方分成比例多一些，以调动中央和地方两个积极性。

（三）改进预算管理制度，加快建立全面规范、公开透明的预算管理制度

一是建立透明预算制度。公开透明是现代财政制度的基本特征。要逐步扩大公开范围、细化公开内容，不断完善预算公开工作机制，强化对预算公开的监督检查，逐步实施全面规范的预算公开制度。二是改进年度预算控制方式。预算审核重点由平衡状态、赤字规模向支出预算和政策拓展。收入预算应从约束性转向预期性。三是建立跨年度预算平衡机制。根据经济形势发展变化和财政政策逆周期调节的需要，建立跨年度预算平衡机制，实施中期财政规划管理，对规划期内一些重大改革、重要政策和重大项目，研究政策目标、运行机制和评价办法，增强财政政策的前瞻性和财政可持续性。四是完善转移支付制度。增加一般性转移支付规模和比例，重点增加对革命老区、民族地区、边疆地区、贫困地区的转移支付。清理、整合、规范专项转移支付项目。大幅度减少转移支付项目，归并重复交叉的项目，逐步取消竞争性领域专项和地方资金配套。五是全面推进预算绩效管理。逐步将绩效管理范围覆盖所有财政性资金，加强绩效评价结果应用，将评价结果作为三年滚动财政规划、调整支出结构、完善财政政策和科学安排预算的重要依据。

（四）改革完善税收制度体系，提高财政收入质量

一是深化增值税改革。全面完成营业税改增值税改革，建立规范的消费型增值税制度，适时完成增值税立法。二是发挥消费税的调节功能。适当扩大消费税的征收范围，将一些高耗能、高污染产品以及部分高档消费品等纳入征税范围；调整优化征收环节，弱化政府对生产环节税收的依赖，促进解决重复建设和产能过剩问题，努力提高经济发展质量；调整部分税目税率，进一步有效发挥消费税的调节作用。三是逐步建立综合与分类相结合的个人所得税制度。合并部分税目，将工薪所得、劳务报酬、稿酬等经常性、连续性劳动所得等合并为综合所得，合理确定综合所得基本减除费用标准，适时增加专项扣除项目。四是加快房地产税立法，适当减轻建设、交易环节的税费负担，提高保有环节的税收。五是加快资源税改革。实施资源税从价计征改革，逐步扩大征税范围，进一步发挥税收的调节作用。六是建立环境保护税制度。加快环境保护税立法，对大气污染物、水污染物、固体废物、噪声等开征环境保护税。

（五）优化财政支出结构，加强财政支出管理

一是调整和优化财政支出结构。按照公共财政的要求，合理界定政府的职能，使财政支出有步骤地退出一般生产性竞争领域，转向公共需要领域，解决其职能的"越位"和"缺位"问题。要进一步加大对城镇基础设施、教育、卫生、医疗、环境保护等社会公共需求的投入，减少对企业的补贴。二是大力推广政府与社会资本合作（PPP）模式，充分发挥财政资金"四两拨千斤"的引导作用，调动社会资本发挥各自优势，减轻财政支出压力。三是清理规范重点支出挂钩机制。财政支出挂钩导致财政支出结构固化僵化，肢解了各级政府预算安排，加大了政府统筹安排财力的难度，而且不符合社会事业发展规律，甚至导致部分领域出现了财政投入与事业发展"两张皮""钱等项目""敞口花钱"等问题。这也是造成专项转移支付过多、预算管理难以全面公开、资金投入重复低效的重要原因。四是加快建立财政支出绩效评价体系。建立以财政支出绩效结果为导向的资金分配模式，将评价结果作为预算分配的重要依据，提高财政资金分配的科学性。五是盘活财政存量资金。清理结转结余资金，将盘活的财政资金重点投向民生改善、公共服务和基础设施等领域，清理财政专户，设定预算周转金和预算稳定调节基金的上限，编制三年滚动财政规划，防止产生新的资金沉淀。

（六）建立健全地方政府性债务管理体系，防范和化解地方政府性债务风险

一是妥善处理存量债务。坚持疏堵并举，在"旁门"被堵住的情况下，加大开"正门"的力度，用地方政府债券置换存量债务，重点向高风险地区和财政困难地区倾斜，利用地方政府债券成本低的优势，降低政府融资成本，减轻政府偿债压力，降低政府债务风险。二是加快建立规范的地方政府举债融资体制。明确地方政府举债权限和用途，建立以政府债券为主体的地方政府举债融资机制。地方政府举借债务只能用于城市建设等公益性资本支出或归还存量债务，不得用于经常性支出。三是对地方政府债务实行分类管理和总规模控制。将地方政府债务分为一般债务、专项债务两类，一般债务用于没有收益的公益性事业发展，纳入公共预算管理，通过发行一般债券融资；专项债务用于有一定收益的公益性事业发展，纳入政府性基金预算管理，主要通过发行专项债券融资。四是建立债务风险预警及化解机制。全面评估各地区债务风险状况并及时预警。高风险地区不得新增政府债务余额，同时要逐步将风险压缩到可控范围内。地方政府对其举借的债务负有偿还责任，中央政府实行不救助原则，防范道德风险。建立地方政府信用评级制度和考核问责机制。五

是加快权责发生制政府综合财务报告制度建设，制定出台政府综合财务报告编制办法和操作指南、政府会计基本准则等，定期向社会披露债务情况。

（七）建立金融宏观审慎管理制度框架，完善金融宏观调控机制

一是创设防范系统性金融风险的逆周期政策工具。把货币信贷和流动性管理等总量调节与强化宏观审慎管理相结合，引导并激励金融机构稳健经营，提升金融机构流动性风险管理能力和风险防范能力。建立和完善宏观审慎政策和微观审慎监管协调配合、相互补充的体制机制。二是进一步完善货币政策决策机制，优化货币政策目标体系。处理好保持经济增长、保持价格稳定和防范金融风险的关系，既要关注居民消费价格指数和工业品出厂价格指数的变化，也要关注市场利率的变化。三是健全货币政策操作体系，强化流动性管理。根据市场流动性的实际情况，合理把握流动性调控力度和节奏，保持银行体系流动性充裕稳定，保持合理的社会融资规模，满足实体经济的合理融资需求。四是建立覆盖所有金融机构、金融控股公司、金融基础设施、各类投融资行为、互联网金融和跨境金融交易的综合统计、风险监测与管理体系、应急响应与危机救助机制。构建大数据征信体系和多层次支付体系。

（八）稳步推进利率市场化改革，完善人民币汇率形成机制

一是推进货币市场基准利率体系建设，扩大上海银行间同业拆放利率（shibor）在市场化产品中的应用，巩固其基准利率地位。稳步推进利率市场化改革，扩大金融机构负债产品市场化定价范围，促进金融机构完善定价机制，提高微观主体的风险定价能力和利率敏感性。二是完善利率市场化，创新货币政策调控工具，强化信贷政策定向结构性调整功能。三是增强人民币汇率弹性，完善参考一篮子货币的人民币指数，建立中央银行前瞻性指引机制。疏通本外币政策传导渠道。协调推进外汇市场发展，完善市场基础设施和监管制度，丰富汇率风险管理工具。稳步推进人民币可兑换进程。有选择、分步骤地放宽对跨境资本交易的限制，逐步实现资本项目可兑换。积极推动人民币国际化，推动人民币在国际贸易、投融资、交易结算和国际储备中发挥更大作用。

（九）加快金融要素供给侧结构性改革，建设满足实体经济投融资需要的多层次、多元化、互补型金融市场

一是加快商业银行转型改革，转变经营模式和增长方式，实现经营结构的战略性调整，

建立与利率市场化条件下经济金融发展和客户需求变化相适应、与自身经营发展特点相符合的发展方式、业务模式和管理架构。深化中国农业银行"三农金融事业部"改革，继续探索商业性金融服务"三农"的可持续模式，全面提升"三农"和县域金融服务水平。落实政策性开发性金融机构改革方案，科学建立资本约束机制，健全治理结构，构建符合中国特色、能更好地为经济发展服务、可持续运营的政策性开发性金融机构及其政策环境。二是稳步推进市场对外开放，健全完善市场基础设施，持续推动建立健全多层次、多功能的金融市场体系，着力提高金融服务实体经济发展的能力和效率。三是发展壮大机构投资者队伍，允许金融机构投资股权投资基金、创业投资企业和其他投资工具，降低企业高杠杆经营风险。四是支持科技金融、绿色金融、地区性中小金融、普惠型农村金融和特惠型扶贫金融发展。有序放宽金融机构市场准入，在加强监管前提下，允许具备条件的民间资本依法发起设立中小型银行、村镇银行、金融租赁公司、消费金融公司等金融机构，支持民间资本多渠道进入各类金融机构。五是促进金融机构混合所有制改革，完善法人治理。

（十）加快发展资本市场，加大对实体经济的支持力度

一是加快多层次股权市场体系发展改革。继续发展壮大主板市场和中小企业板市场。改革创业板市场，适当降低创业板 IPO 门槛，增强市场的包容性，支持更多高成长、高技术含量的企业上市融资。不断完善全国中小企业股份转让系统运作机制，扩大交易规模，丰富交易形式，以做市转让为前提，稳妥推出竞价转让交易，适当降低新三板投资者准入门槛，建立分层次的投资者适当性制度。继续推动区域性股权市场规范发展。加快建立市场化转板、退市机制，优化市场资源配置，真正实现优胜劣汰。二是大力发展债券市场。稳步扩大债券市场规模，拓展资本市场支持实体经济的渠道和模式。加大债券市场对"三农"、保障性住房、棚户区改造、小微企业、城市停车场建设、城市地下综合管廊建设、养老产业、战略性新兴产业、双创孵化、配电网建设改造、节能环保等重点产业和领域的支持。积极利用债券市场支持产业结构调整，推进兼并重组。推进债券市场产品创新，扩大项目收益债券、专项债券和可续期债券等创新品种规模。三是建立健全资本市场风险发现机制。强化以信息披露为中心的审核理念，加强中介机构在尽职调查、信息披露、跟踪评级等环节的各项责任，及时发现和揭示发行人可能存在的违约风险，及时纠正其履职不力的行为。加大事中事后监管力度，加强债券存续期监管，建立偿债风险监测和预警机制，定期对发行人的募集资金使用、偿债保障措施落实情况等进行检查，有效排查风险。

财政部

"十三五"时期财政金融发展
和有效支持实体经济的政策

"十三五"是实现党的十八大确定的第一个百年目标的收官阶段，建设强大稳固的财政和金融体系，推动实体经济转型升级，对顺利跨越"中等收入陷阱"，全面建成小康社会具有十分重要的意义。

一、"十三五"时期的宏观发展环境、重大风险挑战和财政金融面临的基本任务

"十三五"时期我国仍处于可以大有作为的战略机遇期，具备保持稳定增长的诸多有利条件，也面临一些重大不确定性和风险挑战。财政、金融作为政府宏观调控的两大政策工具和最重要的宏观经济管理部门，要按照十八大确定的战略发展目标，完成好各项改革发展任务。

（一）有利条件

从国内看，经过 30 年的持续高速增长，我国综合国力和发展水平已上了一个新台阶。科技水平大幅提高，建立了比较完整的现代工业体系；社会进步显著，2015 年城镇化率达到 56.1%，减贫成绩斐然；市场经济体制不断完善，综合竞争力增强，政府有极强的社会动员能力，在应对困难和风险时，经济社会具有较强的稳定性和抗冲击的韧性。随着工业

化、信息化、城镇化和农业现代化推进，创新驱动发展战略全面实施，尤其是全面深化改革开放将释放新的制度红利，未来五年我国经济仍有保持稳定发展的较大潜力和空间。

从国际看，经济全球化深入发展的大趋势没有改变，和平发展合作共赢仍是时代主流。世界各国经济联系不断加深，利益进一步融合，面对共同挑战，维护和平共谋发展是大势所趋，将有利于世界经济在调整中复苏。世界多极化深入发展，IMF 预测 2020 年发展中国家 GDP 占全球比重将大幅提高，发展中国家潜力依然巨大。

（二）重大风险和挑战

在看到有利条件时，必须清醒地认识到我国经济发展还面临着一些重大风险和挑战。

1. 宏观经济稳定增长的压力加大

"十一五"以来，我国投资、出口、消费均呈现减缓趋势，GDP 增长相应减速。近年来最终消费虽然逐步上升，但没能完全弥补投资和出口增幅回落所造成的增长缺口。"十三五"时期，随着经济发展方式的转变，转向更多以消费拉动的经济，由于消费变量的稳定性和增长的均衡性，消费增长速度不会出现太大的变化，经济增长速度也不会那么高。同时，"十三五"时期构成我国经济竞争优势的传统因素正在逐步减弱，比如新增劳动数量和劳动参与程度不断下降，总抚养人口快速增加，土地、矿产资源和生态环境硬约束日益增强，输入性通缩和内部通缩风险共同作用，企业投资选择趋向谨慎，调整结构、去杠杆、消化过剩产能、去库存、去泡沫，实现技术和经营模式创新需要经历一定时间，经济增长速度趋于回落态势。

2. 高杠杆带来风险压力

"十一五""十二五"时期杠杆高企。一是至截至 2015 年年末，纳入预算管理的中央政府债务余额 10.66 万亿元，地方政府债务余额 16 万亿元，两项合计，全国政府债务余额 26.66 万亿元，占 GDP 的比重为 39.4%。加上地方政府或有债务（即政府负有担保责任的债务和可能承担一定救助责任的债务），按照 2013 年 6 月审计署匡算的平均代偿率 20% 估算，2015 年全国政府债务的负债率上升到 41.5% 左右。上述债务水平低于欧盟 60% 的预警线，也低于当前主要市场经济国家和新兴国家水平（如日本超过 200%、美国超过 120%、法国 120% 左右、德国 80% 左右、巴西 100% 左右）。但是，地方政府债务管理也存在偿债能力总体有所下降、局部地区债务风险有所上升，地方政府违法或变相举债担保仍有发生，不规范的 PPP 模式等问题。二是企业杠杆也是居高不下，按中国科学院的研究，我国非金融企业杠杆 2012 年已经达到 139％，远超 90％的国际警戒线。三是全社会杠杆率大幅度提高。"十三五"时期，要消化杠杆，降低风险，否则就难以持续。必须要在保持政府适度的建设规模，在公共工程领域补短板的同时，降低政府和企业杠杆率，任务十分艰巨。

3. 资本产出率逐渐呈下降趋势

"十一五""十二五"政府主导的投资，资本形成逐渐减少，还催生了大量过剩产能，企业设备投资占基本建设投资的比重也下降，增加的投资都投向以土木工程为主要标志的基本建设项目上去了，对企业技术及装备进步的推动力相对减弱。目前发达国家正在兴起的物联网、3D 打印，以及更加智能化、柔性化的"工业 4.0"革命所形成的"第三次工业革命"浪潮，可能会全面抑制我国以低成本为核心竞争力的制造业发展。这些制约经济转型升级的深层问题若不能在"十三五"时期得到较好解决，将会进一步拉大我们与发达国家的差距。

4. 全球经济不确定不稳定因素明显增多，我国发展面临较严峻的外部环境

国际金融危机冲击和深层次影响在相当长时期依然存在。世界经济总体呈持续低速增长趋势，发达经济体经济复苏持续乏力和不平衡。主要经济体趋势和宏观政策取向分化，金融市场动荡不稳，大宗商品价格大幅波动，全球贸易持续低迷，贸易保护主义强化，新兴经济体困难和风险明显加大。发达国家主导世界经贸新规则制定，新兴经济体在全球经济治理中仍处于不利地位，短期内提升实质性话语权面临突出挑战。2008 年金融危机后，原有的全球化经贸体系难以充分适应所有成员国发展需要，新的双边和多边经贸体系快速发展。截至目前，全球已有 320 个双边和多边自由贸易协议或经济合作协议生效实施，原有全球统一的经贸体系协调功能在减弱，新的双边和多边贸易协议作用在增强，新旧经贸体系规则的冲突有逐步增多和升级的可能。局部地区地缘博弈更加激烈，传统威胁和非传统安全威胁交织，可能会对国际经济产生重大冲击。

（三）财政金融发展面临的主要任务

在上述宏观经济背景下，财政、金融部门必须尽责履职，支持实现第一个百年发展目

标、全面建成小康社会，为成功跨越中等收入陷阱奠定基础。

1. 去杠杆和稳增长必须妥善应对

"十三五"要确保经济发展由中高速向中高端迈进，客观上要求去杠杆，降低风险，同时又不能使经济失速。财政政策既要保持适度的赤字、适度的建设规模，通过大力推进政策与制度创新，引导经济提质增效，在开放中促增长提质，提高全要素生产率；同时，大力推进 PPP 模式提高公共投资运营、公共服务领域的效率。而且在这一过程中，也要促使企业和社会部门降低杠杆。按照"十三五"末要实现 GDP 和城乡居民人均收入在 2010 年基础上翻一番，必须确保 GDP 年均增速不低于 6.5%。同时，大力推动收入分配结构调整，提高居民收入比重，扩大和改善社会公共服务。财政金融面临两难境地，但也必须围绕总目标去杠杆、稳增长。

2. 宏观调控政策要围绕促进经济发展转型升级

实现经济发展方式的转变和产业结构升级是经济稳定增长的关键，无论从经济增长的质量、数量，还是从生态环境承载极限的硬性约束来看，"十三五"时期继续在既有经济结构和水平上实行平面扩张将难以为继，必须继续使积极财政政策发挥积极作用，货币政策保持稳健有效，着力推动经济发展方式转变和转型升级。

财政和金融体制是经济体制的重要组成部分和重要基础，要通过深化财政、金融改革推进经济体制改革。构建统一、公平的市场环境，降低市场交易成本，激发市场主体活力；加快税制改革和利率、汇率及土地、劳动等要素价格改革，减少市场扭曲，提高市场配置资源的效率；提高财政、金融运行的规范性和透明度，稳定市场预期，减少市场非正常波动。

二、"十三五"时期财政发展的基本思路

综合分析"十三五"时期我国发展环境和面临的基本任务，未来五年财政发展的基本思路是：继续实施更加积极有效的财政政策，保持适度的投资规模和赤字规模，稳定经济增长；发挥财政的基础和重要支柱作用，大力推动体制改革，加快建立现代财政制度，引导经济发展提质增效；落实税收法定原则，完善税收制度，增强税收稳定经济增长和调节

收入分配结构的功能，实现包容性增长；逐步消化既有债务规模，降低政府和企业部门杠杆率，防止公共风险。

（一）深化财税改革，建立现代财政制度

1. 建立现代预算管理制度

加强中期财政规划管理，建立跨年度预算平衡机制。完善政府预算体系。将一部分应统筹使用的政府性基金项目纳入一般公共预算管理，并建立机制。完善国有资本经营预算制度，提高国有资本收益上缴公共财政比例，逐步建立覆盖全部国有企业、分级管理的国有资本经营预算和收益分享制度。加强社会保险基金管理，在精算平衡的基础上增强可持续性。深化部门预算改革，改进预算编制机制，健全部门预算管理制度，完善预算支出标准体系建设，理顺预算编制权责，规范预算执行，增强预算约束力，并加大盘活存量资金的力度。建立全面规范、公开透明的预算制度，扩大公开范围，细化公开内容，完善公开工作机制，强化对预算公开的监督检查。

2. 完善税收制度

按照优化税制结构、强化调节功能、稳定宏观税负、推进依法治税的总体要求，深化税制改革，2020 年全面落实税收法定原则。一是在全面推开营改增试点基础上，进一步完善增值税制度，适当简化税率，推进增值税立法，最终建立规范的消费型增值税制度。二是调整完善消费税制度，将一些高档消费品及部分服务纳入征收范围，提高部分品目的税率，加大对不利于环境保护、社会公平的应税品目和服务的调节力度。三是推进建立综合与分类相结合的个人所得税制。合并部分税目，合理确定综合所得基本减除费用标准，完善税前扣除，合理增加专项扣除项目。适当完善税率结构。四是深化资源税费改革，同时清理规范相关收费基金，逐步将资源税扩展到占用各种自然生态空间，强化税收在自然生态环境保护方面的调控作用。五是按照统一税制、公平税负、促进公平竞争的原则，加强对税收优惠政策特别是区域税收优惠政策的规范管理。六是加强和规范非税收入管理，按照"清费立税"、分类管理原则，完善非税收入政策，切实发挥在相关领域的分配调节作用。七是加快制定环境保护税法、推进房地产税立法等，发挥税收促进财政和经济发展的积极作用。

3. 建立事权与支出责任相适应的制度

一是理顺中央与地方事权与支出责任划分，采取中央限制列举、剩余归属地方的方式，适当加强中央的事权和支出责任。二是完善转移支付制度，优化转移支付结构。继续清理、整合、规范专项转移支付项目，完善一般性转移支付增长机制，增加一般性转移支付规模和比例。三是保持现有中央与地方收入格局总体稳定，结合税制改革，考虑税种属性及征管效率，合理调整中央与地方收入划分。

（二）改善财政管理，防范财政风险

1. 完善政府投资政策

一是逐步退出竞争性领域，切实改变政府主导投资推动经济增长的发展方式，将政府投资集中于非竞争性的公共领域。二是调整政府投资结构，把对公共领域的投资主要集中于公路、铁路、水利、城市基础设施等基础设施建设，支持基础科研创新。三是创新投资方式，通过新兴产业创业投资引导基金、集成电路产业投资基金、中小企业发展基金等方式引导社会资本投入，全面推行政府购买服务，提高政府投资效率。四是重点支持京津冀、长江经济带和泛珠三角公共基础设施和公共服务体系建设，推动新型城镇化发展。

2. 推进基本公共服务均等化

与现实生产力发展水平相适应，提高与公民基本权利密切相关的公共服务均等化水平，重点加快推进教育、就业、社会保障、医疗卫生、计划生育、住房保障、文化体育等领域公共服务均等化，促进经济社会协调发展。

3. 深化收入分配改革

一是建立个人收入和财产信息系统，为收入分配体制改革的重要决策和政策落实提供参考数据。二是增加人力资本投资力度，加强人力资源投资项目评估，提高人力投资效益。

大力发展学前教育和职业教育，提高教育质量，提高劳动者素质，提升人力资本素质和竞争力。三是按照多缴多得、长缴多得的原则，坚持精算平衡，建立更加公平可持续的社会保障制度，完善医疗、住房制度，努力促进就业，确保中低收入者基本生活。四是改革垄断行业管理体制，促进缩小行业差距。健全城乡发展一体化体制机制，促进缩小城乡差距。五是改革完善个人所得税制度，在合理确定个人所得税综合所得基本减除费用标准的基础上，适时增加专项扣除项目。

4. 加强地方政府性债务管理

建立"借、用、还"相统一的地方政府性债务管理机制，完善地方政府债券自发自还制度，推进地方政府债券投资主体多元化，提高政府债券流动性。按照疏堵结合、分清责任、控制风险、分类管理、稳步推进的方针，完善规范合理的地方政府债务管理及风险预警机制。坚持"举债适度、分布均衡"的原则，确保政府外债规模适度、可控，未来还款分布均衡、平稳；按照"借得来、用得好、还得起"的原则，强化对地方财政和项目单位主动履行还款义务的激励约束机制。

三、"十三五"时期金融发展的基本思路

当前我国金融领域存在的突出矛盾和问题是：金融体系服务实体经济的效率有待提高，流动性总量充足与结构性紧张并存，小微企业融资难融资贵比较突出；资本市场发展尤其是股权融资滞后，企业直接融资比重低、融资成本高；金融监管交叉重叠与监管空白并存等。"十三五"金融发展的基本思路是：顺应形势发展要求，实施稳健的货币政策，支持经济稳定增长；扩大开放金融市场，鼓励互联网金融健康发展，增强金融市场竞争，降低企业融资成本；建立健全品种丰富、运行高效、功能完备、竞争充分，具有相当规模，与国家治理现代化相适应的现代金融体系，提高金融配置资源的效率；完善金融监管制度机制，防范金融风险；加强财政金融协调配合。

（一）建立健全现代金融体系

1. 完善资本市场，健全市场体系，扩大直接融资，优化金融资源配置

一是大力发展债券市场。鼓励大企业向社会发行债券替代到期的中长期贷款，降低财

务成本。同时，要培育地方政府债券市场，健全城镇化建设融资机制。完善债券发行注册制和债券市场基础设施建设，加快债券市场互联互通，促进银行间市场和交易所市场协调发展。发展资产证券化业务，推进债券市场对外开放。二是提高贷款融资效率。放开市场准入，健全银行体系，公平竞争，健全利率市场决定机制，提高间接融资效率。三是完善资本市场，多渠道推动股权融资。创造条件实施股票发行注册制改革，完善主板、创业板、中小板市场，推进新三板股权市场建设，发展地方股权市场与股权众筹。推出并购重组债券，研究将交易所公司债券发行主体扩展至所有公司制法人。

2. 构建多层次、专业化的金融机构体系，加大金融业支持结构调整的力度

一是遵循准入前国民待遇加"负面清单"等新开放模式，在更大范围、更高层次上提高资源优化配置能力，增强金融部门国际竞争力。二是实行统一的市场准入制度，推动社会资本发起设立中小型银行等金融机构，构建满足不同需求的多层次、专业化金融机构。发挥开发性、政策性金融在服务国家战略、支持实体经济中的引领和导向作用，推动建设一批具有全局性、基础性和战略性的重大项目。三是稳步推动金融市场机制、组织、产品和服务模式创新，拓展金融市场发展的深度和广度，丰富金融市场层次和产品。积极引导私募股权投资基金、风险投资基金健康发展，支持创新型、成长型企业股权融资。扩大保险资金的投资范围。在风险可控的前提下，引导保险资金投向股权基金。建立健全不同层次市场间的差别制度安排，推动形成有机联系的股权市场体系。四是发展普惠金融，推动金融资源流向"三农"、小微企业和县域经济。发展多种业态中小微金融组织，推动民间融资阳光化，规范小额贷款、融资担保等机构发展。鼓励金融产品和工具创新，不断扩大金融服务的覆盖面和渗透率。加强金融基础设施和信用体系建设，进一步优化小微企业金融服务生态环境。支持互联网金融健康发展。

3. 改革和完善汇率和利率管理制度，加快人民币国际化进程，推动汇率和利率市场化进程

一是完善人民币汇率市场化形成机制。有序扩大人民币汇率浮动区间，增强人民币汇率双向浮动弹性，保持人民币汇率在合理均衡水平上的基本稳定。进一步发挥市场汇率的作用，进一步完善以市场供求为基础、有管理的浮动汇率制度。二是加快推进利率市场化。健全市场利率定价自律机制，提高金融机构自主定价能力；做好贷款基础利率报价工作，为信贷产品定价提供参考；推进同业存单与企业大额存单发行与交易，逐步扩大金融机构负债产品市场化定价范围。三是推动人民币资本项目基本可兑换。推动资本市场双向开放，

有序提高跨境资本和金融交易可兑换程度，建立境内外资本市场互联互通机制，放宽境外机构境内发行和投资人民币债券资格限制，提升个人资本项目交易可兑换程度，开展个人对外投资。

（二）加强财政政策与金融政策的协调配合

1. 完善财政政策和金融政策协调机制

一是适度扩大国债发行规模，为协调财政和货币政策提供基本的政策工具。二是丰富国债品种，完善定期滚动发行制度，定期滚动发行 1 年期以下短期国债和超长期国债，为市场提供短期、超长期利率基准。完善记账式国债发行机制，推动银行间债券市场开展预发行交易。适应利率市场化不断加速的要求，研究创新储蓄国债定价机制，逐步确立储蓄国债利率在个人金融产品定价中的基准地位。利用互联网，建立国债交易的无形市场。打破银行间市场和交易所市场分割，允许商业银行进入交易所购买国债，实现各类国债市场投资者的统一。三是结合养老保险基金、债券投资基金等合格机构投资者的发展情况，研究国债市场税收政策。促进境内债券市场对外开放与发展，使国债持有者结构更加合理，增加国债交易需求。四是加大中央和地方国库现金管理操作力度。建立健全国库现金流量预测体系，保持在央行财政库款稳定在较低的合理水平，将闲置库款有序投放市场，缓解资金市场融资压力。五是推动解决中小企业融资困难。以财政资金引导金融政策方向，支持小微金融企业健康发展，鼓励发展面向小微企业的金融服务。实施"创业创新"工程，改进中小微企业发展环境，支持孵化器、创业基地发展。创新贷款风险分担补偿机制，继续完善财政对担保机构的扶持政策，鼓励地方对担保机构择优扶强，推动中央和地方财政共同出资参股担保公司，扩大对中小微企业的担保规模。加快国家中小企业发展基金投资运行，引导社会资金投向处于初创期成长型中小微企业。

2. 提高财政金融政策的透明度和统一性，维护全国市场统一和公平竞争

规范税收和非税收入优惠政策，建立健全税收优惠政策的评估和退出机制；完善央行利率调控框架和利率传导机制。减少金融定向调控和点对点调控方式，稳定市场财政金融政策预期，促进市场主体公平竞争。"十三五"时期，货币政策要增强与积极财政政策的协调性，为经济增长提供必要的流动性供给。

3. 构建防火墙，防止财政、金融风险相互转化

一是从制度上加强金融体系和财政体系本身防范、消化风险的能力，完善风险发现、预防和处理机制。二是严格控制财政显性和隐性债务规模，禁止违反预算法、担保法等规定对外提供担保，防止财政政策信贷化；硬化金融市场风险约束，加快实施存款保险制度，坚持以市场化原则消化金融市场中发生的投资风险，防止金融风险财政化，有效抑制财政和金融风险的交叉传染。三是加强政府住房保障与房地产市场的有效衔接，统筹考虑民生保障和房地产市场平稳健康发展；在公共租赁住房领域积极推广实施 PPP 模式，积极创新房地产业融资机制，优化住房金融服务，支持居民自住和改善性住房需求，稳定房地产市场，防止引发风险转移和系统性风险。

（三）完善金融监管，防范金融风险

1. 完善金融监管

完善金融监管框架；加强反洗钱和反恐融资监管；加强对短期投机性资本流动特别是金融衍生品交易监测；健全互联网金融有效监管机制，金融监管从机构为主逐步转为功能为主；建立健全相关监测体系，实现资本跨境流动便利化和监管信息共享。加强宏观审慎监管。针对当前金融领域存在的资源错配、监管错位等问题，加强金融宏观审慎制度建设，加强统筹协调，改革并不断完善适应现代金融市场发展的金融监管框架，明确监管职责和风险防范处置责任，构建财政货币政策与审慎管理相协调的金融监管体制。以防范系统性风险、避免金融体系顺周期性等为主要目标，重点关注金融机构之间的风险相关性、系统重要性机构和市场的影响、宏观经济变化对金融体系的影响等，而不仅仅关注个体金融机构风险。

2. 防范金融风险

健全法律制度，提高市场运行透明度，督促金融机构加强流动性、内控和风险管理，强化市场约束和风险分担机制。处理好创新、发展与风险之间的关系，加强对同业业务和理财业务发展潜在风险的监测与防范，防止以规避监管为目的和脱离经济发展需要的金融创新。加快建立功能完善、权责统一、运作有效的存款保险制度，促进形成市场化的金融

风险防范和处置机制。抓紧健全完善债券市场风险监测防范与处置体系，加强债券市场监管协调，深化债券市场互联互通，提高债券市场整体运行质量。建立健全外债和资本流动管理体系，在利用低息境外资本的同时，合理调控外债规模，优化外债结构，做好外债监测，防范外债风险。

四、有效支持实体经济发展的财政金融政策

当前和"十三五"时期，我国实体经济发展存在的主要问题是创新发展后劲不足。传统产业增长拉动作用正在减弱，新兴产业增长势头较好，但接续力不强，近期难以成为支持经济增长的有效动力。知识产权保护力度不足，科技成果转化不畅，整体创新水平偏低。企业融资难、融资贵问题较突出。人口红利快速消退，劳动力成本增长过高过快，生产经营艰难。财政金融支持实体经济的政策碎片化，财税优惠政策和金融定向支持政策不统一，导致市场主体缺乏稳定的市场预期，行为短期化。在投融资等一些重要领域，财政金融政策工具及功能作用存在结构性缺位，不能有效支持不同种类、不同层次实体经济的协调发展。针对上述问题，财政金融要进一步加强对实体经济的支持。

（一）实施创新发展战略，推进产业转型升级

1. 深化财政科技管理改革，大力支持科技创新

一是落实中央科技计划管理改革方案，提高科技资源配置效率。改进科研项目和资金管理，完善科研项目分类支持机制。完善科研信用管理，实施黑名单制度，构建符合科技创新规律、科学规范、公开透明、监管有力的管理机制。二是完善公共科技活动支持机制。重点支持市场不能有效配置资源的基础前沿、社会公益、重大共性关键技术研究等公共科技活动。稳定支持科研院所和高校自主开展科研活动，支持国家科技基础条件平台建设发展，研究建立重大科研基础设施和大型科研设备开放共享后补助机制，推进科研设施和设备向社会开放共享和高效利用，推进国家实验室建设，促进学科交叉融合。三是健全技术创新引导支持机制。加快推进科技科研去行政化，发挥市场配置技术创新资源的决定性作用和企业技术创新主体作用，突出成果导向，以普惠性政策和引导性为主的方式支持企业技术创新。实施科研项目后补助管理机制，建立结果导向的科技资金管理模式。更加注重财政金融政策与科技、产业、人才、知识产权等政策的衔接，营造良好政策、制度环境，打造有效链接的国家创新政策体系。

2. 发挥科技对经济社会发展的支撑作用，促进科技成果转化

一是发展科技创业投资。加快发展为科技成长型企业投融资服务的多层次资本市场。二是全面实施科技成果转化引导基金，通过设立创业风险子基金、银行贷款风险补偿等方式，吸引社会资本和金融资本进入创新领域，促进科技成果转移转化。三是中央财政设立国家新兴产业创投引导基金，支持先进制造业、战略性新兴产业和高技术产业发展。通过支持"中国制造2025"，加快建设制造强国。通过参股创投基金等方式，主要支持该产业领域早中期创新型企业，适当兼顾成熟期企业，促进资本与技术的融合，提升新兴产业整体技术水平和核心竞争力。四是支持首台（套）重大技术装备推广应用。由政府部门发布首台（套）重大技术装备目录，保险公司提供定制化综合险服务，中央财政适当补贴装备制造企业投保保费，降低用户使用风险，加快装备推广应用，带动装备制造企业提升自主创新能力。五是破除成果转化中的制度性障碍。落实《促进科技成果转化法》及其配套规定，扩大股权和分红激励政策实施范围。

3. 落实支持企业创新的相关税收政策

一是落实研究企业所得税加计扣除、高新技术企业扶持等普惠性政策，鼓励中小企业加大研发力度。二是研究探索鼓励天使投资等种子期、初创期投资的税收试点政策。

（二）支持农业现代化和统筹城乡发展

一是支持发展农业现代化，加快构建新型农业经营体系。深入研究和应对"口粮绝对安全"和资源环境约束问题，根据我国需要和可能以及农业可持续发展的内在要求，推进粮食安全和资源环境安全的发展战略，推动农业结构有序调整，支持构建优势区域布局和专业生产格局，推进农村一二三产业融合发展。支持加快农业"走出去"步伐。支持农业科技与农业基础设施建设。完善农业生态保护政策，加大农业生态治理力度，推动生态友好型农业发展。二是推进新型城镇化。坚持以人为核心，以解决"三个1亿人"问题为着力点，实施户籍制度改革，落实放宽户口迁移政策。建立财政转移支付与农业转移人口市民化挂钩机制，合理分担农民工市民化成本。三是实施精准扶贫政策，建立改善农村贫困地区金融服务通过支农再贷款、财政贴息、奖励等政策，引导金融机构在实现相关业务商业可持续的前提下，加大对农村贫困地区的信贷投放，开发适合贫困群众需求的优惠信贷

产品。

(三) 创新公共产品和服务供给领域

坚持"依法合规、统一规范、重诺履约、竞争有序、公开透明、公众受益、积极稳妥、监管有力"的原则，加快在公共服务领域大力推广 PPP 模式。一是健全 PPP 制度体系。健全财政管理制度，建立多层次监管体系，完善公共服务价格调整机制，加快 PPP 立法工作。二是规范推进 PPP 项目实施。充分发挥示范项目的引导带动作用。支持融资平台公司存量公共服务项目转型为 PPP 项目。指导地方政府提高新建项目决策的科学性，择优选择合作伙伴，合理确定合作双方的权利与义务。三是完善政策扶持保障体系。利用 PPP 融资支持基金，支持提高项目融资的可获得性。完善 PPP 相关税收优惠政策及财政投入管理方式。引导金融机构创新适合 PPP 特点的融资产品和服务。推动简化项目审批流程，理顺市政公用领域价格体系，细化完善项目土地政策。健全 PPP 综合信息平台功能，强化信息披露，增强社会资本信心。

全面实行政府购买服务改革。一是加强政府购买服务制度建设。建立健全政府购买服务指导性目录编制管理制度，落实分级分部门制定政府购买服务指导性目录。规范政府购买服务流程，改进和创新购买方式。建立完善政府购买服务绩效评价制度。完善政府购买服务信息公开机制，推进政府购买服务立法，完善有关法律法规。二是加大政府购买服务改革推进力度。建立健全政府购买服务改革工作领导协调机制，加强重点公共服务领域政府购买服务改革，推动改革逐步"扩围增项"。三是积极扶持培育政府购买服务市场承接主体。落实行业协会商会承接政府购买服务政策，研究提出通过政府购买服务支持事业单位改革发展、社会组织培育的政策措施，落实完善有关税收优惠政策。

(四) 以管资本为主加强国有资产监管

一是推进国有资产监管机构职能转变。准确把握国有资产监管机构的职责定位，进一步明确国有资产监管重点，聚焦监管内容，改进国有资产监管方式和手段等。二是改革国有资本授权经营体制。改组组建国有资本投资、运营公司。国有资本投资、运营公司对授权范围内的国有资本履行出资人职责，作为国有资本市场化运作的专业化平台，依法自主开展国有资本运作，对所出资企业行使股东职责，按照权责对应原则切实承担国有资产保值增值责任。三是提高国有资本配置和运营效率。建立国有资本布局和结构调整机制，推进国有资本优化重组，建立健全优胜劣汰市场化退出机制。建立覆盖全部国有企业、分级管理的国有资本经营预算管理制度等。四是协同推进相关配套改革。推进经营性国有资产集中统一监管，完善有关法律法规、推进政府职能转变、落实和完善国有企业重组整合税收优惠相关配套政策等。

（五）构建开放型经济新体制、培育国际经济合作竞争新优势

一是服务"一带一路"战略。继续深入参与 G20、OECD、"10＋3"[1]、大湄公河次区域经济合作（GMS）、中亚区域经济合作（CAREC）等多边合作机制，参与亚洲基础设施投资银行、金砖国家新开发银行建设，大力支持全球和区域基础设施建设，积极参与相关领域的规则制定，提升我参与全球经济治理的地位与水准，为我国企业走出去创造更好的外部环境。充分利用与主要国家的经济金融对话机制，加强宏观经济政策沟通协调，深化务实经贸合作，不断拉紧利益纽带。二是以双向资金合作为基础，通过发挥我作为股东国、借款国、捐款国、发展经验来源国和新型发展伙伴的多重作用，与现有多边开发机构建立全方位、多层次、宽领域的合作关系，提升对外开放水平。三是积极统筹国际金融组织和外国政府贷款的使用与管理，提高贷款管理水平和资金使用效益，同时，进一步探讨借助国际金融组织平台，推动国内有条件省市与非洲等国家开展企业投资合作，促进国内产能有序对外转移。四是积极参与《联合国气候变化框架公约》等国际气候和环境公约渠道的资金议题谈判以及 G20 等其他框架下的气候资金问题讨论，积极参与绿色气候基金、气候投资基金等国际气候和环境资金机构治理并与其开展务实合作。五是支持外贸稳定发展。促进优化对外贸易布局和结构，推动外贸向优质优价、优进优出转变。鼓励扩大先进技术装备进口。促进服务贸易创新发展。六是积极开展对外关税谈判，加快实施自由贸易区战略，主动参与国际经贸规则制定，促进国际经贸合作。科学实施贸易救济措施，运用关税手段维护公平的贸易环境。七是完善支持企业"走出去"财政金融政策，发挥好信贷政策、PPP 模式作用，引导国内企业有序开展重点领域的对外投资合作业务，深入推进国际产能和装备制造合作，推动装备、技术、标准、服务"走出去"，提升我国开放水平。

---

[1] 20 世纪 90 年代后期，在经济全球化浪潮的冲击下，东盟国家逐步认识到启动新的合作层次、构筑全方位合作关系的重要性，并决定开展"外向型"经济合作。"10＋3"合作机制应运而生。10＋3 是指东盟十国与中、日、韩三国，每年定期举行外长会议、财长会议、领导人会议等。

中国人民银行

"十三五"时期财政金融发展和有效支持实体经济的政策

改革开放 30 多年来，我国有中国特色社会主义市场经济体制日趋完善，资源配置基本由市场决定，宏观调控框架也能保证宏观经济基本稳定。党的十八大提出"深化金融体制改革，健全促进宏观经济稳定、支持实体经济发展的现代金融体系"，党的十八届三中全会要求进一步"完善金融市场体系""扩大金融业对内对外开放"，党的十八届五中全会再次强调"加快金融体制改革，提高金融服务实体经济效率"。几年来，金融改革发展取得了阶段性成效。一是成功应对百年一遇的全球金融危机，见事早、判断准、行动快，保持了经济社会大局稳定，避免了现代化建设进程出现大的波折，取得的重大成就世所公认，明显提升了我国的国际地位和影响力。二是进一步深化落实商业银行改革，总体扭转了金融机构经营状况。大型商业银行股份制改造基本完成，改革成效逐步显现，从原来的"技术性破产"状态转变为公司治理逐步完善、风险管控能力显著提高、市值名列全球前茅的金融机构。三是利率、汇率市场化改革和资本项目可兑换有序稳步推进，金融业双向开放和人民币国际化程度显著提高，助推企业参与国际竞争，有效应对外部金融市场冲击。四是多层次、各类型金融市场加快发展，有效推动直接融资。主板、中小板、创业板、新三板和区域性股权交易市场建设成效明显。债券市场发展呈加速态势，市场余额大幅增长，世界排名提高到第 3 位。五是宏观调控体制不断完善，科学性、专业性、前瞻性、有效性显著提升。面对"三期叠加"，引领经济新常态，实施宏观审慎管理，适时调整货币信贷政策，创新货币政策工具，并与其他政策协调配合，有效维护了宏观经济和金融体系基本稳定和健康发展。

随着经济增长的内部和外部环境发生改变，我国经济增长动力明显不足，新常态下经济结构矛盾及其影响日益显现，产能过剩与高杠杆并存，局部金融风险频发。为了做好"十三五"经济社会发展规划，需要从根本上厘清近年来财政金融格局及其与实体经济关系发展的逻辑主线，并在此基础上把握未来改革发展的目标和任务。

一、"十三五"时期我国财政金融发展与改革的出发点是正确处理政府与市场、中央与地方关系

"政府与市场""中央与地方"，是深刻影响我国经济发展及结构变化的两对关系，主要地体现为"财政与金融"的交互影响。"十三五"期间，要落实"使市场在资源配置中起决定性作用和更好发挥政府作用"要求，必须以财政-货币-金融一体化改革为抓手，进一步理顺政府与市场、中央与地方关系，最终提高金融体系配置经济资源效率和有效支持实体经济能力。

（一）宏观调控体系改革要求正确处理政府与市场的关系

有力有效的宏观调控以清晰合理的政府与市场在资源配置中的职责划分为前提。当前的宏观调控体系仍然沿袭 1993 年党的十四届三中全会《中共中央关于建立社会主义市场经济若干问题的决定》所设计的蓝图，是"计划、金融、财政之间相互配合和制约的机制""计划提出国民经济和社会发展的目标、任务，以及需要配套实施的经济政策"，货币政策和财政政策要"与产业政策相配合"。这就形成以 GDP 为考核激励目标，以产业政策和投融资政策为目标分解，倒逼财政和货币政策配合的政府主导型发展。财政货币政策刚性化，灵活调控总需求的空间较小、M2/GDP[1] 比率偏高且呈扩大态势，等等。上述问题的根源在于我国仍未完全建立与基本经济制度相适应，符合社会主义市场经济需求、符合市场经济客观规律的宏观调控体系。

（二）提高金融服务实体经济效率要求正确处理中央和地方的关系

"十二五"以来，过度依赖土地财政和地方政府融资平台是中央与地方财政收支关系在财政金融领域的现实体现。地方政府对 GDP 增长率的过度追求推动了投资冲动、地方政府融资平台软预算约束和持续的资产泡沫化。在金融领域，政府融资行为在一定程度上挤出

---

[1] M2/GDP 是常用的衡量金融深化的指标。即广义货币（M2）与国内生产总值（GDP）的比值。通常来说，该比值越大，说明经济货币化的程度越高。

了中、小、微企业，形成了比较严重的"融资难、融资贵"问题；政府担保和刚性兑付扰乱了市场定价机制，降低了资源配置效率。

（三）守住不发生区域性系统性金融风险底线要求正确处理政府监管与市场化处置的关系

当前以行政审批为特征的金融管理体制使我国的金融体系具有转轨经济所特有的脆弱性；封建割据式分业监管和铁路警察式分段监管造成体制内金融压抑、体制外野蛮生长和监管套利盛行。金融监管的行政化导致日常监管行为重发展轻监管，重机构轻投资者保护，重刚性兑付轻风险问责，重自身监管机构安全性轻穿透式全景式风险监测，无法有效实现金融风险监管全覆盖。一段时间以来，股票和房地产市场的配资网络、泛亚有色金属交易所、e租宝风险事件和大量P2P网贷跑路等庞氏骗局盛行，局部金融风险频发。

（四）提高金融业总体竞争力要求正确处理金融机构的官本位和市场主体的角色关系

从公司治理看，国有和地方控股金融机构的官本位体制还没有实现彻底转变，真正有能力的银行家缺位。国有资本的损失吸收意愿和能力尚待考验。存在"大而不能倒"、对新技术新业态反应迟钝、热衷于获得低成本政策性资金及从监管机构获得垄断性保护等倾向。2005年国有独资商业银行股份制改造后，大型金融机构仍在扁平化和分层级经营之间摸索，"资本补充—资产扩张—风险上升—再补充资本"成为大银行与出资人、金融市场和中央银行博弈的周期性循环。从激励机制看，"官员—金融机构经营者"旋转门使金融业经营忽视股东权益这一公司治理的首要目标。从人才和技术水平看，重传统产品营销，轻现代产品开发；重利差收益，轻风险管理；重顺周期操作，轻客户挖掘维护；注重资产扩张，轻信息技术在现代金融中的运用，都影响着金融业可持续发展能力。

二、"十三五"时期我国"财政－货币－金融"一体化改革的总体目标

把握上述逻辑主线，认识经济新常态下"政府和市场""中央与地方"两对关系演变态势，应切实围绕党的十八届三中全会"使市场在资源配置中起决定性作用和更好发挥政府作用"要求，在"十三五"时期全面推动"财政－货币－金融"一体化改革，为金融更好支持实体经济转型发展创造前提。改革总体目标是，落实党的十八大以及十八届三中、四中全会精神，处理好政府和市场、中央与地方的关系，构建符合社会主义市场经济发展要求的宏观调控体系和"财政－货币－金融"体制框架，使财政、货币、金融彼此协调，金融与经济良性互动，全面提高金融服务实体效率，促进经济转型升级和持续发展的能力，

有力推动供给侧结构性改革。

（一）"十三五"时期宏观调控体系改革的主要目标

明确政府职能和边界，按照市场经济发展方向改革宏观调控框架。明确财政政策、货币政策为国家宏观调控主要手段，以财政政策和货币政策高效配合为基础，理顺中央银行与财政部门关系，健全宏观调控体系，创新宏观调控方式，提高宏观调控透明度，增强宏观政策协同性，以不同期限国债、地方债券形成完整的收益率曲线为金融市场定价提供基准。更加注重扩大就业、稳定物价、调整结构、提高效益、防控风险、保护环境，更加注重引导市场行为和社会预期，为结构性改革营造稳定的宏观经济环境。构建防范财政金融风险相互传递的"防火墙"。

（二）"十三五"时期财税体制改革的主要目标

权责对称、自我约束、可持续的财政制度是现代金融有效运行的重要基础。财政支出的政策目标应从建设财政逐步向公共预算财政转型。改革投融资体制，更好地发挥财政支出政策的专业性、引导性和服务性宏观调控职能。改革财税体制，改变地方政府财政竞争和 GDP 考核竞争机制，革除土地财政依赖症，从根源上消除地方政府投融资冲动。使社会融资更多地流向企业和个人，把投资机会和风险让渡给市场，使市场参与主体在分散决策、试错与创新中发现新的经济增长点。发挥政策性金融、开发性金融和 PPP 模式在财政与金融之间的桥梁作用，财政资金可借此引导社会资金流向政策领域。通过市场化渠道发挥财政支出对社会投资的引导性作用。

（三）"十三五"时期金融改革的主要目标

完善金融机构和市场体系，促进资本市场健康发展，健全货币政策机制，深化金融监管体制改革，健全现代金融体系，提高金融服务实体经济效率和支持经济转型的能力，有效防范和化解金融风险。

三、"十三五"推动"财政-货币-金融"一体化改革的重点任务

十三五时期推动"财政-货币-金融"一体化改革，要坚持创新发展、协调发展、绿色发展、开放发展和共享发展理念，创新和完善宏观调控，加快财税和金融体制改革，全面

提高金融服务实体经济效率，切实保障金融安全，有效防范系统性风险。

（一）创新和完善宏观调控

一是健全符合基本经济制度要求，适应"使市场在资源配置中起决定性作用和更好地发挥政府的作用"改革方向，有利于推动供给侧结构性改革的宏观调控体系。完善以财政政策、货币政策为主，产业政策、区域政策、投资政策、消费政策、价格政策协调配合的政策体系，增强财政货币政策协调性。

二是改进调控方式和丰富政策工具。坚持总量平衡、优化结构，把保持经济运行在合理区间、提高质量效益作为宏观调控的基本要求和政策取向，在区间调控的基础上加强定向调控、相机调控，采取精准调控措施，适时预调微调。稳定政策基调，改善与市场的沟通，增强可预期性和透明度。更好发挥财政政策对定向调控的支持作用。完善货币政策操作目标、调控框架和传导机制，构建目标利率和利率走廊机制，推动货币政策由数量型为主向价格型为主转变。

三是完善政策制定和决策机制。加强经济监测预测预警，提高国际国内形势分析研判水平。强化重大问题研究和政策储备，完善政策分析评估及调整机制。建立健全重大调控政策统筹协调机制，有效形成调控合力。建立现代统计调查体系，推进统计调查制度、机制、方法创新，注重运用互联网、统计云、大数据技术，提高经济运行信息及时性、全面性和准确性。加快推进宏观调控立法工作。

四是深化投融资体制改革。建立企业投资项目管理权力清单、责任清单制度，更好落实企业投资自主权。进一步精简投资审批，减少、整合和规范报建审批事项，完善在线审批监管平台，建立企业投资项目并联核准制度。进一步放宽基础设施、公用事业等领域的市场准入限制，采取特许经营、政府购买服务等政府和社会合作模式，鼓励社会资本参与投资建设运营。完善财政资金投资模式，更好发挥产业投资引导基金撬动作用。

（二）加快财税体制改革

一是确立合理有序的财力格局。建立事权和支出责任相适应的制度，适度加强中央事权和支出责任。结合税制改革，考虑税种属性，进一步理顺中央和地方收入划分，完善增值税划分办法。完善中央对地方转移支付制度，规范一般性转移支付制度，完善资金分配办法，提高财政转移支付透明度。健全省以下财力分配机制。

二是建立全面规范公开透明的预算制度。建立健全预算编制、执行、监督相互制约、相互协调机制。完善政府预算体系，加大政府性基金预算、国有资本经营预算与一般公共预算的统筹力度，完善社会保险基金预算编制制度。实施跨年度预算平衡机制和中期财政规划管理，加强与经济社会发展规划计划的衔接。全面推进预算绩效管理。建立政府资产报告制度，深化政府债务管理制度改革，建立规范的政府债务管理及风险预警机制。建立权责发生制政府综合财务报告制度和财政库底目标余额管理制度。扩大预算公开范围，细化公开内容。

三是改革和完善税费制度。按照优化税制结构、稳定宏观税负、推进依法治税的要求全面落实税收法定原则，建立税种科学、结构优化、法律健全、规范公平、征管高效的现代税收制度，逐步提高直接税比重。全面完成营业税改增值税改革，建立规范的消费型增值税制度。完善消费税制度。实施资源税从价计征改革，逐步扩大征税范围。清理规范相关行政事业性收费和政府性基金。开征环境保护税。完善地方税体系，推进房地产税立法。完善关税制度。加快推进非税收入管理改革，建立科学规范、依法有据、公开透明的非税收入管理制度。深化国税、地税征管体制改革，完善税收征管方式，提高税收征管效能。推行电子发票。

四是完善财政可持续发展机制。优化财政支出结构，修正不可持续的支出政策，调整无效和低效支出，腾退重复和错位支出。建立库款管理与转移支付资金调度挂钩机制。创新财政支出方式，引导社会资本参与公共产品提供，使财政支出保持在合理水平，将财政赤字和政府债务控制在可承受范围内，确保财政的可持续性，有效防范财政与金融风险的相互传染。

（三）加快金融体制改革

一是丰富金融机构体系。健全商业性金融、开发性金融、政策性金融、合作性金融分工合理、相互补充的金融机构体系。构建多层次、广覆盖、有差异的银行机构体系，扩大民间资本进入银行业，发展普惠金融和多业态中小微金融组织。规范发展互联网金融。稳妥推进金融机构开展综合经营。推动民间融资阳光化，规范小额贷款、融资担保机构等发展。提高金融机构管理水平和服务质量。

二是健全金融市场体系。积极培育公开透明、健康发展的资本市场，提高直接融资比重，降低杠杆率。创造条件实施股票发行注册制，发展多层次股权融资市场，深化创业板、新三板改革，规范发展区域性股权市场，建立健全转板机制和退出机制。完善债券发行注册制和债券市场基础设施，加快债券市场互联互通。开发符合创新需求的金融服务，稳妥推进债券产品创新，推进高收益债券及股债相结合的融资方式，大力发展融资租赁服务。

健全利率、汇率市场决定机制，更好发挥国债收益率曲线定价基准作用。推动同业拆借、回购、票据、外汇、黄金等市场发展。积极稳妥推进期货等衍生品市场创新。加快发展保险再保险市场，探索建立保险资产交易机制。建立安全高效的金融基础设施，实施国家金库工程。

三是改革金融监管框架。加强金融宏观审慎管理制度建设，加强统筹协调，改革并完善适应现代金融市场发展的金融监管框架，明确监管职责和风险防范处置责任，构建货币政策与审慎管理相协调的金融管理体制。构建完整有效的宏观审慎政策框架，加强中央银行监管职能，统筹监管系统重要性金融机构、金融控股公司和重要金融基础设施，统筹金融业综合统计，强化综合监管和功能监管，提高逆周期、跨市场系统性风险防范能力。丰富宏观审慎管理工具，完善差别准备金动态调整工具，健全逆周期资本缓冲制度。促进金融监管机构由计划经济下的行政主管部门向市场经济下的审慎性、专业化监管部门转变。改变目前分业监管体制下"重事前准入、轻事中事后监管，缺市场化退出机制"现状，建立"公平准入、严格事中监管、制度化退出"新规则。更多使用市场化手段依法合规监管，切实改变以审批代替监管的传统做法，尽快确立以风险资本为核心的审慎监管体系，要求各类金融机构管理好自身风险，按照审慎原则对实质风险进行识别计量并计提资本。健全符合我国国情和国际标准的监管规则，建立针对各类投融资行为的功能监管和切实保护金融消费者合法权益的行为监管框架，实现金融风险监管全覆盖。完善国有金融资本管理制度。加强外汇储备经营管理，优化外汇储备运用。有效运用和发展金融风险管理工具，健全监测预警、压力测试、评估处置和市场稳定机制。充分发挥中央和地方两个积极性，科学划分中央与地方金融管理职责权限。防止发生系统性、区域性金融风险。

四是加强金融市场基础设施建设。进一步完善支付清算系统和金融资产登记托管结算系统，加强中央对手方监管，加强交易数据库建设。优化金融基础设施供给、运营和监管机制，更好地向全社会提供支付结算、反洗钱反恐怖融资等具有公共产品性质的金融基础设施，鼓励多样化、国际性市场主体成为金融基础设施参与者、供给者。建立现代化的支付体系。发展多元化的市场支付机构，完善多层次的支付清算网络。加快建设人民币跨境支付系统。顺应科技创新和实体经济发展的要求，研发以数字货币为特征的下一代人民币，大力发展移动支付和网络支付，鼓励更加安全、高效的非现金支付创新发展。加快推动信用立法，加强部门、行业和地方信用信息整合，建立企业信用信息归集机制，完善全国信用信息共享平台，建设国家企业信用信息公示系统。依法推进全社会信用信息资源开放共享。建立现代化的征信和评级体系，推动信用服务产品开发创新和广泛运用。支持征信、信用评级机构规范发展，提高服务质量和国际竞争力。健全征信和信用服务市场监管体系。加强中小微型企业及农村信用体系建设。

（四）实施金融要素供给侧结构性改革，支持国民经济薄弱环节良性健康发展

一是发展科技金融。加大金融支持国家创新驱动发展战略的力度，构建普惠性创新金融支持政策体系，促进科技与经济深度融合。加强技术和知识产权交易平台建设，建立从实验研究、中试到生产的全过程科技创新融资模式，促进科技成果资本化、产业化。拓宽适合科技创新发展规律的多元化融资渠道，开发符合创新需求的金融服务，推进高收益债券及股债相结合的融资方式。强化资本市场对科技创新支持力度，鼓励发展众创、众包、众扶、众筹空间，发展天使、创业、产业投资。大力发展风险投资。更好发挥企业家作用，包容创新对传统利益格局的挑战，依法保护企业家财产权和创新收益。创新间接融资服务科技创新方式，银行与创业投资和股权投资机构投贷联动。加快发展科技保险，推进专利保险试点。加快建立健全促进科技创新的信用增进机制。

二是发展普惠金融和扶贫金融。发挥各类金融机构支农作用，发展农村普惠金融。完善开发性金融、政策性金融支持农业发展和农村基础设施建设的制度。推进农村信用社改革，增强省级联社服务功能。积极发展村镇银行等多形式农村金融机构。稳妥开展农民合作社内部资金互助试点。建立健全农业政策性信贷担保体系。完善农业保险制度，稳步扩大"保险＋期货"试点，扩大保险覆盖面，提高保障水平，完善农业保险大灾风险分散机制。加大中央和省级财政扶贫投入，发挥政策性金融、开发性金融、商业性金融和合作性金融的互补作用，整合各类扶贫资源，拓宽资金来源渠道。

三是建立绿色金融体系。发展绿色信贷、绿色债券，设立绿色发展基金。创新用能权、用水权、排污权、碳排放权投融资机制，发展交易市场。支持和鼓励银行和企业发行绿色债券。进一步明确绿色债券的界定、分类和披露标准，培育第三方绿色债券评估机构和绿色评级能力。推动绿色信贷资产证券化。发展绿色股票指数和相关投资产品，鼓励机构投资者投资于绿色金融产品。建立要求上市公司和发债企业披露环境信息的制度安排。推动发展碳租赁、碳基金、碳债券等碳金融产品。

四是建立民族地区发展的金融服务体系。加大财政投入和金融支持，改善基础设施条件，提高基本公共服务能力，支持民族地区发展优势产业和特色经济，加大对西藏和四省藏区支持力度，支持新疆南疆四地州加快发展。

（五）完善现代金融生态，奠定防范和化解金融风险的制度基础

一是转变政府职能。规范地方政府的债务融资行为，将其分类纳入地方财政预算管理，

建立公共财政支出框架，严格规范地方政府进入商业性竞争领域。按照事权外部性、信息复杂性和激励相容性原则，合理划分政府与市场、中央与地方之间的事权和支出责任，为防范和化解金融风险奠定坚实的制度基础。

二是完善金融生态。健全与银行债权保护密切相关的《破产法》《担保法》《物权法》，强化债权人在企业破产和重组中的法律地位，强化担保债权、用益物权的优先受偿顺序。贯彻落实《社会信用体系建设规划纲要（2014—2020 年）》，促进形成良好的社会信用氛围和环境。建立守信奖励激励机制。在市场监管和公共服务过程中，对诚实守信者实行提供便利化服务等激励政策。健全多部门、跨地区、跨行业联动响应和联合惩戒机制，强化企业信用依法公示和监管，建立各行业失信黑名单制度和市场退出机制。

三是制定出台《存款保险法》。从法律上明确存款保险制度的职能定位、组织模式、运行规则及与金融安全网其他部分之间的协调机制等，建立功能完善、权责统一、运作有效的存款保险制度，为维护我国金融稳定和金融安全提供法律制度保障。

中国社会科学院

"十三五"时期的财税体制改革分析

一、"十二五"规划执行情况的简要梳理

"十二五"时期（2011—2015年），恰逢党的十八大和十八届三中、四中全会先后召开。这几次重要会议，对于财税体制改革均有相关甚至是系统的部署。因而，"十二五"时期的财税体制改革，除了"十二五"规划的约束之外，还受到党的十八大和十八届三中、四中全会的深度影响。特别是十八届三中全会《关于全面深化改革若干重大问题的决定》（以下简称《决定》），在将财政定位为"国家治理的基础和重要支柱"的同时，对财税体制改革从更高的层次、更广的视角进行布局，有力推动了"十二五"时期的财税体制改革。

随着《决定》对于财税体制改革作出系统部署，"十二五"规划有关财税体制改革的基本思路和具体内容发生了一些重要变化。如表1A部分所示，"十二五"规划所要求的全口径预算管理、中央对地方转移支付制度、省直管县财政管理制度改革、地方政府自行发债制度、预算编制和执行管理制度、预算公开、政府财务报告制度、营业税改征增值税、消费税改革等改革项目，均已经或将在2015年年底前实施。可以看到，多项改革均是在《决定》公布之后加速推进的。

表 1

"十二五"规划财税体制改革执行情况一览表

A. 已完成或基本完成的"十二五"规划改革要求

"十二五"规划要求	十八届三中全会要求	执行情况
实行全口径预算管理，完善公共财政预算，细化政府性基金预算，健全国有资本经营预算，在完善社会保险基金预算基础上研究编制社会保障预算，建立健全有机衔接的政府预算体系	实施全面规范、公开透明的预算制度	2010 年，政府性基金预算、国有资本经营预算首次列入全国人民代表大会审议和表决程序；2013 年全国社会保险基金预算提交全国人大审议。2014 年，新《预算法》以及国务院关于预算改革的文件，进一步细化了全口径预算改革的要求，自 2015 年开始实施。（新《预算法》、国发〔2014〕45 号《关于深化预算管理制度改革的决定》、财法〔2014〕10 号、财预〔2014〕368 号）
增加一般性特别是均衡性转移支付规模和比例，调减和规范专项转移支付	完善一般性转移支付增长机制。清理、整合、规范专项转移支付项目	改革方案和文件于 2014 年公布，2015 年启动改革。（新《预算法》、国发〔2014〕71 号《关于改革和完善中央对地方转移支付制度的意见》）
推进省以下财政体制改革，稳步推进省直管县财政管理制度改革	优化行政区划设置，有条件的地方探索推进省直接管理县（市）体制改革	财政省直管县改革已基本完成，部分地区（如新疆等地）未实施
建立健全地方政府债务管理体系，探索建立地方政府发行债券制度	允许地方政府发债。建立规范合理的中央和地方政府债务管理及风险预警机制	改革方案和文件 2014 年公布，2015 年启动改革。（新《预算法》、国发〔2014〕43 号《关于加强地方政府性债务管理的意见》、财预〔2014〕351 号）
完善预算编制和执行管理制度，强化预算支出约束和预算执行监督，健全预算公开机制，增强预算透明度	实施全面规范、公开透明的预算制度。审核预算的重点由平衡状态、赤字规模向支出预算和政策拓展	预算公开透明、推动预算绩效管理有明显进步。预算外资金已取消。出台多份文件要求加强财政支出预算执行管理以及盘活财政存量资金。十八届三中全会《决定》提出的改革思路较"十二五"规划有所拓展。相关改革方案和文件 2014 年公布，2015 年启动改革。（新《预算法》、国发〔2014〕45 号、财法〔2014〕10 号、财预〔2014〕368 号）
进一步推进政府会计改革，逐步建立政府财务报告制度	建立权责发生制的政府综合财务报告制度	2014 年已公布改革方案，2015 年启动改革。（新《预算法》、国发〔2014〕63 号《关于批转财政部权责发生制政府综合财务报告制度改革方案的通知》）
扩大增值税征收范围，相应调减营业税等税收	推进增值税改革，适当简化税率	2012 年上海市启动"营改增"试点，其后覆盖地域和范围不断扩大，预计 2015 年完成改革

续表

"十二五"规划要求	十八届三中全会要求	执行情况
合理调整消费税征收范围、税率结构和征税环节	调整消费税征收范围、环节、税率	2014 年已开始调整消费税征收范围和税率结构的改革，预计 2015 年还将继续调整。征税环节尚未调整
深化部门预算、国库集中收付、政府采购及国债管理制度改革		《决定》中未再强调。2015 年之前已启动部分零星改革。新《预算法》涉及此项改革任务，相关改革方案 2014 年已公布，2015 年开始实施。（新《预算法》、国发〔2014〕45 号）

B. 尚未完成的"十二五"规划改革要求

"十二五"规划要求	十八届三中全会要求	执行情况
在合理界定事权基础上，进一步理顺各级政府间财政分配关系，完善分税制	建立事权和支出责任相适应的制度，适度加强中央事权和支出责任。保持现有中央和地方财力格局总体稳定，进一步理顺中央和地方收入划分	《决定》明确了事权和支出责任划分的思路和方向，指出了中央地方财力划分的基本原则，具体方案尚在研究中，预计将在"十三五"时期公布
逐步建立健全综合与分类相结合的个人所得税制度，完善个人所得税征管机制	逐步建立综合与分类相结合的个人所得税制	未公布所得税改革方案。《税收征收管理法》修订工作正在进行中
研究推进房地产税改革	加快房地产税立法并适时推进改革	正在研究中
逐步健全地方税体系，赋予省级政府适当税政管理权限	深化税收制度改革，完善地方税体系	《决定》中的改革思路与"十二五"规划要求略有差异，目前未启动

C. 十八届三中全会《决定》提出的新改革要求

新改革要求	执行情况
建立跨年度预算平衡机制	相关改革方案已公布，正在实施。（新《预算法》、国发〔2014〕45 号、国发〔2015〕3 号《关于实行中期财政规划管理的意见》）
清理规范重点支出同财政收支增幅或生产总值挂钩事项，一般不采取挂钩方式	相关改革文件已公布，正在实施。（新《预算法》、国发〔2014〕45 号）
按照统一税制、公平税负、促进公平竞争的原则，加强对税收优惠特别是区域税收优惠政策的规范管理	相关改革文件已公布，正在实施。（新《预算法》、国发〔2014〕45 号、国发〔2014〕62 号《关于清理规范税收等优惠政策的通知》）
完善国税、地税征管体制	改革方案尚未公布
逐步提高直接税比重	参见个人所得税、房产税改革

资料来源：根据"十二五"规划、党的十八届三中全会《决定》以及财政部网站相关资料整理所得。

也可以看到，一些改革项目的推进并不尽如人意。如表 1B 部分所示，"进一步理顺各级政府间财政分配关系，完善分税制"、个人所得税改革、研究推进房地产税改革、"逐步健全地方税体系，赋予省级政府适当税政管理权限"等四个改革项目，虽在党的十八届三中全会《决定》中得以再强调，但迄今为止，尚未见到相关改革文件，预计到 2015 年年底前难以完成改革任务。

与此同时，如表 1C 部分所示，建立跨年度预算平衡机制、清理规范重点支出挂钩事宜、清理规范税收优惠政策、完善国地税征管体制、逐步提高直接税比重等五项改革任务，在"十二五"规划中未见提及，系十八届三中全会《决定》提出的新的改革任务。其中前三项在新《预算法》实施后将实质性地启动改革，国务院以及财政部也已专门出台文件布置相关工作。

总体看来，"十二五"规划所安排改革任务的执行情况，受到十八届三中全会《决定》的深度影响，其中主要任务将能够如期完成。从表 1 可见，在十八届三中全会召开之后，财税体制改革全面加速。2015 年开始实施的新《预算法》解决了多年来困扰财税体制的若干重大问题，国务院也已出台多项文件推动改革。已经启动或已完成的多项"十二五"规划列入的财税改革任务，大部分是在十八届三中全会之后实现的。"十二五"规划要求但尚未完成的几项改革，也在《决定》中得以强调。

可以预期，在"十二五"规划的基础上，"十三五"时期的财税体制改革还将受到《决定》的深度影响。

二、"十三五"时期财税体制改革的形势与任务

（一）"十三五"时期财税体制改革面临的形势

1. 十八届三中全会布局的新一轮财税体制改革贯穿始终

2014 年 6 月，中共中央政治局通过了《深化财税体制改革总体方案》（以下简称《总体方案》）。按《总体方案》要求，2016 年基本完成深化财税体制改革的重点工作和任务，2020 年各项改革基本到位，现代财政制度基本建立。《总体方案》设定的改革时间表，恰好贯穿"十三五"时期始终。由此可见，完成十八届三中全会布局的新一轮财税体制改革任务，实现现代财政制度基本建立的改革目标，将是"十三五"时期财税改革的中心工作。

需要注意的是，《总体方案》所描绘的新一轮财税体制改革，其影响力、涉及面、复杂性都超过以往的历次财税改革。概括起来讲，新一轮财税体制改革，是经济发展步入"新

常态"、致力于匹配国家治理现代化进程、立足于发挥国家治理的基础性和支撑性作用、以建立现代财政制度为标识的财税改革。[1]新一轮财税体制改革的这些特点，要求在"十三五"时期树立推进改革的新思维，处理好财政与国家治理体系建设、财政与经济、继承与创新等方面的关系。

2. 财政收支形势进入新常态

"十三五"时期，一般公共预算收入增速将进入个位数时代，全口径财政收入增长态势均不容乐观，而财政支出需求将继续增长，支出刚性份额继续增加。财政收支紧张态势，将是我国长期面临的新常态之一，也是"十三五"时期财税体制改革面临的重要约束条件。这一方面将为"十三五"时期推进财税体制改革带来压力，另一方面也要求将增强财政长期可持续性作为改革的重要目标。

在"十二五"时期，尽管国际金融危机的阴霾始终未能散去，但 2010 年和 2011 年我国的税收收入增长速度依然超过 20%。不过，从 2012 年起，税收收入增速逐步下滑到个位数。采用税种分解的思路分析 2010 年、2011 年两年税收高速增长的原因，可以发现，在中央层面，是进出口环节的税收超速增长，在地方层面，则是房地产相关税收的超速增长。与企业生产经营密切相关的主体税种如增值税、企业所得税等，对税收收入超速增长所起作用微乎其微。一定程度上，这两年税收高速增长是 2009 年经济刺激计划的副产品，2008 年之前我国依赖于增值税等主体税种高速增长的财政收入增长动力机制已经发生改变。

展望"十三五"时期，经济转向中高速增长将导致财政收入较低增长常态化，财政收入对 GDP 的弹性系数将回归 1 左右，财政收入增长将与 GDP 现价增速大体同步。与之同时，受房地产供需形势变化的影响，土地出让收入可能下滑；受经济增速的影响，其他类政府性基金收入增长也不容乐观；社会保险缴费收入增速下降，2014 年已出现缴费收入低于养老金支出需要，且年度缺口将不断加大。总体上看，全口径财政收入的各组成项增长态势均不容乐观，土地出让收入可能会大幅下滑。

从国际经验看，财政支出随着经济社会的发展进步呈刚性增长态势。在经济增速下降区间，反而有财政支出不断膨胀、财政收支矛盾加剧的趋势。"十三五"时期，我国经济增速进入中高速平台，但财政支出的各方面需求将越来越强劲，其中与个人直接相关的刚性

---

[1] 高培勇. 论国家治理现代化框架下的财政基础理论建设 [J]. 中国社会科学，2014（12）.

支出份额将继续增加。为保障和改善民生、推动经济发展方式转变、支持城镇化健康发展、应对人口老龄化挑战、深入推进体制改革等，都要求加大财政投入力度。其中，"保工资、保运转"支出、与居民利益直接相关的社会福利性支出，都属于刚性支出份额，无法消减。2013年，教育、社会保障与就业、医疗卫生三项社会福利性支出达4.47万亿元，占全国公共财政支出比重达32%。"十三五"时期，受人口老龄化以及社会保障事业发展的影响，这部分支出的份额还将继续增加。

3. 全口径预算管理的力度与国家治理现代化的要求不相适应

国家治理的现代化，需要将政府所有收支纳入预算管理，通过预算程序使人民代表机构能全面控制政府收支总量、结构和政策。只有实现预算体系的完整统一，才能全面反映政府对公民的受托责任。当前，我国已建立起以一般公共预算、政府性基金预算、社会保险基金预算、国有资本经营预算四本预算，全面反映政府收支的全口径预算管理制度。新《预算法》也已确认了改革成果，并提出了加强四本预算之间统筹力度的法律要求。这些改革从财政层面奠定了法治政府的基础，但着眼长远，似还有进一步改革的空间。

如表2所示，2013年中国全口径财政收入占GDP的比重已达33.1%，税收在全口径财政收入中的比重仅为59%。除税收外，在一般公共预算中还有非税收入占比为10%，此外还有政府性基金收入占比为5.86%、土地出让收入占比为10.65%、社保基金缴费收入占比为13.68%、国有资本经营预算收入占比为0.88%。这些均是全口径财政收入的组成项。

表2

2013年中国全口径财政收入规模及结构

项　目	金额（亿元）	占全口径收入比重	占GDP比重
一般公共预算收入	129 142.90	68.92%	22.81%
其中：税收	110 497.33	58.97%	19.52%
政府性基金收入	10 989.09	5.86%	1.94%
扣除征地和拆迁补偿后的土地出让收入（地方）	19 952.27	10.65%	3.52%
社保基金缴费收入（地方）	25 638	13.68%	4.53%
国有资本经营预算收入	1 651.36	0.88%	0.29%
全口径财政收入	187 373.62	100.00%	33.10%

资料来源：根据《财政统计摘要2014》提供的原始数据整理所得。其中社保基金缴费收入不包含居民养老基金缴费收入以及居民医疗基金缴费收入，具体数据来自：http://www.mof.gov.cn/zhengwuxinxi/caizhengxinwen/201410/t20141010_1147665.html。

现有的全口径预算管理制度，已经基本实现将所有政府收支的总量，以四本预算的方式向人民代表大会全面反映。但从国家治理现代化的要求来看，应实现各级人民代表大会在立法层面对同级政府所有收支的"全口径"控制，即财政统一。这即是说，所有政府收支都必须纳入"公共"轨道，由立法机构按照统一的制度规范审查和批准，政府的活动及其相应的收支才具备合法性。即使退一步，也应实现由财税部门代表政府在行政层面对所有政府收支实行"全口径"管理，按照统一的制度规范行使管理权和监督权。这是实现立法层面"全口径预算管理"的重要基础。[1]

按照"全口径控制"这一标准，我国的全口径预算管理无论是立法层面，还是行政层面均尚未实现。即便是新《预算法》，"将所有政府收支纳入预算"仍局限于理念层面，而尚未推进到包括所有政府收支的实践层面。预算管理程序改革的重点，主要集中在占全口径预算收入比重仅为69%的一般公共预算。即使是这一部分，以支出挂钩、专项资金等形式存在的支出碎片化现象也很严重。更何况大量的政府性基金为收支部门所控制，既未实现立法层面的全口径控制，也未有在行政层面全口径统筹的具体安排。这不能不说是一个极大的缺憾。

十八届三中全会《决定》以及新《预算法》所启动的改革，强化了不同预算之间的统筹，有助于缓解支出碎片化现象。但从"全口径控制"标准着眼，四本预算是否可以简化合并？其相互之间应当是什么关系？需要进一步研究。

4. 财政收入结构尚不具备现代财政制度的特点

在现代财政制度中，税收应是政府取得财政收入的主要形式。税收制度反映国家与纳税人之间的经济关系，税收制度应具备公平统一、依法运行、结构合理、调节有力等特点。在当前我国经济发展新常态的背景下，特别需要税收制度在收入分配、节能环保等方面发挥经济调节功能。对照这一要求，一方面，如表2所示，税收在全口径财政收入中的比重还较低；另一方面，税收制度本身、全口径财政收入体系的经济调节功能也非常不足。税收法治、构建公平统一的税收环境等方面缺陷明显。

仅就由18个税种所组成的现行税制体系而言，其中直接税占比仅25%左右，而间接税占比高达75%；93%的税收收入由企业缴纳，来自居民缴纳的税收收入占比很低；针对居民个人征收的财产税尚属"空白"。[2] 这表明，中国现行税制缺乏调节收入分配的手段。

---

[1] 高培勇. 中国财政政策报告 2008/2009：实行全口径预算管理 [M]. 北京：中国财政经济出版社，2009.
[2] 高培勇. 以税收改革奠基收入分配制度改革 [J]. 经济研究，2013（3）.

同时环境税尚未出台，资源税税率偏低；而以经济调节为主要功能的特别消费税，征收范围较窄，征收环节单一，税率结构欠优化等问题，也使其在节能环保、收入分配方面的调节作用较弱。

如按全口径财政收入来考察，如表3所示，我国对所得和收入征税的比重远低于若干大国以及OECD成员国平均值；对商品和劳务征税比重高于对照国家；社会保障税费低于部分对照国家；对财产征税反而高于对照国家。可以看出，大国之间的税制结构有所差异，但也存在一般规律。我国的社会保障税费比重低，反映社会保障事业发展不足。所得或收入征税属于能起调节收入分配功能的直接税，我国的比重偏低，反映税制体系调节收入分配功能不足。我国的土地出让收入实质上是由购房人承担，因此从筹集收入的角度看与房产税类似。但与发达国家保有环节的房产税相比，我国的土地出让收入反而恶化了收入分配。越是低收入人群，在房价不断上涨的背景下，无论是以相对值还是单位绝对值衡量，其承担的实际税负反而更高。因此，我国加上土地出让纯收入后的对财政征税比重高，并非有利于调节收入分配，反而是恶化了收入分配。

表3

2012年若干大国全口径财政收入结构   单位：%

国家	所得或收入征税		商品和劳务征税		社会保障税费及工薪税		财产征税	
	占总收入比重	占GDP比重	占总收入比重	占GDP比重	占总收入比重	占GDP比重	占总收入比重	占GDP比重
美国	47.9	11.7	17.9	4.4	22.3	5.4	11.8	2.9
德国	30.4	11.1	28.8	10.4	38.3	13.9	2.4	0.9
墨西哥	26.3	5.2	54.5	10.7	16.5	3.2	1.5	0.3
法国	23.7	10.4	28.8	10.8	40.6	17.9	8.5	3.8
英国	35.6	11.8	32.9	10.9	19.1	6.3	11.8	3.9
韩国	29.9	7.4	31.2	7.7	25.0	6.2	10.6	2.6
日本	31.1	9.2	18.0	5.3	41.6	12.3	9.1	2.7
OECD平均	33.6	11.4	33.2	10.8	27.3	9.4	5.5	1.8
中国	17.2	5.7	42.48	14.05	13.7	4.5	14.04	4.6

资料来源：OECD成员国数据来自于OECD（2014）：Revenue Statistics 2014。中国数据为2013年数据，基础数据来源同表2。其中，中国的**所得和收入征税**包括个人所得税、企业所得税、土地增值税；**商品和劳务征税**包括增值税、消费税、进口货物增值税和消费税（扣除出口退税）、营业税、城建税、资源税、关税、烟叶税、非税收入中的专项收入、政府性基金收入（不包含土地出入收入）；**财产征税**包括房产税、车船税、车辆购置税、城镇土地使用税、扣除征地和拆迁后的土地出让收入；**社会保障税费及工薪税**即表2中的城镇职工五项社会保险的缴费收入。

税收优惠政策也是发挥税制体系经济调节功能的重要手段。但在我国，区域性税收优惠政策、行业性税收优惠政策繁多，制定这些政策的目的也并非仅是促进公平、促进创新、节能环保等，更多的是区域之间、产业之间竞相比拼的结果。除正式税制体系中的税收优惠政策之外，一些地方政府和财税部门还通过税收返还、财政补贴等方式变相减免税，制造 "税收洼地"。这些问题的存在，不仅没有发挥有益的经济调节功能，反而严重影响了公平统一的市场环境。

5. 中央与地方财政关系有待理顺

处理好中央地方关系，是我国国家治理现代化进程的关键问题。财政关系是中央地方关系的基础，也是历史上调节中央地方关系的主要手段。1994 年分税制改革改变了中央地方的财力分配关系，近年来引起社会的广泛讨论，通俗的说法是 "中央事少钱多，地方钱少事多"。但如果以大国横向比较的视角来分析，中国的情况应当是 "中央钱不多，事太少"。事权划分及支出责任的分配领域的改革滞后，导致政府职能行使不畅，转移支付比重过大、管理混乱。

如表 4 所示，法国、英国、韩国是单一制国家，美国、德国、墨西哥是联邦制国家，但各国 2012 年中央政府的财政收入比重均超过 50%，而中国 2012 年中央政府公共财政收入占全国的比重仅为 47.91%。在中央政府财政支出比重方面，其他国家中央支出比重均超过 50%，远高于中国的 14.9%。以中央地方政府债务余额比重来观察，我国地方债务余额占 GDP 比重为 20.64%，高于中央的 15.3%。总体上看，虽然中国是单一制国家，但无论是中央地方财政收入的划分，还是支出的划分，政府债务余额的分布，都更接近于联邦制国家，甚至比联邦制国家更为分权。如将一般公共预算收支以外的政府收支加入考察，这一问题更为严重。

表 4

2012 年各国中央地方财政收支、转移支付和债务数据　　　　单位：%

国家	中央收入占总收入比重	中央支出占总支出比重	中央转移支付占总支出比重	中央债务余额占 GDP 比重	地方债务余额占 GDP 比重
美国	54.63	52.84	7.37	81.04	22.94
德国	64.55	60.92	3.52	56.99	32.25
墨西哥	83.98	56.22	21.77	—	—
法国	84.16	79.82	5.43	103.77	10.12

续表

国家	中央收入占总收入比重	中央支出占总支出比重	中央转移支付占总支出比重	中央债务余额占GDP比重	地方债务余额占GDP比重
英国	90.76	74.35	14.6	99.33	5.94
韩国	82.42	58.72	19.08	36.43	1.23
中国	47.91	14.9	36.01	15.3	20.64

资料来源：中国数据系采用《财政统计摘要 2014》以及审计署 2013 年第 32 号公告《全国政府性债务审计结果》中原始数据计算所得。其中，地方政府债务是将政府承担担保责任、可能承担救助责任债务折算后，与政府承担偿还责任债务加总所得。其他国家数据来自于 OECD 国家财政分权数据库：http://www.oecd.org/ctp/feder-alism /oecdfiscaldecentralisationdatabase.htm.

　　如将政府职能划分为维护市场统一的政府基本职能、社会福利职能、促进经济发展职能，则在现代发达国家，司法、市场监管等政府基本职能侧重于上级政府，社会福利职能视管理信息复杂性有所不同，但大部分也集中在中央，经济发展职能则侧重于地方。但即使与分权度较高的联邦制国家相比较，我国政府间财政关系的突出特点是中央负责的事务太少，基本沿袭由中央掌握决策权，事务的具体执行权及支出责任由地方承担的分权模式。其根源是 1994 年的分税制改革及其后的改革，基本未涉及事权划分的改革；2003 年以来多项重大民生福利项目的出台，政府事权划分采取一事一议的方式处理，维系过去的分权模式。由此带来的一个问题是，我国中央政府转移支付占全国财政总支出的比重远高于其他国家，达到 36.01%（见表 4）。转移支付的制度设计也存在问题：具有均等化功能的一般性转移支付规模偏小，指定用途的专项转移支付比重高、项目繁多、交叉重复，导致中央部委过多干预地方事权，地方财政自主权下降。

（二）"十三五"时期财税体制改革的主要任务

　　"十三五"时期的深化财税体制改革，是实现"完善和发展中国特色社会主义制度、推进国家治理体系和治理能力现代化"这一全面深化改革总目标的关键环节。改革的总目标是：到 2020 年初步建立现代财政制度，即建立统一完整、法治规范、公开透明、运行高效，有利于优化资源配置、维护市场统一、促进社会公平、实现国家长治久安的可持续的财政制度。为此，需要全面贯彻落实党的十八大和十八届二中、三中、四中全会精神，坚持处理好政府与市场的关系、发挥中央和地方两个积极性、兼顾效率和公平、统筹当前利益和长远利益、总体设计与分步实施、协同推进各项改革的基本原则，按照"完善立法、明确事权、改革税制、稳定税负、透明预算、提高效率"的思路，积极进取、稳步推进改革。

改革的主要任务包括三个方面。其一，改进预算管理制度，加快建立全面规范、公开透明的现代预算制度。包括统筹各方力量，确保新《预算法》及各项相关改革的顺利实施；顺应国家治理现代化的新要求，研究进一步理顺预算管理体系的方案；重视社会福利性支出的预算管理，提升财政可持续性。其二，完善税收制度，建立有利于科学发展、社会公平、市场统一的税收制度体系。包括确保及时、平稳、高效完成《决定》提出的税制改革任务，提高税收的经济调节功能；坚持全口径管理思维，将非税收入纳入改革视野，清费正税，使政府收入结构逐步与成熟市场经济国家接轨。其三，调整中央和地方政府间财政关系，构建有利于发挥中央和地方两个积极性的财政体制新格局。包括合理划分中央地方事权和支出责任，以效率和公平为标准调整收入划分方案，优化转移支付结构与管理，逐步实现中央和地方财政关系的法治化。

三、预算制度改革及财政支出结构调整

预算制度改革是新一轮财税体制改革的重点和基石，也是党的十八届三中全会之后推进速度最快的一项改革。到目前为止，新《预算法》已于 2015 年开始实施，国务院已颁布多份文件推动改革与新《预算法》的实施。"十三五"时期，首先要统筹各方力量，确保新《预算法》及各项相关改革的顺利实施；其次要顺应国家治理现代化的新要求，研究进一步理顺预算管理体系，弥补新《预算法》的缺憾；最后是重视社会福利性支出的预算管理，提升经济发展新常态下的财政可持续性。

（一）确保新《预算法》及各项改革任务的有效落实

"十三五"时期，预算管理领域首要的改革任务是落实党的十八届三中全会相关决定，确保新《预算法》及相关各项改革措施的有效实施，加快建立全面规范、公开透明的现代预算制度。按照新《预算法》以及已出台的国务院、财政部等各项文件，改革的任务主要包括：建立透明预算制度，除涉密信息外，所有政府、部门预决算，专项转移支付均应细化公开；完善政府预算体系，加大四本预算之间的统筹力度；清理规范重点支出挂钩制度，避免财政支出政策碎片化；改进年度预算控制方式，公共预算审核重点由平衡状态、赤字规模向支出预算和政策拓展，建立跨年度预算平衡机制，实行中期财政规划；完善转移支付制度，让一般性专项支付和专项转移支付归位，增加一般性转移支付比重；加强预算执行管理，盘活财政存量资金，提高财政资金效率；规范地方政府债务管理，防范和化解债务风险。

落实各项改革任务均涉及错综复杂的利益关系，是对各级政府和部门既有工作模式，乃至对既有国家治理模式的挑战。为克服改革遇到的阻力，需要明确改革的宏观思路。一是坚持顶层设计与基层试验相结合，在正确方向指导下激发各方改革活力；二是坚持问题导向思维，研究推出各项改革的具体政策措施；三是注重改革的协调性，明确预算改革与整体改革之间的协同关系，预算改革各项任务之间的逻辑顺序、主攻方向，确保各项改革形成合力；四是坚持整体推进和重点突破的改革思路，以重点突破带动整体推进，以整体推进支持重点突破。

推进各项改革的有效实施需要统筹各方力量。一是按照国家治理现代化的要求，强化全国人民代表大会预算管理能力。具体措施是适应新《预算法》的改革要求，增加全国人民代表大会常务委员会预算工作委员会（以下简称人大预工委）以及地方各级人大相关部门的人、财、物。二是要加强财政部门的宏观统筹力量，加强政策研究。三是加强审计部门的作用，发挥其在查找问题、独立分析、推进改革方面的独特优势。

（二）加强公开透明、绩效导向对预算改革的推动作用

透明预算以及强化预算管理的绩效导向，是《决定》以及新《预算法》确定的重要改革方向。两者既是改革重点任务，又是其他各项预算改革的重要推动力。"十三五"时期，应将公开透明以及全过程预算绩效管理作为预算改革的抓手，利用其反作用力推动各项改革任务的落实。

"透明预算"是现代财政制度的一个重要特征，也是国家治理体系和治理能力现代化，推进依法治国，打造法治政府、阳光政府的题中应有之义。预算改革的目标是建立"全面规范、公开透明"的现代预算制度。不论是哪样一种政府收支，也不论是由哪一个部门或地区管理的政府收支，都要全面纳入预算管理，且都要按照公共收支的理念和规则加以管理。实现"透明预算"需要以预算公开为基础，公开透明的预算有助于全社会共同来查找发现问题，对各级政府和部门形成改革压力，进而有助于加快建立全面规范的预算管理制度。

"十三五"时期，打造"透明预算"的主要任务有：一是坚持全口径预算管理思维，制定包括四本预算在内的公开透明的时间表和路线图；二是细化政府预决算公开内容，除涉密信息外，政府预决算支出全部细化公开到功能分类的项级科目，专项转移支付预决算按项目按地区公开；三是扩大部门预决算公开范围，细化部门预决算公开内容，中央和地方所有使用财政资金的部门均应公开本部门预决算，公开内容应到基本支出和项目支出；四是按经济分类公开政府预决算和部门预决算；五是积极推进各级政府债务公开，政府综合

财务报告公开，预算绩效信息公开，财税政策与规章制度公开。

绩效导向是指以支出结果为导向的预算管理模式，是现代财政制度的发展方向。预算管理制度改革的根本目标是提升公共资金使用绩效。强化预算管理的绩效导向，既能推动政府部门不断改进服务水平和质量，又能暴露预算管理制度方方面面的问题。我国已推行全过程预算绩效管理制度，新《预算法》也提供了法律支持。"十三五"时期，应全面推进预算绩效管理，构建覆盖所有财政性资金，贯穿预算编制、执行、监督全过程，实现"预算编制有目标、预算执行有监控、预算完成有评价、评价结果有反馈、反馈结果有应用"目标的管理机制。以绩效问责倒逼改革。

（三）强化四本预算的全口径控制，研究编制综合预算

新《预算法》以及国发〔2014〕45号文等相关文件已要求，明确一般公共预算、政府性基金预算、国有资本经营预算、社会保险基金预算的收支范围，建立定位清晰、分工明确的政府预算体系，政府的收入和支出全部纳入预算管理。还要加大政府性基金预算、国有资本经营预算与一般公共预算的统筹力度，建立将政府性基金预算中应统筹使用的资金列入一般公共预算的机制，加大国有资本经营预算资金调入一般公共预算的力度。加强社会保险基金预算管理，做好基金结余的保值增值，在精算平衡的基础上实现社会保险基金预算的可持续运行。

"十三五"时期，应制定具体方案和切实措施，确保各级政府都能将上述改革要求落到实处。还应从强化所有政府收支全口径预算控制的目标出发，研究制定如何在现有四本预算的基础上简化合并，最终实现立法层次的统一控制。在发达国家，因社会保险基金管理上的特殊性，政府预算一般分为普通预算和社会保险基金预算两类，同时要编制全面反映政府收支状况的综合预算。鉴于现实国情，我国可分步推进、逐步实现这一目标：

其一是落实已出台改革政策的要求，加大政府性基金、国有资本经营预算统筹或调入到一般公共预算的力度。

其二是在现有框架下编制政府综合预算，全面反映政府的收支行为。

其三是将国有资本经营预算合并到一般公共预算，国有资本收益上缴比例不断提高，并全部纳入一般公共预算，国有资本所需支出从一般公共预算安排。

其四是逐步清理政府性基金，逐步将各类政府性基金预算合并到一般公共预算。

其五是取消国有资本经营预算和政府性基金预算，形成一般公共预算加社会保险基金预算的两本预算体系，同时编制综合预算。

（四）研究编制资本与债务预算，防范财政风险

规范地方政府债务管理，既是建设现代财政制度的重要组成部分，又与宏观经济、财政风险紧密相关，是"十三五"时期预算改革的重点和难点。当前我国已推出地方政府债务管理的一系列制度，包括增量上规范的地方政府举债融资机制，存量债务的处理机制，地方政府债务的规模控制和预算管理制度，地方政府性债务风险预警与防范机制等。"十三五"时期，有效落实这些改革任务，建立"借、用、还"相统一的地方政府债务管理制度，满足地方政府合理投资需要，尚有很多难题有待解决，相关配套政策亟待推出。一是如何根据债务风险状况、宏观经济形势等，合理确定地方政府发债规模，并在各地区间合理分配。二是如何设计地方政府债务风险评估和预警机制、应急处置机制以及责任追究制度，并使其取得实效。三是如何分类处置大规模存在的融资平台公司，分清有关债务责任。完成这项工作难度不小。四是如何设计 PPP 模式，有力推动社会资本进入基础设施建设领域。五是如何建立健全地方财政收支体系，这实际上是打造健全的地方政府债务人人格、实现地方政府债务良性循环的基础。

地方政府债务风险广受关注。但在我国基础设施建设尚处于高峰期的国情下，允许地方政府举债融资非常有必要。控制地方政府债务规模和风险，必须要和控制基础设施建设类资本支出的规模和风险结合起来。按现有制度规定，地方政府债务将分为一般债和专项债，分别纳入一般公共预算和政府性基金预算。尽管目前摆脱不了这种惯性轨道，但从长远看，这种制度安排不利于从整体上分析、控制资本性支出和举债融资的规模、结构。为此，"十三五"时期应研究制定单独编制资本支出和债务预算制度，即将所有政府债务和资本性支出综合起来，编制在一本预算中，以便于从整体上控制各级政府的资本性支出和对应政府债务的规模和结构，分析其必要性、效益和风险。

（五）调整支出结构，建立社会福利支出适度增长机制

国际经验表明，随着经济的发展，财政支出结构中社会福利性支出比重越来越高，经济建设性支出比重逐步降低。"十三五"时期，既是我国建设现代财政制度的关键时期，与此同时，随着经济和社会保障事业的不断发展，也将成为社会福利性支出不断提高、财政支出结构逐步向发达国家靠拢的重要时期。财政支出结构的调整是现代财政制度的自然结果，现代财政制度应当使财政支出安排符合人民期望的方向。

从现状看，我国一般公共预算中民生福利性支出的比重已经较高。但如以全口径财政

支出来衡量，支出结构上经济建设色彩依然突出，社会福利性支出比重偏低。2012 年，中国全口径财政支出中经济建设支出的比重为 38.67%，远高于 OECD 成员国中发达国家 10% 左右的水平，而医疗卫生、社会保障就业、教育等社会福利支出的比重为 40.51%，较 OECD 成员国 60%～70% 的比重低 20 个百分点以上。[1] 由此可以预见，未来一段时期将是我国社会福利支出快速增长的时期。社会福利性支出比重不断提升，也是符合我国发展需要的调整方向。

拉美国家的"中等收入陷阱"以及近期的欧债危机均表明，社会福利水平过高或缺乏制度上的制约，不利于经济发展以及福利水平的长期改善。在社会福利支出快速增长时期，需要建立科学设计且严格执行的制度，以期在财政可持续的基础上不断提升社会公平。为此，需要在预算安排上建立社会福利支出适度增长机制，还要抓紧改善社会保障等领域的制度设计，避免"福利养懒汉"，提升社会福利体系建设对经济发展的积极影响；以教育、就业支持项目为重点，加强绩效评估，以强化激励为导向改善制度设计；加强基本养老和基本医疗保险基金的中长期收支分析，将短期内的政策调整与长期的资金平衡结合起来，确保基金财务的长期可持续性。

四、税收制度及政府收入体系改革

税收及其他类政府收入，担负着为财政乃至政府执政筹集稳定资金来源的基本任务。在现代国家治理体系中，还要充分发挥税收制度以及政府收入体系的经济调节功能，使其有利于科学发展、社会公平和结构优化。党的十八届三中全会《决定》中提出了优化税制结构、完善税收功能、稳定宏观税负、推进依法治税的改革思路，部署了"六税一法"以及清理规范税收优惠政策的改革任务。"十三五"时期的税收制度以及政府收入体系的改革，首先要确保及时、平稳、高效完成《决定》提出的改革任务，提高税收的经济调节功能；其次要坚持全口径管理思维，将非税收入纳入改革视野，清费正税，使政府收入结构逐步与成熟市场经济国家接轨。具体说来，有以下四点重要任务。

（一）科学设计、分步实施、协同推进"六税一法"改革

十八届三中全会《决定》部署的"六税一法"改革，即增值税、消费税、个人所得税、

---

[1] Wang Dehua，The Size and Structure of China's Full-covered Fiscal Expenditure，China Finance and Economics Review，forthcoming.

房产税、资源税、环境税六个税种，以及《税收征收管理法》的改革，是"十三五"时期税制改革领域的重点工作。为此，首先要以"优化资源配置、促进社会公平"为判断标准，科学设计各项改革的具体方案，实现提高直接税比重的改革目标；其次要注意和全面深化改革各项任务、宏观经济形势等之间的协调关系，安排好各项税制改革的先后顺序。

增值税的改革目标是增强税制的中性特征，建立全面覆盖的、规范的消费型增值税税制。到"十二五"期末，应全面完成"营业税改征增值税"的改革，将"营改增"的范围逐步扩大到生活服务业、建筑业、房地产业、金融业等，同步取消营业税。"十三五"时期，增值税改革的重点是优化税制设计，包括实现向消费型增值税的完全转型、简化合并税率结构、清理规范增值税领域的税收优惠三项改革。国际上通行的消费型增值税，主要特征是企业的固定资产投资进项税可以纳入抵扣范围。2009年的增值税转型改革，解决了机器设备类固定资产投资进项税纳入抵扣范围的问题，但房屋建筑物投资进项税尚未纳入抵扣范围。实现这一改革有两种思路可以选择：一是在建筑业实现"营改增"改革之后，允许企业的房屋建筑物投资包含的进项税纳入增值税抵扣链条；二是机器设备投资进项税抵扣比例从当前的1倍扩大到1.5倍的思路，按照宏观数据测算，这一思路可实现与房屋建筑物投资进项税抵扣同等减税效果，同时有利于鼓励企业走上技术更新、结构转型的发展道路，还能根据宏观经济形势的需要随时启动，无须等待建筑业"营改增"完成。按照税制理论分析，税收中性是增值税的突出优点，由此要求税率尽可能单一、免征或零税率范围尽可能小。在"营改增"完成之后，我国增值税基本税率已达四档，不利于优化市场配置资源功能的发挥。为此，在"十三五"时期，还应适时启动将基本税率从四档合并到两档的改革，同步清理各类税收优惠，减少免征或零税率适用范围。考虑到改革的社会接受度，可将起减税作用的增值税全面转型改革，与起增税作用的合并税率、清理税收优惠改革同步推进。

消费税、资源税以及环境保护税的改革目标是优化税制，增强税制的经济调节功能，充分体现资源、环境的稀缺价值。如果说增值税改革重要的原则是维持市场中性、避免市场扭曲的话，那么，消费税、资源税以及环境保护税改革就是要充分发挥其税制的扭曲作用，以纠正市场经济的负外部性。

按照这一思路，"十三五"时期消费税改革的主要任务，是在已部分完成改革的基础上，进一步调整征税范围、税率结构和征收环节。重点是将高耗能、高污染产品以及部分高档消费品、部分高档服务纳入征收范围，或者提高其税率，以发挥消费税在节约能源、环境保护和调节收入分配方面的功能。适应人们收入水平提高、消费结构已经发生变化的现实，将部分已成为正常消费品的应税产品从征税范围中剔除，或降低税率。将部分消费税征收环节从生产环节后移到批发零售环节。这是党的十八届三中全会确定的改革思路，其目的之一，是与中央地方财力重新划分的财政体制改革相配套。

"十三五"时期资源税改革的目标是在对石油、天然气和煤炭实行从价计征的基础上，进一步扩大适用范围，特别是在水流、森林等资源生态空间，全面推行从价计征改革。

"十三五"时期，应着力推进以环境保护税替换排污费的改革。改革的重点和难点是综合考虑环境实际治理成本、环境损害成本和收费实际情况等因素合理设计税制和税率。可考虑结合国际经验，将大气污染物、水污染物、固体废物、噪声以及二氧化碳排放等都纳入征收范围，将排放量作为主要计税依据。加快环境保护税立法，开征环境保护税并替代排污费。

个人所得税以及房地产税的改革，担负着逐步提高直接税比重、优化税制结构和收入分配格局的任务。改革需要注意充分体现量能负担的原则，注重征管条件的配套，税制设计应有利于强化征管。同时，还要注意与"营改增"为代表的间接税改革相衔接——抓住"营改增"实现较大幅度减税、间接税比重有所降低、为直接税比重提高腾挪出必要空间的契机，适时启动个人所得税和房地产税的改革。

个人所得税改革的目标是，逐步建立健全综合与分类相结合的个人所得税制度。可从"小综合"起步，合并部分税目，根据征管条件的改善不断推进到"大综合"。在合理确定综合所得基本减除费用标准的基础上，适时增加专项扣除项目。合理确定综合所得适用税率，优化税率结构，可考虑适度加大分档区间，最高档边际税率略有下降。

房地产税改革的目标是，加快推进房地产税立法，开征居民保有环节的房地产税收，统筹设置房地产建设、交易和保有环节的税负水平。可考虑对居住住房设定一定的区域校正人均免征面积，对所有经营性房地产和个人住房统一开征房地产税，按房地产评估价值确定计税依据。

个人所得税以及房地产税的改革，需要加快构建面向自然人的税收征管服务体系作为配套。为此，一方面，需要加快《税收征收管理法》的修订进程，建立第三方涉税信息报告制度，逐步实现法人、非法人机构、自然人之间税收征管的均衡布局，确保税务部门依法有效实施征管。另一方面，考虑到两个税种所涉及的征管条件差异，可本着先个人所得税、后房地产税的次序，由流量环节的自然人入手，再到存量环节的自然人税，循序渐进。

在"六税一法"的改革顺序时间表设计上，应注意与配套条件、涉及范围以及外部宏观环境的协调，既要敢于啃骨头，又要注意节奏。首先应积极推动《税收征收管理法》的修订工作。在六个税种改革顺序上，应先易后难，注重减税改革和增税改革的搭配。"营改增"优先推进，同步推动消费税改革；资源税改革与增值税全面转型可同步推进；综合与分类相结合个人所得税税制改革，应积极推动，尽快实施；房地产税以及环境保护税均应立法与改革同步，考虑到房地产市场形势及环境保护税税制设计的难度，两者的改革可安排在"十三五"后期。

（二）优化政府收入体系结构

现代国家的财政制度，筹集财政收入应主要依赖于正式的税收。目前税收收入占全口径财政收入的比重不足60%，是在财政收入端困扰我国国家治理现代化的重要问题。"十三五"时期，应与预算体系改革相配套，优化政府收入体系结构，着力推动非税收入向税收收入转化的改革，将税收收入占全口径财政收入的比重提升到70%以上。改革的重点是清理政府性基金收入，一般公共预算中的专项收入和行政事业性收费，并实现社会保障"费改税"。

我国的各类政府性基金，是在特定历史条件下，按照国家规定程序批准，向公民、法人和其他组织征收的具有专项用途的资金，包括各种基金、资金、附加和专项收费等。从性质上看，除土地出让收入之外，大部分政府性基金收入，以及专项收入应属于特别消费税。"十三五"时期，可逐项分析各类政府性基金以及专项收入，予以清理规范。如具备纠正外部性的经济调节功能，则改列入消费税征税范围；如不具备经济调节功能甚至起相反左右的，可考虑取消，相关支出如需要安排从一般公共预算支出。结合简政放权，清理规范行政事业性收费，需要保留的予以保留。

"十三五"时期，要研究推进社会保障"费改税"的实施方案，提高社会保障筹资的强制性和规范性，重点是现行的五项职工社会保险缴费。一种思路是结合社会保障体制改革，将五项职工社会保险缴费改征社会保障税，缺陷是可能加重中小企业负担。另一种思路是参考最新国际经验，开征"社保增值税"替换部分社会保险缴费，具体是降低社会保险缴费（如职工养老保险）10~15个百分点，相应提高增值税基准税率2~3个百分点，将其增加的收入全部用于社会保障支出。这种思路的优点是可降低企业和就业者的劳动税负，有利于促进就业、促进贸易以及优化收入分配。

（三）推进税收法治化进程

推进税收法治化，不仅是建立现代财政制度的必要条件，也是落实党的十八届四中全会"依法治国"精神和十八届三中全会"税收法定"原则的必然要求。税收涉及每个人的利益，社会关注度高，因此税收法治化是财政法治化的优先事项。当前我国仅有三个税种立法，推进税收法治压力很大。"十三五"时期，应在处理好改革与立法之间的协调关系的基础上，安排好立法顺序，积极推进税收法治化进程，力争税收立法5~10部。

当前，我国推进财税领域的改革，主要法律依据是 20 世纪 80 年代全国人大对国务院的授权，大部分由国务院直接颁布推动相关改革文件。这种改革方式，特别在税收领域的改革，引起了社会上较多的讨论。"十三五"时期，将是大力推进"依法治国"的关键时期，财税改革也要提升法治思维。首先，要发布税制改革总规划，明确各税种改革的基本目标和框架，明确各税种立法的规划，向社会公布，这是改革法治思维的重要体现。其次，要确定基本的原则，凡是新推出的税种，如居民房地产税、环境保护税等，均应改革与立法同步，法律实施之日就是改革启动之时。再次，对已经征收税种的改革，也要积极立法。视情况不同，可以先改革后立法，以法律巩固改革成果，也可以改革和立法同步，以法律提高改革的权威性。最后，对"十三五"时期未纳入改革视野的税种，也应积极立法。

（四）构建税式支出制度，将税收优惠纳入预算管理范围

按照《决定》、新《预算法》以及《关于清理规范税收等优惠政策的通知》（国发〔2014〕62 号）的要求，清理规范税收优惠政策的改革已经启动。"十三五"时期，不仅要按照相关法律和文件要求，继续强化税收优惠政策的清理规范工作，巩固改革成果，更重要的是推动相关制度建设，构建税式支出制度，将税收优惠纳入到预算管理范围。

我国现实的税收优惠几乎涉及所有税种，产业税收优惠政策以及区域税收优惠政策繁多，"税收洼地"遍及各个产业和各个区域。这一状况出现的原因，除前期控制不严之外，也与缺乏一个统一的制度来管理税收优惠有关。为此，"十三五"时期，应学习成熟市场经济国家的做法，构建税式支出制度，使税收优惠的作用及其丧失的税收收入显性化，纳入预算管理程序。所谓税式支出，即是将税收优惠政策导致的税收损失看作一种隐性的财政支出。所谓税式支出制度，就是测算每项税收优惠政策所导致的税收损失，编列按税种和按政策目标的预算，一般作为正式预算报告的附录。构建税式支出制度，有助于将税收优惠政策的成本和效益公开透明，有助于从制度上规范管理税收优惠政策。

五、财政体制改革

党的十八届三中全会已经在"发挥中央和地方两个积极性"的旗帜下，将财政体制改革作为新一轮财税体制改革的重点任务，明确了改革的目标是建立事权与支出责任相适应的制度，同时要求稳定中央地方收入分配格局，调整收入分配方式。不过，目前除转移支付制度的改革方案之外，财政体制改革的具体方案尚未推出。可以预期，这将是"十三五"时期财税体制改革领域的重头戏。

（一）合理划分事权和支出责任

合理划分中央地方间事权和支出责任，既是建立现代财政制度的基础问题，又是国家治理模式现代化的重要支撑。党的十八届三中全会《决定》已确立改革的基本方向，即建立事权和支出责任相适应的制度，主要是把中央应该管理的事务管起来，对地方事权充分简政放权。设计具体的改革方案，实现《决定》提出的改革方向，将是"十三五"时期财政体制领域改革的首要问题。合理划分事权和支出责任，改革效果在财政上的体现主要是实质性的大量减少专项转移支付；在行政上的体现就是上下"职责同构"现象弱化，中央公务员比重增加。

事权划分领域，首先要科学划分政府与市场的分界，再是按照政府基本职能、社会福利职能、经济发展职能三个维度明确中央和地方的分工。具体说来，在维护市场经济体制运转的基本政府职能方面，尤其是保护财产权利和维护契约方面要突出中央的职能，以避免地方保护主义，提升社会公正度，促进统一市场形成。比如，按照党的十八届四中全会精神，要设立国家巡回法庭，还要突出食品安全监管、环境等领域的中央直属监管职能。在社会福利职能方面，应根据具体事权的管理复杂程度以及外部性程度分别处理。这涉及劳动力的自由流动和收入再分配的基本养老保障，应主要由中央直接管理；医疗保险和医疗机构的运转等，主要由地方管理。流动人口子女义务教育应由中央统一制定最低标准，并提供对应部分的转移支付，钱随人走，流入地政府担负主管责任。经济发展领域的基础设施建设和产业支持政策，事权划分应稳定下来，分级负责。中央不应再以专项转移支付的方式支持地方基础设施建设和产业发展。

中央和地方支出责任划分及实现方式的总体思路是：分级事权应分级担负支出责任；公共事权可共同担负支出责任；中央事权可部分采取转移支付的方式委托地方承担。特别要注意的是，对于地方事权，要控制中央各部门以专项转移支付的方式干预地方。

从现实情况看，在中央层面，各相关政府职能部门不愿意承担具体执行职责，而愿意保留以专项转移支付或审批制度干预地方的权力。在地方政府层面，则不愿意放弃具体执行的权力。双方都缺乏进行事权关系调整的激励。考虑到中央部委和各级地方政府均缺乏动力改变当前事权划分现状，可设立一个权威议事机构承担设计方案任务。

（二）以效率和公平为标准调整收入划分方案

党的十八届三中全会《决定》提出："保持现有中央和地方财力格局总体稳定，结合税制改革，考虑税种属性，进一步理顺中央和地方收入划分。"这是调整收入划分方案的总体原则。在现实层面，由于 2015 年"营改增"即将完成，原 100％属于地方税的营业税，将被仅 25％属于地方的增值税完全替代，由此地方政府将产生约 1.5 万亿人民币的财力财权缺口。当前采取的过渡性安排政策，即原来缴纳营业税的企业在"营改增"之后的增值税依然归之于地方，不过是一种权宜之计，不可持续。如何按照"保持现有中央和地方财力格局总体稳定"的要求，设计具体的收入划分调整方案并取得各方共识，弥补地方政府的财力财权缺口，将是"十三五"时期的重要改革任务。

理论上，应将收入周期性波动较大、具有较强再分配作用、税基流动性较大、易转嫁的税种划为中央税，或中央分成比例多一些；将其余税种划为地方税，或地方分成比例多一些，以充分调动中央地方两个积极性。[1]在现实中，除居民房地产税等少数税种之外，符合以上理论特点且能够留给地方政府的税种并不多。[2]按照"保持现有中央和地方财力格局总体稳定"的要求，需要维持中央与地方 50：50 的基本分配格局。因此，采取税种完全划分与税种分成相结合的思路是一个必然选择。

具体方案设计上，可考虑调整增值税分成比例、部分消费税征税环节后移并划为地方税、启动居民房地产税并划为地方税等相结合的思路。如可考虑将增值税中央地方分成比例，由现有的 75：25，改为 60：40。但是各个地方所获得税收的具体分配公式应发生改革，不应完全按照现有当地所缴税收划分收入的模式，应在其中加入常住人口等指标。由此可实现维持现有财力分配格局，但重构地方发展激励的改革目标。

（三）优化转移支付结构与管理，逐步法治化

按照已出台的《关于改革中央对地方转移支付制度的意见》国发〔2014〕71 号，转移支付制度改革已经成为财政体制领域率先启动改革事项。改革的总体目标是压缩转移支付规模，调整转移支付结构，完善转移支付分配方式和管理方式。"十三五"时期，要切实落实国发〔2014〕71 号文所要求的改革，在改革取得一定成效后应积极推动转移支付立法。

压缩转移支付规模，主要依赖于中央与地方事权的合理划分。按照党的十八届三中全会《决定》的意图，在维持现有财力分配格局的前提下，中央承担更多事权和支出责任，

---

[1] 楼继伟. 深化财税体制改革，建立现代财政制度 [J]. 求是，2014（20）.

[2] Richard M. Bird, "Tax Assignment Revisited" in John Head and Richard Krever, eds., Tax Reform in the 21st Century（New York：Wolters Kluwer, 2009）, pp. 441~70.

则转移支付规模应当能获得有效压缩。

调整转移支付结构，首先是要专项和一般转移支付分别归位，对现有各类转移支付重新梳理，按其实际性质分别归类；其次是完善一般性转移支付增长机制，增加一般性转移支付规模和比例，特别是明显增加对革命老区、民族地区、边疆地区和贫困地区的转移支付；最后是清理、整合、规范专项转移支付，将专项转移支付比重降低到40%以下。对竞争性领域专项转移支付逐一甄别排查，凡属"小、散、乱"以及效用不明显的坚决取消，其余需要保留的也要予以压缩或实行零增长，并改进分配方式，引入市场化运作模式。

完善中央对地方转移支付管理办法和分配方式，主要是规范专项转移支付项目设立，严格控制新增项目和资金规模；建立健全专项转移支付定期评估和退出机制，认真清理现行配套政策，逐步取消地方资金配套；规范专项资金管理办法，做到每一个专项转移支付都有且只有一个资金管理办法；对专项转移支付资金分配，采取因素法和项目法相结合的方法。

（四）出台完善省以下财政体制的指导性意见

在中央和地方财政体制发生变动之后，省以下财政体制也要同步发生变动。对此，应采取中央设立改革框架与底线，具体方案由省以下政府设计的思路。在事权和支出责任划分领域，可参照中央和地方的基本框架，提出地方各级政府间事权和支出责任划分的指导思想、具体原则，明确若干领域的底线要求，由各省级政府出台具体改革办法，允许地方结合本地实际灵活执行。在收入划分领域，应提出保障县级基本财力的底线要求，具体方案由地方自定。在省以下转移支付制度，各级政府可比照中央对地方转移支付制度，优化各级政府转移支付结构，完善管理和分配办法。特别是要加大整合力度，将支持方向相同、扶持领域相关的专项转移支付整合使用。

中国社会科学院

"十三五" 时期的金融体系改革分析

2011年尤其是党的十八大以来，为了实现建成全面小康社会的奋斗目标，中央以坚定的决心、巨大的勇气和丰富的智慧全面推进经济社会各个领域的改革深化。党的十八届三中全会做出了全面深化改革的顶层设计，四中全会做出了全面推进依法治国的部署。金融体系改革作为经济体制改革的一个重要环节，遵循总体改革的方向与规划，按照金融服务实体经济的逻辑要求，在充分发挥市场在配置金融资源方面的决定性作用背景下，持续推进金融市场体制机制的完善，构建和完善现代金融体系，不仅有效推进了"十二五"期间经济社会发展各项主要目标的实现，而且为"十三五"期间全面深化金融体系改革奠定了坚实的基础。

一、"十二五"期间金融改革的简要回顾

"十二五"期间，我国金融体系改革主要表现在如下几个方面：

第一，货币政策调控机制的"去行政化"进展明显，市场化和国际化程度明显提高。"十二五"期间货币政策目标体系、货币政策决策机制和货币政策传导机制等逐步完善。人民银行根据实际灵活创新运用多种政策工具，不断丰富和完善货币政策工具组合，加强了定向性结构调整，缓解企业融资成本高的问题，较好地实现了货币政策的宏观调控功能，促进了经济增长与价格稳定之间的较好平衡。在构建逆周期的金融宏观审慎管理制度框架和健全系统性金融风险防范预警体系、评估体系和处置机制方面，取得了一定的进展。加速推进利率市场化改革，适当扩大了利率市场化定价的空间，人民币存贷款利率从扩大浮

动区间到取消浮动区间管制，放开了上海自贸区外币存款利率上限。市场基准利率建设进展良好，相关部门对短期、中期利率的管理不断完善，银行间同业拆借利率和国债收益率曲线市场化水平不断提升。汇率制度不断完善，人民银行自 2014 年第二季度以来基本上退出了常态化的市场干预，人民币汇率双向浮动弹性明显增强，预期分化。人民币国际化明显加快。跨境使用取得较大进展，已经和我国发生跨境人民币收付的国家达到 174 个，有 28 个中央银行与我国签订了双边本币互换，总金额超过了 3 万亿元，人民币货币合作从亚洲延伸到了欧洲主要经济金融中心以及美洲、大洋洲和中东地区，超过 30 家央行和货币当局将人民币纳入其外汇储备。中国香港地区、台湾地区和新加坡、伦敦等人民币离岸市场初步建立发展。境外直接投资人民币结算试点状况良好。按照"依法合规、有偿使用、提高效益、有效监管"原则，不断创新和拓宽外汇储备运用渠道和方式，外汇储备资产的币种结构、期限结构和收益率结构有所优化。

第二，金融监管机制进一步强化，各金融监管部门之间的协调程度有所提高。"十二五"期间，金融监管体制机制改革持续进行，监管体制机制的目标性、针对性和及时性不断提高，监管协调机制有所改善，有力维护了金融稳定与安全。2013 年 8 月国务院批复建立了由人民银行牵头，银监会、证监会、保监会和外汇局参加的金融监管协调部际联席会议制度。由于信托、影子银行、互联网金融等创新型金融业务不断发展深化，各监管部门的业务协调持续深入，加强了跨行业、跨市场的金融监管规则建设，对跨界传染和系统重要性金融机构的监管日益强化。包括金融法律法规的修订完善、社会信用体系的建设等多种金融基础设施建设取得较好的进展。例如，稳步推进《证券法》的修改，深入研究健全针对影子银行和互联网金融等新型业态的监管规则等。加强了监管的国际合作，相关监管部门积极开展与国际货币基金组织、国际清算银行、金融稳定理事会等的合作，参与国际会计准则、巴塞尔新资本协议、系统重要性金融机构、影子银行、破产处置机制等国际金融准则的修改，并相应促进完善我国的金融业稳健标准。

第三，金融机构改革持续深化，业务转型正在展开。"十二五"期间，国有商业银行公司治理体系改革持续推进，内部控制继续加强。国有商业银行优先股的发行和上市，不仅有利于拓宽银行资本渠道，也为其未来股权结构进一步优化打开空间。对政策性金融机构的认知与改革有所调整，国家开发银行成立住宅金融事业部，放缓了商业化改革，其定位问题尚未最终解决。进出口银行和农业发展银行在强化政策性职能定位、坚持以政策性业务为主体、审慎发展自营性业务的前提下取得了一定发展。在加强监管的条件下，适当放宽市场准入，允许设立民营银行，大力推进村镇银行等小微金融服务机构的发展。为强化市场纪律和金融稳定，大力推进存款保险制度建设。证券期货经营机构的发展进一步规范。保险机构的创新服务能力和风险内控能力得到进一步强化，保险业偿付能力监管水平也得到进一步提高。保险资金运用管理体制改革取得较大进展，设立了一批保险资产管理公司，拓宽了保险资金投资范围，保险资金运作水平稳步提高。金融资产管理公司商业化转型取得重大进展，逐步转型为多元化的金融控股集团，业务包含了不良资产处置、证券、基金、信托、银行和租赁等。2013 年，信达资产管理公司在香港上市；2014 年，华融资产管理公司也引入了战略投资者。金融业综合化经营发展比较迅速。"十二五"期间，中信集团和光大集团也完成了公司化改制，成为真正金融控股公司。中国银行、农业银行、工商银行、建设银行、交通银行等国有商业银行，浦发银行、兴业银行等股份制商业银行以及国家开发银行等已全部或部分拥有了证券、投行、保险、租赁、基金等公司，成为事实上的银行控股集团。

第四，多元化资本市场体系建设加快，债券发行注册制开始实施。一方面，债券市场发展明显加快，债券发行余额持续增加，市场交易量不断增长。银行间债券市场发行已实现注册制，对企业债券和公司债券的发行管制也不断放松。债券品种创新和多样化步伐加快。因金融危机暂停的资产证券化业务重新启动，发行规模和频次也逐步增多，在管理体制上，也从审批制改为备案制。另一方面，股票发行制度的市场化改革进一步深化。证监会在 2012 年、2013 年两次推动新股发行体制的市场化改革，但未能突破核准制，党的十八届三中全会通过的《中共中央关于全面深化改革若干重大问题的决定》（以下简称《决定》）明确提出推行股票发行注册制。新三板市场建设取得较大进展，2013 年全国中小企业股份转让系统正式揭牌运营，挂牌的公司已超过千家。全国区域性场外市场也发展迅速，挂牌交易企业数量大幅增加，成为前述全国性证券市场的有益补充。另外，加快了资本市场的双向开放，正式启动了沪港股票市场交易互联互通，以促进内地资本市场与全球资本市场的融合。

"十二五"期间，面对正在经历的长周期的全球危机，我国经济发展进入了新常态，潜在经济增长减速，结构调整任务艰巨，我国金融体系改革也进入了关键阶段，虽然取得了显著的成绩，但存在的主要问题仍然非常突出。

其一，实体企业与城乡居民的金融选择权依然没有破题。这涉及政府与市场之间关系的改革难题，其结果则导致了我们几乎无法突破以银行间接融资占绝对主导的"外植型"金融体系结构。

其二，建立在单一银行信用基础上的金融体系尚无实质性改变，由商业信用、银行信用和市场信用构成的金融市场机制尚未建立，资本要素的市场价格基准难以形成。由此，导致货币政策当局只得依赖于一些传统的行政性措施对金融运行和金融市场进行直接干预，缺乏有效的市场化手段或工具对金融体系走势展开调控。

其三，按照交易规则划分的多层次股票市场依然未能建立，各种债券（尤其是公司债券）基本还处于间接金融范畴，难以有效满足城乡居民和实体企业的多元化融资与投资需求。另一方面，相对缺乏高效率的长期资金投融资体制，长期资本匮乏问题以及相应的金融资源的错配问题还在加剧。

其四，宏观审慎管理框架的构建和监管协调机制有待强化。基于系统性风险管控的宏观审慎管理框架在 2011 年之后进展较为有限，各部门监管协调的效率有待进一步提升，中央与地方的金融监管职责和风险处置责任界定需要加速推进，国内与国际的金融监管协调也应逐步微观化并与国内行业规范相融合。

其五，金融体系基础设施建设亟待完善，应该加快建立、修改和完善一些有利于促进市场体制机制良性运行的法律法规，比如证券发行与交易的注册制度、存款保险制度、金融机构市场化退出、危机救援机制等。

这些问题的存在，已经严重影响到我国金融体系服务实体经济的基本功能，特别是面对实体经济正在出现的重大变化，我国金融体系必须以市场发展为导向，及时推进新一轮的全面性改革。

二、"十三五"时期金融改革的主要目标

全面把握和准确判断国内国际经济金融形势变化，适应我国经济发展新常态，是我们规划好"十三五"时期金融体系改革与发展的基本前提。

从国际情况来看，根据历史经验，未来 5 年全球恐难完全走出 2008 年以来的长周期性危机。危机以来，包括 G20 机制在内的各国联手采取的各项需求干预政策，只是阻断了危机冲击的传统路径，而那些导致危机爆发的内在因素，即植根于发达经济体内部的深层次结构扭曲至今并未得到纠正。虽然金融体系"去杠杆化"持续推进，但高福利-高消费-低储蓄以及相应的国际分工结构表现出刚性特征与僵化特征依然强劲，大多数发达经济体的财政赤字率和负债率居高不下，公共财政结构扭曲的风险还在累积，更是显示了"去杠杆化"的成效甚低，甚至还有着进一步提高杠杆率的趋势。目前，美国通过"大水漫灌"式货币政策托底后经济逐渐出现了复苏的势头，但欧洲与日本仍然困在衰退的边缘。因此，自危机以来全球总需求不足仍将持续较长时间，发达经济体内各种矛盾可能继续恶化，还将加大贸易保护主义的力度，美国牵头希望达成 TPP 和 TTIP 的框架来重构国际经济融合的规则，抬高商品、服务和资本的流动门槛，特别是涉及所谓的"市场经济国家地位"、政府"竞争中立"等规则约束，对当前我国作为制造业中心的国际分工格局可能造成深刻影响，不仅我国的出口很难继续保持较快增长，而且在全球紧密融合背景下还会受到发达经济体内部调整的各种冲击影响。

从国内情况来看，关键的变化是经济脱离原来 30 多年持续高速增长的轨道向中高位区

间换挡。除了国际因素，这主要是由内部结构性因素造成的结果。首先，我国人口结构在发生重要的趋势变化，在 21 世纪初期经过刘易斯拐点后，现在又较快地面临劳动年龄人口下降、人口抚养比快速上升的转折点，在科技进步贡献比较有限的条件下，人口红利丧失必然会导致经济增长的自然减速。其次，我国产业结构中已经存在大量产能过剩，说明制造业已基本饱和，结构调整就意味着第三产业比例的逐步上升，相对第二产业，我国第三产业的劳动生产率还比较低，因此，尽管发展第三产业创造了大量就业机会，但第三产业的低端发展使得产业结构调整在整体上对经济增长的贡献反而下降了。另外，从要素投入结构来看，劳动投入的增速趋于下降，由于房地产市场进入调整区间和产能过剩的压力，资本投入增速也在减缓，技术进步则是进展较慢，因此，产出增长率也会减速。

面对这种结构性的经济增速减缓，传统上刺激总需求的宏观政策很难发挥作用，既有的刺激性政策作用效果实际上也在衰减。近年来，国内一直在强调转变发展方式和寻求新的增长点，其中受到普遍关注的就是通过城镇化发展来保持经济的较快增长。但城镇化发展过程受到相当程度的扭曲，不少地方脱离了"产业发展－就业增长－人口聚集－城市发展……"的切实路径，脱离着实解决医疗、保健、教育、文化、体育、道路和住房等方面严重供求缺口的取向，变成了简单的造城运动，几乎蜕变成了单纯的房地产开发，问题不断积累，所造成的房地产市场泡沫风险、地方政府融资平台债务风险以及由此引致的银行体系风险开始局部显露（银行体系的不良资产比例和数额已连续 11 个季度上行），小微企业的融资需求更加困难。总体而言，国内外多种因素决定了实体经济增长减速换挡，已经成为我国金融体系所面临的系统性风险的主要来源。

就金融体系而言，现有的以银行信用为基础以存贷款为主体的金融体系缺陷更加突出地暴露出来，不仅引致了经济和金融运行中的一系列矛盾和弊端，而且给经济社会的健康可持续发展留下了一系列严重的隐患。因此，金融体系必须通过全面深化改革才能适应宏观基础环境的重大变化，真正回归到服务实体经济的轨道，更好地满足我国在新常态下发展新型工业化、信息化、城镇化和农业现代化的需要。深化金融体系改革应以市场为导向，发挥市场在配置资源中的决定性作用，为此，需要正确处理好货币政策调控、金融监管与充分发挥金融市场在配置金融资源方面的决定性作用之间的关系，凡是市场机制能够发挥作用并且能够解决的问题，应交给金融市场去解决，不应由货币政策调控和金融监管代劳，以改变政府部门越位、缺位和错位等问题，真正落实好各种市场主体的金融权。

"十三五"期间，金融体系改革的主要目标包括：

第一，货币政策调控机制从直接行政调控为主转变为运用价格机制间接调控为主，从"重需求管理"转向"需求管理与供给管理相协调"，建立宏观审慎政策体系。

第二，形成有效的市场价格基准。健全反映市场供求关系的国债收益率曲线，形成金融产品价格的市场基准；加快推进利率市场化，建立健全由市场供求决定利率的机制，建设完善的市场利率体系和有效的利率传导机制；完善人民币汇率市场化形成机制，增加外汇市场的参与者，减少人民银行对外汇市场的常态式干预；在这些条件基础上，形成人民银行运用价格机制调控金融运行走势的新格局。

第三，在金融脱媒的发展趋势下，有效推进商业银行的业务转型，明显降低生息业务比重，提高综合经营比重。切实降低实体企业的融资成本和提高城乡居民的金融财产收入水平，分散金融风险。

第四，发展多层次资本市场，满足多元化的投融资需求，推动资本市场双向开放，有序提高跨境资本和金融交易可兑换程度。推进债券回归直接金融，公司债券应主要面向城乡居民和实体企业发售，以降低实体企业的融资成本和提高城乡居民的金融资产收入水平；应致力于建立以证券公司网络系统为平台、经纪人为核心的场外交易市场，从根本上解决小微企业资本供给不足的问题。

第五，建立有效的长期资金的投融资体制。鼓励发展以保险业为代表的各类契约型金融机构，继续发展好政策性金融机构，为民营资本创造良好的投融资体制环境。

第六，建立有效的金融风险防范和化解机制，完善金融风险的预警机制和应急机制，防止系统性风险和区域性风险的爆发。

第七，深化金融监管体制机制改革，打破机构监管为主的格局，形成功能监管为主的体制机制，以此为基础，建立统一协调的金融监管部门机制、中央与地方分层监管体系。

上述多个方面的改革发展目标是一个有机统一的整体，它们虽各有侧重，但也相互依赖相互制约，因此，在改革举措的选择中应从这种有机统一角度进行甄别考虑。另外，金融体系改革是一个复杂且具有全局性的工程，应避免对经济和金融的正常运行产生瞬间的严重冲击，因此，要考虑选择有着"滴水穿石"效应的举措，即在渐变中逐步形成巨变的效应。

三、"十三五"时期深化金融体系改革与发展的主要方面

金融体系改革是指直接涉及金融体系内各个方面体制机制转变和金融发展方式转变的具有总体性质的改革。毫无疑问，金融体系改革的措施，不是指金融领域中的某个单项改革，而是指具有"牵一发动全身"的重大改革，它具有明显的方向性、战略性和全局性。

（一）深化货币政策调控机制改革

改革开放 30 多年来，受计划经济体制机制影响和经济金融运行中一系列因素制约，我国货币政策迄今依然以运用行政机制直接调控为主。在此背景下，金融体系改革的深化受到一系列影响，难以有效实施。要落实市场在配置金融资源方面的决定性作用，就必须实现货币政策从直接调控向间接调控的转变，更多地运用利率、汇率等价格机制调控经济金融运行中的货币流向、流量和流速，推进金融资源按照市场机制的要求配置。

1. 宏观环境变化推动货币政策调控机制的转变

长期以来，在强烈追求经济高增长目标的驱动下，货币政策成为"保增长"的首要支撑，因而，在调控机制上倾向于直接的信贷管控与利率管制。随着这种政策模式的累积，导致了金融的多重扭曲，政府管制伸展到了金融各个角落。经过 21 世纪以来十多年的快速发展以及受国际金融危机的深刻影响，我国货币政策的操作环境发生了重要变化。

第一，潜在增长率发生了明显变化，以改革保增长调结构成为政策总取向，推进基于创新、技术进步、制度改革的内生性增长成为政策总基调。

第二，国际收支从双顺差转变为趋于平衡，为货币政策调整提供了新的空间，在新常态下，货币调控的针对性、灵活性和前瞻性、稳健性等都将有所增强。

第三，金融创新、影子银行和互联网金融等的发展，促进了我国融资机制的多元化，也冲击了原有金融体制，倒逼改革，对货币政策产生了极大影响。其一，金融创新改变了整个社会的流动性，对已有的货币统计口径带来明显冲击。商业银行表外业务快速发展，创造了一些新的流通手段，这些表外业务并不在传统的货币统计范围内。其二，融资结构多元化，使传统银行信贷在促进储蓄向投资转化中的地位和作用明显地下降了。根据央行统计，2002 年，人民币贷款在社会融资总量中占比达 91.9%，到 2014 年，该占比已然下降到 60% 左右。其三，信息技术的发展、清算和支付方式的变革，尤其是基于信息技术的互联网金融的兴起，使得大量支付和资金流通都游离于原来的金融监管规则、货币统计之外。

为了应对宏观环境的变化，近年来的货币政策思路已经做了一些调整，主要体现在相互关联的三方面："盘活存量、用好增量""总量稳定、结构优化"以及更加注重"定向调控"。在严格控制总量的情况下，盘活存量能够提高资金使用效率，换言之，存量不"盘活"，总量就难以稳定。结构优化则是"用好增量"的必要途径和具体表现；定向调控也就成为促进"结构优化"的手段。

2. 构建货币政策调控的新机制

我国金融结构出现了一系列新变化，与此对应，货币调控机制需要适应新的金融环境而及时地加以调整和改革。主要表现在：

首先，货币政策操作需要从主要关注传统银行信贷转向关注广义信用。尽管 1998 年改革货币调控机制，名义上确立了以公开市场操作、法定存款准备金比率和再贴现为主的间接货币调控机制，但随后的十多年操作中，管控新增信贷规模依然成为我国货币政策调控的一个重心。近年来，随着影子银行等融资渠道的拓展，传统银行信贷在社会融资总量中的比重明显下降，由此，使得管控新增银行信贷规模的闸门对货币政策调控目标的实现，不仅难以起到立竿见影的效果，甚至可能引致对宏观经济运行状况做出不恰当判断。从货币政策传导的信用渠道理论来看，影响经济活动水平的是实体经济部门获得信贷的条件以及信贷数量，而不是货币数量本身。因此，除了传统的银行信贷渠道之外，还应该把各种金融创新和影子银行体系发展所导致的广义信用渠道纳入政策关注的视野；在进一步发展中，也应将商业信用和市场信用纳入广义信用范畴。由此，货币政策调控的中间目标需要转向更多地关注广义信用。从各类企业发行公司债券来看，公司债券发行越来越趋向市场化。在注册制条件下，发行多少债券、什么时候发行、期限长短等等均由企业自主决定，人民银行和金融监管部门难以继续按照审批制方式予以限制，由此，人民银行调控广义信用的基本途径就是通过利率机制来影响公司债券发行人的选择，从而，调控广义信用总量。

其次，逐步确立以利率水平为操作目标的货币政策体系。在市场经济中，货币政策的价格型调控，是指确立以某种货币市场利率为操作目标的货币政策体系，央行通过公开市场操作和央行再贷款（或再贴现）等工具的配合运用，使该指标利率大体与央行的目标值一致。央行通过调整该操作目标利率，引导其他中长期利率联动，进而影响企业和家庭的借贷、影响投资与消费等实体经济活动。以利率为操作目标来影响广义信用总量，其有效性要取决于两个基本因素：其一，利率的期限升水或风险溢价比较稳定。其二，借款者对利率变化要有足够的敏感性，否则，货币政策调控的效果就难以实现。由于我国利率市场化改革尚在推进过程之中，前一项基本因素目前尚不完全具备，后一项因素虽然在可观察的一些民间借贷活动中表现得不明显，但随着利率市场化改革到位，一般的理性借款者应该会遵循市场约束。因此，加快完成利率市场化改革已经成为我国货币政策改革的关键所在。

3. 重点加快完成利率市场化改革，形成市场价格基准

利率市场化是指利率形成和利率水平主要由市场机制决定的状况，它主要包括利率决定、利率传导、利率结构和利率管理等的市场化。实际上，利率市场化就是将利率的决策权交给各类金融市场活动主体（包括金融监管部门和银行、金融机构、实体企业和城乡居民等）共同选择决定，由这些主体自己根据资金状况、对金融市场动向的判断和运作取向等来自主选择适当的利率水平，最终形成以央行基准利率为基础、以货币市场利率为中介、由市场供求决定存贷款利率的市场利率体系和利率形成机制。显然，形成机制（即定价权）是市场化改革的核心。利率市场化的主要特征有三：一是城乡居民、实体企业和金融机构等金融交易主体共同享有利率决定权，交易价格应在市场交易主体各方竞争中形成。二是通过市场交易形成利率的数量结构、期限结构和风险结构。三是央行享有间接影响金融资产利率水平的权利。中央银行可通过公开市场操作等多种方式间接影响利率水平或调整基准利率，由此，影响商业银行等金融机构的资金成本和利率水平，进而影响广义信用数量（即不再通过利率管制等直接手段进行干预）。

迄今为止，我国已经基本实现了银行间同业拆借市场、债券市场、外币存贷款市场和人民币存贷款市场的利率市场化。我国的利率市场化的改革目标是，通过形成由存款人与存款机构之间、借款人和贷款机构之间在存贷款市场上的充分竞争机制，建立反映人民币存贷款风险的市场利率体系；同时，实现货币政策调控机制从直接调控向间接调控的转变。利率市场化改革的精髓并不仅仅是改变利率水平的浮动范围，而是要从根本上转变这些利率的形成机制，即由人民银行决定存贷款利率水平转为由金融市场各类参与主体在竞争中形成利率水平。

近年来，进一步推进利率市场化改革的各项条件逐步形成。从宏观层面看，经济运行总体平稳，价格形势基本稳定。从微观主体看，金融机构财务硬约束进一步强化，自主定价能力不断提高，企业和居民对市场化定价的金融环境也更为适应。为此，人民银行明显加快了存贷款利率"去行政化"的改革步伐，但现阶段人民银行实际上仍然管控着存贷款利率的基准，金融机构也很难过度偏离这一基准进行定价。对此，还需要继续着力培育各项基础条件，健全市场利率定价自律机制，强化金融市场基准利率体系建设，促进银行金融机构的自主定价。

在"十三五"时期，加快推进利率市场化改革的主要举措有：一是加快债券（尤其是公司债券和地方政府债券）直接向城乡居民和实体企业的发售步伐，给这些资金供给者和资金需求者以更多的金融选择权，改变存贷款市场上的银行卖方垄断格局。二是取消由人

民银行公布的金融机构人民币存贷款基准利率，推进利率政策从行政指导向市场机制的转变。三是改善人民银行资产负债表结构，提高其资产运作能力，增强货币政策操作的灵活性和调控能力。四是通过金融脱媒，倒逼商业银行等金融机构业务转型，降低存贷款业务比重，发展中间业务，提高金融市场竞争力。

4. 继续改革创新其他货币政策调控工具

近年来，我国货币政策调控机制的改革突出表现在货币政策调控工具的创新运用方面。在"十三五"时期，还应根据宏观环境的变化趋势和我国经济金融的实践特征，继续改革创新这些货币政策工具的运用，丰富政策工具组合，从而，发挥好宏观调控的政策效能。

从运用法定存款准备金率看，2003 年以来，这一货币政策工具成为人民银行冲销外汇占款和"深度"冻结流动性的重要工具。2014 年，随着宏观形势变化和货币调控思路的相应调整，为"用好增量"和"结构优化"，有针对性地加强对"三农"和小微企业的金融支持，人民银行选择了定向下调法定存款准备金率，成为灵活运用货币政策的一个突出特点。可以说，法定存款准备金政策不再仅仅是传统的总需求管理政策的构成部分，也成为金融结构调整的一项重要政策工具。尽管如此，但真正重要的是，法定存款准备金率工具还应随着货币政策环境的变化而有序地进行调整。

在深化体制改革和经济新常态背景下，将法定存款准备金率谨慎有序地下调到合理的水平，不仅是稳增长政策的需要，也是进一步深化金融体制市场化改革的需要。在存款余额超过百万亿元（2014 年 11 月达到 115 万亿元）条件下，法定存款准备金率的调整应当避免对金融市场造成大的流动性冲击。应根据宏观经济环境的变化，以小幅多频次（比如每次 0.2% 或者 0.25%）进行调整，同时，注意管理好政策预期，最终将其调整到较合理的水平。另一方面，由于这一调整需要较长时间，而利率市场化改革的需求又较为迫切，为此，一种可行的办法就是，在有序缓慢降低法定存款准备金率的过程中，可考虑按照市场利率略低的水平，为商业银行等金融机构存于人民银行的准备金（尤其是超额存款资本金）支付高于目前水平的利息，以减缓其对利率市场化改革的影响。

人民银行再贷款的运作方式主要包括：再贴现、再贷款、常备贷款和抵押补充贷款等。在经济新常态的环境中，对冲销外汇占款和深度冻结流动性的货币政策操作需求下降，为央行资产方的货币政策操作提供了必要的空间。适当采取再贴现与再贷款工具，可以发挥调节货币信贷总量及结构的政策功效。例如，2014 年上半年，人民银行主要利用了再贷款来引导信贷结构的调整。相对于普通的再贷款而言，抵押补充贷款是非信用贷款；相对于常备贷款而言，其贷款的期限更长。人民银行可以用来引导中期利率走势。这样，通过公开市场操作中的短期流动性调节工具、人民银行贷款中期限较短的常备贷款和期限较长的抵押补充贷款，可以形成多样化的引导利率期限结构的利率走廊机制。在今后的实践中，人民银行还应该根据条件和环境变化，继续不断创新和运用好再贷款性质的政策工具，以增强其转向间接调控模式的政策效果。

公开市场操作是货币政策的微调工具，具有法定存款准备金政策无法比拟的灵活性。毫无疑问，未来公开市场操作仍将是货币政策微调的基本工具，所发挥的主要作用仍将是调节市场流动性和引导市场利率走向。在操作对象上，随着中央银行票据余额的进一步下降，交易对象应主要转向国债或金融债券。由于任何局部金融市场的意外剧烈波动都可能对整个金融市场造成不利影响，因此，针对特定金融市场波动而展开的"定向公开市场"操作，也可以成为货币政策的新尝试。随着我国利率市场化改革的进一步深化，公开市场操作将不仅引导市场利率总体水平的变化，还将通过不同期限债券的操作引导利率期限结构的变化，提高货币政策传导的效率。

从操作汇率政策看，进入 21 世纪以来，人民币汇率既因我国经济的持续上升而升值，也因受到国外政治压力而被动地上升。在国内外利差与升值预期的双重作用下，资本持续流入给国内经济造成了巨大冲击。汇率形成机制的进一步改革，有利于我国更加积极、主动应对人民币升值的国外压力。随着本次金融危机以来的全球经济再平衡进程加快，源自贸易顺差的人民币需求有着减弱的趋势；随着"走出去"战略的加快推进，国际收支趋向平衡；人民币汇率的双向波幅加大，美国退出量化宽松引致的人民币对美元短期贬值，国际因素对人民币汇价水平影响加重等等，这些变化都有利于汇率形成机制的更加市场化。2014 年以后，人民银行逐渐退出日常市场干预，市场预期分散，这为进一步深化人民币汇率机制的市场化改革、理顺货币政策传导的汇率渠道，提高货币政策效率创造了有利条件。在这种有利的局面下，"十三五"期间应当协调推进利率与汇率机制的市场化改革，加强外汇市场建设，应大力拓展市场参与者的类型和层次结构，切实拓宽市场深度和广度，完善人民币汇率形成机制，进一步扩大人民币兑主要货币的浮动区间。

（二）加快商业银行转型改革，以利于重构现代金融体系

长期以来，我国的金融体系建立在单一银行信用的基础上，它借助于存贷款创造资金的功能，一方面支持了改革开放 30 多年来经济快速发展中所需资金的支持，使得我国没有

陷入一些发展中国家在经济起飞时所面临的贫困陷阱，因此，功不可没；另一方面，又严重限制了实体企业和城乡居民的金融产品选择权，严重限制了商业信用和市场信用的发展，不仅使得金融产品价格体系长期处于不合理的扭曲状态，难以充分发挥市场在配置金融资源方面的决定性作用，市场内生性的大量金融需求难以得到满足，而且使得国民经济各项活动建立在信贷债务关系基础上，债务风险持续累积，乃至成为制约金融深化改革的重要因素。因此，我国金融体系改革的基本方向，应该是发挥市场在配置金融资源方面的决定性作用，这就需要改变以银行信用为基础以存贷款为主体的间接金融架构，建立以"直接金融为主、间接金融为辅"的现代金融体系。由此，加快商业银行转型改革，转变经营模式和增长方式，实现经营结构的战略性调整，提高经营效益，促进金融稳定，不仅是各家商业银行在面临日益激烈的市场竞争压力下寻求生存发展之道的问题，更是我国金融从"外植型"转向"内生型"，从而优化金融体系结构，降低社会融资成本，支持实体经济发展的关键所在。

商业银行转型通常是在外部环境发生实质性变化的背景下展开的，其中，最重要的外部环境要素由金融产品及其价格、金融市场需求和金融监管机制等三方面构成。在"十三五"期间，我国银行业面对的这三个因素还将发生更加实质性的变化。这些因素的变化，导致原有相对传统、侧重存贷款规模扩张的业务模式将难以为继，主要表现在：第一，随着债券等直接金融产品向实体企业和城乡居民发售，这些资金供给者和资金需求者的金融选择权将明显扩大，由此，它们手中拥有的一部分（甚至可能是相当大一部分资金）不再以存款方式进入银行体系，它们对资金的一部分需求（甚至可能是相当大一部分需求）不再通过银行贷款解决，这将引致银行通过存贷款机制创造资金的功能明显减弱；另外，由于债券利率高于存款利率低于贷款利率，所以，它将引致存贷款的竞争力减弱，使得银行失去卖方垄断收益，迫使银行在存贷款业务缩减的背景下展开非生息业务。第二，金融市场需求变化。在大中型企业客户的融资渠道日渐多元化、对银行贷款的依赖度逐渐下降的背景下，银行贷款将逐步向小微企业和居民家庭集中。另外，随着城镇化建设的展开，以工业企业为主要对象以贷款为主要机制的银行业务的增长空间将明显压缩，与此同时，以居民家庭为主要对象以财富管理为主要机制的业务增长空间快速扩展，这在客观上要求调整已有的业务模式、运作机制和服务对象，这些调整同时也是促进银行业务创新和发展的一个重要动力。第三，金融监管机制变化。与正面清单相比，在实行负面清单管理的条件下，金融监管趋向放松。由于法无禁止即可为，所以，银行综合化经营的空间将大大扩展。另外，金融监管部门也将进一步强化监管协调，即在放松对银行业务领域限制的同时，对银行的监管也将更加趋于系统性和预警性，由此，在权力清单范畴内的监管力度还将强化。这在一定程度上，将进一步推动银行向非传统业务（尤其是向与金融市场相关业务）方面拓展。

我国商业银行转型的目标是通过建立一套与利率市场化条件下经济金融发展和客户需求变化相适应、与自身经营发展特点相符合的发展方式、业务模式和管理架构，以实现经营效益最大化、市场竞争能力持续提升、自身平稳健康运行和可持续的价值增长。转型的底线是不引发系统性风险和区域性风险。由于我国商业银行经营运作中存在诸如业务模式同质化（包括发展战略、市场定位、业务结构、产品与服务等方面的同质化）、中间业务收入占比过低、存贷款利差收入在营业收入中占比过高等一系列问题，在加快推进转型过程中，应按照适应性、差异性、协调性和渐进性四项原则有序落实。

商业银行转型主要包括发展方式转型、业务模式转型和管理转型等相辅相成的三项内容。其中银行业务模式、资产结构和收入结构的调整是最为核心的内容，发展方式的转型是战略先导，管理转型则是重要保障。在发展方式转变上，商业银行将从之前过于追求速度和规模、高资本占用的外延扩张型向注重质量和效益、低资本占用的内涵集约型发展方式转型。在管理转型上，尽管具体内容、手段和侧重点会有所不同，但差别化、精细化、高效率和集约化的管理模式应是各家商业银行应特别予以关注的目标。在业务经营模式的转型上，各家商业银行转型的方向和路径不尽相同，它们可根据自身特点和优势选择适合自己的业务模式。在转型方向上可充分借鉴国外商业银行转型发展的成功经验，紧密结合我国特点，从市场定位、商业模式、产品创新、金融服务等方面入手，找准切合银行自身特色的差异化发展策略，巩固和强化核心竞争力，在转型过程中赢得主动权，避免新一轮的"同质化经营"。

对于大型银行来说，可以按照全面发展、综合经营的方向定位，调整优化业务结构，深入推进以商业银行业务为主业的综合化经营，有效开拓国际化发展路径，努力打造经营特色，最终转型成为国际性综合化经营的多元化银行金融集团。对于中型银行来说，按照专业拓展，打造特色的方向定位，大幅调整业务结构，包括大幅提高零贷占比、大力拓展主动负债和显著提高非利息收入占比，在细分领域强力推进专业化经营，审慎推进综合化、国际化经营，走与自身经营特色、业务优势相匹配的专业化发展道路，不求"做大、做全"，注重"做精、做细"。对于小型银行来说，按照聚焦小微、本地发展的方向定位，明确市场区域，找准服务客户，夯实基础，稳定核心负债，提供快捷灵活、特色化的金融服务。在具体业务转型战略方面，无论是大、中、小型银行，都应注重在中间业务发展上投入适当的战略资源。

商业银行的全面转型将是一项艰巨性和长期性的系统工程，也是商业银行的重构过程。既要稳步审慎，避免急于求成，又要积极创造条件，适时加快突破。首先，转型意味着对现有模式和范式进行具有实质性意义的较大变动，是对自身系统的提升、完善和升华，绝非易事，长期形成的各种惯性会形成各种各样的阻力；其次，我国经济发展方式转变、融资体制变化等外部环境变化的长期性和复杂性，也决定了商业银行转型并非是一场"毕其功于一役"的攻坚战，需要有历史耐心，甚至是以"滴水穿石"的方式逐步推进；最后，外部环境变化加之银行转型本身带有较大不确定性，转型有很大风险，不论是大的震荡还是转型失败，后果都相当严重。在转型过程中，一些商业银行被并购、倒闭乃至破产可能难以避免。为此，需要发挥好存款保险制度等应对机制的作用，缓释对金融体系可能造成的较大冲击。

（三）健全资本市场体制机制

党的十八届三中全会《决定》明确提出，要发挥市场在资源配置中起决定性作用，对应于"更好发挥政府作用"，强调的是要处理好政府与市场的这一经济体制中的核心问题。在金融改革中，一方面由于我国金融领域（包括间接融资和直接融资）中盛行审批制，这一问题就表现得更加突出、更加严重；另一方面，相对于银行间接融资模式，市场直接融资模式的发展明显滞缓，特别是公司债券市场发展受到诸多限制而严重不足。近年来，这种以银行信用为基础以存贷款为主体的金融体系缺陷暴露更加突出，不仅引致了经济和金融运行中的一系列矛盾和弊端，而且给经济社会的健康可持续发展留下了一系列严重的隐患，为此，以间接金融为主的金融体系已到了非改不可的程度。

1. 以多层次债券市场发展为重心的资本市场体制机制

债券市场作为资本市场最为重要和基础的组成部分，已经是我国金融体系发展中的突出短板，如果不能有效克服，以单一银行信用为主体以间接金融为特征的金融体系就无法重构，切合市场经济内生性的融资与投资的需求仍将无法得到有效满足，经济和金融运行中所暴露的一系列矛盾和弊端也难以得到根本性解决。就此而言，建立多层次债券市场体系，是改革健全资本市场体制机制的关键所在。

当前阶段，我国债券市场的规范发展存在着诸多亟待解决的问题。一是债券市场监管体系存在多头管理、相对分割的弊端。这种"五龙治水"的格局导致各类债券在审批、发行、交易、信息披露等环节存在明显的差异性，各自为政、人为的市场分割并不是市场经济内在需求的多层次市场，反而使得债券市场的整体性和统一性在监管差异的分割中碎片化，严重破坏了债券市场的统一性和协同性，阻碍了债券市场金融功能的有效发挥。二是债券市场主要由政府部门、商业银行等金融机构和国有经济部门主导，众多实体企业和城乡居民被排除在外，产品结构也存在明显缺陷，公司债券、集合票据、非公开定向债务融资工具、中小企业私募债等品种数量极为有限，规模狭小。三是债券市场运行主要是为金融体系自身服务，在债券发行与交易环节中，主要由商业银行等金融机构从事买卖交易，债券从直接金融工具转变为间接金融工具，实质上并没有改变银行间接融资模式，债券市场沦为金融机构之间的"自娱自乐"和提高金融机构为自己服务比重的工具。四是债券交易市场均为有形市场，与债券交易特点严重不符，市场收益率曲线和定价机制不合理。同时，银行间市场和交易所市场明显分立，使得统一的债券交易市场碎片化。五是债券市场的基础设施建设仍然有待大幅调整和改善，包括相对统一的法律框架、市场的微观结构、风险对冲机制、市场违约及其处置机制等。

上述诸多问题，显然并非采取某种单项外科手术式的改革所能解决。实际上，这些问题是我国外植型金融体系的必然结果，为此，需要从建立一个内生性金融体系来着力，即要建立发展多层次债券市场，最本质的工作就在于赋予企业和居民的金融选择权。基于当前我国债券市场发展的现状，应从公司债券发行环节入手，重新整合债券市场体制机制。公司债券作为直接金融工具，理应直接向实体企业和城乡居民发行销售，通过他们之间的自主选择交易，培育形成多层次直接金融的债券市场，这既有利于使实体企业摆脱资金来源过度受限于银行贷款、暂时闲置的资金只能存入银行的格局，也有利于提高城乡居民的财产性收入和实体企业对暂时闲置资金进行现金管理的水平。

围绕公司债券直接面向实体企业与城乡居民发售这一核心举措，需要做好七个方面工作：第一，切实将《公司法》和《证券法》的相关规定落到实处，有效维护实体企业在发行债券中法定权利。从1994年以后，发展公司债券市场就是我国证券市场建设的一项重要制度性工作。1994年7月1日起实施的《公司法》第5章专门对发行公司债券做了规范，其中规定，股份有限公司3 000万元净资产、有限责任公司6 000万元净资产就可发行公司债券，公司债券余额可达净资产的40%。2005年，在修改《公司法》和《证券法》中，这些规定移入了《证券法》中。但20年过去了，按照这一数额规定的公司债券鲜有发行。为此，需要依法行事，将这些法律规定进一步落实。第二，建立全国统一的公司债券发行和交易制度，改变"五龙治水"的债券审批格局。第三，取消公司债券发行环节的审批制，实行发行注册制和备案制，同时，强化对公司债券交易的监管。第四，积极推进按照公司债券性质和发行人条件决定公司债券利率的市场机制形成，在此基础上，逐步推进以公司债券利率为基础的收益率曲线形成，完善证券市场中各种证券的市场定价机制。第五，积极发挥资信评级在证券市场中的作用，为多层次多品种的公司债券发行和交易创造条件。第六，建立公司债券直接向实体企业和城乡居民个人销售的多层次市场机制，通过各类销售渠道（包括柜台、网络等）扩大公司债券发行中的购买者范围，改变仅由商业银行等金融机构购买和持有公司债券的单一格局，使公司债券回归直接金融工具。第七，推进债权收购机制的发育，改变单纯的股权收购格局，化解因未能履行到期偿付本息所引致的风险。与此同时，切实落实公司破产制度，以规范公司债券市场的发展，维护投资者权益。

在公司债券回归直接金融的条件下，择机出台《贷款人条例》，以促进实体企业间的资金借贷市场发展，以此为契机，推进实体企业之间的商业信用发展；推进《票据法》修改，增加实体企业的融资性商业票据，提高货币市场对调节实体企业短期资金供求的能力；逐步推进金融租赁机制的发展，准许实体企业根据经营运作的发展要求，设立融资租赁公司或介入融资租赁市场。在这些条件下，多层次债券性直接融资市场才能建立发展起来，从而贯彻市场在资源配置中起决定性作用的原则，我国金融体系也就可以切实回归实体经济。

2. 建立完善多层次股票市场体系

我国股票市场是在政府主导与监管下培育发展起来的，经过 20 多年的努力，初步形成了由交易所内的主板、中小板、创业板和全国中小企业股份转让系统以及地方股权（产权）交易场所构成的股票市场体系。沪深交易所是股票市场的主体，主板、中小板与创业板三个板块实际上采用了统一的 A 股规则。全国中小企业股份转让系统自 2013 年 1 月起正式开市交易。该系统主要接纳高新技术企业和"两网"公司及交易所市场退市公司的股票挂牌交易，被称为"三板"市场。另外，各地的股权交易中心构成了多层次股票市场的基础层级，也被称为"四板"市场。这些区域性股权市场的特点是由地方政府组织运营和监管，分布相对分散，挂牌企业以本地企业为主，同时也吸收外地企业参加。有的交易中心还根据挂牌企业发展的不同阶段，细分出"成长板""创新板"等子市场。不难看出，我国已有的股票市场体系在形式上呈现出了"多层次性"。

但这种形式上的"多层次"与股票市场的内在机理要求并不吻合，貌合神离，而且有着极大的误导效应。从 1990 年上海证券交易所设立以后，我国的股票市场发展就已被政府强制的外部植入型机制所主导。在这种外植型模式下，证券监管部门直接设计和实施了股票市场从发行、上市、交易到退市的所有制度，拥有对股市各项制度安排的决策权、管制权和干预权，使得股市运行状况和发展路径主要取决于证券监管部门的主观判断，其中还掺杂了一系列对自身利益得失和喜恶偏好的多种考量，由此，引致了我国股市内在机制的全面扭曲和行政化，有着典型的"政策市"特征，处于有"市"无"场"的境地。

从发达国家的股市发展史看，符合市场机制要求的股市一般具有如下特征：一是发行市场与交易市场分立。股票发行市场是发行人（股份公司，下同）与投资者之间的经济关系，股票交易市场是股东与投资者之间的关系，这两类不同的主体关系截然不同，决定了它们之间的法律关系、股票定价等的实质区别，不可相混。但在我国股市中，一开始就将发股上市连为一体，混淆了两个市场之间的实质性差别。二是以经纪人为核心的股票交易市场规则。多层次股票市场体系由多层次股票交易市场规则界定。其中，股票交易市场规则是由经纪人制定和修改的，各个股票交易市场依交易规则不同而区分（如美国纽约证交所市场和费城证交所市场等），同一股票交易管理机构（如美国纳斯达克、东京证交所）中可以有多层股票交易规则并以此而划分为多层次股票交易市场。但我国的A股市场按照首次发行股票数额的多少划分为主板、中小板和创业板，这违反了股票交易市场规则的要求。三是多层次股票交易市场决定了股票发行的注册制。内在机理有三：其一，股票发行是发行人通过发股募集经营运作资金的要求，股票上市是股东卖出手中股票的要求，二者并非一码事；其二，股票发行成败的责任（以及发股后的履责）由发行人全部承担，股票交易的得失由从事交易的股东承担；其三，在多层次股票交易市场条件下，相关监管部门无法确认发行人在发股后是否向股票交易市场管理机构（如证交所）申请上市和在哪个股票交易市场申请上市交易，所以，也就无法按照上市交易的具体标准进行审批。但在我国，由于只有A股一个层次的股票交易规则，证券监管部门将其上市标准前移到发股环节，由此，形成了发股上市的审批制；同时，又由于这种审批制中的单一规则的贯彻，限制了按照新层次交易规则形成新的股票交易市场的进程。四是股票交易以股票的可交易性为基点，股票交易规则由上市规则、交易规则和退市规则等内容有机构成。但我国股票交易规则中，上市规则前移到发行之中，由证券监管部门掌控，交易规则中交割日、涨跌停板等由证券监管部门决定，退市规则中贯彻着盈亏标准，与世界各国和地区差别极大。五是股票市场对股权投资有着积极重要的引导作用。但在我国，股票市场对股权投资的引导力度相当之弱。一些股权投资基金到处寻求即将发股上市的股份公司为投资对象，投机倾向严重凸显。在城乡居民和实体企业存款余额高达115万亿元以上的背景下，众多实体企业依然困扰在严重缺乏资本性资金的"融资难"之中，经济运行困扰在高杠杆率（且还在持续上升）的高风险之中。

建立按多层次交易规则设定的多层次股票市场体系，是我国股票市场深化改革的方向。应根据实体经济发展需要，实现股票市场发展模式由外植型向内生性转变，其中，首先应当改变的就是"政府办市场"的思路和相关监管理念。在此基础上，依法治市，充分发挥市场机制在形成和建立多层次股票市场方面的决定性作用，分立发行市场和交易市场，发展有别于A股市场的新层次股票交易市场，形成新层次股票交易市场与A股市场之间建立在竞争基础上的协调互动，全面提高股市对实体经济的支持力度。为此，应从以下方面深化改革：

第一，分立发行市场和交易市场，实行股票发行的注册制。实行发股注册制的要义有三：一是依法公开披露信息，为此，需要在《证券法》中明确股票发行人应公开披露的信息内容和违反此项规定予以的惩处。二是发股的负面清单。20 多年来，在发股审批制中，证券监管部门制定了众多的规范性文件（以至于连《人民日报》评论员文章都列入规范性文件）且越做越细越做越多，使得我国的发股制度规则数量远远超过了世界上任何一个国家和地区。其中的基本成因是，证券监管部门在这方面的权利不受限制，有着无穷的扩展空间。要实行发股注册制就必须严格限制证券监管部门的权力扩张，为此，需要实行明确的负面清单制度。三是明确发股相关机构（包括发行人、会计师事务所、律师事务所、财务顾问和其他机构等）的法律责任，尤其是落实发股失败制度下它们各自的法律责任。

在分立发行市场和交易市场的过程中，需要处理好三个关系：其一，注册制的审核机关。发股注册制的审核机关应为证券监管部门，不应为证券交易所。如果将发股注册制的职能交给交易所，则一方面还将延续发股与上市相混的格局，所不同的只是，原先这种职能相混发生在证券监管部门层面，现在这种相混发生在交易所层面；另一方面，交易所受自身权益的制约和驱动，为了避免形成新的竞争对手，将严重阻碍新层次股票交易市场的形成。其二，在分立发股与上市过程中，为了使得股市的各方参与者（包括证券监管部门、发行人、交易所、投资者、各类中介机构和媒体等）适应这一新变化，可以考虑实施发股与上市的时间分立机制（例如，通过制度规定，在一段时间内发股后 6 个月才可向交易所申请股票上市），改变 20 多年来形成的按照股票交易市场思维进行发股定价的状况。其三，严格实施发股失败制度。对那些实际发售的股票数额占预期发股数额低于一定比例（如 70％以下）的，实行发股失败制度，由发行人全额退赔投资者的本息，以抑制注册制条件下的发股随意性和冲动。

第二，分离沪深交易所的交易规则。有史以来，世界各国和地区中，按照一个交易规则设立两个交易所市场的唯独我国上海证券交易所和深圳证券交易所；在网络经济时代，这种设置更加凸显不合理性。要改变单一的 A 股市场格局，就必须改变沪深股市同一交易规则的状况。改变的路径可以有二：一是合并沪深股市，使它们成为一家。但这种操作阻力较大难度较大，给股市带来的震动也较大。二是分离沪深股市的交易规则，通过交易规则中上市规则、信息披露规则、交易规则和退市规则等的差别化，使它们成为不同层次的股票交易市场。中小板、创业板等的设立为此已做了一些前期准备工作，只需进一步调整交易规则就可水到渠成。

第三，建立以证券公司网络系统为平台以经纪人为核心的新的股票交易市场。在这一新层次股票交易市场设立中，交易规则（包括上市规则、交易规则、信息披露规则和退市规则等）由各家证券公司中的经纪人协商制定，实行股票发行的有纸化和股票交易的无纸化制度、股票交易的做市商制度和由股票可交易性决定股票退市制度。与此对应，不再实行电子撮合的自动成交方式，实行做市商的撮合交易和自动报价方式。入市交易的股票既可是首发股票，也可是存量股份，各种股票由做市商推荐入市交易。另一方面，在进一步发展中，这一层次的股票市场可根据实际情况，由经纪人制定更加细化的交易规则，建立满足不同需求的多层次股票交易市场，最终形成类似于美国纳斯达克的多层次股票交易市场。

3. 多渠道推动股权融资发展

长期以来，我国实体企业资本性资金严重缺乏，不仅使企业的经营运作困难重重，高杠杆率问题难以消解，而且给以银行信用为主导的金融体系带来严重的风险隐患。党的十八届三中全会《决定》明确提出应"多渠道推动股权融资"。根据当前我国的实际情况，并借鉴国外的经验，在深化改革中，应通过股权投资（PE）基金、政府引导基金、保险资金和社保资金等多种途径推动我国的股权融资发展。具体来看：

第一，应规范发展股权投资。在众多股权投资方式中，股权投资基金的市场化程度最高，是推进股权投资的重要组织方式。基金管理者通常以被投资企业的成长潜力和效率作为投资选择原则，将资金投入最有发展潜力的产业和运作效率最高的企业，由此，对引导和优化资源配置有着积极重要的作用。但我国的股权投资基金在运作中也存在四个有待解决的问题：一是相关法律政策不完善，有些法规界限比较模糊；二是股权退出渠道不畅且狭窄；三是投资"对赌协议"的合法性问题尚待解决；四是国内筹资环节薄弱，资本结构单一。

要规范发展我国股权投资基金的运作，应从三个方面深化改革：一是完善相关法律政策。在继续完善《公司法》《证券法》和《信托法》等相关法律的同时，应尽快制定关于股权投资基金的专门管理法规，对投资运作的相关行为、组织架构和义务责任等进行规范。二是完善市场体系，建立股权退出的多元化机制。其中，既包括积极推动股票发行的注册制改革，尽快建立多层次股票交易，也包括进一步完善产权交易市场和股权转让机制等。三是明确股权投资基金的产业政策目标和发展规划。从美国和以色列的发展路径可以看出，在股权投资基金发展过程中，政府政策有着至关重要作用，其中包括维护政策的稳定性、知识产权保护和提供教育培训、税收政策优惠和财政补偿制度等。

第二，设立政府引导基金。设立政府引导基金可以有效带动社会资本进行股权投资。创业投资引导基金往往以参股创投企业、贷款、担保、共同投资等方式进行运作。我国政府引导基金起步较晚。目前存在的主要问题有三：一是定位存在一定偏差；二是投资限制具有明显的行政色彩；三是缺乏有效考评监督机制。

为了更充分发挥政府引导基金的功能，推进股权投资的健康发展，需要解决好四方面问题：一是建立经济效益与社会效益相结合的考核体系。通过将经营性项目和政策性项目相结合，最终实现经营的保本微利，同时实现政府的政策目标。二是协调目标差异，提供风险保障。在引导基金的运作中，政府资本要对社会资本进行合理补偿，坚持让利于民，调动民间资本的积极性，避免政策产生挤出效应。三是定位好政府职责，加强监督管理，预防委托代理风险。政府只要通过相应政策制定规则来保证市场行为有序进行即可，所要做的是吸引更多的资金投入到创业投资事业中去，同时引导创业投资资金的投资方向。四是建立公开透明的信息披露制度，避免道德风险，防范寻租行为。财政部门应做好监管工作，定期检查引导基金资金使用情况，并将检查情况及时公布。

第三，稳步推进保险资金的股权投资。保险资金具有长期性的特点，适合做资本性质的投资，因而，是股权投资资金的一个重要来源。近年来，保险监管部门持续放宽了保险资金投资于权益类产品的限制，但迄今此类投资占比依然较低。要稳步推进保险资金用于股权投资，一方面，需要改善投资结构，提高资金运用效率。从国外的经验来看，可以采取与股权投资基金相结合的方式展开投资运作。另一方面，进一步完善资本市场，丰富金融产品体系，为保险投资提供产品种类齐全的不同期限、收益率、风险度和流动性特征的金融产品。

第四，放宽社保资金参与股权投资的限制。社会保险基金通常包括养老保险基金、医疗保险基金、生育保险基金、失业保险基金、工伤保险基金等。这类资金的特点决定了其投资过程中必须确保安全第一，同时又要平衡好可能面临贬值的压力，因此，在保证资产安全性、流动性的前提下，适度放宽社保资金参与股权投资的限制，既有利于改善社保资金的运作收益，也有利于拓宽社会资金的股权投资渠道。

放宽社保资金参与股权投资，需要解决好四个问题：一是调整社保基金结余的部分只能用于银行存款或购买国债的限制，适度放宽社保基金的投资渠道。其一，鼓励社保基金投资于那些业绩好、流通性好以及发展前景好的蓝筹股；其二，鼓励社保资金参与对中央企业控股公司、地方优质国有企业和重大基础设施的直接股权投资；其三，鼓励社保资金扩大对股权投资基金的投资等。二是继续提高社保基金统筹层次，尽快实现各类社保基金省级乃至全国的统筹管理，实现投资体制的市场化与资产配置的多元化，最终提高社保基金收益率以抵御通货膨胀风险。三是培育市场化的独立基金管理机构。四是建立统一规范的社保基金投资运营监管体制，确保基金投资的安全稳定。

（四）加快发展现代保险服务业

随着现代保险业的快速发展，保险业在现代金融体系中的作用越来越大。"十二五"以来，我国保险业取得了长足进步，已经成为全球第四大保险市场。农业保险保费规模和机动车辆保险保费规模都位居世界第二，仅次于美国。

从总体上看，我国保险业仍处于发展的初级阶段，与现代保险服务业的要求还有较大差距，主要问题有三：一是大而不强。目前我国保险深度（保费收入/国内生产总值）与密度（保费收入/总人口）相比世界平均水平都还有明显差距。二是保险核心功能不突出，保障性业务的发展不尽如人意。在重大自然灾害中，保险保障功能发挥明显不足。与发达国家的财产保险业相比，在同类灾害损失中，我国财产保险业赔付占灾害损失的比例不足2%，远低于发达国家30%以上的赔付比例水平。三是数据信息和数据平台等保险业的核心资源短缺制约着保障型业务发展。我国财产险业和健康险业虽然历经30余年的发展，也积聚了数万亿元以上的资产规模，但基础资源的发展却严重滞后。例如，全国性的农业保险数据平台尚未成型，这种核心资源的短缺导致了农业保险缺乏科学的经营基础。

"十三五"时期，我国要加快发展现代保险服务业，需要着力解决好四个方面的问题：

第一，大力培育保险业核心功能。这包括：一是把商业保险建成社会保障体系的重要支柱，同时，给予必要的税收优惠和社会保险市场化运作等政策支持。具体看来，以大病保险民营化为突破口，尝试引入健康保险交易所作为大病保险交易平台，为整个基本医保体系的民营化探索新路。加快推进个人延税型养老保险试点。二是建立巨灾保险制度。逐步形成以商业保险为平台、财政支持下的多层次巨灾风险分散机制，藏救灾能力于市场。三是发挥责任保险化解矛盾纠纷的功能，重点发展与公众利益关系密切的环境污染责任保险、食品安全责任保险、医疗责任保险、校园安全责任保险等领域。四是通过保险推进经济产业升级，着力发挥保险对于农业现代化和外贸转型升级等的作用。具体包括：完善政策性农业保险财政补贴制度，开展农产品目标价格保险试点；打破我国出口信用保险公司一家垄断经营格局，放开短期出口信用保险市场；在上海、天津自贸区和前海深港合作区，积极探索建立亚洲航运保险中心。

第二，深化保险资金运用改革。具体包括：减少对保险机构投资比例和投资范围的限制，建立市场化资产管理机制，把投资权和风险责任更多交给市场主体；允许专业保险资产管理机构设立私募基金，允许保险公司设立基金管理公司；以优级房贷为基础资产，探索发展按揭信用保险；优化保险投资统计监测体系，做好风险预警工作，规避由资产管理不善引发的影子银行风险传染；引导保险资金服务实体经济（包括服务新型城镇化建设、服务养老产业等）。

第三，加强保险业基础设施建设。具体包括：进一步完善行业车险数据平台，为车险费率市场化提供基础支持；加快建立农业保险风险数据库，开展农业保险风险区域划分和费率分区，为政策性农业保险奠定科学发展基础；修订人身险行业经验生命表、疾病发生率表等；加快我国保险信息技术管理有限责任公司发展，完善公司治理结构。

第四，加强保险消费者合法权益保护。具体包括：探索建立保险消费纠纷多元化解决机制，建立健全保险纠纷诉讼、仲裁与调解对接机制；加大保险监管力度，监督保险机构全面履行对保险消费者的各项义务，严肃查处各类损害保险消费者合法权益的行为；加强保险产品的透明度建设，鼓励社会机构建立对保险价格进行比较的网站平台，尝试公布行业交强险和商业车险的定价基准，在信息透明的前提下，允许保险公司扩大商业车险费率浮动范围。

（五）深化政策性金融体系改革

从经济理论和实践经验看，发展政策性金融体系都具有长期的必然性。无论是发展中国家，还是发达国家，都存在作为补充性的政策性金融，尤其是作为应对危机冲击的制度性机制性安排有着不可替代的作用。在 2008 年金融危机过程中，政策性金融在抵御危机、恢复市场信心、稳定金融体系等方面发挥了重要作用。当前，我国正在加快经济结构转型和推进城镇化建设，亟须解决一直困扰的长期性资金匮乏问题，因此，政策性金融不仅不应被弱化，而且应根据实践需要，加快深化改革和继续创新发展的步伐。

我国政策性金融体系包括政策性银行、政策性保险机构、政策性担保机构、政策性基金等，其中政策性银行机构是主体。经过 20 年的实践发展，随着市场体制不断完善和宏观环境的变化，目前政策性金融体系也遇到不少问题，主要表现有四：一是缺乏立法依据，监管缺乏协调。关于三家政策性银行的专门立法至今没有出台，监管上基本是参照甚至完全按照商业性金融机构的监管法律进行，而且监管呈现多头多线的局面，缺乏协调，使政策性金融机构无所适从。二是资金来源渠道相对狭窄，资本金补充不足。政策性银行的资金来源主要依靠向中央银行再贷款和发行金融债券，资本金补充困难，这使政策性金融机构的经营发展和转型改革受到种种制约。三是缺乏清晰定位，评价标准缺失。四是政策性业务与商业性业务容易形成竞争，经营面临一定风险，管理体制也有待完善。

我国政策性金融体系应以"服务国家战略、具有政府信用、尊重市场规则"为深化改革的基本取向，其中："服务国家战略"，应首先以政府设定的着眼于全社会的结构调整、和谐发展、社会安定和金融安全等目标为出发点，以追求社会利益最大化为目标，在保证国家战略能够得以顺利实施的前提下，加强风险控制、提高经营效率，实现财务上的可持续。"具有政府信用"，应让政策性金融机构依凭政府信用去获取低成本的资金，必要时政府应给予一定财政资金支持，做到可持续经营。"尊重市场规则"，应突出政策性金融并非财政资金运作的特征，它是带有市场化资金融通性质的活动，其资金的获取主要还是依靠市场，因此，其资金的投向不能脱离基本的市场规则，必须尊重市场规则开展经营。

在"十三五"期间，政策性金融体系的改革深化，需要解决好五个方面的问题：

第一，应加快政策性金融的立法。在全面推进法治国家建设进程中，政策性金融机构必须在法律的框架内运行，专门立法有利于确保其自主决策、规范运作、可持续经营。考虑到我国政策性金融制度建设还必须经历一段渐进探索、开拓、创新的过程，可采取由粗到细、先易后难的方式，从制度、章程的较粗线条的全覆盖到渐进细化、升级的法规全覆盖的立法技术路线，最终形成较完备的相关法律体系。

第二，应寻求政策性目标与市场性目标相结合的均衡方案与机制。政策性金融的运作目标可以与城镇化所需要的大规模综合性投资相匹配，可以积极以市场性目标解决政策性金融机构的经营机制问题，构建风险共担机制和完善利益补偿机制，支持市场性目标的实现。另一方面，应构建科学合理的绩效评价体系，客观评价政策性金融机构的目标实现程度、经营管理水平和专业人员的资金运作水平等，以保障政策性目标的实现。

第三，应多途径分类推进政策性金融体系的改革与完善。既要在条件成熟时可以推动商业化改革，也应该考虑新建必要的政策性金融机制（例如住房金融机制）。

第四，应完善法人治理结构，提高政策性金融机构运作机制的专业化、市场化水平，对有综合性业务的政策性金融机构可考虑选择采用分账管理制度。

第五，应建立健全政策性金融监管体系。采取一行一策的办法，确定科学性的监管标准与要求，实施差别化的监管。强化政策性目标考核，构建相应指标体系，遵循全面风险管理的要求，强化对政策性金融机构经营风险管理能力和道德风险的监管。

（六）探索基于负面清单的金融监管模式

长期以来，我国的金融监管过于强调行政机制的要求，一味求稳，担心失控，追求运用行政机制管控一切金融风险，对可能监管不了的金融风险就直接禁止对应的金融活动，忽视市场机制和金融机构的自防范风险机制的作用。在此背景下，金融监管部门常常处于自我定位不清的境地，对金融市场各类主体的自主行为管控过多。总体上偏向于实施"更强和更多的金融监管"，持续用行政规范取代市场规范，不仅对正规金融体系采取了全面行政管控，而且漠视经济金融运行中内生的非正规金融，似乎健康稳健的金融体系和金融市场运行是在事无巨细的全面金融监管下形成的，由此，使得金融监管权控制或主导的外植型金融体系不断扩展，严重抑制了金融创新，造成金融体系越来越难以满足经济社会发展的内在要求。在全面深化改革、发挥市场机制的决定性作用背景下，金融监管应采取负面清单的思维方式，通过建立金融监管负面清单来厘清金融监管与金融市场的边界。

　　金融监管负面清单是指，通过金融相关法律法规等明确规定禁止从事的金融活动和通过相关金融法律法规等明确规定的金融机构、金融业务、金融产品和金融服务等的市场准入条件。它一方面强调，凡是符合相关法律法规中准入条件规定的经济主体、金融业务、金融产品和金融服务等均可依法保障自由进入金融市场，无须再获得金融监管部门审批。另一方面强调，法无禁止即可为，只要不在法律法规禁止范围内，各种金融创新均可依法展开。

　　建立金融监管负面清单制度，是贯彻落实金融法治的基石所在。在实行金融负面清单制度条件下，金融监管部门的行政权力受到负面清单内容的严格限制，金融监管将真正转移到坚决打击各种违法违规行为、防范和化解系统性金融风险、监测和预警金融运行态势等方面。在此背景下，金融监管部门在行使监管权应要做到：一是权力的行使于法有据，不得超越法律法规的规定行使权力；二是权力行使公开透明，接受社会监督；三是权力行使要遵循正当程序，不得违反规定程序行使权力。与此同时，金融市场的各类主体可根据自身情况以及金融市场需求状况，自主地进入负面清单之外的金融市场，开展符合自己要求和权益的金融活动。

　　落实金融监管的负面清单管理模式，首先，要确立新的监管理念，对金融市场准入的认识，应从现有的正面清单模式的"法无授权即禁止"转向负面清单模式的"法无禁止则自由"。其次，要调整监管行为，加强金融监管部门对相关金融活动的市场准入后监管。对于负面清单外事项市场准入后，法律应当授权并要求金融监管部门加强事中和事后监管，以防范金融风险，保护金融消费者利益。再次，完善司法制度，强化司法对金融监管权力的制约。当金融监管者的立法或执法活动侵害金融市场交易主体利益时，金融市场交易主体有权向法院寻求司法维权和救济。最后，应建立集团诉讼、代表诉讼等诉讼制度，保护金融投资者和金融消费者合法利益，实现金融市场主体间权利义务的平衡，避免负面清单制度可能带来的负面效应。

　　实施负面清单制度，金融监管部门失去了审批制中寻租的空间和自身利益。鉴于金融产品创新中已越来越多采取多种金融机制复合运作，除金融机构外，各类实体企业和城乡居民也都进入了金融市场，继续贯彻机构监管的方式既不利于监管目标的落实也将持续暴露出各种弊端，由此，金融监管的重心从金融机构转向金融功能（或金融行为）就成为必然，与此对应，金融监管部门之间的协调就将从机构协调转变为功能协调，在此基础上，重新调整金融监管部门的设置就将成为可能。

　　随着我国金融业改革发展和对外开放程度的不断提高，一是互联网和移动通信技术的普及深入，金融业务综合化、金融活动国际化、金融产品多样化和金融创新常态化的趋势日益明显，这一切都对已有的金融分业监管体制提出了新问题。二是通过直接投资和参股其他金融企业或者通过金融控股公司形式等，金融机构形成了跨行业、跨市场和跨国界的综合化经营模式，加大了系统性风险在金融市场和金融机构之间放大与传染的可能，对金融稳定提出了新的挑战。三是随着综合经营发展和金融市场的对内对外进一步开放，民间资本、海外资本将越来越多地进入金融体系，由此，金融的系统性风险特征将会在一定程度上与发达国家趋同，由此，建立宏观审慎管理政策体系成为必然举措。

　　宏观审慎管理政策体系的形成和落实，既包括货币政策与金融监管协调，也包括货币政策与财政政策的协调，因此，仅靠"一行三会"的努力是远远不够的，它还涉及国家发展改革委、财政部及其他相关部委。鉴于此，需要从国务院层面考虑构建协调能力更强的运作机制，制定和落实微观监管政策协调、总量政策协调、总量政策与结构政策等相互之间配合，经济金融运行政策与经济社会发展战略相统一的宏观审慎管理政策体系。

国务院发展研究中心

"十三五"时期财政金融发展和有效支持实体经济的政策

"十三五"时期，我国经济面临的国际国内环境错综复杂，各种不确定因素增加。从国际环境看，全球经济复苏前景不明朗，世界发展格局进入深度调整时期，全球经济治理格局更加复杂，地缘政治对区域乃至全球经济的影响逐步扩大。从国内环境看，经济发展进入"新常态"，经济增长阶段正由过去高速增长向中高速增长转换，原有的以投资拉动为主的增长模式难以持续，增长动力转换下的产业结构面临"去产能、去杠杆、去泡沫、去污染"的重大调整，未来技术升级和创新的引领作用愈发突出。在这样的背景之下，财政金融发展面临新挑战，在如何支持实体经济发展问题上面临新要求。本报告紧紧围绕有效支持实体经济目标，探讨"十三五"期间财政金融的主要任务和政策方向。

一、"十三五"时期财政金融发展面临的新形势新挑战

"十三五"时期将是我国经济转型的关键时期，是产业结构调整的关键时期，是全面深化改革的关键时期，更是风险应对的关键时期。在这一时期，财政金融面临的挑战将十分严峻。

（一）财政收支矛盾加剧，财政平衡压力急剧上升

随着潜在经济增长率的逐步下移，我国财政收入的增速开始呈现明显回落。2014 和 2015 年，我国财政收入仅分别增长 8.6% 和 8.4%。今后一段时间，财政收入个位数增长将

成为"常态"。另一方面，我国正处在由上中等收入国家向高收入国家迈进的关键时期。根据国际经验，这一时期通常也是政府职能快速扩张、公共服务支出快速增长的时期。从目前我国财政支出的实际看，养老、医疗卫生、科技教育、环境保护等领域的支出呈刚性增长态势。收入增速下降和支出扩张刚性并存，导致平衡财政收支的压力急剧增加。

需要引起关注的是，地方政府财政收支矛盾尤为突出。在地方政府税源中，营业税是主体税种。在"营改增"过程中，与税改有关的税收减免由地方政府承担。伴随着房地产业发展拐点的来临，房地产市场持续低迷，带动与房地产业相关的各项税收增长乏力，而与房地产有关的税收恰恰是前些年地方财政收入持续高速增长的重要来源。再加上征地补偿水平快速上升，"土地财政"也在逐渐式微。从财政支出的角度看，随着政府职能向提供公共服务，加强市场监管、完善社会保障等领域倾斜，地方政府承担的责任有迅速扩大的趋势，从而导致财政支出压力加大。在趋势性变化之外，地方财政运行还面临着一系列的短期冲击。比如，加强地方政府债务管理，使各地基础设施建设透支地方政府财力和信用的问题集中暴露，将影响政府的基础设施投资能力。

（二）金融风险上升，金融资源配置效率低，难以有效支持实体经济转型

经济增速下滑及产业结构调整导致部分领域风险突出，严重威胁金融资产整体质量，银行不良贷款额和不良贷款率处于双升趋势，且反弹速度在加快；"影子银行"体系集中于房地产、融资平台等高风险领域，信息不透明以及错综复杂的融资结构加大了"影子银行"风险暴露以及风险外溢性；信用环境恶化导致信用收缩趋势明显（如银行惜贷），金融机构顺周期行为将进一步加剧经济下行压力。

当前金融体系普遍存在的"软约束"和"刚性兑付"问题，从资金供需两个方面扭曲了市场机制，导致资源错配现象严重，资金成本上升，金融服务实体经济效率大大降低。金融体系内部的诸多体制机制问题，如多头监管下的市场分割、金融机构的行政化管理、分业监管下的监管空白和监管矛盾等，也进一步加深了金融抑制，降低了效率。

（三）实体经济风险、财政风险、金融风险相互交织和传导，加剧了不稳定性

由于缺乏显性风险承担机制，在国家隐性担保预期下，企业经营状况恶化、房地产泡沫、产能过剩等风险将通过金融体系传导至财政（如问题金融机构的处置）；土地财政、地方融资平台等财政性风险往往又传导至金融体系，造成金融财政化、财政金融化。若实体经济、财政、金融三者风险不断交织叠加将可能导致系统性风险甚至危机出现，因此建立

三者间的风险隔离机制将是"十三五"时期的重要任务。

（四）政府治理能力和宏观调控能力面临巨大挑战

"十三五"时期是我国应对"三期叠加"的关键时期，作为宏观调控的两个重要工具，财政政策与货币政策在"十三五"期间面临巨大挑战。财政收入增速下降和财政刚性支出增加的双重压力压缩了财政政策空间，而货币政策也面临货币存量偏大和社会总杠杆率偏高的压力。尤其在"三期叠加"严峻形势下，单靠任何一个抓手都难以达到政策的预期效果，对财政与货币政策的协调配合能力提出了更高的要求。

宏观调控能力的高低根本上取决于政府治理能力的高低。财政政策有效性与财政支出效率密切相关，但当前财政支出机制在决策、运行、监督等方面都存在诸多问题，支出效率低，其背后更多反映的是政府治理能力的问题。货币政策的有效性也与监管架构密切联系，健全高效的监管架构是货币政策传导通畅的前提，但当前监管空白与重复监管问题突出，货币政策与监管政策难以协调一致，大大削弱了货币政策宏观调控的有效性。监管架构调整也将是"十三五"时期政府治理能力提高的重要内容。

综上所述，"十三五"期间财政金融领域最大的挑战是如何应对风险，在此前提下进一步改善对实体经济的支持。与"十二五"不同，由于增长速度减缓、经济结构调整等原因，过去被高速增长所掩盖或后延的风险有可能暴露，处置难度加大。而应对财政金融风险，不仅要有应急处置措施，更要通过体制机制的调整和变革，提升政府的治理能力，在紧约束环境下妥善处理好各方关系，实现经济社会协调发展。

二、"十三五"时期财政金融服务于实体经济的主要任务

（一）创造稳定的宏观经济环境，稳定预期

保持经济稳定发展既是实现 2020 年全面建成小康社会目标的前提，也是"十三五"时期财政金融改革稳定发展的需要。"十三五"时期保持经济增速在 6.5% 左右[1]，可为实现财政金融体系相对稳定、在发展中逐步化解财政金融风险提供必要条件，同时也将为继续推进财政金融体制改革争取时间。

---

[1] 为国务院发展研究中心关于"十三五"经济预测增长目标的测算结果。

当前宏观经济下行压力加大，通缩预期在逐步上升，"保增长"任务艰巨。宏观经济政策应提高政策前瞻性、科学性，努力创造稳定的宏观经济环境，为企业和投资者提供稳定的预期，避免陷入"经济下行—风险上升—信用收缩—经济进一步下行"的自循环过程。

（二）降低社会融资成本

以合理的资金成本支持实体经济发展，是改善企业经营环境的重要举措。然而当前我国经济转型过程中资金总量过多与"融资贵""融资难"并存的矛盾相当突出，这背后更多反映的是转轨过程中的诸多制度性问题。例如国有企业与地方政府的财务软约束扰乱了市场纪律、金融机构为追求利润和规避监管拉长了融资链条、投资者仅追求收益而不关心风险等。市场参与各方都在国家隐性担保预期下滥用政府信用追求各自利益，其结果是直接导致市场无风险收益率上升。这是我国社会资金成本高企的主要原因。"十三五"期间，财政金融体系必须通过各项制度改革，切实降低社会融资成本，为企业提供良好的经营环境。

（三）支持创新创业，为经济增长提供新动力

创新需要集聚大量生产要素和资源为支撑，因而一个合理完善的金融结构以及一个健全成熟的金融市场（尤其是资本市场）是创新和转型成功的必要条件。然而我国金融结构长期过度依赖间接融资，多层次资本市场发展滞后，难以在创新转型过程中发挥重要作用。这既与我国法制、信用体系不健全的大环境有关，也与资本市场自身职能定位、发行制度、监管理念、投资者保护等体制建设不健全有关。

中小企业是创新和解决就业的主力军，更好地服务中小企业有利于优化经济结构、促进就业、激活消费。"融资难、融资贵"是我国中小企业发展中面临的突出问题，除前面提到的深层次的制度性、结构性原因外，金融体系自身也存在诸多问题。例如：难以为中小微企业提供分层次的、差异化的信贷服务；以抵押物为主的信贷文化不适应中小企业的轻资产特点，根据现金流和企业信用评级提供信贷支持的信贷文化尚未全面建立；缺乏政策性融资担保体系降低中小企业增信成本，等等。

"十三五"期间，要通过改革引导金融体系结构转型和业务创新，大力发展资本市场，为创新创业提供有效的金融支持。

（四）支持企业转型和产业结构升级

通过兼并重组，推动技术升级和优化产业布局，打造产业链完整、核心竞争力强的企

业集团是"十三五"期间推进我国企业转型升级的重要举措。为此，需要创新金融服务方式，在商业可持续基础上创新金融产品并合理分散风险。现行财政补贴性支出机制不健全，未能与市场机制有效契合，导致政策引导作用不大，需要在"十三五"时期加以改进，更好发挥财政政策引导结构调整的作用。

（五）推进投融资体制改革调整，为新型城镇化和绿色发展提供更有效的支持

"十三五"时期新型城镇化融资面临艰巨挑战，财税体制改革（尤其是营改增）降低了地方可支配收入，房地产去泡沫化过程持续使得土地财政大幅减少，地方融资平台面临市场化转型挑战，原有的以土地财政为支撑、地方融资平台为主体的投融资体制和模式将难以持续，对新型城镇化投融资体制建设提出迫切要求。为此，一方面需要做好地方政府债务置换工作，化解存量债务风险；另一方面需要尽快建立起新型城镇化投融资体制，为增量债务建立起权责明晰、成本收益匹配的可持续的融资体制。

"十三五"期间我国经济发展面临的资源、生态约束条件越来越严峻，经济转型必须走绿色发展道路。根据国务院发展研究中心金融所"绿化中国金融体系"课题组的测算，2015—2020 年，中国绿色发展的相应投资需求大约为每年 29 000 亿元，其中新增的绿色金融需求大体上在每年 20 000 亿元。现有金融体系并不能满足如此巨量的可持续发展资金需求，其原因并非是缺少资金，而是缺少针对企业、投资者和金融机构的激励机制。"十三五"期间，需要从立法、组织架构、部门协调合作等方面建立和完善绿色金融框架，进一步改革投融资机制。

（六）支持企业"走出去"和落实"一带一路"战略

积极、有序、安全开展对外投资合作，引导企业到海外整合和延伸产业链，既有助于提高我国在全球范围内配置要素资源的能力，又有助于转移过剩产能，优化国内产业结构。但企业"走出去"面临各种不确定因素和风险，不仅对资金的需求量急剧增加，更重要的是对海外投融资、各类保函、国际清算和结算、避险等金融服务需求更为迫切。为此，需要金融政策和财政政策发挥更大的作用。"一带一路"是新时期我国对外经济大战略，其中建立可持续的投融资机制是该战略能否成功实施的关键之一，要发挥好政策性金融的撬动作用，建立商业性金融参与的市场化运行机制。

（七）完善社保和公共服务体系，进一步改善民生，激发国内消费潜力

"十三五"期间是我国全面建成小康社会的关键时期。进一步完善失业、医疗、养老、住房等社会保障体系，切实保障低收入群体的生活，不仅是全面建成小康社会、维护社会公平正义的需要，也是挖掘市场潜力、增强发展后劲的客观需要。为此，需要以兜底线、促公平、提效率为着力点，改革完善现有公共服务体系和社会保障制度。同时进一步增加政府对低收入群体的扶持力度，提高扶贫工作的针对性，提高扶贫效果，使弱势群体更加充分地分享经济发展的成果。

三、"十三五"时期财政金融发展和支持实体经济的政策

（一）基本原则

1. 坚持实体经济在国民经济发展中的核心地位

国际金融危机之后，美欧纷纷出台再制造业化战略，意图进一步增强在传统制造业优势领域的竞争力，抢占 21 世纪先进制造业制高点。相比之下，我国却出现虚拟经济与实体经济背离、实体经济经营环境逐渐恶化的趋势。"十三五"期间，必须确立实体经济的核心地位，使财政金融政策更好地发挥导向作用，使金融体系更有效地支持实体经济发展。

2. 处理好财政与金融的关系

一是要界定好财政与金融的边界，防止财政金融化或金融财政化，尤其要界定好政策性金融机构的职能定位。二是处理好财政政策与货币政策的协调关系，根据宏观经济形势及时进行预调微调，提高宏观调控的有效性。三是要处理好财政风险与金融风险化解的关系，既要通过制度改革加强风险隔离，明确风险分担，又要把握好节奏和速度防止风险提前释放。

3. 处理好稳增长和防风险的关系

稳增长是防风险的前提，如果经济出现大幅下滑，市场预期发生根本性转变，无疑将进一步加速风险暴露，甚至提前引爆风险。因此保持经济增长在合理区间，能够为化解存

量风险争取时间。防风险又是稳增长的重要保障，一旦财政金融风险爆发，市场环境恶化引发信用规模急剧萎缩或流动性"断崖式"枯竭，将对实体经济产生严重冲击甚至爆发经济危机。特别需要注意的是，在经济下行时期，微观主体防范风险的行为，可能加速信用收缩，导致风险爆发。因此，在"稳增长"过程中，既要逐步化解财政金融存量风险，做优增量，维护财政金融体系稳定，也要注重宏观审慎管理。

（二）"十三五"时期财政金融支持实体经济发展的政策措施

1. 实行稳增长的财政政策和货币政策

"十三五"期间宏观经济面临增速放缓、结构调整和风险化解的三重挑战，稳增长压力前所未有，要加强财政货币政策协调配合，提高宏观调控能力。

在经济下行压力明显加大时，应适当扩大财政政策的刺激力度，适度增加中央政府的杠杆率。财政支出不仅要注重改善供给侧政策，而且要重视改善需求侧政策。完善财政投融资机制，引入民间资本参与基础设施投资；清理、规范税收减免行为，遏制地方"税收竞争"，减少税收流失；减税降费，支持小微企业发展和创新创业；加快建立统一预算的步伐，统筹使用国有资本经营收入和政府性基金收入，把更多资金用于改善民生和完善社会保障体系；加快完善社会保障体系，稳定公众预期，激发消费潜力；增加对低收入群体的直接生活补助，切实保障其生活水平；通过发放消费券等形式，在公共服务领域引入市场竞争；推动个人所得税改革，进一步发挥个人所得税调节收入分配的功能。

考虑到我国货币存量和社会总体杠杆水平较高，在"去杠杆、去泡沫"过程中，流动性总理管理仍相当重要，货币政策总体应保持稳健，避免大起大落。但由于"十三五"时期国内国际经济形势十分复杂，在实施稳健货币政策的同时应保持相对弹性和相机决策，提高货币政策的前瞻性，适时适度预调微调，同时加大货币政策决策机制的透明度，合理引导市场预期。加强货币政策与审慎监管政策之间的协调配合，避免政策叠加或政策冲突加剧对实体经济波动的影响；随着利率市场化改革步伐加快，应进一步理顺货币政策的传导机制，提高货币政策市场化调控水平，完善基准利率市场化形成机制，通过基准利率和利率曲线的波动影响市场资金价格水平，进而影响实体经济资金供求。

在两者的分工上，货币政策应更加注重总量管理、市场化调控，通过市场化机制引导资金合理流动和配置；而财政政策则应更加注重结构化调整，提高财政支出决策机制和运作机制的透明度和效率。在化解政府存量债务风险过程中，为避免财政政策可能出现的"明松实紧"对实体经济的负面影响，货币政策应加大预调微调力度给予配合。

2. 为实体经济创新发展提供高质量的金融服务，引导社会资源的有效配置

转型、创新、新型城镇化、对外投资等是"十三五"时期经济发展的重要内容，作为资源配置两大渠道，财政与金融体系需要引导社会资源有效配置到以上领域。因此通过财政金融深化提高资源配置效率将是"十三五"时期财政金融改革发展和支持实体经济的主要任务。

在金融领域，应以建立完善市场化机制、让市场在资源配置中发挥决定性作用为目标，包括：

——建立统一、高效、透明的金融市场，减少行政管制导致的市场分割，减少多头监管下的政策不统一不协调；提高透明度降低市场交易成本；提高资金在不同市场自由流动的便利性；逐步放开价格管制，建立市场化的定价机制。

——扩大金融市场的对内对外开放，通过有限牌照管理、差异化监管、负面清单等措施逐步放开市场准入，引入市场竞争，激发金融创新活力，提高金融服务效率。

——推进金融基础设施建设。包括在金融领域推进依法治国理念，加快金融法律修订工作；完善征信体系，加快从信用收集到信用评级转换，为市场提供统一的可参考的评级标准等。

——建立市场化退出机制，包括金融机构破产处置机制、上市公司退市制度等，实现优胜劣汰市场机制下的市场出清。

在财政领域，应以推进投融资体制改革、提高财政结构性调整政策效率为抓手，引导社会资源合理配置。包括：

——重新定位政府在经济领域的职能定位，政府应逐步退出在竞争性领域的投资活动，盘活存量，新增投资应主要集中于公益性和准公益性项目，加快国有资本管理体制和国有企业改革，合理划分中央与地方投资事权。

——以财税体制改革为契机推动政府投融资体制改革，明确权责主体和风险承担机制，严肃财经纪律，明晰财政金融边界以及中央与地方权责，通过政府与社会资本合作（PPP）等制度创新调整现有政府投融资体制。

——完善财政补贴性支出与投资性支出的决策机制和运作机制，提高与市场机制的契合度，提高财政政策在结构调整中的实施效率。

3. 以合理的资金成本支持实体经济发展，改善企业经营环境

以合理的资金成本支持实体经济发展，需要财政金融在"十三五"时期加快推进各项

制度改革，具体任务包括：

——尽快建立和完善以政府出资为主体的担保体系和存款保险制度，使现行隐性、全部承担风险的国家担保走向显性，部分承担风险责任的市场化担保。

——明确各类金融产品的法律属性和风险责任，打破刚性兑付，降低无风险收益率。

——规范"影子银行"和财富管理市场，统一监管规则，缩短因监管套利而拉长的融资链条，降低企业融资成本。

——加强对地方政府及其他相关经济主体（国有企业、融资平台）的财务约束，严肃财经纪律，将政府财政纳入法治的监管框架中。

改善企业经营环境，通过征信体系、政策性担保体系的建立完善，降低中小企业增信成本；发展多层次信贷市场和资本市场，通过牌照管理开放金融领域市场准入，引入更加市场化的"垃圾债"发行制度，扩大中小企业融资渠道；打破不合理的制度束缚，鼓励金融创新，包括信贷文化、授信方式、金融产品或工具等，切实提高金融服务实体经济的效率。

推动中小企业政策由政府主导的"相马机制"转变为看重市场表现的"赛马机制"。把"选优扶优"型的支持政策转变为非定向的、符合条件即可享受的"普惠性"税收减免和补贴政策。增加财政支持力度，扶持公共服务平台、公共研发平台体系建设，为企业创造良好外部环境；建立全覆盖的政策性担保体系，引导信贷资金流向小微企业，缓解小微企业"融资难、融资贵"。

4. 有效管理实体经济和财政金融风险，避免发生系统性风险

"十三五"时期是风险应对的关键时期，财政金融管理和化解风险的任务十分艰巨，尤其是要避免实体经济、财政、金融三者间风险交织叠加，防范系统性风险发生。

——有效管理实体经济转型风险，需要财政政策与金融政策的通力配合，保持经济增速处于合理区间；建立起权责匹配的显性的风险分担机制，避免道德风险下国家信用被滥用；通过扩大融资渠道、证券化创新、衍生品市场发展等举措分散或对冲风险。

——全面评估财政收入增速下降、财税体制改革对经济转型和政府债务风险的影响程度，避免财政政策"明松实紧"可能对经济增长和转型产生的负面影响；做好存量债务置换工作，并借助存量债务风险化解契机构建新的投融资机制。

——加快金融体系不良资产核销处置力度。简化银行不良资产核销审批手续，加快不良资产核销；扩大银行不良资产计提范围，允许对银行的表外资产进行税前扣除；适度提高不良资产税前扣除比例；放松对银行股权投资限制，允许对部分债务进行债转股操作；

鼓励地方设立专门处置不良资产的资产管理公司，用市场化手段加快地方企业和地方金融机构不良资产的处置工作。

——进一步化解"影子银行"潜在风险。加强银行表外理财业务与表内业务的风险隔离，规范银行理财业务运作；统一监管规则、修改法律法规，减少监管套利和法律约束下的"通道"业务，提高金融产品的透明性和公平性；尽快规范民间金融活动，明确监管责任。

——完善国家金融安全网，制定危机应对预案。明确中央银行与监管部门在宏观审慎监管框架中的职责与分工，加强政策工具之间的协调配合，建立起行之有效的系统性风险防范机制；细化存款保险制度运行机制，切实发挥其保护存款人利益的职能；明确财政、中央银行、监管部门以及存款保险机制在危机应对中的职责分工和应对机制，合理使用危机救助工具，形成政策合力。

5. 从化解地方政府债务风险入手重构政府投融资体制

解决地方政府债务问题，不仅是化解财政金融风险的重要举措，也是推动基础设施投资和清理企业不正常拖欠、缓解实体经济流动性紧张的必要措施。主要思路是：

第一，有序推动地方政府债务置换工作。

第二，对地方政府的增量投资，建立新型投融资机制。

——明晰政府投资的性质，对属于政府职能之内、缺少现金流和可持续商业模式的公共产品投资，应由财政承担投资风险。这类投资项目的资金来源，应由政府财政预算和纳入政府财政长期偿还预算范围的政府负债（地方债）来提供资金；对于有现金流、项目自身可以还本付息或政府提供一定补贴后可以还本付息的准公共产品项目，可通过 PPP 的方式引入民间资本。鉴于 PPP 方式受到一定条件限制，短期内很难成为解决政府投融资困难的主力，还应"两条腿走路"，由政策性金融机构牵头组织银团贷款，并通过政策性资金的介入，降低项目融资成本。另外，也可以考虑盘活资产存量，为新项目融资。对于纯商业性的投资项目，应由企业（包括国有企业）自行筹资。

——为有效约束地方政府的盲目投资、过度投资行为，应当调整投资计划的编制方式，增加透明度。为此，一是鉴于目前我国五年规划的动态调整性和后评估机制均较弱，在"十三五"期间，要建立以滚动计划为基础的动态调整机制，并规范投资决策的程序，同时要强化对投资项目的后评估工作，建立投资问责制度。二是要从控制地方政府负债入手控制地方政府的投资行为。对地方债务管理的基本目的在于使得债务存量和增量更加透明，发债等融资活动更加规范。具体措施包括：（1）明晰地方政府发债的条件，特别应将编制规范的政府资产负债表作为自主发债的前提条件；(2)规范债务发行程序；(3)借助行政力量和市场力量管理借款风险。一方面，将债务风险列入地方官员考核指标体系，对债务增长过快、债务风险过大的地方，应追求政府官员的责任；另一方面，通过信用评级、利率等市场化手段对高风险的地方政府给予约束。

6. 促进经济结构调整的财税金融政策

通过兼并重组，推动技术升级和优化产业布局，打造产业链完整、核心竞争力强的企业集团是"十三五"期间化解产能严重过剩矛盾，推进我国产业结构调整的重要举措。为此在金融政策方面，应鼓励企业通过出售资产、并购重组等方式进行产业重组和债务重组，并通过并购贷款、优先放行上市公司用于并购的增发申请等措施支持这类重组活动；加快完善信贷资产证券化制度，推动银行资产结构调整，更好支持实体经济结构调整。

在财税政策方面，一是要完善与产业政策相关的税收政策，落实党的十八届三中全会的税收改革措施，完善推动科学发展的利益导向机制。积极策划新一轮"分税制改革"，简化增值税税率，适当降低工业企业税收负担，均衡工业企业与服务业税负；扩大对高新技术产业所得税优惠的适用范围，将其适用于所有从事高附加值生产活动的中小企业。二是要优化政策设计，提高资金使用效益。对产业结构优化升级的扶持政策，应建立在市场选择的基础之上。要进一步加大对公共研发平台、公共实验室的扶持力度，减少对企业的直接投资和前端补贴，更多使用税收减免政策和事后补助政策。对重大战略性项目的资金需求，可以考虑通过引导国有资本介入、吸引民间资本介入的方式予以解决。深入落实中央财政科技计划（专项、基金等）管理体制改革，加快构建公开统一的国家科技管理平台，加快整合中央财政科技专项计划（专项、基金），提高财政研发投入的使用效率。

在支持企业"走出去"方面，财政政策和金融政策应形成合力。如通过政策性金融（出口信用保险、银团贷款等）撬动商业性金融；通过进一步推进外汇管理简政放权，推进贸易投资便利化；通过"丝路基金""亚投行"以及商业性金融机构"走出去"，改善我国工商企业"走出去"重要目的地的投资环境等。

7. 支持创新的财税金融政策

培育新的经济增长点是"十三五"时期经济转型的关键，而创新是新的增长点的动力和源泉。资本市场能够为创新提供一整套引导资源流动、促进技术转化、鼓励创业投资、实现优胜劣汰的市场化机制，因而在支持创新中具有关键性作用。

发展多层次资本市场，首先，应改善主板、中小板、创业板等场内市场的监管模式，推动发行制度从审核制向注册制的转变，完善信息披露制度；其次，在统一交易和监管规则的前提下，鼓励新三板、区域股权市场等场外市场差异化发展，与场内市场错位竞争；再次，制定不同层次市场间的转板制度和破产上市企业退出制度，建立起市场化的优胜劣汰机制；最后，支持私募股权和创业投资基金发展，减少不必要的行政干预，激发市场活力，引导社会资金向创新型产业或企业流动。

8. 支持绿色转型发展的财税金融政策

在支持绿色发展方面，货币政策可以采取的措施，一是将存款准备金率、利率、再贷款等货币政策工具与"绿色信贷"挂钩。二是在调整央行资产结构时，增加"绿色"因素（如购买绿色债券）。三是将环境相关风险纳入评估金融稳定性的指标体系和模型，制定一个绿色宏观、微观评估框架。

在支持绿色发展方面，财政政策可以采取的措施，一是应通过财税、价格、土地等政策措施鼓励和支持企业进行绿色投资，并对各类金融机构开展绿色金融业务的收入实行适当的所得税和增值税优惠。二是会同人民银行、银监会，研究制定对绿色投资项目的贴息制度。三是对绿色债券的投资收入减免税收，以支持绿色债券投资和绿色债券市场发展。四是以政府购买服务的方式，建立公益性的环境成本信息系统和绿色评级体系。五是注意发挥政策性金融对绿色发展的引导作用，如建立"绿色发展专项基金"，并要求现有政策性银行按照"赤道原则"调整业务流程和产品结构。

中国银行业监督管理委员会

"十三五"时期银行业发展和有效支持实体经济的课题报告

近年来，我国银行业改革开放取得了显著成效，银行业整体实力和核心竞争力不断提升，抗风险能力持续增强，金融服务水平大幅提高，国际地位不断改善，有效支持了实体经济平稳快速发展。银行业金融机构资产负债稳步增长，截至 2015 年年末，银行业资产总额 199.3 万亿元，负债总额 184.1 万亿元；资产质量总体稳定，银行业不良贷款率为 1.9%；风险抵补能力保持较好水平，商业银行加权平均资本充足率 13.5%，商业银行拨备覆盖率达到 181.2%；盈利继续保持增长，商业银行净利润达到 1.6 万亿元。但进入"十三五"时期，我国银行业仍然面临内外部较大挑战，改革发展和风险防控的任务依然艰巨。

一、我国银行业发展和支持实体经济面临的挑战

当前，我国银行业面临的环境正在发生深刻变化，面对新形势下的新任务新要求，银行业必须以更大的智慧、勇气和信心把握新机遇，迎接新挑战。

（一）经济新常态带来的机遇与挑战

当前，我国经济正步入增速调整、结构优化、动力转换的新常态，经济增速虽然调整，但实际增量依然可观，增长趋势将更加平稳，增长动力将更加多元，发展前景更加稳定，市场活力将进一步释放。这对银行业而言，一方面，新技术、新产品、新业态、新商业模式快速涌现，必将为银行业发展提供更加广阔的市场空间；经济结构优化、产业

转型升级、地方政府债务置换等，也将为银行业盘活存量创造更加有利的条件。另一方面，经济增速放缓以及去产能、去库存、去杠杆，可能加速风险暴露，增加风险管控难度。

（二）市场化改革带来机遇与挑战

我国金融市场要素和参与主体的改革，将对银行业发展带来深远影响。利率市场化改革有利于商业银行扩大自主经营权和加快金融创新，但也会对商业银行的盈利能力带来挑战；汇率市场化改革可能增加商业银行外汇业务产品运营空间，但也会对商业银行的人民币外汇金融工具创新和自主定价能力带来挑战；民间资本进入银行业有助于创新体制机制、激发经营活力，但其强烈的逐利动机也可能带来过度冒险倾向。

（三）金融与互联网深度融合带来的机遇与挑战

目前，我国银行业已实现了包括客户信息、账户信息、产品信息、交易信息、管理信息等在内的大数据积累，建立了包括网上银行、电话银行、手机银行和自助银行等在内的信息化服务体系，银行业利用互联网已经迈出坚实步伐。金融与互联网的深度融合，将进一步推动银行业科学决策、精细服务和成本节约。同时，以互联网支付为代表的第三方支付，已对银行业的支付业务带来挑战；以P2P和众筹为代表的网络融资信息中介平台，已对银行业的融资业务形成挑战；借助互联网的代理基金、余额理财的业务，已对银行业的存款构成分流压力。此外，部分机构打着互联网金融的幌子，违规开展业务甚至大肆非法集资，可能对整个金融市场秩序带来冲击。

（四）经济金融全球化带来的机遇与挑战

经济金融全球化为我国银行业自身拓展海外业务、实现全球范围内资产配置、增强国际竞争力，提供了良好时机。同时，人民币跨境结算及使用，我国企业"走出去"开展并购，与我国有金融、贸易往来的国家和地区旺盛的金融服务需求，也为我国银行业提供了新的增长点。但国际贸易和对外投资的快速增长，将考验银行业的跨境金融服务能力；国际政治经济格局复杂多变，部分地区动荡不安，将考验银行业的跨境风险管控能力；国际监管规则的改革，将考验银行资本、流动性、杠杆率等方面的适应能力。

二、我国银行业"十三五"期间改革发展的总体思路和战略目标

"十三五"时期是全面建成小康社会的关键期，各项改革事业进入"攻坚期"。银行业将继续推动改革发展，力争到2020年形成更加符合我国经济社会发展需要的银行业机构体系，进一步增强金融服务质效，不断提升监管的专业性和有效性，坚守不发生系统性、区域性金融风险的底线。

（一）指导思想

坚持以马克思列宁主义、毛泽东思想、邓小平理论、"三个代表"重要思想和科学发展观为指导，认真贯彻落实党的十八大和十八届三中、四中全会精神以及习近平总书记系列重要讲话精神，深刻认识银行业面临的新形势，主动适应经济发展新常态，深化改革开放，完善金融法制建设，提升金融服务实体经济能力，为促进经济社会持续健康发展、实现中华民族伟大复兴中国梦做出积极贡献。

（二）基本原则

"十三五"时期银行业改革发展应坚持以下几个原则：

一是坚持安全原则。 持续提升银行业金融机构对信用、市场、流动性等风险的识别应对能力，强化全面风险管理，加强信息科技系统建设，维护银行业安全稳健运行，坚决守住不发生系统性、区域性风险的底线。充分发挥监管者的主动性和前瞻性，坚持风险为本，进一步强化风险监管，保护存款人和其他金融消费者合法权益；构建完善简明清晰、宏观审慎与微观审慎有机结合的监管政策框架，不断提升银行业系统性风险监管有效性。

二是坚持效率原则。 大力发展金融市场基础设施建设，进一步优化银行业市场结构和经营模式，以盘活存量、用好增量、提高金融资源配置效率为重点，发挥银行业在我国金融市场的主导作用，逐步形成直接融资与间接融资功能互补、结构合理、协调发展的金融市场体系，鼓励公平竞争，让市场因素真正发挥基础作用。继续推进简政放权，优化监管服务，科学、合理地设定监管权限，高效、节约地使用监管资源。

三是坚持创新原则。 围绕服务实体经济的主线，在依法合规和稳健经营的基础上加快金融产品创新和金融服务模式创新步伐，防止监管套利或金融业自我循环，充分利用大数

据、云计算等信息技术，积极适应互联网金融创新发展趋势，将普惠金融理念、绿色信贷理念融入创新过程，不断提升银行业服务水平，建立健全与创新相匹配的风险管控能力和保障机制。

四是坚持开放原则。积极支持民间资本进入银行业，推进民营银行、消费金融公司、村镇银行设立常态化，成熟一家，设立一家；对包括民间资本在内的各类资本入股银行业金融机构，坚持公平竞争、同等待遇的原则，不断提高银行业市场准入透明度。坚持扩大对外开放，遵循中外一致原则，以准入前国民待遇加负面清单方式，调整外资银行准入条件；全面探索上海自贸区银行业改革开放新举措，促进我国金融市场多元化竞争格局的形成。

五是坚持协同原则。按照"生命周期全覆盖"和"实质重于形式"的原则，做好银行业内部控制、外部监管与行业治理协同配合，针对不同性质机构，实施市场准入、非现场监管和现场检查相互协调配合的全流程监管。加强监管协调沟通，促进银行业、证券业、保险业之间的监管协同与信息共享。统一把握监管标准和尺度，着力解决跨领域、跨行业、跨市场、跨区域的监管重复和空白问题，防范金融风险交叉性传染和转移。

（三）主要目标

到 2020 年，在金融改革发展重要领域和关键环节取得决定性成果，形成更加符合我国经济社会发展需要的银行业机构体系，培育一批具有国际竞争力和影响力的银行业机构，建立与之相匹配的监管体系，营造更加成熟和国际化的金融市场环境。

一是形成多层次、广覆盖、有差异的银行业机构体系。深入推进国家开发银行和政策性金融机构改革，充分发挥开发性金融和政策性金融在增加公共产品供给和服务国家战略中的作用。继续深化大型商业银行改革，坚持国家控股地位，稳步推进股权多元化，优化股权结构，不断提高其国际竞争力和影响力。推动具备条件的民间资本依法发起设立中小型银行等金融机构。深化信用社改革，稳定其县域法人地位，坚持差异化经营定位，为实体经济特别是小微企业、"三农"和社区发展提供高效和差异化的金融服务。

二是金融服务能力更加适应经济发展需求。正确把握宏观经济金融形势，坚持稳中求进工作总基调，坚持用发展的方法解决前进中的问题。开发出紧密契合市场需求和具有高附加值的金融产品，有力助推经济增长。把握金融信息化发展契机，打造数字化金融平台，巩固物理经营渠道，延伸虚拟经营空间，提升银行业的信息科技水平，不断满足人民群众日益提升的金融服务需求。

三是监管专业性、有效性不断提升。进一步深化监管体制机制改革，健全权力清单、责任清单、负面清单管理制度。持续推进银行业立法工作，加强行业法治建设。改进监管工具方法，加强行为纠偏和违规处罚，提高监管的针对性和权威性。规范金融服务收费行为，加大信息透明度建设，增强市场约束。完善微观审慎与宏观审慎有机结合的监管政策框架，提升对单体机构风险和系统性风险的识别、应对能力。

四是坚决守住不发生系统性、区域性风险底线。进一步提高风险防范意识，建立有效机制密切监测金融风险传递路径，维护银行业稳定。推动银行业规范员工行为管理，遏制外部欺诈和内部案件的发生。引导银行规范经营、合理定价、公平竞争，积极营造良好信用环境，着力遏制非法集资高发势头。防范重点领域风险，遏制不良贷款快速上升势头，积极应对利率、汇率市场化改革与金融改革带来的风险挑战。

三、深化银行业改革开放，完善银行业体制机制

（一）构建多层次、广覆盖、有差异的银行业机构体系

1. 加快推进开发性政策性金融机构改革

一是推动开发性政策性金融机构根据其职能定位，实行政策性业务和市场化运作相结合，建立符合我国实际、更好地服务于实体经济发展的开发性政策性金融体制机制。二是促进开发性政策性金融机构完善公司治理，进一步划清政策性业务与商业性业务边界，切实提高可持续发展能力。三是发挥开发性政策性金融有效弥补市场机制不足的作用，以及调节经济周期波动的功能，提高其支持实体经济的有效性。四是完善开发性政策性金融机构的资本金补充渠道，强化开发性政策性银行资本约束机制，加强对开发性政策性银行资本监管。

2. 完善社区金融服务组织体系

坚持普惠原则、因地制宜原则、可持续原则和内控先行原则，要求银行业金融机构健全服务网络，创新服务手段，提升服务水平，开展金融服务进社区工程，提高金融服务的广度、深度和密度。一是支持符合条件的中小商业银行在风险可控、成本可测的前提下按照"定位社区、服务小微、规划先行、循序推进、均衡设置、持续经营"的思路设立社区支行，走特色化、差异化发展道路。二是积极鼓励中小商业银行为小微企业、社区居民提供便捷服务，支持中小银行社区金融和小微金融的健康发展。三是指导邮储银行利用其在

社区金融服务方面的天然网络优势，进一步做好社区金融服务。推出更多符合客户需求的产品和服务，为社区客户提供更多便利。

3. 健全农村金融服务体系

一是深入推进涉农银行业金融机构体制机制改革，强化"三农"服务责任和服务能力建设。深化农业银行"三农"金融事业部改革试点。强化农业发展银行政策性功能定位。督促国家开发银行创新服务"三农"融资模式。督促邮储银行大力支持现代农业产业，支持邮储银行建立"三农"事业部，打造专业化支农服务体系。深化农村信用社改革，强化农村信用社省联社服务功能。二是丰富农村金融服务主体。稳步培育发展村镇银行。引导邮政储蓄银行稳步发展小额涉农贷款业务。引导小额贷款公司发挥支农服务作用。鼓励非银行金融机构支持农村实体经济发展。支持其他商业银行适度扩大农村地区网点覆盖面。三是强化农村金融差异化监管，对涉农不良贷款给予适当的容忍度，强化涉农贷款风险管理。四是鼓励农村中小金融机构开展金融服务进村入社区工程，提高农村金融服务便利度。

4. 推动信托公司转型发展

推动信托公司将资产管理、投资银行、受托服务等多种业务有机结合，把信托公司打造成服务投资者、服务实体经济、服务民生的现代信托机构。设立全国性信托登记机构，开展信托产品登记。建立信托受益权流转市场，探索信托受益权转让。支持信托公司发行上市，鼓励信托公司参与企业并购重组，发展股权投资信托业务，研究推出债权型信托直接融资工具。鼓励开展资产证券化业务，提高业务附加值。探索家族财富管理。完善公益信托制度，大力发展公益信托，推动信托公司履行社会责任。

（二）积极扩大银行业对内开放

1. 在加强监管前提下，推动具备条件的民间资本依法发起设立民营银行

贯彻落实党中央国务院精神和《关于促进民营银行发展的指导意见》相关要求，在加强监管前提下，积极推动具备条件的民间资本依法发起设立民营银行，在引入更灵活的民营机制的同时，按市场化导向，做好承担剩余风险的制度安排，严格依法准入与退出，使银行业实现真正的优胜劣汰。

2．推进新设消费金融公司和金融租赁公司

稳步发展消费金融公司，鼓励具备消费金融资源的多种所有制主体发起设立消费金融公司，鼓励股权多元化。允许符合条件的各类发起人发起设立金融租赁公司，同时强化股东风险责任意识，完善经营和监管规则。建设金融租赁公司协会组织，加强行业自律。

3．鼓励民间资本参与发起设立村镇银行

加大村镇银行的民间资本引进力度，支持民间资本参与设立村镇银行，鼓励符合条件的现有村镇银行适当降低发起行持股比例，相应提高民间资本占比。促进村镇银行优化股权结构，夯实公司治理基础。

4．扩大民间资本参与机构重组范围

鼓励民间资本参与高风险城商行、农信社和非银行金融机构重组改造，在一定阶段内不受占股比例限制。扩大投资入股的民间资本的话语权，引入更灵活的民营机制，实现股权制度、法人治理结构的有效安排。

（三）适应经济新常态，转变银行业发展模式

1．促进发展战略转型

一是引导银行业金融机构切实把握国家战略部署、产业结构调整和升级带来的新机遇，在新领域中谋求新发展，积极发现和培育新的增长点。二是实施业务转型升级和发展模式再造，切实提升发展质量，提高可持续发展能力。三是鼓励银行业金融机构找准市场定位，调整发展方向，依据自身特点，因时制宜、因地制宜、因行制宜，实现差异化发展。

2．推进盈利模式转变

一是强化精细化管理，重塑业务流程，降低运营成本。优化资产负债结构，确保资产和负债在总量、价格和期限上合理匹配。二是提升产品定价和利率风险管理能力，通过构建有效的利率风险规避、分散、转移和补偿机制，实现利润可获得、风险可覆盖、商业可持续。三是在加强风险管控的前提下，丰富金融产品，加快服务升级，为客户提供更加个性化、专业化和综合性的金融服务，减少对利差收入的依赖。

3. 深化业务管理架构改革

一是持续深化事业部制改革。加大银行事业部改革力度，促进"部门银行"向"流程银行"转变，逐步实现单独的会计核算、风险管理、绩效考核。二是积极推进专营部门改革。继续完善和推广同业业务专营部门经营管理，探索对投资、衍生品交易等业务实行专营部门模式，实现业务合理集成，缩短经营链条，缩小管理半径，在促进相关业务发展的同时有效隔离风险。三是探索部分业务板块和条线子公司制改革。条件成熟的银行可以对信用卡、银行理财、私人银行等业务板块进行改革试点，实现法人独立经营。

（四）完善公司治理和风险内控，增强风险抵御能力

1. 加快建设制衡有效、激励兼容的公司治理体系

一是强化银行股东特别是控股股东的长期承诺和持续注资责任，加强董事、监事履职能力建设。二是进一步提高董事会的独立性和专业性，推动落实董事会在战略管理、高管管理、薪酬管理和业务风险管理中的核心作用。三是完善"三会一层"相互制衡的公司治理机制，不断提高公司治理水平。四是引导银行科学设定经营目标和考核指标，建立与长期风险责任相挂钩的绩效考核体系。五是优化商业银行股权结构，以商业银行改革为契机，探索商业银行治理的长效机制。六是公司治理改革重心下沉，推动顶层设计在基层落地生根。全面梳理商业银行内控机制在分支机构的执行情况，查找薄弱环节和重点领域；动态评价商业银行风险偏好和整体战略在基层落实情况，推进商业银行提高在复杂形势下的管控能力。

2. 全面加强风险内控机制建设

一是督促银行切实落实资本、流动性新监管标准，建立与其规模、业务复杂程度和风险状况相匹配的全面风险管理体系。改进风险管理政策和流程，加强信息系统建设和风险数据管理，培育良好的风险文化，不断提高全面风险管理能力。二是进一步加强重点领域风险防控。积极化解地方政府融资平台、房地产贷款、过剩产能等领域的风险隐患。三是

根据风险变化的新趋势，按照实质重于形式的原则，建立覆盖非信贷和表外资产的资产分类、资本占用和风险拨备等制度。四是进一步完善内控合规制度建设，充分发挥业务条线、风险及合规管理、内审三道防线的作用，提高内控执行力。五是加强综合并表管理，提高集团风险"一体化"管控能力。支持商业银行稳步探索综合化经营和专项业务条线的子公司制试点；督促商业银行进一步健全"新常态"下风险管理体系，强化并表管理，优化并表管理架构与模式，实现跨境跨业风险统筹管理；推动商业银行集团并表口径风险管控关口前移。通过事前集团统一的风险偏好和战略选择、事中集团统一授信额度管理和过程控制等手段，管控好整个集团各类风险的总量与结构。

（五）进一步深化银行业对外开放

1. 不断提升对外开放水平

支持外资银行借助母行全球网络和跨国服务优势，将母行成熟经验与中国市场相结合，制定差异化的经营战略，为外资企业"走进来"和中国企业"走出去"提供全面的金融服务。贯彻国家战略，支持符合条件的"一带一路"国家的银行来华发展。在充分评估和深入研究基础上，进一步促进外资银行参与我国市场有效竞争。

2. 支持银行业金融机构根据自身发展战略拓展国际业务

在"风险可控、商业可持续"前提下，支持银行业金融机构根据"走出去"企业需求进一步完善机构布局，加强境内外联动，为"走出去"企业提供一体化、全方位的金融服务。支持符合条件、具备相应并表管理能力的大型银行开展海外并购。

3. 积极参与投资协定和自贸区谈判

根据国家统筹安排，参与重大谈判和金融服务磋商，积极维护我方利益，为深化对外开放争取有利条件，总结推广自贸区成功经验。

4. 参与全球金融治理改革

推动国际经济金融治理体系改革，积极引导全球经济金融议程，促进国际经济金融秩序朝着平等、公正、合作共赢的方向发展。加强宏观政策国际协调，维护全球金融安全，促进经济稳定增长。积极参与国际金融规则制定，落实国际金融监管改革措施，增强金融体系抗风险能力。

四、提高银行业金融服务质效，支持实体经济转型升级

（一）加大对经济结构调整和产业升级的金融支持

一是积极支持国家战略实施和新型城镇化建设。引导银行业紧跟国家战略，大力支持"一带一路"、京津冀协同发展、长江经济带等战略实施，积极推动亚太地区基础建设投资和互联互通，加大金砖国家金融合作。推动银行业明确定位，实施差异化的城镇化支持策略，有效满足城镇化建设不同主体的金融需求。充分发挥政策性金融功能作用，探索城镇化投融资体制创新。督促各类银行机构践行民生金融。

二是促进产业结构调整，积极支持战略性新兴产业发展。积极推动云计算、大数据、物联网、电子商务等新一代信息技术与现代制造业结合，支持科技创新。加大对高端装备、信息网络等战略性新兴产业支持，推动经济结构转型升级。持续加大对服务业等领域的支持力度。围绕释放消费潜力，稳步发展消费金融，促进扩大内需和消费升级，发挥消费推动经济发展的基础作用。

三是加快发展绿色信贷。督促银行业金融机构构建并不断完善绿色信贷组织管理。根据国家环保法律法规、产业政策、行业准入等规定，建立并不断完善环境和社会风险管理的政策、制度和流程。落实淘汰落后产能和化解产能过剩等行业政策。建立有利于绿色信贷创新的工作机制，在风险可控和商业可持续的前提下，推动绿色信贷流程、产品和服务创新。加大对绿色经济、低碳经济、循环经济的支持，积极助力节能环保产业发展。

（二）大力推进普惠金融

一是完善和落实小微企业、"三农"和特殊群体等薄弱领域金融服务政策。继续加大小微企业、"三农"信贷投放，扩大小微企业和"三农"专项金融债发行规模。进一步改进服务方式，升级网点设施，为农民工、下岗失业者等特殊群体提供更加适宜的金融服务，重点推进电子渠道无障碍服务建设。**二是创新服务模式，进一步做好小微企业综合金融服务。**加快服务小微企业金融创新步伐，为小微企业提供包括开户、结算、理财、咨询、电子银行等在内的"一揽子"金融服务。进一步规范小微企业金融服务收费标准和行为，杜绝无实质服务

的不合理收费；优化商业银行服务小微企业的外部环境，探索建立小微企业贷款风险补偿基金，协助商业银行争取财税配套政策。**三是引导银行业金融机构在基层地区合理布局，加大村镇银行县市全覆盖工作推进力度。**引导城市商业银行和农村中小金融机构按照"立足当地、立足基层、立足社区"的原则，下沉服务重心，切实加强基层金融服务。在商业可持续和有效控制风险的前提下，推进村镇银行县（市）全覆盖工作。**四是完善融资担保政策，促进融资性担保机构服务小微企业和"三农"发展。**加强融资性担保公司管理，促进建立政府支持的融资性担保和再担保机构，完善风险分担机制，发挥低费担保导向作用。

（三）鼓励金融创新，丰富金融市场层次和产品

引导银行业金融机构加大金融创新力度，以创新驱动发展。**一是加强负债业务创新。**通过金融债、大额存单、要约交易等多种手段筹集资金，提升主动负债能力。**二是加强信贷业务创新。**在风险可控、期限匹配、合规经营的前提下，积极拓展业务范围、增加业务品种，开辟新的盈利渠道。**三是加强非信贷和表外业务创新。**在加强风险管理和风险隔离的前提下稳妥发展财富管理、衍生品交易、资产托管等高附加值业务，积极拓宽业务收入来源。**四是引导银行业金融机构审慎开展综合经营试点。**在明确综合经营战略、严格控制风险的前提下，引导银行业金融机构审慎开展综合经营试点，并建立并完善风险隔离机制，提升并表管理能力。

（四）积极完善银行业服务设施建设

一是建设产品登记系统。探索并建立信托产品、理财产品、金融租赁登记流转平台等系统，规范产品发行和信息披露。**二是建立资产流转系统。**以银行信贷资产流转中心为主体，扩大信贷资产流转范围，帮助银行盘活信贷存量、规范贷款转让。按照审批资格、报备产品、自选市场、集中登记的原则，推动信贷资产证券化常态化发展。**三是健全客户风险和欺诈信息系统。**实现银行客户风险信息共享，提升风险预警水平。

五、加强银行业监管能力建设，持续优化监管方式方法

（一）全面推进银行业法治建设

坚持法治思维，健全依法监管决策机制，提高银行业监管专业化水平。加强立法统筹

规划，提升立法质量，提高立法的前瞻性、科学性和规范性，完善银行业法规体系。推进监管执法组织架构改革，完善执法程序，严格执法责任，增强监管透明度，建立权责统一、权威高效的监管体制，提高监管执法的规范性和公信力。推进银行业治理体系和治理能力现代化，促进银行业依法合规经营和稳健发展。

（二）继续加大简政放权力度

深入贯彻落实国务院关于转变政府职能和简政放权有关要求，按照风险为本、法人监管、属地负责原则，合理划分风险监管职责和权力，进一步向基层下放审批权限，提高监管透明度。

（三）改进分类监管

审慎推进分类监管体系建设，促进银行业为实体经济发展提供广覆盖、差异化、高效率的金融服务。根据商业银行的类别、功能定位、管理水平、风险状况和系统重要性，制定差异化的监管政策，确定不同的监管强度和频率，配置监管资源。对风险水平和系统重要性相对较高的商业银行，制定和实施更严格的审慎监管政策。

（四）完善微观审慎与宏观审慎有机结合的监管框架

推动落实资本和流动性新监管标准。强化宏观审慎和微观审慎监管的有机结合，推进系统重要性银行、逆周期资本监管制度建设，既防控"大而不倒"的道德风险和系统性风险，也促使系统重要性银行在经济可持续发展中发挥更重要的作用。健全前瞻性金融风险监测机制，提高对系统性风险的预警、评估和应对能力，增强金融体系的稳健性和抵御风险的能力。

（五）持续改进监管技术和方法

一是继续推进监管架构改革。按照监管规则制定与执行分离，审慎监管与行为监管分离，行政事务与监管事项分离，非现场监管、现场检查与监管处罚分离的原则，优化监管流程。按照规制监管、功能监管、行为监管和监管支持四个条线，优化监管资源配置。**二是强化事中事后监管。**不断完善非现场监管信息质量，加强银行业数据统计分析，综合运用各类风险监管指标和日常监测、压力测试等监管工具，校准监管评价和判断，针对单体机构采取差异化监管措施。**三是改进现场检查。**充实和整合现场检查力量，强化现场检查的专业性，进一步推广现场检查系统的应用，建立现场检查档案库和信息共享平台，提升现场检查质量和查处问题能力。**四是继续完善并实施风险监管与管理工具箱制度。**完善并实施以资本充足、信用风险、流动性风险、市场风险、操作风险和营利性六大类指标为核心的商业银行风险监管与管理工具箱制度。

（六）完善金融机构市场化退出机制

建立适合我国国情的银行业金融机构的处置和破产法律体系，规范金融机构市场退出程序，加强行政退出与司法破产之间的有效衔接。积极推进金融机构破产制度制定工作，维护银行业的安全、稳健运行。

（七）进一步加强金融监管协调

一方面，建立国家层面维护金融安全与稳定的机制架构，建立健全国际标准与我国国情相结合的现代金融监管架构和监管规制，加强国际监管协调。另一方面，健全金融监管机构之间及其与宏观调控部门的协调机制。完善金融稳定信息共享机制，加强监管部门与中央银行之间的信息交流和共享，实现信息共享的规范化和常态化。强化对综合经营和新产品、新业务的监管协作，严格把握高关联、高复杂度创新产品的市场准入，防范跨行业、跨市场、跨区域风险。

中国证券监督管理委员会

"十三五"时期财政金融发展和有效支持实体经济的政策

　　"十三五"时期是我国全面建成小康社会的最后五年，是实现中华民族伟大复兴中国梦的关键五年，也是金融业优化结构加快发展的重要五年。按照"十三五"规划《建议》前期重大课题部署会议要求，中国证券监督管理委员会（以下简称证监会）对"十三五"时期财政金融发展和有效支持实体经济的政策问题进行了认真研究。总体判断是，经济新常态下结构调整和产业转型升级对金融支持提出了更迫切的要求，金融发展面临历史性机遇。但当前我国金融市场体系存在结构不合理、弹性不足、包容性不强以及体制机制不完善等问题，影响了金融资源配置效率。需要加大金融改革力度，优化金融结构，健全市场体系，加快促进资本形成和积聚，为实体经济发展和产业转型升级提供不竭动力。

一、"十三五"时期金融发展和有效支持实体经济面临的主要问题与挑战

（一）"三期叠加"和经济"新常态"，对健全金融体系、完善财政货币政策提出了更高的要求

　　我国经济处在"三期叠加"的关键时期，转方式、调结构、促改革、惠民生等任务相当艰巨，"十三五"期间既要保持合理的发展速度，也须注重提质增效。

　　从全球情况看，金融危机后全球经济呈弱复苏态势，贸易保护抬头、金融政策不协调加剧、地缘风险事件时有发生，我国经济发展的外部环境趋紧，外需动力不足。

　　从国内情况看，2015 年我国经济增速已下降至 6.9% 左右的中高速平台，经济下行压力仍然较大，物价低位运行。2016 年 2 月份全国居民消费价格指数（CPI）同比上涨

2.3%，较2015年1月份0.8%的低位已出现回升，但全国生产者价格指数（PPI）仍保持连续48个月负增长。

需要指出的是，我国经济增速与企业效益关系紧密。"十三五"时期仍需要保持合理的经济增速，防止滑出合理区间下限，确保部分行业和企业的基本效益和正常经营，避免经济"断崖式"下滑。需要综合运用财税、金融政策工具手段，进一步深化体制改革，支持实体经济发展。

（二）健全我国经济发展的动力机制、稳定机制和保障机制，需要配套加快金融改革，健全金融市场体系，提高金融资源配置效率

一是经济增长动力机制需要市场导向、内外兼顾。顺应经济形势变化和经济增长方式转变，当前迫切需要加快推动经济发展模式转向创新驱动、消费驱动；需要健全资本、土地、人力、大宗商品等要素市场体系和价格形成机制；需要深化国有资产管理体制改革，发展混合所有制经济，让市场更充分地发挥资源配置的决定性作用；需要加快实施科技驱动战略，全力开辟"大众创业、万众创新"崭新局面，促进经济包容性发展；也需要加快融入全球经济，围绕"一带一路"建设战略，推动企业"走出去"，促进中国经济深度融入全球经济，改善外部环境，增加外部需求和发展新动力。需要指出的是，伴随企业"走出去"，资本"走出去"也将是"新常态"。

二是经济发展稳定机制需要兼顾传统与创新，统筹投资与消费。2014年我国消费占GDP比重达51.2%，首次超过投资成为经济增长主引擎，2015年进一步提高到66.4%。目前面临的主要问题是，消费增量尚不能有效弥补房地产和政府投资下滑的缺口，需要继续加强预调微调，促进房地产业可持续发展，提高政府投资质量，发挥好投资的"托底"作用；也需要大力发展生产性消费和旅游、养老等消费产业，加大相关领域改革创新力度，打造经济增长新引擎，确保经济增长不滑出下限，为深化改革和充分就业提供腾挪空间；还需要增强财政、金融、投资等的政策协调，挖掘财政资金潜力，采用PPP等多种市场化方式，补短板、调结构，增加公共产品和公共服务供给。

三是社会保障机制建设需要适应经济社会发展新形势，为改革发展提供更大支持。当前我国人口老龄化进程加快，贫富差距、城乡差距、地区差距问题凸显，经济发展面临的资源约束和环境约束不断增大，社会矛盾和各种不稳定因素逐步累积，需要进一步健全社会保障体系，促进多支柱养老保障体系协调发展，创新政府公共资金使用方式，完善养老资金市场化投资体制，在发展中不断缩小差距，增强民生保障，促进社会公平。发达国家

市场 20 世纪 80 年代以美国 401k 计划[1]为代表的养老基金、共同基金等长期资金，通过投资资本市场获得相对稳定的回报，在促进资本形成的同时，降低了经济杠杆水平，支持了美国经济和股市 20 余年的繁荣奇迹。反之，如果保障体系发展滞后，将增加改革成本和政府负担，影响投融资环境和经济活力。

（三）我国金融体系结构性矛盾突出，金融市场深度不够、弹性不足、包容性不强、开放度较低，不能很好适应新时期改革发展的要求

一是金融体系的市场深度不够，流动性宽松与"融资难、融资贵"并存，增加了宏观经济的波动性和风险。截至 2014 年年底，我国储蓄率约为 50%，远高于世界平均水平（美国储蓄率仅为 17% 左右）。但储蓄投资转化率低，投融资体制改革滞后，资本形成机制不畅，易产生重复建设、产能过剩等问题。货币化程度高，但资本化程度低。2013 年我国货币化率（M2 与 GDP 之比）为 195%，明显高于美国 88%、英国 151% 的水平；但资本化率（股票市值和债券余额之和与 GDP 之比）仅为 87%，远低于美国 349%、英国 380% 的水平。由于缺少有足够深度的资金"蓄水池"，货币表面宽松，却难以通过股票和债券等市场化渠道支持实体经济，大量资金绕道"影子银行"，"钱紧""钱荒"频现。资金价格长期偏高，2014 年年末，我国银行间隔夜拆借利率达 3.68%（美国、英国和日本同期基准利率分别为 0.25%、0.50% 和 0.10%），CPI 下行后实际利率处于改革开放以来的历史高位。长短期利率出现倒挂，2015 年 2 月 28 日，人民银行下调金融机构一年期贷款基准利率至 5.36%，但当日十年期国债收益率仅为 3.36%。

二是金融体系弹性不足，风险得不到有效分散。我国间接融资比例过高，2015 年直接融资比重为 23.4%，属于间接融资占据主导地位的经济体。当经济高速发展，银行信贷不断增加；而当经济下行，银行风险偏好改变，信贷投放减少，甚至出现"惜贷""断贷"等情况，金融体系"顺周期"特征明显。债券市场中银行资金投资占比高，资产证券化程度极低，期货及衍生品等风险管理市场发育滞后，资金在银行体系沉淀，杠杆增加、效率下降、风险累积且难以分散和快速出清，在经济转型升级和结构调整中难以轻装上阵。IMF研究了 17 个 OECD 经济体在 1960—2007 年间发生的 84 次经济金融危机，发现美国、加拿大和澳大利亚等资本市场主导型金融体系国家复苏的速度和质量显著好于意大利、比利时和葡萄牙等银行主导型金融体系国家，部分解释了危机后全球主要经济体复苏进程不一的

---

[1] 401k 计划也称 401k 条款，是根据美国 1978 年《国内税收法》新增的第 401 条 k 项条款规定，由雇员、雇主共同缴费建立起来的完全基金式的养老保险制度。20 世纪 90 年代迅速发展，逐渐取代了传统的社会保障体系，成为美国诸多雇主的社会保障计划。

体制性因素。

三是金融体系的包容性不强。近年来，我国普惠金融、互联网金融、小微金融、农村金融、合作金融等都得到了不同程度的发展，风险投资、私募投资及场外市场也呈加速发展态势，但总体上还远远不够。银行体系占有约 80％的金融资产份额，金融资源向大型企业、国有企业、政府平台等不断集中，大量创新型企业、小微企业、轻资产企业等获得的金融支持和服务十分有限，财政等公共资金使用方式较为僵化，金融体系包容性不足，影响社会经济的共享发展。

四是金融开放程度低。人民币资本项目尚未实现可自由兑换，人民币离岸市场体系建设刚刚起步，"沪港通"等有管理的跨境市场互动机制尚未推广普及，金融机构利用外资水平总体不高，跨国经营规模小，国际竞争力弱，不能适应中国企业和资本"走出去"的迫切需求。

二、"十三五"时期金融发展和有效支持实体经济的政策建议

"十三五"时期，要深化金融改革，健全多层次金融市场体系，显著降低社会融资成本，加快资本形成和集聚，显著提高直接融资比重，有效提升金融业服务水平，全面激发金融创新活力，提高金融体系的市场深度、弹性和包容性，稳步推进对外开放。到 2020 年基本形成功能完善、结构优化、产品丰富、运行稳健、开放包容、监管有力、风险可控的现代金融市场体系，保持经济运行在合理区间，为经济社会改革创新、提质增效、实现包容式发展提供有效支持。

（一）改善宏观调控，保持社会融资规模合理增长，有效防范通缩风险和经济增速滑出合理区间下限

适应新常态下实体经济发展需要，货币政策回归中性，加强预调微调。实施逆周期货币信贷调控政策，逐步降低基准利率，降低存款准备金率至正常水平，运用再贷款支持金融机构定向扩大资金投放。创新货币政策工具，优化政策工具组合，发挥好流动性调控机制作用。坚持积极财政政策，处理好金融与财政的关系，提高财政资金的使用效率和保障水平。稳步推进地方债务置换，缓解地方政府流动性压力，激发地方政府发展活力。

（二）推进金融深化发展，优化投融资结构，为经济持续健康发展提供更有效的动力保障

大力发展资本市场，加快资本形成，显著提高直接融资比重，推动间接融资与直接融

资协调均衡发展。适应战略性新兴产业和互联网经济、新兴业态等的发展需要，深化资本市场改革创新，加快发展多层次市场，创造条件实施股票发行注册制改革，扩大资本市场服务范围，提升服务实体经济的能力和水平。完善长期资金市场化投资机制，促进专业机构投资者与资本市场良性互动、协调发展。

（三）深化利率汇率市场化改革，完善资金价格形成机制，显著降低社会融资成本

充分发挥市场在金融资源配置中的决定性作用，改善资金供求机制，健全由市场决定资金价格的体制机制，减少中间环节和不合理收费。深化利率市场化改革，提高金融机构自主定价能力，建立健全由市场化供求决定的利率形成机制。完善人民币汇率市场化形成机制，增强人民币汇率弹性，健全以市场供求为基础、有管理的浮动汇率制度。稳妥推进资本项目对外开放，推动人民币离岸市场体系发展，促进离岸与在岸市场良性互动。

（四）完善金融市场体系，健全风险分散分担机制，提高金融体系包容性发展水平

加快发展证券交易所市场，规范发展区域性股权市场，发展股权众筹，为经济结构调整和转型升级提供多元化的资本动力。发展多层次债券市场，促进债券市场互联互通和公平竞争，鼓励企业资产和信贷资产证券化产品的跨市场交易，扩大基础设施建设和公共服务投资的资金来源渠道，创新和完善地方政府融资机制。推进期货和衍生品市场建设，发展金融风险管理工具，健全市场化风险分散和分担机制。优化信贷结构，大力发展普惠金融，规范发展合作金融，使更多的市场主体分享现代金融服务。

（五）加快金融机构改革创新，提升金融业服务水平，打通金融服务"最后一公里"

放宽金融机构市场准入，允许符合条件的民间资本发起设立中小型金融机构。推进政策性金融机构改革，统筹发挥政策性金融、商业性金融和合作性金融的作用。完善金融机构公司治理。

加强金融机构组织创新、产品创新、服务创新和管理创新，推动金融机构的差异化、专业化、特色化发展。鼓励消费金融发展，巩固消费在经济增长中的基础性作用。健全多元化金融组织和服务体系，大力发展与中小企业相匹配的小微金融机构。积极发展科技金融，规范发展互联网金融。加大金融基础设施建设，提高金融业信息化水平，提高金融市场运行效率和安全性。

（六）深化投融资体制改革，鼓励民间资金参与，全面激发市场活力

大幅缩减投资项目的核准范围和前置审批，放宽民间投资市场准入。鼓励发展政府引导基金，引导社会资本参与投资重点项目。在基础设施、公用事业等领域，积极推广政府和社会资本合作模式。健全财政与金融的协调发展机制，提高财政资金使用效率。建立健全投融资管理的负面清单，减少金融管制，释放市场活力，激发创新动力。

（七）推进金融市场双向开放，促进开放型经济发展，保障"一带一路"等重大战略实施

加快推进人民币资本项目可兑换，稳步推进人民币国际化。提高境内金融机构国际化经营水平，增强国际竞争力和抗风险能力。建立健全"一带一路"战略实施和自贸区建设的金融支持机制，提供强有力的金融保障。增强大宗商品和金融资产的国际定价能力。提升涉外金融服务能力和水平，扩大出口信用保险规模，拓宽外汇储备运用渠道，加快实施"走出去"战略。积极参与全球和区域性金融治理和规则制定。

（八）加强监管执法，维护市场秩序，保护投资者合法权益，有效防范区域性、系统性金融风险

健全金融市场法律法规和诚信体系，加强金融监管，规范市场主体行为，维护金融市场秩序。强化投资者保护，健全多元化纠纷解决和投资者损害赔偿救济机制。加强监管执法，强化司法协作，完善跨境监管协作制度。加强宏观审慎监管，健全金融监管协调机制，切实防范区域性、系统性金融风险。

三、大力发展资本市场，提高直接融资比重，有效支持服务实体经济

（一）大力发展资本市场，加快提高直接融资比重应当是"十三五"时期的一项战略举措

发展资本市场、提高直接融资比重是跨越中等收入陷阱的重要保障。2015年年末我国人均 GDP 为 7 924 美元，较 2010 年年末的 4 481 美元有明显提高。从国际发展经验看，美国、日本及西欧发达国家先后在 20 世纪 70—80 年代跨越了中等收入陷阱，成为高收入国家，其直接融资比重在 90 年代达到 50% 以上的水平。金融体系由银行主导向资本市场主导的成功转型，为跨越中等收入陷阱提供了重要动力。

推进科技创新、实现经济转型升级，需要投融资模式和金融结构的转型。我国以银行信贷为主体的间接融资在快速推进工业化和重大基础设施建设等方面发挥了历史性作用。在我国实施"新四化"战略中，迫切需要加大对战略性新兴产业的金融支持。直接融资以其社会化的资本动员和形成机制，市场化的资产定价和风险分担机制，在支持创新创业、服务中小微企业等方面具有特殊优势。

发展资本市场、提高直接融资比重有利于缓冲经济金融风险，促进经济社会持续健康发展。风险的识别、分解、缓释、分散、分担是资本市场的固有功能，并与政府投资、银行信贷有着本质的区别。资本市场通过市场化的资产估值和风险定价，引导金融和要素资源配置，通过市场交易和投资风险自负规则，达到分散风险的目的，通过期货及衍生产品进行风险锁定，可以促进金融体系和实体经济的健康、稳定发展。

（二）大力发展资本市场和有效支持实体经济的目标和政策

"十三五"时期，要全面推进资本市场改革开放，激发市场活力，促进资本形成与流转，显著提高直接融资比重，改善社会融资结构，实现直接融资与间接融资、场内市场与场外市场、公募市场与私募市场协调发展。力争到 2020 年，基本形成结构合理、功能完善、规范透明、稳健高效、开放包容、具有一定国际竞争力的多层次资本市场体系，促进经济社会转型与持续健康发展。

1. 完善多层次资本市场体系

（1）加快多层次股权市场建设。

积极发展证券交易所市场。壮大主板、中小企业板和创业板市场，完善证券交易所市场的层次体系。创新交易机制，丰富市场品种，鼓励并购重组，提升市场功能。推进交易所体制改革，充分发挥交易所市场创新和自律管理职能。

完善新三板市场制度。加快完善全国中小企业股份转让系统，丰富转让方式和市场品种。完善市场内部分层制度，健全小额、便捷、灵活、多元的投融资机制。

创造条件实施股票发行注册制改革。完善以信息披露为中心、以市场机制为主导的制度安排，强化发行人和中介机构对信息披露的诚信义务和法律责任，探索形成符合我国实际，市场主导、责任到位、披露为本、预期明确、监管有力的股票发行上市制度。

发展股权众筹。从我国实际出发，建立健全既能有效支持创新创业又能有效防范风险的股权众筹制度，形成面向小微企业的小额、灵活股权融资机制，为大众创业、万众创新提供资本市场支持。

　　规范发展区域性股权市场。在整顿规范的基础上，将区域性股权市场纳入多层次资本市场体系。支持市场运营模式和服务方式创新。建立健全区域性股权市场的基础性制度，充分发挥其服务小微企业的积极作用。

　　健全市场各板块之间的有机联系。建立上市公司在证券交易所内部板块间的转板机制。建立全国中小企业股份转让系统挂牌公司到交易所上市的转板机制。建立全国中小企业股份转让系统与区域性股权交易场所的合作对接机制。完善集中统一的证券登记结算制度。

　　（2）大力发展债券市场。

　　丰富债券品种体系。支持开发适合不同投资者需要的债券品种。积极引导大中型企业运用债券融资降低融资成本。研究开发适应城镇化建设需要的长期债券品种，丰富适合中小微企业的债券品种。扩大可交换公司债试点。推动解决资产证券化的相关法律法规和税收制度上的障碍。促进资产证券化产品发展。推动政府债券、信用违约互换等产品的创新发展。

　　推动发展城镇基础设施建设债券。支持城镇基础设施建设融资，为城镇基础设施和保障性安居工程建设设立专门直接融资工具。支持地方政府发行市政债券，支持市政建设机构发行企业债券，积极探索基础设施资产证券化。鼓励公共基金参与具有稳定收益的城镇基础设施项目的建设和运营。鼓励民间资本通过资本市场参与城镇化建设。

　　完善债券市场基础制度。改革债券市场管理体制，促进证券交易所和银行间两个债券市场互联互通。完善公司债券公开发行制度。在符合投资者适当性管理要求的前提下，完善债券品种在不同市场之间的交叉挂牌及自主转托管机制，促进债券跨市场顺畅流转。完善交易所债券交易机制。统筹债券市场后台建设，完善债券登记结算体系管理。

　　强化信用文化建设。强化债券市场信用约束机制。规范发展信用评级业务。建立健全债券发行人信息披露机制和信用信息查询系统。探索发展债券信用保险，完善债券增信机制，规范发展债券增信业务。强化发行人和投资者的责任约束，健全债券违约监测和处置机制，切实防范道德风险。

　　（3）推进期货和衍生品市场建设。

　　发展商品期货市场。以提升产业服务能力和配合资源性产品价格形成机制改革为重点，继续推出资源性大宗商品期货品种。发展商品期货期权、商品指数、碳排放权等交易工具，充分发挥期货市场价格发现和风险管理功能，增强服务实体经济的能力。

　　健全金融期货市场。配合利率市场化和人民币汇率形成机制改革，适应资本市场风险管理需要，平稳有序发展金融期货产品。推进人民币外汇期货市场建设，适时推出外汇期货。逐步丰富股指期货、股指期权和股票期权品种。逐步发展国债期货，进一步健全反映市场供求关系的国债收益率曲线。研究开发波动率指数及其衍生产品。

　　推动场外衍生品市场发展。依托地方产业优势，规范发展区域性大宗商品衍生品市场，服务产业企业的个性化风险管理需求。支持具备风险承受能力的金融机构开发符合市场需要的远期、互换、场外期权等衍生品。完善场外衍生品交易市场相关法律法规体系，完善主协议和相关配套规则。统筹推动登记系统、交易报告、交易平台、场内清算等市场基础设施建设。

增强期货及衍生品市场服务实体经济的能力。合理规划、布局境内交割仓库，探索设立海外交割仓库，扩大保税交割范围，构建覆盖全球的交割服务网络。清理取消对实体企业和金融机构运用风险管理工具的不必要限制。

2. 促进公众公司健康发展

（1）提高上市公司质量。

完善以投资者需求为导向的信息披露制度，督促上市公司履行好信息披露义务，增强信息披露的有效性。促进上市公司完善公司治理，提升持续回报投资者的能力。规范控股股东和实际控制人行为，保障公司独立主体地位，防止侵占上市公司利益。完善上市公司股权激励制度，鼓励上市公司按规定开展员工持股计划，形成资本所有者和劳动者利益共同体。鼓励上市公司建立市值管理制度。探索推动多元化的国有企业整体上市模式，加大对国有企业的市场约束和社会监督。

（2）鼓励市场化并购重组。

完善上市公司并购重组法规体系，发挥资本市场在企业并购重组中的主渠道作用。进一步拓宽并购融资渠道，鼓励上市公司通过发行优先股、可转债等方式进行并购融资，支持并购基金参与并购重组活动。支持上市公司控制权跨地区、跨所有制顺畅转让。

（3）完善上市公司退市制度。

健全市场化、多元化、符合市场实际及有利于投资者保护的退市制度，支持上市公司以吸收合并、股东收购、转板等形式实施主动退市。对欺诈发行和重大违法的上市公司实行强制退市。明确退市公司重新上市的标准和程序。逐步形成上市公司进退有序、转板顺畅的良性循环机制。

（4）加强非上市公众公司规范管理。

引导非上市公众公司通过资本市场完善现代企业制度，强化公司自治，健全多元化纠纷解决机制，逐步提高公司治理水平。建立差异化信息披露规则，构建非上市公众公司监管体系。

3. 健全长期资金投资资本市场的制度

（1）提高证券期货经营机构的服务能力和市场竞争力。

实施公开透明、进退有序的证券期货业务牌照管理制度，稳妥推进金融业综合经营试点。推动证券期货经营机构实施差异化、专业化、特色化发展。支持证券期货经营机构、各类资产管理机构围绕风险管理、资本中介等业务自主创设产品。规范发展证券期货经营机构互联网业务和柜台业务。支持证券、期货和基金公司通过发行上市、并购重组等方式拓宽融资渠道、扩大业务范围。培育发展专业交易商，完善配套政策措施。

（2）大力推进长期资金投资资本市场。

推动养老保险基金建立投资制度，进行专业化、市场化、基金化投资运营，实现保值增值。加强基本养老资金集中有效管理。推动全国社会保障基金、社会保险基金、商业保险资金以及境外养老资金等扩大资本市场投资范围和规模。完善企业年金和职业年金投资资本市场的制度机制，放开个人投资选择权，扩大投资股票和债券市场的范围和规模。建立鼓励个人税延养老保险资金投资资本市场的制度，发展个人税延养老基金和保险产品。

（3）大力发展专业投资机构。

推动基金管理公司向现代资产管理机构转型。推动商业银行、保险公司等设立基金管理公司。推进基金管理公司组织创新，激发行业活力。改进基金产品开发，鼓励市场自主创新产品，完善基金销售渠道。鼓励公共基金参与具有稳定收益的城镇基础设施项目的建设和运营。研究开发适合养老金等长期资金需要的投资产品，提供专业化、长期化、国际化、基金化的投资管理服务。鼓励资产管理机构积极运用期货和衍生品管理经营风险。健全集中统一的资产管理业监管体制。

（4）培育发展私募基金市场。

建立健全私募基金管理法规体系。完善扶持创业投资发展的政策体系，鼓励和引导创业基金投资中小微企业。积极发展跨境、跨市场、多元化投资策略和差异化收费模式的私募基金产品。推动建立私募基金份额转让制度。建立健全私募市场风险监测监控体系。

4. 扩大资本市场双向开放

（1）便利境内市场参与者开展跨境投资交易。

完善沪港通制度，推出深港通。扩大合格境外机构投资者范围。稳步开放境外投资者直接投资境内资本市场，有序推进境内投资者直接投资境外资本市场。探索 B 股市场改革。以原油期货为突破口，逐步引入境外投资者参与境内期货交易，稳步推进期货市场对外开放。建立健全跨境投融资权益保护制度。创新境内外资本市场合作发展的模式和路径。

（2）逐步提高证券期货行业对外开放水平。

适时扩大外资参股或控股的境内证券期货经营机构的经营范围。鼓励境内证券期货经营机构实施走出去战略，增强国际竞争力。鼓励证券期货交易所设立海外分支机构或通过海外并购等方式，建立海外交易平台和服务渠道。

（3）加强跨境监管合作。

加大跨境执法协查力度，健全适应开放型资本市场体系的跨境监管制度。加强与国际证券期货监管组织的合作，积极参与国际证券期货监管规则的制定。

5. 优化资本市场发展的基础与环境

（1）健全资本市场法律法规和诚信体系。

推进《证券法》修订和《期货法》制定，推动启动《公司法》和《信托法》修订。健全各类交易场所的管理制度。完善配套证券期货规章和规范性文件。建立健全结构合理、内容科学、层级适当的法律实施规范体系。

（2）健全投资者保护和教育制度。

完善公众公司中小投资者投票和表决机制，优化投资者回报机制，健全多元化纠纷解决和投资者损害赔偿救济机制。扩大投资者保护基金来源和使用范围，构建投保基金"先偿后追"机制。完善投资者风险教育体系。开发多样化投资者教育产品，开展多种形式的投资者教育活动。增强投资者的维权意识，提高风险识别能力和投资者管理能力。

（3）防范和化解资本市场金融风险。

健全稽查分工协作和监管执法协调配合机制，完善民事责任、行政责任、刑事责任追究机制。严厉打击非法集资、欺诈发行等行为。突出执法重点，提高稽查执法效率。建立健全资本市场宏观审慎监管制度，完善风险管理机制，及时化解重大风险隐患。建立跨市场监测监控体系，健全资本市场系统重要性金融机构的风险监测预警体系。完善登记结算体系，建立多层次托管体系。

（4）推进证券期货监管转型。

深化行政审批制度改革，厘清监管和市场的关系，实行宽进严管、放管结合，建立事中事后监管新机制。确立以信息披露为中心的监管理念，强化市场主体信息披露的法律责任。健全集中统一的资产管理监管体制。加强监管能力建设，全面提高依法监管、科学监管水平。加快建设公正、透明、严谨、高效的监管机构，提高监管效能。

中国保险监督管理委员会

"十三五"时期保险业发展与服务实体经济的研究报告

　　"十三五"时期是全面建成小康社会最后冲刺的五年，是全面深化改革取得决定性成果的五年。制定好"十三五"规划将为顺利完成第一个百年目标，进而实现中华民族伟大复兴的中国梦打下坚实基础。为做好"十三五"规划重点问题的研究工作，中国保险监督管理委员会（以下简称保监会）在充分调研的基础上，借鉴国际经验，结合我国实践，对保险业发展与服务实体经济问题进行认真研究，形成课题报告如下：

一、"十二五"时期保险业改革发展和服务实体经济取得显著成效

　　"十二五"时期，在党中央、国务院的正确领导下，保监会党委认真贯彻落实党的十八大和十八届三中、四中全会以及和习近平总书记系列重要讲话精神，坚持"抓服务、严监管、防风险、促发展"的工作思路，引领行业主动适应经济新常态，深入推进改革创新，切实防范化解风险，努力提高科学发展和服务经济社会能力，行业面貌发生了历史性的新变化。

（一）保险市场持续较快发展，综合实力显著增强

　　"十二五"时期，保险业保持良好发展势头，业务结构和市场体系不断完善，发展水平明显提升。一是市场规模迈上新台阶。2011—2014 年，保费收入年均增速达 13%，是国民经济中发展最快的行业之一。2014 年保费收入突破 2 万亿元大关，国际排名由 2011 年的第

6 位上升至 2014 年的第 3 位。二是行业实力达到新高度。截至 2014 年年底，行业总资产达到 101 591 亿元，提前一年完成 "十二五" 规划提出的十万亿元目标。三是结构调整取得新进展。与实体经济紧密联系的农业保险和保证保险分别比 2011 年增长了 87% 和 255%；保障属性较强、内含价值较高的普通寿险、健康保险分别比 2011 年增长了 3.5 倍和 1.3 倍。四是经营效益取得新提升。2014 年，行业预计利润 2 046.6 亿元，同比增长 106.4%，是历史上最好的一年；资金运用收益 5 358.8 亿元，同比增长 46.5%，也创下历史新高。

（二）改革创新取得重大进展，发展活力进一步增强

"十二五" 时期，保险业不断加大重点领域的改革力度，一些长期制约发展和监管的体制机制难题取得实质性突破，行业竞争能力和发展活力显著增强。一是现代保险服务业的改革发展规划纳入了国家战略。国务院发布了《关于加快发展现代保险服务业的若干意见》，把保险业的战略定位提升到前所未有的高度，翻开了保险业加快改革发展的新篇章。二是保险定价机制改革有序推进。有序实施普通寿险、万能保险费率市场化，分红保险费率改革也将于年内推开，"十二五" 末有望实现人身险费率全面市场化。车险条款费率改革近期正式启动，车险市场进入新的发展阶段。三是市场准入退出制度改革逐步完善。综合性、专业性、区域性和集团化保险机构齐头并进，自保、相互、互联网等新型主体创新发展，统一开放、协调发展、充满活力的现代保险市场体系基本形成。出台保险公司并购管理办法，完善保险保障基金运行机制，保险市场存量调整得到有效引导。四是保险资金运用改革不断深化。按照 "放开前端、管住后端" 原则，把投资权和风险责任更多交给市场主体，逐步放开保险资金运用渠道，保险资金配置多元化格局初步形成，资金运用效率明显提升。

（三）业务领域不断拓展，服务经济社会发展能力不断提升

"十二五" 时期，保险业围绕全面建设小康社会战略，不断拓展服务领域，提高服务水平，在现代金融、社会保障、灾害救助、社会管理等体系中发挥日益重要的作用。2014 年保险业为全社会提供风险保障 1 114 万亿元，赔付支出 7 216 亿元，服务能力迈上了新的台阶。一是完善社会保障的作用显著增强。2011—2014 年，健康保险保费收入从 691.7 亿元增长到 1 587.2 亿元，年均增速超过 31%。大病保险在 27 个省份开展了 392 个统筹项目，覆盖人口 7 亿人。企业年金受托服务覆盖 3.5 万个企业的 877 万职工，受托管理资产 3 160 亿元。二是参与社会管理的作用显著增强。联合多个部委共同出台文件，有效促进环境污

染、医疗、食品安全等领域的责任保险发展。2014 年，责任保险保费收入 253.3 亿元，提供风险保障 66.5 万亿元。三是服务"三农"能力显著增强。2014 年，农业保险保费收入 325.7 亿元，承保金额 1.66 万亿元，向 3 500 万受灾农户支付赔款 214.6 亿元。小额人身保险服务低收入群体人数超过 7 000 万人。四是支撑经济发展的能力显著增强。截至 2014 年年底共发起基础设施投资计划 1.1 万亿元，其中投资 1 072.5 亿元参与棚户区改造和保障房建设。2014 年出口信用保险保费收入 27 亿美元，承保金额 3 804.5 亿美元。积极开办国内贸易信用保险，保单质押贷款余额 1 801 亿元，促进缓解小微企业融资难、融资贵问题。

（四）监管现代化建设稳步推进，风险得到有效防范

"十二五"时期，保险业立足中国国情，把握国际保险监管趋势，不断完善监管制度和创新监管手段，进一步提高了风险防范能力。一是现代化保险监管体系进一步完善。公司治理监管的制度框架和运行机制不断健全，监管效能持续提升。加快推进第二代偿付能力监管体系建设，偿付能力监管刚性要求不断强化，资本约束在风险防范中的核心作用充分发挥。有针对性地加强市场行为监管力度，行业经营秩序持续明显转好。二是保险监管的法制基础进一步夯实。《保险法》修改条文初稿起草工作基本完成，保险法制环境有望进一步优化。《农业保险条例》正式实施，农业保险进入有法可依、规范发展的新阶段。三是在国际监管体系中的影响力进一步提升。以第二代偿付能力监管体系建设为切入点，积极参与国际保险监督官协会共同框架制定、保险全球资本标准制定和全球系统重要性保险机构认定工作。四是行业风险得到有效防范。妥善应对满期给付和退保高峰，有效化解个别机构偿付能力风险和公司治理僵局问题，加强对流动性风险和资金运用风险的防范力度，守住了不发生系统性区域性风险的底线。截至 2014 年底，保险公司偿付能力全部达标；保险保障基金规模 577 亿元，行业防范和处置风险能力显著增强。

在取得了巨大成就的同时，我们也清醒地看到，由于我国保险业起步晚、基础薄弱，还存在一些亟须解决的矛盾和问题，与新常态下服务实体经济要求相比还存在一些不相适应的地方。一是保险覆盖面和渗透度有待提升。尽管我国已经成为世界保险大国，但保险深度和保险密度这两个反映保险业发展水平的核心指标仍远低于世界平均水平。二是行业转型升级的任务依然艰巨。保险市场主体实力不强，需要进一步提升竞争能力和发展活力；保险产品结构不合理，需要进一步提高保障型产品比重，增加投资型产品种类。三是保险功能作用有待更好发挥。养老和健康保险产品不够丰富，服务中小微企业等经济薄弱环节的保险产品明显不足，还不能完全满足经济社会发展进程中多层次、个性化的保险需求。

二、"十三五"期间我国经济发展进入新常态，赋予保险业新的任务和使命

"十三五"时期，我国经济发展进入新常态，社会转型进入加速期，党中央、国务院将领导全国人民协调推进全面建成小康社会、全面深化改革、全面依法治国、全面从严治党，推动改革开放和社会主义现代化建设迈上新台阶。保险业作为现代经济的重要产业和风险管理的重要手段，一方面要发挥好固有的经济助推器和社会稳定器功能，在稳增长、惠民生等方面继续做出应有贡献；另一方面要主动适应新常态，积极对接新常态，加快产品服务创新，探索服务实体经济的新模式，努力完成"四个全面"赋予保险业的新任务和使命。从拓展现代保险服务业独特优势的角度，我们认为，保险业还可以从以下"六个促进"着手，为服务实体经济发展，完成全面建成小康社会目标发挥更大作用。

（一）支持大众创业、万众创新，促进创新驱动发展战略顺利实施，打造经济增长新引擎

创新是经济发展和社会进步的不竭动力。"十三五"期间，我国将加快实施创新驱动发展战略，挖掘人民群众创造能力，激发市场主体创新活力，掀起大众创业、万众创新的新浪潮。保险作为内生于市场经济的一种制度安排，可以为大众创新创业提供全方位支持。一是增强融资能力。一方面，通过量身定制灵活多样的贷款保证保险、贸易信用保险，可以有效弥补创新主体信用资质不足的先天缺陷，帮助顺利从银行获得贷款；另一方面，发挥保险资金期限长、耐性足的特点，设立各类创业投资引导基金，可以为创新创业活动搭建多元化、多渠道的资金支持体系。二是化解创新风险。通过加快发展科技保险，有效承担在生产、研发、人员、贸易链等多个环节的风险，可以化解创新主体开展创新创业活动的后顾之忧，提高生存和发展能力。同时，通过开展高新技术转让保险，可以提高企业运用高新技术的积极性，提升高新技术的市场转化效率。三是加快发展互联网保险，为新兴业态健康发展提供有力保障。保险机构立足互联网场景，发挥风险管理和信用担保功能，可以为货运物流、网购市场、在线旅游市场、通信和社交媒体市场等新兴业态提供高效便捷的风险保障服务。2014年仅一家互联网保险公司就服务商业个体和个人创业2亿人次，提供风险保障近20万亿元。其中一款专门保障互联网交易的保险产品，服务中小网店商户超过100万家，释放保障金200亿元，有效缓解了"草根创业"的资金压力。

（二）发挥保险优化金融资源配置的作用，促进金融市场运行效率不断提高

金融是现代经济的核心。保险业作为金融业三大支柱之一，可以为提高资源配置效率发挥更大作用。一是提高保险业比重，优化金融市场结构。美国、英国和日本保险业资产分别占金融业总资产的40％、38％和28％，而我国保险业资产在金融业中的占比不足5％，严重制约了保险功能作用的发挥。加快推进保险业发展，可以丰富金融产品供给，合理分流居民储蓄，避免金融资产和金融风险过度向银行业集中，促进金融体系更加协调健康发展。二是提高直接融资比重，改善社会融资结构。一方面，保险机构是债券市场和股票市场的重要机构投资者，可以通过购买债券、股票和资产证券化产品为资本市场提供充足资金来源，推动资本市场为实体经济"输血"；另一方面，保险机构可以通过债权投资计划、股权投资计划、私募股权基金等方式高效对接实体经济，为市场主体提供低成本、长期限的直接资金支持。三是服务投融资体制改革，服务重大战略实施。受地方政府存量债务较大、土地出让收入增速放缓、融资平台监管趋严等因素影响，我国传统投融资体系效率明显降低，难以有效匹配"十三五"时期资金需求。运用保险机制可以将百姓手中的闲散资金汇聚成长期资金，通过PPP、资产支持计划和购买政府债券等方式满足政府融资需求，高效对接全局性、基础性、战略型的重大项目，为建设长江经济带、实现京津冀协同发展、建设"一带一路"等提供"源头活水"。

（三）优化财政支出结构，促进社会保障体系可持续发展

"十三五"时期，随着人口老龄化程度不断加深，养老、医疗、就业等领域的刚性支出将持续增加，给政府财政体系带来较大压力。保险作为社会保障体系的重要组成部分，可以更好地发挥支柱作用。一是弥补社会保障缺口。通过发展商业健康养老保险，调动国家、企业、个人等多方面力量，运用政府和市场两种机制来参与社会保障体系建设，可以有效扩大社会保障基金筹资渠道，缓解人民群众对基本养老的依赖，降低社会运营成本，减轻财政负担。二是稳定中低收入人群生活预期。通过推广城乡居民大病保险，可以放大财政支出的保障效应，减轻人民群众医疗费用负担，解决因病致贫、因病返贫问题，减少社会不稳定因素。通过有序发展小额保险、相互保险等普惠金融形式，提高保险服务在中低收入群体中的获得性，消除其生活后顾之忧，减少政府财政的扶贫压力。三是承接政府转移的公共事务。发挥保险业在专业技术、机构网络、人才队

伍、信息系统等方面优势，通过受托、承包等方式，参与社会保险、社会救助等基本保障项目经办，可以减少财政供养人员，降低社会管理成本，提升服务质量和运行效率。

（四）构建多层次农业保险服务体系，促进农业现代化建设

加快推进中国特色的农业现代化将是"十三五"时期的重要任务。农业保险作为管理和分散农业风险的重要工具，可以从多个方面发挥独特作用。一是成为推进农业现代化的重要政策工具。近年来，提高农产品价格、增加农业生产补贴在促进农业发展方面发挥了关键作用。但目前国内主要农产品价格已高于进口价格，继续提价遇到"天花板"；农业补贴属于受到世贸组织规则限制的"黄箱"政策，继续增加也遇到"天花板"。而通过农业保险建立风险保障机制，促进农业现代化和提高农民收入，是国际普遍做法，也是世界贸易组织允许的"绿箱"政策，可以成为"十三五"时期开展农村工作的重要政策工具。二是积极开展产品服务创新，提高对农业现代化的保障程度。通过推出目标价格保险、天气指数保险、农业产业链保险等产品，推动保障范围从自然风险向市场风险扩展，保障水平从"保成本"向"保收入"提升，可以稳定农民收入预期，提升农民加大生产性投资和技术改造的积极性。三是针对种养大户、家庭农场、农业产业化企业等新型农业经营主体的经营特点和风险需求，提供更加个性化、专业化的保险服务，有力支持农业产业化进程。四是积极开展银保互动，推动农村融资模式创新，改善农业生产经营主体的信用状况，可以吸引更多社会资本进入农业领域，加大金融支持农业集约化、规模化发展力度。

（五）参与社会治理创新，促进经济发展环境不断优化

"十三五"时期，我国将进入社会矛盾集中、社会问题频发的高风险期，社会治理面临的形势复杂严峻。保险作为社会治理的重要工具，能有效丰富政府治理手段，更好地预防和化解矛盾，优化经济发展环境。一是协调利益关系。充分发挥责任保险在事前风险预防、事中风险控制、事后理赔服务等方面的功能作用，利用经济杠杆化解民事责任纠纷，在化解社会矛盾、增进社会和谐的同时，也将对相关行业发展起到促进作用。例如，近年来重点发展的环境污染、食品安全、医疗、产品质量和承运人等责任保险，不仅有效化解实体经济运行中的社会风险，也有力促进了环保产业、食品工业、医疗产业和交通

运输业的健康发展。二是参与平安建设。通过发展治安保险、社区综合保险等新兴业务，以及支持保险机构运用股权投资、战略合作等方式参与保安服务产业链整合，可以促进平安建设，维护社会稳定。三是引导社会公众遵守社会规则。在机动车辆保险、环境污染责任保险等领域，实现保险费率与交通事故、驾驶员交通违法行为、企业节能减排等挂钩，利用"奖优罚劣"经济杠杆约束违规行为，为相关领域规范发展提供了第三方治理支持。

（六）护航"一带一路"重大战略，促进新一轮高水平对外开放推向深入

建设"一带一路"，是党中央、国务院主动应对全球形势深刻变化、统筹国内国际两个大局做出的重大战略决策，对开创对外开放新格局、推动产业转型升级、推进沿线国家合作发展等具有划时代的重大意义。保险作为当前国际经济事务中最成熟、最通行的市场化风险防范机制，可以在护航"一路一带"建设上发挥重要作用。一是保障对外经贸合作。出口信用保险经过 100 多年的发展，已成为各国政府普遍使用的政策性金融工具，在提高本国产品和服务竞争力、促进外贸增长方面发挥了不可替代的作用。二是服务海外投资。海外投资保险制度是世界各资本输出国的通行制度，美国 1948 年实施马歇尔计划过程中就专门创设了海外投资保险制度来防范相关政治经济风险。通过发展境外投资保险，可以分散投资东道国的政治风险，提高境外投资成功率，更好地为企业"走出去"保驾护航。三是保障资源进口。当前世界经济仍处于国际金融危机后的深度调整期，贸易保护主义层出不穷，大宗商品价格大幅波动，国际信用风险不断加大。运用保险机制来化解资源进口风险，改进定价机制，增强博弈能力，已经成为迫切需要。

三、"十三五"时期保险业发展和服务实体经济的总体任务

（一）"十三五"时期保险业改革发展的指导思想、目标和举措

1. 指导思想

以邓小平理论、"三个代表"重要思想、科学发展观为指导，紧密围绕实现全面建成小康社会伟大目标，以"四个全面"为统领，主动适应经济发展新常态，深入贯彻落实《国

务院关于加快发展现代保险服务业的若干意见》，以改革创新为动力，以防范风险为生命线，以加强和改进保险监管为保障，以保护消费者权益为出发点，大力提升保险业综合实力和服务经济社会大局能力，使保险业成为稳定经济增长的重要力量、改善民生保障的有力支撑、创新社会管理的有效机制和促进经济提质增效的高效引擎。

2. 主要目标

到 2020 年，基本建成保障全面、功能完善、安全稳健、诚信规范，具有较强服务能力、创新能力和国际竞争力，与我国经济社会发展需求相适应的现代保险服务业，努力由保险大国向保险强国转变。保险成为政府、企业、居民风险管理和财富管理的基本手段，成为提高保障水平和保障质量的重要渠道，成为政府改进公共服务、加强社会管理的有效工具。保险的社会"稳定器"和经济"助推器"作用得到有效发挥。

3. 重点举措

为了实现保险业发展和服务实体经济的中长期目标，将重点采取以下几方面措施：一是深入推进市场化改革进程。通过条款费率市场化，实现保险市场差异化竞争和自主创新，为实体经济提供更加丰富多样的产品服务；通过资金运用市场化，使保险资金在支持经济建设的同时分享经济增长的成果；通过准入退出的市场化，实现优胜劣汰，激发市场活力。二是加快管理服务创新。围绕人民群众对保险的新期待新要求，跟踪世界金融保险业发展的潮流和步伐，积极开展产品服务和管理模式创新，释放保险业发展的内在活力，为实体经济提供更高效的风险管理和保障服务。三是推进行业转型升级。大力推动保险市场主体结构、区域布局、业务结构优化升级，促进市场竞争从同质化向差异化转变，不断提高发展质量和效益，努力为支持实体经济提质增效发挥更大作用。四是提升国际化水平。稳步扩大保险市场对外开放，拓宽视野和空间，在激烈的国际竞争中发展壮大。通过开放市场、跟随中国企业走出去和全球获取配置保险资源三步走，实现保险业国际化水平的重大跨越，为我国企业走出去，利用国际国内两个市场搭建风险管理平台。五是坚持人才兴业。建设适应保险业发展的管理人才队伍、技术人才队伍、营销人才队伍和监管人才队伍，夯实保险业科学发展的人才基础，为保险强国建设提供智力支持。

（二）"十三五"时期保险业服务实体经济的主要任务

1. 积极参与投融资体制改革，为经济建设提供长期稳定资金支持

一是积极支持基础设施投资计划等保险资管产品创新。支持和规范保险机构不断发展基础设施投资计划、股权投资计划、项目资产支持计划等。进一步完善产品注册发行机制，明确标准和流程，提升发行效率。同时，进一步支持保险资金参与资产证券化业务，支持保险资金在发起设立和投资证券化产品方面发挥积极作用，不断盘活存量金融资源，丰富资本市场投资品种。

二是推动保险机构设立私募股权投资基金。用市场化的力量，通过投资基金的方式，打通长期资金与实体经济之间的经脉。比如，针对兼并重组和资源整合，组建并购投资基金；针对小微企业发展，组建小微企业投资基金；针对国家重大重点投资项目，组建重大项目投资基金等。根据测算，如果保险资金投资 1 万亿元，可以吸引 4 万亿～5 万亿元社会资金加入进来，将有力地支持我国城镇化建设和产业转型升级。

三是加大保险资金对民生事业、新兴行业的支持服务力度。促进保险资产发挥长期资金优势，研究支持保险资金投资养老健康服务业专项支持政策，推进保险资金投资养老健康产业。积极推进保险资金广泛运用各种直接投资工具，更好地服务新型城镇化、棚户区改造、科技型企业、小微企业、战略性新兴产业等领域发展，促进经济转型升级。

四是探索建立保险资产交易流通机制。依托市场化运作机制，组建全行业的保险资产交易平台和资产托管中心，盘活保险资产存量，做大做强保险资产池，提升保险资金服务实体经济效率。

2. 充分发挥风险管理功能，保障国民经济平稳健康发展

一是发展多种形式的责任保险，依托经济杠杆提升社会治理水平。在涉重金属企业和石油化工等高环境风险行业推进环境污染强制保险试点，培养和选聘环境风险专家和应急专家，强化环境污染风险防灾防损服务。大力开发适应性强的食品安全责任保险，提高对食品生产、加工、销售、消费各个环节的保险服务能力，在重点行业领域和重点地区开展食品安全责任强制保险试点。努力提高医疗责任保险参保率，完善医疗风险分担机制，有效维护医患双方的合法权益。创新开发旅游相关责任保险，促进旅游经济健康发展。

二是发展多种形式的财产保险，更好发挥保险在灾害防范救助体系中的作用。积极发

展企业财产保险，帮助企业做好灾害发生前的防灾减损和发生后的恢复生产工作。积极发展工程保险，帮助施工单位管理和分散风险，促进工程项目建设。积极发展机动车辆保险，通过保险费率杠杆改善驾驶人的驾驶习惯，促进平安出行。积极发展家庭财产保险，保障居民家庭财产安全。积极发展意外伤害保险，提高居民家庭抵御风险的能力。

三是加快推进巨灾保险制度建设，构建应对灾害的国家安全网。按照"政策鼓励支持、市场主导运作、基金统筹管理、损失逐级分担"的运作模式，选取地震保险为突破口，逐步建立起包含地震、洪水、台风等主要自然灾害在内的综合性巨灾保险制度。2015—2017年基本完成地震巨灾保险条例和巨灾保险制度核心机构搭建工作，2017—2020年正式开始巨灾保险体系试运行工作。

3. 构筑民生保障网，创造多层次社会保障体系建设的新需求

一是把商业保险打造成个人和家庭商业保障计划的主要承担者。大力发展个人养老年金保险业务，推进税延型养老保险、住房反向抵押养老保险等试点工作，确立商业养老保险在社会保障和家庭金融理财规划中的重要作用；积极参与医药卫生体制改革，主动提供多样化的补充医疗产品、疾病产品，推进健康保险与健康管理相结合，降低个人医疗消费成本；积极探索投资养老社区和医院，延伸保险服务链条。

二是把商业保险打造成企业发起的养老健康计划的重要提供者。发挥保险公司在精算、投资、账户管理等专业优势，针对不同性质、不同规模、不同风险偏好的企业开发设计灵活完善的企业年金和补充养老健康保障计划，满足企业多层次、多样化的养老健康等福利需求，促进我国企业激励机制、收入分配制度和公司治理结构等趋于完善。

三是把商业保险打造成社会保险市场化运作的积极参与者。发挥保险公司自身优势，通过受托、承包等各种方式，参与基本医疗保险、基本养老保险和社会救助等各类基本保障项目经办服务；积极承办城乡居民大病保险，放大基本医保基金保障效应，实现大病保险的全覆盖和可持续发展。

4. 扩大保险服务覆盖面，推动经济提质增效升级

一是大力发展"三农"保险，创新支农惠农方式。按照中央支持保大宗、保成本，地方支持保特色、保产量，有条件的保价格、保收入的原则，鼓励农民和各类新型农业经营主体自愿参保，扩大农业保险覆盖面。完善风险防范机制，落实农业保险大灾风险准备金制度，健全多方参与、风险共担、多层分散的大灾风险分散机制。开展农产品目标价

格保险试点，探索天气指数保险等新兴产品和服务，丰富农业保险风险管理工具。积极发展农村小额信贷保险、农房保险、农机保险、农业基础设施保险、森林保险以及普惠保险业务。

二是大力发展科技保险，着力支持科技创新。根据科技企业的风险特征和实际需求，积极创新、丰富科技保险产品，为科技企业的自主创业、融资、企业并购方面提供全方位保险支持。健全首台套重大技术装备的保险风险补偿机制，促进高新技术企业创新和科技成果产业化。支持符合条件的保险公司建立专门服务于科技企业的保险机构，为科技企业提供更具针对性和专业性的保险产品服务。

三是加快发展信用保险和贷款保证保险，增强小微企业融资能力。鼓励保险公司积极发展小微企业信用保险业务，探索开展出口信用保险项下的融资业务创新，积极稳妥发展小微企业履约保证保险、贷款保证保险等产品，为小微企业提供增信服务。支持保险机构投资符合条件的小微企业专项债券、金融产品及相关企业股权，积极开展保单贷款服务，鼓励有条件的保险机构发起设立小微企业投资基金、项目资产支持计划等，为小微企业提供多渠道、多形式的资金支持。

四是鼓励保险公司发展与居民首套自主购房、大宗耐用消费品、新兴消费品以及教育、旅游等消费领域相关的消费信贷保证保险业务，释放居民消费潜力，着力促进消费增长和消费升级。发展互联网保险等新型保险业务，为新兴经济业态发展提供有力保障。

四、政策建议

（一）从服务全面建成小康社会全局角度来统筹保险业改革与发展

建议中央在制定"十三五"规划时，把发展现代保险服务业作为全面建成小康社会的重要抓手，列入顶层设计，将商业保险作为现代经济的重要支柱予以扶持，使其成为促进实体经济提质增效升级的重要引擎。

（二）加快建立国家巨灾保险制度，推动其尽快惠及广大人民群众

建议尽快组建巨灾保险的协调机制和运作机构，为建立巨灾保险制度提供坚实的组织保障；加快巨灾保险立法进程，为建立巨灾保险制度提供有力的法律保障；加快出台与巨灾保险制度配套的财税支持政策，形成财政支持、多方参与的中国巨灾保险体系。

（三）加大对农业保险的政策支持力度，提升保险服务农业现代化的能力

建议增加中央财政补贴目录品种，研究通过以奖代补等方式支持地方发展特色优势农产品保险；逐步提高中央、省级财政对主要粮食作物的保费补贴比例，减少或取消产粮大县、生猪调出大县和国家级贫困县县级保费补贴；通过设立农业巨灾风险基金等方式，加快建立财政支持的农业保险大灾风险分散机制。

（四）探索保险资金开展抵押贷款、中长期贷款业务，增加实体经济长期资金供给

从国际经验看，发放贷款是发达国家保险资金运用的基本形式。寿险公司是美国房地产贷款市场的重要参与者，贷款资产在日本保险资金运用结构中占比最高接近70％。从国内情况看，当前金融资产过度集中于银行，金融资源配置不平衡；短钱长用现象较为严重，信贷结构亟须优化。建议充分发挥保险资金长期性、稳定性优势，探索推进保险资金在基础设施、民生项目、新兴产业、个人住房抵押贷款、农村小额贷款等需要重点支持的行业或领域发放贷款，作为传统银行信贷的有益补充，为社会提供长期资金供给，降低实体经济融资成本。

（五）进一步完善商业保险作为社会保障体系第三支柱的政策措施，为实体经济发展提供更高效的社会保障

养老保险领域，建议加快个人税延型养老保险在全国推开，并适时提高保费税前抵扣额度。健康保险领域，建议对企业为员工购买补充医疗保险支出部分允许在成本中列支，对个人购买健康保险缴纳的保费和获取的赔付不征收或减征个人所得税，对保险机构开展的各类政府委托经办业务免征营业税和所得税。

后记

ZHONGYANG "SHISANWU"
GUIHUA 《JIANYI》
ZHONGDA ZHUANTI
YANJIU

　　本书在《中共中央关于制定国民经济和社会发展第十三个五年规划的建议》 制定之前开展的若干重大课题研究成果的基础上汇编而成， 是《中央"十二五" 规划 〈建议〉 重大专题研究》 丛书的延续。 鉴于涉密方面要求， 部分研究成果未收录在册，出版前， 请有关部门对承担的课题又进行了审核， 有关数据做了尽可能的补充和修订， 以方便各级党政机关、 企业事业单位和有关院校、 专家学者研究与参考。

　　本书汇编工作是在中央财经领导小组办公室领导下进行的。 刘鹤同志主持了书稿的审定工作， 杨伟民同志牵头领导汇编工作， 吕传俊、 王志军、 李航、 朱红光同志负责全书的具体汇编。 参与研究的有关部门和机构的同志， 为本书出版做了大量工作。 中国市场出版社的领导和编辑同志为本书出版付出了辛勤劳动， 在此一并致谢。

　　由于研究成果丰硕、 资料浩瀚， 全书共分为四册编印。 汇编过程中难免出现疏漏，敬请读者批评指正。

编　者
2016 年 5 月